Schreiben als Medium des Lernens

Fachdidaktische Forschungen

Herausgegeben vom
Vorstand der Gesellschaft für Fachdidaktik (GFD)

Horst Bayrhuber, Volker Frederking, Marcus Hammann,
Michael Hemmer, Ilka Parchmann, Bernd Ralle,
Martin Rothgangel, Lutz Schön, Helmut J. Vollmer

Band 8

Fachdidaktik ist die Wissenschaft vom fachspezifischen Lehren und Lernen innerhalb und außerhalb der Schule. In ihren Forschungsarbeiten befasst sie sich mit der Auswahl, Legitimation und didaktischen Rekonstruktion von Lerngegenständen, der Festlegung und Begründung von Zielen des Unterrichts, der methodischen Strukturierung von Lernprozessen sowie der angemessenen Berücksichtigung der psychischen und sozialen Ausgangsbedingungen von Lehrenden und Lernenden. Außerdem widmet sie sich der Entwicklung und Evaluation von Lehr- und Lernmaterialien (Konferenz der Vorsitzenden der Fachdidaktischen Fachgesellschaften, KVFF 1998).

Mit der Gründung der Gesellschaft für Fachdidaktik (GFD) im Jahre 2001 haben die Fachdidaktiken in Deutschland eine organisierte Vertretung und ein effektives Sprachrohr bekommen. Gleichzeitig wurde eine eigene Publikationsreihe (Forschungen zur Fachdidaktik) eingerichtet, die nun als Fachdidaktische Forschungen weitergeführt wird. In dieser Reihe erscheinen Monographien und Sammelbände, die aufgrund ihrer methodischen Anlage oder inhaltlichen Schwerpunkte von allgemeinem fachdidaktischem Forschungsinteresse sind. Dadurch soll die interdisziplinäre Kooperation der Fachdidaktiken auf dem Gebiet der Forschung angeregt und gefördert werden.

Sabine Schmölzer-Eibinger,
Eike Thürmann (Hrsg.)

Schreiben als Medium des Lernens

Kompetenzentwicklung durch Schreiben im Fachunterricht

Waxmann 2015
Münster • New York

Gedruckt mit Unterstützung der Universität Graz

Alle Beiträge des Bandes haben ein Blind-Peer-Review-Verfahren durchlaufen.

Bibliografische Informationen der Deutschen Nationalbibliothek
Die Deutsche Nationalbibliothek verzeichnet diese Publikation in der
Deutschen Nationalbibliografie; detaillierte bibliografische Daten sind
im Internet über http://dnb.d-nb.de abrufbar.

Fachdidaktische Forschungen, Band 8
ISSN 2191-6160
Print-ISBN 978-3-8309-3343-4
E-Book-ISBN 978-3-8309-8343-9

© Waxmann Verlag GmbH, 2015
Steinfurter Straße 555, 48159 Münster

www.waxmann.com
info@waxmann.com

Umschlaggestaltung: Pleßmann Design, Ascheberg

Gedruckt auf alterungsbeständigem Papier,
säurefrei gemäß ISO 9706

Inhalt

Vorwort

Dieser Band geht auf eine Veranstaltungsreihe zum Thema *Schreiben als Lernen. Kompetenzentwicklung durch Schreiben in allen Fächern* zurück, die im Sommersemester 2013 vom Fachdidaktikzentrum der Geisteswissenschaftlichen Fakultät Graz veranstaltet wurde. Die Beiträge zu den Vorträgen und Workshops dieser Veranstaltungsreihe waren die Ausgangsbasis für diesen Band, die in der Folge durch mehrere internationale Beiträge ergänzt werden konnten.

Mit dem Thema *Schreiben und Lernen im Fachunterricht* wird ein aktueller Diskurs der Fachdidaktik und Schreibforschung aufgegriffen und aus interdisziplinärer Perspektive weitergeführt. Damit wird das Thema Sprache im Fachunterricht in der Publikationsreihe „Fachdidaktische Forschungen" fortgesetzt, das bereits 2013 mit Erscheinen des Bandes *Sprache im Fach – Sprachlichkeit und fachliches Lernen* eingeführt wurde. Der vorliegende Sammelband ist vorrangig dem Ziel gewidmet, die interdisziplinäre Kooperation der Fachdidaktiken zu stärken, indem der Blick auf Konzepte, theoretische Fundierungen und Forschungen zum unterrichtlichen Schreiben als Werkzeug des Lehrens und Lernens gerichtet wird.

Wir möchten uns an dieser Stelle bei allen bedanken, die zum Zustandekommen dieses Bandes beigetragen haben – insbesondere bei Bernadette Lipp für ihre umsichtige und gründliche Redaktionsarbeit, ebenso bei Daniela Rotter für ihre kritische Lektüre und Martina Baumgartner für die formale Prüfung des Manuskripts. Nicht zuletzt gilt unser Dank Martin Rothgangel und dem gesamten Vorstand der Gesellschaft für Fachdidaktik (GFD), die uns die Herausgabe dieses Bandes in der Reihe Fachdidaktische Forschungen ermöglicht haben.

Sabine Schmölzer-Eibinger

Eike Thürmann

Schreiben als Medium des Lernens: Einleitung

Dem schulischen Schreiben wird von jeher große Aufmerksamkeit gewidmet. Auf intensive Weise verbindet sich das Schreiben mit der historischen Entwicklung schulischer Bildung und der Intention, junge Menschen an der literalen Kultur einer Gesellschaft aktiv teilhaben zu lassen. Dabei geht es um einen langen und über die Schule hinausreichenden Bildungsweg, der die Lernenden aus der spontanen und in Alltagskontexte eingebetteten Oralität, in die sie hineingeboren sind, herausführt und das Bewusstsein des Individuums bezüglich der Herausforderungen einer umfassenden und nur zum kleinsten Teil selbst erfahrenen Wirklichkeit erweitert. Ong (2002, 174) schreibt dazu:

> *... it is the oral word that first illuminates consciousness with articulate language, that first divides subject and predicate and then relates them to one another, and that ties human beings to one another in society. Writing introduces division and alienation, but a higher unity as well. It intensifies the sense of self and fosters more conscious interaction between persons. Writing is consciousness-raising.*

Ethnographische und kulturgeschichtliche Forschungen belegen, wie Praktiken einer durch Schrift und Schriftlichkeit geprägten Kultur durch Exteriorisierung und Speicherung gedanklicher Prozesse kognitive Möglichkeiten eröffnen, die einer ausschließlich auf Mündlichkeit ausgerichteten Kultur nicht oder nur in Ansätzen zugänglich waren: z.B. Distanz und Mehrperspektivität, Abstraktion, Klassifikation und Kategorialität des Denkens, mehrschrittige Schlussfolgerung und Sinnentwicklung und damit problemlösendes Denken auf andere Weise sowie die Weitergabe und Überprüfbarkeit von Wissen über Zeit und Raum hinweg.

Schulisches Schreiben dient also nicht nur der Entwicklung von Sprachbewusstsein und der für gesellschaftliche Partizipation unabdingbaren Schreibfähigkeiten. Es ist schließlich auch unverzichtbares Werkzeug für die kognitiv-konzeptuelle Entwicklung und Strukturierung von Welt- und Fachwissen und für die erfolgreiche Bearbeitung der Aufgaben, die Schule zu diesem Zweck traditionellerweise stellt. Jedoch wird die daran gekoppelte Fähigkeit zum entpersonalisierten, kontext-entbundenen und autonomen Diskurs von den SchülerInnen nicht verlässlich aus ihren Familien in die Schule mitgebracht. Sie bedarf vielmehr der gezielten Entwicklung durch und einer kontinuierlichen Begleitung im Unterricht. Aber wer ist dafür in der Fächerschule (und in den Disziplinen und Sparten der Aus- und Weiterbildung) verantwortlich?

Den Lehrkräften, die die dominante Sprache der Schule unterrichten, ordnete man traditionellerweise die Verantwortung für literale Bildung und für die Entwicklung von Schreibkompetenzen zu. So kann es auch nicht verwundern, dass im Laufe der Geschichte des Deutsch- bzw. Sprachunterrichts unzählige didaktisch-methodische Konzepte im Einklang mit jeweils gängigen pädagogischen Ideologien und Lerntheorien zur Anbahnung von Schreibkompetenzen propagiert, erprobt und immer wieder vergessen wurden. Auch aktuell ist die Pluralität von konkurrierenden Schreibtheorien und-konzepten charakteristisch für den Deutschunterricht, aber auch für den Fremd- und Zweitsprachenunterricht, – wenngleich diese heute durch Erkenntnisse empirischer Forschung und Übernahmen aus bildungsaffinen Disziplinen besser abgesichert sind als je zuvor. Allerdings stellt sich die Frage, wie sinnvoll diese Zuordnung ist, ob der Sprachunterricht damit nicht überfordert ist und Schule nicht insgesamt arbeitsteilig Verantwortung für Literalität und damit für die Entwicklung von Schreibkompetenzen übernehmen sollte.

Die vorliegende Sammlung von Beiträgen zum Schreiben wechselt vor diesem Hintergrund die Perspektive. Im Vordergrund stehen nicht der Sprach- bzw. Deutschunterricht und seine curricularen Aufgaben, Ziele und Methoden zur Förderung von Schreibfähigkeiten. Vielmehr geht es um Antworten auf die doppelte Fragestellung: Welchen Beitrag kann das Schreiben zum erfolgreichen Lernen in den Fächern und verschiedenen Lernbereichen leisten, und wie sind Schreibaktivitäten im Fach zu gestalten, damit sie Lernprozesse wirksam unterstützen? Für diesen Perspektivwechsel gibt es mehrere Gründe:

- *Der curriculare Paradigmenwechsel von Fachinhalten zu Fachkompetenzen* in den Bildungsstandards, die Anforderungen an den kognitiv-sprachlichen Umgang mit Fachinhalten stellen. So postulieren die Bildungsstandards für den Mittleren Schulabschluss der KMK z.B. für Physik: Die SchülerInnen „beschreiben Phänomene und führen sie auf bekannte physikalische Zusammenhänge zurück", „stellen an einfachen Beispielen Hypothesen auf", „beurteilen die Gültigkeit empirischer Ergebnisse und deren Verallgemeinerung" (Sekretariat der KMK 2006, 11). Ohne Unterstützung durch schriftliche Arbeitsformen bzw. sinnentwickelndes zusammenhängendes Schreiben ist der Erwerb dieser Kompetenzen kaum denkbar.

- *Die aktuelle Diskussion zum Thema Bildungssprache* mit ihren konzeptuell schrift(sprach)lichen Besonderheiten und fachspezifischen Ausprägungen sowie ihrer Bedeutung für die schulische Chancengerechtigkeit für Kinder und Jugendliche, die nicht in der dominanten Sprache der Schule aufwachsen bzw. die aus bildungsprekären Familien stammen. Insofern nimmt der vorliegende Sammelband das Thema Sprache im Fach in der Interdependenz von sprachlichem und fachlichem Lernen (Becker-Mrotzek/Schramm/Thürmann/Vollmer 2013) auf und konkretisiert dieses für Schreiben *als* Lernen.

- *Die Notwendigkeiten, die sich aus dem demographischen Wandel und der sprachlichen Heterogenität von Lerngruppen ergeben* und zwar bezüglich eines sprachaufmerksamen und sprachsensiblen Fachunterrichts und gezielter sprachlicher Unterstützung im Sinne von Scaffolding (Schmölzer-Eibinger/ Dorner/Langer/Helten-Pacher 2013).

- *Die Tatsache, dass wir bezüglich literaler Bildung zum Schreiben deutlich weniger Erkenntnisse haben als z.B. zu den Lesekompetenzen,* da die großen internationalen Schulleistungsvergleiche Daten zum Leseverstehen wegen der leichteren psychometrischen Handhabbarkeit erheben, auswerten und als (groben) Indikator für literale Kompetenzen einsetzen.

- *Die internationalen Klagen aus Wirtschaft und Hochschule,* dass ein erheblicher Anteil der Beschäftigten und Studierenden nicht über ausreichende Schreibkompetenzen verfügen.

Die Liste der guten Gründe, Schreiben aus der Perspektive der Funktionalität für erfolgreiches Lernen an Schulen (und weiterführenden Aus- und Bildungseinrichtungen) zu betrachten, ließe sich sicherlich noch verlängern und ausdifferenzieren.

Wenn hier zunächst pauschal vom Schreiben die Rede ist, geht es nicht so sehr um ein mechanisches Umsetzen von Lauten in Schrift oder ein Schreiben, das dem kommunikativen Austausch oder der Speicherung von Informationen dient, sondern um problemlösendes, epistemisch-heuristisches Schreiben, das das Denken und Auffinden bzw. Weiterentwickeln gedanklicher Zusammenhänge erleichtert (vgl. Molitor-Lübbert 1989, 281ff). Es setzt beim Schreibenden kognitive Prozesse in Gang, die vielfältige, einander wechselseitig bedingende Beziehungen zwischen dem Schreiben und Lernen herstellen (vgl. Molitor-Lübbert 2002, 33). Das Schreiben wird so zu einem kognitiven Werkzeug bzw. Denkmedium, das Verstehensprozesse unterstützt (evtl. auch erst ermöglicht) und damit neue Wissensstrukturen schafft.

Inzwischen sind jedoch erhebliche Zweifel aufgekommen, ob sich allein schon durch das Schreiben ein fachlich vertieftes Verstehen nachhaltig erreichen lässt, wenn die didaktische Rahmung für die Schreibsituation von Themen, Inhalten und Methoden eines Faches entkoppelt ist. Wenn man die langjährigen und sorgfältig evaluierten Erkenntnisse aus den USA heranzieht,[1] muss die Kosten-Nutzen-Relation solcher allgemeinen fächer- und disziplinenübergreifenden Schreibkurse auf Hochschul- und Schulebene zur Entwicklung von epistemisch-heuristischen Schreibfähigkeiten kritisch betrachtet werden. Inzwischen hat sich die *writing-across-the curriculum*-Bewegung in den USA mit der zunächst allgemeinen Zielsetzung, durch Schreiben kognitive Lernprozesse zu stärken (*critical thinking*), verstärkt auf den fach- und disziplinenspezifischen Zugang verlagert (*Writing in the Disciplines, Writing in the Sciences*). Dieser Zugang ist zugleich eine Initiation in die jeweilige Diskursgemeinschaft und wird von

---

1   Ausführlich belegt und dokumentiert auf der Internetplattform des „The WAC-Clearinghouse", http://wac.colostate.edu/index.cfm.

den Lernenden als glaubhaft, weil authentisch und nützlich wahrgenommen, zumal weil das schreibende Lernen nicht nur die Inhaltsdimension des jeweiligen Faches erschließt, sondern auch in die spezifischen Genres der Disziplinen und in die damit verbundenen Darstellungsformen und -konventionen einführt.

Mit dem Titel dieses Sammelbandes „Schreiben als Medium des Lernens" wird auf den amerikanischen Slogan *writing to learn* in Abgrenzung zu *learning to write* angespielt und die damit verbundenen Modelle und methodischen „Rezepte", denen vom WAC Clearinghouse folgende Bedeutung zugemessen wird:

> *Generally, writing-to-learn activities are short, impromptu or otherwise informal writing tasks that help students think through key concepts or ideas presented in a course. Often, these writing tasks are limited to less than five minutes of class time or are assigned as brief, out-of-class assignments. (http://wac.colostate.edu/intro/ pop2d.cfm)*

Allerdings sind die Beiträge hier nicht auf solche Formen des propädeutischen freien bzw. instrumentellen Schreibens beschränkt, sondern beziehen auch komplexere Formen des lernrelevanten Schreibens ein, z.B. das Schreiben, das ausführliches, zusammenhängendes und sinnentwickelndes Formulieren verlangt, sowie ein Schreiben mit Ziel einer (simulierten) Veröffentlichung bzw. generisches Schreiben nach den Konventionen der jeweiligen Diskursgemeinschaft.

Eike Thürmann, Eva Pertzel und **Anna Ulrike Schütte** problematisieren auf Grundlage stichprobenartig erhobener Daten die Kluft zwischen der realen Unterrichtspraxis in Bezug auf das lernende Schreibhandeln im schulischen Fachunterricht und der geforderten und im Sinne einer Kompetenzorientierung notwendigen Schreibpraxis und Schreibkompetenz. Sie fordern eine neue Aufgabenkultur des Schreibens und erörtern Möglichkeiten des Schreibens als Lernen im Fachunterricht. **Helmuth Feilke** geht in seinem Beitrag auf unterschiedliche Argumentationstraditionen/-stränge ein, die den inneren Zusammenhang von Schreiben und Lernen zu erklären versuchen. Die Veränderungen durch das Internet und die damit einhergehenden Neuerungen in der Schreibpraxis führen ihn zur Überlegung, wie das schreibende Lernen aus linguistischer Perspektive im Sinne einer textorientierten Schreib- und Erwerbsforschung betrachtet und für die Schreibdidaktik nutzbar gemacht werden kann. **Daniela Rotter** und **Sabine Schmölzer-Eibinger** stellen in ihrem Beitrag ein didaktisches Modell zur Förderung literaler Handlungskompetenzen vor, das durch die Zusammenführung der prozedurenorientierten Didaktik und des *Focus-on-Form*-Ansatzes für SchülerInnen mit Deutsch als Erst- und Zweitsprache eingesetzt werden kann. An konkreten Beispielen wird demonstriert, wie sich durch eine Fokussierung der sprachlich-textuellen Einheiten der Zugang zum (Fach-)Wissen systematisch erarbeiten lässt. **Anita Schilcher** und **Karsten Rincke** referieren in ihrem Beitrag ein interdisziplinäres Schreibprojekt, das Fachwissen des Physikunterrichts mit dem Aufbau von Schreibkompetenzen im Deutschunterricht verbindet. In ihrer exemplarischen Analyse zeigen sie auf, wo sich lernförderliche Momente abzeichnen und welche besonderen Möglichkeiten, aber auch welche Herausforderungen sich hierbei stellen. **Christiane Dalton-Puffer** stellt grundsätzliche Überlegungen zur Verbindung von Fach- und Sprachunterricht in Form des Content-and-Language-Integrated Learning (CLIL) an und führt das Konstrukt der kognitiven Diskursfunktion (*cognitive discourse function*, CDF) ein, das fächerübergreifend angelegt ist und eine Brücke zwischen Sprach- und Fachdidaktiken herstellen kann. Sie unterscheidet sieben Kategorien, welche die gängigen Diskursfunktionen wie Klassifizieren, Evaluieren oder Berichten abbilden und argumentiert, dass sich darüber ein Bewusstsein für die sprachliche Dimension fachlicher und fachbezogener Anforderungen bei Lehrkräften und LernerInnen entwickeln kann. **Sabine Stephany, Markus Linnemann** und **Lena Wrobbel** diskutieren in ihrem Beitrag unterstützende Schreibaufgaben (*supportive writing assignments*) für den Mathematikunterricht, welche die epistemische und kommunikative Funktion von Schreiben zusammenführen und insbesondere auch SchülerInnen mit sprachlich bedingten Schwierigkeiten im Unterricht ermöglichen soll, die geforderte *Mathematical Literacy* auszubilden. Sie stellen Kriterien solcher unterstützenden Schreibaufgaben vor und illustrieren beispielhaft, wie sich diese im Mathematikunterricht realisieren lassen. **Heiko Krabbe** geht in seinem Beitrag auf die Textsorte „Versuchsprotokoll" ein und erörtert dessen Funktion im schulischen Physikunterricht unter fachdidaktischer und sprachlicher Perspektive. Er schlägt für die schulische Praxis eine genauere Unterscheidung zwischen Versuchsplanung, Laborbüchern und Protokollen vor und argumentiert, dass sich die epistemische Funktion des Schreibens mithilfe von Versuchsprotokollen besonders gut für die Entwicklung fachlicher experimenteller Kompetenzen eignet. Der Beitrag von **Martina Nieswandt** ist im amerikanischen Kontext verortet und geht anhand der *Written Extended-Research Questions* (WERQ) der Frage nach, inwiefern Lehrkräfte Schreibaufgaben in ihren naturwissenschaftlichen Unterricht integrieren und damit die wissensgenerierende Funktion des Schreibens eigenständig zu nutzen wissen. Dabei zeigt sich, dass trotz des bestehenden Engagements und des Willens der Lehrkräfte viele offene Fragen hinsichtlich der Umsetzung bestehen und sich sowohl für die LehrerInnenausbildung als auch für die Weiterbildung noch zahlreiche Aufgaben- und Handlungsfelder ergeben. Ebenfalls auf ein spezielles Unterrichtsfach bezogen argumentiert **Olaf Hartung**, dass das Geschichtslernen im Sinne eines kompetenzorientierten Unterrichts durch den Einsatz von Schreibaufgaben erleichtert und gefördert werden kann, was durch eine Erweiterung der bisherigen starken Orientierung am mündlichen Diskurs möglich scheint. Er referiert bestehende schreibdidaktische Ansätze für den Geschichtsunterricht und plädiert für eine stärkere Ausrichtung am schreibenden Geschichtslernen. **Johannes Berning** argumentiert, dass das Schreiben als Lernen über die rein kognitive Dimension hinausgehen muss. Er fokussiert dabei den Deutsch- und Kunstunterricht und zeigt Synergien auf, die sich aus dem bewussten Wahrnehmen der Umgebungsreize und der eigenen „inneren Sprache" (Wygotsky 1964) speisen. Im Zentrum seiner Argumentation steht die Wechselwirkung zwischen Bild und Text, die es zu nutzen gilt, um die SchülerInnen diskursfähig zu machen. **Thorsten Pohl** beschäftigt sich in seinem Beitrag mit der Frage nach der Vermittlungsverantwortlichkeit wissenschaftlicher Schreibkompetenzen und untersucht die schulischen und universitären Rahmenbedingungen hinsichtlich ihres Potenzials für die Entwicklung unterschiedlicher Dimensionen wissenschaftlichen Schreibens. Er referiert Erwerbsphasen in der Ontogenese von wissenschaftlicher Schreibkompetenz und fordert einen reflektierten Umgang mit den Möglichkeiten der vorwissenschaftlichen Arbeit im schulischen Kontext. Wie sich akademische Textkompetenz entwickelt und welche Verantwortungen und Möglichkeiten bei den Schulen und Hochschulen liegen, untersucht **Kirsten Schindler**. Sie stellt ein Kooperationsprojekt zwischen der Universität zu Köln und einem Kölner Gymnasium vor, bei dem Deutsch-Lehramtsstudierende als „Peer-BeraterInnen" fungieren und Schreibberatungen und Schreibworkshops durchführen, um SchülerInnen beim Verfassen ihrer Facharbeit zu unterstützen. **Bora Bushati** und **Christopher Ebner** stellen ein hochschuldidaktisches Modul zur Förderung wissenschaftlicher Textkompetenz vor und fokussieren dabei insbesondere Studierende mit Deutsch als Zweitsprache. Das didaktisch kleinschrittig angelegte Modell fördert das Bewusstsein für textsortenspezifische Handlungsschemata in wissenschaftlichen Texten sowie die bewusste sprachliche Formulierung von Sprachhandlungstypen wie dem Referieren. **Lisa Schüler, Katrin Lehnen** und **Vera Ermakova** widmen sich in ihrem Beitrag Auszubildenden und Möglichkeiten der Förderung diskursiver Lese-Schreibkompetenzen dieser speziellen und sehr heterogenen Zielgruppe. Sie berichten über das Projekt „news to use", das in Hessen mit Auszubildenden verschiedener Berufsgruppen durchgeführt wurde und über unterschiedliche Schreibaufgaben das Lesen und Verarbeiten von Zeitungstexten zu aktuellen Kontroversen des Weltgeschehens schulen sollte. Sie zeigen exemplarisch, wie sich intertextuelle Kompetenzen entwickeln und welche Überlegungen für die Erstellung geeigneter Schreibarrangements nötig sind. Eine andere Herangehensweise an das Schreiben liefert **Franz Zeder**, der die an Kompetenzen orientierte Verwissenschaftlichung der Schule kritisch hinterfragt und den philosophischen Essay als Alternative vorschlägt. Das Unsystematische, Unmethodische und Unvollständige, das diese Textform kennzeichnet, steht den strikten Vorgaben der Wissenschaft, die Präzision und Eindeutigkeit fordert, gegenüber. **Konrad Paul Liessmann** beschreibt schließlich in seinem Beitrag, warum es wichtig ist, dem Schreiben als kreativen, ungelenkten Prozess des Denkens und Ordnens von Gedanken im schulischen und universitären Kontext mehr Raum zu gewähren. Er argumentiert, dass es die Offenheit im Schreibprozess ist, die neue Gedanken entstehen lässt und kritisiert eine ausschließlich an Kompetenzen orientierte Schreibdidaktik.

Literatur

Becker-Mrotzek, M., Schramm, K., Thürmann, E. & Vollmer, H.J. (Hrsg.) (2013). *Sprache im Fach. Sprachlichkeit und fachliches Lernen*. Münster: Waxmann.

Molitor-Lübbert, S. (1989). Schreiben und Kognition. In G. Antos & H.P. Krings (Hrsg.), *Textproduktion. Ein interdisziplinärer Forschungsüberblick* (S. 278–296). Tübingen: Niemeyer.

Molitor-Lübbert, S. (2002). Schreiben und Denken. Kognitive Grundlagen des Schreibens. In D. Perrin, I. Böttcher, O. Kruse & A. Wrobel (Hrsg.), *Schreiben. Von intuitiven zu professionellen Schreibstrategien* (S. 34–45). Wiesbaden: Westdeutscher Verlag.

Ong, W.J. (2002). *Orality and Literacy. The Technologizing of the Word*. Verfügbar unter: http://occupytampa.org/files/wcom/ong%20walter%20orality%20and%20literacy.pdf.

Schmölzer-Eibinger, S., Dorner, M., Langer, E. & Helten-Pacher, M.-R. (2013). *Sprachförderung im Fachunterricht sprachlich heterogener Klassen*. Stuttgart: Fillibach/Klett.

Sekretariat der KMK (2006). *Bildungsstandards im Fach Physik für den Mittleren Schulabschluss. Beschluss vom 16.12.2004*. München, Neuwied: Luchterhand.

Wygotski, L.S. (1964). *Denken und Sprechen*. Berlin: Akademie-Verlag.

Eike Thürmann/Eva Pertzel/Anna Ulrike Schütte

Der schlafende Riese: Versuch eines Weckrufs zum Schreiben im Fachunterricht

Zu konstatieren ist ein dramatisches Missverhältnis zwischen dem Potenzial des Schreibens im Unterricht als Werkzeug des Lehrens und Lernens und der schulischen Realität und zwar sowohl hinsichtlich der curricularen Rahmenbedingungen als auch der alltäglichen Praxis. Diese Diskrepanz zwischen dem stillschweigenden Widerstand der Lehrenden und Lernenden gegenüber einer verstärkten Berücksichtigung der unterschiedlichen Formen des Lernens durch Schreiben in den Sachfächern[1] wird angesichts zeitgemäßer Bildungsstandards, der (Wieder-)Entdeckung von Bildungssprache als Schlüssel zum Schulerfolg und der Bedürfnisse und Lernvoraussetzungen von Kindern und Jugendlichen aus literalitätsfernen sozialen Kontexten zu einem Problem, das der besonderen Beachtung der LehrerInnenbildung, der schulischen Unterstützungsagenturen und engagierter und an Unterrichtsentwicklung interessierter Lehrkräfte bedarf.

Der Beitrag zeigt in den ersten drei Abschnitten anhand von Stichproben (Unterrichtsanalyse, Curriculumanalyse, SchülerInnen-/LehrerInnenbefragung) auf, dass Schreibaktivitäten in der Praxis der Sachfächer ein eher geringer Stellenwert zugebilligt wird und dass curriculare Vorgaben für die Sekundarstufe I keine expliziten und verbindlichen Orientierungen zu Funktion und Formen des lernenden Schreibhandelns enthalten. Dass dafür jedoch dringender Bedarf angesichts der Lernausgangslagen der SchülerInnen und der Einstellungen der Lehrenden einerseits und des Paradigmenwechsels der Bildungsstandards von der Wissens- zur Kompetenzorientierung andererseits besteht, wird im abschließenden vierten Abschnitt dieses Beitrags diskutiert. In diesem Zusammenhang werden Prioritäten für eine neue Aufgabenkultur des Schreibens im Fachunterricht erläutert.

1   Erste Stichprobe: Unterrichtsanalyse

In dem Archiv für Pädagogische Kasuistik des Instituts für Pädagogik der Sekundarstufe an der Johann Wolfgang Goethe-Universität, Frankfurt, wird der ‚empirischen Pädagogik‘ eine stetig wachsende Datenbasis für die Erforschung pädagogischer Situationen und Institutionen und die Rekonstruktion von Lehr-Lern-Prozessen und unterrichtlichen

---

[1]   Also alle Fächer außer dem Deutschunterricht, dem Fremdsprachenunterricht, dem Herkunftssprachenunterricht und Förderangeboten in Deutsch als Zweitsprache.

Settings' (https://archiv.apaek.uni-frankfurt.de/) angeboten. Insgesamt sind dort mehr als 2300 Datensätze archiviert, davon ein erheblicher Anteil an Unterrichtstranskripten. Für unsere Stichprobe zur Schreibpraxis im Fachunterricht wählten wir je 20 Unterrichtsstunden für die Fächer Biologie und Geschichte aus. Insgesamt wurden also 40 Unterrichtsstunden von 40 unterschiedlichen Lehrkräften analysiert, die sich wie folgt auf die Jahrgangsstufen und Schulformen verteilen:

Tab. 1: Verteilung der untersuchten Unterrichtstranskripte

	Kl. 5		Kl. 6		Kl. 7		Kl. 8		Kl. 9		Kl. 10	
	Bio.	Ge.	Bio.	Ge.	Bio.	Ge.	Bio.	Ge.	Bio.	Ge.	Bio.	Ge.
Gymnasium	2		1		1	2		4	4	4	1	
Realschule			1	2				1			1	4
Hauptschule	1							2	2			
Int. Gesamtschule	1		1				1		3			1
	4		3	2	1	2	1	7	9	4	2	5

In beiden Fächern dominiert eindeutig der mündliche Unterrichtsdiskurs. Der Zeitanteil schriftlicher Arbeitsphasen beträgt für Biologie ca. 15%, für Geschichte ca. 6% der Unterrichtszeit von je 20 analysierten Unterrichtsstunden. Für 12 der 20 zufällig ausgewählten Geschichtsstunden wurden keine schriftlichen Schüleraktivitäten registriert. Im Biologieunterricht gab es dagegen nur in drei Unterrichtsstunden keinerlei schriftliche Schüleraktivität. Für die durchschnittliche Dauer einzelner schriftlicher Arbeitsphasen wurden für den Geschichtsunterricht 4 Minuten, für den Biologieunterricht etwas mehr als 6 Minuten pro Unterrichtsstunde ermittelt.

Die für den Biologieunterricht ermittelten 27 Phasen schriftlichen Arbeitens können folgendermaßen nach didaktisch-methodischer Funktion und Aktivität charakterisiert werden:

Tab. 2: Funktionen der schriftlichen Arbeitsphasen im Biologieunterricht

Funktion	n	Schriftliche Aktivitäten
Sicherung des Leseverstehens	4	Eintrag von Stichworten in Arbeitsblatt – Tafelabschrift von im Plenum erarbeiteten Ergebnissen – Notieren von Stichworten u. Satzfragmenten in eine Tabelle
Dokumentation bzw. Sicherung der fachbezogenen Begrifflichkeit	5	Notieren von Begriffen während des Unterrichtsverlaufs, Beschriften von Graphiken, stichwortartige Aktivierung des begrifflichen Vorwissens
Sicherung der fachbezogenen Konzepte	5	Abschrift von vorformulierten Merksätzen, Konzeptbildung mit Hilfe von Zeichnungen u. Symbolverwendung, Zusammenstellung u. Ordnung von Begriffen zu einem Schema
Wiederholung, Festigung fachlicher Inhalte	2	Lückentexte
Erarbeitung bzw. Realisierung von bestimmten Textsorten	3	Vorgegebene Struktur einer Versuchsbeschreibung wird mit Stichworten aufgefüllt – Abschrift einer Anleitung aus Schulbuch – Tafelabschrift der Struktur eines Versuchsprotokolls
Gewährleistung der Arbeitsorganisation	3	Tafelabschrift Aufgabenstellungen – (Tafelabschrift) Stundenthema
Zeichnungen/Berechnungen/ Schätzungen	3	z.B. durchschnittlicher Wasserverbrauch pro Tag
Herstellung des Ordnungsrahmens	2	Angedrohte Disziplinarmaßnahmen, z.B. Aufsatz „Warum soll ich pünktlich im Biologieunterricht sein"

Für den Geschichtsunterricht wurden 16 einzelne schriftliche Arbeitsphasen ermittelt:

Tab. 3: Funktionen der schriftlichen Arbeitsphasen im Geschichtsunterricht

Funktion		Aktivitäten
Unterstützung einer eigenständigen gedanklichen Operation	2	Kurztext, Randnotizen
Sicherung des Leseverstehens	5	Stichworte, Notizen, Abschrift Tafelbild, Herausschreiben von Begriffen, Stichworte in tabellarischer Form, Unterstreichen im Text, schriftliche Beantwortung von Fragen auf der Grundlage der Lehrwerktexte, tabellarische Stichworte
Dokumentation bzw. Sicherung der fachbezogenen Begrifflichkeit	2	Notizen parallel zum Unterrichtsgespräch, Tafelabschrift einzelner Begriffe zur Sicherung der Rechtschriftlichkeit
Sicherung der fachbezogenen Konzepte	1	Stichwörter im Heft, die zu Konzept gruppiert werden
Wiederholung, Festigung fachlicher Inhalte zu Stundenbeginn	1	Stichworte
Erarbeitung bzw. Realisierung von bestimmten Textsorten		s.u. „Hausaufgaben"
Gewährleistung der Arbeitsorganisation	3	Stundenthema bzw. Überschrift des Lehrwerkkapitels werden im Heft notiert, Abschrift des Arbeitsauftrags von der Tafel, L diktiert Arbeitsaufträge ins Heft
Berechnungen/Schätzungen	1	Notieren von Jahreszahlen und ihre „Bedeutung"
Herstellung des Ordnungsrahmens	1	Androhung einer „Strafarbeit" (Abschrift von Lehrwerkseiten)

Mit dieser Auswertung wird keine statistisch repräsentative Aussage vorgelegt, sondern es handelt sich dabei um eine erste Sondierung der Unterrichtspraxis im Sinne einer Vorstudie. Dennoch müssen die Befunde nachdenklich stimmen:

- In den weitaus überwiegenden Fällen sind in beiden Fächern die Schreibanlässe unterhalb der Textebene angesiedelt und fokussieren die fachunterrichtliche Begrifflichkeit.

- Vorrangig geht es beim Schreiben um die Sicherung von Lernergebnissen, die entweder über die Rezeption von Texten bzw. graphischen Darstellungen oder durch das Unterrichtsgespräch „erwirtschaftet" wurden. Bei wohlmeinender Interpretation dienen lediglich zwei Schreibphasen epistemischen Zwecken, z.B. Dokument 2314: „Welche Schlüsse lassen sich aus dem Zeitungsbericht [bezüglich der Weltwirtschaftskrise, E.T.] ziehen?".

- Einen erheblichen Anteil haben die reproduzierenden bzw. dokumentierenden Schreibformen, also Abschriften von der Tafel, aus dem Lehrwerk, Lehrerdiktate. So kann es auch nicht verwundern, dass wir wiederholt auf Unterrichtssituationen gestoßen sind, in denen SchülerInnen fragen, ob sie etwas mitschreiben oder von der Tafel abschreiben sollen, so z.B.: „Schüler: Sollen wir das aufschreiben?- Lehrkraft: Kannst dir Stichpunkte machen. Besprechen tun wir das erst mündlich." (C., D.; https://archiv.apaek.uni-frankfurt.de/1790; Zeilen 266–268).

- Das textsortenbezogene Schreiben kommt nur im Biologieunterricht vor und betrifft die Versuchsbeschreibung bzw. das Versuchsprotokoll. Allerdings geht es dabei im Unterricht nur um Strukturvorgaben bzw. allgemeine Anleitungen. Weder wird die bildungs- oder fachsprachliche Formulierungsebene erreicht, noch erhalten die SchülerInnen sprachliche Rückmeldungen zu eigenen Texten.

In einigen Unterrichtstranskripten zeigen sich Tendenzen zu einem unbekümmerten bzw. wenig reflektierten und zielgerichteten Umgang mit den Schreibaufträgen, die bezüglich der Realisierung wenig Anhaltspunkte bieten und vor allem darauf ausgerichtet sind, umfangreichere und ausformulierte Texte zu vermeiden, z.B.:

Lw:[2]   *Hmhm. Gut. Gibt's hierzu noch Fragen? Schreibt euch das doch mal irgendwie so, wenn ihr wirklich mal Langeweile habt. Schreibt euch das doch mal an den Rand. Börsenspiel, Banken und Sparkassen, an den Rand alles. (A.,A., https://archiv.apaek.uni-frankfurt.de/2314, Zeilen 561-564).*

Lw: *Prima. Zitat Stalin. [Lw schreibt an die Tafel unter Ost: Zitat Stalin: Wer immer ein Gebiet besetzt, erlegt ihm auch sein eigenes gesellschaftliches System auf]. Ganz wichtig. Hat der Westen hier was zu entgegnen? ... Kannst wörtlich vorlesen, brauchst nicht mal selbst formulieren. SwA lies vor. [Schülerin SwA liest vor] ...*

SmN: *Das sollen wir nicht aufschreiben, oder?*

Lehrerin: Bitte?

SmN: *Das sollen wir nicht alles...*

Lw: *Nein, ihr könnt was zu schreiben. Etwa ein Begriff vielleicht, der das genau belegt. (Much, B.; https://archiv.apaek.uni-frankfurt.de/196; Zeilen 115–135.)*

---

2   Lw = Lehrkraft weiblich, Lm = Lehrkraft männlich, Sw = Schülerin, Sm = Schüler

In einer Unterrichtsstunde in Klasse 10 (Realschule) zur Weltwirtschaftskrise formuliert die Lehrerin folgende Aufgabe:

> *Überlegt euch mal {unverständlich}. Jetzt gehen wir mal folgendermaßen vor: ihr erarbeitet euch bitte selbstständig jetzt, ohne lautes Lesen, den Text und fasst ihn auch dabei zusammen. Ich hätte nach der Erarbeitung des Textes gern die Fragen beantwortet: Welche Schlüsse sich aus dem Zeitungsbericht ziehen lassen, hier auf der Seite 48? {...} Noch einmal die Aufgabenstellung: den Text bitte selbständig erarbeiten und dann im Anschluss die Frage beantworten: Welche Schlüsse lassen sich aus dem Zeitungsbericht auf der Seite 48 ziehen? Also die Frage 1 im Buch. Ich gebe euch fünf Minuten Zeit. Das müsste reiche[n], ne?* (A., A.; https://archiv.apaek.uni-frankfurt.de/2314; Zeilen 405–417)

Die SchülerInnen lesen still und machen sich Notizen. Es herrscht absolute Ruhe. Die Lehrerin geht durch die Reihen und kontrolliert, dass auch gearbeitet wird. Nach knapp zwei Minuten (!) sagt sie: „Keine Romane, ne!". Nach fast genau fünf Minuten fragt sie das Plenum: „Wie führte der Weg in die Krise?". Die Schülerin Sw20 antwortet:

> *Ja, ähm immer mehr Menschen haben sich diese Produkte halt gekauft, also die Autos und alles und dann wollten sie alles kaufen. Und dann haben sie sich gesagt, ja in ein paar Jahren werden sie eh mehr verdienen können und dann haben sie sich halt Schulden zurücklegen lassen. Keine Ahnung.* (Zeilen 436–441)

Erwartet hätte man, dass die SchülerInnen ihre Texte bzw. Notizen vorlesen und bildungs- bzw. fachsprachlich angemessene Formulierungen und Darstellungsformen verwenden. Aber dies war angesichts der knappen Bearbeitungszeit und des Einwurfs „Keine Romane!" offensichtlich auch nicht die Erwartung der Lehrkraft. Welche Funktion hatte dann die Schreibphase, und wie ernst war der Auftrag, den Text zusammenzufassen, gemeint?

Aus den Transkripten lässt sich herauslesen, dass die Produktion von Texten häufig aus dem Unterricht in Form von Hausaufgaben heraus verlagert wird, z.B. im Biologieunterricht in Form eines formalen Briefes an die Geschäftsleitung (als Ergebnis einer Produktanalyse von Toffifee-Pralinen), ebenfalls im Biologieunterricht in Form einer Therapie-Empfehlung für Eltern (bei Erkältungen ihrer Kinder), im Geschichtsunterricht in Form eines Zeitungsberichts zur Krönung Otto I. und die Beschreibung des Klosterlebens mit der Wahl, eine „Ich-" oder „Er-Perspektive" einzunehmen. In keiner der 40 Unterrichtsstunden haben SchülerInnen konkrete Rückmeldungen zu ihren Schreibprodukten, die sie als Hausarbeit angefertigt haben, bezüglich konkreter Formulierungen, Struktur oder Genre-Merkmalen erhalten. Wenn Hausaufgaben zu Stundenbeginn besprochen wurden, sind ausschließlich fachinhaltliche Aspekte thematisiert worden. Der Beitrag, den Sprache beim fachlichen Lernen leistet, bleibt unbeachtet.

Ausgehend von den Stichproben aus der fachunterrichtlichen Wirklichkeit stellen sich schließlich zwei Fragen, (a) Lassen sich die curricular vorgegebenen Fachkompetenzen auf nachhaltige und effiziente Weise durch einen dominant mündlich geführten Unterricht erreichen? (b) Kann ein dominant mündlich geführter Unterricht einen wesentlichen Beitrag zur Sprachbildung und zur Entwicklung bildungssprachlicher Kompetenzen leisten? Natürlich lassen sich wegen der eingeschränkten Datenlage bei unserer Stichprobe und ihrer Anlage als Vorstudie ohne ausdifferenziertes sozial-empirisches Forschungsdesign keine belastbaren Antworten geben. Wohl aber zeigt sich tendenziell, dass die Art der mündlichen Unterrichtsdiskurse entscheidend ist. Fachunterrichtliche und bildungssprachliche Kompetenzen können auch mit einem nur geringen Anteil an zusammenhängendem sinnentwickelndem Schreiben im Unterricht angebahnt werden, wenn durch die Mündlichkeit schriftsprachliche Gebrauchsmuster transportiert werden.

Charakteristisch für die von uns in den Transkripten angetroffene Unterrichtswirklichkeit sind Interaktionen der folgenden Art:

Sm 6:   *Also die Welt war früher ein Feuerball, wie ist dann einfach so, wie zum Beispiel ist dann plötzlich das Wasser gekommen?*

Lw: *Ich nehme an, dass es also sich abgekühlt hat. Ja, und mit dem Abkühlen haben sich die Zustände, zum Beispiel der Gase verändert. Du weißt, wenn du eines eurer Lieblingsessen, ich weiß es sind wie immer Spaghetti, so. Bei dir nicht? Ab sofort sind es Spaghetti, sonst klappt nämlich mein Beispiel nicht. OK gut, danke schön. Was musst du denn machen um Spaghetti zu kochen?*

Sm 6:   *Ich nehm heißes Wasser. Mach das voll.*

Lw: *So was, du nimmst Wasser und?*

Sm 6:   *Leg das in eine Pfanne.*

Lw: *Nein, das würde ich jetzt mal nicht.*

Klasse: *Kochtopf*

Lw: *Also Wasser in einen Topf und was machst du mit diesem Topf mit Wasser?*

Sm 6:   *Ich leg das auf den Herd.*

Lw: *Stellst du auf den Herd. Und dann?*

Sm 6:   *Ich mach erst mal den Herd an.*

Lw: *Das wäre gut, ja.*

Sm 6:   *Danach schüttele ich das Wasser durch.*

Lw: *So und jetzt passiert was. Dein Wasser, das du aus dem Wasserhahn geholt hast, war zunächst?*

Sm 9:   *Kalt.*

Lw: *Kalt. Und jetzt hast du die Energie angeschaltet, den Herd angeschaltet, die Herdplatte wird heiß, das Wasser erwärmt sich. Was passiert mit dem Wasser, während es sich erwärmt? Zuerst steigen?*

Sm 6:   *Dampf*
Sw 15:   *Dampf*
Sw 11:   *Blubberblasen.*
Lw: *Ja es blubbert erst mal, es kommen, es steigen also Bläschen auf. Anschlie-*
            ßend, vollkommen richtig Sm 6 und auch Sw 15, es steigt Dampf auf. Wo
            kommt denn der Dampf plötzlich her? Sm19?
Klasse: Aus dem Wasser
Sm 19: Also der Dampf ist eigentlich Wasser.
Lw: *Genau und deswegen nennt man es auch manchmal Wasserdampf. Ja? Gut!*
            Das ist eigentlich Wasser, das aber, warum wird das denn auf einmal zu
            Dampf?
Sm 13: Weil es trocknet, die Tropfen, die trocknen.
Lw: *Nein, nein, nein. Sm 4!*
Sm 4:   Weil es zu heiß ist.
Lw: *Jawohl, es wird erhitzt und bei einer bestimmten Temperatur verändert es sich*
            und geht von der flüssigen in die gasförmige Struktur über. Und was für eine
            Temperatur ist denn das? Weiß man die so ungefähr, so ganz grob.
Sw 11:   100 Grad (https://archiv.apaek.uni-frankfurt.de/348; Zeilen 154–204)

Diese Unterrichtsphase ist insofern typisch, weil hier die IRF-Zyklen bzw. triadischen Dialoge (Frage oder Impuls als Initiation der Lehrkraft, Reaktion des Lernenden, Feedback oder Follow-up der Lehrkraft) als häufigstes Muster unterrichtlicher Interaktion dominieren. Zusammenhängende und sinnentwickelnde sprachliche Reaktionen der SchülerInnen kommen dann nicht zustande, wenn der initiierende Zug (*move*) sprach-arme Antworten provoziert (z.B. "Lw: Dein Wasser, das du aus dem Wasserhahn geholt hast, war zunächst? Sm 9: Kalt."). Erfahrungsgemäß treten diese geschlossenen oder halb-offenen Formate von IRF-Zyklen umso häufiger auf, als Lehrkräfte davon ausgehen, dass die Lernenden nur über eingeschränkte sprachliche Fähigkeiten verfügen. Das wiederum hat einen Mangel an Lerngelegenheiten für „sprachliche RisikoschülerInnen" zur Folge, bildungs- und fachsprachliche Gebrauchsmuster zu erproben. Epistemische Schreibaufträge, ganz gleich ob textsorten-formatiert oder unformatiert, würden diesen Mangel beheben, wenn sie durch geeignete Scaffolds (siehe u.a. Hammond 2001; Walqui/van Lier 2010; Thürmann 2013) begleitet und unterstützt werden.

Das oben angeführte Beispiel zeigt weiterhin, dass Lehrkräften im mündlich geführten Unterricht in der Regel sehr wohl die Differenz zwischen umgangssprachlichen und bildungssprachlichen Varietäten bewusst ist. Die Lehrkraft in unserem Beispiel trägt Sorge, dass kolloquial geprägte Schülerbeiträge durch Recodierungen auch mit Hilfe der MitschülerInnen sprachlich und inhaltlich „repariert" werden, z.B.:

Sm6:   *Ich <u>nehm</u> heißes Wasser. Mach das voll.*
Lw: *So was, du <u>nimmst</u> Wasser und?*
Sm 6:   *<u>Leg</u> das in eine <u>Pfanne</u>.*
Lw: *Nein, das würde ich jetzt mal nicht*
Klasse: *<u>Kochtopf</u>*
Lw: *Also Wasser in einen Topf und was machst du mit diesem <u>Topf mit Wasser</u>?*
Sm 6:   *Ich <u>leg</u> das auf den Herd.*
Lw: *<u>Stellst</u> du auf den Herd. Und dann?*
Sm 6:   *Ich mach erst mal den Herd an.*

Man erkennt, dass bei dieser zurückhaltenden Strategie der Recodierung, Sm6 keinesfalls davon ablässt, Passepartout-Verben des kolloquialen Sprachgebrauchs zu verwenden. Bewusstmachung am schriftlichen Text und entsprechende redaktionelle Überarbeitungen des geschriebenen Textes würden sicherlich eine effektivere Hilfe sein.

Das Beispiel zeigt weiterhin, dass Lehrkräften des Fachunterrichts im Prinzip der sprachbildende Auftrag bewusst ist und dass sie bildungssprachliche Modellierungen den SchülerInnen zur Übernahme in den eigenen Gebrauch anbieten sollten. So korrigiert sich Lw in unserem Beispiel: „Ja es blubbert erst mal, es *kommen*, es *steigen* also Bläschen *auf*." An anderer Stelle bietet sie ihren SchülerInnen folgende modellhafte Formulierung an: „Jawohl, es wird erhitzt und bei einer bestimmten Temperatur verändert es sich und geht von der flüssigen in die gasförmige Struktur über." Aber auch hier stellt sich die Frage, ob solche Strategien im mündlichen Unterrichtsdiskurs Lerngelegenheiten ersetzen können, die SchülerInnen anleiten, schriftsprachliche Gebrauchsmuster anhand von Modelltexten zu erkennen und zu analysieren, sich Stilmerkmale bewusstzumachen sowie eigene Texte entsprechend redaktionell zu überarbeiten. Dies würde sich auch positiv auf die sprachliche Reflektiertheit mündlicher Diskursbeiträge auswirken.

Schließlich haben die Stichproben nachgewiesen, dass die Gesprächsschritte im mündlichen Unterrichtsdiskurs zu schnell getaktet sind und den SchülerInnen kaum Zeit lassen, eigene Gesprächsbeiträge vorzuformulieren bzw. gegebenenfalls selbst oder mit Hilfe zu reparieren, was beim Einsatz schriftlicher Arbeitsformen leichter zu realisieren wäre.

2   Zweite Stichprobe: Curriculare Vorgaben für das Schreiben im Fachunterricht

Die aktuell gültigen Kernlehrpläne für die Sekundarstufe I des Landes Nordrhein-Westfalen sind kompetenzorientiert und greifen inhaltlich und in der Art der Darstellung die Bildungsstandards der Kultusministerkonferenz (KMK) auf und konkretisieren diese. Sie definieren die fachunterrichtlichen Anforderungen im Sinne von Kompetenzerwartungen für die einzelnen Schulformen am Ende von Bildungsabschnitten, „ohne die didaktisch-methodische Gestaltung der Lernprozesse regeln zu wollen. Die Umsetzung des Kernlehrplans liegt somit in der Gestaltungsfreiheit – und der Gestaltungspflicht – der Fachkonferenzen sowie der pädagogischen Verantwortung der Lehrerinnen und Lehrer" (Ministerium für Schule und Weiterbildung des Landes Nordrhein-Westfalen (2011a, 3). Damit ist zunächst geklärt, dass die einzelne Schule und ihre Fachkonferenzen die Schreibpraxis im Fachunterricht weitgehend selbst bestimmen und in schulinternen Lehrplänen konkretisieren können.

Da die Kompetenzerwartungen der Kernlehrpläne anzustrebendes Können (Prozess- und Handlungsebene) und Wissen (Ebene der fachlichen Gegenstände) für die Bewältigung von Anforderungssituationen zusammenführen, stellt sich dennoch die Frage nach verbindlichen curricularen Vorgaben für Handlungskompetenzen medialer oder konzeptioneller Schrift(sprach)lichkeit. Dieser Frage soll im Folgenden exemplarisch für das Fach Biologie nachgegangen werden. Die unten dargestellten Tendenzen und Befunde können in gleichem Maße für das Fach Geschichte und andere sogenannte Sachfächer gelten.

Vier Kernlehrpläne für den Biologieunterricht wurden nach der sprachlichen Dimension – insbesondere nach schriftsprachlichen Kompetenzerwartungen – analysiert: Gymnasium (G8) aus dem Jahr 2008, Realschule in Kraft gesetzt für 2011/2012, Gesamtschule als Teil des Kernlehrplans für Naturwissenschaften in Kraft gesetzt für 2011/2012 und Hauptschule ebenfalls als Teil des Lehrplans für Naturwissenschaften 2011.

Gemeinsam ist diesen Kernlehrplänen, dass der Fachunterricht ganz allgemein gemäß Erlass APO-SI § 6 (6) auf die Förderung der deutschen Sprache verpflichtet wird. Als gemeinsames Merkmal ist weiterhin herauszustellen, dass im Gegensatz zu früheren Lehrplangenerationen den Bildungsstandards der KMK folgend neben den Prozesskompetenzen „Umgang mit Fachwissen", „Erkenntnisgewinnung" und „Bewertung" ein eigenständiger Bereich „Kommunikation" vorgesehen ist, da im Sinne naturwissenschaftlicher Grundbildung (*scientific literacy*) SchülerInnen in der Lage sein sollten, sich auf der Grundlage naturwissenschaftlicher Kenntnisse aktiv an gesellschaftlicher Kommunikation und Meinungsbildung zu beteiligen. Für das Ende der Jahrgangsstufe 9 werden z.B. für das Gymnasium (G8) u.a. für den Kompetenzbereich „Kommunikation" folgende Erwartungen aufgeführt:

Die Schülerinnen und Schüler
- *kommunizieren ihre Standpunkte fachlich korrekt und vertreten sie begründet adressatengerecht*
- *beschreiben und erklären in sprachlich strukturierter Darstellung den Bedeutungsgehalt von fachsprachlichen bzw. alltagssprachlichen Texten und von anderen Medien*
- *dokumentieren und präsentieren den Verlauf und die Ergebnisse ihrer Arbeit sachgerecht, situationsgerecht und adressatenbezogen, auch unter Nutzung elektronischer Medien, in Form von Texten, Skizzen, Zeichnungen, Tabellen oder Diagrammen ...*

(Ministerium für Schule und Weiterbildung NRW 2008, 18)

Auffällig ist dabei, dass für den Bereich „Kommunikation" ebenso wie für andere prozess- und konzeptbezogene Kompetenzformulierungen die Medialität des Mündlichen oder Schriftlichen bzw. Textsorten/Genres nicht explizit ausgewiesen werden. Allerdings wird in den Formulierungen der Kompetenzerwartungen für beide Medialitäten (konzeptuelle) Schriftsprachlichkeit unterstellt, indem auf Gütekriterien wie Sach-, Adressaten- und Situationsbezogenheit sowie fachsprachliche Angemessenheit im Kontrast zum kolloquialen Sprachgebrauch verwiesen wird. Lediglich in dem Kapitel „Leistungsbewertung" werden fachliche Anforderungen an das schriftliche Sprachhandeln explizit benannt – wenn auch nur pauschal und nicht kriteriell differenziert. „Diese Beiträge [der SchülerInnen zum Unterricht, E.T.] sollen unterschiedliche mündliche, schriftliche und praktische Formen in enger Bindung an die Aufgabenstellung und Leistungsbewertung das Anspruchsniveau der jeweiligen Unterrichtseinheit umfassen" (Ministerium für Schule und Weiterbildung NRW 2008, 39). Es geht dabei im Einzelnen um Führung eines Heftes, Lerntagebuchs oder Portfolios, Erstellung von Produkten wie Dokumentationen zu Aufgaben, Untersuchungen und Experimenten, Präsentationen, Protokolle, Lernplakate, Modelle sowie kurze schriftliche Überprüfungen des Lernfortschritts (Ministerium für Schule und Weiterbildung NRW 2008, 40).

In den Kernlehrplänen für den naturwissenschaftlichen Unterricht an der Gesamtschule und damit auch für die Biologie ist wie bei den Kernlehrplänen für das Gymnasium (G8) die gleiche Tendenz zu beobachten, nämlich dass sich die Operatoren in den Kompetenzerwartungen zur Kennzeichnung von kognitiv-sprachlichen Handlungen auf Fachinhalte beziehen, jedoch Medialität und Textualität weder nach Genre, Qualität oder Umfang näher eingrenzen, wie an folgenden Beispielen ersichtlich ist:

Umgang mit Fachwissen: z.B.
Die Schülerinnen und Schüler können das Prinzip der Fortpflanzung bei Pflanzen und Tieren vergleichen und Gemeinsamkeiten erläutern.

Erkenntnisgewinnung
Die Schülerinnen und Schüler können kriteriengeleitet Keimung oder Wachstum von Pflanzen beobachten und dokumentieren und Schlussfolgerungen für optimale Keimungs- oder Wachstumsbedingungen ziehen.

Kommunikation
Die Schülerinnen und Schüler können Möglichkeiten beschreiben, ein gewünschtes Merkmal bei Pflanzen und Tieren durch Züchtung zu verstärken.
(Ministerium für Schule und Weiterbildung NRW 2011a, 33/34)

Allerdings ist die Sensibilität für Schreiben und Schriftlichkeit in den Kernlehrplänen für die Real- und die Gesamtschule stärker ausgeprägt als für das Gymnasium (G8), zumal einige Jahre zwischen den Zeitpunkten der Entwicklung bzw. der Inkraftsetzung (2008–2011/2012) liegen und die Sensibilität der Bildungsbehörden für die sprachlichen Aspekte des fachlichen Lernens offensichtlich gewachsen ist. Immerhin wird in den Kernlehrplänen für Naturwissenschaften an der Gesamtschule wiederholt Schriftlichkeit als gebotene Medialität explizit ausgewiesen, z.B.:

Die Schülerinnen und Schüler können
- *naturwissenschaftliche Zusammenhänge sachlich und sachlogisch strukturiert schriftlich darstellen.*
- *Informationen zum Heranwachsen des Fetus aus ausgewählten Quellen schriftlich zusammenfassen.*
(Ministerium für Schule und Weiterbildung NRW 2011a, 125; 78)

Für die Hauptschule haben die Kernlehrpläne aus dem Jahr 2011 ein Signal bezüglich der sprachlichen Dimension des fachunterrichtlichen Lehrens und Lernens in einer solchen Deutlichkeit gesetzt, wie es das in vorhergehenden Lehrplangenerationen nie gegeben hat. Bereits im Eingangskapitel wird auf den Zusammenhang von naturwissenschaftlichem Lernen und sprachlicher Kompetenzentwicklung sowie ausdrücklich auf die Notwendigkeit der fachsprachlichen Förderung hingewiesen, weil dadurch ‚Möglichkeiten für die SchülerInnen entstehen, fachunterrichtliche Konzepte sowie eigene Wahrnehmungen, Gedanken und Interessen angemessen darzustellen' (Ministerium für Schule und Weiterbildung NRW 2011b, 12). In dem Kapitel 2.2 der Kernlehrpläne finden sich ausführliche Erläuterungen zur Sprachkompetenzentwicklung im naturwissenschaftlichen Unterricht unter Berücksichtigung grundlegender Diskursfunktionen wie Benennen, Definieren – Beschreiben – Berichten – Erklären, Erläutern – Argumentieren, Stellung beziehen und bildungs- bzw. fachsprachlichen Besonderheiten auf Wort-, Satz- und Textebene. Diese deutliche curriculare Akzentuierung der sprachlichen Dimension des fachunterrichtlichen Lehrens und Lernens ist sicherlich der Erkenntnis geschuldet, dass Kinder und Jugendliche aus bildungsprekären und/oder zwei- oder mehrsprachlichen Lebenskontexten deutlich überproportional an Hauptschulen vertreten sind und dass ihre weitgehende Entfremdung von literalen Kulturen wesentliche Ursache für unterdurchschnittliche Lernerfolge in den meisten Schulfächern ist. Allerdings geben auch in den Kernlehrplänen für die Hauptschule die Formulierungen der Kompetenzerwartungen keine differenzierteren Aufschlüsse, mit welcher Funktion und in welcher Weise und welchem Umfang im Biologieunterricht bzw. Fachunterricht geschrieben werden sollte, damit fachliche Ziele erreichbar und fachübergreifend bildungssprachliche Fähigkeiten entwickelt werden.

3 Dritte Stichprobe: Befragung von SchülerInnen und Lehrkräften zum Schreiben im Fachunterricht

Um einen weiteren Einblick in die schulische Schreibpraxis zu bekommen, wurden SchülerInnen der Klasse 8 aus dem Bundesland Nordrhein-Westfalen sowie ihre jeweiligen Fachlehrkräfte in den Fächern Geschichte und Biologie befragt. Die Erhebung hat explorativen Charakter und kann somit nicht repräsentativ sein. Sie gibt allerdings erste interessante Hinweise darauf, welchen Stellenwert Lehrkräfte und SchülerInnen dem Schreiben im Fachunterricht zuordnen und welche Haltung sie dazu einnehmen.

Der Schülerfragebogen umfasst drei Bereiche: Haltung und Einstellung zum Schreiben innerhalb und außerhalb der Schule, die Schreibpraxis des jeweiligen Unterrichtfaches sowie Überzeugungen zur Bedeutung des Schreibens für das eigene Lernen. Befragt wurden SchülerInnen aus den Schulformen Haupt-, Real-, Gesamtschule und Gymnasium (N = 672). Der Fragebogen für Lehrkräfte bezieht sich auf Einschätzung der Einstellung von SchülerInnen zum Schreiben im jeweiligen Fach sowie auf die eigene Unterrichtspraxis in Bezug auf Schreibaktivitäten.

Welche Haltung nehmen SchülerInnen zum Schreiben ein?
Die Tendenz, dass SchülerInnen mehrheitlich eine (eher) ablehnende Haltung zum Schreiben einnehmen, was im Übrigen in vielen Studien angedeutet bzw. vermutet wird, lässt sich durch unsere Stichprobe sowohl für den unterrichtlichen als auch für den außerschulischen Bereich (Schreiben in der Freizeit) belegen. 68% der Befragten geben an, dass sie in ihrer Freizeit (eher) nicht gern schreiben, wobei die ablehnende Einstellung der SchülerInnen aus Realschulen und Gymnasien erstaunlicherweise über denen aus Haupt- und Gesamtschulen liegen. Die ablehnende Haltung überwiegt auch für das Schreiben im Sachfachunterricht: Biologie = 61%, Geschichte = 67%. Damit übertreffen diese Werte die Ergebnisse für eine ablehnende Haltung aus der repräsentativen Studie von Clark und Douglas (2011) für das britische Schulsystem, in der 17.089 SchülerInnen im Alter von 8 bis 16 aus 112 Schulen befragt wurden. Übereinstimmungen zu unserer Studie ergeben sich auch bezüglich der Genderdifferenzen. In beiden Fällen ist die ablehnende Haltung von Jungen dem Schreiben gegenüber prononcierter als die der Mädchen. Aus den Umfrageergebnissen des *National Literacy Trust* lassen sich wenigstens zwei weitere differenzierte Tendenzen für das Schulsystem des *United Kingdom*

ablesen: (a) die Ablehnungsrate nimmt mit dem Alter und dem Fortschreiten der Befragten im Schulsystem zu, (b) die Ablehnungsrate steht im direkten Zusammenhang mit der Ausprägung der Schreibkompetenz. „Gute SchreiberInnen" haben eine deutlich positivere Einstellung zum Schreiben als solche, deren Lese- und Schreibleistungen unter dem Durchschnitt liegen. Ein sozioökonomischer Effekt bezüglich der Einstellungen zum Schreiben wurde nicht festgestellt.

Wie oft wird im (Fach-)Unterricht geschrieben und worum geht es dabei?
In beiden Fächern wird laut Schülerauskunft (ca. 80%) in jeder bzw. in den meisten Stunden geschrieben. Hinsichtlich der Häufigkeit des Schreibens stimmen die Einschätzungen von Lehrkräften und SchülerInnen überein.

In der Wahrnehmung der SchülerInnen dominieren im Fachunterricht zwei Schreibaktivitäten: (a) Für das Abschreiben von Texten z.B. aus dem Lehrbuch oder von der Tafel geben z.B. 83% der SchülerInnen an der Realschule an, dass dieses im Geschichtsunterricht (sehr) häufig vorkommt. Für das Gymnasium wurde ein Wert von 56% ermittelt. Die Werte für die anderen Schulformen liegen dazwischen. Die Werte für Biologie sind im Prinzip vergleichbar. (b) Häufig geht es beim Schreiben auch darum, ‚Fragen der Lehrkraft/aus dem Buch zu beantworten'. Die Angaben zur Häufigkeit („oft"/"sehr oft" vs. „selten", „nie") liegen für die Hauptschule bei 75%, für die Realschule bei 72%, für die Gesamtschule bei 84% und für das Gymnasium bei 80%). Welche Anforderungen kognitiv und textuell damit verbunden sind, lässt sich aus den Befragungsergebnissen nicht ableiten.

Nach Aussagen der SchülerInnen kommen lernwegbegleitende bzw. reflektierende Schreibaktivitäten (z.B. Portfolio) im Fachunterricht so gut wie nicht vor. Die als typisch für das jeweilige Fach geltenden Textsorten wurden erwartungswidrig von SchülerInnen nicht als häufig vorkommende Schreibformen im Unterricht eingestuft. Dies gilt insbesondere für das Protokoll im Fach Biologie (selten/nie: 88%), aber auch abgeschwächt für die Quellenanalyse im Fach Geschichte (selten/nie: 67%). Durch die Art der Frage im Schülerfragebogen war gesichert, dass andere gebräuchliche Benennungen der gemeinten Textsorte ebenfalls abgedeckt waren. Weitere für den Biologieunterricht typische Textformen wie das Schreiben von Steckbriefen (selten/nie: 92%), das Beschreiben von Gegenständen, Tieren und Pflanzen (selten/nie: 54%) sowie die Vorgangsbeschreibung bei Experimenten (selten/nie: 65%) nehmen erwartungswidrig keine dominante Rolle ein. Bei für den Geschichtsunterricht typischen Schreibformen wie dem Zusammenfassen von Textinhalten (selten/nie: 66%) oder der Beschreibung von Ereignissen und Personen (selten/nie: 59%) zeigt sich ein gemischtes Bild.

Kognitiv involvierende Schreibformen, wie das Schreiben der eigenen Meinung zu einem Problem oder einem Sachverhalt, haben nach Aussagen der SchülerInnen sowohl in Geschichte (selten/nie: 73%) als auch in Biologie (selten/nie: 81%) nur einen geringen Stellenwert. Selbst das instrumentelle Schreiben – z.B. „sich selbst Notizen zu machen" – ist kein gängiges Schreibformat im Biologieunterricht (selten/nie: 76%), häufiger wird es im Geschichtsunterricht genutzt (selten/nie: 60%).

Die Wahrnehmungen der SchülerInnen bezüglich der Häufigkeit von Schreibaktivitäten und Textsorten stehen oft im Widerspruch zu den Aussagen der Lehrkräfte – vor allem wenn es um die für den jeweiligen Fachunterricht typischen Textsorten geht. So geben die Lehrkräfte z.B. an, dass sie für den Biologieunterricht typische Textsorten wie das Protokoll oder die Beschreibung eines Experiments oft in ihren Unterricht integrieren, während die SchülerInnen mehrheitlich angeben, dass sie diese selten oder nie verfassen. Ähnliche Diskrepanzen wurden für die Quellenanalyse im Geschichtsunterricht festgestellt.

Welche Funktionen ordnen die Lehrkräfte dem Schreiben für Lehr- und Lernprozesse in ihrem Fachunterricht zu, und welche Gründe führen sie für die geringe Schreibmotivation ihrer SchülerInnen an?
Den Lehrkräften ist bewusst, dass SchülerInnen mehrheitlich nicht gern im Fachunterricht schreiben. Als Gründe hierfür vermutet sie, dass das Schreiben ihren SchülerInnen zu mühsam und anstrengend sei, zu viel Konzentration erfordere und dass sie bereits in Fächern wie Deutsch und Englisch viel schreiben würden. Ähnliche Begründungen machen auch die befragten SchülerInnen geltend.

Wenn die Lehrkräfte dennoch in ihrem Unterricht angeben, relativ häufig schreiben zu lassen, dann werden dafür folgende Absichten (mit abnehmender Häufigkeit) angeführt: ‚Unterrichtsinhalte sichern‘, ‚Fachbegriffe anwenden‘, ‚auf Tests vorbereiten‘, ‚Gelerntes festigen‘, ‚sich vertieft mit einem Thema auseinandersetzten‘ und ‚Sprache und Ausdrucksweise fördern‘.

Obwohl im Fachunterricht nach Angaben der Lehrkräfte häufig geschrieben wird, gelingt es den Lehrkräften nicht, SchülerInnen für das Schreiben zu motivieren. Das Potenzial des schreibhandelnden Lernens wird wenig genutzt, indem reproduktive und Lerninhalte absichernde Schreibformen dominieren. SchülerInnen haben also kaum Gelegenheit zu erfahren, wie sie vermittels des Schreibens Ideen generieren und ordnen, eigene Gedanken entfalten und auf Konsistenz überprüfen, Argumente überzeugend vorbringen und die eigene Person mit eigener Meinung und Einstellung zur Geltung bringen können.

Die in unserer Stichprobe festgestellten Differenzen in den Einschätzungen und Wahrnehmungen zum Schreiben im Fachunterricht zwischen den Lehrkräften einerseits und den SchülerInnen andererseits sind Ausdruck subjektiver Theorien zu Rolle und Funktion des Schreibens in Lehr- und Lernprozessen, die bislang nur wenig erforscht sind (dazu u.a. Petric 2002), jedoch die Praxis des Schreibunterrichts negativ beeinflussen können, wenn Differenzen über Formen und Funktionen des schreibhandelnden Lernens im Unterricht nicht von beiden Seiten expliziert und ausgehandelt werden.

4   Herausforderungen und Perspektiven

Wenn im Titel dieses Beitrags das Schreiben in den Sachfächern als schlafender Riese bezeichnet wird, dann soll damit auf Zweierlei verwiesen sein: auf das Potenzial literaler Arbeits- und Lernformen für den fachunterrichtlichen Lernerfolg sowie auf die Tatsache, dass dieses Potenzial in der Schulpraxis wenig bis gar nicht genutzt wird.[3] Zur Begründung letzterer Behauptung wurden die drei Stichproben durchgeführt, deren eindeutige Ergebnisse o. zusammengefasst sind. Das Potenzial des Schreibens ist u.E. hinlänglich schulempirisch nachgewiesen. Langer und Applebee (2007, 135) formulieren dies auf der Grundlage einer umfassenden Analyse empirischer Studien so:

> *Über alle Studien hinweg ergibt sich ein klarer Nachweis dafür, dass alle Unterrichtsaktivitäten, die mit Schreiben verbunden sind (also jegliche der vielen Formen des Schreibens), zu erfolgreicherem Lernen führen als das Lesen oder andere Lernformen. Schreiben unterstützt das Lernen. Jenseits dieser Erkenntnis haben wir gelernt, dass Schreiben nicht Schreiben, nicht Schreiben ist. Unterschiedliche Schreibaktivitäten leiten Lernende zu unterschiedlichen Arten von Information, über die Information unterschiedlich zu denken und quantitativ und qualitativ unterschiedliches Wissen aus den Schreiberfahrungen mitzunehmen.*
>
> (Übers. E.T.)

Wie intensiv Lernen durch Schreiben und damit der kausale Zusammenhang zwischen Lern- bzw. Schulerfolg und unterschiedlichen Schreibaktivitäten bislang (außerhalb Deutschlands) erforscht wurde, zeigt ein Blick in die Datenbank, mit der die Forschungslage für die „harten" Disziplinen (Naturwissenschaften, Mathematik, Technik, Ingenieurwissenschaften) in den USA für das Grundstudium dokumentiert wird (Reynolds/Thaiss/Katkin et al. 2012). Als Grund für die umfassende Literaturübersicht und die lerntheoretisch fundierte Auswertung geben die AutorInnen die didaktisch-methodische Herausforderung an, Lernende zu motivieren und zu befähigen, sich der naiven Vorstellungen von Naturwissenschaften als Sammlung von im Gedächtnis zu speichernden und zu reproduzierenden Fakten zu entledigen und naturwissenschaftliches Lernen als vertieftes Verständnis von Konzepten und wissenschaftlichen Denkweisen und Methoden zu begreifen. In dem Zusammenhang konstatieren sie ein Missverhältnis zwischen den positiven Effekten des Lernens durch Schreiben und der tatsächlichen Implementation solcher Methoden in Schule und Hochschule. Das Vorhaben von Reynolds et al. (2012), mit Hilfe der Literaturdokumentation und -auswertung einen konzeptuellen Rahmen für die Verknüpfung von Lernen durch Schreiben mit Erkenntnissen aus den Feldern neurokognitive Entwicklung, Lernpsychologie, Didaktik und Unterrichtspraxis für die Diskursgemeinschaften der Natur- und Technikwissenschaften

---

3   Siehe dazu auch die Erhebungsergebnisse von Kiuhara/Graham/Hawken (2009), Applebee/Langer (2011) und Graham/Capizzi/Harris et al. (2014) für die USA.

herzustellen, ist ein eindrucksvoller Versuch, den schlafenden Riesen Lernen durch Schreiben zu wecken.[4] Welche Prioritäten sind also zu bedenken, wenn wir uns diesem Weckruf anschließen und auf den Fachunterricht insgesamt ausweiten?

Stärkere Berücksichtigung der fachspezifischen literalen Anforderungen. Sowohl in den USA wie auch in Deutschland waren Maßnahmen der Sprachförderung und Sprachbildung in der jüngeren Vergangenheit aus guten Gründen auf die Eingangsphase des Bildungssystems fokussiert und damit in starkem Maße auf fächerübergreifend generalisierbare Fertigkeiten und Fähigkeiten des Lese- und Hörverstehens, des Sprechens und Schreibens sowie der Verfügbarkeit grundlegender sprachlicher Mittel (z.B. Wortschatzerweiterung, Anwendung grammatischen Regelwissens). Die positive Wirkung dieser Interventionen lässt sich durch Ergebnisse der großen internationalen Schulleistungsvergleiche nachweisen (z.B. für Deutschland anhand der Ergebnisse aus PISA 2012 für die Lesekompetenz). Andererseits gibt es Belege dafür, dass die Entwicklung „sprachlicher Risikogruppen" nach Beginn der Sekundarstufe I im Sinne von Interimskompetenzen fossilisiert und Schulerfolg ausbleibt:[5]

> *However, the idea that early literacy improvement would automatically lead to consequent later growth in literacy has not panned out. Early learning gains, instead of catapulting students toward continued literacy advancement, disappear by the time these students reach eighth grade (...). The idea that enhanced early teaching practices will continue to provide literacy advantages without continued enhanced teaching efforts — the so-called "vaccination" conception of teaching (Shanahan & Barr, 1995, p. 982) — does not appear to hold.*
>
> (Shanahan/Shanahan 2012, 43)

Aus diesem Sachverhalt werden z.B. in den USA folgende Schlüsse gezogen: (a) verstärkte Berücksichtigung der Jugendlichen im Alter von 15+ als Zielgruppe der Sprachbildung *(academic literacy)* im Regelunterricht (siehe dazu u.a. Sturtevant 2004), (b) Entdeckung der Bedeutung von fachspezifischen Diskursformen und -konventionen sowie Textsorten und ihre Verknüpfung mit fachspezifischen kognitiven Operationen und Strategien des Lehrens und Lernens *(disciplinary approach, writing in the disciplines)*. Die einzelnen Schulfächer – so z.B. ausgearbeitet bei Jeff Zwiers (2008) und in den drei SIOP-Handbüchern zu Mathematik (Echevarria/Vogt/Short 2009), Geschichte/Sozialwissenschaften (Short/Vogt/Echevarria 2010a) und Naturwissenschaften (Short/Vogt/ Echevarria 2010b) – haben je eigene epistemisch-heuristische und damit bildungssprachliche Profile nicht nur hinsichtlich fachsprachlicher Inventare, sondern auch bezüglich der Bevorzugung von Diskursstrategien, kognitiv-sprachlichen Funktio-

---

4   Vgl. dazu die umfassenden Dokumentationen und angebotenen Ressourcen des *Writing-across-the Curriculum (WAC) Clearinghouse* der Colorado State University, http:// wac.colostate.edu/intro/pop6a.cfm.

5   Fossilisierungseffekte werden auch von Müller/Dittmann-Domenichini (2007) für die Schweiz nachgewiesen.

nen und Genres sowie semiotischer Systeme (z.B. Formeln, Diagramme, topographische und thematische Karten), die der Darstellung von Sachverhalten und dem erklärenden, schlussfolgernden oder begründenden Argumentieren dienen. (Siehe dazu u.a. Johns 1997; Hyland 2000)

Das fachspezifische Engagement für Sprachbildung stellt einerseits in Rechnung, dass in der vorakademischen Diskursgemeinschaft der Fächerschule über das gesamte Curriculum hinweg Gemeinsamkeiten in den kognitiven und sprachlichen Operationen des Lehrens und Lernens existieren. Andererseits werden schulische Disziplinen als eigene Diskursgemeinschaften verstanden mit je eigenen historisch gewachsenen Praktiken. Ob sich diese Eigenständigkeit der disziplinären Diskurse als funktional für Wissenserwerb und -vermittlung oder als Abgrenzung nach außen und der Herstellung von Solidarität nach innen oder lediglich als zufällige konsensuelle Praxis begründen lässt, darüber lässt sich trefflich streiten. Fakt ist, dass mit aufsteigender Jahrgangsstufe die bildungssprachlichen Herausforderungen, mit denen die SchülerInnen konfrontiert werden, zunehmend von den fachunterrichtlichen Konventionen auf unterschiedlichen Ebenen (Makro-, Text-, Textsortenebene; Meso-, Textstruktur- und -strategieebene; Mikro-, Formulierungs- bzw. lexiko-grammatische Ebene) geprägt werden. Diese Konventionen werden von den Lernenden auf dem Wege des Planens, Verfassens und Überarbeitens im Rahmen des sinnentwickelnden Schreibens am ehesten erschlossen. Dabei muss zwischen fachübergreifenden und fachspezifischen Strategien unterschieden werden. Die Fachdidaktiken sind also weiterhin gefordert, auch im eigenen Interesse in systematischer Weise Verantwortung für die Sprachbildung zu übernehmen.

Anpassung der Schreibpraxis an aktuelle Lerntheorien und Kompetenzmodelle. Die Stichproben (s.o. Lehrer-/Schülerbefragung, Analyse der Unterrichtstranskripte) und vergleichbare Ergebnisse aus anderen Bildungssystemen zeigen, dass – wenn überhaupt im Fachunterricht geschrieben wird – diese Aktivitäten überwiegend unterhalb der Textebene der Absicherung von Lernergebnissen dienen und nicht der Generierung von Ideen, der zusammenhängenden Darstellung komplexerer Sachverhalte, der Stiftung von Erkenntnissen oder der fachlich begründeten Urteilsbildung. Schreibaufgaben zielen in der gegenwärtigen Praxis vor allem auf die *lower-order thinking skills* und stellen an die komplexere gedankliche und textuell sprachliche Ausführung eher geringe Anforderungen. Dies ist sicherlich kein Problem, das dem deutschen Bildungssystem in spezifischer Weise zugeschrieben werden kann, sondern auch für andere Bildungssysteme konstatiert wird, so z.B. für das französische (Catel 2001, 19):

> *En ce qui concerne plus particulièrement l'écriture en cours de sciences, les travaux montrent que les pratiques courantes d'écriture en classe de sciences concernent le plus fréquemment l'évaluation; l'écrit est utilisé le plus souvent pour exposer les connaissances acquises et pour les communiquer; l'écriture expositive est donc dominante, tandis que l'écriture d'expression ou d'argumentation est très rarement utilisée.*

Das didaktische Professionswissen der Fachlehrkräfte ist in der Fächerschule primär auf die disziplinspezifischen Inhalte und Methoden gerichtet und verändert sich nur langsam unter dem Einfluss bildungspolitischer Prioritäten, aktueller Lerntheorien und kognitionswissenschaftlicher Erkenntnisse, die von den Bildungsstandards der KMK für den Mittleren Schulabschluss bereits aufgegriffen werden. Demnach ist z.B. im Fach Biologie (hier stellvertretend für alle Naturwissenschaften) das (deklarative) Fachwissen kein Selbstzweck mehr, sondern verbindet sich mit der Handlungsdimension (Kompetenzbereiche: Erkenntnisgewinnung, Kommunikation und Bewertung) unter der Zielsetzung, bei den SchülerInnen Verständnis für die biologischen Systeme und Konzepte anzubahnen, indem sie multiperspektivisches und systemisches Denken gleichermaßen entwickeln, um die natürliche, technische und kulturelle Welt zu verstehen und zu erklären (Sekretariat der KMK 2004). Zur Entwicklung dieses vertieften Verständnisses von disziplinären Systemen, Konzepten und Methoden der Erkenntnisgewinnung und der Anwendung auf wirklichkeitsbezogene Problemlösungen taugen Schreibaufgaben wenig, die die Reproduktion erworbenen Faktenwissens verlangen. Gefordert werden vielmehr Schreibaufgaben, die ein *knowledge transforming* anregen und über *writing as knowledge telling* (Scardamalia/Bereiter 1987; Galbraith 1999) hinausgehen. Demnach wäre eine neue Aufgabenkultur für das Schreiben im Fachunterricht auf fünf Säulen zu gründen:

(a) Schreibaufgaben, die der **Aktivierung und konzeptuellen Restrukturierung vorhandenen Fach- und Diskurswissens** dienen, also gleichsam gedankliche Brücken zu den unterrichtlich anzustrebenden Fachinhalten und Handlungskompetenzen bilden. Schreibformen dieser Art – z.B. *shotgun writing* (einige wenige Minuten Schreiben, ohne den Stift abzusetzen als ungeordnetes Gedankenprotokoll), ungeordnete Stichwortsammlungen und -liste, thematisch fokussierte Stichwortsammlungen, *Four-Square*-Methode, Mind-mapping und Clustering – bleiben überwiegend unterhalb der Textebene, beziehen oft graphische Darstellungsformen ein und verlangen wenig Aufmerksamkeit bezüglich sprachlicher Korrektheit und Angemessenheit, allerdings sind auf der lexikalischen Ebene fachsprachliche Kenntnisse relevant.

(b) Schreibaufgaben, die zur **Generierung neuen Wissens** anleiten bzw. solches als Lernspuren unter Beweis stellen (*writing as knowledge transforming / knowledge constituting, écrire pour comprendre*) koppeln kognitive und sprachlich-textuelle Prozeduren. Wenig technisch formuliert liegt diesen Aufgaben ein Konzept zugrunde, das Galbraith (1999, 137) in die Formel fasst: „writing involves finding out what to say in the course of writing, rather than being a matter of simply translating preconceived ideas into text". Aufgaben dieser Art zielen auf das sinnentwickelnde Schreiben von Texten und unterstellen, dass im Schreibprozess reziproke Interaktionen zwischen zwei kognitiven Räumen stattfinden: dem Raum des Fachwissens und dem Raum des Diskurswissens bzw. des rhetorischen Programms. Wenn die bereitgestellten fachlichen Inhalte für das Erreichen der rhetorischen Ziele ungeeignet sind oder nicht ausreichen, werden neue Inhalte gesucht oder konstruiert. Andererseits führt das rhetorische Programm für den Schreibprozess dazu, logische Bezüge zwischen den Inhalten herzustellen, was wiederum eine Überprüfung des bisher Geschriebenen notwendig macht und ggfs. eine Korrektur bzw. Erweiterung der Inhalte im Dienst des rhetorischen Zwecks zur Konsequenz hat. „The overall result is both a deeper understanding of the topic on the part of the writer and a more rhetorically effective text." (Galbraith 1999, 138). In den epistemisch-heuristischen Schreibformen liegt das enorme Potenzial für das Verständnis disziplinärer Konzepte, wie es auch von den Bildungsstandards der KMK erwartet wird. Wenn hier von „rhetorischen Programmen" und „Diskurswissen" die Rede ist, so ist damit impliziert, dass solche Schreibaufgaben nicht notwendigerweise auf eine bestimmte Textsorte (Genre) zielen, sondern auch Schülerreaktionen auf komplexere Fragen, Aufforderungen oder Impulse verlangen, die von Operatoren bzw. kognitiv-sprachliche Grundfunktionen in der Aufgabenstellung gesteuert werden (s.u.).

(c) Schreibaufgaben zur **Sicherung erworbenen Wissens und Könnens.** Zu diesem Zweck eignen sich im Prinzip alle hier aufgeführten Schreibaufgaben. Allerdings ist bei der Konstruktion der Aufgaben und der Auswertung der Schreibergebnisse der Unterschied zwischen Lernaufgaben und Kontrollaufgaben zu berücksichtigen.

(d) Schreibaufgaben, die der **Selbstreflexion** und **der Reflexion über Lernwege und Lernergebnisse** dienen, können Schreibergebnisse über die gesamte Breite von einzelnen Stichwortarrangements über Collagen von Satzfragmenten bis hin zu zusammenhängend formulierten Abschnitten und ausformulierten Texten evozieren. Bewährt haben sich u.a. Lerntagebücher, Lernjournale, Logbücher und Portfolios der unterschiedlichsten Art, als sog. Erwartungs- oder Ergebniszettel, die SchülerInnen vor der jeweiligen Stunde oder vor dem Verlassen des Klassenzimmers schreiben.

(e) Schreibaufgaben, die dem **Aufbau von (fachspezifischen) Diskurskompetenzen** dienen im Sinne von Schreiben zum (simulierten) Zweck der Veröffentlichung. Schreiben zum Zweck der tatsächlichen oder simulierten Veröffentlichung ist keinesfalls mehr auf den Sprachunterricht beschränkt, zu dessen Aufgaben und Zielen es gehört, Lernende in die Lage zu versetzen, Texte nach Konventionen zu schreiben, die im privaten und im öffentlichen Raum kommunikativ-pragmatischen Funktionen erfüllen. Inzwischen ist in Folge der oben bereits erwähnten Standard- und Kompetenzorientierung das in konkrete Diskurszusammenhänge eingebettete transaktionale Schreiben zum Ziel und zur Lernmethode im Fachunterricht geworden. Die Bildungsstandards der KMK sehen z.B. für die Naturwissenschaften und den Mathematikunterricht

„Kommunikationsfähigkeit" als Teilkompetenz von *science literacy* vor und projektieren diese so:

Zur Kommunikation sind eine angemessene Sprech- und Schreibfähigkeit in der Alltags- und der Fachsprache, das Beherrschen der Regeln der Diskussion und moderne Methoden und Techniken der Präsentation erforderlich. Kommunikation setzt die Bereitschaft und die Fähigkeit voraus, eigenes Wissen, eigene Ideen und Vorstellungen in die Diskussion einzubringen und zu entwickeln, den Kommunikationspartnern mit Vertrauen zu begegnen und ihre Persönlichkeit zu respektieren sowie einen Einblick in den eigenen Kenntnisstand zu gewähren. (Sekretariat der Ständigen Konferenz der Kultusminister 2005, 10)

Wenn hier auch nur implizit das Schreiben thematisiert wird, so wird doch deutlich, dass es zur physikalischen Grundbildung gehört, a) sich medial mündlich wie schriftlich gemäß den binnenfachlichen Diskurskonventionen sachangemessen über Fachinhalte zu verständigen und (b) physikalische Sachverhalte nach außen in private und öffentliche Diskursräume adressatengerecht zu vermitteln.

Dass Schreiben – insbesondere zum Zweck der tatsächlichen oder simulierten Veröffentlichung – ein hochkomplexer Prozess des Problemlösens ist, klingt wie eine Plattitüde. Schreiben im Fach verdoppelt die Komplexität des Problemlösungsprozesses, weil es den Strang der Problembewältigung von Fachinhalten und Kognitionen mit dem der Herstellung eines sinnentwickelnden und der Situation (AdressatInnen, Textsorte, Konventionen einer Diskursgemeinschaft) angemessenen Textes zu jedem Zeitpunkt des Vorbereitungs-, Planungs-, Ausführungs- und Überarbeitungsprozesses verknüpft, indem die Lernenden bewusst oder teilbewusst das Fortschreiten des Projektes durch Soll-Ist-Vergleiche steuern. Visualisiert nimmt diese Vorstellung des Schreibens im Fach die Form einer Doppelhelix an. Die Problemlösungsmodellierung – ausgehend von Hayes/Flower (1980), Bereiter (2002) und Bereiter/Scardamalia (1987) u. anderen – basiert auf der Hypothese,

... daß Schreiber ein Schreibprojekt als zu lösendes Problem verstehen und dieses über verschiedene Teilprozesse zielgerichtet, zweckentsprechend, unter Einsatz der jeweils adäquaten Strategien und unter Einschluß der antizipierten Erwartungen des Adressaten gedanklich planen, sprachlich formulieren und in allen Schreibphasen jeweils überarbeiten, um es so progressiv dem Produkt „Text" zuzuführen. Als Zusatzhypothese wird angenommen, daß sich der komplexe Akt des Schreibens tatsächlich in Teilprozesse zerlegen läßt und daß diese ihrerseits durch kognitive Prozesse gesteuert werden. (Grésillon 1995, 5)

Für das Schreiben zwecks (simulierter) Veröffentlichung stellen sich dem Schreibenden u.a. folgende Fragen:

An welche(n) Adressaten richtet sich der zu schreibende Text?
In welchem situativen Kontext steht der Text?
Welchem Zweck dient der Text?
Welcher generischen Form soll der Text entsprechen?
Mit welchen kognitiv-sprachlichen Strategien kann der Zweck erreicht werden?
In welchem Medium bzw. mit welchen Zeichensystemen werden die fachbezogenen Informationen transportiert?

Damit liegen die Unterschiede zwischen dem Lernen nachweisenden Schreiben und dem Schreiben zwecks Veröffentlichung auf der Hand. Sie werden deutlich, wenn man z.B. am Thema des Vulkanismus im Erdkundeunterricht die didaktische Gattung der Zusammenfassung mit dem Schreiben einer Rezension für eine Kinderzeitschrift vergleicht. Aus der Festlegung des zu schreibenden Textes auf eine bestimmte Zielgruppe und eine bestimmte Textsorte resultieren Zwänge sowohl für die äußere Formatierung (z.B. technische Information zum Sachbuch, Bewertung sowohl der fachlich relevanten Inhalte als auch der Darstellung, Positionierung des Verfassers/der Verfasserin und Handlungsempfehlung) als auch für die sprachliche Kodierung des Zieltextes (z.B. Komplexität der Syntax, eher umgangssprachliche Grundierung, Beschränkung auf unumgängliche fachliche Begrifflichkeit mit erklärenden Paraphrasen).

Beachtung des komplementären Verhältnisses von globalen Strategien und lokalen Operationen. In der gegenwärtigen Schreibpraxis des Fachunterrichts wird von Lehrenden und Lernenden den sprachlichen Elementen an der Textoberfläche (Wort-, Redemittel- und Satzebene: Angemessenheit und Korrektheit) vornehmlich Beachtung gewidmet – jedenfalls dann, wenn Schreibergebnisse im Unterricht besprochen werden. Dass diese in Einklang stehen mit Funktion, Zweck und situativem Kontext wird eher selten expliziert. So führt die Kommunikation über das Schreiben bei den SchülerInnen im besten Fall zu einer Ansammlung von Puzzlesteinen des Text- und Sprachwissens (*local operations*), wohingegen die Lehrkräfte sich in der Bewertung der Schreibergebnisse eher an den Inhalten bzw. Ideen, den Argumentations- und Darstellungsstrategien, an vorgegebenen Genres und kognitiv-sprachlichen Grundfunktionen (*global moves*) orientieren (siehe u.a. Wolsey/Lapp/Fisher 2012). Es fehlt offensichtlich an fachdidaktischem Schreibwissen zur unterrichtlichen Herstellung des Gleichgewichts und der funktionalen Verzahnung von den globalen Strategien des Diskurses und den lokalen Operationen an der Textoberfläche.

Unterstützungsgerüste (Scaffolds) für Schreibprozesse im Fachunterricht. Schreibformen, die vor allem der Generierung neuen Wissens und dem Aufbau fachspezifischer
Diskurskompetenzen (s.o.) dienen, bedürfen der aktiven unterrichtlichen Unterstützung
– insbesondere bei SchülerInnen, die die dominante Schulsprache erst als Zweitsprache
lernen und/oder aus bildungsfernen sozialen Kontexten stammen. Die Fähigkeit, Texte
dieser Art schreiben zu können, stellt sich nicht von selbst ein noch kann sie ohne weiteres aus dem Sprachunterricht transferiert werden. Für den Aufbau fachdidaktischen
Professionswissens der Fachlehrkräfte bietet sich eine vertiefte Beschäftigung mit dem
lerntheoretischen Hintergrund und den methodischen Techniken des Scaffolding an, die
das selbstgesteuerte Schreibenlernen unterstützen. Wichtig ist allerdings, dass der Fachunterricht dabei nicht die Rollen, Methoden und Werkzeuge des Sprachunterrichts
übernimmt und auf den Wegen der Instruktion und Strukturmusterübungen Sprach- und
Textwissen in der lexiko-grammatischen Systematik und Begrifflichkeit vermittelt.
Orientierungsmarken für das sprachlich-textuelle Scaffolding im Fachunterricht sind (a)
die dem Fachinhalt angemessenen sprachlichen Mittel (vornehmlich Wortschatz, Kollokationen), (b) die Funktionalität von Darstellungsstrategien für das jeweilige „rhetorische Programm" im Sinne eines begrenzten Inventars von kognitiv-sprachlichen Grundfunktionen (siehe u.a. Zydatiß 2005, Vollmer/Thürmann 2013). (c) fachunterrichtlich
relevante Textsorten bzw. Genres im Zusammenspiel mit anderen semiotischen Systemen (z.B. bildliche Darstellungen, Funktionsgraphiken, Formeln, Statistiken), wie in
Abbildung 1 gezeigt wird.

Was die Methoden des Scaffolding im Fachunterricht angeht, so bieten sich zwei in der
lerntheoretischen Fundierung ähnliche Verfahrensweisen an: (a) das *apprenticeship*-
Lernen, indem der „Meister" den Schreiblehrlingen im Bedarfsfall geeignete sprachliche Mittel zur reflektierten Auswahl und Übernahmen anbietet, eigene Schreibhandlun-
gen begleitende innere Monologe „veröffentlicht", Rückmeldungen zum Gelingen der
Schreibprozesse den SchülerInnen kommuniziert, „Gütemerkmale" für Texte, die von
einer kognitiv-sprachlichen Grundfunktion gesteuert werden, zusammen mit den Lernenden reflektiert. (b) Das Diskurswissen aufbauende generische Lernen (siehe u.a.
Hallet 2013), das eine Brücke zur Textrezeption schlägt, indem Texte zu einem fachdi-
daktisch relevanten Inhalt als generisches Modell gewählt und im Klassenplenum de-
konstruiert werden – etwa wie es für das australische Schulsystem als *genre-based curriculum stream/cycle* (vgl. u.a. Hammond 2001) propagiert wird.

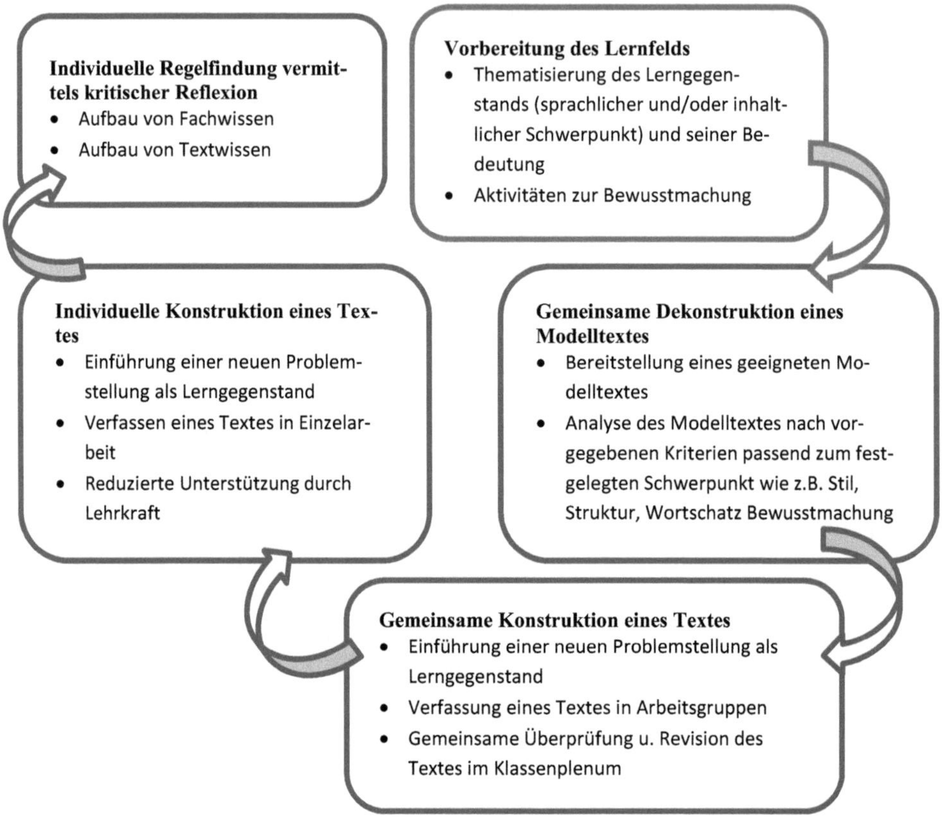

Abb. 1: Generisches Lernen bzw. genre-based curriculum cycle nach Hammond (1987)

Transparenz der disziplinären Anforderungen an Schreibprozesse und Produkte. Sowohl die Verständigung innerhalb einer fachunterrichtlichen Diskursgemeinschaft etwa der Biologielehrkräfte oder Geschichtslehrkräfte als auch Kommunikation zwischen Lehrenden und Lernenden darüber, was wie, in welchem Umfang und nach welchen Kriterien der Angemessenheit und Korrektheit zu schreiben sei, ist – zurückhaltend formuliert – eingeschränkt und oft eher dem Zufall überlassen. Dies gilt sowohl für die Ausführung von kognitiv-sprachlichen Grundfunktionen als auch für die fachunterrichtlich relevanten Genres und schließlich auch für die Konstruktion von Lern- und Kontrollaufgaben. Hier sind die Fachdidaktiken herausgefordert, entsprechende Vorarbeiten zur Herstellung von Transparenz hinsichtlich der Schreibanforderungen in den einzelnen „nicht-sprachlichen" Unterrichtsfächern durch Forschung und Konsensfindung zu leisten, damit die Ergebnisse in Curriculumentwicklung und LehrerInnenbildung umgesetzt werden können. In den USA ist dieser Schritt für die Curriculumentwicklung und Standardsetzung erfolgreich durch die Common Core State Standards Initiative 2010 vollzogen worden. Die dort für den Bereich Schreiben skaliert für jede Jahrgangsstufe (Klassen 1 bis 12) ausgewiesenen Kompetenzerwartungen beziehen sich nicht nur auf den Sprachunterricht (*English language arts*), sondern auch auf die

Sprachbildung in Verantwortung der Fächer bzw. Lernbereiche Geschichte/Sozialwissenschaften, Naturwissenschaften und technische Disziplinen.

5 Schlussbemerkungen

In einer jüngst (April 2014) vom Ministerkomitee des Europarats (Council of Europe 2014) verabschiedeten Empfehlung an die 46 Mitgliedstaaten für bildungspolitisches Handeln zur Wahrung von Qualität und Chancengerechtigkeit im Schulwesen heißt es:

> *Every school subject (history, art, mathematics, etc., including the language of schooling as a specific subject) uses its own specific forms of oral and written expression. Students must master these norms in order to appropriate the contents taught and successfully participate in school activities.*

Hier hat ein komplexeres Verständnis von Sprachbildung bereits die Ebene der Bildungspolitik erreicht. Während bislang von ExpertInnen und Bildungsbehörden hauptsächlich unter dem Stichwort „Jeder Unterricht ist auch Sprachunterricht" (vgl. z.B. schon 1999 Ministerium für Schule und Weiterbildung, Wissenschaft und Forschung NRW) den Sachfächern Dienstleistungen für die allgemeine Sprachentwicklung im Interesse der Lernenden, die die dominante Schulsprache als Zweitsprache erwerben, abverlangt wurden, wird hier die spezifische Diskurskompetenz in den einzelnen Fächern thematisiert, die zusammengenommen bildungssprachliche Kompetenz im Sinne von *academic literacy* ergibt. Wenn die prägenden Merkmale von Bildungssprache als spezifisches Idiom schulischer Lehr- und Lernprozesse weitgehend konsensfähig mit der Formel „konzeptuelle Schriftlichkeit" zusammengefasst werden kann, dann erschließt es sich mehr oder minder von selbst, dass Fähigkeiten, Sachverhalte mündlich wie schriftlich situationsunabhängig, entpersonalisiert, genau, eindeutig, vollständig, explizit, objektiv, komplex, strukturiert, distant, sprachlich und inhaltlich korrekt darzustellen und zu argumentieren, nur mit Unterstützung schriftlicher Arbeitsformen erworben werden können. Wird das didaktische Professionswissen der Fachlehrkräfte zum Schreiben erweitert und vertieft, dann mag es ihnen auch gelingen, SchülerInnen die besonderen „Schreibweisen" in der Schule und im Fach vor Augen zu führen und Missverständnisse zwischen Lehrenden und Lernenden abzubauen (siehe dazu u.a. Wolsey/Lapp/Fisher 2012).

Schreiben im Sachfachunterricht ist also in einem doppelten Begründungszusammenhang unabdingbar:

(a) weil es den Lernenden den kognitiven Zugang zu den Inhalten und Erkenntnissen der jeweiligen Disziplin ermöglicht und auf diesem Wege mit Genres und sprachlichen Gebrauchsmustern der jeweiligen Diskursgemeinschaft vertraut macht,

(b) weil auf diesem Wege im Konzert mit allen anderen Schulfächern bildungssprachliche Kompetenzen entwickelt werden, die auch außerhalb und nachschulisch unverzichtbar für erfolgreiche Weiterbildung und gesellschaftliche Partizipationsfähigkeit sind.

Es gibt deutliche Anzeichen dafür, dass die Fachdidaktik im deutschsprachigen Raum begonnen hat, sich dieser Herausforderung zu stellen. Deutlich wird dies z.B. an Publikationen, die die fachbezogene Sprachförderung bzw. Sprachbildung thematisieren,[6] an den Veröffentlichungen die im Zusammenhang des BLK-Programms „Förderung von Kindern und Jugendlichen mit Migrationshintergrund"[7] zum Thema durchgängige Sprachbildung entstanden sind sowie an den Initiativen des Mercator-Instituts für Sprachförderung und den Projektergebnissen an unterschiedlichen Standorten des deutschsprachigen Raums.[8] Insbesondere die Fachdidaktiken des naturwissenschaftlich-mathematischen Lernbereichs nehmen dabei eine führende Rolle bei der Entwicklung des sog. sprachsensiblen Fachunterrichts ein.[9] Die Frage ist nur, ob, wann und mit welchen Mitteln die Lernenden an Einrichtungen des Regelschulsystems davon profitieren können, die nicht in Leuchtturmvorhaben der Schul- und Unterrichtsentwicklung engagiert sind.

Literatur[10]

A., A. (2010). Unterrichtstranskript einer Geschichtsstunde an einer Gesamtschule (10. Klasse, Realschulzweig). Stundenthema: *„Das Leben der Menschen in der Weimarer Republik und die Weltwirtschaftskrise"*. PDF-Dokument (1 Datei), 21 Seiten. Verfügbar unter: https://archiv.apaek.uni-frankfurt.de/2314.

Ahrenholz, B. (Hrsg.) (2010). *Fachunterricht und Deutsch als Zweitsprache.* Tübingen: Narr.

Applebee, A.N. & Langer, J.A. (2011). A snapshot of writing instruction in Middle Schools and High Schools. *English Journal (Extra), 100*(6), 14–27.

Becker-Mrotzek, M., Schramm, K., Thürmann, E. & Vollmer, H.J. (Hrsg.) (2013). *Sprache im Fach. Sprachlichkeit und fachliches Lernen.* Münster: Waxmann.

Benholz, C., Lipkowski, E. & Moraitis, A. (2012). *Was der Unterricht in Mathematik und im Lernbereich Naturwissenschaften zur Sprachförderung und zur Umsetzung eines Sprach-*

---

6   U.a. Becker-Mrotzek/Schramm/Thürmann/Vollmer 2013; Schmölzer-Eibinger/Dorner/ Langer/Helten-Pacher 2013; Röhner/Hövelbrinks 2013; Ahrenholz 2010.

7   Nachweis der einschlägigen Veröffentlichungen auf der Plattform http://www.blk-foer mig.uni-hamburg.de/, die allerdings nicht mehr weiter gepflegt wird; s. auch http://www. foermig.uni-hamburg.de/web/de/all/home/index.html und künftig http://www.diver.uni-hamburg.de/de/diver.html.

8   So z.B. in Graz von Projektgruppen um Sabine Schmölzer-Eibinger (http://www.uni fdz.at/index.php?lang=de) und am Österreichischen Sprachenkompetenzzentrum (http:// www.oesz.at/sprachsensiblerunterricht/main_02.php).

9   S. dazu u.a. die praxisnahen Arbeiten von Leisen 2008a; 2008b; 2013; Benholz/Lipkowski/Moraitis 2012; Kulgemeyer/Schecker 2009; Rincke 2010; Tajmel/Starl 2009.

10   Die hier aufgeführten Internetdokumente wurde alle am 14./15.07.2014 eingesehen und überprüft.

förderkonzeptes beitragen kann (= Modul VII Qualifizierung SprachFörderCoaches). Dortmund (Institut für Schulentwicklung).

Bereiter, C. & Scardamalia, M. (1987). *The psychology of composition.* Hillsdale: Erlbaum.

Bereiter, C. (2002). *Education and mind in the knowledge age.* Mahwah, NJ: Lawrence Erlbaum.

C., D. (2010). Unterrichtstranskript einer Geschichtsstunde an einer Haupt- und Realschule mit Förderstufe (8. Klasse). Stundenthema: *„Heinrich I. und Otto I. ".* PDF-Dokument (1 Datei), 19 Seiten. Verfügbar unter: https://archiv.apaek.uni-frankfurt.de/1790.

Catel, L. (2001). Ecrire pur apprendre? Ecrire pour comprendre? Etat de la question. In P. Fillon & A. Vérin (Hrsg.), Ecrire pour apprendre les sciences. *aster. Recherches en didactique des sciences expérimentales, 33,* 17–47.

Clark, C. & Douglas, J. (2011). *Young people's reading and writing: An in-depth study focusing on enjoyment, behaviour, attitudes and attainment.* London: National Literacy Trust.

Common Core State Standards Initiative (2014). *Preparing America's Students for Success.* Verfügbar unter: http://www.corestandards.org/.

Council of Europe (2014). *Recommendation CM/Rec(2014)5 of the Committee of Ministers to member States on the importance of competences in the language(s) of schooling for equity and quality in education and for educational success.* Verfügbar unter: https://wcd.coe.int/ViewDoc.jsp?id=2180653&Site=CM.

Echevarria, J.J., Vogt, M.E. & Short, D.J. (2009). *The SIOP-Model for teaching mathematics to English language learners.* Boston: Pearson/Allyn Bacon.

Galbraith, D.G. (1999). Writing as a knowledge-constituting process. In M. Torrance & D.G. Galbraith (Hrsg.), *Knowing what to write: Conceptual process in text production.* (S. 139–160). Amsterdam: Amsterdam University Press (AUP).

Graham, S., Capizzi, A., Harris, K.R., Herbert, M. & Morphy, P. (2014). Teaching writing to middle school students: a national survey. *Reading and Writing, 27,* 1015–1042.

Grésillon, A. (1995). Über die allmähliche Verfertigung von Texten beim Schreiben. In W. Raible (Hrsg.), *Kulturelle Perspektiven auf Schrift und Schreibprozesse* (S. 1–36). Tübingen: Narr.

Hallet, W. (2013). Generisches Lernen im Fachunterricht. In M. Becker-Mrotzek, K. Schramm, E. Thürmann & H.J. Vollmer (Hrsg.), *Sprache im Fach. Sprachlichkeit und fachliches Lernen* (S. 59–75). Münster: Waxmann.

Hammond, J. (1987). An overview of the generic approach to the teaching of writing in Australia. *Australian Review of Applied Linguistics, 10,* 163–181.

Hammond, J. (Hrsg.) (2001). *Scaffolding. Teaching and learning in language and literacy education.* Newtown/NSW: Primary English Teaching Association Australia (PETAA).

Hayes, J.R. & Flower, L.S. (1980). Identifying the organization of writing processes. In L.W. Gregg & E.R. Steinberg (Hrsg.), *Cognitive Processes in Writing* (S. 3–30). Hillsdale: Erlbaum.

Hyland, K. (2000). *Disciplinary discourses. Social interactions in academic writing.* London: Longman.

Institut für Pädagogik der Sekundarstufe, Goethe-Universität Frankfurt am Main, Die Archivdatenbank des Archivs für pädagogische Kasuistik. Verfügbar unter: https://archiv.apaek.uni-frankfurt.de/ [12.07.2014].

Johns, A.M. (1997). *Text, role, and context. Developing academic literacies.* Cambridge: CUP.

Kiuhara, S.A., Graham, S. & Hawken, L.S. (2009). Teaching writing to high school students: A national survey. *Journal of Educational Psychology, 101*(1), 136–160.

Krause, B. (2006). *Unterrichtstranskript einer Geschichtsstunde an einer Realschule (6. Klasse). Stundenthema: „Steinzeit".* PDF-Dokument (1 Datei), 20 Seiten. Verfügbar unter: https://archiv.apaek.uni-frankfurt.de/348.

Kulgemeyer, C. & Schecker, H. (2009). Kommunikationskompetenz in der Physik: Zur Entwicklung eines domänenspezifischen Kompetenzbegriffs. *Zeitschrift für Didaktik der Naturwissenschaften, 15*, 131–153.

Langer, J.A. & Applebee, A.N. (2007). *How Writing Shapes Thinking: A Study of Teaching and Learning.* WAC Clearinghouse Landmark Publications in Writing Studies. Verfügbar unter: http://wac.colostate.edu/books/langer_applebee/.

Leisen, J. (2008a). Lehrerinnen und Lehrer schreiben Texte. Fachtexte für Schülerinnen und Schüler passend machen. *Naturwissenschaften im Unterricht Physik, 104*, 41–43.

Leisen, J. (2008b). Beim Schreiben ist der Umweg der kürzeste Weg. Der Wechsel von Darstellungsformen als Schreibhilfe. *Naturwissenschaften im Unterricht Physik, 104*, 11–13.

Leisen, J. (2013). *Handbuch Sprachförderung im Fach. Sprachsensibler Fachunterricht in der Praxis.* Stuttgart: Klett.

Ministerium für Schule und Weiterbildung des Landes Nordrhein-Westfalen (2008). *Kernlehrplan für das Gymnasium – Sekundarstufe I in Nordrhein-Westfalen. Biologie.* Düsseldorf: MSW.

Ministerium für Schule und Weiterbildung des Landes Nordrhein-Westfalen (2011a). *Kernlehrplan für die Gesamtschule – Sekundarstufe I in Nordrhein-Westfalen. Naturwissenschaften. Biologie, Chemie, Physik.* Düsseldorf: MSW.

Ministerium für Schule und Weiterbildung des Landes Nordrhein-Westfalen (2011b). *Kernlehrplan für die Hauptschule in Nordrhein-Westfalen. Lernbereich Naturwissenschaften. Biologie, Chemie, Physik.* Düsseldorf: MSW.

Ministerium für Schule und Weiterbildung des Landes Nordrhein-Westfalen (2011c). *Kernlehrplan für die Realschule in Nordrhein-Westfalen. Biologie.* Düsseldorf: MSW.

Ministerium für Schule und Weiterbildung, Wissenschaft und Forschung NRW (1999). *Förderung der deutschen Sprache als Aufgabe des Unterrichts in allen Fächern. Empfehlungen.* Frechen: Ritterbach.

Much, B. (2005). *Unterrichtstranskript einer Geschichtsstunde an einer Haupt- und Realschule (10. Klasse). Stundenthema: „Wie kam es zum kalten Krieg?".* PDF-Dokument (1 Datei), 21 Seiten. Verfügbar unter: https://archiv.apaek.uni-frankfurt.de/196.

Müller, R. & Dittmann-Domenichini, N. (2007). Die Entwicklung schulisch-standardsprachlicher Kompetenzen in der Volksschule. Eine Quasi-Längsschnittstudie. *Linguistik online, 32*(3). Verfügbar unter: http://www.linguistik-online.com/32_07/muellerEtAl.html.

Petric, B. (2002). Students' attitudes towards writing and the development of academic writing skills. *The Writing Center Journal, 22*(2), 9–27.

Reynolds, J.A., Thaiss, C., Katkin, W. & Thompson, R.J. Jr. (2012). Writing-to-Learn in Undergraduate Science Education: A Community-Based, Conceptually Driven Approach. *CBE—Life Sciences Education, 11*, 17–25. [Dort auch Link zur Online-Datenbank].

Rincke, K. (2010). Alltagssprache, Fachsprache und ihre besonderen Bedeutungen für das Lernen. *Zeitschrift für Didaktik der Naturwissenschaften, 16*, 235–260.

Rivard, L.P. (1994). A review of writing to learn in science – implications for practice and research. *J Res Sci Teach, 31*, 969–983.

Röhner, C. & Hövelbrinks, B. (Hrsg.) (2013). *Fachbezogene Sprachförderung in Deutsch als Zweitsprache. Theoretische Konzepte und empirische Befunde zum Erwerb bildungssprachlicher Kompetenzen.* Weinheim/Basel: Beltz/Juventa.

Scardamalia, M. & Bereiter, C. (1987). Knowledge telling and knowledge transforming in written composition. In S. Rosenberg (Hrsg.), *Advances in applied psycholinguistics. Vol. 2. Reading, writing, and language learning* (S. 142–175). Cambridge: CUP.

Schmölzer-Eibinger, S., Dorner, M., Langer E.& Helten-Pacher, M.-R.(2013). *Sprachförderung im Fachunterricht in sprachlich heterogenen Klassen.* Stuttgart: Fillibach/Klett.

Sekretariat der KMK (2004). *Bildungsstandards im Fach Biologie für den Mittleren Schulabschluss Beschluss vom 16.12.2004.* Verfügbar unter: http://www.kmk.org/fileadmin/veroeffentlichungen_beschluesse/2004/2004_12_16-Bildungsstandards-Biologie.pdf.

Sekretariat der KMK (2005). *Bildungsstandards im Fach Physik für den Mittleren Schulabschluss Beschluss vom 16.12.2004.* Neuwied: Wolters Kluwer.

Shanahan, T. & Shanahan C. (2008). Teaching disciplinary literacy to adolescents: Rethinking content-area literacy. *Harvard Educational Review, 78*(1), 40–59.

Short, D.J., Vogt M. & Echevarria J.J. (2010a). *The SIOP-Model for teaching history – social studies to English learners.* Boston: Pearson/Allyn Bacon.

Short, D.J., Vogt M. & Echevarria J.J. (2010b). *The SIOP-Model for teaching science to English learners.* Boston: Pearson/Allyn Bacon.

Sturtevant, E. (2004). *The literacy coach: A key to improving teaching and learning in secondary schools.* Washington D.C.: Alliance for Excellent Education.

Tajmel, T. & Starl K. (Hrsg.) (2009). *Science Education Unlimited. Approaches to Equal Opportunities in Learning Science.* Münster: Waxmann.

Thürmann, E. (2013). Scaffolding. In W. Hallet & F.G. Königs (Hrsg.), *Handbuch Bilingualer Unterricht. Content and Language Integrated Learning* (S. 236–243). Seelze: Klett, Kallmeyer.

Vollmer, H.J. & Thürmann E. (2013). Sprachbildung und Bildungssprache als Aufgabe aller Fächer der Regelschule. In M. Becker-Mrotzek, K. Schramm, E. Thürmann & H.J. Vollmer (Hrsg.), *Sprache im Fach. Sprachlichkeit und fachliches Lernen* (S. 41–57). Münster: Waxmann.

Walqui, A. & van Lier, L. (2010). *Scaffolding the academic success of adolescent learners. A pedagogy of promise.* San Francisco: WestEd.

Wolsey, T.D., Lapp, D. & Fisher, D. (2012). Students' and teachers' perceptions: An inquiry into academic writing. *Journal of Academic & Adult Literacy, 55*(8), 714–724.

Zwiers, J. (2008). *Building Academic Language. Essential Practices for Content Classrooms.* San Francisco: John Wiley.

Zydatiß, W. (2005). Diskursfunktionen in einem analytischen curricularen Zugriff auf Textvarietäten und Aufgaben des bilingualen Sachfachunterrichts. *Fremdsprachen lehren und lernen, 34*, 156–173.

Helmuth Feilke

Text und Lernen –
Perspektivenwechsel in der Schreibforschung[1]

> „Lernen heißt – in welchem Fach auch immer –
> Aneignung von Sprache."
> (Ahrenholz 2010, S. 17)

Schreiben ist ein Mittel des Lernens: SchülerInnen lernen in der Schule zu schreiben, damit sie Inhalte unterschiedlicher Fächer eigenständig bearbeiten und die Ergebnisse festhalten können. Auch in den MINT-Fächern wird geschrieben, wenn es darum geht, einen Versuchsaufbau zu dokumentieren, Experimente zu protokollieren oder auch in Klausuren Aufgaben zu bearbeiten. In dieser Sicht ist der Zusammenhang von Schreiben und Lernen vor allem *äußerlich* durch die Aufzeichnungsfunktion und die Materialität des Schrifttextes vermittelt.

Demgegenüber verweist die Formulierung „Schreiben als Lernen" auf einen inneren Zusammenhang von Schreiben und Lernen: Wie verändern die Handlungsprozesse beim Schreiben selbst das Lernen? „Writing as a learning activity" (Klein/Boscolo/Kirkpatrick et al. 2014) zu sehen, bedeutet, den Schreibprozess und die sprachliche Handlungsstruktur beim Schreiben von Texten als einen eigenständigen Lernfaktor wahrzunehmen. Danach liegen in den sprachlichen Prozeduren des Texthandelns und in den schreibtypischen Prozessen z.B. des Planens und Überarbeitens von Fachinhalten fächerübergreifend relevante Potenziale für das Lernen.

Das erste Kapitel des Beitrags gibt einen kurzen Überblick zu den Argumenten, die in den vergangenen 30 Jahren zum inneren Zusammenhang von Schreiben und Lernen vorgetragen worden sind. Das zweite Kapitel geht ein auf die gegenwärtige Dynamik der Veränderungen des Schreibens durch Multimodalität und das Web 2.0 und stellt die Frage nach möglichen Konsequenzen für das Lernen. Der dritte Teil thematisiert die gegenwärtige Forschung zu Schreibkompetenzen. Der thematische Fokus ist dabei die für das Schreiben wie für die soziale Kognition und das Lernen gleichermaßen zentrale Fähigkeit zum Perspektivenwechsel. Die weithin beobachtbare Tendenz, die sprachliche Seite der Schreibfähigkeit methodisch auszublenden, wird kritisch thematisiert. Das

---

1 Der Beitrag geht zurück auf einen Festvortrag unter dem Titel „Perspektivenwechsel. Über das Schreiben und die aktuelle Schreibforschung" beim Kolloquium zur Verabschiedung von Paul R. Portmann-Tselikas an der Universität Graz am 6. Juni 2013.

vierte Kapitel zeigt an Beispielen zum schriftlichen Argumentieren enge Zusammenhänge zwischen sprachlichen Textprozeduren und dadurch erreichbaren Lerneffekten.

1   Schreiben als Lernen – ein Rückblick

Es sind vor allem drei unterschiedliche Argumentationszusammenhänge, über die in der kulturwissenschaftlichen, linguistischen und pädagogisch-psychologischen Diskussion immer wieder ein enger Zusammenhang von Schreiben und Lernen bzw. Schreiben und Denken hergestellt worden ist (vgl. Abb. 1).

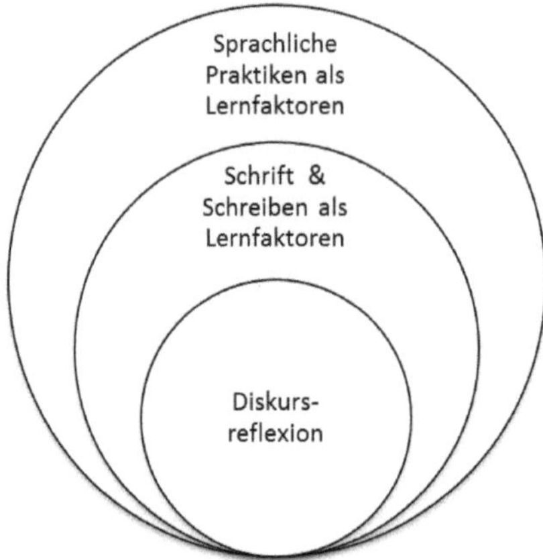

Abb. 1: Argumentzusammenhänge zu Schreiben und Lernen

1.1 Diskursreflexion

Schriftlichkeit ermöglicht ein kumulatives und kritisches Lernen. Dies gilt sozial historisch wie individuell. Mit den Worten des Ägyptologen und Kulturwissenschaftlers Jan Assman:

„Nicht mehr Sprecher reagieren auf Sprecher, sondern Texte reagieren auf Texte. Der schriftliche Text wirkt nicht allein informierend [...], sondern er wirkt zugleich auch bezugnehmend und in diesem Sinne autoreferentiell auf andere schriftliche Texte innerhalb des vom jeweiligen Diskurs gesteckten Rahmens. Eine neue Form kultureller Kontinuität und Kohärenz entsteht.“ (Assmann 2000, 281)

Dadurch, dass Wissen schriftlich festgehalten wird, wird auf gesellschaftlicher Ebene, aber auch individuell das Wissen reflexiv. Das Schreiben von Texten ermöglicht eine Art Buchführung des Lernens. Es bildet sich ein durch Textkanones repräsentiertes Wissen aus, das zum Gegenstand fortwährender Diskussion und Kritik wird. Auf der individuellen Ebene zeigt etwa die Diskussion über Lerntagebücher und Portfolios die Relevanz dieses Aspekts auch für das überfachliche Lernen. Das Stichwort in der Forschung dazu ist „reflective writing". Auch hier geht es darum, dass das Tagebuch nicht nur protokolliert, sondern dass die sukzessive entstehenden Teiltexte aufeinander reagieren und auf diese Weise selbstregulativ Fortschritte des Lernens formuliert und angeeignet werden können (vgl. Nückles/Hübner/Renkl 2012; Paus/Jucks 2013).

1.2 Schrift und Schreiben als Lernfaktoren

Ein weiteres Argument ist unter dem Stichwort „Literalitätsthese" bekannt geworden: „Mündlichkeit und Schriftlichkeit bezeichnen nicht nur verschiedene Medien, sondern verschiedene Denkweisen" (Goody/Watt/Gough 1986, 16). Nach Auffassung dieser Denkschule gibt es „einen unmittelbaren Kausalzusammenhang von Schrift und Logik" (ebd., 101). Der Kern der sogenannten „starken" Literalitätsthese ist die Annahme, menschliches Denken und damit auch das Lernen, werde durch die Schrift, namentlich die Alphabetschrift, tiefgreifend verändert (vgl. zur Diskussion Brockmeier 1997, 136ff; 178ff). Danach fordert die Alphabetschrift eine Zerlegung der bis dahin leibhaft und situativ gebundenen Sprache in kleinste, distinkte abstrakt-analytische Elemente, die dann wieder kompositionell nach grammatischen und logischen Kriterien in Sätzen und Texten zusammengesetzt werden. „Dieses logische Verfahren ist im Wesentlichen ein literarisches [d.h. schriftliches, H.F.]" (Goody/Watt/Gough 1986, 101). Das episodische Gedächtnis, das das Wissen erlebnisförmig und situiert repräsentiert, wird umgestellt auf den kategorial-begriffsbildenden Modus eines „disembedded thinking" (Donaldson 1978). Die Begriffsbildung löst sich als unmittelbare Folge des Schriftgebrauchs von den situativen Bezügen. Fortschritt des Lernens bedeutet dann, Erfahrung zunehmend in wissenschaftlich verallgemeinerten definitionsartigen Begriffssystemen repräsentieren zu können (vgl. Bruner/Olver/Greenfield 1971, 106).

Die starke Literalitätsthese ist seit Anfang der 1980er-Jahre durch verschiedene Arbeiten aus dem Bereich der kognitiven Psychologie (z.B. Bereiter/Scardamalia 1987) in Frage gestellt worden. Nicht mehr die Schrift, sondern das Schreiben als Beispiel *problemlösenden Handelns* rückte in den Fokus des Interesses am Lernen, das in dieser Forschungstradition heute als selbstgesteuertes Strategielernen konzipiert wird (Glaser/Brunstein 2014). Für komplexe Planungs- und Überarbeitungsprozesse entwickeln SchreiberInnen hochgradig individualisierte Strategien (Ortner 2000). Individuelles Lernen kann als Fähigkeit zur Strategieentwicklung und selbständigen Erfolgskontrolle analysiert werden; das Schreiben zu Fachinhalten ist deshalb in allen Fächern ein Mittel der Förderung dieser Fähigkeiten (vgl. Beiträge in Klein/Boscolo/Kirkpatrick et al. 2014, Becker-Mrotzek/Schramm/Thürmann et al. 2013).

1.3 Sprachliche Praktiken als Lernfaktoren

Während diese Forschungsrichtung sehr stark den individuellen Lerner im Blick hat, haben Scribner & Cole (1978; 1981) als Vertreter einer kulturtheoretisch inspirierten kognitiven Psychologie die Aufmerksamkeit auf das sozial-kulturelle Umfeld des Lernens und den damit verbundenen Sprachgebrauch gelenkt: Sie wiesen 1978 in einer berühmt gewordenen Studie zum mehrschriftigen Sprachgebrauch des Stammes der Vai in Liberia nach, dass die von Goody und Kollegen der Schrift und dem Schreiben als Medium zugeschriebenen Konsequenzen für das Denken und Lernen tatsächlich nicht vom Medium an sich, sondern von den kulturell, genauer, den schulisch vermittelten *Praktiken des Schriftgebrauchs* abhingen. Die Vai verwenden die Schrift in drei unterschiedlichen institutionellen und sprachlichen Kontexten: Arabisch in religiösen Kontexten, Englisch in der Schule und Vai – das eine Mitte des 19. Jh. eingeführte eigenständige Silbenschrift hat – im Alltag. Die AutorInnen konnten nachweisen, dass die text- und satzanalytischen und sprachlich-logischen Denkformen nur im schulischen Kontext und vor dem Hintergrund der schulischen Erwartungen an den Schriftgebrauch belegbar waren. Die säkulare Schule entwickelt und kultiviert einen spezifischen Typ des rezeptiven und produktiven Umgangs mit Texten. Er zielt über das bloße Lesen hinaus auf Text- und Sprachanalyse und über das bloße Aufschreiben von Inhalten hinaus auf eine situationsentbundene Sprachlichkeit und eine textbezogene semantische Kohärenz (vgl. Scribner/Cole 1978, 457). Solche sozial routinierten Gebrauchsweisen prägen den Schriftgebrauch nicht nur in der Schule, sondern auch in religiösen, in betrieblichen, in publizistischen und wissenschaftlichen Kontexten. Das Konzept der „literacy practices" lenkte die Aufmerksamkeit auf die mit dem Schriftgebrauch verbundenen sprachbezogenen Erwartungen und die kulturellen Kontexte. Das Schreiben ist in hohem Maß an soziale Kontexte und an für diese Kontexte relevante Texterwartungen und -formen rückgebunden: „problem solving expertise cannot be isolated from the social and motivational context in which writing takes place" (Torrance/Galbraith 1999, 5). Die Fähigkeit zur Textanalyse und zum eigenständigen Verfassen monologischer, semantisch selbstversorgter und dominant sprachlich konstituierter Texte, kennzeichnet den Typus schulischer Literalität und damit zugleich eine bestimmte Form des Lernens durch die Rezeption und Produktion von Texten. Aus diesem Argumentationszusammenhang folgt die Frage nach dem Status dieses schulischen Literalitätstyps heute.

2   New Literacies: Wandel des Schreibens – Wandel des Lernens?

Etwa seit der Jahrtausendwende ereignet sich ein tiefgreifender Wandel des Schreibens. „Schreiben im Umbruch", so heißt ein Band mit Beiträgen vom 1994er Züricher Symposion Deutschdidaktik, den mein Züricher Kollege Paul Portmann und ich im Jahr 1996 herausgegeben haben (Feilke & Portmann 1996). Thema des Bandes waren in erster Linie die Folgen der kognitiven, prozessorientierten Schreibforschung der 1980er-Jahre für das Verständnis schulischen Schreiblernens. Dabei stand der Zielpunkt dieses Lernens, die Fähigkeit nämlich, in allen Fächern zu den dort verhandelten Sachproblemen mehr oder weniger ausführliche Texte schreiben zu können, außer Frage. Genau in diesem Punkt aber zeigt sich seit 15 Jahren in den außerschulischen Schriftpraktiken von SchülerInnen wie Erwachsenen ein nachhaltiger Wandel. Ich greife zwei Tendenzen heraus: die Tendenz zur Multimodalisierung der Texte und die Tendenz zur interaktiven Textkommunikation im Web 2.0.

2.1 Multimodalisierung: Mehr Texte, aber weniger Text

Das Thema Multimodalisierung betrifft die Frage, inwieweit Texte semantisch mehr sind als rein sprachliche Gebilde. Es ist billiger und leichter geworden, Schrifttexte typographisch und im Layout anspruchsvoll zu gestalten. Vieles, was im Schrifttext umständlich sprachlich dargestellt werden musste, kann viel einfacher in der Visualisierung, im Bild, in Filmen gezeigt werden, die heute technisch umstandslos in Texte eingebunden werden können. Webseiten etwa sind in diesem Sinn vielfach multimodale Texte. Das heißt aber auch, dass die Textproduktion nicht mehr nur Sprachproduktion ist. Alleine der enorme Umfang der Produktion von Websites als multi- und hypermedialen Texten zeigt: Es werden zwar im historischen Zeitverlauf immer mehr Texte produziert, aber es wird dafür immer weniger „Text" i.e.S. gebraucht (vgl. Liessmann in diesem Band). Der Medienlinguist Bucher schreibt dazu:

„Der grundlegende Wandel besteht darin, dass neue und neuartige Mischformen der verschiedensten Kommunikationsmodi und Kanäle entstanden sind, die man als multimodale Kommunikationsformen bezeichnen kann. Bild und Text sind – aufgrund der philologischen Wissenschaftsgeschichte und ihres derzeitigen visuellen Paradigmenwechsels – nur die prominentesten Vertreter einer Vielfalt von Kommunikationsmodi wie Design, Typografie, Farben, Grafiken, Piktogramme oder operationale Zeichen." (Bucher 2011, 123)

Bucher resümiert: „Damit ist vom Gegenstandsbereich her die Sphäre der Textanalyse überschritten" (ebd., 124). Das gilt nicht nur für das Verhältnis von sprachlicher und visuell grafischer Semantik, es gilt auch für die dominant *textgebundenen Kommunikationsformen* (z.B. Briefe) selbst, im Verhältnis zu anderen Kommunikationsformen.

2.2 Alltägliche Interaktivität: Ist der schulische Textbegriff überholt?

In linguistischen Einführungsseminaren wird in Abgrenzung zu Gespräch und Diskurs z.B. Konrad Ehlichs Textbegriff behandelt, der den Text über die zeitlich und räumlich zerdehnte Kommunikationssituation definiert (Ehlich 1983). Textstrukturen und damit auch Textproduktion und Textrezeption sind dadurch bestimmt, dass Sprecher und Hörer nicht unmittelbar, sondern über eine Distanz – eben raumzeitlich „zerdehnt" – miteinander kommunizieren. Aber was heißt „zerdehnt" unter den Bedingungen des Web 2.0 und elektronisch schriftbasierter interaktiver Kommunikation nahezu in Echtzeit?

„Neue Schriftlichkeit" und „new literacies" (Androutsopoulos 2007; Dürscheid 2010) sind Schlagworte der aktuellen Diskussion. Es geht dabei um mehr, als darum, dass smileys in der Email-Kommunikation verwendet werden. Interessanter ist schon, dass Studierende ihre zu lesenden Texte, die sie als pdf von einer Lernplattform herunterladen können, je nach Bedarf portionsweise über das smartphone rezipieren oder dass das Schreiben von sms-Nachrichten mit fast 60 Milliarden jährlicher SMS alleine in Deutschland (Schnitzer 2012, 34) – umgerechnet etwa 10 Millionen 200-seitige Bücher – einen beachtlichen Teil der schriftlichen Sprachproduktion ausmacht (vgl. Abb. 2

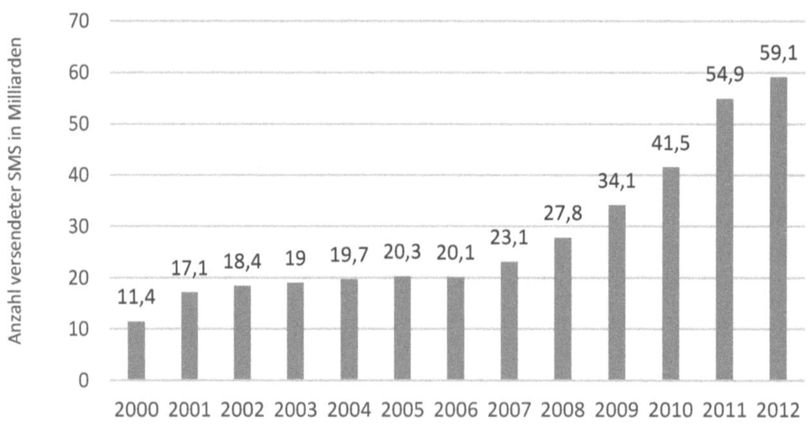

Abb. 2: Entwicklung des SMS-Versands in Deutschland 2000–2012

Die zerdehnte Privatkommunikation Jugendlicher sieht nach der Studie Jugend 2.0 des Bitkom-Instituts von 2011 so aus: „Die meist genutzten Formen sind Festnetztelefonieren (65%), SMS-Versand (57%) und Internet-Chat (51%). Briefe schreiben noch 5%." (Bitkom Jugend 2.0 2011, 23). Die Daten dokumentieren einen technisch ermöglichten Wandel literaler Praktiken. Die Kontaktmöglichkeiten und damit der Kommunikationsumfang haben sich durch die neuen Medien quantitativ ausgeweitet. Aber über die neuen Kommunikationsformen kommen auch neue Schreibpraktiken auf. SMS und Internet-Chat ermöglichen eine quasi-synchrone Kommunikation, für die sich das Textverständnis weitgehend aus dem Kommunikationskontext ergibt. Auch hier gilt wieder:

Es gibt mehr Texte, aber es wird weniger Text i.S. eines sprachlich „literat" ausgebauten Äußerungszusammenhangs dafür gebraucht. Entdecken möglicherweise die Pädagogik und die Fachdidaktiken den Zusammenhang von Schreiben und Lernen genau in dem Moment neu, in dem sich das Schreiben gesellschaftlich zunehmend von der Produktion situationsentbundener, vornehmlich sprachgestützter, semantisch kohärenter Texte entfernt?

2.3 Wissenschaftliche Interaktivität: Wie Schreiben Wissen schafft

Die neuen Kommunikationsformen betreffen auch die Grundlagen der Schule selbst. Das kulturelle Fundament eines auf die Darstellung von Sachverhalten gegründeten Textverständnisses, wie es die Schule traditionell dominiert, liegt in der Wissenschaft und ihrer disziplinären Gliederung, die das Modell auch für die Schulfächer bildet. Texte zu schreiben, ist, wie bereits ausgeführt, ein problemlösendes Handeln. Die Gegenstände, um die es dabei geht, sind streng genommen selbst sprach- und textförmig: *Begriffe, Hypothesen und Theorien* werden im Fachdiskurs durch das Schreiben konstituiert. Für diese Aufgabe haben sich eigenständige Textsorten und eine umfangreiche Wissenschaftspublizistik herausgebildet. Seit ca. 1650 hat sich der wissenschaftliche Artikel als die dominante Gattung wissenschaftlichen Schreibens durchgesetzt. Der Handbuchartikel gilt für Ludwik Fleck als die Königsform wissenschaftlichen Publizierens, und er nennt das 20. Jh. das Jahrhundert der Handbuchwissenschaft (vgl. Fleck 1935/1999, 146ff). Die Wissenschaftskommunikation der letzten 300 Jahre ist also in hohem Maß an die Kommunikationsform „Text" gebunden, gekennzeichnet insbesondere durch die ausgeprägte *Asynchronizität* von Schreiben und Lesen. Dabei stellen im typischen Fall Aufsätze und Monographien eine Fragestellung und ihre Untersuchung zunächst in extenso dar. Der Autor entwickelt im Anschluss an bisherige Forschung „auf den Schultern von Riesen" (Merton 1983) eine theoretisch und methodisch originäre Perspektive auf das Sachproblem. Über Rezensionen und Zitationen reagiert die Community auf entsprechende Darstellungen und nach einer Zeit kommt es nach demselben Muster zu neuen Darstellungen. Das Schreiben ist am Prototyp der monografischen Darstellung orientiert: *werkbezogen, autorbezogen-individuell, expositorisch-argumentativ* und zielt auf eine *asynchrone langfristige Rezeption*. Soweit zum Fundament auch schulischen Schreibens.

Wenn ein Wandel tiefgreifend ist, dann ergreift er auch die Fundamente. Freilich sind schulische und wissenschaftliche Schreibpraxen verschieden, aber wenn sich wissenschaftliches Schreiben grundlegend ändern sollte, kann dies auch schulische Zusammenhänge von Schreiben und Lernen nicht unberührt lassen: Das letzte Beispiel zu diesem Kapitel stammt aus einem Gießener Forschungsprojekt zu „Interactive Science", in dem meine Kollegen Fritz und Gloning die Bedeutung internetbasierten Schreibens in der Wissenschaftskommunikation untersucht haben (Gloning/Fritz 2011). Ihren Artikel „Formate und Kommunikationsformen in der digitalen Wissenschaftskommunikation"

(2011) beginnen Bader und Fritz mit der Feststellung: „Wir erleben seit einigen Jahren eine Umwälzung in der Wissenschaftskommunikation, wie es sie seit mehr als 300 Jahren nicht mehr gegeben hat" (Bader/Fritz 2011, 55). Worauf bezieht sich diese starke Behauptung?

Die Autoren haben die digitale Wissenschaftskommunikation von LiteraturwissenschaftlerInnen und LinguistInnen, MathematikerInnen und PhysikerInnen über sogenannte Mailing-Listen, Diskussionsgruppen und Blogs seit dem Jahr 2000 untersucht. Dabei entstehen nach dem Prinzip der „unsichtbaren Hand" (Keller 1990) kontinuierlich neue Muster, Routinen und Konventionen: Mailing-Listen werden zunächst traditionell genutzt. Es werden Texte ausgetauscht. Im Unterschied dazu stellen Blogs ein Sachproblem in Textform vor und ermöglichen dann die Kommentierung. Dadurch, dass auch auf Kommentare zu einem Ausgangstext wieder reagiert werden kann, entsteht eine kollaborative Interaktion und Problembearbeitung nahezu in Echtzeit.

Die Autoren berichten von einem Experiment im Jahr 2009, bei dem der Verantwortliche für einen mathematischen Blog der Community ein gewichtiges mathematisches Problem gestellt hat, „das für eine Einzelperson nur nach jahrelanger Arbeit zu lösen wäre" (Bader/Fritz 2011, 70). Das Problem wurde innerhalb kurzer Zeit gelöst. Es beteiligten sich international 37 WissenschaftlerInnen, die in zwei Monaten 1220 Beiträge posteten.

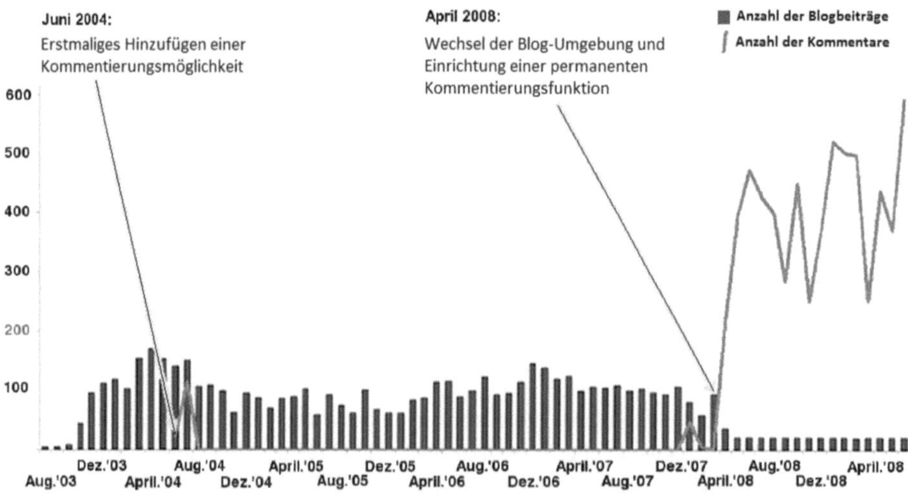

Abb. 3: Language Log – Anzahl der Blogbeiträge und Kommentare 2003–2008, aus: Bader/Fritz 2011, 79.

Das dabei auftauchende Problem, dass die einzelnen thematischen Threads des Blogs zunehmend unübersichtlich wurden und Argumente der Diskussion schwer aufzufinden waren, wurde dadurch gelöst, dass die jeweils kommunikativ erarbeiteten Teilprobleme, Argumente und Lösungen aus dem Thread herauskopiert und in eigenen Wikipedia-Artikeln zusammengestellt wurden. Das Verfahren ist inzwischen zum Vorbild auch für andere Blogs und Disziplinen geworden.

Abb. 3 zeigt am Beispiel des *language-logs*, einer linguistischen Plattform, wie sich die Textproduktion in Form der Blogs und das interaktiv kommentierende Schreiben dazu in den letzten zehn Jahren im Verhältnis zueinander entwickeln. Dunkel sind die Blogs angezeigt. Ursprünglich war keine Kommentierung vorgesehen. Technisch möglich wurde sie 2004, aber sie wurde zunächst kaum genutzt. Als 2007 eine komfortable Kommentierungsmöglichkeit eingeführt wurde, nahm die Praxis des Kommentierens und des Kommentierens von Kommentaren schlagartig zu. Komplementär ging die eigentliche Textkomponente i.e.S., das individuelle Schreiben von Blogs, seitdem zurück und stagniert auf einem niedrigen Niveau. Was die Autoren der Studie beschreiben, möchte ich zusammenfassend als eine *kommunikative Externalisierung und Bearbeitung ursprünglich kognitiver Komponenten des Schreibprozesses* fassen. Planung, Ideengenerierung, Abruf schreibrelevanten Wissens aus dem Langzeitgedächtnis, Formulieren, Reflektieren und Kritisieren, Überarbeiten, Zusammenfassen, all diese Komponenten der Problembearbeitung im Schreiben werden auf quasi-synchron wirksame Instanzen und kommunikative Formate des digitalen Kommunikationsprozesses verteilt. Das Problemlösen wird von einem individuellen zu einem sozialen und kollaborativen Prozess. Der schließlich das Wissen repräsentierende Text wird nicht mehr eigentlich geschrieben, sondern nach erfolgter Kommunikation aus den verschiedenen Beiträgen per copy & paste zusammengestellt. Man könnte sagen, er wird gewissermaßen ,rückwärts' geschrieben, retrospektiv zusammengesetzt. Dabei sind es teilweise auf den ersten Blick geringfügige technische Innovationen in den digitalen Kommunikationsformen, die den Boden für gravierende Veränderungen in der Textproduktion bereiten. Der faktische Wandel von Kommunikationsformaten wird jeweils motiviert durch die Kommunikation und die in ihr auftauchenden Probleme selbst.

Das Bild eines werk- und in diesem Sinn textzentrierten Schreibens verändert sich tiefgreifend. Es wird viel geschrieben, aber das Schreiben zielt größtenteils nicht auf Texte im klassischen Sinn einer werkbezogen konzeptionellen Schriftlichkeit ab. Es ist eingebunden in interaktive kommunikative Problemlöseprozesse, die neue Kompetenzen fordern.

3   Schreibforschung ohne Textkompetenz

Wie das Schreiben, so hat sich auch die Forschungslandschaft zum Schreiben seit dem Jahr 2000 enorm verändert. Auch die aktuelle kompetenzorientierte Schreibforschung verliert in ihren verschiedenen Ausrichtungen – aus unterschiedlichen Gründen – den Text aus dem Blick. Sie kommt weitgehend ohne linguistische und sprachdidaktische

Expertise aus. Obwohl es – gerade schulisch – ohne Frage um das Schreiben *von Texten* geht, werden die Texte und die dafür gebrauchte Sprache kaum noch untersucht. Wie kann dieses Paradox erklärt werden? Was bedeutet es für das Verständnis des Zusammenhangs von Schreiben und Lernen in der aktuellen Schreibforschung? In den vergangenen zehn Jahren haben sich sowohl von der Zielsetzung als auch der Methodik her ausgesprochen heterogene Forschungsparadigmen etabliert. Ich unterscheide sehr grob drei divergente Grundorientierungen: Schreibleistungsmessung, Psychologische Schreibforschung und Textkompetenz-Erwerbsforschung.

3.1 Pädagogische Schreibleistungsmessung

Seit Beginn des empirischen Bildungsmonitoring im deutschen Sprachbereich vor etwa 15 Jahren hat sich auch dort die vor allem am sogenannten Outcome von Bildungsprozessen orientierte Schreibleistungsmessung etabliert. Das Ziel der vorwiegend pädagogisch inspirierten Forschung ist, statistisch repräsentativ den Stand der Schreibfähigkeiten z.B. vor dem Ende der Grundschulzeit und vor dem Ende der Sekundarstufe 1 festzustellen. Die Hauptherausforderungen dieser Großuntersuchungen wie der amerikanischen NAEP-Erhebungen und der deutschen DESI-Erhebung liegen erstens in der Entwicklung von Aufgaben, die eine valide und reliable Leistungsbeurteilung ermöglichen, und zweitens in der Entwicklung von Beurteilungsverfahren, die eine möglichst große Übereinstimmung der Beurteiler (Rater) sicherstellen. Die Aufmerksamkeit richtet sich deshalb zum einen auf die Schreibaufgaben, die primär nicht als Lernaufgaben, sondern als *Testaufgaben* geeignet sein müssen. Es müssen unterschiedliche Leistungsniveaus hinreichend differenziert werden können. Am anderen Ende richtet sich die Aufmerksamkeit auf die Beurteilung der Produkte, die in methodisch anspruchsvollen Rating-Verfahren hinsichtlich ihrer Qualität eingestuft werden (vgl. Böhme 2013; Neumann 2014). Ziel der Forschung ist eine möglichst objektive Messung der Produktqualität. Dabei werden methodisch die Varianten einer stärker holistischen, skalenbezogenen Einschätzung der Textqualität und einer stärker textanalytisch dichotomen Codierung von Textmerkmalen für die Bewertung unterschieden.

Für Großuntersuchungen im Kontext des Bildungsmonitoring sind holistische Einschätzungen nicht zuletzt aufgrund des geringeren Aufwands besser geeignet. Sie geben aber kaum Anhaltspunkte für die Förderung von Textkompetenzen: „Currently, students are assessed in schools mostly through holistic rubrics that offer useful global judgments but no precise information to guide targeted teacher feedback." (Uccelli/Dobbs/Scott 2013, 37). Das Schreiben als Textproduktion, der Textkompetenzerwerb und die Faktoren, die ihn fördern, können auf diese Weise kaum untersucht und erfasst werden (vgl. Slomp 2012).

Hierfür wären textlinguistisch erwerbsorientierte Forschungsansätze verlangt, die textlinguistisch analytisch zu ermittelnde Eigenschaften mit holistisch gewonnenen Raterurteilen abgleichen. Solche Arbeiten könnten Hinweise auf für die Beurteilung wie für die Förderung gleichermaßen relevante Textkonstituenten geben (vgl. z.B. Uccelli/ Dobbs/Scott 2013). Die Entwicklung texthandlungstypischer, für die Schreibleistungsmessung wie für die Didaktik gleichermaßen geeigneter text- und sprachanalytischer Kriterien ist dabei allerdings noch ein echtes Forschungsdesiderat (vgl. Rotter/ Schmölzer-Eibinger in diesem Band). Zur Klärung und Erklärung von „Schreiben als Lernen" ist von den *large scale assessments* des Bildungsmonitoring – auch nach den eigenen Ansprüchen – kein Beitrag zu erwarten.

3.2 Psychologische Schreibforschung

Den zweiten Zweig der kompetenzorientierten Schreibforschung bildet die Pädagogische Psychologie. Ihr geht es um die Frage nach den psychischen Randbedingungen für wirksame Interventionen (vgl. Graham/Perin 2007; Glaser/Brunstein 2014; Philipp z.B. 2014) und um die gerade nicht sprachabhängigen psychischen Determinanten der Schreibfähigkeit. Schreib- und Textkompetenz werden dabei dezidiert als abhängige Variable psychischer Dispositionen aufgefasst und erforscht, was ja auch dem Gegenstand der Psychologie entspricht. Die Frage, ob und inwieweit das Schreiben, insbesondere die sprachliche Tätigkeit selbst, nicht nur text-, sondern auch kompetenzbildend ist, interessiert diese Forschungsrichtung zunächst einmal gerade nicht.

Als Beispiel für das Fragen nach der Relevanz psychischer Dispositionen für Schreibfähigkeit greife ich auf das Beispiel der beeindruckenden Heidelberger Dissertation von Schmitt (2011) zurück. Die Arbeit trägt den Titel: „Perspektivisches Denken als Voraussetzung für adressatenorientiertes Schreiben". Abb. 4 zeigt drei Bilder, die eine zentrale Komponente des experimentellen Settings der Arbeit ausmachen. Die Bilder dienen dazu, sprachunabhängig Teilkomponenten der Kompetenz zu perspektivischem Denken zu ermitteln. Bei Bild 1 sollen die ProbandInnen entscheiden, auf welche der beiden Tassen sich die Bitte des Gegenübersitzenden beziehen kann. Hier geht es um die Konzeption der optischen Wahrnehmung aus der Sicht des anderen. Bei Bild 2 geht es um die Raumwahrnehmung. Die ProbandInnen sollen entscheiden, wer am Roulette-Tisch an der Stelle des Fragezeichens sitzt. Dafür müssen sie die Draufsicht in eine perspektivische Sicht transformieren. Bei Bild 3 soll entschieden werden, auf welche beiden der abgebildeten Personen, links oder rechts, das oben eingeblendete Affektwort passt. Hier geht es um die Ermittlung der affektiven Komponente von Perspektivenwechsel, im weiteren Sinn um Empathie.

Alle ProbandInnen können diese Aufgaben lösen. Gemessen werden die Reaktionszeitunterschiede, die als Indikator für die unterschiedlich ausgeprägte Kompetenz der ProbandInnen stehen. Weitere individuelle psychische Basisvariablen wie Arbeitsgedächtnis, Aufmerksamkeitsspanne und Reaktionsgeschwindigkeit werden im Vorfeld ebenfalls gemessen, aber dann „auspartialisiert", also methodisch kontrolliert.

Die zweite Komponente des experimentellen Settings sind dann drei verschiedene Schreibaufgaben, etwa die Aufgabe, einem/einer jüngeren SchülerIn schriftlich zu erläutern, was er/sie auf einem Arbeitsblatt tun soll (Lerntheke), oder die Aufgabe einer Wegbeschreibung auf einem Spielplan und schließlich die Aufgabe, jemanden, der für die Leitung einer geplanten Sitzung als VertreterIn einspringen soll, zum Sitzungsablauf zu instruieren. Dies alles sind Aufgaben, die ebenfalls eine Fähigkeit zum Perspektivenwechsel erfordern.

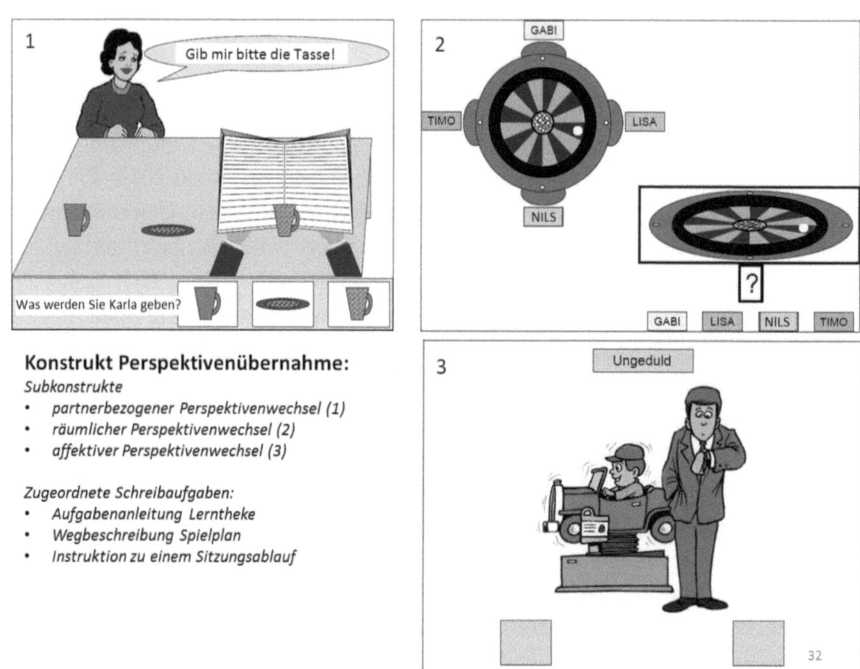

Abb. 4: Untersuchungsdesign zur Perspektivenübernahme (Schmitt 2011, 88; 92; 96)

Die entstandenen Texte werden anschließend von Ratern nach den globalen Kriterien *Zielerreichung* und *Adressatenorientierung* sowie den spezifischen Kriterien *Leserführung, Originalität* und *sprachliche Angemessenheit* beurteilt. Die Tabelle in Abb. 5 zeigt wichtige Ergebnisse der Untersuchung: So kann etwa, was den Schreibprozess angeht, die Varianz im Bereich der *Revisionen* zu 60% über den Faktor *Fähigkeit zum Perspektivenwechsel* aufgeklärt werden. Bei den produktbezogenen Merkmalen kann die Varianz der Leistung (Raterurteile) in den Bereichen *Zielerreichung* und *Adressatenorientierung* zu über 70% durch den sprachunabhängig gemessenen Faktor *Empathie* erklärt werden.

Kriterium (Spezifität)	Datenquelle des Kriteriums	Varianzaufklärung am Kriterium im Gesamtmodell	Bester Einzelprädikator (β)
Schreibdauer (global)	Verhaltensmessung	40,4 Prozent	Perspektivisches Denken RZ (β = 0,625)
Textlänge (global)	Verhaltensmessung	33,0 Prozent	Perspektivisches Denken RZ (β = 0,660)
Revisionen (global)	Verhaltensmessung	60,6 Prozent	Perspektivisches Denken RZ (β = -0,701)
Adressatenorientierung (global)	Verhaltensbeurteilung	70,8 Prozent	Empathie FB (β = 0,545)
Kommunikatives Ziel (global)	Verhaltensbeurteilung	71,6 Prozent	Empathie FB (β = 0,375)
Leserführung (spezifisch)	Verhaltensbeurteilung	67,5 Prozent	Empathie FB (β = 0,576)
Originalität (spezifisch)	Verhaltensbeurteilung	53,8 Prozent	Visuell-räumliche Fähigkeit (β = 0,541)
Sprachangemessenheit (spezifisch)	Verhaltensbeurteilung	45,2 Prozent	Perspektivisches Denken RZ (β = 0,676)

Abb. 5: Überblick: 8 Einzelkriterien über alle Schreibaufgaben hinweg (Schmitt 2011, 166)

Was folgt aus solchen Ergebnissen? Käme es jetzt darauf an, für die Förderung der Schreibfähigkeiten im Deutschunterricht vor allem die Empathie zu stärken und Übungen zum Perspektivenwechsel anzubieten? Aus einer linguistischen Perspektive stellt sich die Frage, wie es möglich ist, dass die Untersuchung Aussagen zur Schreibkompetenz der ProbandInnen machen kann, ohne dass der/die ForscherIn einen einzigen der geschriebenen Texte untersucht haben muss.

Die textferne pädagogische und psychologische Forschung zur Schreibkompetenz ist der linguistisch und sprachdidaktisch inspirierten Forschung dazu, die vor 10 Jahren noch breit zitiert wurde, heute weit voraus, soweit man es an Fördermitteln und internationaler wissenschaftlicher Publizität ablesen kann. Ein Grund dafür ist, dass die sprachwissenschaftliche und didaktische Schreibforschung sehr verspätet auf die Notwendigkeit reagiert hat, ihre Arbeit auf überfachlich akzeptierte empirische Grundlagen zu stellen. Selbst in der Physikdidaktik (z.B. Ploog 2011) ist in dieser Hinsicht ein besserer schreibdidaktischer Standard erreicht als in den Sprachwissenschaften. Statistische Verfahren mit Korrelations-, Regressions- und Varianzanalysen gehören nach wie vor nicht zur Ausbildung in den Philologien.

Aber wenn man von dieser unbestrittenen Anpassungsnotwendigkeit absieht, bleibt gleichwohl die Frage: Was hat eine sprachwissenschaftliche und sprachdidaktisch inspirierte Schreibforschung für eine originäre Perspektive beizutragen? Beide in diesem Kapitel berichteten Fälle zeigen: Schreibkompetenz ist genau das, als was sie theoretisch und methodisch bestimmt wird. Jede der beteiligten Wissenschaften macht sich davon ein eigenes Bild. Die Perspektive der Linguistik ist die Perspektive auf den *sprachlichen* Text. Gefragt wird nach den sprachlichen Komponenten, aus denen Texte hergestellt und aufgebaut werden und nach der dafür geforderten *Textkompetenz.*

Um eine Analogie heranzuziehen: Es ist ähnlich wie beim Wein: Ist der Wein gut? Das fragt man den Sommelier. Ist er gesund? Das fragt man den Arzt. Taugt er für das Abendmahl? Das fragt man am besten den Pfarrer. Aber wonach fragt man den Winzer? Die Perspektive des Winzers ist die Herstellungsperspektive. Der Winzer ist zuständig für alle Fragen, die das Zustandekommen des Produkts betreffen. Es mag sein, dass auch erfolgreiche WinzerInnen über wein-unabhängige Personenmerkmale verfügen, die als verlässliche Prädiktoren für Erfolg auf diesem Feld gelten können. Gleichwohl gilt: Auch ein guter Winzer muss erst einmal die je besonderen Techniken und Verfahrensweisen und das relevante Wissen für das Weinmachen lernen. Weder personenbezogene Prädiktorvariablen noch produktbezogene Bewertungen helfen dabei zu verstehen, was diese Techniken und Verfahrensweisen sind und wie sie erworben werden. Das ist – setzt man die Rückübertragung der erwähnten Analogie in Gang – die Perspektive einer texthandlungsbasierten Schreibforschung. Dabei geht es um das relevante Texthandlungswissen und die damit verbundenen sprachlichen Techniken und Verfahrensweisen, ohne die kein Text geschrieben werden kann.

4   Die linguistische Perspektive: textorientierte Schreib- und Erwerbsforschung

Im Blick auf die Frage, wie Sprache, Schreiben und fachliches Lernen zusammenhängen, zeitigt die aktuelle Forschung dazu auch aus den naturwissenschaftlichen Fachdidaktiken relevante Befunde: Ohne fachliches Wissen bleibt eine sprach- und textproduktionsbezogene Förderung im Fach ohne Effekte. Andererseits profitiert das fachliche Lernen nachweislich von explizit textproduktionsorientierten und sprachbezogenen Lernkontexten, insbesondere, wenn die Aufgabenstellung verlangt, dass die SchülerInnen fachliche Zusammenhänge adressatenbezogen kommunikativ-sprachlich strukturieren (Nieswandt 1998 und in diesem Band; Ploog 2011; Kulgemeyer/Schecker 2013). Wie kann das textliche Schreibhandeln überfachlich als Lernen konzipiert werden? (Vollmer/Thürmann 2010; Thürmann 2012). Für die Frage nach den Ursachen der Lernwirksamkeit sprach- und kommunikationsbezogener Aufgabenstellungen werden in diesem letzten Kapitel aus linguistischer und sprachdidaktischer Perspektive einige Argumente vorgetragen.

4.1 Textorientierung

In der linguistisch inspirierten Schreibforschung vollzieht sich – gewissermaßen entgegengesetzt zu den im letzten Kapitel beschriebenen Entwicklungen – ein Perspektivenwechsel weg von den kognitiven Prozessen beim Schreiben und hin zum Text. Hier spielt dann die spezifische Sprachlichkeit der Texte eine eigenständige Rolle. Gegen die dominant kognitive Orientierung der eigenen psychologischen Zunft gerichtet, haben Torrance und Galbraith in diesem Sinn schon zur Jahrtausendwende wünschenswert klar und kritisch formuliert:

„From the textproduction perspective, we see language-specific processes as playing a central role in content formulation. These features represent a shift in focus from the properties in the thinking behind the text to the properties of the text." (Torrance/Galbraith 1999, 6-7)

Wie kann das Schreiben als Textproduktion verstanden, wie Schreibfähigkeit als Textkompetenz analysiert werden? Weil es kaum sinnvoll ist, darüber in toto zu reden, konzentriere ich mich auf die für das Schreiben zentrale Teilfähigkeit zum Perspektivenwechsel. Hier zeigt sich auch der linguistische Standpunkt: Perspektivenwechsel ist danach keine Eigenschaft der Person, es ist eine von dem/der SchreiberIn *sprachlich zum Ausdruck gebrachte Texteigenschaft*, über die eine geteilte Perspektive mit dem/der LeserIn hergestellt werden kann.

Das ist schon psychologisch nicht leicht: „We may write – as Virgina Woolf says, for the 'face beneath the page' – but that face is often shadowy, and somtimes it is not there at all." (Wilkinson/Barnsley/Hanna et al. 1980, 215). Das ist ein psychologisches Schreibproblem, aber es ist kein sprachlich bearbeitbares *Text*-Problem. Das ändert sich sofort, wenn es z.B. darum geht, eine eigene Position als Vorschlag zu präsentieren oder ein mögliches Gegenargument sprachlich antizipierend so aufzugreifen, dass es in die eigene Argumentation integriert werden kann. *Perspektiven und Gegenperspektiven formulieren und den Wechsel anzeigen, Vorschläge machen, Zugeständnisse machen, eigene Positionen formulieren und gleichzeitig so zurückzunehmen, dass sie nicht zum Affront geraten.* Das sind Textprobleme, die zugleich auch bedeuten, dass das jeweilige Sachthema auf verschiedene Weise zu perspektivieren und zu bearbeiten ist. Das Wissen wird „systematisiert" und „textuell durchgeformt" (Portmann-Tselikas/Schmölzer-Eibinger 2008, 6). Wie macht man das im Text?

4.2 Textprozeduren des Perspektivenwechsels

Als anschauliches Beispiel kann schon das obige Zitat von Torrance und Galbraith dienen. Die Autoren kontrastieren hier unterschiedliche Sichtweisen auf ein Fachproblem. Die inhaltlichen Positionen „thinking behind the text" vs. „properties of the text" werden über eine Hintergrund-Vordergrund-Metapher (*behind vs. of*) formuliert und mit Hilfe von in der Wissenschaftsdomäne typischen Perspektivierungsausdrücken textlich in Beziehung gesetzt:

- *from the X-perspective,*
- *we see X as Y,*
- *features represent X,*
- *a shift in focus from X to Y.*

Damit findet nicht nur eine Positionierung der Autoren statt, sondern die Perspektivität der eigenen Auffassung wird ebenso formuliert wie der Gegenstandpunkt. Das ist eine wichtige Grundlage für die im Text und durch den Text zu leistende erkenntnisbezogene Argumentation, die dann zusätzlich z.B. auch noch strategisch konzessive Argumente umfassen kann, in denen die Autoren die Perspektive möglicher Opponenten antizipieren, um sie dann wieder mit einem stärkeren Gegenargument zu entkräften. Konzessive Prozeduren fordern textlinguistisch die abgestimmte sprachliche *Integration* eines konzessiven Arguments mit einem darauf antwortenden und dieses entkräftenden eigenen Argument, im Deutschen z.B.: „Ich sehe zwar ein, dass X, aber Y." Hierfür haben sich historisch eigenständige Textprozeduren und Prozedurausdrücke ausgebildet, etwa die Kombination von *zwar... aber, wenn auch ... so doch* usw. (vgl. Rezat 2009).

Die prozedural-zeichenhafte Oberfläche des Textes verweist auf Handlungsschemata des Perspektivenwechsels im Text. Die theoretische Grundlage für diese Denkweise bildet das Konzept der Textprozeduren (Feilke 2012; 2014a; Feilke/Lehnen 2012; Schmölzer-Eibinger/Dorner/Langer et al. 2013, Bachmann/Feilke 2014). Textprozeduren sind die sprachlich routinehaften Komponenten des Textaufbaus. Sie liegen als Prozeduren zwischen Prozess und fertigem Produkt und sie koppeln textliche Handlungsschemata semiotisch mit einem konventionell begrenzten Spektrum von Prozedurausdrücken. Das kann man sich so vorstellen, wie es Abb. 6 zeigt.

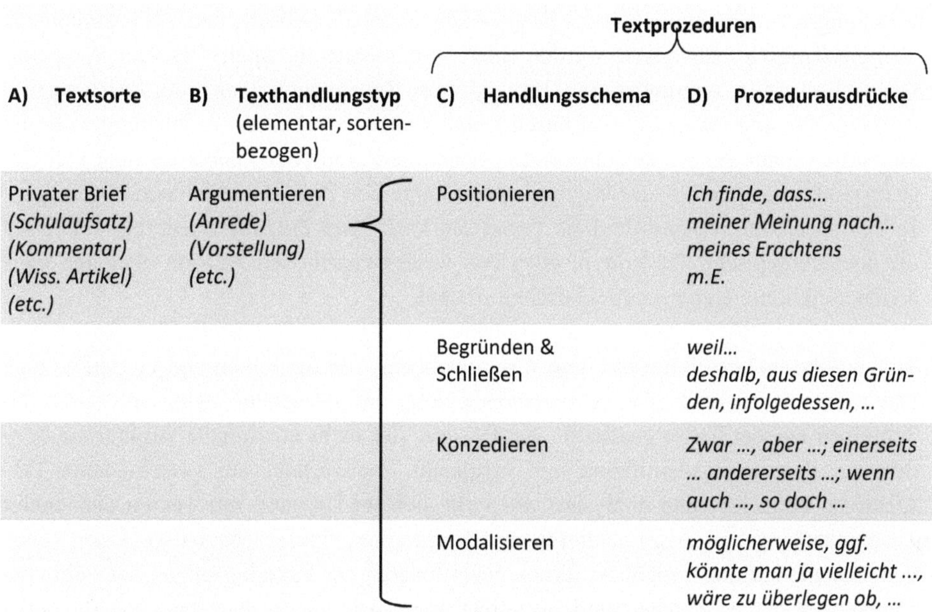

| | **Textprozeduren** | | |
A) **Textsorte**	B) **Texthandlungstyp** (elementar, sorten-bezogen)	C) **Handlungsschema**	D) **Prozedurausdrücke**
Privater Brief (Schulaufsatz) (Kommentar) (Wiss. Artikel) (etc.)	Argumentieren (Anrede) (Vorstellung) (etc.)	Positionieren	*Ich finde, dass... meiner Meinung nach... meines Erachtens m.E.*
		Begründen & Schließen	*weil... deshalb, aus diesen Gründen, infolgedessen, ...*
		Konzedieren	*Zwar ..., aber ...; einerseits ... andererseits ...; wenn auch ..., so doch ...*
		Modalisieren	*möglicherweise, ggf. könnte man ja vielleicht ..., wäre zu überlegen ob, ...*

Abb. 6: Textsorte, Texthandlung, Textprozedur (vgl. Feilke 2014a)

Textprozeduren sind komplexe Zeichen, die durch die *Einheit* von Handlungsschema (Inhaltsseite, Spalte C) und Prozedurausdruck (Ausdruckseite, Spalte D) gebildet werden. Für die kognitive Seite von Handlungen schlägt schon Piaget den Begriff des Schemas vor. Erkennbar werden die Handlungen aber erst über den Handlungsausdruck: Das Feld der in der Spalte ganz rechts (D) aufgeführten routinehaften Ausdrücke kennt man als kompetente/r SchreiberIn/SprecherIn des Deutschen. Prozedurausdrücke dieser Art evozieren für kompetente SchreiberInnen unterschiedliche Handlungsschemata. In der Regel weisen sie eine domänentypische und von der Textsorte abhängige Prägung auf: Im journalistischen Kontext sind z.B. Positionierungsausdrücke anders geprägt als im wissenschaftlichen Kontext. So weist Steinhoff (2007, 241ff) nach, dass journalistisch „meiner Meinung nach" hochfrequent ist, während dies in wissenschaftlichen Aufsätzen kaum vorkommt und stattdessen „m.E." gebraucht wird. Der Grad der ausdrucksseitigen Markiertheit von Handlungsschemata kann variieren. So kann das Begründen und Konzedieren einerseits in bestimmten Konnexionsmustern klar erkennbar sein, andererseits kann es für die Involvierung der LeserInnen auch sinnvoll sein, wenn diese die Zusammenhänge textsemantisch selbst erschließen kann. Es wäre pragmatisch wenig zielführend, bei einer Konzession jedes Mal anzuzeigen, dass die Aussage als Zugeständnis zu verstehen ist. Schwache ausdrucksseitige Markierung erhöht allerdings das Risiko, missverstanden zu werden, was exemplarisch am Beispiel der Ironie deutlich wird. Für viele pragmatisch sensible Handlungsschemata ist ausdrucksseitige Markierung deshalb obligatorisch. Ein einschlägiges Beispiel ist das Zitieren und Verweisen, das etwa für Autoritätsargumente beim Begründen wichtig ist.

Handlungsschemata können in der Regel noch einmal als Subschemata eines komplexen *Texthandlungstyps* analysiert werden (hier: Argumentieren, Spalte B). Der Perspektivenwechsel beim Argumentieren kann als ein Zusammenwirken von *Positionieren*, *Konzedieren* und *Modalisieren* beschrieben werden, wobei es – abhängig von der Textsorte (Spalte A) – unterschiedliche Explizitheitsgrade der Thematisierung von Gesichtspunkt, Perspektive und Wechsel geben kann. Die Prozeduren können jeweils ganze Textabschnitte regieren und sie verweisen kraft ihrer Prägung wiederum selbst auf oft domänentypische Textsorten, etwa den wissenschaftlichen Aufsatz oder den ganz anders funktionierenden journalistischen Artikel.

Was hat diese Darstellung mit dem Zusammenhang von Schreiben und Lernen zu tun? Das Lernen ist, soweit es in Auseinandersetzung mit gelesenen Texten und durch das Schreiben eigener Texte geschieht, ein Prozess, der nicht nur Inhalte strukturiert, sondern der Positionen identifiziert und vergleicht, Sachverhalte aus verschiedenen Perspektiven betrachtet und analysiert. So stellt sich im Umgang mit Texten ein innerer Zusammenhang von Argumentieren und Lernen her. Die zeichenhaften Oberflächen von Texten sind dabei nicht Ausdruck eines Inneren der SprecherInnen oder SchreiberInnen, sondern als Zeichen sind sie immer appellativ: Sie fordern dazu auf, dies oder das zu tun, sich etwas so oder so vorzustellen, etwas so oder so zu verstehen. In diesem Sinn sind die Textprozeduren des Argumentierens deshalb zugleich epistemische, wissensbildende Prozeduren (vgl. Feilke 2013). Sie leiten den/die SchreiberIn dazu an, „sein eigenes Denken aus der Perspektive des anderen zu betrachten" (Tomasello 2002, 201).

Das enorme Gewicht, das im praktischen Sprachgebrauch dem Erwerb der in Abb. 6 dargestellten Beziehungen zwischen Handlungsschemata und Prozedurausdrücken zukommt, belegt die neuere korpuslinguistische Forschung. Sie identifiziert computergestützt in großen Korpora rekurrente und miteinander vorkommende (kookkurrente) Wörter und Wendungen und ordnet sie funktional. Simpson-Vlach und Ellis (2010) zeigen in einem inzwischen vielfach zitierten Aufsatz, in welch enormem Maß gerade wissenschaftliche Texte wissensgenerierende Handlungsschemata sprachlich textprozedural ausformen. Dabei kommt neben den „referential expressions", die auf Fachinhaltliches referieren, und den „discourse organizing expressions", die sich auf die Textgliederung beziehen, den sogenannten „stance expressions" ein Hauptgewicht zu: Hier geht es ausschließlich um die Perspektivenorganisation und den Perspektivenwechsel. Das sind Ausdrücke wie: *"take into account the, on the other hand, as can be seen"* etc. (Simpson-Vlach/Ellis 2010, 495). Schon die drei angeführten Beispiele zählen zu den zehn häufigsten Ausdrücken in englischen wissenschaftssprachlichen Texten überhaupt. Die Beobachtungen sind auch erwerbsrelevant: In einer empirischen Untersuchung an einem Korpus argumentativer Texte durchschnittlich 18-jähriger SchreiberInnen zeigen Uccelli, Dobbs und Scott (2013), dass die höchste Stufe der über Rater-Urteile eingeschätzten Textqualität vorhersagbar ist mittels der Frequenz von „organizational markers" und

„epistemic stance markers". Hier geht es durchaus um das Lernen: Solche Ausdrücke dienen dazu, die Darstellung der Sachverhalte *nachvollziehbar* zu machen.

4.3 Beispiel: Prozeduren und lexikalische Inventare

Abschließend möchte ich an einer noch vorläufigen Skizze aus unserer eigenen Forschung (vgl. Steinseifer/Feilke 2013) Zusammenhänge von Perspektivenwechsel und argumentativ-sprachlicher Strukturierung illustrieren. Abb. 7 bringt die vier in Abb. 6 aufgelisteten Textprozeduren (Positionieren, Begründen, Konzedieren und Modalisieren) in ein Vierfelderschema, dessen vier Seiten aus dem Funktionsmodell des sprachlichen Zeichens nach Bühler in Kombination mit der Unterscheidung nach Diskurs- und Sachdimension der Kommunikation abgeleitet sind: 1) Für jede Argumentation muss der/die SprecherIn/SchreiberIn im Blick auf die strittige Frage Position beziehen (Positionieren). 2) Er hat aber kommunikativ auch die möglichen Positionen anderer zu berücksichtigen und muss in dieser Hinsicht Zugeständnisse machen (Konzedieren). 3) Unter dem Inhaltsaspekt werden sach- und stichhaltige Argumente als Begründungen mit Faktizitätsanspruch präsentiert (Begründen). 4) Zugleich werden aber auch mögliche Einschränkungen des Faktizitätsanspruchs sprachlich bedacht oder es wird eine in besonderem Maß gegebene Evidenz betont (Modalisieren). Die Reihenfolge dieser vier Punkte ist pragmatisch motiviert: Sie setzen einander im Sinn eines zunehmend komplexer werdenden Bedingungsgefüges erfolgreichen Argumentierens voraus. In diesem Sinn können sie eine Heuristik auch für den Erwerb der entsprechenden Textprozeduren bilden, wie sie in Abb. 7 mit dargestellt wird.

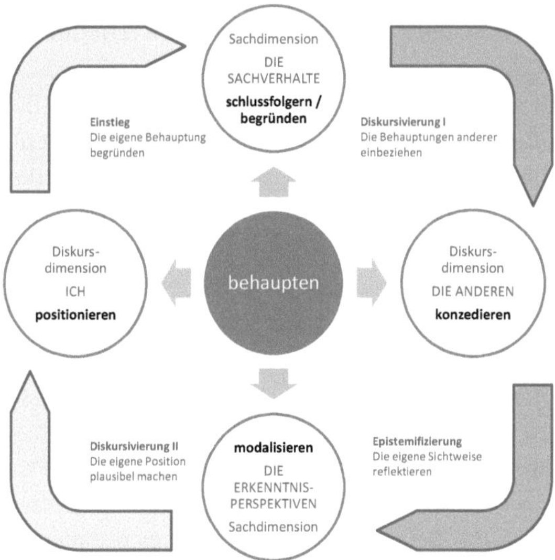

Abb. 7: Feld der Textprozeduren und Heuristik des Erwerbs (Steinseifer/Feilke 2013)

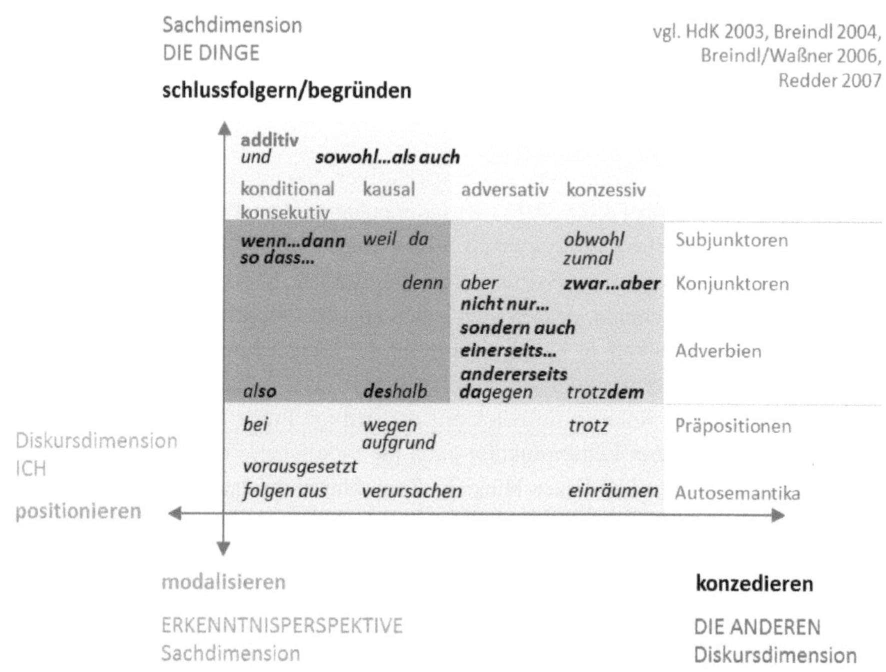

Abb. 8: Lexikalische Inventare für Textprozeduren (Steinseifer/Feilke 2013)

Auf das hier zugrunde gelegte theoretische Schema können – im Sinn einer Form-Funktionszuordnung und in hypothesenbildender Absicht – nun Prozedurausdrücke bezogen werden, die die erläuterten Texthandlungsschemata indizieren. Hierfür ist es lohnend, zunächst einschlägige lexikalische Bereiche heranzuziehen. Ein solches Beispiel ist der Bereich der Satzkonnektoren (vgl. Pasch/Brauße/Breindl et al. 2003; Breindl 2004; Redder 2007). Wir ziehen diesen Bereich hier heran, noch ohne Berücksichtigung der jeweiligen konstruktionellen Kontexte in Lernertextkorpora, von denen zusätzliche Aufschlüsse zu erwarten sind. Abb. 8 zeigt, dass das Feld der Prozedurausdrücke im Sinn der vorgeschlagenen Heuristik strukturiert werden kann. Das Konnektorenfeld gliedert sich in einander überschneidende, aber gleichwohl im Sinn einer Typik abgrenzbare funktionale Spektren. Dabei ist das textprozedurale Profil der Konnektoren sehr gut auf die Aufgaben des Perspektivenwechsels zu beziehen. Dabei sind auch erwerbsbezogene Hypothesen mit zu berücksichtigen. Erwartbar ist nach bisherigen Forschungen zum Thema, dass der fortschreitende Prozedurenerwerb sich einerseits im Ausbau und der fortschreitenden Differenzierung *des Inventars* der Prozedurausdrücke in der Kompetenz zeigt. Gewissermaßen gegenläufig zu dieser Entwicklung ist andererseits zu erwarten, dass die SchreiberInnen *im Gebrauch* zunehmend weniger auf dieses lexikalisierte Inventar zurückgreifen und an dessen Stelle – z.B. beim Konzedieren – mit fortschreitender Textkompetenz stärker textpragmatische Verfahren treten, die den/die LeserIn stärker involvieren (vgl. Rezat 2009; 2011).

In diesem Kapitel und dem gewählten empirischen Ausschnitt sollte deutlich werden, dass die Fähigkeit zum Perspektivenwechsel als eine *Textkompetenz* analysiert werden kann, die erst durch das Schreiben und seine Anforderungen entsteht und von den LernerInnen ausgebaut wird. Die SchreiberInnen eignen sich die sprachlichen Werkzeuge, die sie für die Organisation des Perspektivenwechsels brauchen, lesend und schreibend an. Diese Prozesse können angeregt, gefördert und unterstützt werden (vgl. Rotter/Schmölzer-Eibinger in diesem Band). Es ist keineswegs vorauszusetzen, dass schon der Aufweis entsprechender textproceduraler Muster didaktisch hinreichend wäre, entsprechende Kompetenzen bei SchülerInnen zu fördern. Handlungsschemata sind nicht immer ausdruckseitig salient und funktional keineswegs selbstevident. Was heißt *Einwände erheben, Schlussfolgerungen ziehen, Zugeständnisse machen*? Und wie macht man das? Hier muss ein auf die „didaktische Konstruktion sprachlicher Scaffolds für den Schreibunterricht" (Thürmann 2012, 17) zielender Unterricht Lernsituationen schaffen, in denen es gelingen kann, geteilte Aufmerksamkeit für solche bildungssprachlich wichtigen Textprozeduren zu erzeugen (vgl. Bachmann/Feilke 2014).

Abschließend möchte ich noch einmal auf die Ausgangsthesen zum Schreibwandel im zweiten Kapitel zurückkommen. Es werden immer mehr Texte, aber es wird immer weniger Text geschrieben. Was bedeutet dies im Blick auf das schulische Textschreiben und seinen Zusammenhang mit Lernprozessen?

Texte werden zunehmend im multimodalen Verbund erscheinen. Was in Bildern, Filmen und Visualisierungen besser als im Text dargestellt werden kann, wird multimodal dargestellt werden. Dasselbe gilt für die interaktive Komponente: Was besser in der Interaktion bearbeitet und gelöst werden kann, das wird interaktiv bearbeitet und retrospektiv geordnet werden, wie das am Beispiel interaktiven Schreibens in der Wissenschaft gezeigt worden ist. Das sind erfreuliche und zu begrüßende Entwicklungen.

Umgekehrt aber wird ausgebaut literaler Text sich dort behaupten, wo seine genuinen Stärken liegen: Diese liegen vielleicht weniger in den kommunikativen als in den ästhetischen und epistemischen Potentialen der Textualität einerseits und in der Herstellung komplexer sozialer Verbindlichkeit andererseits. Es dürfte so gut wie ausgeschlossen sein, dass z.B. an die Stelle komplexer Vertragswerke und Deklarationen zukünftig Filme treten werden.

Das gilt auch für das expositorische und argumentative Schreiben zu Sachthemen. Die Stärken der Diskussion liegen in der Interaktivität. Aber die Ordnung der Beiträge, ihre Zusammenstellung unter einem Thema und Begriff, ebenso wie die sprachlich argumentative Ableitung von Schlussfolgerungen und Thesen mit der entsprechenden Berücksichtigung konzessiver Argumente, das überschreitet das Format eines interaktiven Beitrags im Chat oder Blog. Große Teile der Problembearbeitung werden möglicherweise zukünftig stärker interaktiv stattfinden. Aber auch in Zukunft werden LeserInnen nachlesen wollen, was interaktiv besprochen worden ist und wovon sie im Weiteren ausgehen wollen. Und das wird kein Chat oder Blog-Mitschnitt sein, es werden Texte sein, die sprachlich den behandelten Problemzusammenhang kohärent darstellen und dem/der LeserIn auf diese Art und Weise den Sach-, respektive Argumentzusammenhang *textlich* aufzeigen. Gerade weil der kommunikative Alltag durch andere Schriftpraktiken bestimmt ist, fällt der Schule die Aufgabe zu, ein privilegierter Ort der Ausbildung von Textkompetenz in diesem Sinn zu sein.

Literatur

Ahrenholz, B. (2010). Bildungssprache im Sachunterricht der Grundschule. In B. Ahrenholz (Hrsg.), *Fachunterricht und Deutsch als Zweitsprache* (S. 15–35). Tübingen: Narr.

Androutsopoulos, J. (2007). Neue Medien – Neue Schriftlichkeit? *Mitteilungen des Germanistenverbandes, 54*(1), 72–97.

Assmann, J. (2000). *Das kulturelle Gedächtnis. Schrift, Erinnerung und politische Identität in frühen Hochkulturen.* 3. Auflage. München: Beck.

Bachmann, T. & Feilke, H. (Hrsg.) (2014). *Werkzeuge des Schreibens. Beiträge zu einer Didaktik der Textprozeduren.* Stuttgart: Fillibach bei Klett.

Bader, A. & Fritz, G. (2011). Zur Entwicklung von Formaten und Kommunikationsformen in der digitalen Wissenschaftskommunikation – eine evolutionäre Betrachtungsweise. In T. Gloning & G. Fritz (Hrsg.), *Digitale Wissenschaftskommunikation. Formate und ihre Nutzung* (S. 55–86). Gießen: Gießener Elektronische Bibliothek.

Becker-Mrotzek, M., Schramm, K., Thürmann, E. & Vollmer, H.J. (Hrsg.) (2013). *Sprache im Fach. Sprachlichkeit und fachliches Lernen.* Reihe Fachdidaktische Forschungen, Bd. 3. Münster: Waxmann.

Bereiter, C. & Scardamalia, M. (1987). *The Psychology of Written Composition.* Hillsdale N.J.: Lawrence Erlbaum Associates.

BITCOM (2011). *Jugend 2.0. Eine repräsentative Untersuchung zum Internetverhalten von 10- bis 18-Jährigen.* Berlin: BITCOM.

Böhme, K. (2013). Prüfungsaufgaben im schriftlichen Deutschabitur. In H. Feilke, J. Köster & M. Steinmetz (Hrsg.), *Textkompetenzen in der Sekundarstufe II* (S. 307–330). Stuttgart: Fillibach bei Klett.

Breindl, E. (2004). Relationsbedeutung und Konnektorbedeutung: Additivität, Adversativität und Konzessivität. In H. Blühdorn, E. Breindl & U.H. Waßner (Hrsg.), *Brücken schlagen. Grundlagen der Konnektoren-semantik* (Linguistik – Impulse & Tendenzen, S. 225–254). Berlin [u.a.]: de Gruyter.

Brockmeier, J. (1997). *Literales Bewusstsein. Schriftlichkeit und das Verhältnis von Sprache und Kultur.* München: Fink.

Bruner, J.S., Olver, R.R. & Greenfield, P.M. (1971). *Studien zur kognitiven Entwicklung.* Stuttgart: Klett.

Bucher, H.J. (2011). Multimodales Verstehen oder Rezeption als Interaktion. Theoretische und empirische Grundlagen einer systematischen Analyse der Multimodalität. In H. Diekmannshenke, M. Klemm & H. Stöckl (Hrsg.), *Bildlinguistik. Theorie – Methoden – Fallbeispiele* (S. 123–156). Berlin: Erich Schmidt.

Donaldson, M. (1978/1991). *Wie Kinder denken. Intelligenz und Schulversagen.* München: Piper.

Dürscheid, C., Wagner, F. & Brommer, S. (2010). *Wie Jugendliche schreiben. Schreibkompetenz und neue Medien.* Mit einem Beitrag von Saskia Waibel. Berlin, New York: de Gruyter.

Ehlich, K. (1983). Text und sprachliches Handeln. Die Entstehung von Texten aus dem Bedürfnis nach Überlieferung. In A. Assmann (Hrsg.), *Schrift und Gedächtnis. Beiträge zur Archäologie der literarischen Kommunikation* (S. 24–43). München: Fink.

Feilke, H. (2012). Was sind Textroutinen? Zur Theorie und Methodik des Forschungsfeldes. In H. Feilke & K. Lehnen (Hrsg.), *Schreib- und Textroutinen. Theorie, Erwerb und didaktisch-mediale Modellierung* (Forum Angewandte Linguistik, 52, S. 1–31). Frankfurt am Main [u.a.]: Lang.

Feilke, H. (2013). Bildungssprache und Schulsprache – am Beispiel literal-argumentativer Kompetenzen. In M. Becker-Mrotzek, K. Schramm, E. Thürmann & H.J. Vollmer (Hrsg.), *Sprache im Fach. Sprachlichkeit und fachliches Lernen* (S. 113–130). Münster: Waxmann.

Feilke, H. (2014a). Argumente für eine Didaktik der Textprozeduren. In H. Feilke & T. Bachmann (Hrsg.), *Werkzeuge des Schreibens. Beiträge zu einer Didaktik der Textprozeduren* (S. 11–34). Stuttgart: Fillibach bei Klett.

Feilke, H. (2014b). Begriff und Bedingungen literaler Kompetenz. In H. Feilke & T. Pohl (Hrsg.), *Schriftlicher Sprachgebrauch – Texte verfassen* (S. 33–53). Baltmannsweiler: Schneider-Verlag Hohengehren.

Feilke, H. & Portmann, P.R. (1996). *Schreiben im Umbruch. Schreibforschung und schulisches Schreiben.* Stuttgart: Klett.

Feilke, H. & Lehnen, K. (Hrsg.) (2012). *Schreib- und Textroutinen. Theorie, Erwerb und didaktisch-mediale Modellierung.* Frankfurt am Main [u.a.]: Lang.

Feilke, H. & Pohl, T. (Hrsg.) (2014). *Schriftlicher Sprachgebrauch – Text verfassen.* Baltmannsweiler: Schneider-Verlag Hohengehren.

Fleck, L. (1999). *Entstehung und Entwicklung einer wissenschaftlichen Tatsache.* 4. Auflage. Frankfurt am Main: Suhrkamp.

Glaser, C. & Brunstein, J. (2014). Selbstreguliertes Schreiben: Modelle, Prozesse und Anwendungen. In H. Feilke & T. Pohl (Hrsg.), *Schreiben – Schriftlicher Sprachgebrauch* (S. 465–477). Baltmannsweiler: Schneider-Verlag Hohengehren.

Gloning, Th. & Fritz, G. (Hrsg.) (2011), *Digitale Wissenschaftskommunikation. Formate und ihre Nutzung.* Gießen: Gießener Elektronische Bibliothek. URL: http://geb.uni-giessen.de/ geb/volltexte/2011/8227/

Goody, J., Watt, I. & Gough, K. (1968/1986). *Entstehung und Folgen der Schriftkultur.* Frankfurt am Main: Suhrkamp.

Graham, S. & Perin, D. (2007). A Meta-Analysis of Writing Instruction for Adolescent Students. *Journal of Educational Psychology, 99*(3), 445–476.

Keller, R. (1990). *Sprachwandel. Von der unsichtbaren Hand in der Sprache.* Tübingen: Francke.

Klein, P.D., Boscolo, P., Kirkpatrick, L.C. & Gelati, C. (Hrsg.) (2014). *Writing as a Learning Activity.* Leiden, Boston: Brill.

Kulgemeyer, C. & Schecker, H. (2013). Schülerinnen und Schüler erklären Physik – Modellierung, Diagnostik und Förderung von Kommunikationskompetenz im Physikunterricht. In M. Becker-Mrotzek, K. Schramm, E. Thürmann & H.J. Vollmer (Hrsg.), *Sprache im Fach. Sprachlichkeit und fachliches Lernen* (S. 225–240). Münster: Waxmann.

Merton, R.K. (1983). *Auf den Schultern von Riesen: Ein Leitfaden durch das Labyrinth der Gelehrsamkeit.* 3. Auflage. Frankfurt am Main: Suhrkamp.

Neumann, A. (2014). Großuntersuchungen zur Schreibleistungsmessung. In H. Feilke & T. Pohl (Hrsg.), *Schriftlicher Sprachgebrauch. Texte verfassen* (S. 514–531). Baltmannsweiler: Schneider-Verlag Hohengehren.

Nieswandt, M. (1998). Lernen im Chemieunterricht durch eigentätiges Schreiben. Fallanalysen. *Zeitschrift für Didaktik der Naturwissenschaften, 4*(2), 21–40.

Nückles, M., Hübner, S. & Renkl, A. (2012). Fostering self-regulated learning by journal writing. How should instructional support be designed to promote high-quality learning? In J.R. Kirby & M.J. Lawson (Hrsg.), *Enhancing the quality of learning. Dispositions, instruction, and learning processes* (S. 178–200). Cambridge: Cambridge University Press.

Ortner, H.P. (2000). *Schreiben und Denken.* Tübingen: Niemeyer.

Pasch, R., Brauße, U., Breindl, E. & Waßner, U.H. (2003). *Handbuch der deutschen Konnektoren. Linguistische Grundlagen der Beschreibung und syntaktische Merkmale der deutschen Satzverknüpfer (Konjunktionen, Satzadverbien und Partikeln).* [Schriften des Instituts für Deutsche Sprache, 9]. Berlin [u.a.]: de Gruyter.

Paus, E. & Jucks, R. (2013). Reflexives Schreiben als Seminarkonzept in der Lehrerausbildung. *Zeitschrift für Hochschulentwicklung, 8*(1), 124–134.

Philipp, M. (2014). *Grundlagen der effektiven Schreibdidaktik und der systematischen schulischen Förderung.* Baltmannsweiler: Schneider-Verlag Hohengehren.

Ploog, M. (2011). *Internetbasiertes Lernen durch Textproduktion im Fach Physik.* Berlin: Logos.

Portmann-Tselikas, P.R. & Schmölzer-Eibinger, S. (2008). Textkompetenz. *Fremdsprache Deutsch, 39,* 5–16.

Redder, A. (2007). Konjunktoren. In L. Hoffmann (Hrsg.), *Deutsche Wortarten* (S. 482–524). Berlin [u.a.]: de Gruyter.

Rezat, S. (2009). Konzessive Konstruktionen. Ein Verfahren zur Rekonstruktion von Konzessionen. *Zeitschrift für Germanistische Linguistik, 37*(3), 469–489.

Rezat, S. (2011). Schriftliches Argumentieren. *Didaktik Deutsch, 31,* 50–67.

Scribner, S. & Cole, M. (1978). Literacy without Schooling: Testing for intellectual effects. *Harvard Educational Review, 48*(4), 448–461.

Scribner, S. & Cole, M. (1981). *The Psychology of Literacy.* Cambridge: Harvard University Press.

Schmitt, M. (2011). *Perspektivisches Denken als Voraussetzung für adressatenorientiertes Schreiben.* Dissertation, Heidelberg.

Schmölzer-Eibinger, S., Dorner, M., Langer, E. & Helten-Pacher, M. (2013). *Sprachförderung im Fachunterricht – in sprachlich heterogenen Klassen.* Stuttgart: Klett.

Schnitzer, C.V. (2012). *Linguistische Aspekte der Kommunikation in den neueren elektronischen Medien. SMS – E-Mail – Facebook.* Dissertation, München.

Simpson-Vlach, R. & Ellis, N.C. (2010). An Academic Formulas List: New methods in phraseology research. *Applied Linguistics, 31*(4), 487–512.

Slomp, D.H. (2012). Challenges in assessing the development of writing ability: Theories, constructs and methods. *Assessing Writing, 17,* 81–91.

Steinhoff, T. (2007). *Wissenschaftliche Textkompetenz. Sprachgebrauch und Schreibentwicklung in wissenschaftlichen Texten von Studenten und Experten.* Tübingen: Niemeyer.

Steinseifer, M. & Feilke, H. (2013). *Argumentationswortschätze. Literalität, Textroutinen und Wortschatzkompetenzen.* Vortrags-Ms. Deutscher Germanistentag Kiel am 24.09.2013.

Thürmann, E. (2012). Lernen durch Schreiben? Thesen zur Unterstützung sprachlicher Risikogruppen im Sachfachunterricht. *dieS-online, 1.* Verfügbar unter: http://geb.uni-giessen.de/geb/volltexte/2012/8668/ [13.04.2014].

Tomasello, M. (2002). *Die kulturelle Entwicklung des menschlichen Denkens.* Frankfurt am Main: Suhrkamp.

Torrance, M. & Galbraith, D. (1999). Conceptual Processes in Writing: From Problem Solving to Text-Production. In M. Torrance & D. Galbraith (Hrsg.), *Knowing What to Write. Conceptual Processes in Text Production* (S. 1–12). Amsterdam: Amsterdam University Press.

Uccelli, P.L., Dobbs, C. & Scott, J. (2013). Mastering Academic Language: Organization and Stance in the Persuasive Writing of High School Students. *Written Communication, 30,* 36–62.

Vollmer, H.J. & Thürmann, E. (2010). Zur Sprachlichkeit des Fachlernens: Modellierung eines Referenzrahmens für Deutsch als Zweitsprache. In B. Ahrenholz (Hrsg.), *Fachunterricht und Deutsch als Zweitsprache* (S. 107–132). Tübingen: Narr.

Wilkinson, A., Barnsley, G., Hanna, P. & Swan, M. (1980). *Assessing Language Development.* Oxford: Oxford University Press.

Daniela Rotter/Sabine Schmölzer-Eibinger

Schreiben als Medium des Lernens in der Zweitsprache
Förderung literaler Kompetenz im Fachunterricht durch eine
Prozedurenorientierte Didaktik und Focus-on-Form

1 Einleitung

Schreiben ist im Fachunterricht für das Verstehen und Aneignen von Inhalten elementar. SchülerInnen schreiben, um Informationen festzuhalten, Ergebnisse zu sichern, Zusammenhänge darzustellen – und dabei oft erst zu entdecken. Beim Schreiben werden Inhalte sprachlich neu konfiguriert und dabei meist besser durchdacht und verstanden. Das Schreiben macht Inhalte zum Gegenstand der Reflexion, des problemlösenden Denkens und Lernens. Ein Zusammenhang zwischen dem Schreiben und Lernen im Fachunterricht ist damit nicht bloß durch das Medium des Schrifttextes gegeben, sondern auch durch das Schreiben als sprachliche und kognitive Tätigkeit (siehe Feilke in diesem Band).

Im Konzept der *literacy practices* (Street 1995) wird das Schreiben als soziale Praxis verstanden, in der Bedeutungs- und Wissenskonstruktion im jeweiligen soziokulturellen und domänenspezifischen Kontext erfolgt. Literale Erfahrung im rezeptiven und produktiven Umgang mit Texten[1] stellt demnach sowohl für den Wissens- als auch den Spracherwerb eine wichtige Voraussetzung dar. Sie ist eine zentrale Bedingung für die Ausbildung von *literaler Kompetenz*[2], verstanden als Fähigkeit eines Individuums, an den literalen Praktiken einer Schriftkultur zu partizipieren (vgl. Feilke 2014a, 43). Dies schließt den Umgang mit sprachlichen Handlungen wie dem *Erklären, Argumentieren, Beschreiben* oder *Definieren*[3] ein, die in der Schule über die Fächergrenzen hinweg für

---

1   In diesem Zusammenhang wird auch der Stellenwert einer früh einsetzenden, anregenden literalen Praxis in der Familie vielfach betont (siehe einschlägige Arbeiten zu *Early Literacy* bzw. *Emergent Literacy,* u.a. von Dehn 1996; Verhoeven/Aarts 1998).

2   Der Begriff „literale Kompetenz" wird in diesem Zusammenhang synonym mit „literaler Handlungskompetenz" (Schmölzer-Eibinger/Dorner 2012) und „Textkompetenz" verwendet, verstanden als Fähigkeit, Texte lesen und verstehen und mittels Texten kommunizieren und lernen zu können (vgl. Schmölzer-Eibinger 2008, 15). Diese Definition baut auf begrifflichen Bestimmungen von Portmann-Tselikas (2001a, b; 2002) und Kern (2000) auf.

3   Vollmer/Thürmann (2010) und Thürmann (2010) verwenden in diesem Zusammenhang den Begriff der „schulsprachlichen Diskursfunktionen", mit denen ihrer Auffassung nach basale Denkoperationen und deren Versprachlichung in elementaren Texttypen in Beziehung gesetzt werden können (vgl. Vollmer/Thürmann 2010, 116).

das Verstehen, Aushandeln und Darstellen von Fachwissen grundlegend sind. Um deren Bedeutung nicht nur für die Beteiligung an Fachdiskursen im Unterricht, sondern auch außerhalb der Schule zu betonen, wird in diesem Beitrag der Begriff der „literalen Handlung" (Dorner/Schmölzer-Eibinger 2012) verwendet. Deren schulische Bedeutung zeigt sich aktuell v.a. im Umgang mit sog. „Operatoren", die als Handlungsverben dazu eingesetzt werden, SchülerInnen zu bestimmten Handlungen aufzufordern (z.B. „beschreiben", „erklären", „vergleichen", etc.). Operatoren zählen in der aktuellen Bildungsdebatte zu den Schlüsselfaktoren in der Konzeption von Aufgabenstellungen und der Bewertung von SchülerInnenleistungen. Sie werden sowohl in Bildungsstandards und Lehrplänen als auch in zentralen Abschlussprüfungen (Abitur, Matura) normativ eingesetzt und spielen mittlerweile daher auch im Unterricht bei der Formulierung von Lernaufgaben eine zentrale Rolle. Der Umgang mit Operatoren ist zwischen den Fächern jedoch meist nicht koordiniert, oft unpräzise und bietet den SchülerInnen vielfach keine konkreten Anhaltspunkte hinsichtlich der damit geforderten sprachlichen Handlungen (z.B. „untersuchen", „erschließen", „einordnen", „entwerfen", „gestalten", etc.)[4]. Sie drehen oftmals „nach innen" (Thürmann 2010, 7) und beziehen sich lediglich auf mentale, nicht jedoch auf sprachliche Prozesse und deren Produkte. Auch Bezüge zu den Textsorten und –genres bleiben vielfach ausgeblendet bzw. sind nicht an ihrer jeweiligen Typik orientiert. SchülerInnen werden daher oft im Unklaren dahingehend gelassen, was sie sprachlich konkret *tun* sollen.

Dies ist insbesondere für sog. sprachliche „RisikoschülerInnen" (Thürmann 2010) problematisch, da Sprache als kognitives Werkzeug fachbezogene Kognitionen erst ermöglicht und fachliche Leistungen dominant im Medium von Sprache erbracht werden müssen (vgl. ebd., 4). Eine unpräzise Verwendung von Operatoren, die nicht explizit auch auf erwartete sprachliche Leistungen hinweist, lässt zudem auch deren didaktisches Potential als „Scaffolds" zur Realisierung der jeweiligen Sprachhandlung außer Acht.
Für Zweitsprachenlernende kommt oft erschwerend hinzu, dass sie noch nicht über die für das Verstehen und Darstellen komplexerer fachlicher Inhalte erforderliche literale Kompetenz in der Zweitsprache verfügen (vgl. Schmölzer-Eibinger 2008; Portmann-Tselikas 1998; 2002). Es fehlt ihnen vielfach sowohl eine nach Kontexten und Domänen differenzierte rezeptive Spracherfahrung mit ausreichendem Input (vgl. Feilke 2014a, 35) als auch Erfahrung im Schreiben von Texten. Zweitsprachenlernende haben oft nicht nur wenig Routine im Umgang mit schriftsprachlichen Anforderungen, sondern müssen sich vielfach auch basale, lexikogrammatische Kenntnisse in der Zweitsprache erst aneignen. Wenn Sprache aber selbst noch einen zentralen Lerngegenstand darstellt, kann sie nur eingeschränkt als Medium der Wissensaneignung fungieren (vgl. Belke 2008; 2012; Knapp 2007). Gerade Zweitsprachenlernende brauchen daher Lern- und Aufgabensettings, die die geforderten sprachlichen Leistungen verdeutlichen und konkrete, an ihren individuellen Lernvoraussetzungen orientierte sprachliche Unterstützung geben. Diese sollte insbesondere darin bestehen, SchülerInnen vielfältige Gele-

---

4   Vgl. Abraham/Saxalber (o.J.).

genheiten und Anregungen für eine bewusste Auseinandersetzung mit schriftsprachlich geprägter Sprache und dem Schreiben als Prozess und Medium des Lernens in unterschiedlichen fachlichen Kontexten zu bieten.

Wie aber können SchülerInnen mit geringer literaler Erfahrung im Fachunterricht unterstützt werden, um literale Kompetenz aufzubauen und das Potential des Schreibens für das fachliche Lernen zu nutzen?

Im gegenwärtigen Diskurs zum Erwerb von literaler Kompetenz spielen *Prozedurenorientierte Ansätze* eine prominente Rolle (vgl. Schmölzer-Eibinger/Dorner 2012; Schmölzer-Eibinger et al. 2013; Schmölzer-Eibinger/Fanta 2014; Bachmann/Feilke 2014). Diese beziehen sich bisher überwiegend auf den Deutschunterricht und das Schreiben im Studium und widmen sich erst vereinzelt auch dem Fachunterricht (z.B. Schmölzer-Eibinger et al. 2013; Schmölzer-Eibinger/Fanta 2014; Schmölzer-Eibinger/ Dorner 2012). Ziel dieses Beitrags ist es, diese Ansätze zu erweitern, um auch SchülerInnen mit geringer literaler Spracherfahrung das Schreiben als Medium des Lernens im Fachunterricht zu ermöglichen.

Wir möchten in diesem Beitrag ein didaktisches Modell vorstellen, das auf Ansätzen der Prozedurenorientierten Didaktik (Schmölzer-Eibinger et al. 2013, 65ff; Schmölzer-Eibinger/Dorner 2012) aufbaut und durch den fremd- und zweitsprachendidaktischen *Focus-on-Form*-Ansatz (in der Folge: FoF, vgl. Long 1991) ergänzt wird. Die Kombination dieser Ansätze stellt aus unserer Sicht eine vielversprechende Möglichkeit dar, die jeweils besonderen sprachlichen Voraussetzungen von Zweitsprachenlernenden zu berücksichtigen und darauf aufbauend das Schreiben in seiner epistemisch-heuristischen Funktion im Fachunterricht zugänglich zu machen.

2 Theorie und Didaktik der Textprozeduren

Textprozeduren[5] werden in der aktuellen Schreibforschung als wichtige Werkzeuge im Umgang mit Texten diskutiert (Schmölzer-Eibinger et al. 2013; Schmölzer-Eibinger/

---

5   Der Begriff „Textprozeduren" (Bachmann/Feilke 2014) löst den Begriff „Textroutinen" (Feilke 2010; 2011; Feilke/Lehnen 2012) ab und hebt, so Feilke (2014, 11), die Mittlerstellung zwischen Prozess und Produkt des Schreibens hervor. In diesem Beitrag wird der Begriff „Textprozeduren" im Sinne des ursprünglichen Begriffsverständnisses von „literale Prozeduren" verwendet (Schmölzer-Eibinger/Dorner 2012; Schmölzer-Eibinger et al. 2013; Schmölzer-Eibinger/Fanta 2014, weitere Begriffsverwendung siehe Feilke 2014, 20) und schließt konzeptuell schriftliche Sprachverwendung im Medium des Mündlichen ein, wie dies auch im Begriff der „Textkompetenz" (Schmölzer-Eibinger 2008; Portmann-Tselikas 2001a; b) angelegt ist. Dieses Begriffsverständnis von Textprozeduren erscheint im Kontext dieses Beitrags v.a. deshalb relevant, da Wissen im Fachunterricht nach wie vor überwiegend durch LehrerInnenvortrag und Dialog mit SchülerInnen in Form eines fragendentwickelnden Unterrichts vermittelt wird. Es kann daher angenommen werden, dass der

Fanta 2014; Feilke/Bachmann 2014). Die eigentlichen Werkzeuge des Schreibens sind demnach nicht Stifte oder die Tastatur eines Computers, sondern sie sind *sprachlich-textueller* Art (vgl. ebda, 7). Wenn es etwa in einem Text heißt: „x tritt dafür ein, dass…" oder „y ist der Auffassung, dass…" so ist für kompetente Lesende unmittelbar klar, dass der/die AutorIn hier die Meinung bzw. Position eines anderen wiedergibt. Diese sog. „Prozedurenausdrücke" [6] (Feilke 2014b) sind nicht bloß Phänomene der sprachlichen Oberfläche, sondern verweisen auf zugrundeliegende Schemata des *Handelns in Texten* (vgl. auch Beitrag von Feilke und Bushati/Ebner in diesem Band).

Bachmann/Feilke (2014, 7) veranschaulichen diese Werkzeugmetapher an einem einfachen Bild: eine Nähnadel oder eine Zange nützt einem nichts, wenn man nicht weiß, wie sie zu gebrauchen sind. Man muss also nicht nur die Werkzeuge kennen, die man für bestimmte Zwecke braucht, sondern auch wissen, wofür, wie und wo man sie einsetzen kann. So wie es für den Umgang mit einer Nadel oder einer Zange etablierte Gebrauchsschemata gibt, sind auch Textprozeduren keine von SprachbenutzerInnen ad hoc konstruierten Werkzeuge. Sie haben sich vielmehr durch den wiederkehrenden Gebrauch innerhalb einer Sprachgemeinschaft im Laufe der Zeit sozial etabliert.

Um Textprozeduren erkennen und einsetzen zu können, muss man sie zuvor durch rezeptive Spracherfahrung kennengelernt haben: Nur wer Märchen gehört und gelesen hat, identifiziert den Ausdruck „es war einmal" als Einleitung eines Märchens (vgl. Feilke 2014b, 14). Prozedurenausdrücke evozieren beim kompetenten Sprachbenutzer das jeweilige domänen- und textsortentypische Handlungsmuster. Durch Prozedurenausdrücke erschließt sich dem erfahrenen Lesenden nahezu unbemerkt die Funktion ganzer Textmodule (vgl. Steinseifer 2012, 66).[7] Voraussetzung dafür ist implizites, durch rezeptive Spracherfahrung erworbenes sprachliches Routinewissen.[8]

Prozedurenausdrücke verbinden sich mit Handlungsschemata zu Textprozeduren als komplexe Zeichen (vgl. Feilke 2012; Bachmann/Feilke 2014; Feilke in diesem Band). Diese fungieren als Komponenten von literalen Handlungen wie z.B. dem *Erklären*, *Beschreiben* oder *Argumentieren* (vgl. Schmölzer-Eibinger/Dorner 2012). Literale Handlungen dieser Art werden in der aktuellen fachdidaktischen Diskussion als relevan-

---

     Gebrauch und die Aneignung von Textprozeduren im Fachunterricht auch durch mündliche, konzeptuell schriftliche Sprachpraxis erfolgt.

6   Dem Begriff „Prozedurenausdruck" (Feilke 2014) geht die Verwendung des Begriffs „Routineausdruck" (Feilke 2010; 2012) in der Fachdiskussion voran.

7   Portmann-Tselikas spricht in diesem Zusammenhang von sog. „Mesoelementen", mit denen nach unserer Lesart nicht einzelne Textprozeduren, sondern prototypische Kombinationen von Textprozeduren innerhalb einer Domäne gemeint sind (Portmann-Tselikas 2011).

8   Routinen werden in diesem Beitrag nach Weisberg (2012, 157) verstanden als Ergebnis von beliebig oft wiederholbaren, erfolgreichen Lösungen, die letztlich zur Auflösung eines Problems – etwa beim Schreiben eines Textes – führen. Routinen sind so betrachtet nicht Teil eines Problems, sondern vielmehr Resultat erfolgreicher Problemlösung. Für eine detaillierte Auseinandersetzung mit dem Begriff der (sprachlichen) Routine siehe Feilke (2012).

te sprachlich-kognitive Werkzeuge des Wissenserwerbs im Fachunterricht betrachtet, die sowohl fächerübergreifend als auch innerhalb der einzelnen Fächer von großer Bedeutung sind (vgl. Vollmer/Thürmann 2010).

Textprozeduren sind domänen- und textsortengeprägt und können lexikalisch als Kollokationen, syntaktisch als grammatische Konstruktionen und textlich als Makroroutinen auftreten und in vielfacher Weise ineinander eingebettet sein (vgl. Feilke 2012, 11). Für das Schreiben stellen Textprozeduren eine herausragende didaktische Bezugsgröße dar (vgl. Feilke 2012, 10; Lehnen 2012, 39; Bachmann/Feilke 2014) – sie stehen beim Schreiben als Bausteine einer Texthandlung zur Verfügung und bilden ein Gerüst, das Handlungsoptionen selektiert und das Formulieren erleichtert. Anskeit und Steinhoff gehen davon aus, dass schon der einmalige Einsatz eines Prozedurenausdrucks wie z.B. „wenn"- oder „zwar… aber" die Qualität eines Textes deutlich erhöht (vgl. Anskeit/Steinhoff 2014, 145). Jedenfalls aber besteht in der aktuellen Diskussion Übereinstimmung dahingehend, dass der Erwerb von Textkompetenz durch eine didaktische Fokussierung von Textprozeduren unterstützt werden kann (vgl. Steinseifer 2012, 66; Bachmann/Feilke 2014). Dies gilt auch für Lernende, die über geringe literale Fähigkeiten verfügen (vgl. Dannerer 2012, 122), wie dies bei SchülerInnen mit Deutsch als Zweitsprache häufig der Fall ist.

Im Folgenden geht es uns darum, zu zeigen, dass der zweitsprachendidaktische Ansatz *Focus-on-Form* dazu beitragen kann, bestehende prozedurenorientierte didaktische Konzepte zu erweitern, um die wissensgenerierende Funktion des Schreibens im Fachunterricht für Zweitsprachenlernende mit geringer literaler Erfahrung besser verfügbar zu machen. Zunächst sollen Überschneidungspunkte zwischen den beiden Ansätzen erläutert und daraus ableitbare didaktische Optionen aufgezeigt werden, die sich v.a. auf die zu fokussierende sprachliche Einheit, weiters auf Lernaktivitäten, den Kontext, sowie die Aufmerksamkeitslenkung beziehen. Anschließend soll ein didaktisches Modell anhand eines konkreten Unterrichtsvorschlags für den Fachunterricht vorgestellt werden, das auf dieser theoretischen Grundlage entwickelt wurde.

3   Textprozeduren und *Focus-on-Form*

Ein zentraler Überschneidungspunkt der beiden Ansätze liegt im *Form*-Begriff und seiner theoretischen Fundierung. Sowohl beim *Focus-on-Form*-Ansatz, der eine kurzfristige Fokussierung formalsprachlicher Aspekte im Kontext inhaltsorientierter Kommunikation vorsieht (vgl. Long 1991; Long/Robinson 1998), als auch in der Theorie der Textprozeduren geht man von *Konstruktionen* aus. Den theoretischen Rahmen dafür bildet die Konstruktionsgrammatik. Diese konzeptualisiert die Aneignung sprachlicher Fähigkeiten als Lernen von Form-Bedeutungspaaren (vgl. Tomasello 2003). *Formen* sind als Ausdrucksstrukturen mit Inhaltsstrukturen verbunden und werden als Konventionen einer Sprechergemeinschaft gelernt (vgl. Croft 2001). Die Formseite einer Konstruktion umfasst phonologische, morphologische und syntaktische Aspekte, die Inhaltsseite semantische, pragmatische und diskursiv-funktionale.

Formen werden aus konkretem Sprachmaterial gebildet, die über den Gebrauch gespeichert und in weiterer Folge schematisiert werden. Kinder eignen sich Konstruktionen im Erstspracherwerb durch das Beobachten und Imitieren (vgl. Jost 2012, 200), aber auch durch kreativen Sprachgebrauch an (vgl. Anskeit/Steinhoff 2014, 52). Im Laufe der sprachlichen Entwicklung bauen sie ein strukturiertes Inventar an sprachlichen Konstruktionen auf (vgl. Tomasello 2006, 286; zit. nach Jost 2012, 200). Deshalb sind Input und Rezeption für den Erwerb von Konstruktionen bzw. Textprozeduren entscheidend, ebenso deren aktive Verwendung in Form-Funktionszusammenhängen. Für Lernende mit geringer literaler Erfahrung können sich je nach Komplexität der Form bzw. Handlungsstruktur oder dem Gebrauchskontext Schwierigkeiten bei deren Aneignung ergeben. Funktionswörter beispielsweise zeichnen sich durch ihre Bedeutungslosigkeit und geringe Salienz aus, sodass sie bei der Sprachverarbeitung grundsätzlich weniger beachtet werden (vgl. VanPatten 2004).

Der Begriff *Form* wird in weiterer Folge synonym zum Begriff „Prozedurenausdruck" als ausdrucksseitige Oberflächenform für eine Textprozedur verwendet[9]. Um die Fokussierung von Prozedurenausdrücken und entsprechenden Handlungsschemata im Unterricht planen zu können, sollten Aufgabenstellungen so konzipiert werden, dass die Aufmerksamkeit der Lernenden auf Formen im jeweiligen Gebrauchskontext gelenkt und die Verwendung bestimmter Formen evoziert wird.[10]

Dabei gilt es zu beachten, dass eine *Form* im klassisch strukturalistischen Verständnis vom hier verwendeten Form-Begriff abweicht, denn Prozedurenausdrücke kommen nicht durch Anwendung lern- und vermittelbarer grammatischer Regeln zustande, wie es üblicherweise im traditionellen Fremdsprachenunterricht praktiziert wird. Diese sind – wie bereits erläutert – vielmehr gebrauchsbasiert und sozial konventionalisiert. Hinzu kommt, dass

    a)   Prozedurenausdrücke formgleich unterschiedlichen, jeweils domänenspezifisch geprägten Handlungsmustern und Textprozeduren zugeordnet werden können (z.B. „eine Position vertreten" bedeutet in einem journalistischem Text etwas anderes als in einem wissenschaftlichen Text);

---

9   Der Form-Begriff, wie er im Kontext von FoF und konstruktionsgrammatischen Modellen verstanden wird, muss nicht zwingend ein Prozedurenausdruck sein, aber jeder Prozedurenausdruck hat eine Formseite, durch die ein Handlungsschema – einfacher oder schwieriger – erkennbar ist.

10   Man spricht in diesem Zusammenhang auch von *task essentialness, naturalness* und *usefulness* (vgl. Loschky/Bley-Vroman 1993).

b) Teilformen eines Prozedurenausdrucks wenig salient[11] und kommunikativ redundant sein können, was deren Aneignung erschwert (Bsp.: *es handelt von* vs. *es handelt sich um*);

c) Textprozeduren nicht immer explizit durch Prozedurenausdrücke angezeigt werden (siehe Beitrag von Feilke in diesem Band);

d) Prozedurenausdrücke im Erwerbsverlauf häufig domänenunspezifisch realisiert und lernersprachliche Formen vielfach alltagsbezogen realisiert werden („Psychoanalytiker behaupten *immer noch*, …", „X stellte *sogar* die *übertriebene* Behauptung auf, …").

Um die Aufmerksamkeit der SchülerInnen auf Textprozeduren und ihre sprachliche Ausdrucksform zu lenken, eignet sich das Schreiben besonders gut. Die visuelle Präsenz von Sprache, die durch die Schrift gegeben ist, erlaubt es, sprachliche Gebilde, die im Mündlichen als Lautstrom auftreten und vergänglich sind, zu analysieren und dadurch, so Tophinke (2010), Sprache kognitiv-operational zugänglich zu machen. Beim Schreiben wird das eigene sprachliche Handeln und Denken auf diese Weise zum Gegenstand von Reflexion. Darüber hinaus bringt es die „zerdehnte" Situation des Schreibens und ihre handlungsbedingte Verlangsamung mit sich, dass die Aufmerksamkeit auf Sprache gefördert wird – das Schreiben ist nach Vygotsky (1986) nicht nur eine bewusstere, sondern auch eine stärker bewusst machende Aktivität als das Sprechen.

Formeinheiten sind mittels klassischer strukturalistischer Analysen nur unzureichend zu erfassen, da nicht vorhergesagt werden kann, welche – grammatisch und semantisch möglichen – Kombinationen in einem bestimmten Gebrauchskontext sprachlich akzeptabel sind oder nicht (vgl. Feilke 2012, 21). Stattdessen gilt es die Form in ihrer Funktion und ausdrucksseitigen Konventionalität im jeweiligen Gebrauchskontext zu fokussieren.[12] Die Einbettung der Form in einen kommunikativen Kontext ist daher für die Aneignung von Konstruktionen zentral.[13]

Als entscheidende Determinante für die Aneignung von Konstruktionen gilt *Frequenz*. Feilke (2012, 16) verweist in diesem Zusammenhang darauf, dass es nicht um bloße Frequenz, sondern um die Typik von Kookkurrenzen bzw. des Verhältnisses von Ausdruck und Gebrauchsschema geht, die durch den jeweiligen Kontext bestimmt wird. Frequenzeffekte zeigen sich in unterschiedlichen sprachlichen Bereichen (vgl. Ellis 2009) und bestimmen, wie etwas verarbeitet und gespeichert wird. Der/die kompetente SprachbenutzerIn kann Sprache routiniert verwenden, weil er/sie über Wissen in Bezug

---

11 Siehe Erläuterungen zum Konzept der Salienz: https://bop.unibe.ch/linguistik-online/article/view/1569/2656.

12 Dadurch ergibt sich im optimalen Fall jenes gemeinsame Verarbeiten von Form, Bedeutung und Gebrauch (sog. *Joint processing*, vgl. Doughty 2001), das für die Ausbildung einer Konstruktion als entscheidender Moment in der Sprachverarbeitung angenommen wird.

13 Was unter „kommunikativem Kontext" zu verstehen ist, wird dabei nur unzureichend definiert (vgl. Rotter 2015).

auf das Vorkommen von Form-Funktionspaaren in unterschiedlichen Gebrauchskontexten verfügt und dieses musterhaft einsetzen kann. So können routinierte SchreiberInnen auf etablierte Lösungen von Problemen bei der Textproduktion zurückgreifen – wie sie im Fachunterricht etwa zur Darstellung komplexer Sachzusammenhänge gebraucht werden.

Die Fähigkeit, pragmatisch passende schriftliche Äußerungen routiniert zu produzieren, führt zur flüssigen Textproduktion (vgl. Weisberg 2012, 157). Pawley und Syder (1983) haben hierfür eine über entsprechende Routinen strukturierte Kompetenz angenommen – sie stützt v.a. „nativelike selection" als Fähigkeit, aus einer Fülle an sprachlichen Möglichkeiten diejenigen auszuwählen, die der Domäne, der Textfunktion, der Textsorte und der Situation angemessen sind. Die Häufigkeit, mit der Sprachlernende dem Sprachmaterial begegnen und auf dessen Grundlage sich *nativelike-selection* und *nativelike-fluency* (Pawley/Syder 1983) entwickeln können, unterscheidet Erst- von Fremd- und Zweitsprachenlernenden.

Bisherige Ansätze einer Prozedurenorientierten Didaktik gehen meist davon aus, dass Lernende über ein rezeptiv erworbenes, implizites Sprachhandlungswissen verfügen, das beim Schreiben aktiviert werden kann. Aufgrund vielfach eingeschränkter Sprach- und Schreiberfahrung in der Unterrichtssprache verfügen Zweitsprachenlernende jedoch oft nicht über ein entsprechendes implizites Sprachwissen, vielmehr oft nur über lernersprachliche Varianten, die auch inkorrekte Formen beinhalten. Zweitsprachenlernende verfügen vielfach nicht nur über weniger, sondern häufig auch über unangemessene Routinen (vgl. Edmondson 2006). Didaktische Ansätze, die von einem rezeptiv erworbenem Sprachwissen ausgehen und auf deren Aktivierung und Nutzung setzen, greifen daher für Zweitsprachenlernende vielfach zu kurz.

Um den Erwerb entsprechender Routinen voranzutreiben, ist *Aufmerksamkeit* vonnöten[14]. Die Aufmerksamkeitslenkung auf Formen hat im FoF-Ansatz die Funktion, Verarbeitungsmechanismen dahingehend zu beeinflussen, dass auch wenig saliente Formaspekte in den Lernerfokus gelangen (vgl. Doughty 2001). Beim Schreiben sollte die Aufmerksamkeit gezielt auf die zu lösenden Probleme der Textproduktion gelenkt werden. Werden diese erfolgreich gelöst, wird Aufmerksamkeit für neue, komplexere Probleme frei (vgl. Weisberg 2012, 165). Lernende können sich sodann von „lower order problems" wie Wortfindung oder Grammatikproblemen zu „higher order problems" wie Textorganisation oder Adressatenorientierung hinwenden. Dadurch wird, so Ossner (2006, 11), auch Aufmerksamkeit auf Inhalte und Kapazität für ein wissensgenerierendes Schreiben frei.

---

14 Für eine Auseinandersetzung mit Aufmerksamkeit und ihrer Rolle im Zweitspracherwerbsprozess siehe Schmidt (2001; 2010) und Truscott (1998).

Im Fokus des Lernens im Fachunterricht stehen die Aneignung von Inhalten und das *Verstehen*. Verstehen wird als ein aktiver Prozess betrachtet, bei dem bestehendes Wissen aktiviert, Schlussfolgerungen gezogen, Kommendes antizipiert und Deutungsmuster (*frames, scripts*) eingesetzt werden (vgl. Izumi, zit. nach Schifko 2011). Verstehen erfolgt nach Jost (2012) über *pragmatische Interferenz*, die sich aus den Nutzungserfahrungen von SprachbenutzerInnen speist. Das Wissen über die Art und Weise, wie sprachliche Formen üblicherweise benutzt werden, ermöglicht es somit, Voraussetzungen für das Verstehen zu schaffen. Verstehensleistungen erfolgen somit durch Wiedererkennen ihrer sprachlichen Form – die Äußerungsgestalt bestimmt also den Zugang zu den Inhalten. Das Verstehen ist daher, so Feilke (2003, 12), gestützt durch pragmatisch geprägtes, konventionalisiertes Sprachwissen. Textprozeduren haben demnach als Form-Funktionseinheiten eine Kontextualisierungsfunktion für das Meinen und Verstehen. Schreibende signalisieren mit der Verwendung bestimmter Prozedurenausdrücke, dass es ihre Absicht ist, den üblicherweise mit dem Ausdruck verbundenen Kontext aufzurufen und die entsprechende Bedeutung bei den Lesenden zu evozieren (vgl. Jost 2012, 205).

Textprozeduren geben einen Rahmen vor, der die Realisierung bestimmter Äußerungsabsichten beim Schreiben erleichtert (z.B. jemanden informieren, überzeugen, etc.). Ein konkreter Inhalt muss dabei nicht von vorneherein vorliegen, sondern kann auch erst anschließend erzeugt und in den textuellen Rahmen eingepasst werden (vgl. Knopp/Jost/Linnemann et al. 2014, 113). Das Wissen darüber, wie ein solcher Rahmen geschaffen werden kann, verschafft den Lernenden kognitive Entlastung und macht Kapazitäten für die Auseinandersetzung mit Inhalten ebenso wie für komplexere Problemlösungen frei.

Zweitsprachenlernende, die Textprozeduren bzw. deren typischen Gebrauch in der Zweitsprache nicht kennen, können weder die intendierte Bedeutung beim Lesen inferieren noch beim Schreiben indizieren. Didaktisch bietet dahingehend das kooperative Schreiben ein besonderes Lernpotential: Während der interaktiven Phasen beim gemeinsamen Verfassen eines Textes können Formen und Bedeutungen von den Lernenden solange ausgehandelt werden, bis ein grundlegendes Verstehen gegeben ist. Inhalte werden dabei meist unterschiedlich sprachlich ausgedrückt und im Zuge von Überarbeitungen mehrfach durchdacht und dadurch besser verstanden. Mithilfe der Verknüpfung von rezeptiven und produktiven Aktivitäten im Schreibprozess können einzelne sprachliche Formen bewusst und implizites Sprachwissen insgesamt aufgebaut werden.

Durch eine Bewusstmachung der Form und ihrer Funktion im jeweiligen Kontext kann der implizite Erwerb des Prozedurenwissens unterstützt werden. Der komplexe Einfluss des Bewussten (als explizites Wissen) und explizit Verarbeiteten (man spricht auch von *einer weak interface position*, vgl. Ellis 2007) wird folgendermaßen erklärt:

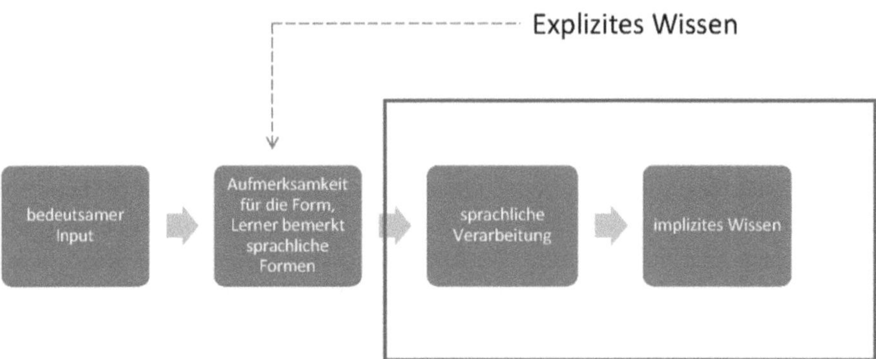

Abb. 1: Die Rolle expliziten Sprachwissens beim Erwerb impliziten Sprachwissens
(Ellis 1990, 193, übersetzt von D. Rotter)

Im Unterricht eröffnet das gemeinsame Sprechen und Reflektieren über die von den
SchülerInnen realisierten Texthandlungen, deren Funktion und Adäquatheit innerhalb
der jeweiligen Domäne und Textsorte sowie die Analyse der dafür verwendeten sprachlichen Formen und Handlungsschemata eine Möglichkeit, die Aneignung von Textprozeduren zu unterstützen und implizite Aneignungsprozesse, wie sie beim Modell der
schwachen Schnittstelle erläutert werden, anzuregen.

Aufmerksamkeit für Form-Bedeutungspaare wird im Rahmen der Zweitsprachendidak-
tik aus verschiedenen Gründen gefordert. Ein zentraler Punkt stellt dabei die durch die
Erstsprache der LernerInnen bedingte Verarbeitung des zweitsprachlichen Inputs dar.
Ellis (2007, 24) spricht in dem Zusammenhang von *gelernter Aufmerksamkeit* (*learnt
attention*), die sprachliche Elemente der Zweitsprache unbemerkt lässt, da Verarbeitungsmechanismen auf Strukturen der Erstsprache ausgerichtet sind. Für den Erwerb
von implizitem Sprachwissen gilt die *selektive Aufmerksamkeit* als ein Schlüsselmecha-
nismus, da sie die Verarbeitung und Speicherung des Inputs beeinflusst. Die *Fokussierung* kann dabei von der Lehrkraft unterschiedlich *aufdringlich* gestaltet werden und
eröffnet damit ein breites Spektrum an didaktischen Interventionsmöglichkeiten (vgl.
Schifko 2011).

Als *unaufdringliche* (implizite) Fokussierungstechniken werden die Inputflut und die
Inputintensivierung diskutiert. Bei der Inputflut werden die Formen, die fokussiert werden sollen, gehäuft verwendet. Das kann im Fachunterricht durch mündlichen oder
schriftlichen Input erfolgen. Prozedurenausdrücke sind deshalb in der LehrerInnenspra-
che bewusst und gehäuft einzusetzen, um den SchülerInnen die sprachlichen Muster zur
Realisierung der jeweiligen Textprozedur rezeptiv näherzubringen. Außerdem ist es
zentral, die LernerInnen häufig mit musterhaften Texten zu konfrontieren, in denen
Prozedurenausdrücke in typischer Verwendung vorkommen. Durch die Inputflut ergibt

sich im optimalen Fall eine auf der Ebene des Bemerkens[15] angesiedelte Aufmerksamkeit für die jeweiligen Ausdrücke, was in weiterer Folge zu einer veränderten Wahrnehmung und der Verarbeitung weiteren Inputs führt.

Als *aufdringlichere* Fokussierungstechniken sind explizit-formbezogene Feedbacktechniken, metasprachliche Hinweise oder Kognitivierungsphasen zu sehen. Dabei soll nach dem FoF-Ansatz eine dekontextualisierte, unmotivierte Formfokussierung vermieden (vgl. Long/Robinson 1998) und ein inhaltlicher Bezug durchgehend aufrechterhalten werden. Im Fachunterricht ist dies durch die übergeordneten fachlichen Lernziele meist ohnehin a priori gegeben.

Jedenfalls aber ist die Lehrkraft gefordert, die Aufmerksamkeit der Lernenden auf die jeweils angemessene sprachliche Form und Handlungsstruktur zu lenken und Situationen im Unterricht zu schaffen, in denen Bewusstheit für die Kontextabhängigkeit von Textprozeduren erzeugt und diese in ihrem jeweiligen Form-Funktionszusammenhang von den SchülerInnen kennengelernt und erprobt werden können. Auch dafür bietet sich das kooperative Schreiben an, da es die Gelegenheit bietet, literale Praxis und Routinen im Rahmen sozialer Aushandlungsprozesse zu erwerben.

Es sind somit durchaus didaktisch relevante Berührungspunkte zwischen den beiden Ansätzen festzustellen, die v.a. darin bestehen, dass die Ausbildung impliziten Sprachwissens aufgrund von Frequenzeffekten und dem Erwerb von Routine im Sprachgebrauch möglich scheint und davon ausgegangen werden kann, dass die Fokussierung auf Textprozeduren im Unterricht den Erwerb dieses Wissens befördert. Im Folgenden sollen die für den Zweitspracherwerb und das Schreiben relevanten, verbindenden Aspekte dieser Ansätze nochmals aufgegriffen und einer didaktischen Modellierung zur Förderung literaler Kompetenz bzw. Textkompetenz im Fachunterricht zugrunde gelegt werden.

3.1 Ein prozedurenorientiertes didaktisches Modell für den Fachunterricht

Das im Folgenden vorgestellte didaktische Modell ist orientiert am Konzept der *Prozedurenorientierten Didaktik* (Schmölzer-Eibinger/Dorner 2012; Schmölzer-Eibinger/Dorner/Langer 2013; Schmölzer-Eibinger/Fanta 2014) und setzt dieses exemplarisch am Beispiel des *Argumentierens* um.[16]

---

15 Schmidt (2001; 2010) spricht in diesem Zusammenhang von *Noticing*. Die Diskussion um diesen strittigen Begriff kann hier aus Platzgründen nicht näher ausgeführt werden. Grundsätzlich gilt jedoch, dass auch unaufdringliche Fokussierungstechniken zu veränderter Verarbeitung führen.

16 Durch diese Verknüpfung ergeben sich nicht nur neue didaktische Möglichkeiten im Rahmen einer Didaktik der Textprozeduren, sondern auch neue didaktische Aspekte im Rahmen des FoF-Ansatzes.

Das Argumentieren zählt zu jenen „kognitiv-sprachlichen Makrofunktionen" (Thürmann 2010, 8), die als gemeinsamer „fächerübergreifender Sockel"[17] in der Schule identifiziert werden können. Argumentationsfähigkeiten spielen aber auch außerhalb der Schule eine wichtige Rolle, um Diskurse der öffentlichen und privaten Meinungsbildung mitzubestimmen. Eine intensive rezeptive wie auch produktive Auseinandersetzung mit argumentativen Textprozeduren gibt den SchülerInnen die Möglichkeit, Anforderungen des argumentativen Sprachhandelns sowohl mündlich als auch schriftlich im Unterricht wiederholt und zunehmend routiniert zu bewältigen.[18]

Anhand eines didaktisch kleinschrittig konzipierten Schreibsettings mit Fokus auf Textprozeduren sollen SchülerInnen in diesem Modell unterstützt werden, durch und beim Schreiben im Fachunterricht zu lernen. Wissensgenerierendes Schreiben soll dadurch ermöglicht werden, dass Lernkontexte geschaffen werden, die das Schreiben als *soziale Praxis* modellieren und explizit auf das *Schreiben als Handlung* bezogen sind (vgl. Feilke in diesem Band; Bachmann 2014; Bachmann/Feilke 2014).

Die didaktische Relevanz dieses Modells liegt v.a. darin begründet, dass das Lernen im Fachunterricht bestimmte Sprachhandlungen und domänenspezifische Textprozeduren erfordert, die über gängige methodische Verfahren der Didaktik der Sachfächer bislang nicht erschlossen sind. Durch eine didaktisch gezielt gesteuerte Bewusstmachung und Erprobung dieser Sprachhandlungen und die Aufmerksamkeitslenkung auf deren Ausdrucks- und Handlungsmuster sollen die SchülerInnen in die Lage versetzt werden, das Schreiben als Medium des Lernens im Fachunterricht zu erkennen und zu nutzen.

Die SchülerInnen sollen in diesem Modell von einer zunächst eher intuitiven, mündlich geprägten Sprachverwendung zu einem reflektierten, schriftlichen Sprachgebrauch und dem Schreiben von Texten herangeführt werden. Im Rahmen verschiedener *Scaffolding*-Aktivitäten (vgl. Gibbons 2002) soll ihnen die Funktion von Textprozeduren bewusst gemacht und für das eigene sprachliche Handeln verfügbar werden.

Ausgangspunkt sind SchülerInnengespräche und Notizen zu einem Thema, die im Rahmen einer Aufgabe zur *Wissensaktivierung* entstehen. Davon ausgehend wird eine zunehmend schriftsprachlich geprägte Auseinandersetzung mit dem Thema angeregt bzw. eingefordert. Die SchülerInnen sollen ihre Arbeitsergebnisse zunächst mündlich präsentieren, im nächsten Schritt schriftlich formulieren und am Ende einen kohärenten Text zum Thema verfassen.

---

17   Um dies zu ermitteln, wurde eine umfassende länder- und fächerübergreifende Analyse von Kernlehrplänen durchgeführt (vgl. Thürmann 2010).

18   In diesem Rahmen sollte ein Inventar an darauf bezogenen Operatoren zur Verfügung gestellt werden, die die geforderten sprachlichen Handlungen präzise benennen und sich hinsichtlich ihrer Auswahl an der Typik der jeweiligen Textprozeduren-, -muster und Textsorten orientieren.

Die in diesem Modell didaktisch angeleitete „Bewegung" vom Sprechen zum Schreiben ist zunächst v.a. konzeptionell mündlich, zunehmend aber konzeptionell schriftlich. Diese Vorgangsweise wurde gewählt, da davon ausgegangen werden kann, dass

- literale Strukturen ausgehend von mündlicher Kommunikation „gebootet" werden können (vgl. Maas 2010, 38);
- die gängige Praxis der Wissensvermittlung im Fachunterricht nach wie vor überwiegend mündlich erfolgt und ein Anknüpfen an vertrauter Unterrichtspraxis die Akzeptanz neuer didaktischer Ansätze erhöht;
- eine zunächst mündlich geprägte Auseinandersetzung mit einem Thema ein Anknüpfen am Sprachstand von Zweitsprachenlernenden erleichtert, da deren mündliche Sprachkompetenz häufig besser als deren konzeptuell schriftliche entwickelt ist;
- die literale Entwicklung grundsätzlich auch auf mündlichen Sprachfähigkeiten aufbaut und im Sinne des Scaffolding-Konzeptes (vgl. Gibbons 2002; Neuer/Kniffka 2008) eine Annäherung an die konzeptionelle Schriftlichkeit schrittweise angebahnt werden kann.

Durch das Schreiben sollen Textprozeduren zum Gegenstand der Reflexion und des gemeinsamen fachlichen Lernens im Unterricht gemacht werden. Das Schreiben erfordert einen intensiveren Gebrauch von Textprozeduren als mündliche Kommunikation sowie einen expliziteren Einsatz der jeweiligen Prozedurenausdrücke. Die Aufgaben in diesem Modell sind überwiegend als kooperative Lernaufgaben konzipiert, um soziale Interaktion bei der Bearbeitung der Aufgaben zu evozieren. Auf diese Weise wird auch der Gebrauch von Textprozeduren beim Schreiben im Rahmen sozialer Praxis erfahrbar. Durch die interaktiven Aushandlungsprozesse in der Gruppe werden Inhalt, Prozess und Prozeduren des Schreibens bewusster wahrgenommen und reflektiert als dies in der mündlichen Interaktion meist der Fall ist. Durch die bewusste Auseinandersetzung mit Textprozeduren soll das implizite Sprachwissen der SchülerInnen ausgebaut werden.

Die schriftlich vorliegenden Texte der SchülerInnen ermöglichen es, Textprozeduren der Analyse zugänglich zu machen und im Unterricht bewusst zu reflektieren. Für die Lehrkraft lassen diese Rückschlüsse auf die vorhandenen fachlichen und sprachlichen Kompetenzen der SchülerInnen zu und bilden eine Ausgangsbasis, um Fördermaßnahmen aufbauend auf dem aktuellen Wissensstand der Lernenden zu konzipieren.

Im Folgenden wird dieses Modell anhand von Aufgaben zum Thema „Fracking" für den Biologie-, Geographie- oder Chemieunterricht der 11.-13. Schulstufe präsentiert. Als Zielgruppe wird von sprachlich heterogenen Klassen ausgegangen, d.h. von Klassen, in denen SchülerInnen mit Deutsch als Erst- und Zweitsprache gemeinsam unterrichtet werden.

Schritt 1

Die erste Phase umfasst eine Diskussion zum Thema in Kleingruppen[19], die Anfertigung von Notizen, eine Präsentation der Diskussionsergebnisse vor der Klasse sowie die Gestaltung eines Plakates, auf dem diese in vollständigen Sätzen von den SchülerInnen festgehalten werden sollen. Die Aufgabenstellungen lauten:

- *Bildet 4er Gruppen.*
- *Lest die zwei Informationstexte über „Fracking". [20] Sammelt die Argumente auf Kärtchen und ordnet sie (nach Pro-/Kontraargumenten). Begründet die Argumente und einigt euch auf 3 Pro- und 3 Kontraargumente.*
- *Diskutiert in der Gruppe: Was spricht für, was gegen „Fracking"?[21]*
- *Eine/r aus der Gruppe präsentiert die Ergebnisse der Diskussion anschließend vor der Klasse.*
- *Verfasst gemeinsam einen kurzen Text, in dem ihr die ausgewählten Argumente für/gegen „Fracking" darlegt und gegeneinander abwägt. Schreibt euren Text gut leserlich auf ein Plakat.*

Das Lesen von Texten zum Thema hat nicht nur eine wichtige Funktion, um Informationen zu vermitteln und eine gemeinsame Wissensbasis herzustellen, sondern stellt auch eine wesentliche Form der rezeptiven Spracherfahrung für die SchülerInnen dar. Gerade wenn man bedenkt, dass SchülerInnen mit Deutsch als Zweitsprache oftmals deutlich weniger deutschsprachigen Input erhalten als SchülerInnen mit Deutsch als Erstsprache, ist es wichtig, ihnen die entsprechende rezeptive Spracherfahrung zu ermöglichen und sie mit relevantem sprachlichen Input gehäuft zu konfrontieren. Hier wird also eine sehr unaufdringliche Art der Inputflut als Fokussierungstechnik angewendet, die es von der Lehrkraft zu erkennen und zu beachten gilt.

Durch die Diskussion in der Gruppe soll das Interesse der SchülerInnen für das Thema geweckt und Argumente für bzw. gegen „Fracking" gesammelt werden. Im nächsten Schritt sollen die gesammelten Argumente geordnet und hierarchisiert werden. Beim argumentierenden Schreiben geht es schließlich nicht nur darum, Argumente aufzulisten, sondern diese auch abzuwägen. Es ist davon auszugehen, dass einige SchülerInnen dabei bereits für das Argumentieren charakteristische Textprozeduren verwenden (z.B. *Begründen, Abwägen, Konzedieren*, etc.) und auch passende Prozedurenausdrücke ein-

---

19   Die Kleingruppen sollten so zusammengesetzt sein, dass sprachlich kompetentere SchülerInnen mit sprachlich schwächeren zusammenarbeiten, um ein Scaffolding innerhalb der Gruppen zu ermöglichen.

20   Infotexte dazu unter: http://www.focus.de/finanzen/news/kurz-erklaert-was-istfracking_ aid_914220.html [30.08.2014] oder:
http://www.umweltbundesamt.de/themen/wasser/gewaesser/grundwasser/nutzung-belastungen/fracking [30.08.2014].

21   Diese Texte wurden auf Hinweis von Elisabeth Langer ausgewählt [unveröffentl. Manuskript].

setzen (z.B. *dafür spricht – dagegen spricht; zwar – aber*; etc.), dies ist jedoch nicht von allen SchülerInnen selbstverständlich zu erwarten.

Durch die Präsentation der Diskussionsergebnisse vor der Klasse erfolgt ein erster Schritt in Richtung konzeptuelle Schriftlichkeit, denn diese erfordert eine ausführlichere und explizitere Darlegung von Argumenten als die mündliche Diskussion in der Gruppe (vgl. Schmölzer-Eibinger/Dorner/Langer 2013, 67).

Indem die SchülerInnen anschließend dazu aufgefordert werden, einen kurzen Text mit ihren Argumenten zu verfassen, ergibt sich eine weitere Verschiebung von einer konzeptuell mündlichen zu einer schriftsprachlichen Sprachverwendung. Es ist zu erwarten, dass durch die schriftliche Argumentation eine intensivere Nutzung von Prozedurenausdrücken erfolgt, die sich positiv auf die Klarheit, Begründung und Verknüpfung der Argumente auswirkt. Durch die didaktisch inszenierte Hinwendung von der mündlichen Kommunikation zum Schreiben ergibt sich auch eine relevante, im Formfokussierungskonzept bisher vernachlässigte Möglichkeit der Aufmerksamkeitslenkung: Der Fokus auf Formen erfolgt hier nicht nur mündlich, sondern wird auch auf deren schriftliche Realisierung gelenkt, was den FoF-Ansatz um eine wichtige Komponente erweitert.

Schritt 2

Im nächsten Schritt werden die von den SchülerInnen verfassten Kurztexte gemeinsam im Plenum diskutiert. Neben der Auseinandersetzung mit dem Thema werden nun die von den SchülerInnen eingebrachten *Argumentationen* in den Mittelpunkt gestellt und explizit bearbeitet. Der Fokus liegt dabei auf den in den Texten realisierten Textprozeduren (z.B. dem *Begründen, Abwägen* etc. von Argumenten). Die SchülerInnen und die Lehrkraft gehen gemeinsam von Plakat zu Plakat und diskutieren die Texte. Die zentrale Frage an die SchülerInnen dabei lautet: „Was habt ihr in euren Texten *gemacht?*" bzw. konkreter: „Was habt ihr gemacht, als ihr geschrieben habt *ich bin für ‚Fracking‘, aber nur wenn...* oder: *ich bin gegen ‚Fracking‘, weil...?*". Damit wird die Aufmerksamkeit der SchülerInnen auf die verwendeten Textprozeduren bzw. Prozedurenausdrücke gelenkt und sie erkennen meist unmittelbar selbst, dass eine Formulierung wie z.B. „*für* Fracking spricht, *gegen* Fracking spricht ..." ein Abwägen von Argumenten indiziert. Die SchülerInnen sollen in diesem Gespräch auch herausfinden, ob sie die jeweils eingesetzten Prozedurenausdrücke hinsichtlich des betreffenden Handlungsschemas adäquat verwendet haben.[22]

Mit dieser Art der reflexiven Auseinandersetzung mit den eigenen Texten wird die Aufmerksamkeit der SchülerInnen vom Inhalt auf den Handlungsrahmen gelenkt. Durch den Fokus auf sprachliche Formen, die auf der Textoberfläche als Mittel der Darstellung

---

22 Rezat weist darauf hin, dass durch Gespräche und die gemeinsame Reflexion von SchülerInnen über Texte entsprechende kognitive Strukturen über die Funktion der Textformen im Sinne eines ‚reading to write‘ sozial konstruiert werden (Rezat 2014, 194).

von Inhalten erkennbar sind, wird die Inhalts- mit der Formseite verknüpft. Der Übergang von der inhaltlichen zur sprachlichen Ebene sollte für die SchülerInnen möglichst gut nachvollziehbar sein.

Die Lehrkraft fordert die SchülerInnen im Rahmen dieses Gesprächs auch dazu auf, die im Text realisierten Textprozeduren und deren Funktion zu benennen (z.B. das *Abwägen von Argumenten* dient dazu, Argumente zu evaluieren bzw. einander gegenüberzustellen etc.). Die in den Texten verwendeten Prozedurenausdrücke (*unter x versteht man, mit x ist gemeint, x bedeutet,* etc.) sollen von den SchülerInnen selbst erkannt und hervorgehoben werden (durch Unterstreichen, Markieren etc.).[23]

Mit diesen von der Lehrkraft bewusst gesetzten Impulsen im Gespräch entsteht eine Situation des *Scaffolding*, in der die SchülerInnen dazu angeregt werden, relevante Äußerungsmuster und Handlungsschemata für das Argumentieren selbst zu entdecken. Anhand der Plakattexte kann die Lehrkraft erkennen, ob bzw. wie Prozedurenausdrücke von den SchülerInnen verwendet wurden bzw. inwieweit diese bereits über ein rezeptiv erworbenes Prozedurenwissen verfügen. Sie selbst richtet ihren Fokus als Lehrkraft damit auf Handlungsstrukturen bzw. Form-Bedeutungseinheiten und nicht bloß auf morphosyntaktische Fehler, wie dies im Unterricht mit DaZ-Lernenden ansonsten vielfach der Fall ist.[24]

Im Sinne von *Inputflut* kann die Lehrkraft ihre Sprache in solchen Gesprächen so modellieren und variieren, dass Prozedurenausdrücke gehäuft vorkommen. Durch Reformulierungen, Paraphrasierungen und formbezogenes Feedback ergeben sich Möglichkeiten im Gespräch, die Aufmerksamkeit der SchülerInnen auf eine explizite Verwendung von Prozedurenausdrücken zu lenken und auf diese Weise den Übergang von der alltagssprachlichen Ebene (BICS) zur schriftsprachlichen Ebene (CALP)[25] durch Formfokussierung voranzutreiben. Leitend ist dabei der Gedanke, dass „jede sprachliche Handlung in unterschiedlich elaborierter Weise ausgeführt werden kann" (Trautmann/Reich 2007, 44) und SchülerInnen auch im Fachunterricht dazu befähigt werden sollen, sich inhaltlich zusammenhängend und nachvollziehbar in Form einer schriftsprachlich geprägten Sprache mitzuteilen.

Eine weitere Möglichkeit, den Aufmerksamkeitsfokus der SchülerInnen während dieser Phase gezielt auf die anvisierte Form zu lenken, besteht darin, die Fragen formelizitierend zu stellen und anschließend formbezogenes Feedback zu erteilen. Bei-

---

23   Die typografische Hervorhebung der relevanten Formen im Text wird auch als *Input-enhancement* bezeichnet (vgl. Wong 2005).

24   Dieser Aspekt erscheint angesichts der häufig anzutreffenden Praxis der DaZ-Förderung besonders relevant, da sich für die Lehrkraft ein anderer als der bisher meist übliche Fokus ergibt und auch der Inhalt mitfokussiert wird.

25   Cummins unterscheidet zwischen *basic interpersonal communication skills* (BICS) und *cognitive-academic language proficiencies* (CALP) (Cummins 1979).

spielsweise könnte die Lehrkraft die SchülerInnen fragen, welche Argumente für und welche gegen „Fracking" sprechen und deren lernersprachlichen Äußerungen dann inhaltlich und sprachlich evaluieren. Der Fokus würde an dieser Stelle durch Reformulierungen unaufdringlich auf die zielsprachenkonforme Realisierung der Prozedurenausdrücke gelenkt und zu einem späteren Zeitpunkt explizit zum Gegenstand der Aufmerksamkeit gemacht.

Anschließend sollen die SchülerInnen in Gruppen *Listen* mit Prozedurenausdrücken und Handlungsschemata erstellen, die sie aus den eigenen Texten herausarbeiten. Dieser in diesem Modell wichtige Schritt ist damit begründet, dass sich die Aneignung von Textprozeduren vor allem im Ausbau und der Differenzierung des bereits vorhandenen Inventars an Prozedurenausdrücken zeigt (vgl. Feilke in diesem Band), wovon gerade bei Zweitsprachenlernenden nicht a priori ausgegangen werden kann. Die Fokussierung der tatsächlich verwendeten Prozedurenausdrücke in den Texten soll dazu beitragen, dass diese bewusst wahrgenommen und zum Bestandteil expliziten Wissens werden. Denn man kann davon ausgehen, dass Textprozeduren und Prozedurenausdrücke gelernt werden, wenn ihre Funktion im jeweiligen Gebrauchskontext verstanden und Lernende in der Lage sind, diese nicht nur isoliert, sondern auch funktional adäquat im jeweiligen Kontext zu verwenden (vgl. Steinseifer 2012, 76; Anskeit/Steinhoff 2014, 152).[26]

Werden Prozedurenausdrücke zur Verfügung gestellt, so sollten diese daher nicht einfach imitiert und unreflektiert eingesetzt werden, sondern an den jeweils domänenspezifisch geprägten Gebrauchskontext angepasst und dahingehend reflektiert werden. Dies erfordert eine kreative Sprachleistung der Lernenden, die die Ausbildung von Textprozeduren unterstützt und gleichzeitig verhindert, dass Prozedurenausdrücke schablonenhaft imitiert und im Sinne eines „pattern drill" eingesetzt werden (vgl. Anskeit/Steinhoff 2014, 152). Eine bloße Vorgabe von Routineausdrücken in Listen, ohne deren Funktion und adäquate Verwendung im jeweils domänenspezifischen Kontext zu thematisieren, führt zwar meist zu deren gehäuften Verwendung,[27] meist jedoch nicht zu einem funktional angemessenen Einsatz im jeweiligen Kontext.

Für die Auseinandersetzung mit Prozedurenausdrücken erscheint es deshalb sinnvoll in Abhängigkeit von den Möglichkeiten der Lernenden den Einsatz dieser Listen zu variieren. Dafür gibt es mehrere Möglichkeiten, die in der Praxis miteinander verschränkt werden können:

---

26   Wie oben bereits erläutert, gehen wir davon aus, dass das Schreiben von Texten sowohl implizites als auch explizites Wissen in Bezug auf Textprozeduren erfordert.

27   Auch für den Erwerbsverlauf einer Fremd- und Zweitsprache sind zunächst Übergeneralisierungen und die gehäufte Verwendung inadäquater Formen kennzeichnend, denen in der Regel ein Rückgang in der quantitativen Verwendung folgt, begleitet von einer Zunahme adäquat realisierter Formen – dieser Erwerbsmechanismus ist nicht nur für den Erwerb von Textprozeduren kennzeichnend, sondern auch für den Spracherwerb generell (siehe Dynamische Spracherwerbstheorie nach Peltzer-Karpf et al. 2006).

- Die SchülerInnen erhalten eine vorgegebene Liste mit Prozedurenausdrücken und werden dazu aufgefordert zu überprüfen, ob diese in ihren Texten vorkommen; formale Fehler werden ggfs. korrigiert bzw. unangemessene Formulierungen werden überarbeitet (= FoF durch Feedback der Lehrkraft); anschließend werden die Texte anhand der Liste überarbeitet, indem weitere Prozedurenausdrücke in den Text integriert werden. Sollten weitere, angemessen verwendete Prozedurenausdrücke in den Texten der SchülerInnen vorkommen, werden diese in die Liste aufgenommen.
- Von den SchülerInnen selbst erstellte Listen werden zwischen den Gruppen ausgetauscht, ergänzt und dann im Plenum besprochen. Die Lehrkraft gibt Feedback und korrigiert bzw. ergänzt die Listen um weitere Prozedurenausdrücke.

Die gemeinsame, auf Prozedurenausdrücke fokussierte Auseinandersetzung mit den eigenen Texten der SchülerInnen ermöglicht es, dass sie auf Prozedurenausdrücke aufmerksam werden, diese hinsichtlich ihrer Angemessenheit überprüfen und beurteilen lernen und somit ein *Focus-on-Form* quasi „natürlich" entsteht.

<u>Beispiel:</u>

Ergänzt diese Prozedurenliste um die in den eigenen Texten verwendeten Ausdrücke und versucht weitere Beispiele zu finden. (Gruppenarbeit)

Stellung beziehen/sich positionieren: meiner Meinung nach; ich finde; ich bin der Auffassung, dass...; aus meiner Sicht...; ...

etwas begründen: weil ...; da ...; deshalb ...; aus diesem Grund ...; ...

etwas einräumen/konzedieren: zwar – aber; schon – jedoch; ich gebe zu, dass..., aber meiner Meinung nach...; du hast zwar Recht, aber...; obwohl es stimmt, dass

---

Die Listen bilden Gerüste („Scaffolds") für die Textproduktion und geben den SchülerInnen Handlungsrahmen vor, die eine orientierende Funktion im Schreibprozess haben können. Mit den Listen erhalten die SchülerInnen „Werkzeuge" für die Konstitution von Textprozeduren an die Hand, die sie nicht nur zum Verfassen der Texte, sondern auch zum Verstehen von Texten zum Thema benötigen.[28] Kognitive und kommunikative Anforderungen werden auf diese Weise direkt miteinander verbunden und auf Kategorien des sprachlich realisierten Denkens und des Strukturierens von Wissen bezogen (vgl. Vollmer/Thürmann 2010, 116). Der oben erläuterte Zusammenhang zwi-

---

28 Untersuchungen zum konzessiven Argumentieren haben z.B. gezeigt, dass konzessives Argumentieren ohne diese Form des Scaffolding nur selten zu finden ist (vgl. Rezat 2014, 189).

schen Sprache und fachlichem Lernen wird auf diese Weise durch das Schreiben unterstützt und den SchülerInnen transparent gemacht.

In diesem Schritt ist ein zentraler Vorteil der Einbettung des FoF in das Modell der Prozedurenorientierten Didaktik auch hinsichtlich der inhaltlichen Themenbearbeitung zu sehen, da Prozedurenausdrücke weder im Form- noch im Bedeutungszusammenhang isoliert eingesetzt werden. Man fokussiert also nicht z.B. Präpositionen oder Konjunktionen, sondern vielmehr größere bedeutungtragende Einheiten. Der Kontext bzw. das inhaltlich bis zu diesem Zeitpunkt bereits aus verschiedenen Perspektiven bearbeitete Thema dient der Verknüpfung von Form und Handlungsschema und erfüllt demnach die Kriterien von FoF bzw. konstruktionsgrammatischen, gebrauchsbasierten Modellen der Sprachaneignung (vgl. Tomasello 2003).

Schritt 3

In der dritten Phase des Modells soll ein längerer argumentativer Text zum Thema „Fracking" verfasst werden. Dabei können alle vorherigen Arbeitsergebnisse erneut zum Einsatz kommen. Bei komplexen Themen wie „Fracking" sollten zusätzlich weitere Informationen erarbeitet bzw. fachlicher Input von der Lehrperson gegeben werden, um eine hinreichende fachliche Wissensbasis bei den SchülerInnen zu schaffen. Sie sollten auch selbständig Texte und Materialien zum Thema recherchieren (z.B. in Büchern oder im Internet).

Es wird nun das *Argumentieren* als sprachliche Handlung explizit in den Mittelpunkt gestellt. Die SchülerInnen sollen einen Text schreiben, in dem sie *argumentieren*, was für bzw. gegen *Fracking* spricht. Sie arbeiten dabei mit den zuvor erstellten Listen und wählen eigenständig Prozedurenausdrücke aus, die sie für die Realisierung der jeweiligen Textprozedur als sinnvoll erachten (vgl. Schmölzer-Eibinger/Dorner/Langer 2013, 70f).[29]

Für das Verfassen ihres Textes können die SchülerInnen auch auf die am Beginn entstandenen Kurztexte bzw. weiterführende Informationen zum Thema aus Büchern oder dem Internet zurückgreifen. Insbesondere aus DaZ-didaktischer Perspektive würde es sich in dieser Phase anbieten, Texte zur Lektüre zu geben, die entsprechende Textprozeduren und Prozedurenausdrücke aufweisen, um den SchülerInnen Modelle zu bieten

---

29   Vor Beginn des Schreibens könnte man den SchülerInnen auch noch ein Video von SchülerInnen zeigen, das sie beim kooperativen Schreiben eines Textes zeigt und den Prozess der gemeinsamen Textherstellung anhand von Listen auf gelungene Weise vorführt. Damit könnte man ein Lernen am Modell anregen, das sich als didaktisch besonders effektiv herausgestellt hat (vgl. Van Steendam et al. 2014). Eine weitere Möglichkeit, das Modelllernen einzubeziehen wäre, dass die Lehrkraft selbst einen argumentativen Text an die Tafel schreibt und die eigenen Schreibaktivitäten kommentiert, während die SchülerInnen dabei zuschauen. Dieses Verfahren wurde im Rahmen einer Studie von Gárate/Melero (2004) evaluiert und hat sich als didaktisch höchst wirksam erwiesen.

und das rezeptive Sprachwissen auszubauen. Bei der Auswahl der Texte ist auf entsprechende Qualität vor allem hinsichtlich der Realisierung von Textprozeduren zu achten.

Im Hinblick auf die Zusammenführung der beiden Ansätze ergeben sich mögliche Vorteile für die SchülerInnen, da ihre Aufmerksamkeit zu diesem Zeitpunkt auf drei Ebenen fokussiert ist:

1.   auf die Ebene des Inhalts;
2.   auf die Ebene der Prozedurenausdrücke als konkrete Formen;
3.   auf die Metaebene der sprachlichen Handlungsschemata.

In diesem Sinne ergibt sich nicht nur ein doppelter, sondern ein *dreifacher* Fokus.

Die Aufgabenstellungen in diesem dritten Schritt lauten (vgl. Schmölzer-Eibinger/ Dorner/Langer 2013, 70):
-   *Schreibt einen argumentativen Text für eine Umweltzeitschrift, in dem ihr überzeugend darlegt, warum ihr für bzw. gegen „Fracking" seid. Versucht mögliche Gegenargumente in eurem Text zu entkräften. Verwendet Ausdrücke aus der Liste. (Gruppenarbeit)*
-   *Tauscht euren Text mit dem einer anderen Gruppe aus und gebt einander Rückmeldung, ob ihr die Argumente im Text überzeugend findet. Achtet dabei sowohl auf die inhaltliche Aussage als auch auf die sprachliche Realisierung.*
-   *Überarbeitet euren Text anhand der Rückmeldungen der anderen. (Gruppenarbeit)*
-   *Macht eine/n GegnerIn und eine/n BefürworterIn für „Fracking" ausfindig und ladet sie in eure Schule ein. Veranstaltet eine Podiumsdiskussion zum Thema „Fracking" in der Schule. Eine/r aus eurer Klasse erklärt am Beginn, was „Fracking" ist und moderiert anschließend die Diskussion. Zwei SchülerInnen aus eurer Klasse sitzen am Podium, die anderen diskutieren im Publikum mit.*

Die Texte, die zu diesen Aufgabenstellungen entstehen, sollen zwischen den SchülerInnen ausgetauscht, kommentiert und anhand der Rückmeldungen überarbeitet werden. Sie werden an eine Umweltzeitschrift verschickt, in der Klasse aufgehängt, in einer Schul- oder Klassenzeitung veröffentlicht o.ä. und können Grundlage für die Podiumsdiskussion[30] sein (vgl. Schmölzer-Eibinger/Dorner/Langer 2013, 71).

---

30   Sollte es nicht gelingen, einen Experten/eine Expertin einzuladen, könnte eine Podiumsdiskussion mit zugewiesenen Rollen als GegnerIn/BefürwörterIn auch vor der Klasse oder der Schule simuliert werden.

4 Resümee

Der Beitrag sollte zeigen, dass sich aus der Verbindung eines Ansatzes der Prozedurenorientierten Didaktik und dem *Focus-on-Form*-Ansatz didaktisch bisher ungenützte Optionen zur Förderung literaler Kompetenz und der Fähigkeit, das Schreiben als Medium des Lernens im Fachunterricht zu nutzen, für alle SchülerInnen ergeben – insbesondere aber jener mit Deutsch als Zweitsprache. Der hier vorgestellte erste Annäherungsversuch erscheint vor dem aktuellen theoretischen und empirischen Erkenntnisstand zum Fremd-, Zweit- und Schriftspracherwerb und als fächerübergreifendes didaktisches Konzept vielversprechend und soll daher weitere Konkretisierungen im Rahmen empirisch-didaktischer Studien erfahren.

Literatur

Abraham, U. & Saxalber, A. (o.J.). *Typen sprachlichen Handelns („Operatoren") in der neuen standardisierten schriftlichen Reife- und Diplomprüfung (SRDP) in Deutsch* (S. 1–12). Verfügbar unter: https://www.bifie.at/system/files/dl/srdp_de_operatoren_2013-07-16.pdf.

Ahrenholz, B. (Hrsg.) (2010). *Fachunterricht und Deutsch als Zweitsprache* (2. Aufl.). Tübingen: Narr.

Anskeit, N. & Steinhoff, T. (2014). Schreibarrangements für die Primarstufe. Konzeption eines Promotionsprojekts und erste Ergebnisse zum Gebrauch von Schlüsselprozeduren. In T. Bachmann & H. Feilke (Hrsg.), *Werkzeuge des Schreibens. Beiträge zu einer Didaktik der Textprozeduren* (S. 129–156). Stuttgart: Klett.

Bachmann, T. (2014). Texte *produzieren*: Schreiben als soziale Praxis. In T. Bachmann & H. Feilke (Hrsg.), *Werkzeuge des Schreibens. Beiträge zu einer Didaktik der Textprozeduren* (S. 35–62). Stuttgart: Klett.

Bachmann, T. & Feilke, H. (Hrsg.) (2014). *Werkzeuge des Schreibens. Beiträge zu einer Didaktik der Textprozeduren.* Stuttgart: Klett.

Becker-Mrotzek, M., Schramm, K., Thürmann, E. & Vollmer, H.J. (2013). *Sprache im Fach. Sprachlichkeit und fachliches Lernen.* Münster: Waxmann.

Belke, G. (2008). *Mehrsprachigkeit im Deutschunterricht.* Baltmannsweiler: Schneider-Verlag Hohengehren.

Belke, G. (2012). *Mehr Sprache(n) für alle. Sprachunterricht in der vielsprachigen Gesellschaft.* Baltmannsweiler: Schneider-Verlag Hohengehren.

Croft, W. (2001). *Radical Construction Grammar. Syntactic Theory in Typological Perspective.* Oxford: Oxford University Press.

Cummins, J. (1979). Cognitive/academic language proficiency, linguistic interdependence, the optimum age question and some other matters. *Working Papers on Bilingualism (Travaux de recherches sur le bilinguisme), 19*, 197–205.

Dannerer, M. (2012). Routiniert bis zum letzten Satz? – Die Rolle von Textroutinen in der Erzählentwicklung von Jugendlichen. In H. Feilke & K. Lehnen (Hrsg.), *Schreib- und Textroutinen. Theorie, Erwerb und didaktisch-mediale Modellierung* (S. 101–124). Frankfurt am Main: Peter Lang.

Doughty, C. (2001). Cognitive underpinnings in Focus-on-Form. In P. Robinson (Hrsg.), *Cognition and Second Language Instruction* (S. 205–257). Cambridge: Cambridge University Press.

Dehn, M. (1996). Zur Entwicklung der Textkompetenz in der Schule. In H. Feilke & P.R. Portmann (Hrsg.), *Schreiben im Umbruch, Schreibforschung und schulisches Schreiben* (S. 172–185). Stuttgart: Klett.

Edmondson, W. (2006). Sprachliche Routinen, Spracherwerb, Fremdsprachenunterricht. In P. Scherfer & D. Wolff (Hrsg.), *Vom Lehren und Lernen fremder Sprachen. Eine vorläufige Bestandsaufnahme* (S. 203–219). Frankfurt am Main: Peter Lang.

Ellis, N. (2007). The Weak Interface, consciousness, and form-focused instruction: mind the doors. In S. Fotos & H. Nassaji (Hrsg.), *Form-focused Instruction and Teacher Education. Studies in honour of Rod Ellis* (S. 17–34). Oxford: Oxford University Press.

Ellis, N. (2009). Optimizing the Input: Frequency and Sampling in Usage-Based and Form-Focused Learning. In M. Long & C. Doughty (Hrsg.), *The Handbook of Language Teaching* (S. 139–154). M.A.: Blackwell.

Ellis, R. (1990). *Instructed Second Language Acquisition: Learning in the classroom.* Oxford: Blackwell Publishing.

Feilke, H. (1989). Funktionen verbaler Stereotype für die alltagssprachliche Wissensorganisation. In C. Knobloch (Hrsg.), *Kognition und Kommunikation. Beiträge zur Psychologie der Zeichenverwendung* (S. 137–155). Münster: Nodus.

Feilke, H. (2003). Textroutine, Textsemantik und sprachliches Wissen. In A. Linke, H. Ortner & P.R. Portmann (Hrsg.), *Sprache und mehr. Ansichten einer Linguistik der sprachlichen Praxis* (Reihe Germanistische Linguistik, Bd. 245, S. 209–229). Tübingen: Niemeyer.

Feilke, H. (2010). „Aller guten Dinge sind drei" – Überlegungen zu Textroutinen & literalen Prozeduren. In I. Bons, T. Gloning & D. Kaltwasser (Hrsg.), *Fest-Platte für Gerd Fritz.* Verfügbar unter: http://www.festschrift-gerd-fritz.de/files/feilke_2010_literale-prozeduren-und-textroutinen.pdf.

Feilke, H. (2012). Was sind Textroutinen? Zur Theorie und Methodik eines Forschungsfeldes. In H. Feilke & K. Lehnen (Hrsg.), *Schreib- und Textroutinen. Theorie, Erwerb und didaktisch-mediale Modellierung* (S. 1–34). Frankfurt am Main: Peter Lang.

Feilke, H. (2014a). Begriff und Bedingungen literaler Kompetenz. In H. Feilke & T. Pohl (Hrsg.), *Schriftlicher Sprachgebrauch. Texte verfassen* (S. 33–53). Baltmannsweiler: Schneider-Verlag Hohengehren.

Feilke, H. (2014b). Argumente für eine Didaktik der Textprozeduren. In T. Bachmann, Thomas & H. Feilke (Hrsg.), *Werkzeuge des Schreibens. Beiträge zu einer Didaktik der Textprozeduren* (S. 11–34). Stuttgart: Klett.

Feilke, H. & Lehnen, K. (Hrsg.) (2012). *Schreib- und Textroutinen. Theorie, Erwerb und didaktisch-mediale Modellierung.* Frankfurt am Main: Peter Lang.

Gárate, M. & Melero, A. (2004). Teaching How to Write Argumentative Texts at Primary School. In G. Rijlaarsdam, H. van den Bergh & M. Couzijn (Hrsg.), *Effective Learning and Teaching of Writing* (2. Aufl., S. 323–337). Amsterdam: Springer Netherlands.

Gibbons, P. (2002). *Scaffolding Language. Scaffolding Learning. Teaching Second Language Learners in the Mainstream Classroom.* Portsmouth: Heinemann.

Jost, J. (2012). Textroutinen als Kontextualisierungshinweise In H. Feilke & K. Lehnen (Hrsg.), *Schreib- und Textroutinen. Theorie, Erwerb und didaktisch-mediale Modellierung* (S. 195–214). Frankfurt am Main: Peter Lang.

Kern, R. (2000). *Literacy and Language Teaching*. Oxford: Oxford University Press.

Knapp, W. (2007). Wie Kinder Begriffe erwerben und welche Annahmen Erwachsene darüber haben. In B. Ahrenholz (Hrsg.), *Arbeit an Begriffen* (S. 173–187). Baltmannsweiler: Schneider-Verlag Hohengehren.

Knopp, M., Jost, J., Linnemann, M. & Becker-Mrotzek, M. (2014). Textprozeduren als Indikatoren von Schreibkompetenz – ein empirischer Zugriff. In T. Bachmann & H. Feilke (Hrsg.), *Werkzeuge des Schreibens. Beiträge zu einer Didaktik der Textprozeduren* (S. 111–128). Stuttgart: Klett.

Lehnen, K. (2012). Erwerb wissenschaftlicher Textroutinen. In H. Feilke & K. Lehnen (Hrsg.), *Schreib- und Textroutinen. Theorie, Erwerb und didaktisch-mediale Modellierung* (S. 33–60). Frankfurt am Main: Peter Lang.

Long, M.H. (1991). Focus-on-Form: A design feature in language teaching methodology. In K. De Bot (Hrsg.), *Foreign Language Research in Cross-Cultural Perspective* (S. 39–52). Amsterdam: John Benjamins.

Long, M.H. & Robinson, P. (1998). Focus-on-Form: Theory, research, and practice. In C. Doughty & J. Williams (Hrsg.), *Focus-on-Form in classroom second language acquisition* (S. 15–41). Cambridge: Cambridge University Press.

Loschky, L. & Bley-Vroman, R. (1993). Grammar and Task-based Methodology. In G. Crook & S. Gass (Hrsg.), *Tasks in Integrating Theory and Practice* (S. 123–167). Clevedon: Multilingual Matters LTD.

Maas, U. (2010). Orat und literat. Grundbegriffe der Analyse geschriebener und gesprochener Sprache. *Grazer Linguistische Studien, 73*, 21–150.

Neuer, B. & Kniffka, G. (2008). „Wo geht's hier nach Aldi?" Fachsprachen lernen im kulturell heterogenen Klassenzimmer. In A. Budke (Hrsg.), *Interkulturelles Lernen im Geographieunterricht* (S. 121–135). Potsam: Universitätsverlag.

Neumeister, N. (2009). Wissen, wie der Hase läuft. SchülerInnen erklären Redensarten und Sprichwörter. In J. Spreckels (Hrsg.), *Erklären im Kontext. Neue Perspektiven aus der Gesprächs- und Unterrichtsforschung* (S. 13–31). Baltmannsweiler: Schneider-Verlag Hohengehren.

Ossner, J. (1996). Gibt es Entwicklungsstufen beim Aufsatzschreiben? In H. Feilke & P. Portmann-Tselikas (Hrsg.), *Schreiben im Umbruch. Schreibforschung und schulisches Schreiben* (S. 74–85). Stuttgart: Klett.

Pawley, A. & Syder, F.H. (1983). Two puzzles for linguistic theory: nativelike selection and nativelike fluency. In J.C. Richards & R.W. Schmidt (Hrsg.), *Language and Communication* (S. 191–226). London: Longman (Applied Linguistics Series).

Peltzer-Karpf, A., Griessler, M., Schwab, B., Piwonka, D., Akkuş, R., Lederwasch, K., Brizic, K. & Blazevic, T. (2006). *A kuci sprecham Deutsch. Sprachstandserhebung in multikulturellen Volksschulklassen: bilingualer Spracherwerb in der Migration*. Wien: bm:bwk.

Piolat, A., Roussey, J.-Y. & Gombert, A. (1999). The Development of Argumentative Schema in Writing. In J. Andriessen & P. Coirier (Hrsg.), *Foundations of argumentative Text Processing* (S. 117–137). Amsterdam: Amsterdam University Press.

Portmann-Tselikas, P.R. (1998). *Sprachförderung im Unterricht. Handbuch für den Sach- und Sprachunterricht in mehrsprachigen Klassen*. Zürich: Orell Füssli.

Portmann-Tselikas, P.R. (2001a). Cognitive academic language proficiency and language acquisition in bilingual instruction – with an outlook on a university project in Albania. *Mediterranean Journal of Educational Studies, 6*(1), 63–80.

Portmann-Tselikas, P.R. (2001b). Schreibschwierigkeiten, Textkompetenz, Spracherwerb. Beobachtungen zum Lernen in der zweiten Sprache. *Deutsch als Fremdsprache, 1*, 3–13.

Portmann-Tselikas, P.R. (2002). Textkompetenz und unterrichtlicher Spracherwerb. In P.R. Portmann-Tselikas & S. Schmölzer-Eibinger (Hrsg.), *Textkompetenz. Neue Perspektiven für das Lernen und Lehren* (S. 13–44). Innsbruck: Studien-Verlag.

Portmann-Tselikas, P.R. (2011). Mesoebene – die Basisstruktur wissenschaftlicher Texte. Mit einem Ausblick auf die Didaktik. In D. Knorr & A. Nardi (Hrsg.), *Fremdsprachliche Textkompetenz entwickeln* (S. 25–54). Frankfurt am Main: Lang (= Deutsche Sprachwissenschaft international).

Rezat, S. (2014). Textprozeduren als Instrumente des Schreibens. In T. Bachmann & H. Feilke (Hrsg.), *Werkzeuge des Schreibens. Beiträge zu einer Didaktik der Textprozeduren* (S. 177–197). Stuttgart: Klett.

Rotter, D. (2015). *Der Focus-on-Form-Ansatz in der Sprachförderung. Eine empirische Untersuchung der Lehrer-Lerner-Interaktion im DaZ-Grundschulkontext.* Münster: Waxmann.

Schmidt, R. (2001). Attention. In P. Robinson (Hrsg.), *Cognition and second language instruction* (S. 3–32). Cambridge: University Press.

Schmidt, R. (2010). Attention, awareness and individual differences in language learning. In W. Chan, S. Chi, K.N. Cin, J. Istanto, M. Nagami, J.W. Sew, T. Suthiwan & I. Walker (Hrsg.), *Proceedings of CLaSIC.* (Vol. 4, S. 721–737). Singapore: National University of Singapore, Centre for Language Studies.

Schifko, M. (2011). *Formfokussierung als fremdsprachendidaktisches Konzept: Psycholinguistische Modellierung und Taxonomie von Unterrichtstechniken.* Hamburg: Kovač.

Schmölzer-Eibinger, S. (2008). *Lernen in der Zweitsprache. Grundlagen und Verfahren der Förderung von Textkompetenz in mehrsprachigen Klassen.* Tübingen: Narr.

Schmölzer-Eibinger, S. & Dorner, M. (2012). Literale Handlungskompetenz als Basis des Lernens in jedem Fach. In M. Paechter, S. Schmölzer-Eibinger, M. Stock, P. Slepcevic-Zach & W. Weirer (Hrsg.), *Handbuch Kompetenzorientierter Unterricht* (S. 60–71). Weinheim: Beltz.

Schmölzer-Eibinger, S., Dorner, M. & Langer, E. & Helten-Pacher, M. (2013). *Sprachförderung im Fachunterricht in sprachlich heterogenen Klassen.* Stuttgart: Klett.

Schmölzer-Eibinger, S. & Fanta, J. (2014). Erklären lernen. Ein prozedurenorientiertes didaktisches Modell zur Förderung literaler Handlungskompetenz am Beispiel des Erklärens. In T. Bachmann & H. Feilke (Hrsg.), *Werkzeuge des Schreibens. Beiträge zu einer Didaktik der Textprozeduren* (S. 157–175). Stuttgart: Fillibach bei Klett.

Steinseifer, M. (2012). Schreiben im Kontroversen-Labor: Konzeption und Realisierung einer computergestützten Lernumgebung für das wissenschaftliche Schreiben. In H. Feilke & K. Lehnen (Hrsg.), *Schreib- und Textroutinen* (S. 61–82). Frankfurt am Main: Peter Lang.

Street, B. (1995). *Literacy in Theory and Practice.* Cambridge: Cambridge University Press.

Thürmann, E. (2010). Lernen durch Schreiben? Thesen zur Unterstützung sprachlicher Risikogruppen im Sachfachunterricht. *dieS-online,* 1–25. Verfügbar unter: http://geb.uni-giessen.de/geb/volltexte/2012/8668/pdf/DieS_online-2012-1.pdf.

Tomasello, M. (2003). *Constructing a Language. A usage-based Theory of Language Acquisition.* Cambridge: Havard University Press.

Tophinke, D. (2010). Vorbereitung auf den Orthografieerwerb: Zur Berücksichtigung der Schrift in der vorschulischen Sprachförderung von Kindern mit Deutsch als Zweitsprache. In U. Mehlem & S. Sahel (Hrsg.), *Erwerb schriftsprachlicher Kompetenzen im DaZ-Kontext: Diagnose und Förderung* (S. 69–89). Freiburg: Fillibach.

Trautmann, C. & Reich, H.H. (2007). Pragmatische Basisqualifikationen 1 und 2. In K. Ehlich, U. Bredel & H.H. Reich (Hrsg.), *Referenzrahmen zur altersspezifischen Sprachaneignung. Forschungsgrundlagen* (S. 41–48). Bonn: Bundesministerium für Bildung und Forschung, BMBF.

Truscott, J. (1998). Noticing in second language acquisition: a critical review. *Second Language Research, 14*(2), 103–135.

Van Steendam, E., Rijlaarsdam, C.W., Van den Bergh, H.H. & Sercu, L. (2014). *The mediating effect of instruction on pair composition in L2 revision and writing.* Dordrecht: Springer Science+Buisness Media.

VanPatten, B. (2004). Input Processing in SLA. In B. VanPatten (Hrsg.), *Processing Instruction. Theory, Research and Commentary* (S. 5–31). Mahwah, New Jersey: Erlbaum.

Verhoeven, L. & Aarts, R. (1998). Attaining Functional Biliteracy in the Netherlands. In A. Y. Durgunoğlu & L. Verhoeven (Hrsg.), *Literacy Development in a Multilingual Context. Cross-Cultural Perspectives* (S. 111–133). London: Lawrence Erlbaum.

Vollmer, H.J. & Thürmann, E. (2010). Zur Sprachlichkeit des Fachlernens: Modellierung eines Referenzrahmens für Deutsch als Zweitsprache. In B. Ahrenholz (Hrsg.), *Fachunterricht und Deutsch als Zweitsprache* (2. Aufl., S. 107–132). Tübingen: Narr.

Vygotsky, L.S. (1986). *Thought and Language.* Cambridge: MIT Press.

Weisberg, J. (2012). Schreibflüssigkeit und Schreibroutine. In H. Feilke & K. Lehnen (Hrsg.), *Schreib- und Textroutinen. Theorie, Erwerb und didaktisch-mediale Modellierung* (S. 155–193), Frankfurt am Main: Peter Lang.

Wong, W. (2005). *Input Enhancement. From Theory and Research to the Classroom.* New York: The McGraw Hill Companies.

Ziem, A. (2008). *Frames und sprachliches Wissen. Kognitive Aspekte der semantischen Kompetenz.* Berlin: de Gruyter.

Anita Schilcher/Karsten Rincke

Schreiben als Motor für die Auseinandersetzung mit Fach und Sprache
Erklären und Argumentieren

1 Einleitung

„Muss ich jetzt auch noch Sprache unterrichten?" (Leisen 2005, 4) lautet möglicherweise die verzweifelte Frage angesichts der nationalen Bildungsstandards für den mittleren Bildungsabschluss im Fach Physik[1], die neben den Kompetenzbereichen *Fachwissen*, *Erkenntnisgewinnung* (naturwissenschaftliche Arbeitsweisen) und *Bewertung* auch noch einen Bereich *Kommunikation: Informationen sach- und fachbezogen erschließen und austauschen* vorsehen. Hier ist unter anderem vorgesehen, dass alltags- und fachsprachliche Ebenen der Beschreibung von Phänomenen unterschieden, Ergebnisse adressatengerecht präsentiert oder unter physikalischen Gesichtspunkten diskutiert würden. Es ist gewiss begrüßenswert, dass damit die Normenvorgaben des Physikunterrichts geöffnet wurden, indem sie neben dem Erwerb von Fachwissen den Aufbau weiterer Kompetenzen zu Zielen des Fachunterrichts erklären: Das sind Ziele, die den Status und Geltungsanspruch dieses Wissens betreffen (Erkenntnisgewinnung: Wie gewinnen Naturwissenschaften ihr Wissen und von welcher Qualität ist es?), seine Bedeutung in Bezug auf persönliche oder gesellschaftliche Fragestellungen (Bewertung) und auch die Frage, wie dieses Wissen dokumentiert, verständlich gemacht, weitergegeben und für Argumentationen genutzt werden kann (Kommunikation). Die Bildungsstandards untermauern damit den Anspruch, dass der Physikunterricht primär *nicht* den Fachkräftemangel der Republik zu beheben hat (im Gegensatz zur oft vernommenen Rhetorik, die im Fachkräftemangel ein zentrales Motiv für die Förderung des naturwissenschaftlichen Unterrichts sehen möchte), sondern dass er zu einer umfassend verstandenen Bildung beiträgt, einer Bildung, die nicht schon im allerersten Schritt nach einer möglichen Verwertung fragt, sondern danach, was nötig ist, damit ein junger Mensch sich in unserer Gesellschaft orientieren, entfalten und Verantwortung übernehmen kann. Die Ansprüche an den naturwissenschaftlichen Unterricht sind also hoch.

Schlägt man Physiklehrbücher für die Schule auf, dann wird jedoch sofort augenfällig, dass sich die Wirklichkeit des Unterrichts offenbar noch auf dem Weg zur Entwicklung

---

1   Sekretariat KMK 2005.

einer Unterrichtstradition befindet, in der bewertende oder kommunikative Aspekte denen, die sich auf das Fachwissen beziehen, auf Augenhöhe begegnen: Der durch die Bildungsstandards aufgespannte Rahmen wird durch die informierenden Texte und das Aufgabenmaterial bestenfalls zaghaft ausgefüllt – im Vordergrund stehen Information und Einüben des Fachwissens. Für die anderen, eben umrissenen Ziele muss Bewährtes noch breiter vermittelt werden, können Traditionen erst langsam herangebildet werden, die den naturwissenschaftlichen Fachlehrerinnen und -lehrern Sicherheit geben, und die zeigen: *Wer sich mit der Kommunikation über physikalische Inhalte befasst, macht nicht Sprachunterricht statt Fachunterricht, sondern sprachlichen Fachunterricht.* Es ersetzt nicht das eine das andere, sondern Umgang mit Sprache und Fachwissen treiben einander produktiv voran.

Dennoch fühlen sich Lehrkräfte im Fach Physik oft nicht ganz wohl, mit einem Male etwa die Frage behandeln zu müssen, was denn eine fach- oder eher eine alltagssprachliche Beschreibung eines Phänomens sei. Die Fachwörter können es nicht sein, anhand derer solche Ebenen unterschieden werden können, da zentrale Fachwörter der Physik wie Kraft, Geschwindigkeit oder Strom in der Alltagssprache bestens verankert sind und daher gar nicht als Fachwörter wahrgenommen werden. Auch zur oben erwähnten Adressatengerechtheit einer Beschreibung gibt es wenig domänenspezifisches und systematisiertes Wissen, auf das man sich hier berufen könnte (vgl. hierzu jedoch Kulgemeyer/Schecker 2012).

Es liegt daher nahe, die Zusammenarbeit mit ExpertInnen des Faches Deutsch zu suchen und Aspekte der Kommunikation disziplinenübergreifend zu bearbeiten, da die grundlegenden Ziele des Deutschunterrichts gut auf die Bedürfnisse des physikalischen Fachunterrichts, der kommunikative Aspekte ernsthaft berücksichtigt, bezogen werden können. So ergibt sich eine Situation des Gebens und Nehmens.

2   Grundlegende Ziele des schulischen Schreibunterrichts

Schüler erwerben Schreibkompetenzen nicht autogenetisch und automatisch wie das beim frühen Spracherwerb der Fall ist (siehe Becker-Mrotzek 1996, 58), sondern immer in Abhängigkeit von den Aufgaben, die sich den SchülerInnen stellen und denen sie sich stellen (siehe Feilke 1996, 1188). Dabei ist es unstrittig, dass schulische Schreibaufgaben so gestaltet sein sollten, dass es durch ihre Anordnung zu einer zunehmenden, außerschulisch anschlussfähigen Schreibkompetenz kommt. Gerade die Bildungsstandards fordern deshalb eine pragmatische Ausrichtung des Schreibunterrichts: *„Die Schülerinnen und Schüler verfassen inhaltlich angemessene kohärente Texte, die sie aufgabenadäquat, konzeptgeleitet, adressaten- und zielorientiert, normgerecht, sprachlich variabel und stilistisch stimmig gestalten. Dabei schreiben sie entsprechend der* *jeweiligen Aufgabe in unterschiedlichen Textformen.* "[2] Diese pragmatische Ausrichtung der Schreibaufgaben, die sich sowohl in der funktionalen Angemessenheit, wie auch in der Adressaten- und Zielorientierung niederschlägt, unterscheidet sich deutlich von einer traditionellen Schreibdidaktik, die stark von einer Textsortenorientierung geprägt war. Wenngleich im Kontext der kommunikativen Wende in den 70er-Jahren und der seit den 90er-Jahren etablierten Prozessorientierung der Fokus von der Vermittlung textsortenspezifischer Stilnormen hin zu einem adressatenorientierten und prozessorientierten Schreiben verlagert wurde, blieben in der schulischen Praxis die etablierten Textsorten erhalten, ergänzt um kommunikative Versatzstücke der „Adressatenorientierung" und gelegentlichen Planungs- und Überarbeitungsphasen. Die zähe Tradierung dieser Praxis lässt sich nicht zuletzt dadurch erklären, dass die Komplexität des Schreibprozesses durch gut vermittelbare Textsortennormen reduziert werden kann.

In einem kompetenzorientierten Schreibunterricht, wie er in den Bildungsstandards gefordert wird, steht jedoch nicht die Beherrschung einer fest umrissenen Textsorte im Mittelpunkt, sondern das Lösen möglichst alltagsnaher Aufgaben. Schreibaufgaben, wie sie außerschulisch vorkommen, lassen sich aber gerade nicht durch fest definierte sprachlich-stilistische und textuelle Normen lösen, sondern durch die Fähigkeit, sich sprachlich und stilistisch an einen Adressatenkreis sowie an eine Schreibfunktion und ein Schreibziel anzupassen. Die Frage nach der ‚guten Aufgabe‘ stellt sich deshalb in der Diskussion um die Kompetenzorientierung besonders nachdrücklich. Ziel der folgenden Ausführungen soll es sein zu zeigen, dass die interdisziplinäre Verbindung von fachlichen Aufgaben mit sprachlichen Aufgaben einem kompetenzorientierten Schreib- aber auch Fachunterricht dienlich sein kann. Die eben erwähnten Bildungsstandards legen eine solche interdisziplinäre Zusammenarbeit in der Formulierung von Standards, wie etwa den folgenden, nahe:

„Die Schülerinnen und Schüler können

- *zu einem gegebenen komplexen Sachverhalt eine Untersuchungsfrage formulieren, die Auswahl der Untersuchungsaspekte begründen und den Untersuchungsgang skizzieren*

- *Schlussfolgerungen aus ihren Analysen, Vergleichen oder Diskussionen von Sachverhalten und Texten ziehen und die Ergebnisse in kohärenter Weise darstellen*

- *zu fachlich strittigen Sachverhalten und Texten differenzierte Argumentationen entwerfen, diese strukturiert entfalten und die Prämissen ihrer Argumentatio-*

---

2   Bildungsstandards im Fach Deutsch für die Allgemeine Hochschulreife (Beschluss der Kultusministerkonferenz vom 18.10.2012). Verfügbar unter: http://www.kmk.org/fileadmin/veroeffentlichungen_beschluesse/2012/2012_10_18-Bildungsstandards-Deutsch-Abi.pdf.

nen reflektieren in Anlehnung an journalistische, populärwissenschaftliche oder medienspezifische Textformen eigene Texte schreiben. "[3]

Begrifflichkeiten wie das „Formulieren von Untersuchungsfragen", die „Auswahl von Untersuchungsaspekten" oder die „Skizzierung des Untersuchungsgangs" sind dem Deutschunterricht bislang eher fremd, während sie den empirisch und experimentell arbeitenden Fächern vertraut sind. Natürlich lassen sich auch zu einem literarischen Text Untersuchungsfragen formulieren und Untersuchungsaspekte festlegen, bei der Skizzierung von Untersuchungsgängen wird es schon schwieriger. Hier denkt man doch eher an die Untersuchung von empirischen Fakten.

Während das „fachspezifische Schreiben" in der schulischen Praxis bislang kaum eine Rolle spielt – einmal weil die Deutschlehrkraft selten Einblick in fachliche Fragestellungen anderer Fächer hat, zum anderen weil die Physik-, Biologie- oder Chemielehrkraft kaum Wissen über den Aufbau von Schreibkompetenzen hat – ist in der außerschulischen Arbeitswelt die Verbindung von Schreibprozessen mit fachlichen Fragestellungen die Regel. Ob Arztberichte, Gutachten von Sachverständigen, Bedienungsanleitungen, Geschäftsbriefe, Verwaltungstexte etc.: Immer geht es darum, fachliche Fragestellungen durch funktional angemessene Texte zu beantworten. Letztlich wird dies auch schon in fachlich einschlägigen Facharbeiten verlangt, nie jedoch wird das Schreiben im Fach explizit zum Thema. Das hier vorgestellte Projekt stellt einen Ansatz vor, wie fachliche Aufgabenstellungen in Schreibaufgaben integriert werden können. Dabei kann es nicht darum gehen, spezifische Schreibkompetenzen zu schulen, die später beruflich verwertbar sind, sondern zu zeigen, wie sich Schreibprozesse im Zusammenwirken von Fach, Sprache, AdressatIn und Ziel jeweils verändern und auf welche Anforderungsbereiche der/die Schreibende flexibel reagieren können muss. Darüber hinaus soll gezeigt werden, welche unterrichtlichen Strategien helfen, diese hohen Anforderungen zu bewältigen.

3   Unterrichtliches Vorgehen

3.1   Der situative Rahmen

Für das interdisziplinäre Schreibprojekt diente die Simulation einer Gutachtertätigkeit als Rahmen für die Einbettung der fachlichen und sprachlichen Arbeit. Nach Schneuwly (1996, 30) bestehen für reales sprachliches Handeln in schriftlicher Form zwei wesentliche Bedingungen:

a)   Das Vorhandensein einer kommunikativen Situation, eines sprachlichen Problems, das zu lösen ist;

---

3   Op.cit., 17.

b)　eine zumindest rudimentäre Kenntnis der Mittel – Textarten oder -genres –, um in der gegebenen Situation effizient sprachlich zu handeln.

Für das im Folgenden beschriebene Modell wird ebenfalls auf diese Grundkonstituenten zurückgegriffen, ergänzt um die Erschließung der fachlichen Zusammenhänge, die die Aneignung, Anordnung und Verknüpfung von Wissen betreffen.

Die situative Einbettung von Lerninhalten stellt nicht nur für das Schreibenlernen eine wichtige Komponente dar. Verständnisvolles Lernen erfolgt trotz aller Systematik stets auch situiert und kontextuiert (vgl. Baumert/Kunder/Brunner 2004, 318). Nach Dörner führen gerade in komplexen, vernetzten Systemen Abstraktionen von Situationsmerkmalen leicht zu ‚Wenn-dann-Regeln‘, die nicht in jeder Situation gleichermaßen funktionieren (vgl. Dörner 1989, 326). Analog fordern auch Ludwig und Spinner (2000) mit Bezug auf das Argumentieren: *„Es geht vielmehr darum, vielfältige Situationen des Argumentierens zu schaffen und dabei immer wieder die Aufmerksamkeit auf die verschiedenen Teilfähigkeiten zu lenken. [...] Wenn solche kommunikativen Einbettungen nicht erfolgen und – wie das im traditionellen Erörterungsunterricht oft geschieht – nur Listen von Pro-Contra-Argumenten erstellt werden, dann haben Schülerinnen und Schüler große Schwierigkeiten, von der abgehobenen Stichwortsammlung zu einem Text zu kommen, der ja von einer Perspektive getragen sein muss (man kennt die unbeholfenen Versuche, die listenartig aufgestellten Argumente irgendwie zu einem Text zu verbinden). [...] Noch besser ist es, wenn Erörterungen im Zusammenhang mit einer längeren Unterrichtseinheit oder sogar einem Projekt geschrieben werden.“* (Ludwig/ Spinner 2000, 22f)

Die Komplexität von Schreibprozessen wird zwar zum einen dadurch erhöht, dass sie in situative Zusammenhänge eingebettet sind, zugleich erleichtert die Einbettung aber auch den Schreibprozess, da die SchülerInnen wissen, welche konkrete Funktion der Text für eine/n konkrete/n Adressaten/Adressatin haben soll und welches konkrete Ziel mit der Argumentation verfolgt wird.

Die Konzeption des Projekts ging deshalb von der Fragestellung aus, in welchen sozialen Kontexten physikalisches Fachwissen von Relevanz ist und welche Vertextungsmuster in diesen Kontexten üblicherweise erforderlich sind.

Die Wahl fiel auf das Sachverständigengutachten, da für ein solches fachliche und sprachliche Kompetenzen gleichermaßen gefordert werden. EuroExpert, die European Organisation for Expert Associations, definiert den Begriff des Sachverständigen wie folgt: *„Der Sachverständige ist eine unabhängige integre Person, die auf einem oder mehreren bestimmten Gebieten über besondere Sachkunde sowie Erfahrung verfügt. Der Sachverständige trifft aufgrund eines Auftrages allgemeingültige Aussagen über einen ihm vorgelegten oder von ihm festgehaltenen Sachverhalt. Er besitzt ebenfalls die Fähigkeit, die Beurteilung dieses Sachverhaltes in Wort und Schrift nachvollziehbar* *darzustellen.*"[4] Selbstverständlich ist es nicht Aufgabe der Schule Lernende auf die Tätigkeit als Gutachter vorzubereiten oder ihnen eine vertiefte Sachkunde in einem Gebiet zu vermitteln. Die Simulation dient vielmehr als Rahmen, der durch die Vorgabe der Funktion und der intendierten AdressatInnen ein sprachlich-stilistisches Register sowie textuelle Anforderungen festlegt, an die sich die Lernenden anpassen müssen.

Den Schülerinnen der zehnten Jahrgangsstufe wurde die Aufgabe gestellt, ein Gutachten zu einem Verkehrsunfall zu schreiben. Dazu lagen ihnen der Bericht der Polizei mit Skizzen zum Straßenverlauf, zur Position der am Unfall beteiligten Fahrzeuge und zur Lage und Länge der Bremsspuren eines der Fahrzeuge vor, außerdem Protokolle von Zeugenvernehmungen. Hinzu kam ein Zeitungsauschnitt über die Rückrufaktion eines Autoherstellers, die eines der am Unfall beteiligten Fahrzeuge betraf, dessen Fahrer technisches Versagen seines Fahrzeugs als Unfallursache angab. Ergänzend machten die Schülerinnen physikalische Reibungsversuche mit einem realen Autoreifen, um die bremsende Eigenschaft eines solchen Reifens auf verschiedenen Oberflächen zu erkunden und zu quantifizieren.

Ein wichtiges Merkmal der damit gegebenen Situation war, dass die durch Bremsspuren, Oberflächenbeschaffenheit der Straße, Straßenverlauf und Zeugenaussagen gegebenen Indizien keine einfache und einseitige Schuldzuweisung ermöglichten: Die physikalische Analyse der Informationen führt zu dem Schluss, dass eines der am Unfall beteiligten Fahrzeuge zwar etwas schneller unterwegs gewesen sein könnte als erlaubt, dass aber dieses möglicherweise leicht überhöhte Tempo den Unfall nicht plausibiliert, wodurch das vorgebliche technische Versagen als mögliche eigentliche Ursache in den Vordergrund rückt. Damit ergibt sich für die Schreibaufgabe ein komplexer Rahmen: Physikalisch-fachliche Aspekte müssen aufgearbeitet und dargestellt werden, Fragen der Ursächlichkeit sorgfältig von solchen der Schuldhaftigkeit getrennt werden. Alle Unterlagen für die Schülerinnen können aus dem Internet bezogen werden.[5]

3.2 Die Rolle des physikalischen Fachwissens

Die den Schülerinnen vorgelegte Aufgabe wird auf der Grundlage vorhandenen physikalischen Wissens bearbeitet – sie ist nicht geeignet, um die relevanten physikalischen Sachverhalte an dieser Stelle zu erarbeiten, weil es dabei unweigerlich zu Überforderungen käme. Um die im Physikunterricht teils bereits Monate zuvor bearbeiteten Inhalte zu wiederholen und zusammenzufassen, erhielten die Schülerinnen einige Tage im Voraus eine Synopse der physikalisch-fachlichen Grundlagen, die nicht nur Erläuterungen zur Bedeutung und Zustandekommen formal-mathematischer Beschreibungen ent-

---

4   Hier zitiert nach: http://www.medien-sachverstaendiger.de/euro-expert/; siehe dazu auch: http://www.euroexpert.org/standards/report-standards.html

5   Verfügbar unter: http://www.physik.uni-regensburg.de/forschung/rincke/Materialien/unfall gutachten_material.pdf

hielt, sondern auch Gegenüberstellungen von geeigneten und ungeeigneten Verbalisierungen. Während viele fachsprachliche Wendungen hinsichtlich ihrer Morphologie gleichsam normiert sind, ist nicht ohne Weiteres normiert, welche Anschauung mit diesen Wendungen korrekterweise zu verbinden ist. Der vorbereitende physikalische Lehrtext für die Schülerinnen gibt daher nicht nur die fachsprachlich korrekten sprachlichen Wendungen vor, sondern zeigt auch auf, welchen alltagssprachlichen Umschreibungen den fachsprachlichen Sätzen gut entsprechen, und welche in ihrer Bedeutung weit davon entfernt liegen.

So sind in Zusammenhang mit der alltagssprachlichen Umschreibung physikalischer Kräfte die transitiven Verben *„stoßen"*, *„schieben"*, *„schlagen"*, *„ziehen"* oder *„drücken"* geeignet, um eine Einwirkung eines Gegenstands auf einen zweiten zu beschreiben, die konzeptuell in der Nähe des physikalischen Kraftbegriffs liegt. Der Satz *„die Straße zieht das Auto nach hinten"* ist eine alltagssprachliche Übersetzung des fachsprachlich korrekten Satzes *„die Straße übt eine Kraft auf das Auto aus"*. Die genannten Verben sind für derartige Umschreibungen geeignet, weil sie, aktivisch gebraucht, die Benennung zweier Wechselwirkungspartner – dessen, der zieht, und dessen, an dem gezogen wird – erzwingen, deren präsentische Form für den newtonschen Kraftbegriff essenziell ist. Sein Wesensmerkmal ist ein Verständnis von Kraft als einer Größe, die etwas über die Beziehungen zwischen Gegenständen im Raum aussagt, hier in Gestalt eines *„Ziehens"*.

Anders verhält es sich bei Verben wie *sparen, umleiten, übertragen, auffangen, abgeben* oder *verbrauchen*, die ein zum fachlichen Verständnis nicht konformes gedankliches Konzept nahelegen. Der Satz *„das Auto gibt seine Kraft an die Straße ab"* enthält zwar vermeintlich ein Fachwort, und er benennt auch zwei Partner (Auto und Straße), aktiviert aber das gedankliche Bild eines Fluidums, also von etwas Mengenartigem, das von einem Gegenstand auf einen anderen übergeht. Die Vorstellung von Mengenartigkeit führt in Zusammenhang mit dem physikalischen Kraftbegriff zu Fehlschlüssen und Verwechslungen, sodass Verbalisierungen, auch wenn sie alltagssprachlich sind, diese nicht bedienen sollten (vgl. Rincke 2010; Rincke 2010a; Rincke 2011).

Für die aus den vorliegenden Zeugenaussagen und dem Polizeibericht hervorgehende Situation ergeben sich physikalisch gesehen zwei Fragen:

- Da im betroffenen Fahrbahnabschnitt eine Geschwindigkeitsbegrenzung gilt, stellt sich die Frage, ob der Fahrer des gemäß Zeugenaussagen den Unfall verursachenden Fahrzeugs diese Begrenzung respektiert hat. Die Analyse der Bremsspuren in Verbindung mit den von den Schülerinnen durchgeführten Reibversuchen mit einem Reifen zeigt, dass die Geschwindigkeit unter der Annahme optimaler Reibung und damit bester Bremswirkung leicht überhöht war. Unter der Annahme einer verringerten Reibung, wie sie durch die an der Unfallstelle leicht verschmutzte Fahrbahn nahegelegt wird, ergibt sich kein Hinweis auf eine übertretene Geschwindig-keitsbegrenzung.

- Da der Unfall in einer Kurve stattgefunden hat, stellt sich die Frage, ob die Kurve unter den errechneten Geschwindigkeiten (saubere und verschmutzte Fahrbahn) sicher hätte durchfahren werden können, oder ob das Fahrzeug durch die möglicherweise überhöhte Geschwindigkeit aus der Kurve getragen wurde. Die Rechnungen zeigen, dass die Kurve unter beiden hier denkbaren Umständen (verschmutzte oder saubere Fahrbahn) sicher hätte durchfahren werden können.

Damit stellt sich die Situation so dar, dass eine Geschwindigkeitsübertretung nicht ausgeschlossen werden kann, dass diese aber nicht Ursache für den Unfall gewesen ist.

3.3   Die Rolle des textuellen und sprachlichen Wissens

Liegen alle relevanten physikalisch rekonstruierbaren Daten vor, geht es nun darum, diese in einen kohärenten und schlüssigen Text zu überführen. Innerhalb der Schreibsituation, in der sich die SchülerInnen nun bewegen, sollte die Erfüllung der Textfunktion zentraler Orientierungspunkt für den Schreibprozess, aber auch für die Ableitung von Bewertungskriterien sein. Dem untergeordnet wären schließlich Ziele wie die schlüssige Entfaltung eines Themas anhand eines passenden Vertextungsmusters (makrostrukturelle Organisation) sowie die Realisierung grammatischer Kohäsion an der Textoberfläche (mikrostrukturelle Organisation). Um den Schülerinnen einen Einblick in ein Sachverständigengutachten zu geben, wurde ein Mustergutachten aus dem Internet verwendet.[6] Anhand eines hier ausgewählten Gutachtens, das stilistisch eben gerade keine Glanzleistung war, funktional jedoch passend, ließ sich schnell erkennen, dass dieses sowohl deskriptive Textteile enthält, wie auch berichtende und schließlich argumentative. Was im Deutschunterricht bislang als getrennte Textsorten in verschiedenen Jahrgangsstufen vermittelt worden war, fand sich im Gutachten in einer festgelegten Abfolge: Berichtend-informierende Teile zum Ablauf des Verkehrsunfalls, deskriptiv-informierende Darstellung der Auswertung des Unfallortes, bewertend-argumentative Textteile zur Darstellung der Rekonstruktion des Unfallhergangs unter unterschiedlichen Bedingungen. Sowohl die makrotextuelle Organisation der Textteile als auch die jeweils typischen mikrostrukturellen Kohäsionsmittel wurden zur Wiederholung zusammengefasst und als „Vademecum" für den Schreibprozess zur Verfügung gestellt. Insgesamt lässt sich die Vermittlung des relevanten Textmusterwissens für den Schreibprozess darstellen wie in Abbildung 1 gezeigt: Ein wesentliches Merkmal von Textmustern ist ihre Mehrdimensionalität, d.h., dass sie sowohl durch textinterne Spezifika (Thema, Vertextungsmuster, Formulierungsmaximen und -spezifika, äußeres Erscheinungsbild) als auch textexterne Spezifika (Funktionalität, Situativität, Kommunikationsmedium) geprägt werden. Da es sich dabei um vage und veränderbare Schemata handelt, können sie

---

6   Verfügbar unter: www.unfallanalyse-burg.de/seiten/startseite/mustergutachten.html

auch nicht statisch im Sinn von Merkmalskatalogen vermittelt werden. Auf der anderen Seite bedarf es aber einer gewissen Struktur, um die zu produzierende Textsorte für die Schülerinnen greifbar zu machen.

Als Ausweg aus diesem Dilemma wird die in der Grafik visualisierte komplementäre Methodik angewendet, um den Schülerinnen einerseits greifbares Wissen an die Hand zu geben, auf der anderen Seite die Flexibilität und Vagheit des Textmusters aufzuzeigen. Somit standen den Schülerinnen Vertextungsstrategien als abstrakte, aber gut zu befolgende Strukturmuster inklusive ihrer dominanten Grundfunktion (informieren, überzeugen) zur Verfügung.

Auf der anderen Seite stand die Arbeit mit einem „Mustertext", also einem Text, der der behandelten Vertextungsstrategie folgt (Gutachten). An diesem Text wurde die jeweils zugrunde liegende Vertextungsstrategie analysiert und sprachlich-stilistische Variationen aufgezeigt. Dadurch ließen sich sprachliche Wendungen, der spezielle Wortschatz, stilistische Varianten, kohäsionsstiftende Mittel etc. als Formulierungsmaximen gewinnen, die anschließend neben den allgemeinen Vertextungsstrategien und den Mustertexten als Orientierungshilfe für die SchülerInnen zur Verfügung standen. Diese Verzahnung von Textrezeption und Textproduktion ermöglichte sowohl eine intuitiv-imitierende Annäherung wie eine analytisch-abstrakte.

Damit hatten die Schülerinnen zum einen Materialien und Medien an der Hand, die sie nutzen konnten, um sich die Funktion des Schreibauftrags klar vor Augen zu führen (Situationsbeschreibungen, narrativer Rahmen), zum anderen solche, die ihnen das nötige Weltwissen lieferten und solche, die ihnen halfen, sich Textmusterwissen anzueignen.

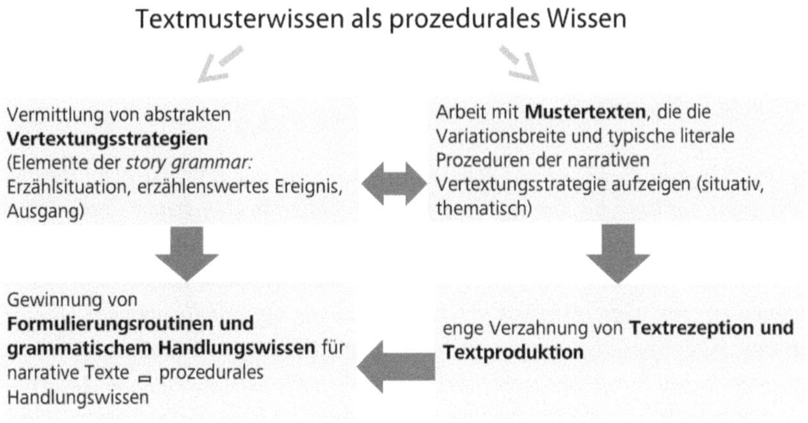

Abb. 1: Grundsätze für die Vermittlung von Textmusterwissen, vgl. Schilcher (2010).

Aus den in Abbildung 1 gegebenen Beziehungen lassen sich konkrete Schreibstrategien ableiten, etwa:

1. Finde heraus, welche Funktion dein Text(teil) erfüllen soll und wer ihn lesen soll.
2. Mache dir klar, welche Vertextungsstrategie du dafür brauchst (chronologische Anordnung der relevanten Daten beim Berichten, Finden eines passenden Ordnungsmusters beim Beschreiben, Darstellung von Bedingungen und Folgerungen beim Argumentieren).
3. Orientiere dich an einem Text (oder mehreren Texten), der seine Funktion in der gegebenen Situation erfüllt.
4. Notiere Kohäsionsmittel, die für die jeweilige Vertextungsstrategie besonders geeignet sind.

4   Ein Beispiel: Exemplarische Analyse

Die vorliegenden Texte von Schülerinnen eines Mädchengymnasiums sind das Ergebnis einer einwöchigen, von beiden Fächern gestalteten Sequenz. Die Texte stellen einen Erstentwurf eines Gutachtens dar, der in Gruppen entstanden ist. Sie wurden im Rahmen der Sequenz nicht mehr überarbeitet. Im Folgenden wird im Wortlaut ein Beispiel für entstandene Schülertexte aufgeführt.

„Sachverständigengutachten in der Sache Meyer"

Voraussetzung des Anspruchs auf Schadenersatz ist, dass P. Meyer rechtswidrig und schuldhaft den Sachschaden und die Körperverletzung herbeigeführt hat. P. Meyer macht sich die Schuld zu eigen, falls er zu schnell in die Kurve gefahren ist, die Kontrolle über den Wagen verloren hat und somit den Unfall verursacht hat. Anhand der Beobachtungen aller Beteiligten des Unfallhergangs und nachfolgenden Berechnungen stehen einige Fakten fest:

Am 14.06.2014 fuhr P. Meyer mit seinem Fahrzeug auf der B35 zwischen Bergham und Niederhausen auf der von ihm aus gesehenen rechten Straßenseite in eine Kurve, kam von seiner Fahrbahn ab und befuhr mit einer Vollbremsung die andere Straßenseite, was anhand der 32 Meter langen Bremsspur nachgewiesen wurde. Daraus konnten Berechnungen zur Geschwindigkeit des Fahrzeugs angestellt werden. Der Fahrer schnitt den Weg eines ihm entgegenkommenden LKWs, der daraufhin in den von ihm aus gesehen linken Straßengraben fuhr, umkippte und zum Liegen kam. Aufgrund eines Ausweichmanövers des LKWs streifte dieser einen entgegenkommenden Wagen, der sofort in der Mitte der beiden Fahrbahnen zum Stehen kam.

Folgende Berechnungen belegen die bis dato unbekannte Geschwindigkeit des Fahrzeugs. Es müssen zwei Berechnungen gemacht werden, da auf der Fahrbahn Kiesel-

steinchen aufgefunden wurden, die besonders in einer Kurve die Geschwindigkeit beein-flussen können und eine Gefahr darstellen. Die Geschwindigkeit v kann durch das experimentell bestimmte μ, die Fallbeschleunigung g (9,81 m/s 2) und dem Radius r der Kurve (100 m) bestimmt werden v = μgr. μ jedoch hat, da es die Reibung darstellt, zwei verschiedene Werte, einmal für den Fall, dass die Kieselsteinchen auf dem Asphalt die Geschwindigkeit beeinflusst haben oder für den gegenteiligen Fall. Für ersteres wäre die höchstmögliche Geschwindigkeit 101,48 km/h, für zweiteres 62,78 km/h, um nicht aus der Kurve zu fahren. Letztendlich wurde an dem Fahrzeug ein Totalschaden festgestellt, da die Lenkung so stark beschädigt wurde, dass nicht mehr rekonstruiert werden konnte, ob diese schon vor dem Unfall schadhaft war. Auch beim LKW wurde ein Totalschaden durch das Kippen in den Graben registriert, da Achse und Karosserie stark beschädigt waren. Man erkannte, dass bei dem in den in den Zusammenstoß mit dem LKW verwickelten Fahrzeug die Motorhaube und der rechte Kotflügel, sowie der Rahmen des Wagens als Sachschäden vorlagen. Im Bezug auf die beschädigte Lenkung kann nicht ausgeschlossen werden, dass der Fahrer keine Schuld an dem Unfall trägt, da eine Rückrufaktion des Herstellers gestartet wurde die dieses Modell betrifft. Es würde sich dabei um einen Produktionsfehler in der Lenkung handeln."

Die Gruppe, die diesen Text angefertigt hat, folgt textuell dem erarbeiteten Schema *Obersatz, Subsumption, Ergebnis.* Der Obersatz enthält dabei in eigenen Worten die Zusammenfassung der Voraussetzungen des aktuellen Gegenstands, der geprüft werden soll (z.B. die Tatbestandsvoraussetzungen eines Anspruchs). Im Rahmen der sogenannten juristischen Fallsubsumption geht es darum, den konkreten Sachverhalt dem Tatbestand einer Rechtsnorm und einer Rechtsfolge unterzuordnen. Bei dieser Zuordnung konkreter Sachverhaltselemente zur Definition eines abstrakten Tatbestandmerkmals handelt es sich nicht zuletzt um eine Auseinandersetzung sprachlicher Art. Im Ergebnis steht die Antwort auf die Frage, die im Obersatz aufgeworfen wurde. Der Text dieser Schülerinnengruppe folgt zwar dem Schema der Fallsubsumption, führt diese jedoch nicht vollständig zu Ende, da nicht geklärt wird, ob der Fahrer die Kurve mit der jeweilig berechneten Geschwindigkeit hätte durchfahren können. Auch die im Obersatz aufgeworfene Frage hätte noch präzisiert werden müssen: Schuld an dem Unfall trägt der Fahrer nämlich nur für den Fall, dass er die Kurve mit der gefahrenen Geschwindigkeit nicht mehr hätte durchfahren können. Eine bloße Geschwindigkeitsübertretung hingegen wird lediglich als Ordnungswidrigkeit geahndet. Obwohl diese Zusammenhänge im Unterricht geklärt worden waren, zeigt der Text, dass die hinter dem Fall stehenden juristischen Zusammenhänge eine eigene Herausforderung darstellen. In seiner Makrostruktur folgt der Text ansonsten dem Aufbau, wie es ein Gutachten vorsieht. Zunächst werden die Fakten genannt, die sich aus den Beobachtungen und den nachfolgenden Berechnungen ergeben. Im dann folgenden Abschnitt werden im Wesentlichen deskriptive und berichtende Textelemente gemischt: *„anhand der 32 Meter langen Bremsspur"* (deskriptiv) sowie *„Am 14.06.2014 fuhr P. Meyer mit seinem Fahrzeug auf der B35 zwischen Bergham und Niederhausen"* (berichtend). Auch weiter unten finden sich deskriptive Textelemente: *„da die Lenkung so stark beschädigt wurde, dass nicht mehr* *rekonstruiert werden konnte, ob diese schon vor dem Unfall schadhaft war"*. Der Kern der Argumentation ergibt sich aus den Berechnungen, wobei jedoch unklar bleibt, ob es sich bei den berechneten Geschwindigkeiten um hypothetische Maximalwerte handelt, mit denen die Kurve noch durchfahren werden kann, oder ob es sich um die aus der Länge der Bremsspuren ermittelten Werte handelt. Damit fehlt eine wichtige gedankliche Verbindung, sodass LeserInnen, die nicht wissen, was die 62km/h oder 101 km/h zu bedeuten haben, keine Lösung der juristischen Fragestellung erhalten, sondern sie sich nur mit ausreichend Vorwissen erschließen können.

Für einen ersten Versuch weist der Text trotzdem etliche Stärken auf. Er nennt die wesentlichen Fakten, stellt physikalische Überlegungen und Berechnungen dar und kommt zu dem Ergebnis, dass die Unschuld des Fahrers nicht ausgeschlossen werden kann. Damit wird ein Text angeboten, der funktional den Anforderungen entspricht.

5 An deskriptiven Texten arbeiten: Informationen selektieren, strukturieren und darstellen

Sowohl sprachlich-textuell als auch physikalisch böte sich die Weiterarbeit an diesem Text an. Zum einen ginge es darum, die Voraussetzung für die Schuldfähigkeit des Fahrers genauer zu benennen (eine derart überhöhte Geschwindigkeit, die ein Durchfahren der Kurve ausschließt). Zum anderen könnte eine Analyse des Textes in der Klasse zeigen, dass eine stärkere Trennung berichtender, deskriptiver und argumentativer Textteile zu mehr Klarheit und Strukturierung führen würde. Auch von physikalischer Seite wäre dies von Vorteil, da gerade die deskriptiven Teile die Voraussetzung für eine lückenlose physikalische Argumentation klären („Welche Daten sind vorhanden, welche müssen erschlossen werden?"). Deskriptive Texte strukturieren bestimmte Bereiche und Objekte des Raums so, dass der Lesende sie identifizieren und von anderen Objekten unterscheiden kann (vgl. Heinemann 2000, 360). Es geht dabei im Wesentlichen um die Darstellung von Größen-, Form- und Lagebeziehungen (vgl. Heinemann/Viehweger 1991, 245). Im vorliegenden Text fehlen etliche dieser Angaben, die den Informationsmaterialien zu entnehmen gewesen wären, etwa der Radius der Kurve oder die Lagebeziehungen von einer einheitlichen Perspektive aus. Während diese erforderlichen Angaben fehlen, weist der Text Daten auf, die für die Lösung der übergeordneten Frage nicht von entscheidender Bedeutung sind, etwa die genauen Sachschäden an den anderen Fahrzeugen. Für eine/n LeserIn, der/die sich einen Überblick über die relevanten Fakten zur Klärung der Schuldfrage verschaffen will, lenken diese Angaben eher ab.

Als wesentliches Gütekriterium einer Beschreibung muss also gelten, dass der/die jeweilige LeserIn dem Dargelegten gut folgen kann, sich also eine Vorstellung vom Dargestellten bilden kann (vgl. Heinemann 2000, 361; Feilke 2003). Ob dies gelingt, hängt sowohl mit logischer Stringenz und einer klaren Gliederung zusammen als auch mit der

Fähigkeit, das Vorwissen der Adressaten antizipieren zu können. Im Fall des vorliegenden Textes dürfte es einem/r LeserIn ohne Vorwissen schwer fallen, sich ein genaues Bild der Lage zu machen. Die genaue Analyse der dargebotenen Informationen, die Auswahl der relevanten Daten, die Anordnung und Darstellung dieser Daten setzen sowohl physikalisches wie auch textuelles Wissen voraus. Die Versprachlichung zeigt, inwiefern die physikalische Fragestellung verstanden wurde und die Daten zur Lösung aus der Vielzahl an Informationen selektiert werden können. Wie der Text zeigt, ist dies der Schülerinnengruppe noch nicht vollständig gelungen. Sowohl hinsichtlich der Auswahl der Informationen wie auch hinsichtlich der Anordnung und sprachlichen Präzisierung von Raum- und Lagebeziehung wären hier zielführende Überarbeitungsphasen nötig, die sowohl physikalische wie auch sprachliche Lernprozesse beinhalten.

6   An argumentativen Texten arbeiten: Schlüsse aus Fakten ziehen

Von einer klar strukturierten und vollständigen Deskription profitiert auch die nachfolgende Argumentation, denn nun geht es darum, abzuwägen, ob aus den gebotenen Fakten im Hinblick auf die Fragestellung Schlüsse gezogen werden können. Dabei geht es – wie meist beim Argumentieren – darum, die eigene Meinung durch Argumente abzusichern, nicht darum, Schuld oder Unschuld nachzuweisen: *„Beweise im logisch strengen Sinne bilden bei der Abwägung von Argumenten in der Kommunikation eher die Ausnahme; den Kommunizierenden geht es nicht so sehr um logische Implikationen, sondern um das pragmatische Einsichtigmachen von Wahrscheinlichkeiten, um das ‚Überzeugen‘ des Partners auf der Suche nach angemessenen Problemlösungen, meistens in einer sehr verkürzten Form."* (Heinemann/Heinemann 2002, 188)

Während das Gütekriterium für einen logischen Schluss seine formallogische Gültigkeit ist, aufgrund derer er absolut zwingend und notwendig ist, ist das Gütekriterium einer Argumentation die Plausibilität und Vernünftigkeit sowie die Triftigkeit und Schlagkraft ihrer Argumente. Es geht also eher um ein Verhältnis der Glaubwürdigkeit oder der Wahrscheinlichkeit als um notwendige Relationen (vgl. van Dijk 1980, 149). Nussbaumer (1991, 206) schlägt deshalb vor, statt von der Logik einer Argumentation von ihrer Folgerichtigkeit zu sprechen.

Ein sehr bekanntes Modell des praktischen Argumentierens geht auf Toulmin zurück (vgl. Brinker 2001, 74). Toulmin geht von sechs relationalen, logisch-semantisch definierten Kategorien aus: Eine (strittige) Behauptung/These wird durch Argumente begründet. Gestützt durch eine allgemeine Schlussregel, die die Form „Wenn D, dann C" hat oder expliziter: Wenn die Daten x, y, z gegeben sind, dann kann man annehmen, dass C. Die Zulässigkeit der Schlussregel wird durch eine Stützung gezeigt. Das sind Aussagen, die die inhaltlichen Standards des betreffenden Argumentationsbereichs ausdrücken, z.B. Gesetze, Normen, Regeln. Ein Modaloperator kann angefügt werden, der den Wahrscheinlichkeitsgrad oder Geltungsgrad einer These ausdrückt. Zudem können noch Ausnahmebedingungen hinzutreten, unter denen die These nicht gilt (vgl. Brinker 2001, 74). Im vorliegenden Beispiel lässt sich das Schema vollständig realisieren:

Behauptung: Meyer ist unschuldig.
Begründung: Er ist nicht zu schnell gefahren.
Stützung: Die aus den Bremsspuren zu ermittelnde Geschwindigkeit reichte, um die Kurve zu nehmen.
Modaloperator: vorausgesetzt, dass keine Kieselsteine die Reibung verringert haben.

Da das Toulminsche Schema in Alltagstexten meist nicht vollständig realisiert wird, kann für argumentatives Schreiben im Unterricht auf das einfachere Schema von Heinemann und Viehweger (1991, 249) zurückgegriffen werden. Diese definieren als argumentative Grundstrukturen bei der Informationsvermittlung das Grundmuster Behaupten und Begründen. Das Basisschema der Argumentation bildet dabei eine Sequenz von Annahmen (Prämissen) und einer Schlussfolgerung (Conclusio), die durch ein pragmatisches Also miteinander verknüpft sind. Die Prämissen liegen im gegebenen Fall zum Teil vor, müssen über folgerichtige Berechnungen aber zum Teil auch erst erschlossen werden. Im Gegensatz zu den argumentativen Texten, wie sie im Deutschunterricht üblich sind (z.B. *„Ist es moralisch vertretbar, bei Billig-Modeketten einzukaufen?"*), geht es hier nicht darum, eine ausreichende Anzahl von Argumenten für die eigene Perspektive zu finden und so zu formulieren, dass ein kohärenter, schlüssiger Text entsteht, sondern darum, eine lückenlose Argumentationskette zu erstellen. Das *wenn-dann-Schema* kann erst dann angewendet werden, wenn klar ist, dass unter bestimmten Bedingungen die gegebene Geschwindigkeit zu hoch/nicht zu hoch war. Diese lückenlose Darstellung aber setzt physikalisches Schlussfolgern voraus.

Selbst wenn die physikalischen Schlussfolgerungen richtig gezogen wurden, müssen diese nun in einem Projekt wie dem unseren wieder in Sprache umgesetzt werden. Dass dies nicht so einfach ist, zeigen die entstandenen Texte. Es geht nicht nur darum, eine Reihe von Berechnungen aneinander zu reihen, sondern die dahinter liegenden Zusammenhänge sprachlich umzusetzen. Die verschiedenen Versuche zeigen, dass die Schülerinnen von konkreten Formeln bis hin zu allgemeinen Formulierungen (*„aus Berechnungen ergibt sich"*) Darstellungsmittel wählen, um die physikalischen Zusammenhänge auszudrücken. Dies bereitet offensichtlich allen Kleingruppen Schwierigkeiten. In einem kompetenzorientierten Physik- und Deutschunterricht käme es gerade darauf an, an Kompetenzen wie diesen zu arbeiten. Neben der Arbeit an makrostrukturellen Fragen des Textaufbaus und der Textmuster, wäre ein weiterer Arbeitsschwerpunkt der an stilistischen Schwerpunkten. Wie im oben abgedruckten Text zu sehen, lässt sich an korrekten Kollokationen, deutlichen sprachlichen Bezügen und der präzisen Ausdrucksweise noch gezielt weiterarbeiten. Dies fällt aber deutlich in das Aufgabenfeld der Deutschlehrkraft, während die korrekte Verwendung der Fachbegriffe in ihrer sprachlichen Umgebung in den Aufgabenbereich der Physiklehrkraft fällt. Der Text, so wie er nach einer ersten Entwurfsphase vorliegt, bietet sprachliche wie physikalische Anknüpfungspunkte zur Weiterarbeit. Gerade die Überarbeitung des Textes hat ein hohes Lernpotenzial, da durch die Versprachlichung eine vertiefte Auseinandersetzung mit den physikalischen Zusammenhängen erforderlich ist.

Ein interdisziplinärer Schreibunterricht, wie er hier gezeigt wurde, bietet die Möglichkeit, zur Erreichung der durch die Bildungsstandards gesetzten Ziele im Deutsch- wie Physikunterricht beizutragen, wobei keines der beiden Fächer in eine ausschließlich dienende Funktion für das andere Fach gerät.

Dank

Abschließend möchten wir uns herzlich bei den KollegInnen am Regensburger Mariengymnasium bedanken, die ihren Unterricht für das diesem Text zugrundeliegende Vorhaben geöffnet haben!

Literatur

Baumert, J., Kunder, M., Brunner, M., Krauss, S., Blum, W., & Neubrand, M. (2004). Mathematikunterricht aus Sicht der PISA-Schülerinnen und -Schüler und ihrer Lehrkräfte. In M. Prenzel, J. Baumert, W. Blum, R. Lehmann, D. Leutner, M. Neubrand, R. Pekrun, H.-G. Rolff, J. Rost & U. Schiefele (Hrsg.), *PISA 2003: Der Bildungsstand der Jugendlichen in Deutschland – Ergebnisse des zweiten internationalen Vergleichs* (S. 314–354). Münster [u.a.]: Waxmann.

Becker-Mrotzek, M. (1996). Erwerb komplexer Schreibfertigkeiten. In H. Feilke & P. Portmann (Hrsg.), *Schreiben im Umbruch. schreibforschung und schulisches schreiben* (S. 54–73). Stuttgart [u.a.]: Klett.

Brinker, K. (2001). *Linguistische Textanalyse*. Berlin: Schmidt.

Dörner, D. (1989). *Die Logik des Misslingens. Strategisches Denken in komplexen Situationen*. Reinbek: Rowohlt.

Feilke, H. (1996). Die Entwicklung der Schreibfähigkeiten. In H. Günther & O. Ludwig (Hrsg.), *Schriftlichkeit – writing and its use* (S. 1178–1191). Berlin, New York: de Gruyter.

Feilke, H. (2003). Beschreiben und Beschreibungen. *Praxis Deutsch, 182*, 6–14.

Heinemann, W. (2000). Vertextungsmuster Deskription. In K. Brinker, G. Antos, W. Heinemann, & S. Sager (Hrsg.), *Text- und Gesprächslinguistik* (S. 356–369). Berlin, New York: de Gruyter.

Heinemann, M. & Heinemann, W. (2002). *Grundlagen der Textlinguistik*. Tübingen: Niemeyer.

Heinemann, W. & Viehweger, D. (1991). *Textlinguistik*. Tübingen: de Gruyter.

Kulgemeyer, C. & Schecker, H. (2012). Physikalische Kommunikationskompetenz – Empirische Validierung eines normativen Modells. *Zeitschrift für Didaktik der Naturwissenschaften, 18,* 29–54.

Leisen, J. (2005). Muss ich jetzt auch noch Sprache unterrichten? *Naturwissenschaft im Unterricht Physik, 87,* 4–9.

Ludwig, O. & Spinner, K.H. (2000). Mündlich und schriftlich argumentieren. *Praxis Deutsch, 27,* 16–22.

Nussbaumer, M. (1991). *Was Texte sind und wie Texte sein sollen.* Tübingen: Niemeyer.

Rincke, K. (2010). Alltagssprache, Fachsprache und ihre besonderen Bedeutungen für das Lernen. *Zeitschrift für Didaktik der Naturwissenschaften, 16,* 235–260.

Rincke, K. (2010a). Von der Alltagssprache zur Fachsprache – Bruch oder schrittweiser Übergang? In G. Fenkhart, E. Zeitlinger, & A. Lembens (Hrsg.), *Sprache, Mathematik und Naturwissenschaften* (S. 47–62). Innsbruck [u.a.]: Studienverlag.

Rincke, K. (2011). It's rather like learning a language: Development of talk and conceptual understanding in mechanics lessons. *International Journal of Science Education, 33*(2), 229–258.

Schilcher, A. (2010). Making Mr. President – Simulation einer Präsidentschaftswahl. In H.W. Huneke (Hrsg.), *Taschenbuch des Deutschunterrichts* (Vol. 1, S. 482–492). Baltmannsweiler: Schneider-Verlag Hohengehren.

Schneuwly, B. (1996). Der Nutzen psychologischer Schreibforschung für die Didaktik des Schreibens. In H. Feilke & P. Portmann (Hrsg.), *Schreiben im Umbruch. schreibforschung und schulisches schreiben* (S. 54–73). Stuttgart [u.a.]: Klett.

Sekretariat der Ständigen Konferenz der Kultusminister der Länder in der Bundesrepublik Deutschland (Hrsg.) (2005). *Beschlüsse der Kultusministerkonferenz: Bildungsstandards im Fach Physik für den Mittleren Schulabschluss (Jahrgangsstufe 10).* München, Neuwied: Luchterhand.

van Dijk, T.A. (1980). *Textwissenschaft. eine interdisziplinäre Einführung.* Tübingen: Niemeyer.

Christiane Dalton-Puffer

Elemente einer ‚academic literacy':
Kognitive Diskursfunktionen im englischsprachigen Fachunterricht (CLIL)[1]

1 Einleitung

Lesen und Schreiben in mehreren Sprachen ist für die heutige Schülergeneration nicht länger nur wünschenswerter, sondern essentieller Bestandteil ihres Sozial- und zukünftigen Berufslebens. Die englische Sprache spielt dabei eine zentrale Rolle und es ist Aufgabe der schulischen Bildung, die SchülerInnen mit Fähigkeiten auszustatten, die es ihnen erlauben, ihre sprachlich-literalen Repertoires im Verlauf des Lebens den jeweiligen Erfordernissen anzupassen. Dabei ist es notwendig, über traditionelle Sichtweisen von Lese/Schreibfähigkeit als kontextunabhängiges, rein individuelles Vermögen hinauszugehen und sie als Bündel von sozialen Praktiken zu sehen, die in unterschiedlichen Kontexten variabel ausgestaltet werden (vgl. Barton 2007; Hornberger 2008) und deren passende Realisierung erst eine erfolgreiche Teilhabe am sozialen und beruflichen Leben ermöglicht. Diesen Entwicklungen entsprechend befinden sich die europäischen Universitäten in einem dynamischen Prozess der Ausweitung englischsprachiger Studienangebote, der seinen Höhepunkt vermutlich noch nicht erreicht hat (Smit/Dafouz 2012). SchülerInnen und Studierende werden also mit hoher Wahrscheinlichkeit gefordert sein, zumindest Teile ihrer Ausbildung in der international dominanten Lingua Franca zu absolvieren, was mit hohen Ansprüchen an ihre literalen Fähigkeiten einhergeht. Auf der Sekundarstufe hat sich dazu in fast allen europäischen Bildungssystemen die Praxis etabliert, Teile der Curricula der Sekundarstufe auf Englisch anzubieten, um den klassischen Englischunterricht zu ergänzen. Referiert wird darauf im europäischen Zusammenhang vorwiegend mit der Bezeichnung Content-and-Language Integrated Learning (CLIL). Die Varianten der Implementierung sind breit gestreut, dennoch lassen sich einige übergreifende prototypische Merkmale ausmachen (vgl. Dalton-Puffer 2011a):

---

1   Die Arbeit am hier vorgestellten CDF Konstrukt wurde durch einen mehrmonatigen Forschungsaufenthalt am *Center for Applied Language Studies* der Universität Jyväskylä ermöglicht. Das CONCLIL-Projekt wird von Tarja Nikula geleitet und 2011-2014 von der Finnischen Akademie der Wissenschaften finanziert.

– CLIL passiert nicht statt, sondern zusätzlich zum Fremdsprachenunterricht.

– CLIL wird von SachfachexpertInnen unterrichtet, die nur in Ausnahmefällen auch FremdsprachenexpertInnen sind, jedoch so gut wie nie Native Speakers der Zielsprache.

– CLIL-Unterricht steht als Sachfachunterricht im Stundenplan und ist dies auch in seiner Konzeption. Die Leistungen der SchülerInnen werden nach den Kriterien des Sachfaches beurteilt.

Den Implementierungen zugrunde liegende Überlegungen zum Sprachlernen gehen, so sie überhaupt artikuliert werden, überwiegend von rein input-orientierten Modellen aus, die ja auch in den Anfängen der kanadischen immersion education dominant waren (vgl. Lyster 2007). Die Annahme ist also, dass ein ausreichendes Maß an bedeutungsorientiertem Input zu einem natürlichen Spracherwerb führt, der die LernerInnen in die Nähe muttersprachlicher Kompetenzniveaus zu führen vermag. Die Form sprachlicher Realisierungen steht im Hintergrund und wird „nicht beurteilt" (vgl. jedoch Hönig 2009). Vor dem Hintergrund dieses Sprachlernkonzepts ist es nur konsequent, wenn die didaktische Gestaltung des CLIL-Unterrichts sich wenig bis gar nicht vom Unterricht in der Erstsprache unterscheidet: Befragungen von Lehrenden und Unterrichtsbeobachtungen sprechen hier eine deutliche Sprache (Dalton-Puffer et al. 2008; Badertscher/Bieri 2009).

Zu diesen Realitäten stehen sowohl Behauptungen der konzeptuellen CLIL-Literatur als auch neuere Theorieangebote der Sprachlernforschung in interessanter Spannung. Erstere versieht CLIL, eben content-and-language-integrated-learning, mit einem integrierten Konzept, in dem sowohl Sachfachinhalten als auch Sprachinhalten und -formen Aufmerksamkeit zukommt (vgl. Coyle/Hood/Marsh 2010). Zweitere favorisieren Ansätze, die von einer starken sozialen Kontextualisierung von Lernen sowie vom Wert expliziter Thematisierung sprachlicher Phänomene im fachlichen Kontext ausgehen (Lyster 2007, Llinares/Morton 2010). Ein qualitätsvolles Lernen im CLIL-Unterricht, das literale Fähigkeiten weiterentwickelt, kann unter diesen Annahmen nur gelingen, wenn der sprachlichen Dimension des Fachlernens ein bisher nicht vorhandener Stellenwert eingeräumt wird.

Wie kann der hier aufgezeigte fundamentale Widerspruch überwunden werden? Der hier gemachte Vorschlag intendiert, SachfachlehrerInnen für die Integration von sprachorientierten didaktischen Elementen zu gewinnen, ohne sie in eine Position zu drängen, in der sie den „Job der FremdsprachenlehrerInnen auch noch erledigen" müssen. Es geht also darum, in den Logiken der Sachfachdidaktiken und der Englischdidaktik nach Aspekten zu suchen, wo die Interessen und pädagogischen Traditionen beider Seiten einander berühren.

In diesem Beitrag behaupte ich, dass so genannte kognitive Diskursfunktionen tatsächlich einen Überschneidungsbereich darstellen. Unter kognitiven Diskursfunktionen verstehe ich sprachliche Routinen, die sich herausbilden, weil sie wiederkehrende Anforderungen im Umgang mit Wissensinhalten und im abstrakten Denken widerspiegeln. Die Anforderungen als solche (z.B. Klassifizieren, Hypothesen bilden), bzw. die Befähigung der SchülerInnen diese zu erfüllen, sind heute selbstverständlicher Teil in der Formulierung der Bildungsaufgaben von Schulfächern. In diesem Beitrag stelle ich ein Konstrukt solcher Diskursfunktionen vor, das in der Lage ist, die Vielzahl der im Umlauf befindlichen Funktionen zu ordnen und konzeptuell zu reduzieren. Damit sollen die Diskursfunktionen einer prinzipiengeleiteten Heuristik zugänglich gemacht und so im natürlichen Unterrichtsgeschehen empirisch sichtbar gemacht werden. Mein Schwerpunkt in der empirischen Belegung liegt dabei in der mündlichen Modalität, deren Verquickung mit der Schriftlichkeit werde ich mich in Teil 5, Diskursfunktionen und Literalität widmen.

2 Multiperspektivische theoretische Fundierung des CDF-Konstrukts in Bildungswissenschaft und Linguistik[2]

In diesem Abschnitt soll nun das in der Einleitung vorgestellte Argument, kognitive Diskursfunktionen (CDFs) eigneten sich in besonderer Weise als Querschnittsmaterie, die zwischen den Interessenslagen der Sach- und Sprachfächer vermitteln kann, näher ausgeführt und theoretisch begründet werden. Dazu werden sowohl die bildungswissenschaftlich/fachdidaktische als auch die linguistische Forschung befragt.

Ob Themenkataloge, Lernzieltaxonomien oder Kompetenzmodelle, die Bildungswissenschaften diesseits und jenseits des Atlantiks arbeiten sich in zeitlich versetzten historischen Wellen an der Definition curricularer Ziele und Inhalte ab. Mit gegenseitiger Befruchtung ist zu rechnen, dennoch tut man gut daran, sich die Pluralität der Unternehmungen vor Augen zu halten: plural sind nicht nur die nationalen Bildungskulturen mit ihren je unterschiedlichen Traditionen und Entwicklungen, plural sind auch die fachdidaktischen Kulturen der Schulfächer. Dennoch lassen sich gewisse Konstanten identifizieren, nicht zuletzt auf Grund der Existenz einflussreicher Basistexte wie Bloom et al.'s (1956) *Taxonomy of educational objectives*, welche inzwischen vornehmlich in ihrer revidierten Fassung rezipiert wird (Anderson, Krathwohl et al. 2001). Von einer ausführlichen Darstellung wird hier Abstand genommen. Mit seiner Taxonomie von kognitiven Prozessen wie *remembering, understanding, applying , analyzing evaluating creating* hat dieser einflussreiche Text jedoch seine Spuren in zahlreichen Lehrzielformulierungen und Curricula hinterlassen, ist aber bei weitem nicht der einzige Versuch seiner Art. So präsentieren zum Beispiel Biggs und Tang (2011) eine Hierarchie von Verben, mit denen Lernziele von Lehrveranstaltungen im Tertiärbereich erfasst

---

2   Eine ausführlichere Argumentation findet sich in Dalton-Puffer 2013.

und beschrieben werden können (S. 91). Bailey hat sich mit mehreren KoautorInnen ebenfalls einer Analyse jener *verbal behaviours* (z.B. *compare, elborate, justify*) gewidmet, die in Curricula der Sekundarstufe mehrerer U.S.-Bundesstaaten als Indikatoren gesetzt werden, mit denen LernerInnen das Erreichen eines fachlichen Lernziels demonstrieren (Bailey et al. 2002). Ein analoges Vorgehen ist auch bei einem umfangreichen Projekt des Europarats[3] zu beobachten, das sich zum Ziel setzt, die sprachlichen Anforderungen und Kompetenzen einzelner Fächer im Pflichtschulbereich (Geschichte, Naturwissenschaft, Mathematik und Literatur) systematisch zu katalogisieren (z.B. Beacco, Coste, van de Ven, Vollmer 2010), um Grundlagen für eine effektive sprachliche Unterstützung gefährdeter LernerInnen zu schaffen. Im deutschen Kontext hat Vollmer gemeinsam mit Thürmann einen ersten Vorschlag für die Entwicklung eines Referenzrahmens für Deutsch auf der Sekundarstufe I vorgelegt (Vollmer/Thürmann 2010; Thürmann/Vollmer 2013), der meines Erachtens einen wichtigen Meilenstein in der Sichtbarmachung des versteckten sprachlichen Curriculums in den Sachfächern darstellt. Zuletzt wurden auch in Deutschland im Zusammenhang mit den Bildungsstandards der gymnasialen Oberstufe intensive Diskussionen zur Fassung solcher ‚Operatoren' geführt, welche zum Teil bereits in eine normierende Bedeutungszuweisung gemündet sind. Gemeinsam ist diesen und anderen Ansätzen, dass sie einen curricularen Standpunkt einnehmen, und so die Setzung von Standards für Unterricht und Leistungsbeurteilung, jedoch nicht tatsächliches unterrichtliches Geschehen in den Blick nehmen.

In den genannten und zahlreichen anderen Studien begegnet man einer Bandbreite von Verben und Funktionsverbgefügen, die kognitiv-sprachliches Handeln bezeichnen. Eine umfassende Literaturanalyse (Dalton-Puffer 2013, *appendix*) hat ein vorläufiges Inventar von 54 solcher Verben (auf Englisch) erbracht, ein lexikalisches Feld, das ob seiner Größe nach einem strukturierenden Konstrukt verlangt, um operationalisierbar zu werden.

Wenden wir uns der **linguistischen Seite** zu, bringt allein der Ausdruck „kognitive Diskursfunktionen" unmittelbar die Frage des Verhältnisses von Sprache und Denken aufs Tapet. Interessanterweise zeigt eine Befragung der klassischen Modelle von „Funktionen der Sprache" (Bühler 1934, Jakobson 1980), dass keines von ihnen eine kognitive Funktion der Sprache und das epistemisch-heuristische Sprachhandeln, das Lernprozessen zugrunde liegt, in Erwägung zieht. Sollte es sich dabei in der Linguistik des 20. Jahrhunderts um ein Tabu gehandelt haben, ist dieses mit dem Aufkommen der Kognitionswissenschaften aber inzwischen einigermaßen durchlöchert (z.B. Nuyts/ Pedersen 1997): Die Rolle von Sprache in der Repräsentation und Elaboration kognitiver Inhalte scheint mittlerweile unbestritten, wenn auch bezüglich der genauen Modellierung noch viele Fragen offen sind. Ungeachtet aller theoretischen Kontroversen steht fest, dass auf absehbare Zeit empirischer Zugang zu Denkprozessen vornehmlich über

---

3   (*Language(s) in other subjects*; http://www.coe.int/t/dg4/linguistic/langeduc/boxd2-othersub_EN.asp; accessed 31.12.2013).

deren sprachliche Manifestation möglich ist. Parallel dazu gibt es zumindest *eine* linguistische Theorie, Hallidays *Systemic Functional Linguistics* (1994), in der der sprachlichen Strukturierung kognitiver Inhalte eine explizite Rolle zugewiesen wird. Eine der drei Hauptfunktionen von Sprache (*ideational function*) ermöglicht dem Individuum, äußere und innere Welterfahrungen bzw. Kognitionen überhaupt erst zu fassen und zu betrachten. Gleichzeitig ermöglicht Sprache es dem Individuum, diese Erfahrungen/Kognitionen mit anderen zu teilen und deren Erfahrungen/Kognitionen mitgeteilt zu bekommen. In der englischsprachigen Bildungsforschung hat sich in diesem Zusammenhang in den letzten Jahren der Begriff des *dialogic teaching* herausgebildet, als dessen Basis die sprachliche (mündliche) Interaktion der Lernenden und Lehrenden zu gelten hat (Mercer 2000; Wells 2009, vgl. auch Rotter/Schmölzer-Eibinger in diesem Band).

Auf anderer theoretischer Basis, nämlich einer soziologischen, aber mit analogem Fokus auf der situativen Verfasstheit von institutionellem Lernen, bestand in der deutschsprachigen Forschung der 1970er und 1980er-Jahre ebenfalls starkes Interesse an dem sozial-kognitiven Gebilde „Unterricht" (z.B. Goeppert 1977). Insbesondere Ehlich und Rehbein (z.B. 1986) lieferten im Rahmen der Funktionalen Pragmatik wichtige Impulse. Ihr Interesse lag dabei vor allem auf der Institution Schule an sich, sodass Fragen des Fachlichen und ‚fachliches Lernen‘ im Hintergrund blieben. Dennoch ist ihr Ansatz, dass die sich stets wiederholenden kommunikativen Anforderungen des Unterrichts zur Herausbildung von sprachlichen Handlungsmustern führen, für das hier präsentierte Konstrukt von CDFs hochrelevant.

Ebenfalls in der linguistischen Pragmatik verortet, aber fast ausschließlich an den Dimensionen Fachlichkeit und Fachkommunikation orientiert, präsentieren sich textlinguistische Ansätze von Schmidt (1981) und Hoffmann (1988),[44] die sich allerdings mit schriftlichen Fachtexten befassen. Gemeinsam ist ihnen mit der Funktionalen Pragmatik allerdings, dass sie kommunikativen Routinen eine hohe Bedeutung zumessen; in diesem Fall sind dies Routinen, die sich aus der Fachkommunikation von Spezialisten ergeben. Auch hier werden wiederkehrende Mitteilungsabsichten identifiziert und als ‚Kommunikationsverfahren‘ gesammelt dargestellt (Hoffmann 1988, 151). Die Erfordernisse der (vorwiegend schriftlich gedachten) Kommunikation unter ExpertInnen, vor allem in Technik und Wirtschaft, stand auch im Zentrum der Arbeit von Trimble (1985) als einem Vertreter des Bereichs *English for Science and Technology*.

Allen diesen Ansätzen gemeinsam ist ihr theoretischer Bezug zur Sprechakttheorie, einem Kernbereich der linguistischen Pragmatik. Ausgehend von den grundlegenden Arbeiten Austins (1962) und Searles (1969) erfasst man unter dem Begriff des Sprechaktes die Tatsache, dass sprachliche Äußerungen gewöhnlich Handlungscharakter ha-

---

4   Diese Hinweise auf die Forschung in der damaligen DDR verdanke ich Sabine Ylönen (Universität Jyväskylä).

ben. Die umfangreiche pragmatische Forschung der letzten Jahrzehnte hat Searles Sprechakttypologie (*representatives, directives, commissives, expressives, declaratives*) in der Beschreibung und für den Vergleich zahlreicher Sprachen angewendet, sowie auch Forschung zum Pragmatikerwerb in der Zweit/Fremdsprache hervorgebracht (z.B. Rose/Kasper 2001). Inwieweit die hier verhandelten CDFs sich genau einer dieser Kategorien zuordnen lassen, muss aus Platzgründen in einem anderen Zusammenhang genauer geklärt werden.

Mein Verständnis kognitiver Diskursfunktionen ist also eines, das sie als ressourcenökonomische Antwort auf wiederkehrende situative Erfordernisse des Handlungskontexts Fachunterricht betrachtet. In anderen Worten, CDFs sind Muster, die aus den wiederkehrenden Anforderungen entstehen, welche der Umgang mit Wissensinhalten zum Zweck des Lernens, Darstellens oder Sich-darüber-Verständigens mit sich bringen. Sie bieten den an der fachbezogenen Kommunikation Teilnehmenden Muster und Schemata diskursiver, lexikalischer und grammatischer Natur, die es ihnen erleichtern, mit Standardsituationen umzugehen, in denen Wissen aufgebaut und intersubjektiv zugänglich gemacht werden soll. Ein alternativer Ansatz wurde im *genre-based approach* der australischen Schule verwirklicht (z.B. Christie/James 1997). Auf das komplexe Verhältnis zwischen Genre und Diskursfunktion kann hier nicht näher eingegangen werden, es sind aber beide Zugänge für die Schule wichtig, weil in didaktischer Hinsicht komplementär.

3   Beschreibung des CDF-Konstrukts

Wie in der obigen Erläuterung des theoretischen Hintergrundes angelegt, beruht das hier vorgestellte Modell auf einem Postulat der Pragmatik, dass nämlich Sprechakte verbale Handlungen seien, die auf kommunikativen Intentionen des Sprechers/der Sprecherin beruhen. Im hier vorliegenden Fall handelt es sich dabei eben um Sprechhandlungen, die kognitive Prozesse reflektieren bzw. externalisieren. Im Sinne des theoretischen Mainstream der Pragmatik macht somit die Annahme Sinn, es handle sich jeweils um die kommunikative Absicht des Sprechers/der Sprecherin anderen mitzuteilen, welche kognitiven Schritte durchgeführt werden, um mit Fachinhalten umzugehen und fachliches Wissen mitzuteilen, zu erarbeiten, darzustellen und aufzunehmen. Ich unterstelle dabei allen am Unterricht beteiligten AkteurInnen, dass solche Absichten innerhalb ihrer jeweiligen Rollen Sinn machen. In anderen Worten, CDFs betreffen sowohl SchülerInnen als auch LehrerInnen.

Befragt man nun die aus Curricula extrahierten Diskursfunktionen nach ihrer jeweils zugrunde liegenden kommunikativen Absicht, ergibt sich eine interessante „Flurbereinigung". Fast alle Diskursfunktionen lassen sich einem von sieben Typen zuschlagen. In der ersten Spalte von Tabelle 1 wurden mit Bedacht abstrakte Bezeichnungen gewählt, die keine ‚sprechenden' Namen tragen, um hervorzustreichen, dass die sieben Elemente des Konstrukts Kategorien darstellen, die intern strukturiert sind. Die folgende tabellarische Darstellung spezifiziert nun für jeden Typ die zugrunde liegende kommunikative Intention und gibt ihm einen Namen.

Tab. 1: Liste der CDF-Typen und zugrunde liegende kommunikative Intentionen

Function Type	**Communicative Intention**	**Label**
Type 1	I tell you how we can cut up the world according to certain ideas	CLASSIFY
Type 2	I tell you about the extension of this object of specialist knowledge	DEFINE
Type 3	I tell you details of what can be seen (also metaphorically)	DESCRIBE
Type 4	I tell you what my position is vis a vis X	EVALUATE
Type 5	I give you reasons for and tell you cause/s of X	EXPLAIN
Type 6	I tell you something that is potential	EXPLORE
Type 7	I tell you about sth. external to our immediate context on which I have a legitimate knowledge claim	REPORT

Die englischen Bezeichnungen in Spalte 3 CLASSIFY, DEFINE, DESCRIBE, EVALUATE, EXPLAIN, EXPLORE, REPORT wurden hier beibehalten, um im Kontext dieses auf Deutsch verfassten Beitrags zu unterstreichen, dass es sich hier um *Namen* handelt, obgleich diese mit natürlich-sprachlichen Wörtern formal ident sind.[5] Daraus ergibt sich eine gewisse Problematik, die aus der Semantik von Lexemen in natürlichen Sprachen erwächst: die Wortbedeutung ist nicht monolithisch, sondern wird in unterschiedlichen Kontexten unterschiedlich aktiviert. Da wir vorerst keine direkte Evidenz jener kognitiven Prozesse besitzen, die diese Funktionstypen repräsentieren wollen, gibt es kein eindeutig definiertes Objekt, das einer terminologischen Behandlung zugeführt werden könnte. Deshalb ist es nicht möglich, für die Bezeichnungen der sieben Typen terminologischen Status zu veranschlagen. Für die Arbeit mit dem Konstrukt als heuristischem Werkzeug sollte dies aber kein Problem darstellen.

Wie oben bereits erwähnt, werden die sieben Typen als Kategorien verstanden, in die weitere Bezeichnungen von Diskursfunktionen subsumiert werden können.

---

5   Die deutschen Übersetzungen lauten: *klassifizieren, definieren, beschreiben, bewerten, begründen, erkunden, berichten.*

Tab. 2: CDF-Typen und ihre Mitglieder

CLASSIFY	Classify, compare, contrast, match, structure, categorize, subsume
DEFINE	Define, identify, characterize
DESCRIBE	Describe, label, identify, name, specify
EVALUATE	Evaluate, judge, argue, justify, take a stance, critique, recommend, comment, reflect, appreciate
EXPLAIN	Explain, reason, express cause/effect, draw conclusions, deduce
EXPLORE	Explore, hypothesize, speculate, predict, guess, estimate, simulate, take other perspectives
REPORT	Report, inform, recount, narrate, present, summarize, relate

Wie aus der Tabelle ersichtlich, sind einige Kategorien wesentlich stärker besetzt als andere. So ist zum Beispiel die Kategorie EVALUATE ungleich größer als DEFINE. Dies könnte damit zu tun haben, dass auch die Grundtypen sich in ihrem Skopus unterscheiden. Kidd (1996) hat auf den Unterschied zwischen Mikro- und Makrofunktionen hingewiesen, ohne jedoch klare Kriterien zu deren Unterscheidung formulieren zu können, außer dass die einen eben ‚kürzer‘ und die anderen ‚länger‘ sind. Ebenso diffus wie zweifellos vorhanden, sind die Verbindungen zu Begriffen wie logische Relationen, logische Muster oder rhetorische Muster (siehe Trimble 1986; Lemke 1990; Ehlich und Rehbein 1986).

Eine weitere Frage, die sich stellt, ist die nach der inneren Struktur dieser sieben Kategorien. In Anlehnung an die Prototypentheorie (Rosch/Mervis 1975) gehe ich hier davon aus, dass es zentralere und weniger zentrale Mitglieder jeder Kategorie gibt. Da sich bei den CDFs aber kein *best exemplar*, wie z.B. das Rotkehlchen als prototypischer nordamerikanischer Vogel, dingfest machen lässt, besteht der Kern der Kategorie aus der kommunikativen Intention. Diese wird von unterschiedlichen Realisierungen in mehr oder weniger ‚reiner Form‘, d.h. mehr oder weniger direkt ausgedrückt. Eine andere Beobachtung zur inneren Struktur der Kategorien betrifft die Tatsache, dass die Bedeutung zweier Kategoriemitglieder semantisch ident sein mag, die entsprechenden Lexeme jedoch nicht in denselben Kontexten gebraucht werden. Dies wäre der Fall, wenn verschiedene Diskursgemeinschaften (z.B. Fachleute einer bestimmten Fachrichtung) unterschiedliche Bezeichnungen für analoge kognitive Prozeduren verwenden. In diesem Fall hätten wir es mit *Cultural Models* zu tun (Holland/Quinn 1987), denn diese sind gemeinsame kognitive Schemata einer sozialen Gruppierung, welche die kollektive Erfahrung und das kollektive Wissen dieser Gruppe repräsentieren. Als Illustration sei hier die Kategorie EVALUATE angeführt. Das englische Verb *comment* findet sich vor allem in Lernzieldefinitionen der „weichen" Fächer (Bailey et al. 2007): Es ist ein selbstverständlicher Bestandteil des Geschichts- oder Literaturunterrichts, dass dort Sachverhalte, Ereignisse oder Aspekte von Texten *kommentiert* werden. Im Mathematikunterricht andererseits, wird von SchülerInnen häufig erwartet, dass sie etwas *bewerten* (was in englischen Lernzielformulierungen als EVALUATE figuriert), seien es nun Lösungswege oder die Plausibilität eines Ergebnisses in Relation zur Problemformulierung. Was beiden Aktivitäten bei genauerer Betrachtung gemeinsam ist, ist die Tatsache, dass jemand zu etwas Position bezieht (*stance taking*). Diese persönliche Positionierung ist denn auch der Kern des Typs EVALUATE.

Eine Konsequenz der komplexen internen Struktur der Kategorien des CDF-Konstrukts sind deren unscharfe Grenzen: Die sieben Typen sind nicht disjunkt und schließen einander nicht notwendigerweise aus. Im Gegenteil, sehr häufig schließen sie einander ein. DEFINE beinhaltet immer *klassifizieren*, aber nicht alle Vorkommen von CLASSIFY sind Teil einer Instanz von DEFINE. *Beschreiben* kann Teil von EXPLAIN, REPORT oder DEFINE sein, aber es gibt auch Instanzen von DESCRIBE, die für sich selbst stehen. Eine über diese Beispiele hinausgehende Verallgemeinerung zeichnet sich in ersten Versuchen ab, das CDF-Konstrukt als hermeneutisches Werkzeug in der empirischen Unterrichtsdiskursforschung einzusetzen:[6] die im CDF-Konstrukt repräsentierten Kategorien erscheinen sowohl auf Genre- als auch auf Move-Ebene.[7] Die Arbeiten dazu stehen jedoch erst am Anfang.

4 Empirische Validierung des CDF-Konstrukts

Eine Hauptanforderung an ein heuristisches Instrument wie das CDF-Konstrukt ist seine empirische Validität. Das CDF-Konstrukt muss unterrichtliche Realität erhellen können, und es muss sich in ebendieser hinreichend abbilden lassen. Da das hier vorgestellte Konstrukt jedoch rezent ist, kann noch keine umfassende dahingehende Evidenz vorgelegt werden. Möglich ist allerdings, die Unterrichts(diskurs)forschung nach Evidenz zu einzelnen Funktionen zu befragen.

Die Anzahl relevanter Studien ist begrenzt, und sie lassen sich zunächst nach der dominanten Forschungsperspektive gruppieren: bildungswissenschaftlich-fachdidaktische Forschung, wo fachliches Lernen fokussiert wird und angewandt-linguistische Forschung, die auf Form und Funktion von Unterrichtsgenres fokussiert. Ernst-Slavit und Mason (2011) erhoben die Erwartungen von FachlehrerInnen hinsichtlich der fach- bzw. bildungssprachlichen Kompetenzen von LernerInnen mit Englisch als Zweitsprache und kontrastierten dies mit Befunden aus Unterrichtsbeobachtungen: Es zeigte sich, dass die unterrichtliche Sprachumgebung in nur sehr beschränktem Umfang jene ‚*academic language*‘ enthielt, die von den Lehrkräften erwartet wurde. Das heißt, die von den LehrerInnen selbst gestaltete Unterrichtsumgebung bot den SchülerInnen kei-

---

6   In Zusammenarbeit mit meiner Diplomandin Lisa Kröss.
7   *Moves* sind konventionelle funktionale Schritte in der Ausführung eines textuellen Genres, wie zum Beispiel die Grußformel in einem Brief.

nen reichhaltigen bildungssprachlichen Input als Lerngrundlage. Bailey et al. (2002) beobachteten naturwissenschaftlichen Unterricht auf der Primarstufe hinsichtlich der Verwirklichung curricular geforderter Sprachfunktionen und stellten fest, dass alle Teilnehmenden sich in einem engen Repertoire von *explanation, description*, und *comparison* bewegten. Um der kognitiven Eingleisigkeit, die mit solchen kommunikativen Routinen einhergeht, entgegenzuwirken, werden verschiedentlich Interventionsstudien durchgeführt. Wells (2009) konnte zum Beispiel zeigen, dass Wissensexploration (*exploratory talk; erkunden*) einer umfangreichen didaktischen Inszenierung bedarf, um für die LernerInnen im Gespräch umsetzbar zu werden. Von besonderem Interesse ist der Befund von Kramer-Dahl et al. (2007): Im Rahmen einer Intervention wendete eine Lehrkraft explizites Scaffolding von evaluierenden, erklärenden, rechtfertigenden, argumentativen Lernerbeiträgen im Sozialwissenschaftsunterricht an. Es verbesserte sich nicht nur die intellektuelle Qualität[8] der Klassendiskussion entscheidend, die Maßnahme wurde auch von den Lernenden als überdurchschnittlich wertvoll und instruktiv bewertet.

Von angewandt linguistischer Seite wurden kognitive Diskursfunktionen per se bisher nur in wenigen Studien in den Blick genommen. Die am häufigsten besprochene Funktion ist eindeutig das Erklären (Lemke 1990; Dalton-Puffer 2007; Dalton-Puffer 2011b; Smit 2010; Evnitskaya 2012), doch arbeiten alle diese Studien mit einem breiten, dem Begriff der Darstellung verpflichteten Verständnis von Erklären, das nicht dem im CDF Konstrukt enthaltenen, kausalen entspricht. Kausale Erklärungen im CLIL Geschichtsunterricht wurden von Llinares und Morton (2010) analysiert. Sie konnten zeigen, dass SchülerInnen in Einzelgesprächen wesentlich komplexere Erklärungsmodelle realisieren als im Klassengespräch. Loses (2007) Studie zu *Erklären* und *Spekulieren* im bilingualen Biologieunterricht zeigte wiederum, dass SchülerInnen in der Klassendiskussion die ihnen prinzipiell im Englischen zur Verfügung stehenden sprachlichen Mittel bei weitem nicht ausschöpfen und schlägt vor, den Fachunterricht um Instruktion in fachspezifischen sprachlichen Ausdrucksmitteln zu erweitern. Analoge Ergebnisse bezüglich der sprachlichen (und vermutlich auch der kognitiven) Reduktion von SchülerInnenäußerungen im CLIL Unterrichtsdiskurs berichten auch Dalton-Puffer (2007) und Lackner (2012), anhand eines größeren Datenkorpus und eines etwas breiteren Spektrums an Funktionen: zwar führen LehrerInnen verschiedene Diskursfunktionen aus und demonstrieren so ihr prozedurales Wissen derselben, doch machen sie dies so gut wie niemals explizit. Die wenigen Ausnahmen betreffen interessanterweise ausschließlich Episoden, in denen auf zukünftige Prüfungsanforderungen eingegangen wird. Der Fokus auf die CDFs erwächst somit nicht aus dem Umgang mit fachlichem Material in der aktuellen Unterrichtssituation. Hinzu kommt, dass SchülerInnen so gut wie nie in die Situation gebracht werden, CDFs eigenständig auszuführen.

---

8   Die intellektuelle Qualität der Klassendiskussion wurde an der Anzahl, am Umfang und an
     der kognitiven Komplexität der Schülerbeiträge gemessen.

5   Diskursfunktionen und Literalität

Im letzten Abschnitt dieses Beitrags möchte ich die Zusammenhänge zwischen dem Konzept der kognitiven Diskursfunktion und dem Schreiben als Instrument fachlichen Lernens näher beleuchten. Das hier vorgestellte CDF Konstrukt ist nicht spezifisch auf die mündliche oder schriftliche Modalität fachlicher Kommunikation zugeschnitten. Eine Spezifizierung in die eine oder andere Richtung ist weder in der bildungswissenschaftlichen noch in der linguistischen Begründung des Konstruktes angelegt. Die Tatsache, dass seine empirische Validierung zunächst im Bereich der mündlichen Unterrichtskommunikation stattfindet, gründet allein im konkreten Forschungskontext aus dem das Konstrukt entstanden ist (siehe Fußnote 1) und sollte zukünftig auf die schriftliche Modalität (Analysen von Unterrichtsmaterialien, schriftliche SchülerInnenäußerungen) ausgeweitet werden.

Dennoch ist das Verhältnis zwischen Mündlichkeit und Schriftlichkeit im schulischen Lernkontext keineswegs trivial. Die beiden Modalitäten sind nicht unabhängig voneinander, sondern in vielfacher Beziehung zu denken. Ganz allgemein stellt die Linguistik zu dieser Problematik Begrifflichkeiten wie „konzeptionelle Mündlichkeit/Schriftlichkeit" (Koch/Österreicher 2007) oder „Dimensionen textlicher Variation" (Biber 1988) zur Verfügung. Im Rahmen der linguistischen Didaktikforschung haben Portmann-Tselikas und Schmölzer-Eibinger (z.B. 2008) ein elaboriertes mehrdimensionales Modell von Textkompetenz vorgestellt, das Modalität, Kontextabhängigkeit und kognitive Komplexität systematisch zueinander in Beziehung setzt.

Die besondere, wenngleich bislang erstaunlich selten reflektierte, Anforderung an den Kommunikationsraum ‚Schule und Unterricht' ist, SchülerInnen zu fortgeschrittenen literalen Fähigkeiten hinzuführen, die es ihnen erlauben, vertiefte fachliche Ausbildungswege zu verfolgen (Berufsausbildung und/oder Universitätsstudium), im Fall von CLIL zumeist in der Fremdsprache Englisch. Dabei muss darauf Bedacht genommen werden, die Lernenden an ihrem jeweiligen Standort sprachlicher Entwicklung abzuholen und sie schrittweise zu höherer Abstraktion und Reflexion und deren adäquatem sprachlichem Ausdruck hinzuführen. Die Australische Forschung hat dazu ein Portfolio von schriftlichen schulischen Basisgenres erarbeitet (z.B. Veel/Coffin 1996; Christie/Martin 1997): *Recount, Narrative, Report, Explanation, Exposition.* Die von der Bildungs(gang)forschung postulierte Progression weg vom persönlichen Erlebnisraum der LernerInnen zu einem konkrete Situationen abstrahierenden, intersubjektiv ausgehandelten Wissen, das zunehmend auch argumentativ gestützt werden soll, kann anhand dieser Genres gut abgebildet werden. Sie sind allerdings gänzlich auf die schriftliche Modalität abgestimmt, während Unterrichtsarbeit auch von Mündlichkeit geprägt ist. Im deutschsprachigen Kontext scheint die Dominanz der Mündlichkeit indes besonders stark zu sein (Dalton-Puffer 2007). Unabhängig von unterrichtlichen Traditionen gilt immer, dass dem Unterrichtsdiskurs eine Brückenfunktion im Kontinuum Mündlichkeit-Schriftlichkeit zukommt und es Aufgabe der Lehrperson ist, die Lernenden von informellen zu formellen Sprachstilen hinzuführen. So stellen Leung und Street (2012, 19) ein „interweaving of everyday expressions and specialist register" als typisch für die Interaktion im Klassenzimmer dar. Dabei kann man nicht unbedingt davon ausgehen, dass komplexe fachliche Themen automatisch in einem formellen Stil bearbeitet werden. Bunch (2006) zum Beispiel konstatiert anhand seiner Daten, dass Wissensexploration eher mit alltagssprachlichen Merkmalen einhergeht, während Darstellung ‚gesicherten' Wissens stärker an Merkmale formeller Sprachstile gekoppelt ist. Insgesamt ist die Zielrichtung eindeutig – wenn auch häufig in den Lernzielformulierungen von Curricula nur implizit angelegt – nämlich Lernende zu einem elaborierten und damit konzeptuell schriftlichen Sprechen bzw. zum Schreiben hinzuführen (vgl. *elaborated talk;* Wallace 2002).

Wie in der Unterrichtsforschung immer wieder konstatiert, ist elaboriertes Sprechen im Sachfachunterricht jedoch ein seltenes Ereignis. Ein nicht zu unterschätzendes Hindernis für seine Emergenz stellt meines Erachtens die Beziehungsebene dar. Sie ist ja im schulischen Bereich häufig von langjährigen persönlichen Beziehungen geprägt und konterkariert somit eine Grundkoordinate der konzeptuellen Schriftlichkeit, nämlich die Kontextunabhängigkeit samt als niedrig angenommener geteilter Information zwischen Produzent und Adressat. Dies ist der Punkt, an dem das Schreiben seine besondere Wirkung entfalten kann: es ermöglicht, die der Kommunikationssituation im Klassenzimmer inhärenten Beschränkungen zu umgehen und authentisch in eine konzeptuelle Schriftlichkeit einzutreten. Allerdings bedarf es dazu der Modellierung durch ein/e/n ‚more knowledgeable other', i.e. durch die Lehrperson. Empirische Befunde zeigen, dass die Lehrenden die für den elaborierten Stil typischen Diskursfunktionen sehr wohl realisieren, dass sie aber wenig Bewusstsein dafür an den Tag legen, was hier jeweils geschieht (Dalton-Puffer 2007; Lackner 2012). Die Anforderung, explizite Anleitung bei der Umsetzung im schriftlichen Medium zu geben, ist hier noch gar nicht mitgedacht.

Ich bin der Überzeugung, dass das hier vorgestellte Konstrukt von kognitiven Diskursfunktionen zu einer dahingehenden Bewusstseinsbildung beitragen kann. Ein erhöhtes Bewusstsein bezüglich fachlicher Mitteilungsabsichten (den Illokutionen der sieben Grundtypen von CDFs) und deren angemessener sprachlicher Ausführung würde einen bewussten Zugang zur Modellierung derselben ermöglichen. Gleichzeitig könnten die Diskursfunktionen als Konstanten dienen, anhand derer die Variation über verschiedene Modi hinweg (schriftlich/mündlich) in fokussierter und dadurch nachvollziehbarer Weise demonstriert werden kann. In diesem Bereich muss man einen großen Aufholbedarf in der angewandt-linguistischen und fachdidaktischen Forschung und in der LehrerInnenbildung konstatieren.

Es steht zu hoffen, dass ein kohärentes Modell von kognitiven Diskursfunktionen mithilft, die Beschreibung unterrichtlicher Realität umfassender zu gestalten und somit letzten Endes dazu beiträgt, jene Bereiche klar zu identifizieren, in denen es besonders dringend ist, die mündliche Dimension des Fachunterrichts um eine schriftliche zu erweitern.

Literatur

Anderson, L.W., Krathwohl, D.R. (Hrsg.), Airasian, P.W., Cruikshank, K.A., Mayer, R.E., Pintrich, P.R., Raths, J. & Wittrock, M.C. (2001). *A taxonomy for learning teaching and assessing: A revision of Bloom's taxonomy of educational objectives.* New York: Longman.

Austin, J.L. (1962). *How to Do Things with Words.* Cambridge, Massachusetts: Harvard University Press.

Badertscher, H. & Bieri, T. (2009). *Wissenserwerb im Content and Language Integrated Learning.* Bern, Stuttgart, Wien: Haupt.

Bailey, A.L., Butler, F.A., Borrego, M., LaFramenta C. & Ong C. (2002). Towards the characterization of academic language in upper elementary classrooms. *Language Testing Update, 31*, 45–52.

Barton, D. (2007) [1994]. *Literacy: An introduction to the ecology of written language.* Oxford: Blackwell.

Beacco, J.-C., Coste, D., van de Ven, P.-H. & Vollmer, H. (2010). *Language and school subjects. Linguistic dimensions of knowledge building in school curricula. Language Policy Division. Directorate of Education and Languages, DGIV.* Strasbourg: Council of Europe. Verfügbar unter: http://www.coe.int/t/dg4/linguistic/langeduc/boxd2-othersub_EN.asp#s3 [15.01.2014].

Biber, D. (1988). *Variation across speech and writing.* Cambridge: Cambridge University Press.

Biggs, J. & Tang, C. (2011). *Teaching for quality learning at university.* 4. Auflage. London: Open University Press McGraw Hill Education.

Bloom, B.S. (1956). *Taxonomy of educational objectives*: *The classification of educational goals. Handbook I: The cognitive domain.* New York: McKay.

Bunch, G. (2006). "Academic English" in the 7th grade: Broadening the lens, expanding access. *Journal of English for Academic Purposes, 5*(4), 284–301.

Bühler, K. (1934). *Sprachtheorie. Die Darstellungsfunktion der Sprache.* Jena: Gustav Fischer Verlag.

Christie, F. & Martin, J.R. (1997). *Genre and Institutions: Social Processes in the Workplace and School.* London: Continuum.

Coyle, D., Hood, P. & Marsh, D. (2010). CLIL. Cambridge: Cambridge University Press.

Dalton-Puffer, C. (2011a). Content and language integrated learning – from practice to principles? *Annual Review of Applied Linguistics, 31*, 182–204.

Dalton-Puffer, C. (2011b). Explaining: a central discourse function in instruction. In C. Escobar & L. Nussbaum (Hrsg.), *Aprende en una altra llengua/Learning through another language/Aprender en otra lengua* (S. 119–139). Barcelona: Servei de Publicacions de la UAB.

Dalton-Puffer, C. (2013). A construct of cognitive discourse functions for conceptualizing content and language integration in CLIL and multilingual education. *European Journal of Applied Linguistics, 1*(2), 216–253.

Dalton-Puffer, C., Hüttner, J., Jexenflicker, S., Schindelegger, V. & Smit, U. (2008). *Content and language integrated learning an Österreichs Höheren Technischen Lehranstalten. Forschungsbericht.* Wien: Universität Wien & Bundesministerium für Unterricht, Kunst und Kultur.

Dalton-Puffer, C. (2007). *Discourse in content and language integrated learning (CLIL) classrooms.* Amsterdam: John Benjamins.

Ehlich, K. & Rehbein, J. (1986). *Muster und Institution. Untersuchungen zur schulischen Kommunikation.* Tübingen: Narr.

Ernst-Slavit, G. & Mason, M.R. (2011). "Words that hold us up:" Teacher talk and academic language in five upper elementary classrooms. *Linguistics and Education, 22*(4), 430–440.

Evnitskaya, N. (2012). *Talking science in a second language: The interactional co-construction of dialogic explanations in the CLIL science classroom.* Barcelona: Universitat Autònoma de Barcelona unpublished doctoral dissertation.

Goeppert, H.C. (Hrsg.) (1977). *Sprachverhalten im Unterricht.* München: UTB Fink.

Gumperz, J. & Levinson, S. (Hrsg.) (1996). *Rethinking linguistic relativity.* Cambridge University Press.

Halliday, M.A.K. (1994). *An Introduction to Functional Grammar.* 2. Auflage. London: Arnold.

Hoffmann, L. (1988). *Vom Fachwort zum Fachtext. Beiträge zur angewandten Linguistik.* Tübingen: Narr.

Holland, D. & Quinn, N. (1987). *Cultural models in language and thought.* Cambridge: Cambridge University Press.

Hornberger, N.H. (2008). Continua of biliteracy. In A. Creese, P. Martin & N.H. Hornberger (Hrsg.), *Encyclopedia of language and education. Volume 9: Ecology of language* (2. Aufl., S. 275–290). New York: Springer.

Hönig, I. (2010). Assessment in CLIL – a case study. *VIEWS Special Issue CLIL, 19*(3), 36–41. Verfügbar unter: http://anglistik.univie.ac.at/fileadmin/user_upload/dep_anglist/weitere_Uploads/Views/views1903CLILspecial.pdf.

Jakobson, R. (1980). Metalanguage as a linguistic problem. In R. Jakobson (Hrsg.), *The framework of language* (S. 81–92). Ann Arbor: Michigan Studies in the Humanities.

Koch, P. & Oesterreicher, W. (2007). Schriftlichkeit und kommunikative Distanz. *Zeitschrift für germanistische Linguistik, 35*, 346–375.

Kramer-Dahl, A., Teo, P. & Chia, A. (2007). Supporting knowledge construction and literate talk in secondary social studies. *Linguistics and Education, 18*, 167–199.

Kröss, L. (2014). *Cognitive discourse functions in upper secondary CLIL Physics lessons.* [Diplomarbeit]. Universität Wien.

Lackner, M. (2012). *The use of subject-related discourse functions in upper secondary CLIL history classes.* [MA thesis]. University of Vienna.

Lemke, J.L. (1990). *Talking science, language, learning, and values.* Norwood, NJ: Ablex Publishing.

Leung, C. & Street, B. (Hrsg.) (2012). *English – a changing medium for education.* Clevedon [u.a.]: Multilingual Matters.

Llinares, A. & Morton, T. (2010). Historical explanations as situated practice in content and language integrated learning. *Classroom Discourse, 1*(1), 46–65.

Lose, J. (2007). The language of scientific discourse: Ergebnisse einer empirisch-deskriptiven Interaktionsanalyse zur Verwendung fachbezogener Diskursfunktionen im bilingualen Biologieunterricht. In D. Caspari, W. Hallet, A. Wegner & W. Zydatiß (Hrsg.), *Bilingualer Unterricht macht Schule. Beiträge aus der Praxisforschung* (S. 97–107). Frankfurt am Main: Peter Lang.

Lyster, R. (2007). *Learning and teaching languages through content: A counterbalanced approach.* Amsterdam: John Benjamins.

Mercer, N. (2000). *Words and minds: How we use language to think together.* London: Routledge.

Nuyts, J. & Pedersen, E. (Hrsg.) (1997). *Language and conceptualization.* Cambridge: Cambridge University Press.

Portmann-Tselikas, P.R. & Schmölzer-Eibinger, S. (2008). Textkompetenz Fremdsprache Deutsch. *Zeitschrift für die Praxis des Deutschunterrichts, 39*, 5–16.

Rosch, E. & Mervis, C. (1975). Family resemblances: Studies in the internal structure of categories. *Cognitive Psychology, 7*, 573–605.

Rose, K. & Kasper, G. (2001). *Pragmatics in language teaching.* Cambridge: Cambridge University Press.

Schmidt, W. (Hrsg.) (1981). *Funktional-kommunikative Sprachbeschreibung.* Leipzig: Bibliographisches Institut.

Searle, J.R. (1969). *Speech Acts.* Cambridge: Cambridge University Press.

Smit, U. (2010). CLIL in an English as a lingua franca classroom: On explaining terms interactively. In C. Dalton-Puffer, T. Nikula & U. Smit (Hrsg.), *Language use and language learning in CLIL classrooms* (S. 259–277). Amsterdam: Benjamins.

Smit, U. & Dafouz, E. (Hrsg.) (2012). *Integrating Content and language in higher education. Gaining insights into English-medium instruction at European universities.* AILA Review 25.

Thürmann, E. & Vollmer, J.H. (2013). Schulsprache und sprachsensibler Fachunterricht: Eine Checkliste mit Erläuterungen. In C. Röhner & B. Hövelbrinks (Hrsg.), *Fachbezogene Sprachförderung in Deutsch als Zweitsprache* (S. 212–232). Weinheim: Juventa Beltz.

Trimble, L. (1985). *English for science and technology: A discourse approach.* Cambridge: Cambridge University Press.

Vollmer, H. & Thürmann, E. (2010). Zur Sprachlichkeit des Fachlernens: Modellierung eines Referenzrahmens für Deutsch als Zweitsprache. In B. Ahrenholz (Hrsg.), *Fachunterricht und Deutsch als Zweitsprache* (2. Aufl., S. 107–132). Tübingen: Narr.

Veel, R. & Coffin, C. (1996). Learning to think like an historian: The language of secondary school history. In R. Hasan & G. Williams (Hrsg.), *Literacy in society. Applied Linguistics and Language Study* (S. 191–231). London: Longman.

Wallace, C. (2002). Local literacies and global literacy. In D. Block & D. Cameron (Hrsg.), *Globalization and language teaching* (S. 101–114). New York: Routledge.

Wells, G. (2009). *The meaning makers: Learning to talk and talking to learn.* 2. Auflage. Bristol, UK: Multilingual Matters.

Sabine Stephany/Markus Linnemann/Lena Wrobbel

Unterstützende Schreibarrangements im Mathematikunterricht
Kriterien, Umsetzung und Grenzen

1 Schreiben im Mathematikunterricht?

Schreibkompetenz gehört neben der Lesekompetenz in einer hochliteralisierten Gesellschaft zu den Schlüsselkompetenzen und zu den zentralen Aufgaben jeder schulischen Bildung. An deutschen Schulen ist die Vermittlung der Schreibfähigkeit jedoch ausschließlich Sache des Deutschunterrichts. Das Schreiben steht im Mathematikunterricht bislang nicht im Fokus. Curricula, Bildungsstandards und Lehrwerke lassen es zwar ausdrücklich zu, fordern es aber nicht tiefergehend (Stephany/Linnemann/Becker-Mrotzek 2013). Ergebnisse einer Umfrage von Linnemann und Stephany (2014) zeigen, dass MathematiklehrerInnen Schreiben bislang kaum in Betracht ziehen. LehrerInnen halten Schreibaufgaben zudem im Mathematikunterricht für nicht angemessen und zu schwierig. Ohne gezielte Unterstützung stellt das Schreiben für viele SchülerInnen, insbesondere für SchülerInnen mit Deutsch als Zweitsprache (L2) und für SchülerInnen, die in ihrer Familie nur geringe Berührung mit schriftsprachlicher Kommunikation, z.B. in Form von Büchern, haben (Lehrl/Ebert/Roßbach/Weinert 2012), tatsächlich eine unüberwindbare Hürde dar (Linnemann/Stephany 2014).

Wenn Schreibaufgaben von MathematiklehrerInnen nicht als relevant erachtet werden und sie zudem für viele SchülerInnen eine große Schwierigkeit darstellen, stellt sich zunächst die Frage: Warum sollten wir im Mathematikunterricht überhaupt schreiben? Zwei Gründe lassen sich hierfür anführen: (1) Schreiben kann dazu beitragen, Wissen besser zu vernetzen und das Verstehen bestimmter Sachinhalte zu fördern. (2) Schreiben fördert die Fähigkeit, am fachlichen Diskurs sprachlich-handelnd teilzuhaben.

Hiermit sind bereits zwei wesentliche Schreibfunktionen angesprochen, auf die wir im Weiteren näher eingehen werden: die epistemische Funktion, Fachinhalte zu lernen, und die kommunikative Funktion, am gesellschaftlich-fachlichen Diskurs teilzuhaben. Beides zu bedienen kann nicht allein der Deutschunterricht leisten, hieran müssen sich alle Fächer beteiligen. Doch Schreiben im Fachunterricht ist kein Selbstläufer. Schreibaufgaben müssen sorgsam gestaltet werden, um ihr Potenzial für alle SchülerInnen zu entfalten. Gegenstand dieses Artikels sind Schreibaufgaben, die nicht isoliert, sondern innerhalb von Lehr- und Lernarrangements betrachtet werden und einem bestimmten Ablauf folgen: vom Mündlichen zum Schriftlichen. Bevor zwei Unterrichtsbeispiele dies verdeutlichen, wird zunächst unser Verständnis von Schreibkompetenz erläutert, anschließend werden die beiden genannten Funktionen des Schreibens im Mathematikunterricht vorgestellt. Auf dieser Grundlage werden dann Kriterien für unterstützende Schreibaufgaben, *Supportive Writing Assignments* (SWA), dargestellt.

2   Schreiben und schriftliche Kommunikation

Wenn in diesem Beitrag von „Schreiben" die Rede ist, ist die *schriftliche Produktion von Texten* gemeint. Die Textproduktion ist ein aktiver, problemlösender und konstruktiver Prozess, in den die Schreibenden ihre sozialen, motivationalen, kognitiven und sprachlichen Vorerfahrungen und Kompetenzen einbringen (vgl. Becker-Mrotzek/Schindler 2007; McCutchen/Teske/Bankston 2008). Schreiben ist somit eine komplexe Aufgabe, Schreibkompetenz ein Bündel verschiedener Teilaspekte (vgl. hierzu auch Becker-Mrotzek/Schindler 2007; Knopp/Becker-Mrotzek/Grabowski 2013; Linnemann/Stephany 2014; Stephany/Linnemann/Becker-Mrotzek 2013). Sie zu integrieren verlangt hohe kognitive Ressourcen (Hayes 1996; McCutchen 1996), dabei setzt das Beherrschen hierarchieniedriger Prozesse (wie z.B. Orthographie) kognitive Kapazitäten für hierarchiehöhere Fähigkeiten (wie das Abrufen und Konstruieren von Ideen; Fayol 1999) frei. Hinzu kommt metakognitives Wissen zur Kontrolle des Schreibprozesses (McCutchen 1988).

Schreiben fällt gegenüber dem Sprechen nicht nur deshalb schwerer, weil hier etwa graphomotorische oder orthographische Fähigkeiten hinzukommen. Schreiben ist nicht „aufgeschriebenes Sprechen", es ist daher wichtig, die *Unterschiede zwischen alltäglicher, gesprochener und geschriebener Sprache* zu beachten. Schriftliche und mündliche Kommunikationshandlungen liegen dabei von ihrer Konzeption her jeweils auf einem Kontinuum zwischen informeller und formeller Sprache und lassen sich je nach Medium in medial-mündlich und medial-schriftlich unterscheiden (Chafe 1982; Crystal 2006; Koch/Oesterreicher 1985). Medial-mündliche Alltagssprache lässt sich eher am informellen Ende der Skala verorten. Die SprecherInnen interagieren dabei vis-à-vis; so steuern z.B. deiktische Ausdrücke und direktes Nachfragen zur Verständnissicherung den Kommunikationsprozess. Dies ist in der medial-schriftlichen Kommunikation durch die räumliche und zeitliche Distanz der KommunikationspartnerInnen meist nicht möglich. Der/Die SchreiberIn muss somit das Vorwissen und die Rezeptionsbedingungen des/der Lesers/Leserin beachten. Umso weniger geteiltes Wissen zwischen SchreiberIn und LeserIn besteht und umso höher der Abstraktionsgrad und die Generalisierung des Inhalts sind, desto expliziter und präziser muss die Sprache werden. Konzeptionell-schriftliche Sprache ist daher dichter (z.B. mehr komplexe Nominalphrasen), abstrakter und weniger persönlich. Sie enthält zudem mehr explizite Referenz und weniger deiktische Ausdrücke als die konzeptionell-mündliche Alltagssprache.

Medial-schriftliche Aufgaben, wie sie in der Schule gefordert werden, verlangen i.d.R. formelle, konzeptionell-schriftsprachliche Mittel. Schreiben im Fachunterricht bedeutet zu wissen, „wie sich die formellen und strukturellen Aspekte der Alltagssprache so umwandeln lassen, dass sich damit prägnant und präzise die komplexen Ideen und Konzepte ausdrücken lassen, die sich im Fachinhalt wiederfinden" (Gibbons 2009, Übersetzung der Autoren).

3 Epistemisches und kommunikatives Schreiben im Mathematikunterricht

Neben den verschiedenen Funktionen, die das Schreiben haben kann, sind u.E. zwei von besonderer Relevanz für den Mathematikunterricht: Die *epistemische* und die *kommunikative* Funktion.

3.1 Epistemisches Schreiben im Mathematikunterricht

Aufgrund der räumlichen und zeitlichen Distanz zwischen SchreiberIn und LeserIn müssen die Inhalte, die vermittelt werden sollen, erst transformiert werden, um sie an die kommunikativen Ziele, insbesondere an einen Adressaten/eine Adressatin anzupassen („knowledge transforming", Bereiter/Scardamalia 1987; „knowledge crafting", Kellogg 2008; „knowledge constituting", Galbraith 1999; 1992). Diese Prozesse können dazu genutzt werden, Wissen zu vertiefen, tiefergehende Wissensstrukturen aufzubauen, neues Wissen zu generieren, es zu ordnen, zu verknüpfen und Fehlvorstellungen zu entdecken und zu korrigieren (vgl. z.B. Galbraith 1999; Mason/Boscolo 2000; 2001; Shanahan 2006; Wallace/Hand/Prain 2004). Damit dies gelingt, müssen verschiedene Faktoren beachtet werden: (1) Florence und Yore (2004) zeigten einen positiven Effekt *von situiertem Lernen* und von der *Zusammenarbeit von AnfängerInnen und ExpertInnen* auf das Schreiben, um in naturwissenschaftlichen Fächern zu lernen. (2) Auch wenn es bisher noch nicht empirisch abgesichert ist, lässt sich vermuten, dass es nützlich sein kann, den SchülerInnen den Mehrwert des Schreibens explizit zu zeigen (vgl. Hübner/Nückles/ Renkl 2010; Klein 2000). (3) Das Schreiben über *authentische und für die SchülerInnen bedeutungsvolle Themen* erleichtert den Prozess des konzeptionellen Lernens im naturwissenschaftlichen Unterricht (Wallace/Hand/Prain 2004). Dies wird unterstützt durch allgemeinpsychologische Befunde zum Zusammenhang zwischen Interesse an einer Sache und Lernen (Andre/Windschitl 2003; Chiu/Xihua 2008; Mason/Boscolo 2004; Mason/Gava/Boldrin 2008). (4) In der Untersuchung von Gunel, Hand und McDermott (2009) wurde das inhaltliche Lernen dadurch unterstützt, dass die SchülerInnen an jüngere SchülerInnen schrieben. Dies zeigt die Bedeutung, Texte an *verschiedene und authentische AdressatInnen* zu richten. Maier (2000) zeigt ähnliche Befunde bei SchülerInnen, die einen mathematischen Bericht an MitschülerInnen schreiben sollten. (5) *Explizite Instruktion* ist nötig, um den SchülerInnen fachspezifische Textsorten nahezubringen (Keys

1999). (6) De La Paz und Felton (2010) konnten anhand der Produktion argumentativer Texte aus dem Geschichtsunterricht zeigen, dass *Strategien, die vor dem eigentlichen Schreibprozess* angesiedelt sind, die Fähigkeit steigern, vom Prinzip des Lernens durch Schreiben zu profitieren. (7) Über diese Ergebnisse hinaus, konnte gezeigt werden, dass SchülerInnen, die einen *gewissen Grad an Sprachkompetenz* nicht besitzen, nicht adäquat vom Lernen durch Schreiben profitieren können. Die allgemeine Sprachkompetenz mediiert den Effekt des Lernens durch Schreiben (vgl. Linnemann/Stephany 2014; Rivard/ Straw 2000; Rotter/Schmölzer-Eibinger in diesem Band, Stephany/Linnemann/Becker-Mrotzek 2013).

Die epistemische Funktion des Schreibens kann im Mathematikunterricht in vielfacher Hinsicht genutzt werden. SchülerInnen lernen beispielsweise Textaufgaben zu lösen, indem sie sie schreiben (Gallin/Ruf 1995). Knapp, Pfaff und Werner (2010) untersuchten den kommunikativen Prozess während der Partnerarbeit beim Schreiben von Textaufgaben. Das Schreiben von Texten regte zu intensiverer inhaltlicher und sprachlicher Reflexion an. Ohne mathematische und sprachliche Unterstützung jedoch erstellten einige SchülerInnen unverständliche und unlösbare Textaufgaben. Weitere epistemische Schreibaufgaben sind z.B. das Beschreiben und Erklären individueller Lösungswege und mathematischer Verfahren sowie das Erstellen von Mathematik-Journalen (Hußmann 2003).

3.2   Kommunikatives Schreiben im Mathematikunterricht

Um an unserer Gesellschaft zu partizipieren, müssen SchülerInnen ihr mathematisches Wissen tagtäglich einsetzen. Sie müssen dieses Wissen im Sinne einer *Mathematical Literacy* (Klieme/Neubrandt/Lüdte 2001) als „quantitatives Werkzeug" nutzen, d.h. sie müssen mathematische Probleme lösen, Situationen ausfindig machen, in denen mathematisches Wissen zur Anwendung kommt, und die richtigen Mittel zu ihrer Bearbeitung auswählen. Nur wenn SchülerInnen gelernt haben, mit und über Mathematik zu kommunizieren, können sie zu informierten, selbstbewussten und aktiven BürgerInnen werden. Hinzu kommt, dass die explizite Kommunikation über mathematische Sachverhalte für bestimmte Berufe unabdingbar ist.

Schreiben kann durch die räumliche und zeitliche Distanz zwischen SchreiberIn und LeserIn die Kommunikationsfähigkeit eines/r Schülers/Schülerin hinsichtlich mathematischer Sachverhalte unterstützen, doch auch hier müssen verschiedene Faktoren beachtet werden: (1) Um effektiv kommunizieren zu können, müssen die SchülerInnen ihr Schreiben an eine/n LeserIn anpassen. Psychologische Konzepte wie Empathie, Perspektivenübernahme (Schmitt/Grabowski 2012), soziale Kognition und Adressatenantizipation sind das ‚Rückgrat' (Bonk 1990) des kommunikativen Schreibens. (2) Damit diese Anpassung gelingt, müssen Schreibaufgaben eine klare kommunikative Funktion, wie Informieren, Instruieren oder eine/n LeserIn überzeugen, besitzen (vgl. z.B. Bachmann/Becker-

Mrotzek 2010; Bachmann/Ospelt-Geiger/Ospelt/Vital 2007; Bräuer/Schindler 2011; Couzijn/Rijlaarsdam 2005; Rijlaarsdam/Braaksma 2008). (3) Hinzu kommt, dass Schreibaufgaben in realistischer Weise das schulische Lernen mit der Welt außerhalb, auch der Berufswelt, verknüpfen, eine/n andere/n Adressaten/Adressatin als den/die LehrerIn ansprechen und häufige Interaktionen zwischen SchülerInnen untereinander und zwischen SchülerInnen und LehrerInnen ermöglichen müssen (vgl. auch Chinn/Hilgers 2000). Für universitäres Lernen konnten Chinn und Hilgers (2000) zeigen, dass mit Hilfe dieser Prinzipien das fachliche Lernen, die Schreibfähigkeit und die Fähigkeit zum wissenschaftlichen Arbeiten gesteigert werden konnten. (4) Die bisher genannten Kriterien führen allerdings nicht zum Ziel, wenn bestimmte sprachliche Voraussetzungen nicht gegeben sind. So zeigten Stephany, Linnemann und Becker-Mrotzek (2013) einige nicht gelungene schriftliche Kommunikationshandlungen im Mathematikunterricht. Sprachliche Unterstützung ist besonders für sprachlich noch wenig kompetente SchülerInnen dringend erforderlich (vgl. auch Gibbons 2009; Echevarria/Vogt/Short 2008; Kniffka/Neuer 2008).

Nur wenige kontrollierte Studien haben sich bislang mit der kommunikativen Funktion des Schreibens im Mathematikunterricht beschäftigt. Weitere Studien diesbezüglich sind daher unbedingt notwendig.

4 Supportive Writing Assignments

Auf der Grundlage der bisherigen Überlegungen werden nun Kriterien für unterstützende Schreibaufgaben („Supportive Writing Assignments – SWA") formuliert. Diese Schreibaufgaben verbinden die epistemische und die kommunikative Funktion des Schreibens, um beides zu fördern: (1) das Lernen zu schreiben, um in Mathematik „sozialisiert" zu werden und *Mathematical Literacy* zu erlangen; (2) das Schreiben, um mathematische Inhalte zu erlernen. Da Studien, in denen beide Funktionen verbunden wurden, positive Effekte zeigten (z.B. Gunel/Hand/McDermott 2009), nehmen wir an, dass die kommunikative Funktion und die epistemische Funktion sich wechselseitig unterstützen. Aufgaben, die beide Schreibfunktionen in den Blick nehmen, führen u.E. zu einer tieferen Analyse des inhaltlichen Wissens. In unserem Verständnis gehen Schreibaufgaben über die Präsentation einer einzelnen, isolierten Aufgabe weit hinaus: Die Anwendung unterstützender Schreibaufgaben bedeutet, die SchülerInnen vom Aufbau des für die Schreibaufgabe relevanten Wissens bis hin zum individuellen Schreiben zu unterstützen. Damit alle, also auch SchülerInnen mit geringer Sprachkompetenz im Deutschen, davon profitieren, werden die sprachlichen Fähigkeiten der SchülerInnen berücksichtigt. SWA sind daher integriert in einen umfassenderen Ansatz, der die SchülerInnen vom alltagssprachlichen Zugang zu einem konzeptionell schriftlichen Umgang mit dem Fachinhalt führt (vgl. Feez 1998; Gibbons 2009; für den Geographieunterricht Kniffka/Neuer 2008). Die aus der Theorie abgeleiteten Kriterien für SWA sind die folgenden:

a. SWA sind authentisch und situiert. Schreibaufgaben werden dann als authentisch wahrgenommen, wenn sie sich direkt auf Probleme und Situationen der Alltagswelt der SchülerInnen beziehen (Bräuer/Schindler 2010). Da diese Forderung im schulischen Kontext jedoch schwierig umzusetzen ist, fordern SWA keine völlige, sondern ein möglichst hohes Maß an Authentizität. Dabei liegen Aufgabenstellungen generell auf einem Kontinuum zwischen unauthentisch und authentisch. Zum Beispiel ist das Schreiben von Textaufgaben für MitschülerInnen weniger authentisch als das Schreiben für eine Schülerzeitung, jedoch authentischer, als wenn die geschriebenen Textaufgaben an den/die LehrerIn gerichtet wären. Zur Authentizität gehört auch, dass die SchülerInnen die Möglichkeit haben, für die Schreibaufgabe nützliche und für sie selbst relevante und interessante Informationen zu sammeln und Wissen zu erwerben, damit sie inhaltlich in der Lage sind, einen Text zu produzieren. Situiert sind Schreibaufgaben dann, wenn sie kontextuell und funktional in eine Unterrichtseinheit eingebettet sind.

b. SWA haben verschiedene und authentische AdressatInnen. SWA unterstützen einen Perspektivenwechsel, indem die Aufgaben verschiedene AdressatInnen jenseits des/der Lehrers/Lehrerin ansprechen. AdressatInnen sind dann authentisch, wenn sie die Texte wirklich erhalten und lesen und nach Möglichkeit auch eine Rückmeldung in angemessener Weise geben.

c. SWA haben eine klare kommunikative Funktion. Nur wenn die SchülerInnen das kommunikative Ziel und die AdressatInnen kennen, können sie die zum Lösen der Schreibaufgabe nötigen Strukturen, den Inhalt und die sprachlichen Mittel auswählen (Bachmann/Becker-Mrotzek 2010). SWA enthalten daher explizit eine klare Schreibfunktion, z.B. jemanden dazu anzuleiten, etwas zu tun.

d. SWA stützen sich auf direkte Instruktion und zeigen den Wert des Schreibens. In direkter Instruktion werden Fähigkeiten sequenziert und in Teilfähigkeiten zerlegt, damit kleinere Lerneinheiten entstehen (vgl. Archer/Hughes 2011). In unserem Vorgehen beginnen wir nicht damit, einen vollständigen, konzeptionell-schriftlichen Text schreiben zu lassen. SWA leiten die SchülerInnen von der alltagssprachlichen Kommunikation bis zu einem fertigen schriftlichen Text.
Ein weiteres Element direkter Instruktion besteht darin, zu Beginn jeder Stunde die Ziele und die Erwartungen für die jeweilige Stunde oder auch für eine längere Lerneinheit zu formulieren. Diese Praxis unterstützen wir für die meisten Schreibaufgaben. Hier kann auch der Mehrwert des Schreibens vermittelt werden.

e. SWA bieten die Möglichkeit mündlicher und schriftlicher Interaktion zwischen SchülerInnen, LehrerInnen und den LeserInnen der entstehenden Texte. SWA fördern Maßnahmen, die die SchülerInnen dazu bewegen, kommunikativ tätig zu sein. Kommunikation sollte nicht nur zwischen LehrerInnen und SchülerInnen, sondern auch in Partner- und Gruppenarbeiten zwischen den MitschülerInnen sowie zwischen SchreiberInnen und LeserInnen stattfinden. Die letzten beiden Möglichkeiten helfen den SchülerInnen dabei, den Effekt, den ihr Text auf eine/n LeserIn hat, zu kontrollieren und zu optimieren (vgl. Rijlaarsdam/Braaksma 2008). SWA bieten die Möglichkeit zum gemeinsamen Schreiben unter MitschülerInnen, sie geben den SchülerInnen die Möglichkeit der sozialen Interaktion und die Chance, ein Feedback von Gleichaltrigen zu erhalten. Mündliche Aktivitäten und mündliche Kommunikation dienen während der Unterrichtseinheit stets als Brücke zur konzeptionellen Schriftlichkeit (vgl. Ohlhus/Quasthoff/Stude 2009).

f. SWA nehmen die sprachlichen Fähigkeiten der SchülerInnen in den Blick. Im Konzept der SWA werden weniger kompetente SchreiberInnen zum einen darin unterstützt, das nötige Weltwissen und inhaltliche Wissen aufzubauen. Zum anderen werden die nötigen sprachlichen Mittel erarbeitet und bereitgestellt, um einen mathematischen Text schreiben zu können. Der Aufbau der sprachlichen Kompetenzen orientiert sich am Teaching-learning cycle der Sydney School (vgl. Feez 1998; Gibbons 2009) und fokussiert dabei drei Dimensionen: den Aufbau relevanten Vorwissens, einen gezielten Wortschatzaufbau und die Modellierung von Textmustern und Sprachhandlungen.

- *Aufbau relevanten Vorwissens* meint die Aktivierung von Vorwissen und den Erwerb von neuem inhaltlichem und sprachlichem Wissen, das für die verlangte Schreibaufgabe relevant ist. Aufbau relevanten Vorwissens ist deshalb wichtig und nötig, weil es den SchülerInnen dabei hilft, ihr Wissen mit dem Wissen zu verknüpfen, das gelernt werden soll. Im Mathematikunterricht reicht es nicht aus, sich Weltwissen anzueignen und zu nutzen; es muss explizit grundlegendes mathematisches Wissen aktiviert oder aufgebaut werden, damit epistemische Schreibaufgaben bewältigt werden können. So muss bei Schreibaufgaben, die z.B. Zahlbeziehungen in den Fokus stellen, die Fähigkeit zu addieren vorhanden sein.

- *Aktivitäten zum Wortschatzaufbau.* Unter Wortschatz verstehen wir nicht nur einzelne Wörter, wie Fachbegriffe sondern auch Kollokationen, Phraseologismen und bestimmte syntaktische Konstruktionen (vgl. Steinhoff 2009). Diese müssen im Gebrauchskontext und systematisch im Unterricht einbettet dargeboten werden (vgl. Kniffka/Neuer 2008). Hierzu können z.B. selbst angelegte Wortspeicher und Lernplakate mit wichtigen Wörtern und Wendungen genutzt werden.

- Im Konzept der unterstützenden Schreibaufgaben haben die SchülerInnen die Möglichkeit, *verschiedene Textsorten und damit einhergehende sprachliche Muster und Mittel kennenzulernen und darüber zu reflektieren.* Hierzu eignen sich z.B. Analysen und Vergleiche von Textsorten, Textstrukturierungshilfen, Checklisten, das gemeinsame Verfassen von Texten, Satzgerüste und das Verdeutlichen von Textprozeduren. Textsortenanalysen und -vergleiche dienen dazu, die je spezifischen Funktionen und kennzeichnenden Merkmale einer Text-sorte zu reflektieren. Checklisten können SchülerInnen im Sinne selbstregulativer Prozesse durch den Schreibprozess oder auch in Partner- und Gruppenarbeiten leiten. In einer Joint Construction (vgl. Gibbons 2009) entsteht ein Text in gemeinsamer Arbeit mit dem/r LehrerIn. Dadurch kann sprachliches Wissen über eine bestimmte Textsorte sowie meta-sprachliches Wissen über den Schreibprozess aufgebaut werden. Satzgerüste sind Sätze, in denen zu Beginn, in der Mitte oder am Ende eines Satzes Lücken gelassen werden. Sie können dazu benutzt werden, Vokabular oder syntaktische Strukturen aufzubauen. Texte und Textsorten bestehen meist aus mehreren Sprachhandlungen, wie Beschreiben, Erklären, Überzeugen. Die SchülerInnen haben die Möglichkeit, die je spezifischen sprachlichen Mittel kennenzulernen und sie im Sinne von Textprozeduren (vgl. Feilke 2010; 2012; Knopp/Jost/Linnemann/Becker-Mrotzek 2014) auf Sprachhandlungen zu beziehen. Textprozeduren stehen zwischen Handlungsschemata (Sprachhandlungen wie „Beschreiben") und konkreten sprachlichen Mitteln (wie „auf dem Bild sieht man"), sie sind somit von den SchreiberInnen erbrachte Verknüpfungen von beidem. Der Zusammenhang zwischen Sprachhandlung und sprachlichen Mitteln wird explizit gemacht.

Die dargelegten Kriterien werden im Folgenden anhand von zwei Beispielen näher erläutert und diskutiert.

5 Praktische Umsetzung von SWA im Mathematikunterricht

Im Folgenden werden zwei Beispiele aus dem Mathematikunterricht dargestellt, die die Charakteristika und die Umsetzung von SWA modellhaft aufzeigen. Abb. 1 zeigt den allgemeinen Aufbau für beide Einheiten. Die Unterrichtseinheiten wurden in sprachsensiblen Mathematikkursen im Rahmen von Sommerschulen[1] für Deutsch als Zweitsprache-Lernende durchgeführt. An diesen Kursen nahmen SchülerInnen der 5. und 6. Klasse aller Schulformen mit unterschiedlichen Kompetenzen sowohl in Mathematik als auch in ihrer Zweitsprache Deutsch teil. Vorrangiges Ziel der den beiden Beispielen zugrunde liegenden Untersuchung ist es, die Umsetzbarkeit der SWA-Kriterien zu zeigen und für den Mathematikunterricht zu diskutieren.

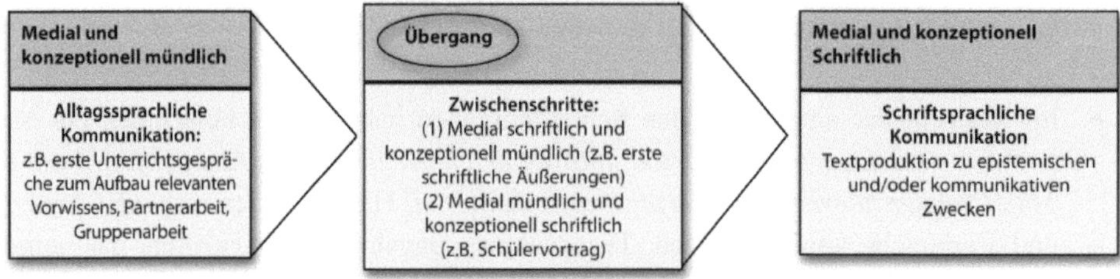

Abb. 1: Von der Alltagssprache zur konzeptionellen Schriftlichkeit

---

1   Die Sommerschulen wurden vom Kooperationsprojekt Sprachliche Bildung des Instituts für Deutsche Sprache und Literatur II der Universität zu Köln veranstaltet.

5.1 Planen eines Tierparks – Schriftliches Beschreiben und Begründen

Zunächst werden das Setting, die Schreibaufgabe und die Ergebnisse beschrieben, bevor diese diskutiert werden. Die Materialien innerhalb des Settings wurden je nach mathematischer und sprachlicher Kompetenz in verschiedenen Schwierigkeitsgraden dargeboten.

5.1.1 Setting, Schreibaufgabe und Ergebnisse

Mathematisches Thema der Unterrichtseinheit war das Rechnen mit Größen mit dem Schwerpunkt Flächenberechnung. Ausgangspunkt war dabei die Unterrichtseinheit „Lebensraum Zoo – Flächen und Räume vergleichen" aus dem Schulbuch Mathewerkstatt 5 (Barzel/Hußmann/Leuders/Prediger 2012). Die gelernten mathematischen Kompetenzen in diesem Bereich sollten in einem für die SchülerInnen interessanten Setting (Abb. 2) angewandt und vertieft werden. Aufgabe der SchülerInnen war es, einen eigenen Tierpark zu planen und Herrn Los, den Auftraggeber des Tierparks, schriftlich von ihrer Planung zu überzeugen. Die engagierte und motivierte Herangehensweise der SchülerInnen zeigte, dass das Thema auf Interesse stieß.

Tierfreunde für die Planung einer Tierpark-Insel gesucht
Auf meiner Insel in der Südsee soll ein kleiner Tierpark entstehen. Wenn der Tierpark interessant ist, dann kommen sicher viele Besucher!
Auf der Insel gibt es ein Kassenhaus und Lagerhallen für das Tierfutter. Die Fläche für die Tiergehege und die Wege ist 650 m lang und 500 m breit. Es sollen mindestens fünf Tierarten dort leben. Allen Tieren soll es gut gehen.
Die Bewerbungen müssen bis zum 9. August 2013 eingereicht werden!

Der Entwurf für den Tierpark soll
- kreativ sein,
- genaue Angaben zu den Tierarten machen,
- die Anzahlen der Tiere und
- die Größe der Gehege und Käfige angeben.

Der Tierpark soll auch einen spannenden Namen haben.

Ferdinand Los

Abb. 2: Setting für das Tierparkprojekt: „Ausschreibungstext" für die Planung einer Tierpark-Insel

Abb. 3 beschreibt den Ablauf des Tierparkprojektes vom medial und konzeptionell mündlichen Einstieg zum medial und konzeptionell schriftlichen Text.

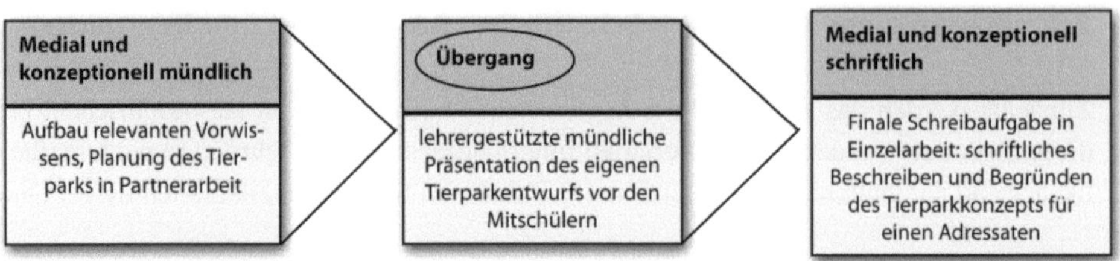

Abb. 3: Von der Alltagssprache zur konzeptionellen Schriftlichkeit am Beispiel des Tierparkprojektes

Medial und konzeptionell mündlich: Aufbau relevanten Vorwissens und Planung des Tierparks

Als Einstieg in die Unterrichtseinheit wurde der Ausschreibungstext (Abb. 2) behandelt. Im Anschluss daran wurden im Wechsel zwischen Partner- und Unterrichtsgespräch Charakteristika eines Tierparks erarbeitet. Hier ergaben sich erste Sprech- und Diskussionsanlässe, die bei den Erfahrungen der SchülerInnen ansetzten, sodass sich dem Thema zunächst alltagssprachlich genähert wurde. Hierbei wurde Vorwissen aktiviert und aufgebaut, notwendige sprachliche Mittel wurden festgehalten (Aufbau relevanten Vorwissens).

Den mathematischen Zielen folgend, wurden die für die Tierparkplanung relevanten mathematischen Inhalte, z.B. Flächen- und Maßstabsberechnung, wiederholt. Um Informationen zur artgerechten Haltung von Tieren, wie den benötigten Platz, recherchieren zu können, erhielten die SchülerInnen echte Gutachten zur Haltung von Zootieren (BMEL 1996), die im Vorhinein schülergerecht aufgearbeitet worden waren. Typische Formulierungen wie „Für jedes weitere Tier benötigt man zusätzlich" wurden thematisiert und im Gebrauchskontext eingeführt.

In einem nächsten Schritt planten die SchülerInnen in Partnerarbeit mit Hilfe einer Checkliste ihren eigenen Tierpark, indem sie Tiere auswählten, Tabellen mit dem Platzbedarf anlegten und Gehegegrößen berechneten. Sie diskutierten die Anordnung und die Anzahl der Gehege mit Bezug zur vorgegebenen Gesamtfläche des Zoos und zeichneten schließlich maßstabsgetreu den Grundriss ihres Tierparks.

In dieser konzeptionell mündlich geprägten Phase benutzten die SchülerInnen während ihrer Aushandlungsprozesse vorwiegend ihre Alltagssprache. Der Transkriptausschnitt in Abb. 4 a) zeigt, wie zwei Schüler mit Hilfe der Gutachten zur artgerechten Tierhaltung diskutierten und berechneten, wie viel Platz die von ihnen für ihren Zoo ausgewählten vier Eisbären benötigen. (Laut Gutachten benötigen zwei Eisbären 150 m², jeder weitere Eisbär benötigt 20 m² mehr.) In dieser alltagssprachlichen Kommunikation nutzten die SchülerInnen einen dafür typischen und funktional angemessenen Umgang mit deiktischen Mitteln, indem sie gegenseitig auf die jeweiligen Stellen im Text zeigten. Zur Verständigung reichte der Satz „das ist nicht Eisbär – das ist das!". Auch verwendeten die beiden SchülerInnen unvollständige Sätze (z.B. „Jedes weiteres, wir haben schon zwei") und benutzten keine mathematischen Fachbegriffe, wie z.B. Quadratmeter, denn beiden war bewusst, dass die von ihnen angegebenen Werte Gehegegröße in m² bedeuten.

a)	b)
[S1 und S2 blättern Gutachten zur artgerechten Haltung durch.] S2: Eisbär. S1: Eisbär.... 150, so warte, 150, so das bedeutet ähm .... warte S2: 150 plus 20 S1: warte, warte (liest im Gutachten Werte für das falsche Tier) „für jedes weitere Tier 50" S2: (rechnet zeitgleich) 190, 190! S1: Passt das? Sagst du 190? Bist du sicher? 190, why? S2: Jedes weiteres, wir haben schon zwei S1: zwei, 150 sind zwei S2: Ja, ... 20. S1: (fällt ins Wort) Wir haben noch zwei, noch 100, also 250. S2: No, I will show you. Look, wir haben vier, das sind 150 und jedes weitere ist plus 20 S1: (fällt ins Wort) plus 50 S2: (lauter, bestimmt) plus 20. (zeigt auf die Stelle an der S1 nachgelesen hat) Das ist nicht Eisbär – das ist das! S1: Oh, ok, good.	S1: Wir haben nicht wie ihr gemacht, ah, ihr habt gemacht jedes Kästchen ist 10 m², Wir haben 1 cm entspricht 10 m und, ähm, so, wir haben viele Tiere, wir haben 1, 2, 3, 4, 5, 6, 7, 8, 9, 10 Tiere (zeigt auf einzelne Gehege). […] S1: Diese blaue Punkte (zeigt auf Punkte) bedeuten Schnee. Das, diese vier Tiere (zeigt auf vier Gehege) brauchen Schnee oder Eis oder alles, was kalt ist. Die anderen Tiere kommen aus Afrika, ah und aus India, ... Tiere, die kalte Dinge brauchen, sind sibirische Tiger, Schneeleoparden, Bär und Panda. Und aus Afrika haben wir Geparden, Löwen, Paviane, Elefanten, Giraffen und Flusspferde. S2: Wir können sehen, dass die Flusspferde viele Wasser brauchen, da sie im Wasser wohnen. […] L: (unterbricht) Könnt ihr denn ungefähr mal sagen, wie groß eins von euren Gehegen ist, weil ihr ja einen ganz anderen Maßstab habt? […] S1: Oh ja, das sind 21000 m² (zeigt auf ein Gehege). Das auch (zeigt auf ein Gehege). Das hier ah sibirische Tiger und Geparden und Löwen (zeigt auf einzelne Gehege)... S2: Sibirische Tiger und die Löwen haben 8500 m² Platz.

Abb. 4: Alltagssprachlich mündliche Kommunikation während der Partnerarbeit (a) und konzeptionell-schriftlichere Kommunikation der gleichen Schüler während des Vortrags (b). (S1=Schüler 1, S2=Schüler 2, L=Lehrerin).

Medial mündlich und konzeptionell schriftlich: Mündlicher Vortrag

Als Hinführung zur konzeptionellen Schriftlichkeit präsentierten die SchülerInnen in einem mündlichen Vortrag ihr eigenes Tierparkkonzept der Klasse, die dazu Rückmeldungen geben konnte. Durch die zunehmende Entfernung der Vortragenden von den ZuhörerInnen in räumlicher Hinsicht aber auch durch das unterschiedliche Vorwissen der ZuhörerInnen, sollte die Kommunikation zunehmend konzeptionell-schriftlichere Züge tragen, indem z.B. der Anteil deiktischer Ausdrücke gegenüber der alltagssprachlichen Kommunikation der Partnerarbeit zurückgeht. Anders als die medial schriftliche Kommunikation, lässt ein solcher Vortrag in begrenztem Maße direkte Rückfragen und Feedback, aber auch sprachliche Hilfestellungen, z.B. von der Lehrkraft, zu. Daher eignet sich eine solche Aufgabe als Brücke zwischen Alltagssprache und konzeptionell-schriftlicher Sprache.

Am Transkriptausschnitt in Abbildung 4 b) wird deutlich, dass die Situation des mündlichen Vortrags bereits eine explizitere Sprache verlangt, als in der sehr viel informelleren Partnerarbeit. So wird Schüler S1 klar, dass das reine Zeigen auf die Gehege nicht reicht („diese vier Tiere (zeigt auf vier Gehege) brauchen Schnee oder Eis"), er ergänzt danach, um welche Tiere es sich handelt („Tiere, die kalte Dinge brauchen, sind"). Auch entstehen mehr vollständige Sätze, z.B. „Sibirische Tiger und die Löwen haben 8500 m² Platz", Fachvokabular wird von den SchülerInnen eingebracht („wir haben 1 cm entspricht 10 m" oder „haben 8500 m² Platz").

Durch die noch nicht vollständig etablierte „Entfernung" zwischen den KommunikationspartnerInnen trägt der Vortrag insgesamt noch einige Merkmale des Mündlichen.

Medial und konzeptionell schriftlich: Schriftliches Beschreiben und Begründen

Zum Abschluss schrieb jede/r SchülerIn einen eigenen Text. Abb. 5 zeigt die finale Schreibaufgabe des Tierparkprojektes.

Herr Los möchte sich euren Tierpark im Internet ansehen. Er versteht den Grundriss aber nicht ohne eine Beschreibung. Deshalb möchte er auch einen kurzen Text über den Tierpark lesen.

Aufgabe: Beschreibe euren Tierpark so, dass Herr Los begeistert ist. Du kannst dabei euren Grundriss benutzen. Herr Los will wissen, was das Besondere an eurem Tierpark ist.

Abb. 5: Finale Schreibaufgabe des Tierparkprojektes

Die SchülerInnen wurden mit Hilfe eines strukturierten Arbeitsblattes (vgl. Bachmann 2012; 2014), das auf dem Prinzip der Textprozeduren beruhte, beim Bearbeiten der Schreibaufgabe unterstützt (Abb. 6). Dafür wurden im Vorhinein, ausgehend von einem „Zieltext", Sprachhandlungstypen und die dazugehörigen sprachlichen Mittel eruiert. Die einzelnen Sprachhandlungen wurden am linken Rand des Arbeitsblattes aufgeführt, die sprachlichen Mittel auf der rechten Seite. Während des Schreibprozesses sollten die SchülerInnen die Sprachhandlungen ausführen; das Nutzen der sprachlichen Mittel war optional. Der Umgang mit dem Arbeitsblatt wurde den SchülerInnen zuvor erläutert.

Begründe kurz, warum euer Tierpark unbedingt gebaut werden muss.

Unser Tierpark unbedingt gebaut werden weil die Tiere nicht gefährlich sind und man sie streicheln kann. ~~Meiner meinung~~ Und ich finde unser Tierpark ~~Ein~~ tier freundlich.

Satzanfänge/Sätze mit Lücke:
- Unser Tierpark soll unbedingt gebaut werden, weil ...
- Meiner Meinung nach...
- Ich finde,...

Wörter:
großartig, schön, tierfreundlich

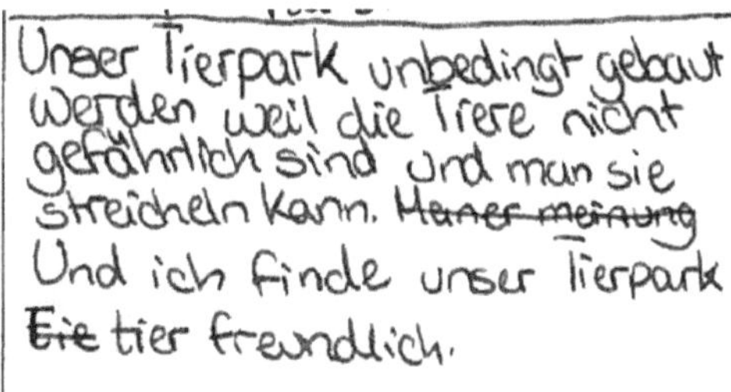

Abb. 6: Beispiel für die Umsetzung von Textprozeduren. Die Sprachhandlung „Begründung“ am Ende des Textes wurde von der Schülerin umgesetzt.

Der von Schüler S2 verfasste Text (Abb. 7) enthielt mehr Komponenten konzeptionell-schriftlicher Sprache als der mündliche Vortrag (Abb. 4b). Unvollständige Sätze fanden sich hier nicht mehr, dafür aber komplexere Satzstrukturen. Auch bezogen sich deiktische Begriffe auf im Text gegebene Referenten (z.B. „Hier trainieren“, d.h. ‚hier auf dem Trainingsplatz’). Begriffe wurden sprachlich präziser eingesetzt (z.B. wurde zwischen ‚Tierarten‘ und ‚Tieren‘ differenziert). Der Text wies insgesamt nur noch wenige konzeptionell-mündliche Merkmale auf (z.B. „cool“).

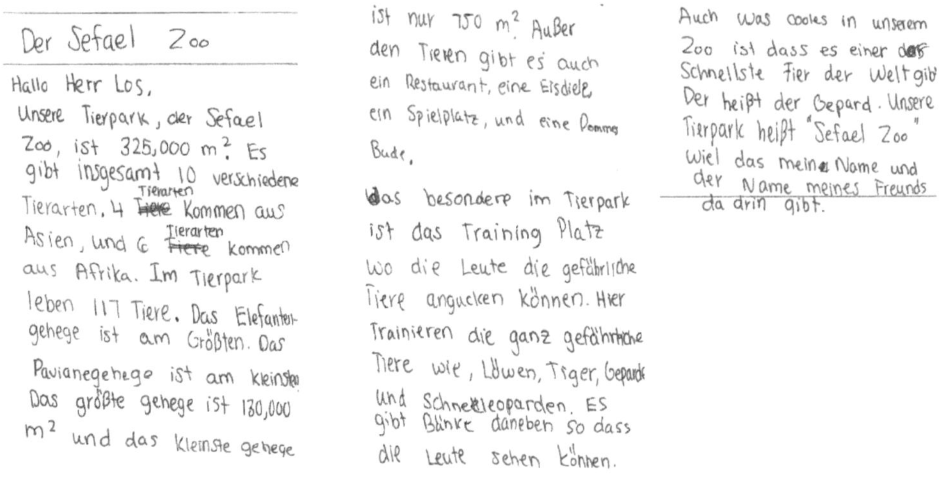

Der Sefael Zoo

Hallo Herr Los, Unsere Tierpark, der Sefael Zoo, ist 325,000 m². Es gibt insgesamt 10 verschiedene Tierarten. 4 ~~Tiere~~ Tierarten kommen aus Asien, und 6 ~~Tiere~~ Tierarten kommen aus Afrika. Im Tierpark leben 117 Tiere. Das Elefantengehege ist am Größten. Das Pavianegehege ist am kleinsten Das größte gehege ist 130,000 m² und das kleinste gehege ist nur 750 m². Außer den Tieren gibt es auch ein Restaurant, eine Eisdiele, ein Spielplatz, und eine Pommes Bude.

Das besondere im Tierpark ist das Training Platz wo die Leute die gefährliche Tiere angucken können. Hier Trainieren die ganz gefährliche Tiere wie, Löwen, Tiger, Gepard und Schneeleoparden. Es gibt Bänke daneben so dass die Leute sehen können.

Auch was cooles in unserem Zoo ist dass es einer der Schnellste Tier der Welt gibt Der heißt der Gepard. Unsere Tierpark heißt "Sefael Zoo" wiel das meine Name und der Name meines Freunds da drin gibt.

Abb. 7: Konzeptionell-schriftlicher Text des Schülers S2

5.1.2   Diskussion

Die im theoretischen Teil beschriebenen Kriterien für SWA wurden durch das Setting der ‚Tierparkplanung' umgesetzt. Dabei gelang es, eine für die SchülerInnen interessante Rahmenhandlung zu schaffen und so zu strukturieren, dass während der Unterrichtseinheit sprachliches und fachliches Lernen stattfand. Die finale Schreibaufgabe hatte dabei eine kommunikative und epistemische Funktion. Sie bediente die kommunikative Funktion des Schreibens, indem mathematische Sachverhalte sprachlich kommuniziert werden mussten, um jemanden zu begeistern und letztlich zu überzeugen.

Die kommunikative Funktion ließ sich vergleichsweise leicht implementieren. Dass die Aufgabe kommunikatives Potenzial hat, zeigt beispielhaft für nahezu alle teilnehmenden SchülerInnen ein konzeptionell-schriftlich ausgearbeiteter Schülertext (Abb. 7). Anspruchsvoller ist es, Aufgaben mit epistemischer Funktion zu erstellen. Wir gehen davon aus, dass kommunikatives Schreiben gleichsam automatisch epistemische Prozesse in Gang setzt. Diese Annahme lässt sich zwar theoretisch begründen, solange sie jedoch nicht empirisch erforscht ist, müssen Schreibaufgaben auf ihr epistemisches Potenzial hin diskutiert werden. Epistemisch bedeutet in diesem Kontext nicht, zu gänzlich neuen Erkenntnissen zu gelangen – konkret heißt das: Was Flächen sind und mit welcher Formel man sie berechnet, ist den SchülerInnen bekannt. Epistemisch bedeutet hier, Wissen und Vorstellungen über Flächen und ihre Relationen zueinander zu vernetzen, zu vertiefen und in einen Anwendungskontext zu stellen, der im Alltag vorkommen könnte. Unseres Erachtens ist dies während des gesamten Settings gelungen. Ob die Schreibaufgabe am Ende des Settings diese Funktion erfüllt, ist allerdings fraglich, denn – das zeigen die Schülertexte auch – der mathematische Gehalt ist gering. Es bleibt das Desiderat, welche sprachlichen Handlungen in solchen Aufgaben mathematische Inhalte evozieren können.

Die Schreibaufgabe selbst wurde durch vorgegebene Sprachhandlungstypen und darauf bezogene sprachliche Mittel unterstützt. An verschiedenen Stellen wurde dieser starre Bezug aufgegeben, um mehr Auswahl an sprachlichen Mitteln bereitzustellen. Im Sinne einer konsequenten Textprozedurenorientierung wäre es auch möglich, nur die sprachlichen Mittel anzubieten, die dazu dienen, den geforderten Texthandlungstyp zu realisieren. Die Vermittlung von Textprozeduren als didaktischem Konzept ist in dieser Form jedoch bislang noch nicht umfassend entwickelt und erprobt. Grundlage hierfür wären umfassende Analysen der Sprachhandlungstypen und ihrer sprachlichen Mittel. In den Schülertexten zeigte sich, dass die SchülerInnen die Sprachhandlungstypen aufgriffen und einige der vorgegebenen Satzanfänge, Satzgerüste und Begriffe in ihren Texten verwendeten und ihren Bedürfnissen nach anpassten. In einer Meinungsabfrage im Anschluss gaben die meisten SchülerInnen an, dass ihnen besonders die Spalte mit den Sprachhandlungen Ideen gegeben und beim Schreiben geholfen habe.

5.2 Operative Aufgabenformate – schriftliches Erklären[2]

Das folgende Beispiel beschreibt eine kurze Unterrichtseinheit, die durch ihre Eingliederung in das Rahmenthema des Sommerschulkurses „Rechnen früher und heute" ihre Situierung erhielt. Zunächst werden die Einheit und einige Ergebnisse vorgestellt, bevor diese diskutiert werden.

5.2.1 Setting, Schreibaufgabe und Ergebnisse

Im folgenden Unterrichtssetting steht der Umgang mit Magischen Quadraten[3], Zahlenmauern und Zauberdreiecken als Beispiele für operative Aufgabenformate, wie sie im Mathematikunterricht von der Grundschule bis zur frühen Sekundarstufe I zum Einsatz kommen, im Mittelpunkt. Magische Quadrate sind Quadrate mit n x n Feldern, die jeweils eine unterschiedliche Zahl enthalten, sodass die Summe der Zahlen in jeder Spalte, Zeile und Diagonalen gleich groß ist. Diese Summe wird „Magische Zahl" genannt. Zahlenmauern bestehen aus Feldern bzw. „Steinen", wobei jedes Feld die Summe bzw. das Produkt der Zahlen aus den beiden darunter liegenden Feldern enthält. In Zauberdreiecken ist die Summe der Zahlen jeder Seite gleich (Zauberzahl) (Abb. 8). Typische Aufgaben sind das Vervollständigen von einzelnen, leeren Feldern, das Berechnen von Magischen Zahlen, Zauberzahlen und Zielsteinen, das systematische Verändern von Zahlen und das Erstellen neuer Quadrate, Mauern oder Dreiecke durch Variation der Ursprungsfigur.

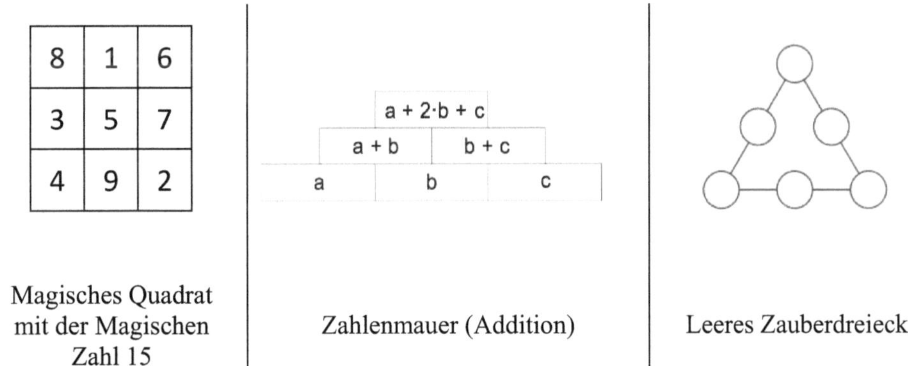

Abb. 8: Magisches Quadrat, Zahlenmauer und Zauberdreieck

---

2   Das Unterrichtsbeispiel „Operative Aufgabenformate" umfasst Ausschnitte und Ergebnisse aus der Examensarbeit von Lena Wrobbel (Wrobbel 2013).
3   Magische Quadrate sind seit Jahrtausenden bekannt. Das erste überlieferte Magische Quadrat stammt aus dem alten China („Lo Shu", ca. 2000 v. Chr.).

Ziel der Unterrichtseinheit war es, Grundrechenarten zu üben, Zahlbeziehungen zu erforschen und am Ende eine Erklärung dazu zu verfassen. Unter Erklärung verstehen wir die Vermittlung von nicht sichtbaren Zusammenhängen und Kausalbeziehungen (vgl. Klein 2009), die sich am vermuteten Nichtwissen des/der Lesers/Leserin orientiert und somit auf eine „Wissens-Synchronisierung" (Redder/Guckelsberger/Graßer 2013, 183) zwischen SchreiberIn und LeserIn abzielt. Um die Wichtigkeit des Einsatzes aller SWA-Kriterien, insbesondere auch der sprachlichen, zu unterstreichen, werden im Folgenden die Ergebnisse zweier Herangehensweisen kontrastiert: Ein Unterrichtssetting vermittelte den mathematischen Inhalt entsprechend der Kriterien von SWA mit Hilfe eines Ablaufs, der die Vermittlung gezielt vom medial und konzeptionell mündlichen Einstieg zu medial und konzeptionell schriftlichen Erklärungen steuerte. Das zweite Setting verzichtete auf diesen Ablauf und vermittelte den mathematischen Inhalt ohne Beachtung wesentlicher SWA Kriterien. Abb. 9 beschreibt den grundlegenden Ablauf der auf den SWA-Kriterien basierenden Unterrichtseinheit.

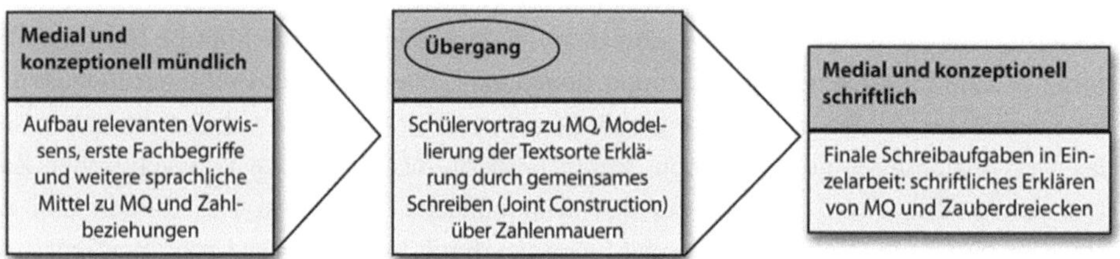

Abb. 9: Von der Alltagssprache zur konzeptionellen Schriftlichkeit am Beispiel operativer Aufgabenformate. (MQ=Magisches Quadrat)

Medial und konzeptionell mündlich: Aufbau relevanten Vorwissens

In der ersten Phase der Unterrichtseinheit wurden mathematische und sprachliche Grundlagen gelegt (Aufbau relevanten Vorwissens). Magische Quadrate wurden gemeinsam in der Klasse eingeführt und sprachliche Mittel, die sich dabei als notwendig erwiesen (z.B. Konditionalsätze), wurden erarbeitet und auf Lernplakaten festgehalten (Abb. 10). Das Nutzen von Fachwörtern (z.B. „Zeile", „Spalte" und „Diagonale") und präzisen (Orts-) Angaben machte das Sprechen über den Gegenstand einfacher und verständlicher, der Einsatz von Fachsprache war somit funktional.

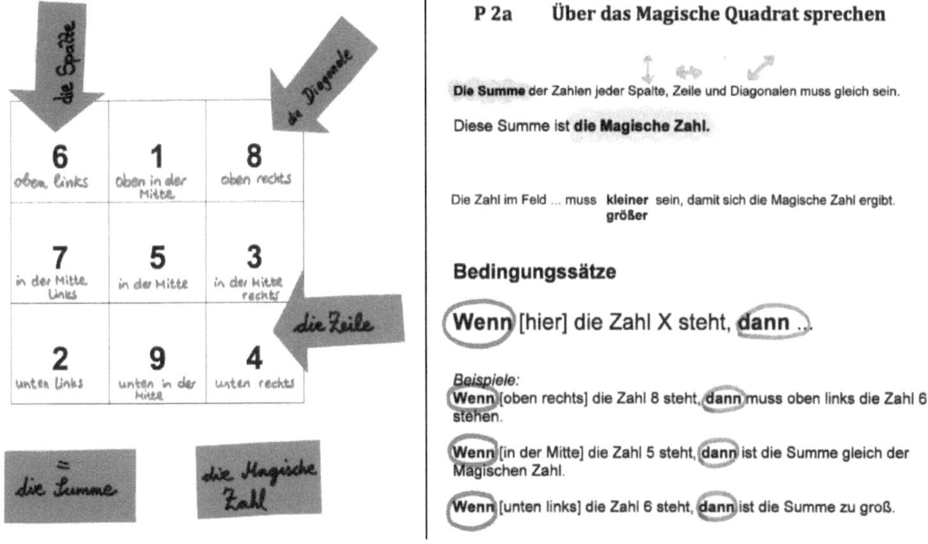

Abb. 10: Lernplakate ‚Sprachliche Mittel' Magisches Quadrat

Im weiteren Verlauf bearbeiteten die SchülerInnen in Einzel- und Partnerarbeit vielfältige mathematische Aufgaben. Sie tauschten sich mit einem/einer PartnerIn aus, beschrieben und begründeten ihre Lösungswege (Abb. 11). Somit wurden vielfältige Kommunikationsanlässe geschaffen. Die dabei von den SchülerInnen verwendete Sprache trug noch alle Merkmale des Mündlichen, z.B. Ellipsen, deiktische Begriffe und Zeigegesten („hier, hier und hier muss zusammen …").

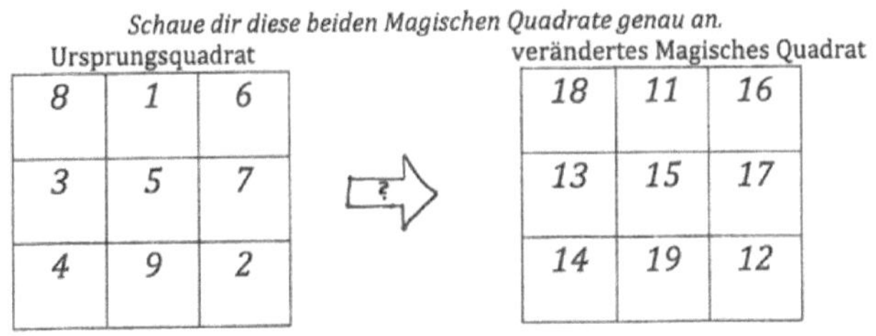

Aufgabe 1: **Vergleiche** die beiden Magischen Quadrate und ihre Magischen Zahlen. Worin unterscheiden sie sich?

Aufgabe 2: Tausche dich mit deinem **Partner** aus. **Berichte** ihm, was du in Aufgabe 1 herausgefunden hast.

Aufgabe 3: Überlegt gemeinsam: Wie könntet ihr mithilfe des Ursprungsquadrates ein eigenes Magisches Quadrat herstellen?

Aufgabe 4: **Stellt** jetzt euer eigenes Magisches Quadrat **her**.

Abb. 11: Beispiel für Aufgaben mit kommunikativem Gehalt

Von der Mündlichkeit zur Schriftlichkeit – Schülervortrag und gemeinsames Schreiben

In einer zweiten Phase stellten die SchülerInnen ihre Überlegungen zur Herstellung eigener Magischer Quadrate der Klasse vor und begründeten dabei lehrergestützt ihre mathematischen Handlungen. Eigene Überlegungen und Lösungswege im Plenum für alle verständlich vorzutragen, erfordert von den SchülerInnen eine explizitere Ausdrucksweise als in der unmittelbar geteilten Situation der Partnerarbeit. Beispiel 1 aus dem Unterrichtssetting ohne SWA (Abb. 12) zeigt die häufige Verwendung deiktischer Ausdrücke bei der Erklärung eines Magischen Quadrates. Eine solche Erklärung wäre bei größerer räumlicher und zeitlicher Distanz, wie sie z.B. zwischen SchreiberInnen und LeserInnen zu finden ist, nicht effektiv. Die Erklärung von Schüler A wäre für den/die Adressaten/in unverständlich.

Schüler A: Also hier sooo (zeigt auf eine Spalte) sooo (zeigt auf eine Zeile) und sooo (zeigt auf eine Diagonale) muss gleich sein.

Lehrperson: Was muss gleich sein?

Schüler A: Ja nich was da reinkommt, hier die drei (zeigt auf die drei Felder einer Spalte), das Ergebnis immer. Ergebnis mein' ich. Das Ergebnis von so (zeigt auf eine Spalte), so (zeigt auf eine Zeile) und so (zeigt auf eine Diagonale) muss gleich sein.

Abb. 12: Beispiel 1 – Transkriptausschnitt aus dem Unterrichtssetting ohne SWA

Dass das Nutzen von Fachsprache kein Selbstzweck ist, verdeutlicht Beispiel 2 aus dem SWA-Unterrichtssetting (Abb. 13). Der Einsatz fachsprachlicher Elemente führte hier zu einer präziseren Erklärung als in Beispiel 1. Schüler B reflektierte und korrigierte seine Erklärung zudem eigenständig („und Diagonale... DiagonaLEN" oder „also ist das was rauskommt, ist die Summe wieder gleich").

Lehrperson: Kannst du uns erklären, warum du jetzt zur Herstellung eines Magischen Quadrates einfach jede Zahl mit fünf addieren kannst, so wie du es gemacht hast?

Schüler B: Das muss ja gleich sein, und fünf mehr es ist gleich, nur fünfzehn mehr! ... Oa, un momento - warte, also hier: Die ... Summe in jeder Spalte, Zeile und Diagonale (schaut auf das Lernplakat) ... DiagonaLEN muss gleich sein. Zauberzahl, das is die Zauberzahl. Plus fünf überall, dann ist ja ÜBERALL fünf mehr, also ist das was rauskommt, ist die Summe wieder gleich. [...]

Abb. 13: Beispiel 2 – Transkriptausschnitt aus dem SWA-Unterrichtssetting

Im weiteren Verlauf wurden im Wechsel von Partnerarbeit und Unterrichtsgespräch ähnliche Aufgabenformate, wie Zahlenmauern, bearbeitet. Transfereffekte auf mathematischer und sprachlicher Ebene zwischen Magischen Quadraten und diesen Aufgabenformaten sollten genutzt werden.

Da der Fokus der Unterrichtseinheit auf dem Erklären lag, wurde diese Textsorte, gemäß der Forderung nach expliziter Modellierung fachspezifischer Textsorten, zunächst anhand von Beispieltexten erarbeitet. Die SchülerInnen verglichen und diskutierten zwei unterschiedliche schriftliche Erklärungen zu einem mathematischen Thema in Partnerarbeit. Eine der Erklärungen war funktional im Sinne eines Wissenstransfers von einer Person auf eine andere, die zweite Erklärung leistete dies nicht. Im anschließenden Unterrichtsgespräch wurde zusammengetragen, warum eine Erklärung „funktioniert", die andere jedoch nicht. Daraus wurden wichtige Kriterien für Erklärungen und die damit einhergehenden sprachliche Mittel abgeleitet. Eine Technik, eine Textsorte zu modellieren, d.h. Sprachhandlungen und sprachliche Mittel produktiv aufeinander zu beziehen, und gleichzeitig auch den Schreibprozess zu illustrieren, besteht im gemeinsamen Schreiben an der Tafel als sogenannter Joint Construction (vgl. Gibbons 2009). Daher wurde eine Erklärung zur Funktionsweise von Zahlenmauern gemeinsam verfasst. Dabei wurden sowohl relevantes Fachvokabular als auch Merkmale und Funktion der Textsorte, nämlich einen Einblick in die Zahlbeziehungen in Zahlenmauern zu geben und dieses Wissen anderen zu vermitteln, einbezogen. Die SchülerInnen gaben die Inhalte vor, die Lehrkraft schrieb und modellierte dabei durch lautes Denken die Strategien eines/einer geübten Schreibers/Schreiberin. Am Ende des gemeinsamen Schreibprozesses lag eine den zuvor erarbeiteten Kriterien entsprechende schriftliche Erklärung vor, die den Schreibprozess als solchen noch erkennen ließ (Abb. 14).

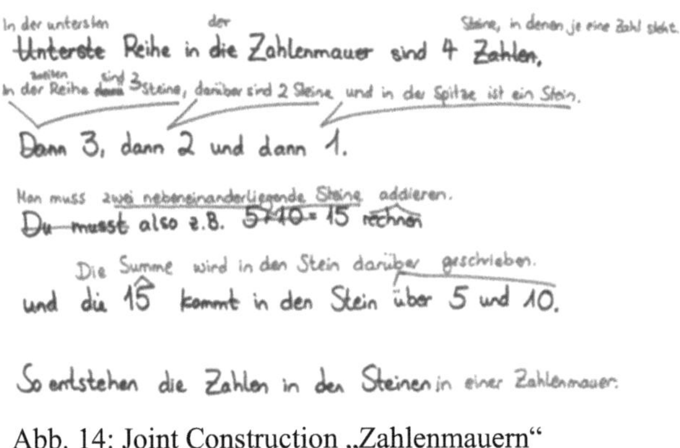

Abb. 14: Joint Construction „Zahlenmauern"

Medial und konzeptionell schriftlich: Schreiben von Erklärungen

Die letzte Phase der Unterrichtseinheit umfasste in beiden Settings jeweils zwei Schreibaufgaben. Die SchülerInnen verfassten eine schriftliche Erklärung mit authentischem Adressaten und klarer Schreibfunktion zu Magischen Quadraten: „Deine Klassenkameradin/Dein Klassenkamerad war nicht in der Sommerschule. Er/Sie kennt Magische Quadrate nicht. Schreibe eine Erklärung für ihn/sie". Um das neu erlernte Wissen anzuwenden und Transfereffekte zu ermöglichen, lösten die SchülerInnen außerdem Zauberdreiecke, die vorher nicht explizit behandelt wurden, und schrieben eine Erklärung dazu. Abb. 15 zeigt beispielhaft an zwei Schülertexten Unterschiede zwischen Erklärungen, die im SWA-Unterrichtssetting entstanden sind, und solchen, die im Unterrichtssetting ohne SWA verfasst wurden.

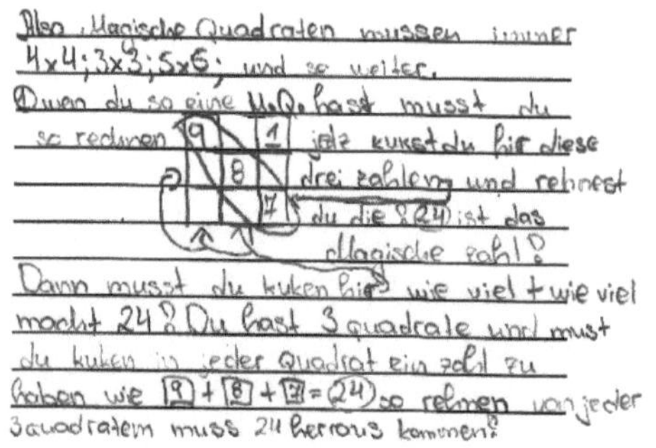

a) Beispiel 3, Schüler C – Unterrichtssetting ohne SWA

b) Beispiel 4, Schülerin D – SWA-Unterrichtssetting

Abb. 15: Schriftliche Erklärungen zu Magischen Quadraten

Schüler C (Abb. 15a) abstrahierte nicht vom konkreten Beispiel, er beschrieb das Magische Quadrat anhand einer Skizze mit selbst ausgedachten Zahlen. Fehlende fachsprachliche Satzstrukturen und konzeptionell mündliche Sprache führten zu einer wenig präzisen und nicht allumfassenden Beschreibung. Fachbegriffe, obwohl von der Lehrkraft genutzt, wurden nicht verwendet. Die Schülerin D (Abb. 15b) dagegen erklärte die konstitutiven Eigenschaften eines Magischen Quadrates mit ihren erlernten konzeptionell schriftsprachlichen Mitteln und erläuterte sogar die verwendeten Fachbegriffe, was den hohen Adressatenbezug unterstreicht. Möglich ist jedoch, dass die Schülerin die im Unterricht erlernten und ggf. visualisierten Begriffe lediglich als Chunks aufgegriffen hat, ohne eine tiefere mathematische Bedeutung zu erkennen. Im Gegensatz zur Beschreibung von C erhält ein/e AdressatIn hier jedoch die Möglichkeit, die Eigenschaften eines Magischen Quadrates zu verstehen. Hier zeigt sich aber die Wichtigkeit eines/einer realen Adressaten/Adressatin: Im Kern der Erklärung („das in der Zeile, Spalte und Diagonale überall herauskommt") der Schülerin D fehlen die Worte „das Gleiche". Ein Feedback des/der Adressaten/Adressatin hätte diesen Missstand schnell behoben.

Um Transfereffekte zu ermöglichen und für das Forschungsprojekt sichtbar zu machen, lösten die SchülerInnen ein vergleichbares Aufgabenformat, das vorher nicht behandelt wurde – Zauberdreiecke –, und schrieben eine Erklärung dazu. Hier zeigte sich, dass die SchülerInnen des SWA-Settings in der Lage waren, die Aufgaben mathematisch zu lösen. Ihre Erklärungen waren zudem nicht an Beispielen orientiert, sondern allgemein („in jedes Kästchen muss einer Zahl hin. Wenn man die drei Zahlen von der Seite berechnet bekommt man eine Zauberzahl"). Beachtet man das noch geringe sprachliche Ausgangsniveau der SchülerInnen – im Mittel lernten sie seit zwei Jahren Deutsch –, ist es bereits eine beachtliche Leistung, dass die SchülerInnen des SWA-Settings überhaupt vollständige Erklärungen anfertigten.

5.2.2 Diskussion

Die Unterrichtseinheit zu operativen Aufgabenformaten zeigt im Wesentlichen zwei Ergebnisse:

(1) SWA-Kriterien lassen sich auch bei kürzeren Unterrichtseinheiten, die Mathematikbüchern entnommen sind, berücksichtigen – wenn auch das Planen und Unterrichten aufwändiger ist.

(2) Die Ergebnisse deuten darauf hin, dass das fachliche Lernen durch den hohen Sprachanteil nicht nur nicht zu kurz kommt, sondern – das zeigen die Transfereffekte – gefördert wird. Die epistemische Wirkung zeigte sich hier vor allem in der Transferaufgabe, sie enthielt das eigentliche epistemische Potenzial, denn hier konnte durch das Schreiben ein unbekanntes – aber nicht gänzlich neues – Aufgabenformat selbstständig erschlossen werden. Dies funktionierte deshalb, weil durch den Aufbau von grundlegendem Wissen, durch die verschiedenen Aufgabenformate, besonders aber durch die sprachliche Unterstützung während aller vorherigen Phasen der Unterrichtseinheit, die SchülerInnen erst in die Lage versetzt wurden, die Transferaufgaben eigenständig so zu bearbeiten, dass sie ihre kommunikative und epistemische Wirkung entfalten konnten.

Damit die Wirkung eines Textes unmittelbar erfahrbar und Schwachstellen im Text aufgedeckt werden können, bedarf es der Rückmeldung eines/einer realen Lesers/Leserin. Im vorgestellten Setting war dies jedoch aus organisatorischen Gründen nicht möglich. Es zeigte sich, dass dadurch Ungenauigkeiten und Fehler, die das Verständnis für AdressatInnen erschweren, im Text z.T. unbemerkt und unreflektiert blieben. Es wäre daher wünschenswert, am Ende eines Schreibsettings ein Feedback durch reale AdressatInnen zu etablieren, soweit dies möglich ist.

6   Fazit

Schreiben kann zur Kommunikation, aber auch zum Lernen genutzt werden. Dabei muss das Schreiben schulisch vermittelt werden, und zwar in allen Fächern, denn jedes Fach stellt andere Anforderungen an die Schreibkompetenz der SchülerInnen. Schreiben kann im Fachunterricht aber nicht „en passant" stattfinden, denn Schreiben ist eine kognitiv hoch anspruchsvolle und schwierige Aufgabe. Es muss, wie andere Lerngegenstände auch, während einer Unterrichtseinheit, aber auch über die Jahrgangsstufen hinweg, gelehrt und unterstützt werden, damit alle SchülerInnen von Schreibaufgaben profitieren, nicht nur diejenigen, die bereits über eine hohe Schreibkompetenz verfügen. Wie Schreibaufgaben aussehen können, die die Kommunikationskompetenz und das fachliche Lernen fördern, und wie Unterstützungsmöglichkeiten ausgestaltet werden können, die SchülerInnen befähigen, solche Aufgaben zu bewältigen, haben wir in Kriterien für unterstützende Schreibarrangements (SWA) gefasst: in sprachlich-kommunikative Kriterien, die die sprachliche Unterstützung einschließen, und in Kriterien zum Handlungsrahmen, die die Situiertheit, Authentizität und den/die Adressaten/in der Schreibaufgabe beinhalten.

Unsere Ergebnisse zeigen, dass die von SWA geforderte sprachliche Unterstützung innerhalb sozialer Interaktion sinnvoll und effektiv ist. Die SchülerInnen griffen z.B. sprachliche Mittel auf und setzten sie bei der Textproduktion ein. Ohne eine solche Unterstützung würden schlechtere oder keine Texte entstehen. Der kommunikative oder epistemische Effekt wäre somit gering.

Damit Schreibaufgaben funktional sind und sich ein/e AdressatIn sinnvoll implementieren lässt, müssen sie in einem Handlungsrahmen situiert sein. Dieser muss nicht unbedingt „real" sein, wichtig ist jedoch, dass es den SchülerInnen möglich ist, sich in Form eines „Gedankenspiels" (wie z.B. eine Tierparkplanung) darauf einzulassen. Innerhalb eines solchen Gedankenspiels ergeben sich dann authentische Schreibanlässe.

Unseres Erachtens ist es notwendig, alle Kriterien zu beachten, denn das Umsetzen eines einzelnen Kriteriums, wie z.B. ein willkürlich im Unterricht eingesetztes Schreiben „an die Oma", führt weder zu sprachlichem noch zu fachlichem Lernen, so wie es SWA fordern.

Bei der Gestaltung von SWA-Settings wird der Lehrkraft viel abverlangt. Ein solcher Unterricht ist jedoch trotz seiner Komplexität nicht per se unmöglich, wie die Beispiele aus der Sommerschule veranschaulichen. Die hier dargestellten Ergebnisse der explorativen Untersuchungen zeigen zudem das Potenzial dieser Settings im Hinblick auf das Lernen in fachlicher und sprachlicher Hinsicht. Sie geben Hinweise für größer angelegte experimentelle Untersuchungen, die den Effekt der theoretisch fundierten SWA-Kriterien ermitteln können.

Literatur

Andre, T. & Windschitl, M. (2003). Interest, epistemological belief, and intentional conceptual change. In G.M. Sinatra & P.R. Pintrich (Hrsg.), *Intentional conceptual change* (S. 173–197). Mahwah: Erlbaum.

Archer, A.L. & Hughes, C.A. (2011). *Explicit Instruction. Effective and efficient teaching.* New York: The Guilford Press.

Bachmann, T. (2012). *Textkompetenz fördern durch Arbeit an und mit Textroutinen.* Vortrag im Sprachdidaktischen Kolloquium, Universität zu Köln, 04.12.2012.

Bachmann, T. (2014). Texte produzieren: Schreiben als soziale Praxis. In T. Bachmann & H. Feilke (Hrsg.), *Werkzeuge des Schreibens.* Stuttgart: Klett.

Bachmann, T. & Becker-Mrotzek, M. (2010). Schreibaufgaben situieren und profilieren. In T. Pohl & T. Steinhoff (Hrsg.), *Textformen als Lernformen* (S. 191–210). Duisburg: Gilles & Francke.

Bachmann, T., Ospelt-Geiger, B., Ospelt, K. & Vital, N. (2007). *Aufgaben mit Profil. Frühe Förderung funktional-pragmatischer Schreibfähigkeiten.* Unveröffentlichtes Manuskript.

Barzel, B., Hußmann, S., Leuders, T. & Prediger, S. (2012). *Mathewerkstatt 5.* Berlin: Cornelsen.

Becker-Mrotzek, M. & Schindler, K. (Hrsg.) (2007). *Texte schreiben.* Duisburg: Gilles & Francke.

Bereiter, C. & Scardamalia, M. (1987). *The psychology of written composition.* Hillsdale: Erlbaum.

[BMEL] Bundesministerium für Verbraucherschutz, Ernährung und Landwirtschaft (1996). *Gutachten über die Mindestanforderungen an die Haltung von Säugetieren.* Verfügbar unter: http://www.bmel.de/SharedDocs/Downloads/Landwirtschaft/Tier/Tierschutz/Gutachtenten Leitlinien/HaltungSaeugetiere.pdf;jsessionid=3793C8D4EE847CE4264D742C484F1046.2 _cid376?__blob=publicationFile [10.04.2014].

Bonk, C. (1990). A synthesis of social cognition and writing research. *Written Communication, 7,* 136–163.

Bräuer, G. & Schindler, K. (2010). Authentische Schreibaufgaben im schulischen Fachunterricht. *Zeitschrift Schreiben. Schreiben in Schule, Hochschule und Beruf.* Verfügbar unter: www.zeitschrift-schreiben.eu/braeuer_schindler_schreibaufgaben.pdf [26.03.2013].

Bräuer, G. & Schindler, K. (2011). Schreibarrangements entwickeln. Authentische Schreibaufgaben – ein Konzept. In G. Bräuer & K. Schindler (Hrsg.), *Schreibarrangements für Schule, Hochschule und Beruf arrangieren* (S. 11–63). Freiburg: Filibach.

Chafe, W. (1982). Integration and involvement in speaking, writing, and oral literature. In D. Tannen (Hrsg.), *Spoken and written language: Exploring orality and literacy* (S. 35–53). Norwood: Ablex.

Chinn, W. U. & Hilgers, T.L. (2000). From corrector to collaborator. The range of instructor roles in writing-based natural and applied-science classes. *Journal of Research in Science Teaching, 37,* 3–25.

Chiu, M.M. & Xihua, Z. (2008). Family and motivation effects on mathematics achievement: Analyses of students in 41 countries. *Learning and Instruction, 18,* 321–336.

Couzijn, M. & Rijlaarsdam, G. (2005). Learning to write instructive texts by reader observation and written feedback. In G. Rijlaarsdam, H. van den Bergh & M. Couzijn (Hrsg.), *Effective learning and teaching of writing: A handbook of writing in education* (S. 209–240). Dordrecht: Kluwer Academic Publishers.

Crystal, D. (2006). *Language and the internet.* Cambridge: University Press.

De La Paz, S. & Felton, M.K. (2010). Reading and writing from multiple source documents in history: Effects of strategy instruction with low to average high school writers. *Contemporary Educational Psychology, 35,* 174–192.

Echevarria, J., Vogt, M.E. & Short, D.J. (2008). *Making Content Comprehensible for English Learners: The SIOP Model.* Boston: Pearson.

Fayol, M. (1999). From on-line management problems to strategies in written composition. In M. Torrance & G. Jeffery (Hrsg.), *The cognitive demands of writing: Processing capacity and working memory effects in text production* (S. 13–23). Amsterdam: University Press.

Feez, S. (1998). *Text-based syllabus design.* Sydney: McQuarie University.

Feilke, H. (2010). „Aller guten Dinge sind drei" – Überlegungen zu Textroutinen & literalen Prozeduren. In I. Bons, T. Gloning & D. Kaltwasser (Hrsg.), *Fest-Platte für Gerd Fritz.* Gießen. Verfügbar unter: http://www.festschriftgerd-fritz.de/files/feilke_2010_literale-prozeduren-und-textroutinen.pdf [21.02.2014].

Feilke, H. (2012). Was sind Textroutinen? – Zur Theorie und Methodik des Forschungsfeldes. In H. Feilke & K. Lehnen (Hrsg.), *Schreib- und Textroutinen. Theorie, Erwerb und didaktisch-mediale Modellierung* (S. 1–31). Frankfurt am Main: Peter Lang.

Florence, M.K. & Yore, L.D. (2004). Learning to write like a scientist: Coauthoring as an enculturation task. *Journal of research in science teaching, 41,* 637–668.

Galbraith, D. (1999). Writing as a knowledge-constituting process. In M. Torrance & D. Galbraith (Hrsg.), *Knowing what to write: Conceptual processes in text production* (S. 139–159). Amsterdam: University Press.

Gallin, P. & Ruf, U. (1995). Schüler schreiben Textaufgaben. *Mathematik lehren, 68,* 16–22.

Gibbons, P. (2009). *English learners, academic literacy and thinking: Learning in the challenge zone.* Portsmouth, NH: Heinemann.

Gunel, M., Hand, B. & McDermott, M.A. (2009). Writing for different audiences: Effects on high school students' conceptual understanding of biology. *Learning and Instruction, 19,* 354–367.

Hayes, J.R. (1996). A new framework for understanding cognition and affect in writing. In C.M. Levy & S. Ransdell (Hrsg.), *The science of writing* (S. 1–27). Hillsdale: Erlbaum.

Hübner, S., Nückles, M. & Renkl, A. (2010). Writing learning journals: Instructional support to overcome learning-strategy deficits. *Learning and Instruction, 20,* 18–29.

Hußmann, S. (2003). Lerntagebücher – Mathematik in der Sprache des Verstehens. In T. Leuders (Hrsg.), *Mathematikdidaktik. Praxishandbuch für die Sekundarstufe I und II* (S. 75–92). Berlin: Cornelsen.

Kellogg, R. T. (2008). Training writing skills: A cognitive developmental perspective. *Journal of writing research, 1,* 1–26. Verfügbar unter: www.jowr.org/articles/vol1_1/JoWR_2008_vol1_nr1_Kellogg.Pdf [18.02.2014].

Keys, C.W. (1999). Revitalizing instruction in scientific genres: Connecting knowledge production with writing to learn in science. *Science Education, 83,* 115–130.

Klein, J. (2009). Erklären-was, erklären-wie, erklären-warum. Typologie und Komplexität zentraler Akte der Welterschließung. In R. Vogt (Hrsg.), *Erklären. Gesprächsanalytische und fachdidaktische Perspektiven* (S. 109–122). Tübingen: Stauffenburg.

Klein, P.D. (2000). Elementary students' strategies for writing-to-learn in science. *Cognition and Instruction, 18,* 317–348.

Klieme, E., Neubrandt, M. & Lüdtke, O. (2001). Mathematische Grundbildung: Testkonzeption und Ergebnisse. In Deutsches PISA Konsortium (Hrsg.), *PISA 2000: Basiskompetenzen von Schülerinnen und Schülern im internationalen Vergleich* (S. 141–191). Opladen: Leske & Budrich.

Knapp, W., Pfaff, H. & Werner, S. (2010). Verstehen durch Schreiben. Anlage einer empirischen Studie zum produktiven Umgang mit mathematischen Textaufgaben. In B. Ahrenholz (Hrsg.), *Fachunterricht und Deutsch als Zweitsprache* (S. 239–255). Tübingen: Narr.

Kniffka, G. & Neuer, B. (2008). „Wo geht's hier nach Aldi". Fachsprachen lernen im kulturell heterogenen Klassenzimmer. In A. Budke (Hrsg.), *Interkulturelles Lernen im Geographieunterricht* (S. 121–135). Potsdam: Universitätsverlag.

Knopp, M., Becker-Mrotzek M. & Grabowski, J. (2013). Diagnose und Förderung von Teilkomponenten der Schreibkompetenz. In A. Redder & S. Weinert (Hrsg.), *Sprachförderung und Sprachdiagnostik. Interdisziplinäre Perspektiven* (S. 296–315). Münster: Waxmann.

Knopp, M., Jost, J., Linnemann, M. & Becker-Mrotzek, M. (2014). Textprozeduren als Indikatoren von Schreibkompetenz – ein empirischer Zugriff. In T. Bachmann & H. Feilke (Hrsg.), *Werkzeuge des Schreibens* (S. 111–128). Stuttgart: Fillibach Klett.

Koch, P. & Oesterreicher, W. (1985). Sprache der Nähe – Sprache der Distanz. Mündlichkeit und Schriftlichkeit im Spannungsfeld von Sprachtheorie und Sprachgeschichte. *Romanistisches Jahrbuch, 36*, 15–43.

Lehrl, S., Ebert, S., Roßbach, H.-G. & Weinert, S. (2012). Die Bedeutung der familiären Lernumwelt für Vorläufer schriftsprachlicher Kompetenzen im Vorschulalter. *Zeitschrift für Familienforschung, 24*, 115–133.

Linnemann, M. & Stephany, S. (2014). Supportive writing assignments for less skilled writers in the mathematics classroom. In P. Klein, P. Boscolo, L. Kirkpatrick & C. Gelati (Hrsg.), *Writing as a learning activity* (S. 66–94). Leiden: Brill.

Maier, H. (2000). Schreiben im Mathematikunterricht. *Mathematik lehren, 99*, 10–13.

Mason, L. & Boscolo, P. (2000). Writing and conceptual change. What changes? *Instructional Science, 28*, 199–226.

Mason, L., & Boscolo, P. (2001). Writing to learn, writing to transfer. In P. Tynjälä, L. Mason & K. Lonka (Hrsg.), *Writing as a learning tool: Integrating theory and practice* (S. 83–104). Dordrecht: Kluwer.

Mason, L. & Boscolo, P. (2004). Role of epistemological understanding and interest in interpreting a controversy and in topic-specific belief change. *Contemporary Educational Psychology, 29*, 103–128.

Mason, L., Gava, M. & Boldrin, A. (2008). On warm conceptual change: The interplay of text, epistemological beliefs, and topic interest. *Journal of Educational Psychology, 100*, 291–309.

McCutchen, D. (1988). Functional automaticity in childrens writing: a problem of metacognitive control. *Written Communication, 5*, 306–324.

McCutchen, D. (1996). A capacity theory of writing: Working memory in composition. *Educational Psychology Review, 8*, 299–325.

McCutchen, D., Teske, P. & Bankston, C. (2008). Implications of the cognitive architecture for learning to write and writing to learn. In C. Bazerman (Hrsg.), *Handbook of research on writing: History, society, school, individual, text* (S. 451–470). London: Lawrence Erlbaum.

Ohlhus, S., Quasthoff, U.M. & Stude, J. (2009). Der Erwerb von Textproduktionskompetenz im Grundschulalter: Ressourcen aus der Mündlichkeit und ihre unterschiedliche Nutzung. *Zeitschrift für Grundschulforschung. Bildung im Elementar- und Primarbereich, 2*, 56–68.

Redder, A., Guckelsberger, S. & Graßer, B. (2013). *Mündliche Wissensprozessierung und Konnektierung*. Münster: Waxmann.

Rijlaarsdam, G. & Braaksma, M. (2008). Die Sache mit den Schlemmy-Riegeln. Beobachtendes Lernen: Ein Beispiel aus der Unterrichtspraxis. *Fremdsprache Deutsch, 39*, 23–27.

Rivard, L.P. & Straw, S.B. (2000). The effect of talk and writing on learning Science: An exploratory study. *Science Education, 84*, 566–593.

Schmitt, M. & Grabowski, J. (2012). Perspective taking: A prerequisite of communicative writing. In M. Torrance, D. Alamargot, M. Castelló, F. Ganier, O. Kruse, A. Mangen, L. Tolchinsky & L. van Waes (Hrsg.), *Learning to Write Effectively: Current Trends in European Research* (S. 269–271). Bingley: Emerald.

Shanahan, T. (2006). Relations among oral language, reading, and writing development. In C. A. MacArthur, S. Graham, & J. Fitzgerald (Hrsg.), *Handbook of writing research* (S. 171–186). New York: Guilford Press.

Steinhoff, T. (2009). Der Wortschatz als Schaltstelle des schulischen Spracherwerbs. *Didaktik Deutsch, 27,* 33–52.

Stephany, S., Linnemann, M. & Becker-Mrotzek, M. (2013). Schreiben als Mittel des mathematischen Lernens. In M. Becker-Mrotzek, K. Schramm, E. Thürmann, & J. Vollmer (Hrsg.), *Sprache im Fach. Sprachlichkeit und fachliches Lernen* (S. 203–224). Münster: Waxmann.

Wallace, C., Hand, B.M. & Prain, V. (Hrsg.) (2004). *Writing and learning in the science classroom.* Dordrecht: Kluwer Academic Publishers.

Wrobbel, L. (2013). *Schriftliches Erklären im Mathematikunterricht. Eine empirische Untersuchung mit DaZ-Schülern.* Unveröffentlichte Examensarbeit, Universität zu Köln.

Heiko Krabbe

Das Versuchsprotokoll als fachtypische Textsorte des Physikunterrichts

1   Vorbemerkungen

Als typische Textsorte für den Physikunterricht bzw. den naturwissenschaftlichen Unterricht generell wird zuallererst immer das Versuchsprotokoll genannt. Beim Blick in verschiede Schulbücher fällt auf, dass man nur in den Unterstufenbüchern Anleitungen und Darstellungen für Versuchsprotokolle findet. In der Mittel- und Oberstufe spielen Versuchsprotokolle – zumindest in den Schulbüchern – kaum eine Rolle mehr. Die Methodenseite eines Schulbuches (Feldmann/Janzen/Kirschbaum et al. 2008, 12) führt das Versuchsprotokoll unter dem Motto „Forschen wie die Physiker" ein. In der heutigen Forschungspraxis nutzen jedoch ExperimentalphysikerInnen in ihren Laborbüchern die Struktur des Versuchsprotokolls kaum noch, um ihre Versuchsaufbauten und Versuchsergebnisse festzuhalten. Trotzdem werden auch in universitären Experimentalpraktika in der Regel Versuchsprotokolle als Teil der Ausbildung verlangt. Das Versuchsprotokoll bildet also möglicherweise nicht die Forschungswirklichkeit ab, wird aber allgemein als ein didaktisches Modell anerkannt, das die Vermittlung der naturwissenschaftlichen Methode des Experimentierens unterstützt. Indem es eine feste naturwissenschaftliche Methodik suggeriert, strukturiert es den Unterrichtsablauf, d.h. es legt eine sachlogische Sequenzierung der Unterrichtsphasen nahe. Damit ist das Versuchsprotokoll zugleich ein Planungsmodell für den Physikunterricht. Es ist aber keineswegs gesagt, dass ein Versuchsprotokoll sich Phase für Phase im Verlauf des Unterrichts mitentwickelt, indem jeder einzelne Schritt unmittelbar festgehalten wird. Oft wird das Versuchsprotokoll erst als Ganzes im Nachhinein erstellt. Der eigentliche Zweck des Protokolls ist dann die Stundensicherung. Dementsprechend spiegelt sich die Struktur von Versuchsprotokollen oft auch im Tafelbild wieder.

2   Bestandsaufnahme

Vergleicht man die Darstellung des Versuchsprotokolls in verschiedenen Schulbüchern (Tabelle 1), so findet man eine weitgehend einheitliche Zweckbestimmung und Strukturierung für Versuchsprotokolle, aber erhebliche Unterschiede bei den dafür eingesetzten sprachlichen Mitteln. Offenbar existiert in der Unterrichtspraxis noch keine einheitliche Vorstellung von dem Versuchsprotokoll als Textsorte.

In Hinblick auf die Schreibförderung bietet das Versuchsprotokoll den Vorteil einer vorgegebenen funktionalen Gliederung, die mit unterschiedlichen Diskursfunktionen korreliert ist. Durch die Gliederung des Schreibprozesses und die Fokussierung auf einzelne Teilabschnitte des Versuchsprotokolls können diese Diskursfunktionen separat eingeübt und so sukzessive die erforderlichen sprachlichen Fähigkeiten aufgebaut und mit den entsprechenden kognitiven Aktivitäten verankert werden. Entsprechend gibt es vor allem aus dem Bereich der Sprachdidaktik zahlreiche Ansätze, das Versuchsprotokoll zur Sprachförderung zu nutzen (u.a. Becker-Mrotzek/Böttcher 2006, 130ff; Beese/Roll 2013). Als sprachlich charakteristisch für das Versuchsprotokoll werden dabei angesehen (a) die Abstraktion von der handelnden Person durch unpersönliche Konstruktionen, (b) die Verwendung des „naturwissenschaftlichen Präsens", (c) die Formulierung offener Forschungsfragen, (d) die Formulierung einer persönlichen Erwartung z.B. mit Satzmustern wie „Ich vermute/glaube/denke, dass ...", (e) die Aufzählungen von Materialien und Geräten, (f) temporale Ausdrücke in der Durchführung, (g) konditionale Ausdrücke in der Beobachtung, (h) kausale Ausdrücke in der Auswertung, (i) die sprachliche Bezugnahme auf die Sinneswahrnehmung in der Beobachtung (z.B. „Man sieht/hört/fühlt/.../, dass ...") zur Abgrenzung von der Auswertung und (j) die sprachliche Bezugnahme auf die Frage bzw. Vermutung in der Auswertung (Beese/Roll 2013, 199f).

Als Zweck des Versuchsprotokolls wird in Übereinstimmung mit den Schulbüchern eine auf das Wesentliche reduzierte präzise Darstellung genannt, die eine spätere exakte Replikation des Versuchs erlaubt und durch objektiv prüfbare Beobachtungen zu belegten allgemeinen Schlussfolgerungen führt. Dabei wird von einer linearen Abfolge der experimentellen Handlungsschritte ausgegangen, die der sequentiellen Gliederung des Versuchsprotokolls entspricht (vgl. Beese/Roll 2013, 196; Becker-Mrotzek/Böttcher 2006, 129).

Tab. 1: Darstellung des Versuchsprotokolls in verschiedenen Schulbüchern

Schulbuch Bezeichnung	Thema Ergebnis	Gliederung	Sprachliche Merkmale	Zweck
Bader & Oberholz (2009), S. 14. Protokoll eines Versuchs	Herstellen der Celsius-Skala. „Nach Einteilung der Skala in 100 Grade konnten wir die Temperatur im Physikraum ablesen."	Ziel, Materialien, Vorbereitung, Durchführung, Beobachtung, Auswertung, Ergebnis.	1. Person Plural (Wir), Aktiv, Perfekt. *Materialien*: durch Komma getrennte Aufzählung. Durchgehend viele Temporal- und Lokaladverbiale.	„Jeder der unser ein Protokoll liest, soll alles genauso nachmachen können." Ergebnisse vergleichen, um Wissen zu erweitern.

Koch, Müller & Pientka (2010), S. 12. Versuchsbeschreibung	Herausfinden, in welchem Päckchen sich ein Magnet bzw. normales Eisen befindet. „Der Magnet ist in dem blauen Päckchen."	Aufgabe, Idee, Aufbau, Durchführung, Beobachtung, Erklärung, Ergebnis.	1. Person Plural (Wir), Aktiv, Präsens. *Materialien*: durch Komma getrennte Aufzählung. *Durchführung*: Skizze und Temporaladverbiale. *Beobachtung* und *Erklärung*: Konditionalsätze.	„Zwischen Beobachtung und Erklärung musst du sorgfältig trennen." Beobachtete Zusammen-hänge mit bisherigem Wissen erklären oder Neuartiges als Ergebnis feststellen.
Feldmann, Janzen, Kirschbaum & Kohl (2008), S. 12. Versuchsprotokoll	"Welche Münzen werden von Magneten angezogen?" „Ob eine Münze angezogen wird, hängt von ihrem Material ab.".	Name, Datum, Thema, Material, Versuchsaufbau, Durchführung, Beobachtung, Ergebnis.	*Thema:* Fragesatz. *Materialien:* durch Komma getrennte Aufzählung. *Versuchsaufbau:* nur Skizze. *Durchführung:* agensloses Vorgangspassiv, Präsens, Finalsatz. *Beobachtung:* nur Tabelle. *Auswertung:* Antwortsatz auf Frage.	Einen Versuch wiederholen zu können. Ablauf und Ergebnisse leichter nachvollziehen zu können. Etwas entdecken.
Appel et al. (2009), S. 28. Protokoll zum Versuch	„Prüfe unterschiedliche Stoffe auf magnetische Anziehung." „Die Vermutung ist falsch. Es werden nur Gegenstände aus Eisen, Nickel und Kobalt angezogen."	Aufgabe, Vorbereitung (Vermutung, Geräte, Sicherheit), Versuchsanordnung, Durchführung, Beobachtung, Ergebnis, mögliche Fehler.	*Vermutung:* All-Aussage. *Materialien:* durch Komma getrennte Aufzählung. *Versuchsanordnung:* Skizze. *Durchführung:* stichwortartig als hauptsatzwertige Infinitivphrase. *Beobachtung:* stichwortartig im Präsens und als Tabelle. *Ergebnis:* agensloses Vorgangspassiv, Präsens. *Fehler:* Konjunktiv II Plusquamperfekt und 1. Person Plural (Wir), Aktiv, Perfekt.	Vermutung formulieren und Ergebnis mit Vermutung vergleichen. Wichtige Dinge übersichtlich aufschreiben. Mögliche Fehler aufschreiben, um Versuch besser machen zu können.

3   Fachdidaktische Perspektive

Die seitens der Sprachdidaktik vorgenommene Charakterisierung und sprachliche Normierung des Versuchsprotokolls entspricht mit ihrer Übertragung bestimmter linguistischer Kategorien (z.B. der Vorgangsbeschreibung auf die Beschreibung der Versuchsdurchführung) teilweise nicht den fachlich-epistemischen Anforderungen.

In aktuellen fachdidaktischen Modellen wird der Prozess der experimentellen Erkenntnisgewinnung durch drei grundsätzliche Phasen beschrieben: (1) Finden einer Frage bzw. Hypothese, (2) Durchführung eines Experiments, um die Frage bzw. Hypothese zu klären und (3) Auswertung des Experiments in Hinblick auf die Frage bzw. Hypothese (vgl. Emden 2011, 19). Zwischen diesen Phasen besteht aber kein zeitlich linearer, sondern ein funktionaler Zusammenhang. So beschreibt beispielsweise das SDDS-Modell (*Scientific Discovery as Dual Search*) von Klahr und Dunbar (1988) eine iterative Suche in einem Hypothesen- und einem Experimentraum. Dabei werden neue Hypothesen unter Nutzung experimenteller Ergebnisse gebildet, die sich aus der Durchführung und Auswertung vorheriger Experimente zur Klärung von Hypothesen ergeben. Die Durchführung eines Experiments dient demnach nicht nur zur Hypothesenprüfung, sondern auch zur Hypothesengenerierung und -spezifizierung. Dadurch ist das SDDS-Modell in der Lage, sowohl ein deduktives, theoriegeleitetes hypothesenprüfendes als auch ein exploratives Vorgehen zu beschreiben, das sich aus überraschenden Beobachtungen entwickelt (vgl. Emden 2011, 20f). In diesem Zusammenhang soll kurz auf die mögliche Differenzierung zwischen den Begriffen Experiment, Versuch, Untersuchung und Beobachtung eingegangen werden.

Nach Hartinger (2003) besteht ein Versuch aus einem (spontanen) Plan, der versuchsweise, d.h. explorativ ausgeführt wird, um (neuartige) Erfahrungen und Entdeckungen zu machen. Wird in erster Linie nach einer vorgegebenen Anleitung (Kochrezept) etwas (routinemäßig) reproduziert, um Sachverhalte nachzuvollziehen oder zu veranschaulichen, sollte man besser von einer Untersuchung sprechen. Demgegenüber ist ein Experiment ein planmäßiges, hypothesengeleitetes absichtliches Herbeiführen von Erscheinungen unter kontrollierten, wiederholbaren, künstlichen Bedingungen, um Gesetzmäßigkeiten zu erkennen und zu bestätigen. Die Beobachtung ist zwar stets auch Bestandteil eines Versuchs, Experiments oder einer Untersuchung, meint aber als Methode die Erfassung natürlich vorkommender Phänomene ohne Intervention. Problematisch ist nun, dass die Unterscheidung dieser methodischen Vorgehensweisen nicht nur durch die umgangssprachlichen Konnotationen der gleichlautenden Operatoren (experimentieren = herum experimentieren = Versuche anstellen; beobachten = genau betrachten; untersuchen = erforschen) verschleiert wird, sondern auch dadurch, dass die schriftliche Protokollierung der unterschiedlichen Vorgangsweisen unter dem gemeinsamen Begriff Versuchsprotokoll mit einer scheinbar gleichbleibenden linearen Abfolge erfolgt, die sich oft erst am Ende des Forschungsprozesses retrospektiv so ideal darstellen lässt.

Mit den KMK-Standards (KMK 2005) wurde dem Kompetenzbereich „Fachwissen" ausdrücklich der Kompetenzbereich „Erkenntnisgewinnung" entgegengesetzt. Damit ist der Erwerb experimenteller Kompetenz als explizites Ziel des Unterrichts in allen Jahrgangsstufen verankert. Um diese zu fördern, muss es im Versuchsprotokoll darauf ankommen, für die verschiedenen Vorgehensweisen die funktionalen Zusammenhänge der Phasen deutlich zu machen. Nawrath, Maiseyenka und Schecker (2011) haben ein Modell für die Unterrichtspraxis vorgeschlagen, das sieben experimentelle Teilkompetenzen erfasst (siehe Tabelle 2). Diese sollen im Unterricht nicht der Reihe nach „abgearbeitet" werden, sondern im Laufe eines längeren Unterrichtsgangs separat gefördert werden. Die Abhängigkeiten zwischen den Teilkompetenzen können dadurch hergestellt werden, dass die SchülerInnen die notwendigen Vorgaben erhalten, z.B. eine Hypothese, zu der sie ein Experiment planen, oder eine Versuchsanleitung, anhand derer ein Versuch funktionsfähig aufgebaut bzw. Beobachtungen dokumentiert werden sollen. Dies richtet sich auch danach, ob ein Versuch, ein Experiment, eine Untersuchung oder eine Beobachtung durchgeführt wird. Die folgende Tabelle versucht, die experimentellen Teilkompetenzen auf die typische Gliederung eines Versuchsprotokolls abzubilden.

Tab. 2: Zuordnung der Abschnitte des Versuchsprotokolls zu den Phasen experimenteller Erkenntnisgewinnung und Dimensionen experimenteller Kompetenz

Abschnitt des Versuchsprotokoll	Dimensionen experimenteller Kompetenz nach Nawrath, Maiseyenka & Schecker (2011)	Phasen experimenteller Erkenntnisgewinnung nach Emden (2011)
Fragestellung	**1. Fragestellung entwickeln:** Eine (eigene) zielgerichtete Fragestellung zu einem naturwissenschaftlichen Phänomen von theoretischen Vorannahmen geleitet formulieren.	Finden einer Frage bzw. Hypothese.
Vermutung	**2. Vermutung aufstellen, Hypothese bilden:** Eine Hypothese zu einem Zusammenhang oder den Ursachen eines Phänomens mit Bezug zur Fragestellung formulieren und anhand von Vorerfahrungen begründen. Unter Bezugnahme auf theoretisches Vorwissen den funktionalen Zusammenhang zwischen Messgrößen und damit den Rahmen für experimentelle Messungen und Beobachtungen beschreiben.	
Versuchsaufbau	**3. Experiment planen (1):** Die zu erfassenden unabhängigen und abhängigen Größen sowie die benötigten Materialien und Instrumente klären.	Durchführung eines Experiments, um die Frage bzw. Hypothese zu klären.
Durchführung	**3. Experiment planen (2):** Eine geeignete Variablenkontrollstrategie und einen Kontrollansatz auswählen und festlegen. **4. Versuch funktionsfähig aufbauen:** Die Versuchsanordnung nach vorgegebener Anleitung aufbauen und testen. Fehlerquellen ausfindig machen und durch Anpassung des Aufbaus abstellen.	

Beobachtung	**5. Beobachten, messen, dokumentieren:** Eine (qualitative) Beobachtung in Bezug auf ein Kriterium bzw. Versuchsmerkmal präzise formulieren und darstellen. Eine quantifizierende Messung sorgfältig und mehrfach durchführen, um Messunsicherheiten gering zu halten. Beobachtungen bzw. Messungen genau und vollständig dokumentieren.	
	6. Daten aufbereiten: Daten aus Messungen und Beobachtungen tabellarisch, grafisch oder als Text aufbereiten, um Zusammenhänge aufzuzeigen oder Unterschiede gegenüber zu stellen.	Auswertung des Experiments in Hinblick auf die Frage bzw. Hypothese.
Erklärung und Ergebnis	**7. Schlüsse ziehen und diskutieren (1):** Die aufbereiteten Daten mit Rückbezug auf die Fragestellung interpretieren. Die Vermutung bzw. Hypothese kritisch bewerten und ggf. überarbeiten. Die eigene Erklärung bzw. Ergebnisse der eigenen Untersuchung gegenüber anderen Positionen begründen und vertreten.	
Fehlerquellen	**7. Schlüsse ziehen und diskutieren (2):** Die Datenlage kritisch reflektieren und mögliche Fehler analysieren.	

Die Darstellung des Versuchsaufbaus im Protokoll deckt sich demnach nur zum Teil mit der Kompetenz, ein Experiment zu planen. Auch ist die bloße Auflistung der Materialien ergänzt durch eine Versuchsskizze nicht ausreichend, um die notwendigen Planungsschritte zu dokumentieren. Für die Planung ist entscheidend, die zu variierenden, zu beobachtenden bzw. zu messenden Variablen zu identifizieren und geeignete Steuerungs- und Messmethoden dafür auszuwählen. Hierbei handelt es sich um Mittel-Zweck-Beziehungen, die sprachliche vor allem finale Ausdrücke erfordern. Gleiches gilt für die begründete Auswahl einer Variablenkontrollstrategie und des Kontrollansatzes. Hier ist eine chronologische, auf Reproduzierbarkeit ausgerichtete Vorgangsbeschreibung des Versuchs wenig zweckmäßig, um die gewünschten Kompetenzen zu fördern. Sie ist allenfalls für die Teilkompetenz ‚Versuch funktionsfähig aufbauen‘ geeignet, bei der es sich aber um eine Prozesskompetenz handelt, die nur bedingt in einem schriftlichen Produkt wie dem Versuchsprotokoll erfasst werden kann. Das grundsätzliche Missverständnis besteht darin, dass nicht die genaue Wiederholung des Experiments, sondern die Reproduzierbarkeit der Ergebnisse wissenschaftlich von Bedeutung ist. Dafür ist nicht der Ablauf des Experiments wichtig, sondern es müssen nur die Bedingungen angeben werden, unter denen die Ergebnisse erzielt wurden.

4 Erkenntnistheoretische Perspektive

Aus erkenntnistheoretischer Perspektive soll nun noch auf die Formulierung von Hypothesen und die Trennung von Beobachtung und Erklärung eingegangen werden.

Zur formalen Beschreibung der auf Kausalzusammenhängen basierenden wissenschaftlichen Erklärung wurde von Hempel und Oppenheim (1948) das sogenannte deduktiv-nomologische Schema herausgearbeitet. Demnach beruht eine wissenschaftliche Erklärung auf allgemeinen Gesetzen (Gesetzesaussagen) und speziellen Ausgangsbedingungen (Antecedensaussagen), die die besonderen Umstände eines Sachverhalts beschreiben, aus denen in der Zusammenschau das Auftreten eines Phänomens (Ereignisaussage) logisch gefolgert werden kann (Abbildung 1).

Gesetzesaussagen	$G_1, G_2, ..., G_r$	G_1: *Die Auslenkung einer Feder ist proportional zur angehängten Masse.*
Antecedensaussagen	$A_1, A_2, ..., A_k$	A_1: *An die Feder wird die dippelte Masse angehängt.*
Ereignisaussage (Konklusion)	E	E: *Die Auslenkung der Feder verdoppelt sich.*

Abb. 1: Das deduktiv-nomologische Schema von Hempel und Oppenheim (1948).

Voraussetzung ist, dass mindestens ein allgemeines Gesetz für die Erklärung herangezogen wird und dass die Antecedens- und Gesetzesaussagen empirischer Art (d.h. falsifizierbar) und „wahr" (d.h. reproduzierbar) sind. (Hempel/Oppenheim 1948, 137).

In diesem Modell sind Erklärungen und Vorhersagen formal identisch. Ist das Ereignis gegeben, so wird es durch korrekt ausgewählte Gesetzesaussagen und Antecedensbedingungen erklärt. Sind umgekehrt die Gesetzesaussagen und Antecedensbedingungen gegeben, so erlauben sie die Vorhersage des Ereignisses (Hempel/Oppenheim 1948, 138). In beiden Fällen kann jedoch die Wahrheit der Gesetzesaussage nicht bewiesen werden. Somit haben die Erklärung und die Vorhersage immer einen hypothetischen Charakter.

McComas (1998) weist darauf hin, dass der Begriff Hypothese drei unterschiedliche Bedeutungen besitzt. Erstens wird darunter eine vermutete Gesetzmäßigkeit verstanden, zweitens eine spekulative Theorie und drittens eine Vermutung über den Ausgang eines Experiments. Sonleitner (1989) spricht im ersten Fall von einer Generalisierungshypothese und im zweiten Fall von einer Erklärungshypothese. Im dritten Fall drückt die Formulierung „Ich vermute, dass die Auslenkung der Feder sich verdoppelt" dagegen eine persönliche Erwartung als Vorhersage aus, die aber keine Hypothese im wissenschaftlichen Sinn ist. Entsprechend ist bei einem explorativen Vorgehen eine Hypothese obsolet.

Die Hypothese besteht also in einer vermuteten Verallgemeinerung oder angenommenen theoretischen Grundlage, die zur Überprüfung in Form einer beobachtbaren Gesetzmäßigkeit operationalisiert wird. Im Versuchsprotokoll sollte eine Hypothese demnach als Gesetzmäßigkeit formuliert werden, in der dann die unabhängigen und abhängigen Variablen identifiziert werden können: *Die Auslenkung* (abhängige Variable) *einer Feder ist proportional zur angehängten Masse* (unabhängige Variable). Diese Operationalisierung schafft die Grundlage für die Planung des Experiments und ist damit epistemisch bedeutsamer für die Entwicklung experimenteller Kompetenz als die Betonung des hypothetischen Charakters des Wissens.

Der Zusammenhang zwischen Beobachtung und Erklärung (Theorie) ist nach Poser (2012, 97ff) durch Zuordnungsdefinitionen zwischen Begriffen der Beobachtungssprache und der theoretischen Sprache bestimmt, die über eine Messtheorie vermittelt werden (siehe Abbildung 2).

Theorie	theoretische Sprache T
⇓⇑ Deduktion/Falsifikation	⇓ Zuordnung theoretischer Terme zu Messgrößen
Experimentalgesetze	Messtheorie M
⇑ Induktion	⇑ Zuordnung messtheoretischer Größen zu Beobachtungsoperationen
Beobachtungsaussagen	Beobachtungssprache S

Abb. 2: Zusammenhang zwischen Beobachtung und Erklärung (Theorie)

Die Beobachtungssprache verwendet – wie die Umgangssprache – typisierende, klassifizierende und vergleichende Begriffe, die durch Hinweisdefinitionen (z.B. die Definition der Farbe Rot durch den Verweis auf rote Gegenstände) gewonnen werden. Damit werden Beobachtungsaussagen gebildet, denen auf Grund ihrer Reproduzierbarkeit gemäß der induktiven Logik elementare Experimentalgesetze zugeordnet werden. Theorien stellen jedoch ein eigenes Begriffssystem mit einem eigenen Formalismus dar, indem theoretische Begriffe als praktische Abkürzung für komplexe Zusammenhänge und Konzepte durch willkürliche Nominaldefinitionen gebildet werden. Die Zuordnung zwischen Theorien und Experimentalgesetzen erfolgt deduktiv und unterliegt der Logik der Falsifikation. Solche Zuordnungsregeln stellen jedoch nur eine partielle Definition eines theoretischen Begriffs dar, weil dieser dadurch nur unter den bestimmten Bedingungen der Beobachtung definiert wird. Theoretische Begriffe können also nicht vollständig aus Beobachtungen abgeleitet werden. Experimentalgesetze sind abschließend in eine Messtheorie eingebettet, die die Beobachtungen bzw. Messungen als Ergebnis einer bestimmten Messhandlung interpretieren.

An dieser erkenntnistheoretischen Beschreibung des Zusammenhangs zwischen Beobachtung und Theorie wird zweierlei deutlich. Erstens wird dadurch Rinckes (2010) These gestützt, dass sich die Alltagssprache ausgehend vom Objekt der Anschauung, die Fachsprache hingegen auf das Objekt der Anschauung hin entwickelt und ein bruchloser Übergang zwischen beiden Sprachvarietäten nicht möglich ist. Zweitens wird daran ersichtlich, dass eine Abgrenzung zwischen Beobachtung und theoretischer Erklärung nur relativ zu einer bestimmten (Mess-)Theorie möglich ist. Grenzt man nämlich die Beobachtung auf die sensuelle Wahrnehmung als Messhandlung ein, so kann beispielsweise bei einem Strommessgerät als direkte Beobachtung nur festgehalten werden, dass unter bestimmten Bedingungen ein Ausschlag des Zeigers gesehen wurde. Dieser Ausschlag muss dann theoretisch als Anzeichen für einen Stromfluss gedeutet werden. Akzeptiert man aber im Rahmen einer erweiterten Messtheorie das Ausschlagen des Zeigers bereits als Indikator für einen Stromfluss, so kann man als direkte Beobachtung formulieren, dass man einen elektrischen Stromfluss mit dem Strommessgerät sieht. Entsprechend erlaubt die komplexe Messtheorie eines Geiger-Müller-Zählrohrs die Aussage, dass man damit radioaktive Strahlung beobachtet. Damit lässt sich die Grenze zwischen direkter Beobachtung und Deutung durch die Wahl der Messtheorie beliebig verschieben, sodass man immer angeben müsste, im Rahmen welcher Theorie eine Beobachtung gemacht wird. Eine rein sprachliche Unterscheidung zwischen Beobachtung und Erklärung durch die Bezugnahme auf die Sinneswahrnehmung (Ich sehe, dass …) ist also nicht möglich und muss immer um einen inhaltlichen Diskurs ergänzt werden. Dabei sollte die Frage im Vordergrund stehen, was als objektiv reproduzierbares Ergebnis des Versuchs bzw. Experiments allgemein akzeptiert werden kann, und was als individuelle und bestreitbare Deutung gelten muss. Vor diesem Hintergrund wäre es vielleicht zielführender, in der allgemein üblichen Gliederung des Versuchsprotokolls (vgl. Tabelle 1 und 2) den Abschnitt ‚Beobachtung' mit ‚Ergebnis' und den Abschnitt ‚Ergebnis/Erklärung' mit ‚Deutung/Schlussfolgerung' zu bezeichnen.

5 Einordnung als Textsorte

Bislang wurde die Gestaltung der Textsorte Versuchsprotokoll unter dem Gesichtspunkt der Förderung experimenteller Kompetenz diskutiert. Nun soll durch den Abgleich mit verwandten und in der Wissenschaft gebräuchlichen Textsorten versucht werden, Anhaltspunkte für die Wahl der Personal- und Zeitform der Verben unter epistemischen Gesichtspunkten zu finden.

Als vergleichbare Textsorten zum Versuchsprotokoll nennt der Duden (2005) die Vorgangsbeschreibung und den Bericht. Ihnen gemeinsam ist die klare Gliederung und sinnvoll durchdachte Reihenfolge in der systematischen Anordnung. Die Systematisierung kann dabei nach chronologischen oder sachlogischen Gesichtspunkten erfolgen.

Die Vorgangsbeschreibung betont die Wiederholbarkeit von Vorgängen, wobei die Teilvorgänge anschaulich so dargestellt werden, dass die chronologische Reihenfolge genau nachvollzogen werden kann. Dazu werden die Voraussetzungen in Form der verwendeten Gegenstände und Materialien und alle notwendigen Vorbereitungen angegeben (Duden 2005, 24). Zur sprachlichen Gestaltung gehören die unpersönliche Form, das Präsens, einfache Aussagesätze, eine klare informative und sachbetonte Sprache sowie Fachwörter (Substantive, Verben und Adjektive), die den Sachverhalt treffend beschreiben und schwierige Umschreibungen zu vermeiden helfen. Somit hat die Vorgangsbeschreibung eher den Charakter einer Versuchsanleitung als eines Protokolls. Der Bericht dagegen informiert über den Ablauf eines Geschehens und seine Begleitumstände, d.h. Ursachen und Folgen (Einleitung und Schluss) und ist (im Hauptteil) ebenfalls chronologisch geordnet. Im Gegensatz zur Vorgangsbeschreibung wird er im Präteritum (abgeschlossene Vergangenheit) verfasst, wobei Angaben zum gegenwärtigen Stand und zu Folgen im Präsens oder Futur stehen können (Duden 2005, 75).

Beim Versuchsprotokoll wird dagegen eine sachlogische Einteilung vorgenommen, wenn z.B. versucht wird, zwischen Beobachtung und Deutung zu unterscheiden. Diese Gliederung suggeriert zwar eine zeitliche Abfolge der logischen Handlungen, die Beschreibung einer Chronologie ist aber allenfalls für die Durchführung und Beobachtung relevant.

Moll (2001, 102) sieht den Zweck des wissenschaftlichen Protokolls in der schriftlichen Fixierung von diskursiv entwickeltem Wissen, das in systematisierter und komprimierter Form wiedergegeben wird. Sie bezieht sich dabei auf das wissenschaftliche Protokoll, wie es in Seminarveranstaltungen, Kolloquien oder bei wissenschaftlichen Tagungen (vor allem in den Geisteswissenschaften) erstellt wird, um eine gemeinsame verbindliche Wissensbasis der TeilnehmerInnen zu schaffen. Es lassen sich aber Parallelen ziehen zwischen den erforderlichen sprachlichen Handlungskompetenzen bei der Übertragung der Primärform eines mündlichen Seminardiskurses in ein wissenschaftliches Protokoll als schriftliche Sekundärform und den Anforderungen bei der Erstellung eines Versuchsprotokolls auf der Grundlage einer experimentellen Handlung bzw. visuellen Erfahrung als Primärform. Nach Moll (2003, 7f) wird zunächst simultan zur Rezeption des Seminardiskurses eine Mitschrift als Zwischenprodukt erstellt, die den Charakter eines chronologischen Verlaufsprotokolls hat und nur die Informationen enthält, die für die spätere Rekonstruktion des Diskurses für wichtig erachtet werden. Sie ist nur für den Eigengebrauch bestimmt und kann fragmentarisch gestaltet sein. In einem zweiten Schritt wird anhand der Mitschrift und des Gedächtnisses dann das wissenschaftliche Protokoll als eine Art Ergebnisprotokoll erstellt, indem die Relevanz der Informationen im Rückblick auf den Gesamtverlauf des Diskurses neu bewertet und die chronologische Reihenfolge zugunsten sachlogischer Zusammenhänge aufgegeben wird. Da sich das Protokoll nun an Außenstehende richtet, muss die fragmentarische Mitschrift an die Erfordernisse der Schriftlichkeit angepasst werden, indem z.B. Überleitungen ergänzt und Abkürzungen aufgelöst werden. Dieser Prozess erfordert (vgl. Moll 2003) u.a. mentale Leistungen und sprachliche Fähigkeiten wie

- die Gewichtung und Auswahl der relevanten fachlichen Informationen
- die Wissensorganisation und Wissensstrukturierung durch Systematisierung und Kategorisierung der Informationen und die Herstellung logischer Relationen (Kohärenzbildung)
- ein re-formulierendes sprachliches Handeln (Umformulieren, Zusammenfassen, Abstrahierung vom Bezugsdiskurs, Begriffsklärung) im Hinblick auf die Erfordernisse der Schriftlichkeit
- die Verwendung sprachlicher Mittel der Kohäsionsbildung (deiktische und phorische Prozeduren) und Textorganisation (ankündigende, kommentierende oder begründende Sprechhandlungen; graphisch-semiotische Gestaltung),

die den epistemischen Wert dieser Textsorten deutlich machen.

In gleicher Weise werden beim Experimentieren simultan und chronologisch Notizen für den Eigengebrauch z.B. in einem Laborbuch gemacht, die später rückblickend im Versuchsprotokoll in Beziehung gesetzt und in einer sachlogischen Ordnung verschriftlicht werden. Während es sich bei dem wissenschaftlichen Protokoll aber um eine kontinuierliche Textsorte handelt, deren Struktur sich erst aus dem Diskursverlauf ergibt, besitzt das Versuchsprotokoll eine – mehr oder weniger – festgelegte formale Struktur und teilweise diskontinuierliche Elemente wie Aufzählungen, Tabellen und Diagramme.

Es stellt sich noch die Frage, ob sich äquivalente Textsorten zum Versuchsprotokoll in der Wissenschaftspraxis identifizieren und als Ziel einer wissenschaftspropädeutischen Ausbildung definieren lassen. Wissenschaft erfordert nach Popper (1987) Kommunikation als unverzichtbaren Bestandteil der wissenschaftlichen Methode, da Objektivität nicht individuell durch den einzelnen Forscher gewährleitstet werden kann. Erst durch die öffentliche Darstellung und Kritik wissenschaftlicher Forschung entsteht eine intersubjektive Kontrolle, die im ko-konstruierenden Diskurs zu einer Annäherung an Objektivität führt. Dabei spielt die schriftliche Publikation vor allem als Artikel in wissenschaftlichen Journalen eine bedeutende Rolle. Für derartige Artikel bzw. wissenschaftliche Berichte generell hat sich international die sogenannte IMRAD-Struktur[1] etabliert (vgl. Durner 2003), die sich auch im Versuchsprotokoll widerspiegelt. Damit sollen fachlich geschulten LeserInnen in kompakter Form alle Informationen vermittelt werden, die nötig sind, um das Experiment oder die Messung in identischer Weise wiederholen zu können (Durner 2003, 8).

---

1 *Introduction, Methods, Results And Discussion*; typischerweise werden in wissenschaftlichen Artikeln noch der Titel und eine Zusammenfassung (*Abstract*) vorangestellt sowie Referenzen (Literaturangaben) und ggf. ein Anhang angefügt.

Im Deutschen gibt es mit dem Perfekt und dem Präteritum (Imperfekt) zwei gleichwertige Vergangenheitsformen. Im wissenschaftlichen Bericht wird meist das Perfekt (vollendete Gegenwart) verwendet, womit angedeutet wird, dass das Geschehen in der Vergangenheit abgeschlossen wurde, aber das Ergebnis Bedeutung für die Gegenwart hat („Wir haben die Leitfähigkeit verschiedener Stoffe festgestellt."). Ein Wechsel ins Präsens ist möglich, wenn die zeitliche Unbestimmtheit, eine Regelmäßigkeit oder Konvention signalisiert oder eine Besonderheit hervorgehoben werden soll. Bei der Vergangenheit mit *sein* oder *haben* wird bei Fakten oder Zuständen allerdings oft das Präteritum gewählt („Das Eisen war leitend."). Im Passiv dagegen findet statt des Perfekts meist das Präteritum Anwendung („Die Messung wurde mit Eisen und Kobalt durchgeführt."). In der Man-Form als Passivalternative wird dagegen immer das Präsens verwendet, wodurch der Charakter einer Vorschrift entsteht („Man nimmt für die Messung Eisen und Kobalt."). Hieran wird deutlich, wie schwierig es ist, die Zeitform verbindlich festzulegen. Gleiches gilt für die Personalform. In Bezug auf die Vorgangsbeschreibung und den Bericht legt sich der Duden bei der Personalform nicht fest. In der Regel wird jedoch die unpersönliche Form als Ausdruck der Objektivität gewählt, wenn allgemeine Sachverhalte und Verfahrensweisen beschrieben werden. Ein Wechsel in die 1. Person ist aber in der Einleitung, Methodik und Diskussion denkbar, wenn eine subjektive Entscheidung oder Schlussfolgerung getroffen wird (Durner 2006, 11). Unter epistemischen Gesichtspunkten unterstützt die Verwendung der unpersönlichen Form eine vom persönlichen Erleben abstrahierende distanziertere Perspektive.

Stilistisch sollte beim Versuchsprotokoll eine variantenreiche Sprache mit vielfältigen Synonymen durch die Festlegung auf eindeutige, klare Fachwörter vermieden werden, die konsistent und wiederholt eingesetzt bzw. durch Pro-Formen vertreten werden. Auch unnötige umgangssprachliche Füllwörter (Adjektive, Adverbien) sind zu vermeiden („Die Strommessung ist mit einem Amperemeter ~~gut~~ möglich.").

Die Tabelle 3 stellt den Versuch dar, anhand der oben diskutierten Merkmale für den Physikunterricht unterschiedliche Textsorten mit Bezug zum wissenschaftlichen Artikel zu differenzieren und zu präzisieren.

Eine grundsätzliche Unterscheidung ergibt sich dabei aus dem Zeitpunkt, zu dem die Textsorten eingesetzt werden und der sich daraus ergebenden Perspektive. Eine Versuchsanleitung enthält einen vorbereiteten Handlungsplan als Ergebnis einer Versuchsplanung und kann auf eine Einleitung verzichten. Die Versuchsplanung dagegen benötigt den einleitenden Rahmen, um Entscheidungen bzgl. Materialien, Design, Durchführung und Auswertung treffen zu können. Das Laborheft wird zur simultanen Aufzeichnung bei der Versuchsdurchführung verwendet und fokussiert Methoden, Material und Ergebnisse. Das Versuchsprotokoll schließlich beschreibt den Versuch bzw. das Experiment retrospektiv und stellt die sachlogischen Bezüge zwischen der Forschungsfrage, dem Design und den gewonnenen Erkenntnissen her.

Betrachtet man unter diesen Gesichtspunkten die Beispiele für Versuchsprotokolle in Schulbüchern (Tabelle 1), so weisen sie primär die Eigenschaften des Laborhefts auf. Für die Unterstufe ist diese Textsorte sicherlich der geeignete Einstieg. Für das epistemische Schreiben im Verlauf der Mittelstufe dagegen ist vor allem die retrospektive Sicht- und Darstellungsweise des Versuchsprotokolls von Bedeutung, bei der durch die Umformung kognitive Verarbeitungsprozesse angeregt werden. In der Oberstufe kann dies dann zur Form des wissenschaftlichen Artikels ausgebaut werden, zum Beispiel im Rahmen einer Facharbeit.

Tab. 3: Textsorten für den Physikunterricht

	Wissenschaftlicher Artikel	Versuchs-Anleitung	Versuchs-Planung	Labornotizen / Laborjournal	Versuchsprotokoll
Zeitpkt.	Rückblickend	Vorbereitend	Vorbereitend	Versuchsbegleitend	rückblickend
Struktur	In Abschnitte gegliederter ausformulierter Text mit Tabellen, Abbildungen und Formeln sachlogisch gruppiert.	Materialien als Aufzählung; sonst ausformulierter Text mit Abbildungen (Skizze). chronologisch geordnet.	Stichwortartiger Text mit Aufzählungen, Abbildungen (Skizze) und Formeln. sachlogisch gruppiert.	Ausformulierter oder stichwortartiger Text mit Tabellen und Abbildungen, Auslassungen und Aufzählungen. chronologisch aufgezeichnet.	In Abschnitte gegliederter ausformulierter Text mit Aufzählungen, Tabellen, Abbildungen und Formeln sachlogisch gruppiert.
IMRAD	Titel, Abstract (Zusammenfassung)				
Einleitung	Ziel der Untersuchung. Problem- oder Fragestellung, Relevanz der Untersuchung. Stand der Forschung, Hypothesen.		Ziel der Untersuchung. Problem- oder Fragestellung. Vorwissen, Bedingungen, Hypothesen.	Ziel der Untersuchung. Problem- oder Fragestellung.	Ziel der Untersuchung. Problem- oder Fragestellung. Stand des Wissens Hypothesen.
Methode und Material	Materialien (Geräte, Stoffe, Stichprobe). Design (Untersuchungsprinzip). Durchführung (Methodik). Auswertung.	Materialien (Geräte, Stoffe). Versuchsvorbereitung (Aufbau, Präparation). Durchführung (Handlungen).	Materialien (Geräte, Stoffe). Untersuchungs- und Messprinzipien (Zweck). Ablauf. Auswertungsmethoden.	Materialien (Geräte, Stoffe). Versuchsanordnung (Aufbau). Durchführung (Handlungen). Auswertung.	Materialien (Geräte, Stoffe). Untersuchungs- und Messprinzipien (Zweck). Durchführung (Methodik). Auswertung

	Wissenschaftlicher Artikel	Versuchs-Anleitung	Versuchs-Planung	Labornotizen / Laborjournal	Versuchsprotokoll
Ergebnisse	Datendokumentation. Deskription zentraler Befunde.			Datendokumentation.	Datendokumentation. Deskription zentraler Befunde.
Diskussion	Schlussfolgerung mit Bezug zur Fragestellung bzw. Hypothese, Generalisierungen, Erklärungen. Methodenkritik (Genauigkeit, Reliabilität, Validität, Design). Einordnung in Forschungsstand, abschließendes Fazit.			Schlussfolgerungen mit Bezug zur Fragestellung. Methodenkritik (Vorgehen, Fehlerquellen).	Schlussfolgerungen mit Bezug zur Fragestellung bzw. Hypothese, Generalisierungen Erklärungen. Methodenkritik (Genauigkeit, Vorgehen).
	Literaturangaben, Anhang.				
Sprachliche Mittel	unpersönlich, vorzugsweise Passivformen. Präteritum, Persönliche Form bei individuellen Festlegungen, oder subjektiven Meinungen. temporale, lokale, finale, konditionale, kausale u. funktionale Beziehungen je nach Abschnitt	unpersönlich, vorzugsweise Passivformen. Präsens. temporale und lokale Beziehungen.	unpersönlich, vorzugsweise Passivformen. Präsens. finale Beziehungen.	persönlich oder unpersönlich, aktiv oder passiv. Präsens. vorzugsweise temporale, lokale, finale und konditionale Beziehungen.	unpersönlich, vorzugsweise Passivformen. Präteritum, persönliche Form bei Vermutungen. vorzugsweise finale, konditionale, kausale und funktionale Beziehungen.

6   Konsequenzen für den Physikunterricht

Es erscheint ratsam, in der Schulpraxis zwischen Versuchsplanungen, die zur Vorbereitung eines Versuchs geschrieben werden, Laborbüchern, die simultan beim Experimentieren entstehen, und Protokollen, die im zusammenfassenden Rückblick geschrieben werden, zu unterscheiden. So hat die Stundensicherung an der Tafel eher den Charakter eines kollektiven Laborbuches, auch wenn sie sich derselben Gliederung wie ein Versuchsprotokoll bedient, das bewusst als nachträglicher Schreibprozess eingesetzt werden sollte. Aus wissenschaftspropädeutischer Sicht ist das retrospektive Versuchsprotokoll auch eine wichtige Vorbereitung für das Fachstudium, wo es im Rahmen von Praktika erwartet wird. Dort tritt zu der üblichen Gliederung noch ein theoretischer Teil hinzu, in dem der notwendige Wissensstand rekapituliert wird. Hierzu gehört auch die Messtheorie.

Die epistemische Funktion des Schreibens wird immer dann wirksam, wenn eine Transformation von Informationen und die Neu- und Umstrukturierung der Fachkonzepte gefordert wird, die bereits bei der Versuchsplanung und dem Laborheft angestrebt, aber besonders durch die retrospektive Übertragungs- und Umstrukturierungsleistung des Versuchsprotokolls gefördert wird, indem sachlogische Zusammenhänge hergestellt werden müssen. Die Qualität der sachlogischen Übertragung im Protokoll könnte ein Indikator für die experimentelle Kompetenz und das fachliche Verständnis sein.

Die einzelnen Abschnitte des Versuchsprotokolls bilden unterschiedliche Diskurseinheiten, die je eigene Anforderungen an die sprachlichen und fachlichen bzw. experimentellen Kompetenzen stellen. Sie können im Unterricht losgelöst vom Versuchsprotokoll separat geübt werden und müssen schrittweise angeleitet werden. Sprachliche Normierungen wie die Zuordnung bestimmter Satzmuster oder adverbialer Bestimmungen zu bestimmten Abschnitten können eine Hilfe sein. Sie bieten aber nur eine erste Orientierung, da sich die jeweiligen Diskursfunktionen gleichwertig durch unterschiedlichste Sprachmittel realisieren lassen. Sie können den inhaltlichen Diskurs nicht ersetzen, weil beispielsweise die angemessene Auswahl und Gewichtung relevanter fachlicher Informationen oder die Grenzziehung zwischen überprüfbaren experimentellen Resultaten und individuellen Deutungen nur durch die Diskussion zahlreicher Fallbeispiele vermittelt werden kann.

Für den Physikunterricht wäre eine regelmäßige Verwendung des Versuchsprotokolls wünschenswert, da das epistemische Schreiben die Entwicklung experimenteller Kompetenzen systematisch unterstützen kann. Dabei können unterschiedliche Progressionen in der kognitiven Komplexität und den sprachlichen Anforderungen der Schreibaufgabe zum Tragen kommen z.B.

- Progression in den Diskurseinheiten: Einüben einzelner Diskurseinheiten, Abgrenzung von Diskurseinheiten, Integration der verschiedenen Diskurseinheiten mit ihren wechselseitigen Abhängigkeiten im vollständigen Versuchsprotokoll
- Progression in der Textsorte: sukzessive Einführung der Versuchsbeschreibung bzw. -anleitung, des Laborjournals, der Versuchsplanung und des Versuchsprotokolls
- Progression in der Unpersönlichkeit: Man-Form, Passivformulierungen, reflexive Formulierungen

- Progression im Satzbau: Verknüpfung von Hauptsätzen durch adverbiale Bestimmungen, adverbiale Nebensätzen, Nominalisierungen.

Diese Progressionen ermöglichen eine sukzessive Entwicklung des epistemischen Schreibens und der dafür erforderlichen sprachlichen Mittel im Verlauf der Schulzeit.

Literatur

Appel, T., Küchenberg, F., Lohmann, D., Müller, M., Peters, G., Stumpf, R. & Voß, M. (Hrsg.) (2009). *Spektrum Physik, 5/6 (NRW)*. Braunschweig: Schroedel.

Bader, F. & Oberholz, H.-W. (Hrsg.) (2009). *Dorn-Bader Physik Band 1 (Gymnasium NRW)*. Braunschweig: Schroedel.

Becker-Mrotzek, M. & I. Böttcher (2006). *Schreibkompetenz entwickeln und beurteilen*. Berlin: Cornelsen.

Beese, M. & H. Roll (2013). Gemeinsam Versuchsprotokolle schreiben – zur fächerübergreifenden Förderung literaler Routinen bei mehrsprachigen Schülerinnen und Schülern in der Sek. I. In Y. Decker & I. Oomen-Welke (Hrsg.), *Zweitsprache Deutsch: Beiträge zu durchgängigen Sprachbildung* (S. 213–230). Stuttgart: Fillibach bei Klett.

Duden (2005). *Schulgrammatik extra. Deutsch*. Berlin: Duden PEATEC.

Durner, W. (2003). *Abfassung wissenschaftlicher Arbeiten*. TU Braunschweig. Verfügbar unter: www.soil.tu-bs.de/lehre/Skripte/2003.WissenschaftlichesSchreiben.pdf [25.4.2014].

Durner, W. (2006). *Leitfaden zur Erstellung von wissenschaftlichen Berichten*. TU Braunschweig. Verfügbar unter: www.soil.tu-bs.de/lehre/Bachelor-WissSchreiben/2006/2006. Leitfaden-Berichterstellung.pdf [25.04.2014].

Emden, M. (2011). *Prozessorientierte Leistungsmessung des naturwissenschaftlich-experimentellen Arbeitens*. Berlin: Logos.

Feldmann, C., Janzen, U., Kirschbaum, T. & Kohl, R. (Hrsg.) (2008). *Impulse Physik 1 (NRW G8)*. Stuttgart: Klett.

Hartinger, A. (2003). Experimente und Versuche. In D. v. Reeken (Hrsg.), *Dimensionen des Sachunterrichts* (S. 68–75). Baltmannsweiler: Schneider Verlag Hohengehren.

Hempel, C.G. & Oppenheim, P. (1948). Studies in the Logic of Explanation. *Philosophy of Science, 15*, 135–175.

Klahr, D. & K. Dunbar (1988). Dual space search during scientific reasoning. *Cognitive Science, 12*, 1–48.

Koch, C., Müller, R. & Pientka, H. (Hrsg.) (2010). *Kuhn Physik 5/6 (NRW)*. Braunschweig: Westermann.

McComas, W.F. (1998). The principal elements of the nature of science: dispelling the myths. In W.F. McComas (Hrsg.), *The Nature of Science in Science Education* (S. 53–70). Dordrecht, Netherlands: Kluwer Academic Publishers.

Moll, M. (2001). *Das wissenschaftliche Protokoll. Vom Seminardiskurs zur Textart: empirische Rekonstruktionen und Erfordernisse für die Praxis* (Studien Deutsch 30). München: iudicium.

Moll, M. (2003). „Für mich ist es sehr schwer!" oder: Wie ein Protokoll entsteht. In K. Ehlich & A. Steets (Hrsg.), *Wissenschaftlich schreiben – lehren und lernen* (S. 29–50). Berlin [u.a.]: de Gruyter.

Nawrath, D., Maiseyenka, V. & Schecker, H. (2011). Experimentelle Kompetenz – Ein Modell für die Unterrichtspraxis. *Praxis der Naturwissenschaften – Physik in der Schule,* 42–48.

Popper, K. (1970). Die Wissenssoziologie. In K. Popper (Hrsg.), *Die offene Gesellschaft und ihre Feinde* (Bd. 2, S. 248–261). Bern: Francke.

Poser, H. (2012). *Wissenschaftstheorie: eine philosophische Einführung.* Stuttgart: Reclam.

Rincke, K. (2010). Alltagssprache, Fachsprache und ihre besonderen Bedeutungen für das Lernen. *Zeitschrift für Didaktik der Naturwissenschaften, 16,* 235–260.

Sekretariat der Ständigen Konferenz der Kultusminister der Länder der Bundesrepublik Deutschland [KMK] (2005). *Bildungsstandards im Fach Physik für den Mittleren Schulabschluss. Beschluss vom 16.12.2004.* München: Luchterhand.

Sonleitner, F.J. (1989). Theories, laws and all that. *National Center for Science Education, Newsletter, 9*(6), 3–4.

Martina Nieswandt

Schreiben als Instrument des Lernens im naturwissenschaftlichen Unterricht in den USA – Herausforderungen für Lehrende und Lernende

1   Einleitung

Die deutschen nationalen Bildungsstandards für die drei Naturwissenschaften (KMK 2005a, b, c) beschreiben ähnlich wie die nationalen naturwissenschaftlichen Standards der USA (Achieve 2013) oder diverse australische Curricula (Hafner 2007) Kommunikation als einen der naturwissenschaftlichen Kompetenzbereiche. So heißt es beispielsweise in den KMK-Bildungsstandards (Mittlerer Schulabschluss) für den Biologieunterricht: „Kommunizieren ermöglicht den Lernenden die Auseinandersetzung mit der Lebenswirklichkeit und damit auch das Erfassen und Vermitteln biologischer Sachverhalte. Formen von Kommunikation sind einerseits direkter Lerngegenstand, andererseits Mittel im Lernprozess. Erkenntnisgewinn und fachbezogener Spracherwerb bedingen sich gegenseitig." (KMK 2005a, 11). Der Biologieunterricht soll auch dazu dienen, die Sprachkompetenz der Lernenden, „vor allem der fachlich basierten Lese-und Mitteilungskompetenz" (KMK 2005a, 11), auszubauen, während sich die Kommunikationskompetenzen im Chemieunterricht auf ein „ständiges Übersetzen von Alltagssprache in Fachsprache und umgekehrt" (KMK 2005b, 10) und auf den wissenschaftlichen Diskurs als Mittel zur Erkenntnisgewinnung beziehen. Kommunikationskompetenzen im Physikunterricht beinhalten die „Fähigkeit zu adressatengerechter und sachbezogener Kommunikation" (KMK 2005c, 10), die entsprechende Sprech- und Schreibfähigkeiten, Präsentationstechniken und -methoden und die Kenntnis von Gesprächs- und Diskussionsregeln voraussetzen. In ähnlicher Weise betonen die US-amerikanischen Bildungsstandards das Verstehen von und die kritische Auseinandersetzung mit naturwissenschaftlichen Texten und betrachten jede naturwissenschaftliche Unterrichtsstunde auch als Sprachunterricht, in dem Lesen und Schreiben von genre-spezifischen Texten geübt werden. Ziel eines derartigen Unterrichts ist der künftige kritische Verbraucher naturwissenschaftlicher Produkte.

„Being a critical consumer of information about science and engineering requires the ability to read or view reports of scientific or technological advances or applications (whether found in the press, the Internet, or in a town meeting) and to recognize the salient ideas, identify sources of error and methodological flaws, distinguish observa-

tions from inferences, arguments from explanations, and claims from evidence.“ (NGSS, Appendix F 2013, 15)

Die Integration von sprachlichen Grundkompetenzen in den US-amerikanischen naturwissenschaftlichen Unterricht zur Verbesserung des naturwissenschaftlichen Verständnisses ist kein neues Unterfangen (Schleppegrell 2004; Yore/Treagust 2006). Seit der „*Writing Across the Curriculum*“-Bewegung in den späten 70er- und frühen 80er-Jahren, hat „*Writing-to-Learn Science*“ (WLS) – Naturwissenschaftliches Lernen durch Schreiben – starke und beständige Unterstützung der naturwissenschaftlichen Didaktiken insbesondere in Nordamerika und Australien bekommen (z.B. Boscolo/Mason 2001; Hand/Keys 1999; Hildebrand 1998; 1999; Nieswandt 1996, 1997; Prain/Hand 1996; Rivard/Straw 2000; Stadler/Benke/Duit 2001). In ähnlicher Weise empfehlen SprachwissenschaftlerInnen in den USA die Integration von reflektierter Spracharbeit in die Fachdisziplinen (e.g. Purcell-Gates/Duke/Martineau 2007), und Forschungen sowohl in den Sprach- und in den Naturwissenschaften unterstreichen positive Effekte von reflektierter Spracharbeit auf konzeptionelles Wissen (e.g. Whitehead/Murphy 2014; Schleppegrell 2004). Neuere Reformdokumente wie das „Framework for K-12 Science Education“ (National Research Council [NRC] 2012) betonen den Einsatz von Aufgaben, die die Entwicklung von Sprachkompetenzen unterstützen, vor allem im Zusammenhang mit dem Erwerb von naturwissenschaftlichen und ingenieurwissenschaftlichen Kompetenzen.

„Any education in science and engineering needs to develop students’ ability to read and produce domain-specific text. As such, every science or engineering lesson is in part a language lesson, particularly reading and producing the genres of texts that are intrinsic to science and engineering.“ (NRC Framework 2012, 76)

Ungeachtet der langen Tradition, Sprachkompetenzen im naturwissenschaftlichen Unterricht zu fördern, und der gegenwärtigen Betonung von Kommunikationskompetenzen in den nationalen US-amerikanischen Bildungsstandards, integrieren naturwissenschaftliche Lehrende an High Schools bildungs- und fachsprachlich ergiebige Lernaktivitäten nur selten in ihren Unterricht (Fisher/Ivey, 2005). Vor allem Schreiben ist oft begrenzt auf instrumentelle und pragmatische Texte wie Laborprotokolle und gelegentliche Kurzantwortaufgaben in Lernerfolgsüberprüfungen oder Tests. Die Ursachen sind vielfältig: Mangel an Wissen, wie Schreiben in den Unterricht integriert werden kann, und die allgemeine Vorstellung, dass das Lehren und Erwerben von Schreibkompetenzen in den Englischunterricht gehört und die Lernenden diese im naturwissenschaftlichen Unterricht anwenden können. Die Lernenden sollten daher unterschiedliche Textgenres aus dem Englischunterricht kennen (z.B. Essay oder Sach- und Gebrauchstexte), die Fähigkeit besitzen, diese zu verfassen und in der Lage sein, Informationen aus Texten zu entnehmen und Notizen zu machen sowie Fragen und Aufgabenstellungen im Rahmen von schriftlichen Tests decodieren und dann beantworten zu können. Wenn Lehrende die Vorteile des *Writing-to-Learn Science* (WLS) erkennen, dann integrieren sie gelegentlich in den Unterricht einen erweiterten Laborbericht, eine Posterpräsentation oder eine individuelle Facharbeit, die von den Lernenden verlangt, verschiedene Komponenten ihrer Projektarbeit schriftlich darzulegen (z.B. im Sinne von Hypothesen oder Schlussfolgerungen). Die Lernenden scheinen jedoch nur widerwillig derartige Aufgaben schriftlich auszuführen und sind vermutlich auch überfordert, wenn sie mit Sprach- und Schreibaufgaben konfrontiert werden, die über den Anwendungsbereich von bekannten Laborberichten und Versuchsbeschreibungen hinausgehen. Derartige Aufgaben gehören ihrer Meinung nach in den Englischunterricht oder in den Unterricht der sozialwissenschaftlichen Fächer bzw. in den Geschichtsunterricht (DeVere Wolsey/ Lapp/Fisher 2012).

Angesichts dieser Herausforderungen für Lehrende und Lernende untersuche ich in diesem Beitrag, wie Lehrende einfache Schreibaufgaben in ihren alltäglichen naturwissenschaftlichen Unterricht integrieren können, welche Schwierigkeiten bei diesem Einsatz auftreten, wie diese bewältigt werden können, und ob durch die Einbindung von Schreibaufgaben die in den nationalen US-amerikanischen Bildungsstandards, den Next Generation Science Standards [NGSS], beschriebenen kommunikativen Kompetenzen in den Naturwissenschaften erworben werden können. Ich konzentriere mich im Folgenden auf „Essay-Fragen", in denen die SchülerInnen durch ein hypothetisches Szenario angeregt werden, neu gelernte naturwissenschaftliche Konzepte zu reorganisieren und mit ihrem Vorwissen zu einem „integrierten Bedeutungsnetz" zu verweben (Rivard/Straw 2000, 568), während sie ihre Antworten formulieren. Ich bezeichne diese Schreibaufgaben als „*Written Extended-Response Questions*" (WERQ; Nieswandt/ Bellomo 2009), also Fragen mit ausführlichen Antwortmöglichkeiten, die das Potential haben, bei den Lernenden ein sinnvolles Verstehen von naturwissenschaftlichen Konzepten anzuregen (Nieswandt/Bellomo 2009). Die WERQ erfordern, dass die SchülerInnen nicht nur deklaratives Wissen („Was-Wissen") und prozedurales Wissen („Wie-Wissen") nutzen, das für Aufgaben wie Definieren, Beschreiben und/oder Erklären notwendig ist, sondern vor allem strukturelles und strategisches Wissen („Wann-", „Wo-" und „Warum-Wissen") anwenden.

Auf der Grundlage der theoretischen Perspektive von WLS, die von Prain (2006) als *diversifying writing approach*, also differenzierende Schreibzugänge, bezeichnet wird, und der gegenwärtigen Perspektive von *content literacy*, also sprachlicher Grundbildung in allen Schulfächern, diskutiere ich im Folgenden zwei zentrale Fragestellungen:

1. Wie integrieren Lehrende Sprachlernaktivitäten und insbesondere WERQ in ihren naturwissenschaftlichen Unterricht, und auf welche Herausforderungen treffen sie bei der Umsetzung?

2. Initiieren und unterstützen die WERQ ein sinnvolles Verstehen naturwissenschaftlicher Konzepte?

Zur Beantwortung beider Fragen werde ich mich auf Daten einer Studie beziehen, die in zwei High Schools im Chemie- und Physikunterricht durchgeführt wurden, und auf Daten von anderen Forschungsprojekten, die die Integration von Sprachlernaktivitäten in den naturwissenschaftlichen Unterricht untersucht haben.

2 Differenzierender Schreibzugang und Sprachliche Grundbildung in allen Schulfächern

Auf der Grundlage sozialkonstruktivistischer Lerntheorien ist für den *diversifying writing approach* (Prain 2006) Schreiben mehr als ein Mittel zur Reproduktion deklarativen Wissens. Vielmehr wird Schreiben als eine Methode angesehen, durch die Lernende naturwissenschaftliche Konzepte und ihre Zusammenhänge sowie naturwissenschaftliche Methoden und Erkenntnisse sowohl innerhalb als auch außerhalb des Klassenzimmers erschließen. Während des Schreibens wenden die Lernenden ihre eigenen sprachlichen Fähigkeiten und konzeptionellen und ontologischen Kategorien und Rahmenkonzepte an und entwickeln bzw. zeigen dadurch ihr Verständnis der thematisierten naturwissenschaftlichen Konzepte und der entsprechenden Fachsprache (Prain 2006, 185). In diesem Zusammenhang ist Schreiben eine Methode, die es den Lernenden ermöglicht, naturwissenschaftliche Konzepte und Methoden zu erklären, neue Konzepte und ihre Bedeutung mit ihrem Vorwissen zu verknüpfen und eine kritische Sicht auf die Anwendung von Naturwissenschaften im täglichen Leben und im Umgang mit Technologien zu entwickeln. Im Gegensatz zur gesprochenen Sprache, die oft redundant und unklar ist sowie Fehler in der Logik oder Sachdarstellung ermöglicht (Aebli 1991), vermag das Schreiben die Fähigkeiten der SchülerInnen anzuregen, ihr Wissen zu ordnen und ihre Vorstellungen zu reflektieren (Mason/Boscolo 2000) sowie ihre Vorkenntnisse in ein stimmigeres und besser strukturiertes Wissensgebäude einzubauen (Nieswandt 2001; Rivard/Straw 2000). Diese Prozesse werden als stimulierend für die Entwicklung einer naturwissenschaftlichen Grundbildung angesehen (Wellington/Osborn 2001).

Ähnlich wie die VertreterInnen des *diversifying writing approach* beziehen sich die VerfechterInnen der gegenwärtigen Perspektive von *content area literacy*, also von fachgebundener sprachlicher Grundbildung, auf sozialkonstruktivistische Lerntheorien. Anstatt die Entwicklung von Fertigkeiten wie das Extrahieren von Informationen aus unterschiedlichen Textgenres zu betonen, unterstreichen die VertreterInnen der fachgebundenen sprachlichen Grundbildung das aktive Konstruieren und Ko-Konstruieren von fachlichen Diskursen, die an Lese- und Schreibprozesse gebunden sind (Adams/Pegg 2012). In den USA berücksichtigen die nationalen Curricula in Englisch und Mathematik (Common Core Standards in English Language Arts [Common Core ELA], NGA 2010; Common Core Standards Mathematics [Common Core Math], NGA 2010b) sowie das neue nationale naturwissenschaftliche Curriculum (Next Generation Science Standards [NGSS], NGSS, 2013) diese neuen Perspektiven in expliziter Weise. Die

Common Core ELA betonen das Lesen von Sachtexten und das Schreiben von argumentierenden Texten mit fachspezifischen Inhalten. Die inhaltliche Überschneidung der Common Core ELA, der Common Core Math und der NGSS wird vor allem in fünf verschiedenen Standards erkennbar, die sich auf sprachliche Kompetenzen in den Fächern und im Englischunterricht beziehen (Stage/Asturias/Cheuk et al. 2013, 276): Der zweite Common Core ELA Standard („Bilde eine solide Wissensgrundlage durch fachlich anspruchsvolle Texte" *„Build a strong base of knowledge through content-rich texts."*) und der fünfte Common Core ELA Standard („Lese, schreibe und spreche auf der Grundlage von Beweisen", *„Read, write, and speak grounded in evidence."*) beziehen sich auf Sprachkompetenzen, die die Lernenden sowohl im Mathematikunterricht als auch im naturwissenschaftlichen Unterricht besitzen müssen, um ein sinnvolles Verstehen der Inhalte beider Disziplinen zu entwickeln. In ähnlicher Weise beziehen sich der vierte Common Core ELA und der dritte Common Core Math Standard („Konstruiere realisierbare Argumente und kritisiere Schlussfolgerungen von anderen", *„Construct viable arguments and critique reasoning of others."*) und der siebte NGSS Standard („Argumentiere auf der Grundlage von Beweisen", *„Engage in argument from evidence."*) auf sprachliche Kompetenzen, die mit einer naturwissenschaftlichen und mathematischen Grundbildung verbunden werden.

Dem Appell der Common Core ELA und der NGSS, Schreiben in die fachlichen Disziplinen zu integrieren, kann sicherlich auf verschiedene Weise entsprochen werden. WERQ haben das Potential, naturwissenschaftliches Verstehen durch Schreiben zu fördern, und scheinen daher ein geeignetes Mittel für die Umsetzung der Common Core ELA und der NGSS zu sein.

3 Die Studie: Einbindung von WERQ in den naturwissenschaftlichen Unterricht

3.1 TeilnehmerInnen, Kontext und Erhebungsverfahren

Die qualitative, explorative Studie zum unterrichtlichen Einsatz der WERQ wurde in zwei High Schools mit zwei naturwissenschaftlichen High School Lehrerinnen, Cindy[1], eine Chemielehrerin, und Lara, eine Physiklehrerin, und ihren SchülerInnen durchgeführt. Beide Schulen befinden sich in einer Metropole im mittleren Westen der USA. Cindys Schule, die Mathematisch-Naturwissenschaftliche Akademie (MNA), ist eine sich auf Mathematik und Naturwissenschaften spezialisierte Charterschule[2] (von der

---

1   Alle Namen, die in dieser Studie für Lehrende, Lernende und Schulen verwendet werden, sind Pseudonyme.
2   In den USA sind Charterschulen öffentlich finanzierte Schulen, die in der Regel unabhängig von den öffentlichen Behörden verwaltet werden. Verwaltungsrichtlinien sind von Land zu Land unterschiedlich, doch die meisten Charterschulen sind von einigen bürokratischen Regelungen wie die Länge des Schultages oder des Schuljahres ausgenommen. Charterschulen

6. bis zur 12. Schulstufe). Sie wurde im Jahre 2008 in Partnerschaft mit einer lokalen Universität gegründet. Laras Schule, die Hoover High School (Hoover), ist eine Nachbarschaftsschule, mit Lernenden von der 9. bis zur 12. Klasse. SchülerInnen an beiden Schulen sind in der Mehrheit von afrikanisch-amerikanischer Abstammung (MNA: 93%; Hoover: 99%) und kommen aus Haushalten mit niedrigem Einkommen (MNA: 91%; Hoover: 98%). Darüber hinaus sind ein Viertel der Lernenden in Hoover (24.2% im Schuljahr 2013/14) und 18.7% der Lernenden an der MNA als SchülerInnen mit besonderem Förderbedarf[3] eingestuft. Die meisten Schulen in den USA werden auf der Grundlage verschiedener Leistungskriterien, z.B. Testnoten der Lernenden in standardisierten landesweiten Tests, High School Abschlussnoten etc. in verschiedene Leistungsstufen eingeordnet. Auf der Grundlage derartiger Kategorisierungen ist Hoover auf der Stufe 3, der niedrigsten schulbezirksweiten Leistungskategorie, und MNA auf der Stufe 2, was einer guten Leistungsfähigkeit gleich kommt.

Beide Lehrkräfte konnten sich eine Unterrichtseinheit aussuchen, in der sie Schreiben integrieren wollten: Cindys Unterrichtseinheit beschäftigte sich mit limitierenden Reaktanden und Laras Unterrichtseinheit mit Kinematik (Drehbewegung, Zentripetalkraft, Gravitationszentrum). Für diese Unterrichtseinheiten wurden Aufgaben aus verschiedenen Internetquellen benutzt, die dann dem allgemeinem Format von WERQ angepasst wurden. Abbildung 1 zeigt zwei Beispiele derartig modifizierter WERQ. Auf der Grundlage von Ergebnissen einer vorherigen Studie zum Schreiben im naturwissenschaftlichen Unterricht (Nieswandt/Bellomo 2009) wurden die WERQ mit Bildern angereichert, die das in Worten beschriebene Szenario abbilden und von den Lernenden benutzt werden konnten, um die Konzepte zu erklären.

Cindy und Lara konnten selbst bestimmen, wie sie die WERQ einsetzten wollten, ob als Hausaufgabe, Quiz, Test oder Lernaufgabe während des Unterrichts, und in welchen Klassen. Sie mussten außerdem ihre eigenen Bewertungskriterien für die Erfassung und Bewertung der Schülerarbeiten entwickeln.

Obwohl beide Lehrkräfte großes Interesse an der Integration von Schreibaktivitäten in ihren naturwissenschaftlichen Unterricht zeigten, verfügten sie über keine pädagogischen Strategien, wie das freie Schreiben unterrichtlich integriert werden kann oder über sprachwissenschaftliches Hintergrundwissen, von dem sie derartige Strategien ableiten konnten. Das Einbinden von neuen Inhalten oder das Ausprobieren von neuen Unterrichtsstrategien ohne vorherige Weiterbildung ist für viele Lehrende normale Schulall-

---

      stellen außerdem fast ausschließlich Lehrende ein, die nicht in der Gewerkschaft organisiert sind.

3   SchülerInnen, die kognitive, physische und/oder verhaltensspezifische Unterstützung benötigen, sind in den USA in das allgemeine Schulsystem integriert. Je nach Ausmaß der benötigten Unterstützung, die durch diagnostische Tests bestimmt wird, erhalten sie zusätzliche Förderung während des Unterrichts (sogenannte *individualized education programs*) durch sonderpädagogische ExpertInnen.

tagsroutine. Sie passen Inhalte und Strategien den Bedürfnissen und Voraussetzungen ihrer Lernenden an. Derartige Modifikationen können von den beabsichtigten Zielen der pädagogischen Ansätze abweichen oder zu Missverständnissen hinsichtlich beabsichtigter Lehrstrategien führen.[4] Da es Ziel dieser Studie war, herauszufinden, wie Lehrende die WERQ in ihren naturwissenschaftlichen Unterricht integrieren, und auf welche Herausforderungen sie bei der Umsetzung treffen, erhielten Cindy und Lara keine Anleitungen, wie sie die WERQ in ihren Unterricht einbinden oder die Schreibergebnisse ihrer Lernenden beurteilen sollten. Sie wurden lediglich darüber informiert, dass auf der Grundlage von Forschungen die WERQ als ein Mittel angesehen werden können, das naturwissenschaftliche Wissen von Lernenden zu entwickeln, zu vertiefen und das Gelernte zu konsolidieren.

Konzept: Gravitationszentrum

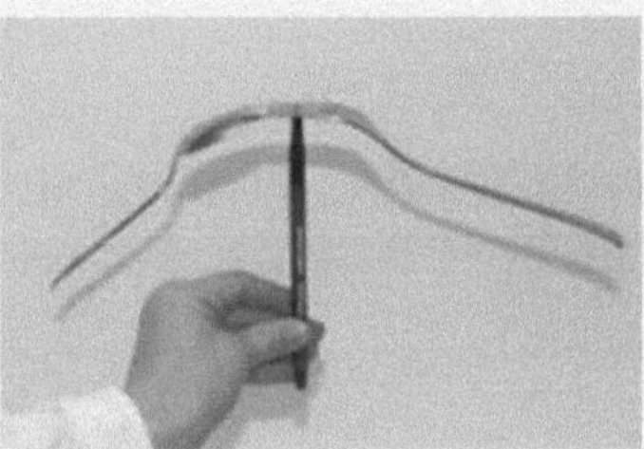

Eine Gabel und ein Löffel werden auf einem Bleistift balanciert. Der Bleistift ist am Ort stabil und unterstützt die Gabel und den Löffel. Wie ist das möglich?

Reference: Kim, Hi (1994). Showy Science: Exciting Hands-on Activities. Tuscon, AZ: Good Year Books.

---

4   Ein gutes Beispiel für ein derartiges Missverständnis ist die Interpretation von *scientific inquiry*, was in den USA einerseits als eine Methode, die Entdecken und Forschen zur Grundlage des naturwissenschaftlichen Unterrichts macht, verstanden wird. Andererseits wird mit dem Konzept eine bestimmte Form von Unterrichtsaktivitäten (Anderson 2002) bezeichnet, die auf dem Kontinuum zwischen geführten bis zu offenen Lern- und Arbeitsformen liegen können (Martin-Hansen 2002). Viele naturwissenschaftliche Lehrkräfte sehen *scientific inquiry* als eine Unterrichtsaktivität an, die den Lernenden keine Parameter und Strukturen vorgibt.

Konzept: Limitierende Reaktanden

Wenn eine Kerze in einem offenen Raum brennt, dann wird das Kerzenwachs lange vor dem Sauerstoff in der Luft verbraucht sein. Wird die brennende Kerze jedoch in ein geschlossenes Gefäß gesetzt, dann ist der Sauerstoff sehr schnell verbraucht, und das Kerzenwachs bleibt übrig. Verdeutliche mit Hilfe deines Wissens von Stöchiometrie, was limitierende Reaktanden und prozentualer Ertrag bedeuten.

Reference:
http://www.mskeever.com/Chemistry%20Pages/chemistry%20notes%20pdf%20files/30
LimitingReactantsPercentYield.pdf

Abb. 1: Beispiele von WERQ

Nachdem Cindy und Lara ihren Lernenden die WERQ zur Bearbeitung gegeben und deren Antworten beurteilt hatten, wurden beide von mir in einem Online-Interview nach ihrem Einsatz der WERQ befragt. Die Fragen richteten sich auf den methodischen Einsatz der WERQ im Unterricht (wie, wie oft und mit welchen Kriterien für die Bewertung der Schülerleistungen), auf die Reaktion der Lernenden auf die WERQ und auf Schwierigkeiten beim Einsatz (z.B. sprachliche Probleme der Lernenden mit dem Schreibprozess oder fachliche Lücken, die das Schreiben erschwerten). Weitere Fragen bezogen sich auf das Vermögen der Lehrenden, ohne Anleitung, eine Beurteilungsskala oder ein Kriterienraster für die WERQ zu entwickeln, und auf ihre Eignung als ein Mittel zum Nachweis des Gelernten. Abschließend fragte ich Cindy und Lara, welche Unterstützung sie oder ihre KollegInnen benötigen würden, um WERQ sinnvoll in ihren alltäglichen naturwissenschaftlichen Unterricht einzugliedern.

3.2 Ergebnisse und Diskussion

Sowohl Cindy als auch Lara fügten unabhängig voneinander WERQ in einen Test ein, den sie im Anschluss an ihre Unterrichtsreihen über vier Unterrichtsstunden (je 75 Minuten) durchführten, und der das Wissen der SchülerInnen über die erarbeiteten naturwissenschaftlichen Konzepte der Unterrichtsreihe erfassen sollte. Cindy benutzte den Test in fünf verschiedenen Chemieklassen (n=97) der 10. Jahrgangsstufe, die sich voneinander in den Leistungsstufen der Lernenden unterschieden: zwei reguläre Chemieklassen, zwei leistungsstärkere Chemieklassen (sogenannte „*honors classes*“) und eine akademisch-orientierte Chemieklasse, die von Universitäten anerkannt wird (sogenannte „*advanced placement – AP – classes*"). Lara setzte den Test mit den WERQ in vier verschiedenen regulären Physikklassen (n=74) der 11. Jahrgangsstufe ein.

Cindy und Lara erklärten, dass ihre Lernenden vor dem Test keine Erfahrung mit den WERQ hatten, und beide betonten, nachdem sie die Antworten ihrer SchülerInnen beurteilt hatten, dass es notwendig sei, die Lernenden mit derartigen Fragen vertraut zu machen, sie regelmäßig im Unterricht zu benutzen und als Hausaufgabe zu stellen. Die Betonung des erweiterten Einsatzes von WERQ hatte jedoch unterschiedliche Gründe. Für Cindy sind WERQ ein Diagnoseinstrument zur Erfassung der kognitiven Fähigkeiten ihrer Lernenden. Sie betont, dass die Komplexität der WERQ von ihren SchülerInnen Fähigkeiten verlangt, die sie für das erfolgreiche Bestehen der obligatorischen standardisierten Tests und als Vorbereitung für die Universität benötigen. Lara hingegen betrachtete WERQ als eine alternative Methode der Leistungserfassung und -beurteilung, die ihren SchülerInnen erlaubt, ihr Wissen und Verständnis von physikalischen Konzepten in einem zusammenhängend formulierten Text zu demonstrieren – im Gegensatz zu den bisher üblichen und bei den SchülerInnen auf Ablehnung stoßenden algebraisch orientierten Testaufgaben. Viele ihrer Lernenden hatten Schwierigkeiten mit Algebra und übertrugen mit Mathematikunterricht verbundene Leistungsängste auf den Physikunterricht, wenn sie mit mathematischen Operationen konfrontiert wurden. Lara berichtete, dass ihre Lernenden erleichtert waren, als sie den Physiktest mit den neuen Aufgaben ohne zwingende mathematische Berechnungen bekamen. Cindys SchülerInnen zeigten hingegen Ablehnung und Widerwillen, schriftliche Antworten zu produzieren, und behaupteten, dass sie die Fragen nicht verstehen würden. Dieses Phänomen ist nicht ungewöhnlich; Lernende reagieren oft widerstrebend auf das Schreiben im naturwissenschaftlichen Unterricht (Nieswandt 1997). Schreibaufgaben sollten daher regelmäßig in den Unterricht eingebunden werden, damit die Lernenden Schreiben als Mittel zum sinnvollen Verstehen naturwissenschaftlicher Konzepte erfahren und akzeptieren können.

Die positiven emotionalen Reaktionen von Laras SchülerInnen auf die WERQ können genutzt werden, um den Physikunterricht interessanter zu machen. Physik wird häufig als das schwierigste der naturwissenschaftlichen Fächer angesehen, da es mathematisch orientiert ist und weil es für viele Lernenden in den amerikanischen High Schools Mathematik das am wenigsten beliebte Unterrichtsfach ist (Ma 1997). Negative Einstellungen zur Mathematik werden dann auf einen algebraisch orientierten Physikunterricht übertragen. WERQ und andere Schreibaufgaben, die sich an konzeptuellen physikalischen Unterrichtsinhalten orientieren, können das Interesse der Lernenden an Physik eher wecken und erhalten als ein traditionell ausgerichteter Physikunterricht mit seiner Vielzahl von mathematischen Operationen. Interessenforschung hat den Zusammenhang zwischen Interesse, Engagement und Verstehen von naturwissenschaftlichen Konzepten aufgezeigt (Nieswandt 2007; Hidi/Renninger 2006). Eine regelmäßige Einbindung von WERQ in Laras Physikunterricht könnte daher das Interesse an Physik wecken, auf längere Zeit erhalten bleiben und gleichzeitig ein tieferes Verstehen der physikalischen Konzepte anbahnen. Es sollte jedoch betont werden, dass mathematische Operationen letztendlich für das Verstehen und Anwenden von Physik notwendig sind. Wenn es Ziel des Physikunterrichts ist, die SchülerInnen auf Berufe und Universitätsstudien vorzubereiten, die physikalische Konzepte benutzen und anwenden, dann müssen die Lehrenden zum tieferen Verständnis physikalischer Konzepte die Mathematik gezielt in den Physikunterricht einbinden. Wurde das Interesse an Physik zunächst durch einen kontextgebundenen, konzeptuellen Unterricht geweckt und stabilisiert, dann mögen mathematische Operationen weniger abschreckend und eher verständlich sein.

Die widersprüchlichen Reaktionen von Cindys und Laras SchülerInnen auf WERQ und Cindys und Laras unterschiedliche Gründe für eine regelmäßige Einbindung der WERQ in ihren naturwissenschaftlichen Unterricht können auch vor dem Hintergrund der strukturellen und schulpolitischen Besonderheiten beider Schulen diskutiert werden. Obwohl beide Schulen betonen, dass sie ihre Lernenden auf unsere gegenwärtige und zukünftige Gesellschaft vorbereiten, (Hoover: „ ... um erfolgreiche und produktive Mitglieder in einer globalen Gesellschaft zu werden"; MSA: „ ... auf ein Leben in einer sich stetig verändernden Welt vorzubereiten")[5], unterscheiden sich die Schulen in ihrem Selbstbild und öffentlichem Image. MSA ist eine Charterschule, die trotz niedriger Leistung in den naturwissenschaftlichen und mathematischen staatlichen Tests den Anspruch erhebt, ihre Lernenden auf Universitätsstudien vorzubereiten. MSA wird außerdem von der örtlichen Universität, die ihre Gründung nachhaltig vorangetrieben hat, als eine Art Laborschule betrachtet, in der neue Unterrichtsmethoden erprobt und diverse Lehr-Lernforschungsprojekte durchgeführt werden. Hoover, eine Nachbarschaftsschule mit niedrigen staatlichen Testleistungen in allen Fächern, ist auf berufliche Ausbildungsprogramme für die Lernenden fokussiert. Derartige Selbstzuweisungen und Zielorientierungen beeinflussen sicherlich sowohl die Selbstwertzuschreibungen der Lernenden hinsichtlich ihrer akademischen Fähigkeiten als auch die Vorstellungen und Einschätzungen der Lehrenden bezüglich der akademischen Fähigkeiten ihrer SchülerInnen (Urdan 2004). Summer und Davis (2006) verweisen auf die positiven Effekte, die Lehrende und Schulverwaltung auf das Lernen und die Motivation der Lernenden haben können, wenn sie sich über den sozialen Kontext des Klassenzimmers und der Schule bewusst sind und negative Einstellungen entsprechend ändern. Sowohl Cindys als auch Laras Antwort auf die Frage, wie sie die WERQ am besten in ihren alltäglichen naturwissenschaftlichen Unterricht integrieren können, enthüllen nicht nur die Ziele ihrer Schulen, sondern auch ihre Bemühungen, ihren Lernenden die besten Lernbedingungen zu ermöglichen, die ihnen zukunftweisende Perspektiven eröffnen. Lara sieht die WERQ, die physikalische Konzepte mit wenig oder ohne Mathematik erklären, als Mittel zum Bestehen des Physikkurses, der ihren Lernenden den High School Abschluss

---

5   Diese Zitate stammen von den Webseiten der Schulen, die jedoch auf Grund von Datenschutz hier nicht aufgeführt werden.

näher bringt, während Cindy die WERQ als Vorbereitung ihrer SchülerInnen für die Universität betrachtet.

Hinsichtlich der zweiten Forschungsfrage („Initiieren und unterstützen WERQ ein sinnvolles Verstehen naturwissenschaftlicher Konzepte?") kann auf der Grundlage der Bewertungen der Schülertexte und meiner eigenen Analyse gesagt werden, dass die Mehrzahl der Antworten der Lernenden eher ein geringes konzeptionelles Verstehen nachweisen. Zur Beurteilung der Schülertexte wurden vier Schritte des von Nieswandt und Bellomo (2009) entwickelten sechs-schrittigen Analyseverfahrens angewandt: Untergliederung der Antworten in Abschnitte, die verschiedene Ideen und Gedanken widerspiegeln, Hervorhebung von genannten Fachbegriffen in jedem Abschnitt oder wenn diese nur umschrieben werden, dann Benennung des Fachbegriffs, Zuordnung jedes Fachbegriffs oder Umschreibung eines Fachbegriffs zu einer von drei konzeptuellen Ebenen (deskriptiv, hypothetisch und theoretisch) und Vergleich und Klassifizierung (richtig/falsch) jedes Abschnitts, der einen Fachbegriff oder eine Umschreibung enthält, mit einer exemplarischen Antwort. Während der Auswertung der Antworten kristallisierte sich eine vierte konzeptuelle Ebene heraus: die „intuitive Ebene", die Alltagsvorstellungen widerspiegelt.

Tab. 1:   SchülerInnen Antworten (n = 74) von Laras Klassen – Häufigkeit und Prozentanteil kategorisierter Segmente

Kategorie	Bestimmungsmerkmale der Kategorie	Beispiele von Antworten der SchülerInnen[6] (*Schülernummer # und identifiziertes Kriterium*)	Häufigkeit	Prozent (%)
T	Definition oder Verständnis des Zusammenwirkens von Gravitationszentrum und Unterstützungsfläche	Wenn man die Gabel und den Löffel auf dem Bleistift balanciert, verändert sich das Gravitationszentrum aller drei Objekte. Die drei Objekte wirken zusammen, um stabil zu bleiben. Das Gravitationszentrum aller drei Objekte liegt auf dem Bleistift, so dass alle stabilisiert werden. *(#69)*	1	0.9
H	Lokalisieren des Gravitationszentrum, gleiche Masse	Es ist möglich, wenn die Person den exakten Mittelpunkt des Objekts findet, um das Teil zu platzieren. Wenn Gabel und Löffel auf dem Bleistift platziert werden, teilen sie ihre Gravitationszentren. *(#68)*	3	2.7

6   Aus dem Englischen sinnerhaltend übersetzt.

D	Wie Aufwärts- und Abwärtskräfte wirken; Lokalisieren des Gravitationszentrums; Balancieren auf dem Gravitationszentrum	Das Gravitationszentrum des Bleistifts könnte in der Mitte sein; die Gabel und der Löffel werden gleichmäßig in der Mitte des Bleistifts ausbalanciert, und die Gabel ist außerdem mit den anderen verbunden, sodass der Bleistift sie gleichmäßig stützen kann. *(#49)* Dies ist möglich, weil der Bleistift als eine stützende Kraft zwischen der Gabel und dem Löffel wirkt, das heißt also, im Grunde ist der Bleistift das Gravitationszentrum, der auf die beiden Objekte wirkt. *(#64)* Dies ist möglich, weil das Gravitationszentrum es möglich macht. Die Kraft auf den Bleistift geht nach oben, und die Kraft des Löffels und die Kraft auf die Gabel gehen nach unten. (#72)	22	19.6
I	Gleiche Massen; ausgeglichene Massen; gleiche Massen der Objekte; rechtwinklige Anordnung des Löffels und des Bleistifts; Verbindung von Löffel und Gabel; Missverständnis: Gravitationszentrums des Systems; der Bleistift als Stütze; Anfechten der Fragestellung; Auf-und Abwärtskräfte	Es ist auch möglich, weil der Löffel in die Spitzen der Gabel gedrückt wird, sodass die Gabel ihn festhält *(#35: Verbindung von Löffel und Gabel)* Der Bleistift steht gerade und der Löffel und die Gabel stützen beide Seiten *(#36: rechtwinklige Anordnung der Gabel und des Löffels)* Es ist so, weil der Löffel und die Gabel gleichviel wiegen, so kann der Bleistift nicht umfallen. *(#43: gleiche Massen)* Es scheint unmöglich zu sein, aber das Gewicht drückt den Bleistift nach unten und treibt diesen in den Schreibtisch, den Grund, Fußboden usw. Das macht ihn sehr stabil, sodass die Gabel und der Löffel darauf balanciert werden können. *(#47: Abwärtskräfte)*	86	76.8

Anmerkung: Die Antworten der SchülerInnen können eine oder mehrere der aufgelisteten Antworttypen beinhalten.

Legende:

T: Theoretische Konzepte – können nicht direkt beobachtet werden; sind akzeptiert auf der Grundlage zusätzlicher Informationen und Theorien.

H: Hypothetische Konzepte – können nicht direkt beobachtet werden; würde man jedoch lange genug warten, dann könnten diese Konzepte beobachtet und beschrieben werden. Hier auch hypothetische Annahmen und Hybridkonzepte; letztere sind eine Mischung aus Alltagsvorstellungen und theoretischen und/oder beschreibenden Konzepten.

D: Beschreibende Konzepte – ordnen und beschreiben Erfahrungen.

I: Intuitiv – Alltagsvorstellungen.

Tab. 2: SchülerInnen Antworten (n = 97) von Cindys Klassen – Häufigkeit und Prozentanteil kategorisierter Segmente

Kategorie	Bestimmungsmerkmale der Kategorie	Beispiele von Antworten der SchülerInnen[7] (*Schülernummer # und identifiziertes Kriterium*)	Häufigkeit	Prozent (%)
T	Identifikation von begrenzenden Reaktanden (Wachs/Kerze, Sauerstoff); Verständnis des Reaktionsverhältnisses (Kohlenstoffdioxid → bedeutend für Stöchiometrie)	Also die Flamme verbrennt die Kerze während der Sauerstoff absorbiert wird, aber da es einen unbegrenzten Anteil von Sauerstoff gibt, geht das Wachs schneller zu Ende. *(#7: Identifikation des Überschussreaktionsmittels)* Am Anfang ist das begrenzte Reaktionsmittel das Wachs und der Überschuss ist der Sauerstoff. Da Sauerstoff nie begrenzt ist, ist er überschüssig. *(#9: Identifikation von Begrenzung)* In diesem Prozess ist das begrenzte Reaktionsmittel der Sauerstoff, weil es der Stoff ist, der ausgeht, und der Überschuss ist das Wachs, weil es länger reicht als der Sauerstoff. *(# 13: Identifikation des begrenzten und überschüssigen Reaktionsmittels)*	43	11.7

---

7   Aus dem Englischen sinnerhaltend übersetzt.

		Der prozentuale Ertrag wird uns zeigen, um welchen Prozentsatz die Kerze abgebrannt ist wegen des Sauerstoffs. *(#56: Definition des prozentualen Ertrags)*		
H	Zufallsunterschied durch den verhältnismäßigen Anteil der Reaktionsmittel; hypothetische Situation	Wenn du zum Beispiel in einer Kiste bist und diese schließt, wird dir die Luft ausgehen. *(#62: Zufallsunterschied durch den verhältnismäßigen Anteil der Reaktionsmittel)* Eine andere Theorie könnte sein, dass die Kerze sehr klein ist und abbrennt, bevor der Sauerstoff ausgeht, aber es besteht nur eine geringe Wahrscheinlichkeit, dass das passiert. *(#71: hypothetische Situation)*	8	2.1
D	Umgebungsbedingte Beschreibung in Verbindung mit der Reaktion (wenn ein Gefäß offen/ geschlossen ist, die Kerze/ das Wachs verbrennt/ verbraucht wird; wenn sich eine Kerze in einem offenen Raum/in einem Gefäß mit geschlossenem Deckel befindet, die Kerze war/ist...); begrenzte Menge des Sauerstoffs oder der Luft/des Wachses oder der Kerze; stöchiometrische Verhältnisse, Sauerstoff ist notwendig für eine Verbrennung	Wenn eine Kerze in einem offenen Raum brennt, wird das Wachs der Kerze ausgegangen sein, lange bevor all der Sauerstoff in der Luft aufgebraucht ist. *(#27: Sauerstoff als begrenztes Reaktionsmittel)* Anders als das Gefäß, wenn du den Deckel schließt, bleibt der Sauerstoff da drin und nichts geht rein oder raus. *(#33: begrenzte Menge des Sauerstoffs)* Der Grund, warum es die Kerze ist, ist, dass es so viel Luft gibt, dass die Kerze schneller abbrennt, da es mehr Luft gibt. *(#39: Überschussreaktionsmittel)* Wenn eine Kerze in einem offenen Raum brennt, gibt es eine chemische Reaktion und weil es überschüssigen Sauerstoff gibt, denke ich, dass das begrenzte Reaktionsmittel in dieser Reaktion das Wachs ist. *(#46: Wachs als begrenztes Reaktionsmittel)*	185	50.3

		Also, es muss ein Gleichgewicht zwischen dem Wachs und dem Sauerstoff geben, sodass beide reagieren können, ohne Reste der Reaktanden zu hinterlassen *(#46: stöchiometrisches Verhältnis)*		
I	Verdunstung, Schmelzen, Hitze, Wind, Temperatur; bedeutungslose Beschreibung der Reaktion; Reaktionsprodukt kann das Gefäß nicht verlassen; Sauerstoff als Verbrennungsprodukt; Missverständnis der Definition des prozentualen Ertrags	Und wenn es abgedeckt ist, brennt es, aber was abgegeben wird, kann nirgendwo hin und geht nur hin und her und hinterlässt das Wachs. *(#55: Das Reaktionsprodukt kann das Gefäß nicht verlassen)* Die Kerze wird schneller ausgehen als der Sauerstoff in der Luft wegen der Raumtemperatur und weil Luft und Sauerstoff niedriger sind, blasen sie die Kerze aus. *(#70: Wind, Temperatur)* Wenn die Kerze Luft hätte und nicht in einem Gefäß wäre, würde sie brennen und Sauerstoff abgeben. *(#75: Sauerstoff als Verbrennungsprodukt)* Der prozentuale Ertrag des Sauerstoffs ist größer als der Ertrag deiner Kerze. *(#77: Missverständnis der Definition des prozentualen Ertrags)* Wenn eine Kerze in einem offenen Raum ist, brennt sie länger, weil sie in freier Luft ist, und wenn sie in einem geschlossenen Gefäß ist, verdunstet sie und lässt das Wachs zurück, weil die Hitze im Gefäß bleibt und nirgendwohin kann. *(#88: Hitze, Verdunstung)* Ich glaube, dass die Kerze in dem geschlossenen Gefäß schnell verbrennen wird, weil es ohne Luft sehr heiß in dem Glas werden wird. *(#93: Hitze)*	132	35.9

Anmerkung: Die Antworten der SchülerInnen können eine oder mehrere der aufgelisteten Antworttypen beinhalten.

Legende:

T: Theoretische Konzepte – können nicht direkt beobachtet werden; sind akzeptiert auf der Grundlage zusätzlicher Informationen und Theorien.

H: Hypothetische Konzepte – können nicht direkt beobachtet werden; würde man jedoch lange genug warten, dann könnten diese Konzepte beobachtet und beschrieben werden. Hier auch hypothetische Annahmen und Hybridkonzepte; letztere sind eine Mischung aus Alltagsvorstellungen und theoretischen und/oder beschreibenden Konzepten.

D: Beschreibende Konzepte – ordnen und beschreiben Erfahrungen.

I: Intuitiv – Alltagsvorstellungen.

Tabelle 1 und 2 zeigen die Ergebnisse meines Analyseverfahrens am Beispiel von zwei WERQ. Der Hauptanteil der Antworten von Laras SchülerInnen wurde als intuitiv eingeordnet (76.8%; siehe Tabelle 1), während nur 35.9 % der Antworten von Cindys SchülerInnen in diese Kategorie fallen (siehe Tabelle 2). Der größte Teil der Antworten von Cindys SchülerInnen wurde der deskriptiven Kategorie zugeordnet (50.3%); und 11.7 Prozent der Antworten lassen ein theoretisches Verständnis von limitierenden Reaktanden erkennen. 19.6 % der Antworten von Laras SchülerInnen fallen in die deskriptive Kategorie und lediglich eine Schülerantwort zeigt theoretisches Verstehen.

Die WERQ enthielten zusätzliche Informationen wie Bilder und Nennung der zu diskutierenden naturwissenschaftlichen Konzepte, die den Lernenden Hinweise für das Formulieren sinnvoller Antworten geben sollten. Angesichts des niedrigen Anteils von Antworten, die ein Begreifen der zugrundeliegenden naturwissenschaftlichen Konzepte widerspiegeln, kann davon ausgegangen werden, dass für die SchülerInnen in Laras und Cindys Klassen die gegenwärtige Struktur der WERQ nicht mit ihren fachlichen und sprachlichen Fähigkeiten korrespondiert. Diese Lernenden scheinen mehr Übung mit dem WERQ-Format und zusätzliche Hilfestellungen zu benötigen. Auf Grund dieser Ergebnisse schlage ich vor, die Lernenden durch zusätzliche Informationen und Scaffolds oder konvergente Fragen schrittweise auf die Beantwortung der eigentlichen WERQ hinzuführen. In Bezug auf die bei dieser Studie verwendeten Beispiele schlage ich die folgenden Änderungen für die in Abbildung 1 dargestellte Aufgabe („Gravitationszentrum") vor: Das Bild wird mit zusätzlichen Informationen angereichert, z.B. Pfeile, die auf die Basis der Unterstützung und das Zentrum der Schwerkraft zeigen. Die Lernenden sollen dann erklären, was diese beiden Begriffe bedeuten (Teilaufgabe 1 und 2). Abbildung 2 zeigt die revidierte Aufgabe. Die Teilaufgaben 1 und 2 sind Verständnisfragen, die sich auf bereits gelernte Inhalte zur Schwerkraft beziehen und Faktenwissen verlangen. Die dritte Teilaufgabe, die fragt, wie es möglich ist, dass der Bleistift den Löffel und die Gabel – wie im Bild gezeigt – balancieren kann, verlangt hingegen eine Transferleistung des Konzepts der Schwerkraft und erfordert höhere kognitive Fähigkeiten als die ersten beiden Teilaufgaben.

Konzept: Gravitationszentrum

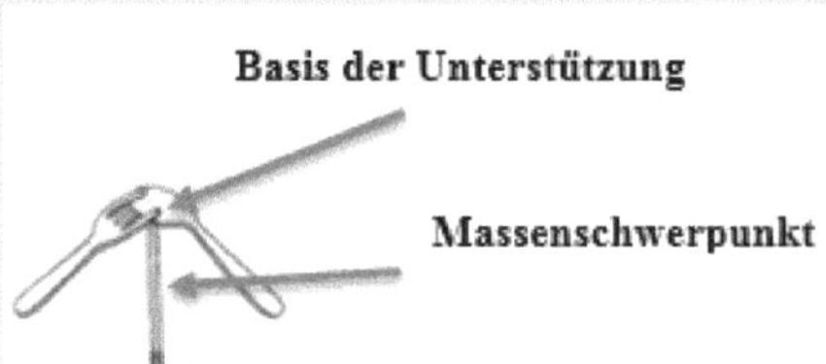

1. Was bedeutet „Massenschwerpunkt"?
2. Was bedeutet „Basis der Unterstützung"?
3. Eine Gabel und ein Löffel werden auf einem Bleistift balanciert. Der Bleistift ist am Ort stabil und unterstützt die Gabel und den Löffel. Wie ist das möglich?

Konzept: Limitierende Reaktanden

Kerze 1

Kerze 2

Fragestellung: Wird eine brennende Kerze in ein offenes Glasgefäß gestellt (Kerze 1), dann wird das Kerzenwachs nach einer Weile verschwunden sein. Wird die brennende Kerze hingegen in ein geschlossenes Glasgefäß gestellt (Kerze 2), dann wird die Kerzenflamme schnell erlöschen, und das Kerzenwachs bleibt übrig.

1. Identifiziere die limitierenden Reaktanden in diesem Experiment.
2. Was bedeutet „prozentualer Ertrag"?
3. Erkläre den Zusammenhang von limitierenden Reaktanden und prozentualem Ertrag. Berufe dich dabei auf dein Wissen von Stöchiometrie.

Abb. 2: Fragend-entwickelnde WERQ

Solche „Fragend-entwickelnden WERQ" soll allen Lernenden ermöglichen, die Aufgabenstellung zu erfassen und die Tiefe ihres Wissens zu demonstrieren. Eine ähnliche fragend-entwickelnde Struktur wurde für die „limitierende Reaktanden"-WERQ angewandt. Die überarbeitete Aufgabe beinhaltet nun zwei verschiedene Bilder von Kerzen in einem Glas: Kerze 1 steht in einem Glas ohne Deckel und Kerze 2 in einem Glas und einem übergestülptem Glaszylinder. Der Text unter den Bildern beschreibt mit Bezug auf die beiden Kerzen ein hypothetisches Szenario, also ein Phänomen, das beobachtet werden kann, gefolgt von zwei Verständnisfragen, die es den Lernenden ermöglichen, ihr Faktenwissen von limitierenden Reaktanden und prozentualem Ertrag darzulegen. Derartige Teilfragen sind eine kognitive Entlastung für die Lernenden, da Schritt für Schritt nach eindeutigen Konzeptdefinitionen gefragt wird. Den Lernenden wird zunächst fragend-entwickelnd ihr Verständnis verschiedener Konzepte aus dem Unterricht entlockt. Das schriftlich niedergelegte Wissen steht ihnen dann für das Verfassen der Erklärung des Phänomens bildlich (auf dem Papier oder auf dem Computerbildschirm) zur Verfügung. Die Erklärung des Phänomens durch das Kombinieren dieser dargelegten Konzepte sollte den Lernenden dann leichter fallen. Zukünftige Forschung muss jedoch zeigen, ob derartige fragend-entwickelnde WERQ den Lernenden ermöglichen, ihr naturwissenschaftliches Wissen darzustellen, oder ob es ihnen leichter fällt, die ursprünglichen, komplexen WERQ zu beantworten, wenn sie mit diesem Format vertraut sind.

4 Schlussfolgerungen und Implikationen für die Unterrichtspraxis

Beide Lehrerinnen in meiner Studie hatten die WERQ bereitwillig in ihren naturwissenschaftlichen Unterricht eingebunden; der Schwerpunkt lag jedoch auf deren Gebrauch als Werkzeug der Leistungserfassung und -bewertung. Die Vorstellung, dass die WERQ als Mittel zur Erfassung von Alltagsvorstellungen zu Beginn einer neuen Unterrichtsreihe oder zur Entwicklung von neuen naturwissenschaftlichen Konzepten benutzt werden können (Draper 2010; Moje 2008), kam weder Cindy noch Lara in den Sinn. Erst nachdem sie die WERQ in ihren Tests zur Überprüfung gelernter Inhalte einer Unterrichtsreihe eingesetzt hatten und die Antworten ihrer SchülerInnen nicht den gewünschten Wissenserwerb, sondern vorwiegend deren Alltagsvorstellungen aufzeigten, erkannten sie das Potential der WERQ für das Lernen im naturwissenschaftlichen Unterricht. Sie diskutierten verschiedene Einsatzmöglichkeiten wie das Einfügen von kurzen Szenarios und Fragen im Verlaufe einer Unterrichtseinheit und von komplexen WERQ im Test am Ende einer Unterrichtseinheit. Ähnlich wie in Adams' und Peggs (2012) Forschungsprojekt, das untersuchte, in welcher Weise Mathematik- und Naturwissenschaftslehrende fachgebundene sprachliche Lernaktivitäten in ihren Unterricht einbinden, waren Cindy und Laras Gründe für die Umsetzung der WERQ von ihren pädagogischen Zielen und den lokalen schulischen Bedingungen beeinflusst. Obwohl die pädagogischen Ziele unterschiedlich waren (akademisch versus berufsbildend), wollten beide ihre SchülerInnen zu einem sinnvollen Verstehen naturwissenschaftlicher Konzepte führen.

Schreiben und Sprachlernaktivitäten werden als Mittel zum fachunterrichtlichen Lernen angesehen. Sie unterstützen die Lernenden, während sie sich in naturwissenschaftliche Prozesse engagieren und durch diese Beschäftigung ein Verständnis naturwissenschaftlicher Konzepte entwickeln (Draper 2010; Moje 2008). Draper (2010) betont, dass sich fachgebundene sprachliche Grundbildung im Sekundarbereich auf sinnstiftende Prozesse und auf das Verstehen und Engagieren der Lernenden mit authentischen, fachgebundenen Aktivitäten beziehen soll. Die neuen nationalen US-Standards für den naturwissenschaftlichen Unterricht (NGSS, Achieve 2013) sowie gegenwärtige, auf konstruktivistisches Lernen aufbauende naturwissenschaftliche Unterrichtsmethoden unterstreichen einen schülerorientierten Unterricht, der natur- und ingenieurwissenschaftliche Prozesse, schulstufenübergreifende Konzepte und zentrale disziplinäre Konzepte verstärkt berücksichtigt. Organisieren, Analysieren, Interpretieren, Argumentieren und Kommunizieren von Ideen und Ergebnissen sind naturwissenschaftliche und sprachliche Prozesse. Die Integration des Schreibens sinnentwickelnder Texte in diese Prozesse hat daher das Potential, diese zu vertiefen und Beziehungen zwischen naturwissenschaftlichen Konzepten zu begreifen (Burns 2004; Holliday/Yore/Alvermann 1994).

Adams und Pegg (2012) betonen, dass die Art und Weise, mit der Lehrende fachgebundene reflektierte Spracharbeit in ihren Unterricht einbinden, von ihren bisherigen Erfahrungen mit derartigen Strategien abhängt, und auf der Grundlage der Ergebnisse der hier beschriebenen Studie auch davon, ob die Lehrenden offen für reformorientierte Unterrichtsmethoden sind. Weder Lara noch Cindy hatten Vorerfahrungen mit WERQ, weshalb ihre Vorstellungen, wie sie diese in ihren Unterricht einfügen konnten, limitiert waren. Aber beide Lehrerinnen waren offen für reformorientierten Unterricht. Lara hatte an einer örtlichen Universität in einem 3-jährigen Weiterbildungsprogramm zum *inquiry-based* Unterricht teilgenommen, also einem Unterricht, der schüleraktives entdeckendes und forschendes Lernen betont, und setzte möglichst viel von dem, was sie gelernt hatte, in ihrem Physikunterricht um. Lara und Cindy waren parallel zu ihrer Vollbeschäftigung als Physik- bzw. Chemielehrerin in einem DoktorandInnenprogramm der Naturwissenschaftsdidaktik an einer örtlichen Universität eingeschrieben, das sich auf *scientific inquiry* und *Nature of Science* (NOS), also das Wesen der Naturwissenschaften, konzentrierte. Cindy erklärte, dass sie regelmäßig Unterrichtsstunden nach dem Prinzip des *inquiry-based learning* in ihren Chemieunterricht einfügt; und ihre Doktorarbeit hat NOS der Chemie zum Thema. Jedoch keine dieser Erfahrungen bereiteten Cindy und Lara auf die Integration von Schreiben in den Chemie- und Physikunterricht vor. Beide Lehrerinnen hätten von einer Weiterbildung profitiert, die Wege der Einbindung von Schreibaufgaben (i.e., WERQ, fragend-entwickelnde WERQ) in den Mittelpunkt stellt und ihnen gleichzeitig Möglichkeiten bietet, durch selbstständige Erarbeitung zu erkennen, wie derartige Aufgaben mit ihrer Intention, die naturwissenschaftliche Bildung ihrer Lernenden zu fördern, übereinstimmen. Glen und Dotger (2013) betonen die Notwendigkeit von Weiterbildungsseminaren, in denen die LehrerInnen lernen, wie und warum NaturwissenschaftlerInnen schreiben, und in denen Modelle erarbeitet werden, wie sie derartiges Schreiben in ihre Unterrichtsstunden nach dem Prinzip des *inquiry-based learning* einfügen, und schließlich wie sie Konzepte, die sich auf NOS, also auf das Wesen der Naturwissenschaften beziehen, mit Schreibübungen verbinden können. Eine derartige Weiterbildung wäre dann auch ganz im Sinne von Drapers (2010) fachgebundener sprachlicher Grundbildung im Sekundarbereich.

Die meisten Lehrenden erwarten von ihren SchülerInnen, dass sie Beobachtungen notieren, schriftlich berichten, wie sie den Versuch durchgeführt haben, und ihre Ergebnisse in geordneter Form schriftlich festhalten (Glen/Dotger 2013). Obwohl derartiges technisches Schreiben von Versuchsprotokollen Prozesse des Argumentierens und Schlussfolgerns, die für die Arbeit von NaturwissenschaftlerInnen typisch sind, vermissen lässt, kann daran angeknüpft werden, indem den Lehrenden in einem ersten Schritt zum Beispiel erweiterte Modelle von Versuchsprotokollen angeboten werden, die *inquiry-based* Unterricht betonen. Glen und Dotger (2013) argumentieren, dass derartige Schreibaufgaben das Potential haben, sowohl die Fähigkeiten der Lehrenden zu fördern, *inquiry-based* Unterricht durchzuführen, als auch Schreiben als Mittel zum Lernen sinnvoll einzusetzen. Abbildung 3 zeigt ein Versuchsprotokoll für Laborversuche in einem Unterricht gemäß Prinzipien des *inquiry-based learning*, das von den Lernenden verlangt, ihre Argumente, Überlegungen und Schlussfolgerung schriftlich darzulegen. Das geschlossene Format ist sicherlich vielen NaturwissenschaftsdidaktikerInnen bekannt; innovativ sind die explizit formulierten Schreibhinweise und -aufforderungen. LehrerInnen können das Format des Versuchsprotokolls je nach den Anforderungen des Laborversuchs oder den Fähigkeiten und dem Vorwissen ihrer SchülerInnen in den verschiedenen Abschnitten entsprechend modifizieren. In jedem der sieben Abschnitte werden die Lernenden gebeten, ihre Gedanken in eigene Worte und unter Einbeziehung naturwissenschaftlicher Begrifflichkeit schriftlich darzulegen.
Die Lernenden müssen, um Fragen zu beantworten, auf ihre schriftlichen Aussagen in anderen Abschnitten des Versuchsprotokolls zurückgreifen, wodurch wissenschaftliches Denken und systematisches Schlussfolgern angeregt wird. Zum Beispiel sollen die Lernenden eine Versuchsbeschreibung für ihr Experiment entwickeln und dann erklären, warum sie mit dieser Versuchsbeschreibung ihre Hypothese überprüfen können (Abschnitt IV). Wenn die SchülerInnen Beweise für ihre geplante Versuchsdurchführung bringen sollen, dann müssen sie verschiedene Variablen und deren mögliche Interaktion berücksichtigen und diskutieren, wie derartige Interaktionen ihre Versuchsdurchführung beeinflussen können. Fragen wie „Wenn wir dieses verändern, was passiert dann mit dem hier?" führen zu Diskussionen über das Für und Wider verschiedener Versuchsdurchführungen, für die die Lernenden ihr Vorwissen heranziehen und neu gelerntes Wissen mit ihrem Vorwissen verknüpfen müssen. Das Sammeln von Daten, das Beschreiben, was beobachtet wird (Abschnitt V) und die Darstellung der Beobachtungen in verschiedenen Formaten (z.B. Tabellen, graphische Darstellungen, Diagramme etc.;

Abschnitt VI) ermöglicht es den Lernenden, Beziehungen zwischen Variablen zu artikulieren, Strukturen zu beschreiben und zu interpretieren und zwischen Ursache und Wirkung zu unterscheiden.

THEMA: **Name/Datum/Klasse**

I. EINLEITUNG:

Die Einleitung ist ein Textabschnitt, in dem Hintergrundinformationen, die sich auf die Inhalte des Laborversuchs beziehen, dargestellt werden. Du kannst einige Fakten der vorgegebenen Informationen hier einfügen. Insgesamt gesehen soll deine Zusammenfassung jedoch mit eigenen Worten verfasst werden. Andere Informationen für die Einleitung sollen aus unseren Klassengesprächen, deinen Notizen, dem Schulbuch oder anderen Quellen kommen. Du musst deine Quellen entsprechend zitieren. Benutze die Suchmaschine *sweetsearch.com* für verlässliche Quellen.

II. PROBLEM/ZWECK:

Das Problem oder der Zweck des Versuchs wird in der Form einer Frage formuliert (Beispiel: Wie...? Was...? Warum..?) und die Variablen müssen klar und eindeutig benannt werden.

III. HYPOTHESE:

Die Hypothese ist eine Behauptung oder Annahme, die dein im vorherigen Abschnitt formuliertes Problem oder deine Fragestellung beantworten soll. Hypothesen werden folgendermaßen formuliert: „Wenn...dann...“

IV. VERSUCHBESCHRIBUNG, VERSUCHSDURCHFÜHRUNG/MATERIALIEN:

Beschreibe mit eigenen Worten, was du machen willst. Diese Versuchsbeschreibung und -durchführung muss eindeutig formuliert sein, damit jemand anderes versteht, was du gemacht hast, und deinen Versuch wiederholen kann. Erkläre, warum deine Versuchsbeschreibung Antworten zu deiner Hypothese liefern kann. Stelle eine Liste mit Materialien für deinen Versuch zusammen.

V. DATEN/BEOBACHTUNGEN:

Während des Versuchs machst du Beobachtungen; du sammelst Daten. Diese Daten sollen in Form einer Tabelle, einer Zeichnung oder eines Diagramms dargestellt werden. Berechnungen sollen akkurat und präzise sein und Maßeinheiten beinhalten. Beschreibe mit eigenen Worten, was du beobachtet hast. Unterscheide zwischen Ursache und Wirkung.

VI. ERGEBNISSE (AUSWERTUNGSFRAGEN):

Entwickle und benutze Tabellen und graphische Darstellungen, um deine Daten zu interpretieren. Führe einfache statistische Berechnungen durch, um Mittelwerte und die Streuung deiner Daten zu beurteilen. Die Ergebnisse können auf verschiedene Weise dargestellt werden, z.B. durch graphische Darstellungen, Tabellen oder Diagramme. Alle Darstellungsformen müssen entsprechend beschriftet sein und eine Überschrift haben.

> ***VII. SCHLUSSFOLGERUNGEN:***
>
> In diesem Abschnitt fasst du deine Ergebnisse des vorherigen Abschnitts zusammen, beurteilst deine Ergebnisse und benutzt sie als Beweis. Die folgenden Gesichtspunkte müssen bearbeitet werden:
>
> - Unterstützen die Ergebnisse deine Hypothese (Behauptung)? Formuliere Aussagen, die deine Beobachtungen und Daten mit deinem Problem/Zweck verknüpfen. Derartige Aussagen helfen dir, die eigentliche Problemstellung des Versuchs herauszufinden. Beispiel: Dies _____ passierte, weil _____.
> - Schreibe eine Erklärung, die deine Hypothese unterstützt. Beziehe dich zur Unterstützung deiner Hypothese auf bestimmte Daten. Beantworte die folgende Frage: „Wodurch weiß ich, dass meine Hypothese unterstützt wird? Die Antwort zu dieser Frage beinhaltet Beweise, die den „weil"-Teil deiner Behauptung unterstützen.
> - Falls deine Hypothese nicht unterstützt werden kann, dann beschreibe, wie du sie verändern würdest. Wie haben sich deine Vorstellungen auf der Grundlage deiner Daten verändert? Beispiel: Auf der Grundlage meiner Daten in der Tabelle xy würde ich meine Hypothese nun folgendermaßen formulieren: „Falls ..., dann ..."
> - Identifiziere andere Fehlerquellen, die während des Versuchs auftraten. Wie würdest du deine Versuchsbeschreibung verändern, um derartige Fehler zu vermeiden?
> - Was könnten tatsächliche Alltagsanwendungen für das in diesem Versuch Gelernte sein?
> - Welche neuen Fragen oder Empfehlungen für weitere Experimente hast du?
> - Wie beziehen sich deine Empfehlungen und Fragen auf das neu Gelernte?

Abb. 3: Beispiel eines Versuchsprotokolls mit naturwissenschaftlichem Schreiben

In dem siebten und letzten Abschnitt (Schlussfolgerungen) sollen die Lernenden beweisen und begründen, ob die ermittelten Daten ihre Hypothese unterstützen, oder ob die Daten als Anlass herangezogen werden können, um die Hypothese zu modifizieren. Abschließend sollen die Lernenden ihr neu konstruiertes Wissen anwenden, indem sie es mit dem Thema der Unterrichtseinheit in Beziehung setzen, Empfehlungen für weitere Versuche geben, Anwendungsmöglichkeiten beschreiben und neue Fragen auf der Grundlage ihrer Ergebnisse (Beweise) und dem ursprünglichen Problem/Zweck des Laborversuchs formulieren.

Schreiben ist schwierig. Die Lernenden sind meistens nicht mit Schreiben im naturwissenschaftlichen Unterricht vertraut und haben außerdem häufig negative Einstellungen zum Schreiben im (Sach-)Fachunterricht (Klein/Kirkpatrick 2010). Die SchülerInnen müssen lernen, wie sie eine Behauptung formulieren, wie sie Beweise benutzen, um ihre Behauptung zu unterstützen und wie sie in eigenen Worten und in Kombination mit naturwissenschaftlicher Begrifflichkeit ihre Behauptung mit Beweisen begründen. LehrerInnen müssen sowohl das Schreiben als auch den wissenschaftlichen Denk- und

Argumentationsprozess, die dem elaborierten Versuchsprotokoll in Abbildung 3 zugrunde liegen, zunächst modellieren; erst dann und vermutlich Schritt für Schritt können die Lernenden selbstständig in Kleingruppen oder individuell derartige Versuchsprotokolle verfassen und konzeptuelles Wissen erwerben.

Abschließend möchte ich noch einen wichtigen Aspekt des naturwissenschaftlichen Lehrens und Lernens betonen, der häufig unberücksichtigt bleibt, wenn das Potential der schriftlichen Textproduktion für das Lernen naturwissenschaftlicher Konzepte diskutiert wird: die Notwendigkeit eines Unterrichts, der das Interesse der Lernenden weckt und aufrechterhält. Ein derartiges situatives Interesse (Hidi/Renninger 2006) kann beobachtet werden, wenn die Lernenden während des Erarbeitens naturwissenschaftlicher Konzepte aufmerksam sind und Ausdauer zeigen bzw. engagiert sind, also positiv emotional eingebunden und fasziniert sind und durch Fragen und freiwilliges Lesen zusätzlicher Texte Neugier zeigen. Authentische Versuche, die das naturwissenschaftliche Arbeiten abbilden, deren Fragestellungen Alltagsphänomene wissenschaftlich erschließen und die unterschiedliche Versuchsdurchführungen und Schlussfolgerungen erlauben, sind geeignet, das Interesse der Lernenden zu wecken und gleichzeitig wissenschaftliches Denken anzuregen. Schreiben in derartigen Versuchen ist dann *„knowledge building"* im Sinne von Bereiter und Scardamalia (1987), das den Lernenden ermöglicht, zentrale naturwissenschaftliche Konzepte zu begreifen (Hand/Prain 2006; Yore 2004; Yore/Bisanz/Hand 2003) und somit fachgebundene Grundbildung fördert.

Literatur

Achieve, Inc. (2013). *Next Generation Science Standards*. Achieve, Inc.

Adams, A.E. & Pegg, J. (2012). Teachers' enactment of content literacy strategies in secondary science and mathematics classes. *Journal of Adolescent & Adult Literacy, 56*(2), 151–161.

Anderson, R.D. (2002). Reforming science teaching: What research says about inquiry. *Journal of Science Teacher Education, 13*(1), 1–12.

Bereiter, C. & Scardamalia, M. (1987). *The Psychology of Written Composition*. Hillsdale, NJ: Lawrence Erlbaum Associates.

Boscolo, P. & Mason, L. (2001). Writing to learn, writing to transfer. In P. Tynjälä, L. Mason & Kirsti, L. (Hrsg.), *Writing as a learning tool* (S. 83–104). Amsterdam: Kluwer Press.

Burns, M. (2004). Writing in math class. *Educational Leadership, 62*(2), 30–33.

DeVere Wolsey, T., Lapp, D. & Fisher, D. (2012). Students' and teachers' perceptions: An inquiry into academic writing. *Journal of Adolescent & Adult Literacy, 55*(8), 714–724.

Draper, R.J. (Hrsg.) (2010). *(Re)Imagining content-area literacy instruction*. New York: Teachers College Press.

Fisher, D. & Ivey, G. (2005). Literacy and language as learning in content-area classes: A departure from "every teacher a teacher of reading." *Action in Teacher Education, 27*(2), 3–11.

Glen, N.J. & Dotger, S. (2013). Writing like a scientist: Exploring elementary teachers' understandings and practices of writing in science. *Journal of Science Teacher Education, 24*(6), 957–976.

Hafner, R. (2007). Standards in science education in Australia. In D. Waddington, P. Nentwig & S. Schanze (Hrsg.), *Making it comparable. Standards in science education* (S. 23–60). Münster: Waxmann.

Hand, B.M. & Keys, C.W. (1999). Inquiry investigation. *The Science Teacher, 66*(4), 27–29.

Hand, B. & Prain, V. (2006). Moving from border crossing to convergence of perspectives in language and science literacy research and practice. *International Journal of Science Education, 28*(2-3), 101–107.

Hidi, S. & Renninger, K.A. (2006). The four-phase model of interest development. *Educational Psychologist, 41*(2), 111–127.

Hildebrand, G.M. (1998). Disrupting hegemonic writing practices in schools science: Contesting the right way to write. *Journal of Research in Science Teaching, 35*(4), 345–362.

Hildebrand, G.M. (1999). *Breaking the pedagogical contract: Teachers' and students' voices.* Paper presented at the annual meeting of the National Association for Research in Science Teaching Boston.

Holliday, W.G., Yore, L.D. & Alvermann, D.E. (1994). The reading-science learning-writing connection: Breakthroughs, barriers, and promises. *Journal of Research in Science Teaching, 31*(9), 877–893.

Kim, H. (1994). *Showy Science: Exciting Hands-on Activities.* Tucson, AZ: Good Year Books.

Klein, P. & Kirkpatrick, L. (2010). A framework for content area writing: Mediators and moderators. *Journal of Writing Research, 2*(1), 1–46.

KMK (Hrsg.) (2005a). Beschlüsse der Kultusministerkonferenz. Bildungsstandards im Fach Biologie für den Mittleren Schulabschluss (Jahrgangsstufe 10). Verfügbar unter: http://www.kmk.org/fileadmin/veroeffentlichungen_beschluesse/2004/2004_12_16-Bildungs standards-Biologie.pdf [08.08.2014].

KMK (Hrsg.) (2005b). Beschlüsse der Kultusministerkonferenz. Bildungsstandards im Fach Chemie für den Mittleren Schulabschluss (Jahrgangsstufe 10). Verfügbar unter: http://www.kmk.org/fileadmin/veroeffentlichungen_beschluesse/2004/2004_12_16-Bildungsstandards-Chemie.pdf [08.08.2014].

KMK (Hrsg.) (2005c). Beschlüsse der Kultusministerkonferenz. Bildungsstandards im Fach Physik für den Mittleren Schulabschluss. Verfügbar unter: http://www.kmk.org/filead min/veroeffentlichungen_beschluesse/2004/2004_12_16-Bildungsstandards-Physik-Mitt leren-SA.pdf [08.08.2014].

Ma, X. (1997). Reciprocal relationships between attitude toward mathematics and achievement in mathematics. *The Journal of Educational Research, 90*, 221–229.

Martin-Hansen, L. (2002). Defining Inquiry: Exploring the many types of inquiry in the science classroom. *The Science Teacher, 1*, 34–37.

Mason, L. & Boscolo, P. (2000) Writing and conceptual change. What changes? *Instructional Science, 28*, 199–226.

Moje, E.B. (2008). Foregrounding the disciplines in secondary literacy teaching and learning: A call for change. *Journal of Adolescent & Adult Literacy, 52*(2), 96–107.

National Governors Association Center for Best Practices [NGA] & Council of Chief State School Officers (2010a). *Common Core State Standards for English language arts and literacy in history/social studies, science, and technical subjects.* Washington, DC: Authors. Verfügbar unter: http://www.corestandards.org/ELA-Literacy/ [15.04.2014].

National Governors Association Center for Best Practices [NGA] & Council of Chief State School Officers (2010b). *Common Core State Standards for Mathematics.* Washington, DC: Authors. Verfügbar unter: http://www.corestandards.org/Math/ [15.04.2014].

NGSS Lead States (2013). *Next Generation Science Standards: For States, By States.* Washington, DC: The National Academic Press. Verfügbar unter: www.nextgenscience.org/next-generation-science-standards [15.04.2014].

National Research Council [NRC] (2012). *A framework for K-12 science education: Practices, crosscutting concepts and core ideas.* Washington, DC: The National Academies Press.

Nieswandt, M. (1996). Erhöhung des Lernerfolgs im Chemieunterricht durch eigentätige, schriftliche Auseinandersetzung mit Lerninhalten. In W. Gräber & C. Bolte (Hrsg.), *Fachwissenschaft und Lebenswelt: Chemiedidaktische Forschung und Unterricht* (S. 219–236). Kiel: IPN.

Nieswandt, M. (1997). *Verstehendes Lernen im Chemieunterricht: Schreiben als Mittel.* Kiel: IPN.

Nieswandt, M. (2001). Problems and possibilities for learning in an introductory chemistry course from a conceptual change perspective. *Science Education, 85*(2), 158–179.

Nieswandt, M. (2007). Student affect and conceptual change in learning chemistry. *Journal of Research in Science Teaching, 44*(7), 908–937.

Nieswandt, M. & Bellomo, K. (2009). Written extended-response questions as classroom assessment tools for meaningful understanding of evolutionary theory. *Journal of Research in Science Teaching, 46*(3), 333–356.

Prain, V. (2006). Learning from writing in secondary science: some theoretical and practical implications. *International Journal of Science Education, 28*(2–3), 179–201.

Prain, V. & Hand, B.M. (1996). Writing and learning in secondary science: Rethinking practices. *Teaching and Teacher Education, 12*, 609–626.

Purcell-Gates, V., Duke, N.K. & Martineau, J.A. (2007). Learning to read and write genre-specific text: Roles of authentic experiences and explicit teaching. *Reading Research Quarterly, 42*(1), 8–45.

Rivard, L.P. & Straw, S.B. (2000). The effect of talk and writing on learning science: An exploratory study. *Science Education, 84*, 566–593.

Schleppegrell, M.J. (2004). *The language of schooling: A functional linguistic perspective.* Mahwah, NJ: Lawrence Erlbaum.

Stadler, H., Benke, G. & Duit, R. (2001). How do boys and girls use language in physics classes? In M. Komorek, H. Behrendt, H. Dahncke, R. Duit, W. Gräber & A. Kross (Hrsg.), Research in science education – Past, present, and future (S. 531–533). Dordrecht, The Netherlands: Kluwer Academic Press.

Stage, E.K., Asturias, H., Cheuk, T., Daro, P.A. & Hampton, S.B. (2013). Opportunities and challenges in Next Generation Standards. *Science, 340*, 276–277.

Summer, J.J. & Davis, H.A. (2006). Introduction: The interpersonal contexts of teaching, learning, and motivation. *The Elementary School Journal, 106*(3), 189–191.

Urdan, T. (2004). Using multiple methods to assess students' perceptions of classroom goal structures. *European Psychologist, 9*(4), 222–231.

Wellington, J. & Osborn, J. (2001). *Language and literacy in science education.* Buckingham: Open University Press.

Whitehead. D. & Murphy, F. (2014). "Mind Your Language". High school students write laboratory reports. *Journal of Adolescent & Adult Literacy, 57*(6), 492–502.

Yore, L. (2004). Why do future scientists need to study the language arts? In W. Saul (Hrsg.), *Crossing borders in literacy and science instruction: Perspectives on theory and practice* (S. 71–94). Newark, DE: International Reading Association.

Yore, L.D. & Treagust, D.F. (2006). Current realities and future possibilities: Language and science literacy – empowering research and informing instruction. *International Journal of Science Education, 28*(2–3), 291–314.

Yore, L.D., Bisanz, G.L. & Hand, B.M. (2003). Examining the literacy component of science literacy: 25 years of language arts and science education. *International Journal of Science Education, 25*(6), 689–725.

Olaf Hartung

Geschichte schreibend lernen

1 Ausgangslage

Konzeptionelles Schreiben und schriftlich-konzeptuale Fähigkeiten im Sinne von Koch/Oesterreicher (1994), um eine möglichst kontext*ent*bundene Textverständlichkeit zu erzielen (Feilke 2003, 179f), spielen sowohl für die Geschichtsforschung als auch für das Geschichtslernen eine wichtige Rolle. Ein Hauptgrund dafür liegt nicht zuletzt in den spezifischen epistemologischen Bedingungen des Fachs selbst verborgen. Geschichtstexte sind nicht nur Repräsentationsmedien für die Überlieferung fertigen historischen Wissens, sondern zugleich auch Mittel zur Erzeugung neuer Erkenntnisse, mithin Werkzeuge zum selbstständigen historischen Denken. Oder anders ausgedrückt: Konzeptionelles Schreiben gehört zu den wesentlichen Operationen historischer Erkenntnisgewinnung (vgl. Rüsen 1982, 33). Man kann sogar sagen, Geschichtsschreibung ist für unsere dezidiert literale Kultur konstitutiv für das, was wir unter Geschichte verstehen. Ohne geschriebene und gelesene Texte wäre unser geschichtliches Bewusstsein ein anderes, als es tatsächlich ist. Dies gilt im Übrigen auch für unseren Geschichtsbegriff und die Art und Weise, was und wie wir über Geschichte denken. Literale Kulturen denken anders als schriftlose. Die Verbreitung schriftsprachlicher Fähigkeiten hat sowohl die Sprache als auch das Denken vormals oraler Kulturen verändert (vgl. Totzke 2004; Messerli 2002, 506).

Im Bereich der Geschichtsforschung waren und sind die Bedingungen, Möglichkeiten und Grenzen des Geschichtsschreibens regelmäßig Gegenstand wissenschaftlicher Reflexionen (vgl. Simon 1996; Rüsen 1982). Historiografisch-theoretische Überlegungen sind vermutlich so alt wie die Geschichtsschreibung selbst. Zumindest finden wir sie bereits bei den antiken Geschichtsschreibern Herodot und Thukydides (vgl. Ladenthin 1985). Demgegenüber stecken Theorie, Empirie und Pragmatik des Schreibens im Hinblick auf das systematische Lehren und Lernen von Geschichte noch mehr oder weniger in den Kinderschuhen (vgl. Gemmeke-Stenzel 1997; Memminger 2007; Hartung 2013). Dies mag umso mehr verwundern, als sich Geschichtswissenschaft und Geschichtsdidaktik weitgehend einig darin sind, Geschichtslernprozesse an den fachtypischen Erkenntnismethoden zu orientieren, und zwar vor allem an der *Historischen Methode* mit ihren hermeneutischen Verfahren zur Quellenanalyse und -interpretation (vgl. Bergmann 2008, 151f). Nimmt man diesen Anspruch ernst, dann sollte das Schreiben von und über Geschichte unbedingt sowohl Gegenstand als auch Medium des Lernens im Geschichtsunterricht sein.

Tatsächlich gilt Geschichte jedoch auch heute oftmals noch als vornehmlich „mündliches" Fach, in dem SchülerInnen im Vergleich zu den Sprachfächern eher selten längere Texte verfassen (Rohlfes 2009, 203; Schmid 1982, 58). Wenngleich viele neuere Schulbücher und Unterrichtsmedien bereits eine Reihe produktiver und kreativer Arbeitsaufträge enthalten, dominieren weiterhin die schultypischen Schreibformate mit unselbstständigem reproduktivem Charakter den Unterrichtsalltag. Geschrieben wird im Geschichtsunterricht vor allem mit instrumentellen Absichten, die dem eigentlichen Prozess des Geschichtslernens als nachgelagert angesehen werden, etwa wenn Verstehensleistungen überprüft, Lernergebnisse zusammengefasst oder das Lehr- und Lerngeschehen organisiert werden sollen. Die häufigsten Schreibaufträge im Fachunterricht betreffen Klassenarbeiten, von der Tafel oder Folie abschreiben sowie das schriftliche Lösen von Übungsaufgaben (vgl. Memminger 2007, 36f; Hartung 2013, 46–50; Becker-Mrotzek 2005, 75; Merz-Grötsch 2005, 38; 117–216; Thürmann 2012, 11). Schriftliche Übungsaufgaben beschränken sich zumeist auf das Ausfüllen von Arbeitsblättern und Lückentexten, das stichwortartige Beantworten von Arbeitsaufträgen, das Anfertigen von Tabellen und das Formulieren von Unter- und Überschriften oder kurzen Sätzen für Plakate und Präsentationen (siehe Thürmann/Pertzel/Schütte in diesem Band).

Die skizzierte Schreibpraxis findet ihre Entsprechung nicht selten in den auf den Geschichtsunterricht bezogenen konzeptionellen und normierenden Dokumenten. Sowohl die Mehrzahl der AutorInnen offizieller Fachcurricula als auch die Modellierer geschichtsdidaktischer Kompetenzmodelle (u.a. Verband der Geschichtslehrer Deutschlands 2007; Sauer 2006, 7–20; Gautschi 2009, 48–66; Gautschi/Hodel/Utz 2009; Körber/Schreiber/Schöner 2007; Pandel 2005, 24–52)[1] widmen den textproduktiven Fähigkeiten der SchülerInnen zumeist keine besondere Aufmerksamkeit. Zwar findet man in den neuen kompetenzorientierten Bildungsplänen auch Formulierungen, die eine „fachbezogene Sprachförderung" (Ministerium für Schule und Weiterbildung NRW 2011, 14f), die Entwicklung von „Sprachbewusstheit" (Freie und Hansestadt Hamburg 2011, 17) oder den Erwerb von Sprach-, Kommunikations- und Schreibkompetenz als überfachliche Kompetenzen (Hessisches Kultusministerium 2011, 8) fordern; bei den fachlichen Konkretisierungen und fachbezogenen Kompetenzbeschreibungen bleiben diese Forderungen jedoch zumeist unberücksichtigt. Das Beherrschen textueller bzw. textproduktiver Fähigkeiten wird fast immer entweder stillschweigend vorausgesetzt, oder aber als eine nur allgemeine Präsentationskompetenz beschrieben, die vor allem

---

1   Das Kompetenzmodell des Geschichtslehrerverbandes (2007, 16) schreibt der Sprache eine prinzipiell darstellende Funktion zu; ebenso auch Sauer (2006, 7–20), ders. (2009, 89), dort heißt es unter der Teilkompetenz 2.8.: „Eigene Deutung von Geschichte vornehmen und sprachlich adäquat umsetzen."; Im Kompetenzmodell von Gautschi (2009) kommen „Präsentationen" nur rezeptiv vor; vgl. auch Gautschi/Hodel/Utz (2009); siehe auch das FUER-Kompetenzmodell bei Körber/Schreiber/Schöner (2007).

dazu dient, die zuvor erarbeiteten fachlichen Inhalte adressatengerecht darzustellen (u.a. bei Schöner/Mebus 2007, 373; Gautschi/Hodel/Utz 2009; Pandel 2005). Zusammenfassend lässt sich feststellen, dass die Vielfalt der Funktionen und Formate des Schreibens für das Fach Geschichte nur selten thematisiert und die entsprechenden Lernpotenziale kaum angemessen beschrieben werden.

2 Voraussetzungen und fachdidaktische Anknüpfungspunkte für einen schreiborientierten Geschichtsunterricht

Ein erster Schritt in Richtung eines schreiborientierten Geschichtsunterrichts beginnt mit dem Bewusstsein für die Differenz zwischen konzeptioneller und medialer Mündlichkeit und Schriftlichkeit. Die Frage nach dem Medium, d.h. ob etwas mündlich oder schriftlich bearbeitet wird, ist keineswegs folgenlos für das historische Denken. Schriftlichkeit ist nicht nur formaler Ausdruck einer vorgängigen und weitgehend identischen mündlichen Sprache; vielmehr bilden Mündlichkeit und Schriftlichkeit je eigene kommunikative und kognitive Verhältnisse, die zwar auf demselben Sprachsystem aufbauen, von diesem aber in je spezifischer Weise für unterschiedliche Zwecke Gebrauch machen. In medialer Hinsicht liegen Aussagen über historische Sachverhalte entweder verbal oder geschrieben vor. In konzeptioneller Hinsicht bilden Mündlichkeit und Schriftlichkeit die Gegenpole einer Typenachse, auf der sich ein Text je nach Konkretheit (Nähe) bzw. Abstraktheit (Distanz) einordnen lässt (vgl. Koch/Oesterreicher 1994, 587–604). Insofern macht es einen Unterschied, ob SchülerInnen ihre Arbeitsaufträge mündlich oder schriftlich erledigen. Gerade das Erkennen und Begreifen komplexer geschichtlicher Ursachen- und Wirkungszusammenhänge erfordert zumeist kognitive Operationen auf einem Abstraktionsniveau, die durch konzeptionell schriftliche Bearbeitung eher und präziser durchgeführt werden können als durch eine ‚nur‘ mündliche Besprechung. Das bereits genannte Erkenntnisverfahren der *Historischen Methode* als komplexe Abfolge der Arbeitsschritte *Historische Frage – Heuristik – Kritik – Interpretation und Historische Antwort* ist ohne das Distanzmedium der Schrift kaum sinnvoll anzuwenden, und zwar weder in der Forschung noch in reduzierter Form im Unterricht, weshalb auch und gerade AnfängerInnen diese Methode in schreiborientierten Unterrichtssettings einüben sollten. Das ‚Er-Schreiben‘ geschichtlicher Sachverhalte in einer epistemischen Absicht fördert auf der einen Seite die Fähigkeit zum distanzierten abstrakten historischen Denken, auf der anderen Seite bieten sogenannte ‚kreative‘ Schreibaufträge und Textformen, wie etwa das Verfassen fiktiver Briefe oder Tagebucheinträge, auch die Möglichkeit zum spontanen, spielerischen und/oder subjektivierenden Ausdruck, anhand dessen sich SchülerInnen in die imaginierten historischen Personen und Situationen einfühlen und eine engere Beziehung zum historischen Lerngegenstand herstellen können. Im Übrigen kann auch ein an analytischen Zielen orientiertes Schreiben prinzipiell ‚kreativ‘ sein, da konzeptionelles Schreiben über Geschichte stets ein

kreativer Prozess ist, selbst wenn damit das Ziel verfolgt wird, Geschichte so wirklich-
keitsgetreu und analytisch wie möglich darzustellen.

Ein wesentlicher Vorteil von Schriftlichkeit gegenüber Mündlichkeit für das Geschichtslernen resultiert nicht zuletzt aus der besonderen Prozessstruktur konzeptioneller Schreibarbeit. Diese unterstützt die Fähigkeit zum selbstständigen Organisieren der
für die Erkenntnis historischer Zusammenhängen kognitiven Prozesse, indem die Refle-
xivität des Schreibprozesses und seine Eigenschaft als externer Speicher von Wissen die
Möglichkeit bietet, eine Wissensstruktur erst während des Schreibens aufzubauen oder
zu modifizieren (vgl. Molitor 1984, 8f; Eigler/Jechle/Merziger/Winter 1990, 2f).
Schriftlichkeit stellt nicht nur höhere Anforderungen an die begriffliche und syntaktische Konsistenz als Mündlichkeit, sondern verlangt auch eine genauere Explikation der
Übergänge und Zusammenhänge zwischen den einzelnen verbundenen Aussagen (vgl.
Totzke 2005, 25). Der größere Zwang zur logisch geordneten Gliederung geschriebener
Texte hat zur Folge, dass ihr Erkenntniswert in der Regel größer ist, als wenn die gleiche Sache nur mündlich vorgetragen wird (siehe Beitrag von Rotter/Schmölzer-Eibinger
in diesem Band). Darüber hinaus fördert eine stärkere Ausrichtung des kommunikativen
Handelns an den Bedingungen der Schriftsprache prinzipiell die für das Fach Geschichte elementaren bildungssprachlichen Fähigkeiten der SchülerInnen (vgl. Feilke 2012;
2013).

Eine stärkere Schreiborientierung im Geschichtsunterricht kommt schließlich auch den
Forderungen eines am narrativistischen Paradigma ausgerichteten Geschichtsunterrichts
entgegen. Diesem Ansatz zufolge weist sich historisches Verstehen vor allem dadurch
aus, eine (eigene) Geschichte erzählen zu können (vgl. Pandel 1991, 19f; vgl. auch
Barricelli 2005, 75; 2012). Geschichtslernen findet zwar nicht nur, aber insbesondere
dann statt, wenn SchülerInnen eine historische Narration selbst herstellen können, indem sie die aus geschichtlichen Quellen und/oder anderen Fremdtexten übernommenen
oder auch eigene Aussagen über geschichtliche Sachverhalte in einer für sie bedeu-
tungsvollen Art und Weise miteinander zu einem eigenen Text ,verknüpfen'. Für den
komplexen Vorgang des Auswählens von Aussagen zu historischen Ereignissen, deren
Sequenzierung, sprachlogische Verknüpfung und Narrativierung durch *emplotment*
(Coffin 1997, 199) eignet sich das Medium der Schriftsprache in besonderer Weise.
Oder anders gesagt: Wenn Geschichtslernen bedeutet, über vergangenes Geschehen
narrativieren zu lernen (Barricelli 2011, 147), dann sind historische Lernprozesse vornehmlich als textproduktive Vorgänge zu organisieren. Die SchülerInnen sollen dann
nicht mehr nur Texte über und aus der Geschichte rezipieren, sondern auch ihre eigenen
Narrationen in Form von schriftlichen Texten herstellen dürfen.

Reflektiertes historisches Denken umfasst aber nicht nur die Fähigkeit zum Narrativieren, sondern darüber hinaus auch zur Wahrnehmung von Alterität im Zeitverlauf und
zur bewussten Distanzierung von zeit- und kulturbedingten Normen und Haltungen,
oder wie es Borries und Tornow (2001, 84) formulieren: „Geschichte ist per se Fremd-

verstehen [… und] interkulturell". Das Distanzmedium der Schriftsprache kann SchülerInnen dabei unterstützen, vergangene Epochen und Kulturen nicht nur nach den eigenen, sondern auch nach den historischen Denkweisen und Wertesystemen zu beurteilen, indem sie damit eine größere Distanz zu ihrem eigenen Denken und Fühlen herzustellen vermögen. Als Distanzmedium eignet sich Schreiben auch besonders gut als Mittel der (Meta-)Reflexion. Die Schrift tritt nicht nur als Mittler zwischen die Sprache und ihre NutzerInnen, sondern auch zwischen den Sprachhandelnden und ihrem Denken, indem sie spezifische Varianten und Funktionen des Denkens unterstützt (vgl. Bruner/Olson 1978, 318f). Sie erweitert durch ihre Fähigkeit zur Visualisierung bzw. Materialisierung die kognitiven Möglichkeiten der Schreibenden, indem sie die für Reflexionen notwendige Distanz zum Gesagten herstellt.

Unter den genannten Bedingungen kann konzeptionelles Schreiben zu einem mächtigen Werkzeug des selbstständigen historischen Denkens werden, mit dem SchülerInnen die geschichtlichen Erkenntnisprozesse nachvollziehen und – was besonders wichtig ist – diese in elementarisierter Form selbst vollziehen und bewerten können. Dies kommt letztlich den *ergebnisorientierten* Ansprüchen der aktuellen Bildungsreform entgegen, die vor allem solche Kompetenzen gefördert wissen will, die zum einen auf verschiedene Sachverhalte anwendbar und zum anderen über längere Zeitspannen hinweg wirksam sind (vgl. Klieme/Avenarius/Blum et al. 2003). Das Lösen konzeptioneller Schreibaufgaben im Geschichtsunterricht greift nicht nur ein Grundprinzip historischer Wissensverarbeitung auf, sondern zielt zugleich auf ein systematisches und vernetztes Lernen. Richtig eingesetzt kann Schreiben dem Prinzip des kumulativen Kompetenzerwerbs Vorschub leisten (vgl. Sekretariat der Ständigen Konferenz der Kultusminister der Länder in der Bundesrepublik Deutschland 2012), indem die SchülerInnen schrittweise üben, zunehmend anspruchsvollere Text über geschichtliche Sachverhalte herzustellen. Ein auf die Förderung von Kompetenzen zielender Geschichtsunterricht kommt letztlich nicht umhin, die SchülerInnen zumindest mit den Grundlagen zur Lösung fachspezifischer Schreibaufgaben vertraut zu machen. Geschichtsunterricht wird dann zum „*Denkfach*", wenn die SchülerInnen historisch kohärent Schreiben lernen (Günther-Arndt 2010, 46). Auch GeschichtslernerInnen sollen und dürfen Schreiben als heuristisches Instrument nutzen können, um ihre geschichtsbezogenen Denk- und Erkenntnisprozesse selbstständig zu strukturieren und zu kommunizieren (vgl. Hinrichs 2007, 224).

3 Schreiborientierte Ansätze in der Geschichtsdidaktik

In der Geschichtsdidaktik wurden bereits eine Reihe konkreter Empfehlungen ausgesprochen, wie SchülerInnen textproduktiv mit Geschichte im Unterricht umgehen können. Bärbel Gemmeke-Stenzel empfahl bereits 1997 in einem Basisartikel in „Praxis Geschichte" zum Thema „Geschichte(n) Schreiben" den Einsatz von Schreibaufgaben im Unterricht als „materialgeleitete" Gestaltungsprozesse, um „sowohl die objektive Seite der Quellen- und Materialgrundlage als auch deren Darstellung in Form von subjektiven Geschichtsbildern" aufeinander zu beziehen und zu reflektieren (Gemmeke-Stenzel 1997, 5). Der wesentliche Vorteil des Schreibens im Geschichtsunterricht liegt in der intensiveren Auseinandersetzung der SchülerInnen mit dem Thema. Die spontanen Wortmeldungen im Unterricht entfallen und die Verzögerungen, die durch das Schreiben der Texte entstehen, bewirken ein intensiveres Arbeiten mit der Geschichte (ebd., 4f). Das Schreiben im Geschichtsunterricht hält Gemmeke-Stenzel daher für eine „besonders intensive Form der Vergegenwärtigung von Geschichte" auch „im Sinne des fachspezifischen Methodenlernens". In eine ähnliche Richtung zielt auch der Vorschlag des Geschichtsdidaktikers Markus Bernhardt, SchülerInnen materialgestützt Lebensläufe von historischen Personen schreiben zu lassen, um so die Beziehungslosigkeit zu überwinden, die häufig zwischen den Geschichtslernenden und den historischen Persönlichkeiten festzustellen sei (Bernhardt 1997).

Der Göttinger Geschichtsdidaktiker Michael Sauer wünscht sich wie Gemmeke-Stenzel ebenfalls eine größere Selbstverständlichkeit schriftlicher Ausarbeitungen im Fach Geschichte (Sauer 2001, 292). Dazu gibt er eine Vielzahl methodischer Hinweise und Anregungen: So können die SchülerInnen Quellen problematisieren, indem sie fiktive Gegenquellen verfassen oder sich gestalterisch mit Quellen, Geschichtserzählungen und historischen Jugendbüchern auseinandersetzen (ebd., 70; 106; 240). Empfohlen wird auch die Anfertigung von Geschichtszeitungen im Geschichtsunterricht, besser aber während einer Projektwoche. Dies würde gleich mehrere Vorteile mit sich bringen: Die SchülerInnen erarbeiten sich nicht nur historisches Wissen, sondern trainieren auch ihre sprachlichen Darstellungsweisen und – durch die intensive Gruppenarbeit – ihr Sozialverhalten. Zudem lernen sie gegebenenfalls mit Medien wie mit einem Computer umzugehen (vgl. ebd., 315f).

Michele Barricelli zählt ebenfalls zu den Geschichtsdidaktikern, die eine stärkere Schreib- und Leseorientierung im Geschichtsunterricht fordern, „auch wenn Widerstände von den Beschulten zu erwarten sind" (Barricelli 2005, 285). Vom Einsatz regelmäßiger Schreibaufträge im Geschichtsunterricht verspricht er sich, die „narrative Eloquenz" der SchülerInnen zu fördern (Barricelli 2008, 148). Dieses Ziel bedarf nicht zuletzt einer Intensivierung der Schreibtätigkeit, da schriftliches Narrativieren prinzipiell einen tendenziell höheren Grad an Reflexionsnotwendigkeit aufweist als mündliche Spontanäußerungen. Narrative Kompetenz kann nicht einfach vorausgesetzt werden, man muss sie vielmehr im Unterricht „ausdrücklich einführen, demonstrieren, reflektieren, einüben, sprich: lehren" (Barricelli 2005, 283).

Der nicht zuletzt wegen seines Modells zur Dimensionierung des Geschichtsbewusstseins bekannte Hallenser Geschichtsdidaktiker Hans-Jürgen Pandel schlägt u.a. vor, den historiografischen Fragenkatalog zu den Problemen einer Geschichtsdarstellung nach Reinhart Koselleck (1982, 12) mit den SchülerInnen im Geschichtsunterricht zu besprechen (Pandel 2005, 38f). Die SchülerInnen sollen dadurch genauere Vorstellungen bekommen, wie sich Anfang und Ende einer historischen Erzählung bestimmen lassen, welche Kriterien für die Gliederung und die Bildung von Übergängen anzulegen sind, wie Handlungssubjekte und Ereignisse konstituiert werden, inwieweit längerfristige Bedingungen oder Strukturen zu berücksichtigen sind, wie Begründungen und Kausalitäten konstruiert und Quellen ausgewählt und gewichtet werden und schließlich welche Bedeutung den theoretischen Leitkategorien zukommt. Einen frageorientierten Ansatz verfolgt auch der Kölner Geschichtsdidaktiker und Mediävist Wolfgang Hasberg (1999, 197), der die Herstellung von Texten anhand strukturierender Fragen vorschlägt, wie Kenneth Burke sie in seinen „fünf Schlüsselbegriffen der Dramatik" beschrieben hat: Was ist die Handlung, wer ist Akteur, wer Agent, wo ist der Schauplatz und welcher Zweck wird verfolgt? (vgl. ebd., 67f; siehe dort auch das W-Fragen-basierte Analyseraster).

Der Regensburger Geschichtsdidaktiker Joseph Memminger (2007) hat schließlich die Lernpotenziale und Methoden des im angloamerikanischen Raum stärker verbreiteten ‚kreativen Schreibens' im Geschichtsunterricht genauer untersucht und anwendungsfähige Schreibaufgaben für den Geschichtsunterricht entwickelt und erprobt. Dabei plädiert er in bewusster Abgrenzung zu den sonst im Unterricht üblichen Analyseaufträgen, Aufforderungen zur Reproduktion von Fakten und Sachverhalten oder ‚aufsatzartigen' Schreibaufgaben für einen häufigeren Einsatz spontaner, spielerischer und fiktionalisierender Schreibformen, bei deren Lösung sich die Lernenden besser in historische Personen und Situationen hineinversetzen können. Als problematisch an dem Ansatz erscheint jedoch der eingeschränkte Kreativitätsbegriff, der die gerade für das Wissens- und *Denk*fach Geschichte wichtigen analytischen Schreibformen weitgehend außen vor lässt. Dabei spricht letztlich viel für die Annahme, dass auch ein „sich eher an analytischen Zielen" orientierendes Schreiben prinzipiell ‚kreativ' sein kann, wohingegen die häufig anzutreffende eingeschränkte Auffassung vom ‚kreativen Schreiben' unterstellt, es dürfe oder müsse auch ein anderes, ein „unkreatives Schreiben" geben (Abraham 1998, 32). Verschiedene Einwände haben Memminger schließlich dazu veranlasst, seinen Begriff vom ‚kreativen Schreiben' zu präzisieren: Gemeint sei damit nicht mehr und nicht weniger als eine „aktive und produktive Reorganisation historisch relevanter Sachverhalte zu einem individuell und relativ frei gestalteten Text" (Memminger 2009, 209).

Als wesentliche Gemeinsamkeit der vorgestellten Überlegungen zum Schreiben im Geschichtsunterricht lässt sich zusammenfassen, dass historische Lernprozesse und das Geschichtsbewusstsein vor allem durch transformierende Schreibaufträge gefördert werden können, indem SchülerInnen zur Herstellung neuer Texte auf Grundlage gegebener Texte, etwa durch Expansion oder Reduktion (vgl. Portmann 1996, 168), aufgefordert werden.[2] Dies gilt besonders für Schreibaufträge, die die SchülerInnen zum

---

2   Dies wurde in der Geschichtsdidaktik bereits mehrfach vorgeschlagen und angewandt: So hat Pandel (1988, 10f) in seiner Pragmatik historischen Erzählens die vier verschiedenen Erzählhandlungen „Erzählen im ursprünglichen Sinn", „Nacherzählen", „Umerzählen" und „rezensierendes Erzählen" identifiziert und versucht, sie unterrichtspragmatisch fruchtbar

Perspektivenwechsel anregen, indem zum Beispiel Erzähl- oder Zeitperspektiven verändert werden (vgl. Pandel 2010; Barricelli 2005; Memminger 2007; Hartung 2013).
Vor allem Quellen und historische Darstellungen mit kontroversen Deutungen desselben historischen Zusammenhangs bieten einen sinnvollen Ausgangspunkt, um eigene
Parallel- oder Antitexte usw. zu verfassen. Indem die SchülerInnen diese schriftlich
gegenüberstellen und dazu eigene Thesen formulieren oder Gegensätze konstruieren
und auflösen (vgl. Steffens/Dickerson 2006, 71), üben sie sich in multiperspektivischer
und kontroverser Betrachtungsweise.

Auch H.-J. Pandel hat schriftliche Erzählaufgaben entwickelt und im Unterricht schriftlich erproben lassen, deren Schreibergebnisse ihn jedoch nicht in allen Fällen überzeugen. Die SchülerInnen sollten Geschichte zu faktualen und fiktionalen Texten und Bildern nach-, um- oder weitererzählen (Pandel 2010, 208). Dass die Texte der SchülerInnen jedoch nicht immer im Sinne des Aufgabenstellers ausfielen, sondern laut Pandel
viele SchülerInnen seine Aufgabe, „eine Geschichte zu schreiben oder eine ‚Erzählung‘
zu verfassen", als Aufforderung missverstanden, eine „fiktionalisierende Erzählung"
anzufertigen (ebd., 10–12), hat sicherlich mehrere Ursachen. Ob die Schuld dafür vor
allem bei den Lehrkräften zu suchen ist, die nach Pandels Meinung den heutigen Geschichtsunterricht „fast ausschließlich als Ereigniserörterung" veranstalten würden
(ebd., 11), darf man jedoch anzweifeln. Vielmehr liegt es nahe, dass die SchülerInnen
die Aufforderung, *eine* Geschichte zu erzählen, nicht entsprechend der Intentionen
des/der Aufgabenstellers/Aufgabenstellerin verstanden haben, da den SchülerInnen das
Genre ‚historische Erzählung‘ bzw. die ‚Gattung Historiografie‘ nicht bekannt ist und
auch nicht bekannt sein kann. Eine historische Narration ist weder eine Gattung im
engeren Sinn noch eine Textsorte. Historisch-narrativer Sinn lässt sich vielmehr in verschiedenen (fachspezifischen) Genres bilden. Die für die Lösung historischer Erzählaufgaben angemessenen kommunikativen Textmuster müssen den SchülerInnen jedoch
gelehrt werden. Andernfalls bleibt ihnen kaum etwas anderes übrig, als sich an Formen
zu orientieren, die sie aus anderen Fächern bzw. Kontexten kennen. Damit sind wir
beim Thema *generisches Lernen* im Fachunterricht Geschichte (vgl. Hallet 2013).

4   Generisches Schreiben im Geschichtsunterricht

Geschichtswissen kann nur in kulturell präfigurierten kommunikativen Formaten erworben werden. Dies gilt auch für die darauf bezogenen Erkenntnisprozesse. Es bedarf
stets bestimmter Formate bzw. Genres, die das Wissen diskursiv wahrnehmbar und
bearbeitbar machen. Oder in den Worten Michel Foucaults: Ohne definierte diskursive
Praxis kann es kein Wissen und keine Erkenntnis geben (vgl. Foucault 1973, 260). Ge-

---

zu machen. Barricelli (2005) orientiert sich ebenfalls an Pandels Erzählhandlungen als
Grundlage für seine Untersuchung narrativer Kompetenzen von SchülerInnen. Schörken
(1997) schlägt als schülerorientierte Erzählhandlungen das „opponierende", das „identifizie-
rende bzw. verfremdende" und das „zeitgestaffelte" Erzählen vor.

schichtliches Wissen und historische Kompetenzen sind prinzipiell symbolisch und zumeist schriftsprachlich geformt. Die dominant schriftsprachliche Verfasstheit des Gegenstandsbereichs, auf das sich das historische Lernen bezieht, bedingt die Formen des Zugriffs auf die Lerninhalte. Letztlich entscheidet die symbolische Form des Wissens mit darüber, welche seiner Aspekte in welcher Weise erkannt bzw. gelernt werden. Dieser Wechselzusammenhang zwischen historischer Kompetenz und formbezogener Performanz (vgl. Hallet 2013, 62f) bedeutet für den Geschichtsunterricht, dass die Formen des Schreibens über historische Sachverhalte nicht nur Medium, sondern auch Gegenstand des Geschichtslernens sein müssen. Die SchülerInnen benötigen sowohl dem jeweiligen Textgegenstand und Schreibziel angemessene Schreibstrategien als auch Kenntnisse über die dafür in Frage kommenden sprachlichen Werkzeuge. Diese umfassen im Übrigen auch solche fachbezogenen symbolischen Formen, die in nichtsprachlichen Äußerungseinheiten repräsentiert werden, aber ebenfalls stark konventionalisierte Muster der Wissensrepräsentation und -kommunikation aufweisen, wie etwa Geschichtskarten, Grafiken, Rekonstruktionszeichnungen und andere Bildmedien.

Systematisch lassen sich drei Ebenen textuell-symbolischer Formen unterscheiden: die *Mikro-*, *Meso-* und *Makroebene*. Die geschichtswissenschaftlich generierten Begriffe, wie etwa ‚Feudalismus' ‚Renaissance' ‚Aufklärung' usw., gehören als zentrale Kategorien des Fachs zur Mikroebene des Zusammenhangs zwischen Wissen und Form. Die Mesoebene umfasst hingegen die für die Herstellung von Geschichtstexten relevanten Diskursfunktionen, ohne die die Formulierung fachtypischer Systematisierungen, Relationierungen und Strukturierungen nicht möglich wäre. Im Fach Geschichte sind das vor allem solche Texthandlungen, die zur Bildung narrativ-chronologischer Sequenzierungen, Ursache-Wirkungsrelationen, Hypothesenbildungen über Wirkungszusammenhänge und Handlungsmotive historischer Akteure benötigt werden. Die für die Herstellung von Geschichtstexten verwendeten Gattungen bzw. Genres schließlich haben ihren systematischen Ort auf der Makroebene. Allgemein gesprochen stellen sie konventionalisierte, komplexe sprachliche und/oder symbolische Einheiten mit textuellen Eigenschaften dar, anhand derer die Texthandelnden historische Erfahrungen, Erkenntnisse und Wissen strukturieren und dieses mehr oder weniger diskursfähig machen (vgl. Hallet 2013, 67; Feilke in diesem Band).

Im Geschichtsunterricht spielen die textuell-symbolischen Formen auf gleich drei Ebenen eine Rolle: auf der Ebene der historischen Quellen, der geschichtswissenschaftlichen oder populären Darstellungen sowie der unterrichtlichen Kommunikation (vgl. Hartung 2010, 186f). Die Begriffe, Diskursfunktionen und Genres der Quellen sind in der Regel nicht die gleichen wie die der historischen Darstellungen, die wiederum nicht selten anders sind als die von Lehrkräften und SchülerInnen zur unterrichtlichen Verständigung verwendeten textuell-kommunikativen Formen, wie etwa das gelenkte Unterrichtsgespräch, der Lehrervortrag oder auch der Geschichtstest bzw. die Klausur. Insofern ist es wichtig, dass SchülerInnen lernen, die Kontextgebundenheit der jeweiligen Begriffe, Diskursfunktionen und Genres zu erkennen und sie aus dem fachlichen und institutionellen Erwerbskontext in lebensweltliche und in ihre eigenen alltags-sprachlichen Kontexte zu übertragen. Oder anders gesagt: Die Lernenden müssen nicht nur in die Lage versetzt werden, fachhistorische Darstellungs- und Sprechweisen in die Alltagssprache zu übersetzen, zugleich sollen sie – vice versa – auch eigene alltagsweltliche Erfahrungen und Beobachtungen in die Symbolsprache des Fachs übertragen können. Schließlich ‚sprechen' die meisten Textquellen, grafischen Schemata, Säulendiagramme oder Geschichtskarten keineswegs für sich selbst. Auch sie müssen stets sprachlich expliziert oder evaluiert und – im Sinne einer Problemlösung oder interpretativen Auslegung (Explanation) – in den fachhistorischen Kontext oder Diskurs eingebettet werden. Die generische und semiotische Übersetzung der zu lernenden Sachverhalte in einen eigenen Text bildet in gewissem Sinne die Probe auf das fachliche Verstehen und auf die wissensbasierte Diskursfähigkeit im Alltag (vgl. Hallet 2013, 72).

Wie in allen Fächern sind die textuellen Formate auch im Fach Geschichte zumeist durch ihre Funktionalität gekennzeichnet. Das heißt, es werden vor allem solche Mittel und Formen verwendet, die dem fachlich angestrebten, definierten oder ausgehandelten kommunikativen Zweck (mutmaßlich) am besten dienen (vgl. Hallet 2013, 60). Zwar haben die Geschichtswissenschaften – im Unterschied etwa zu den Rechts- oder Naturwissenschaften – weder gänzlich facheigene Begriffe noch Genres herausgebildet, gleichwohl haben sich bestimmte Formen für den historischen Erkenntnisprozess und für die Kommunikation darüber mit spezifischen Funktionalitäten etabliert. Hierzu zählen aber nicht nur die den Abschluss historischer Forschungsprozesse bildenden hochelaborierten Textprodukte wie der Fachaufsatz oder die monografische Darstellung. Mindestens ebenso wichtig für den Erkenntnis- und Lernprozess sind auch solche kleineren Formate, die auf dem Weg zu den fertigen Endprodukten benötigt werden. Ohne Anspruch auf Vollständigkeit sind das im Fach Geschichte u.a. Quellenexzerpte und Quellenkommentare, Zeitleisten und Ereignistabellen, Statistiken mit Zahlenwerten etwa zu demografischen oder Wirtschaftsdaten, Stichwortsammlungen auf analogen oder virtuellen Karteikarten, Quellen- und Literaturverzeichnisse, Lexikoneinträge, Synopsen als Ergebnisse von Quellenauswertungen sowie *last but not least* Formulierungen historischer Hypothesen und Fragestellungen. Für die Prozesse historischer Forschung haben sich zudem Genres etabliert, die weniger für das Fach als vielmehr für den Wissenschaftsbetrieb typisch sind: Dazu zählen u.a. Forschungsberichte und Förderanträge, Zeitschriftenartikel und Essays zu historischen Einzelfragen sowie Rezensionen zu historischen Publikationen. Des Weiteren kennen wir im Fach Gattungen, die vor allem auf die Vermittlung von historischem Wissen an ein breiteres Publikum im Sinne einer Wissenschaftspopularisierung zielen. Hierzu zählen ebenso die Features oder Dokumentationen zu historischen Themen, wie sie im Rundfunk und Fernsehen ausgestrahlt werden, wie auch Texte für Tageszeitungen und Wochenmagazine sowie für Museumskataloge, -ausstellungen oder Reiseführer. Erzählungen im engeren Sinne, wie sie die Literaturwissenschaft mit einer oder mehreren fiktionalen Erzählinstanzen kennt, gehören im Übrigen nicht zum üblichen geschichtswissenschaftlichen Genre-Repertoire, selbst wenn diese sich nah am historischen Forschungsstand orientieren. Sie gehören jedoch zum großen Bereich der Geschichtskultur und damit auch und unabdingbar zum historischen Diskurs, der selbstverständlich auch die rezeptive und produktive Auseinandersetzung mit solchen Texte umfasst, die fiktionalisierend mit Geschichte umgehen. Zu differenzieren ist jedoch zwischen dem epistemologischen Erzählbegriff der Geschichtswissenschaften und dem genrespezifischen der Literaturwissenschaft. Das historische Wissen ist zwar notwendigerweise stets narrativ strukturiert; die narrative Wissensstruktur bedeutet aber nicht, dass alle Texte zur und über Geschichte dem Genre der Erzählung zuzuordnen sind.

Das geschichtsdidaktische Kompetenzmodell von H.-J. Pandel (2005, 29f) beschreibt Gattungskompetenz als eine wesentliche Teilkompetenz zumindest auf der Rezeptionsseite mit der Funktionalität, zur Vielzahl fiktionaler historischer Literatur und Publizistik Distanz halten zu können. Diese geschichtskulturelle Gattungskompetenz gilt es zur Produktionsseite hin zu erweitern. Historisches Lernen bedarf der kommunikativen Einbettung sowohl auf der Rezeptions- als auch auf der Produktionsseite. Dabei gehen Lesen *und* Schreiben zumeist als „Teile ein und desselben Prozesses" Hand in Hand (Carr 1969, 28f). Gattungskompetenz umfasst nicht nur die Fähigkeit, die dem fachlichen Kontext entsprechenden Genres zu verstehen, sondern diese selbst auch anwenden zu können; das heißt, die SchülerInnen sind dazu zu befähigen, aufgrund der Kenntnis von Genre-Merkmale entsprechend strukturierte Texte und Äußerungen in verschiedenen medialen Formen selbst herstellen zu können. Zu warnen ist jedoch vor einer möglichen textstrukturalistischen Verengung dieses Ansatzes. Genres sind trotz ihrer mehr oder weniger starken Konventionalisierung keine „statischen Gebilde oder fixe diskursive Muster, die bloß angewendet werden" (Hallet 2013, 61). Die Vorstellungen von ihrer Form und Struktur beruhen vielmehr auf Verallgemeinerungen, die auf Grundlage einer großen Zahl von Realisierungen entlang sich regelmäßig wiederholender Merkmale vorgenommen werden. Streng betrachtet werden Genres sogar erst im Moment ihres Gebrauchs jedes Mal neu hergestellt. Historikerinnen und Historiker, aber auch Geschichtslehrende und SchülerInnen greifen zwar in unterschiedlichen kommunikativen Situationen auf ihnen bekannte, kulturell präfigurierte Formen zurück, diese konfigurieren sie jedoch entsprechend ihren jeweiligen Bedürfnissen. „Diese Performativität von Genres erklärt deren kulturelle und historische Weiterentwicklung und Dynamik entsprechend neuer soziokultureller Herausforderungslagen, aber auch die Entstehung ganz neuer Genres wie z.B. des Blog-Eintrags, der als eine hybridisierte Form angesehen werden kann, in der die Zeitungsglosse, das Tagebuch und der Webauftritt miteinander verschmelzen" (Hallet 2013, 62; vgl. Hallet 2011). Wegen dieser dynamischen Eigenschaften der generisch durchformten Akte der Verständigung über und Vermittlung von geschichtlichen Kenntnissen besteht eine zentrale geschichtsdidaktische Herausforderung darin zu erkennen, ob die jeweils gewählte Neu-Inszenierung einer generischen Form funktional adäquat und mit dem Erkenntnis- und Darstellungsziel im jeweiligen Wissens- und Lernkontext im Einklang steht.

Eine Diskurs- und Interaktionsfähigkeit, die dem historischen Wissen und dem Fach Geschichte angemessen ist, kann sich nur in Verbindung mit den entsprechenden generischen Kompetenzen herausbilden. Diese umfassen auch metagenerisches Wissen, das für die Entwicklung von Genre-Bewusstsein und für die angeleitete und bewusste Produktion generischer Formen erforderlich ist. Zum Erwerb generischer Kompetenzen gehört der Aufbau eines deklarativen Wissens über verschiedene fachspezifische generische Formen, ihre sprachlich-diskursiven Strukturen und die in ihnen zu verwendenden sprachlichen Mittel sowie der in ihnen möglichen anderen Diskursfunktionen. Der Erwerb von Genre-Wissen ist aber kein Selbstzweck. Ziel ist vielmehr die Überführung des deklarativen in prozedurales Wissen, sodass die fachtypischen Genres schließlich Teil des historischen Denkens der SchülerInnen sind, die sie zum historischen Lernen, d.h. zum Strukturieren und Kommunizieren historischer Erkenntnisse, benötigen. Die Vermittlung historiografisch-generischer Modi bedeutet letztlich eine Initiation in die Erkenntnis- und Wissensweisen des Fachs Geschichte und die dahinter liegenden Epistemologien der korrespondierenden wissenschaftlichen Disziplinen. Als kognitive Schemata bilden Genres eine individuelle kognitive Struktur. Sie sind somit sowohl Lernvoraussetzung als auch Lernertrag (vgl. Hallet 2013, 65).

5 Schluss: Schreiborientierte Aufgabenkultur als Teil eines kompetenzorientierten Geschichtsunterrichts

Ein kompetenzorientierter Geschichtsunterricht soll sprachsensitiv und schreiborientiert sein. Dabei kommt der Aufgabenkultur eine besondere Bedeutung zu. In den Fokus rücken vor allem solche Schreibaufträge, die die SchülerInnen durch deren Bearbeitung anregen, kognitive Fähigkeiten und Fertigkeiten aufzubauen, zu üben oder anzuwenden, um Probleme zu lösen oder (bekannte) Problemlösungen anzuwenden (vgl. Weinert 2001, 27f). Im Sinne des viel beschworenen *Shift from Teaching to Learning* sind vor allem solche Aufgabentypen zu bevorzugen, die die SchülerInnen auch und gerade mit den methodischen Arbeitsweisen und -zielen des Fachs vertraut machen. Das Kompetenzparadigma fordert zudem eine Integration von Wissen *und* Können beim Lernen. Weder sollen die SchülerInnen nur träges Wissen, noch nur prozedurales Wissen über Arbeitstechniken anhäufen. Vielmehr sind die Aufgabenformate so zu konstruieren, dass die SchülerInnen möglichst den Zielen angepasste Formen des Wissen und Könnens wechselseitig aufeinander beziehen.

Dies leisten vor allem konzeptionelle Textproduktionsaufgaben, bei denen die SchülerInnen eigene Texte auf Basis fremder Texte herstellen. Ein weiteres wichtiges Kriterium für kompetenzorientierte Schreibaufgaben ist deren Situiertheit, das heißt bezogen auf das schreibende Lernen sind Schreibanlässe zu schaffen, in denen die SchülerInnen die Wirkungsweise ihrer Texte erproben und erfahren können. Dazu müssen die SchülerInnen auch die Adressierung und das Schreibziel reflektieren. Das Schreiben im Geschichtsunterricht muss zum aktiven, problemlösenden und konstruktiven Prozess werden, in dem die Schreibenden ihre Vorerfahrungen und Kompetenzen mit einbringen. Dies leisten solche Aufgabenstellungen, die prozess- und produktorientiert sowie transformierend und generisch sind, die Adressierung und das Schreibziel reflektieren, ein situiertes Schreiben ermöglichen, zur Verarbeitung von Ausgangstexten anregen, die SchülerInnen zur gemeinsamen Arbeit am Text auffordern und dabei die sprachlichen, kommunikativen und fachlichen Kompetenzen zugleich fördern. Historisches Lernen durch konzeptionelles Schreiben bedeutet mehr als die Aneignung vorgegebener, als in bestimmten Formaten als gegeben vorausgesetzter vergangener Wirklichkeiten. Vielmehr zielt die Beschäftigung mit der Vergangenheit auf die Eigenkonstruktion historischen Sinns aus einer spezifischen zeitlichen, sozialen und kulturellen ‚Perspektive' der Schreibenden, sodass am Ende die Vergangenheit bzw. die Form, in welcher diese verarbeitet wird, zum Bestandteil des eigenen Selbst- und Fremdbildes der SchülerInnen wird.

Literatur

Abraham, U. (1998). Was tun mit Steinen? Gibt es eigentlich ein „Kreatives Schreiben" im Deutschunterricht? *ide – Informationen zur Deutschdidaktik. Zeitschrift für den Deutschunterricht in Wissenschaft und Schule, 4*, 19–36.

Barricelli, M. (2005). *Schüler erzählen Geschichte. Narrative Kompetenz im Geschichtsunterricht.* Schwalbach/Ts: Wochenschau.

Barricelli, M. (2008). „The story we're going to try and tell". Zur andauernden Relevanz der narrativen Kompetenz für das historische Lernen. *Zeitschrift für Geschichtsdidaktik, 7*, 140–153.

Barricelli, M. (2011). Historisches Erzählen: Was es ist, soll und kann. In O. Hartung, I. Steininger & T. Fuchs (Hrsg.), *Lernen und Erzählen interdisziplinär* (S. 59–79). Wiesbaden: VS-Verlag.

Barricelli, M. (2012). Narrativität. In M. Barricelli & M. Lücke (Hrsg.), *Handbuch Praxis des Geschichtsunterrichts* (S. 255–280). Schwalbach/Ts: Wochenschau.

Becker-Mrotzek, M. (2005). Das Universum der Textsorten in Schülerperspektive. *Der Deutschunterricht, 57*(1), 68–77.

Bergmann, K. (2008). *Der Gegenwartsbezug im Geschichtsunterricht.* Schwalbach Ts: Wochenschau.

Bernhardt, M. (1997). Schreibt mal einen Lebenslauf! Kreatives Schreiben zu sozialer Erfahrung und politischer Identität von Abgeordneten der Frankfurter Paulskirche. *Praxis Geschichte, 11*(2), 16–19.

Borries, B. v. & Tornow, L. (2001). Fremdverstehen durch systematische Einübung in Perspektivenwechsel? In A. Körber (Hrsg.), *Interkulturelles Gedächtnis* (S. 227–238). Münster: LIT.

Bruner, J. & Olson, D.R. (1978). Symbole und Texte als Werkzeuge des Denkens. In G. Steiner (Hrsg.), *Piaget und die Folgen* (Die Psychologie des 20. Jahrhunderts: Bd. VII, S. 306–320). Zürich: Kindler.

Carr, E.H. (1969). *Was ist Geschichte?* Stuttgart: Kohlhammer.

Coffin, C. (1997). Constructing and giving value to the past: an investigation into secondary school history. In F. Christi & J.R. Martin (Hrsg.), *Genre and Institutions. Social Processes in the Workplace and School* (S. 196–230). London/New York: Cassell.

Eigler, G., Jechle, T., Merziger, G. & Winter, A. (1990). *Wissen und Textproduzieren* (Script Oralia 29). Tübingen: Narr.

Feilke, H. (2003). Entwicklung schriftlich-konzeptualer Fähigkeiten. In U. Bredel, G. Hartmut & P. Klotz (Hrsg.), *Didaktik der deutschen Sprache* (Ein Handbuch: Bd. 1., S. 178-192). Paderborn [u.a.]: Schöningh.

Feilke, H. (2012). Bildungssprachliche Kompetenzen – fördern und entwickeln. *Praxis Deutsch, 233*, 4–13.

Feilke, H. (2013). Bildungssprache und Schulsprache am Beispiel literal-argumentativer Kompetenzen. In M. Becker-Mrotzek, K. Schramm, E. Thürmann & H.J. Vollmer (Hrsg.), *Sprache im Fach – Sprachlichkeit und fachliches Lernen* (S. 113–130). Münster [u.a.]: Waxmann.

Foucault, M. (1973). *Archäologie des Wissens*. Frankfurt am Main: Suhrkamp.

Freie und Hansestadt Hamburg, Behörde für Schule und Berufsbildung (2011). *Bildungsplan Gymnasium, Sekundarstufe I – Geschichte*. Hamburg.

Gautschi, P. (2009). *Guter Geschichtsunterricht. Grundlagen, Erkenntnisse, Hinweise*. Schwalbach/Ts: Wochenschau.

Gautschi, P., Hodel, J. & Utz, H. (2009). *Kompetenzmodell ,Guter Geschichtsunterricht'* – *eine Orientierungshilfe zur Angebotsplanung für Lehrerinnen und Lehrer* (Stand 15.04.2009). Verfügbar unter: http://www.gymlaufen.ch/file-admin/pdf/was/oa11/oa11_2011/Kompetenzmodell-Geschichte-OA2011.pdf [27.05.2014].

Gemmeke-Stenzel, B. (1997). Geschichte(n) schreiben im Unterricht. Basisbeitrag. *Praxis Geschichte, 2*, 4–9.

Günther-Arndt, H. (2010). Hinwendung zur Sprache in der Geschichtsdidaktik – Alte Fragen und neue Antworten. In S. Handro & B. Schönemann (Hrsg.), *Geschichte und Sprache* (S. 17–47). Berlin: LIT.

Hallet, W. (2011). Medialisierung von Genres am Beispiel des Blogs und des multimodalen Romans: Von der Schrift-Kunst zum multimodalen Design. In A. Nünning & J. Rupp (Hrsg.), *Medialisierung des Erzählens im englischsprachigen Roman der Gegenwart. Theoretischer Bezugsrahmen, Genres und Modellinterpretationen* (S. 85–116). Trier: WVT.

Hallet, W. (2013). Generisches Lernen im Fachunterricht. In M. Becker-Mrotzek, K. Schramm, E. Thürmann & H.J. Vollmer (Hrsg.), *Sprache im Fach – Sprachlichkeit und fachliches Lernen* (S. 59–76). Münster [u.a.]: Waxmann.

Hartung, O. (2010). Die ,sich ewig wiederholende Arbeit' des Geschichtsbewusstseins – Sprache als Medium des historischen Lernens. *Zeitschrift für Geschichtsdidaktik, 9*, 181–191.

Hartung, O. (2013). *Geschichte – Schreiben – Lernen. Empirische Erkundungen zum konzeptionellen Schreibhandeln im Geschichtsunterricht* (= Geschichtskultur und historisches Lernen 9). Münster [u.a.]: LIT.

Hasberg, W. (1999). Problemorientiertes Erzählen im Geschichtsunterricht. In U. Uffelmann (Hrsg.), *Neue Beiträge zum Problemorientierten Geschichtsunterricht* (S. 183–203). Idstein: Schulz-Kirchner.

Hessisches Kultusministerium (Hrsg.) (2011). *Bildungsstandards und Inhaltsfelder. Das neue Kerncurriculum für Hessen Sekundarstufe I – Realschule.* GESCHICHTE. Wiesbaden.

Hinrichs, C. (2007). Schreiben. In H. Günther-Arndt (Hrsg.), *Geschichts-Methodik. Praxishandbuch für die Sekundarstufe I und II* (S. 224–235). Berlin: Cornelsen.

Klieme, E., Avenarius, H., Blum, W., Döbrich, P., Gruber, H., Prenzel, M., Reiss, K., Riquarts, K., Rost, J., Tenorth, H.-E. & Vollmer, H.J. (2003). *Zur Entwicklung nationaler Bildungsstandards. Eine Expertise.* Frankfurt am Main: Deutsches Institut für Internationale Pädagogische Forschung.

Koch, P. & Oesterreicher, W. (1994). Schriftlichkeit und Sprache. In G. Hartmut & L. Otto (Hrsg.), *Schrift und Schriftlichkeit: ein interdisziplinäres Handbuch internationaler Forschung* (2 Bde., S. 587–604). Berlin/New York: de Gruyter.

Körber, A., Schreiber, W. & Schöner, A. (Hrsg.) (2007). *Kompetenzen Historischen Denkens. Ein Strukturmodell als Beitrag zur Kompetenzorientierung in der Geschichtsdidaktik.* Neuried: ars una.

Koselleck, R. (1982). Fragen zu Formen der Geschichtsschreibung. In R. Koselleck, H. Lutz & J. Rüsen (Hrsg.), *Formen der Geschichtsschreibung* (S. 9–13). München: Deutscher Taschenbuch Verlag.

Ladenthin, V. (1985). Betrachtungen zur antiken Geschichtsschreibung. *Geschichte in Wissenschaft und Unterricht, 36,* 737–760.

Memminger, J. (2007). *Schüler schreiben Geschichte. Kreatives Schreiben im Geschichtsunterricht zwischen Fiktionalität und Faktizität.* Schwalbach/Ts: Wochenschau.

Memminger, J. (2009). Schulung von historischem Denken oder bloß fiktionale Spielerei? Über kreative Schreibformen im Geschichtsunterricht. *Geschichte in Wissenschaft und Unterricht, 60*(4), 204–221.

Merz-Grötsch, J. (2005). *Schreiben als System,* Bd. 1: Schreibforschung und Schreibdidaktik. Ein Überblick. 2. Auflage. Freiburg i. Br.: Fillibach.

Messerli, A. (2002). *Lesen und Schreiben 1700 bis 1900. Untersuchung zur Durchsetzung der Literalität in der Schweiz.* Tübingen: Niemeyer.

Ministerium für Schule und Weiterbildung NRW (2011). *Kernlehrplan für die Hauptschule in Nordrhein-Westfalen* – Gesellschaftslehre: Erdkunde, Geschichte/Politik/Nordrhein-Westfalen – Sekundarstufe I, Hauptschule. Frechen: Ritterbach.

Molitor, S. (1984). *Kognitive Prozesse beim Schreiben* (Forschungsbericht Nr. 31). Tübingen: Deutsches Institut für Fernstudien.

Pandel, H.-J. (1988). Erzählen. *Geschichte lernen, 2,* 8–12.

Pandel, H.-J. (1991). Verstehen und Verständigen. Hermeneutische Konsequenzen aus einer erzähltheoretischen Historik. In H.-J. Pandel (Hrsg.), *Verstehen und Verständigen* (Jahrbuch für Geschichtsdidaktik Bd. 2, S. 11–23). Pfaffenweiler: Centaurus.

Pandel, H.-J. (2005). *Geschichtsunterricht nach PISA. Kompetenzen, Bildungsstandards und Kerncurricula.* Schwalbach/Ts.: Wochenschau.

Pandel, H.-J. (2010). *Historisches Erzählen.* Narrativität im Geschichtsunterricht. Schwalbach/Ts.: Wochenschau.

Portmann, P.R. (1996). Arbeit am Text. In H. Feilke & P.R. Portmann (Hrsg.), *Schreiben im Umbruch. Schreibforschung und schulisches Schreiben* (S. 158–171). Stuttgart: Klett.

Rohlfes, J. (2009). Editorial. *Geschichte in Wissenschaft und Unterricht, 60*(4).

Rüsen, J. (1982). Geschichtsschreibung als Theorieproblem der Geschichtswissenschaft. Skizze zum historischen Hintergrund der gegenwärtigen Diskussion. In R. Koselleck, H.

Lutz & J. Rüsen (Hrsg.), *Formen der Geschichtsschreibung* (S. 14–35). München: Deutscher Taschenbuch Verlag.

Sauer, M. (2001). *Geschichte unterrichten. Eine Einführung in die Didaktik und Methodik.* Seelze: Kallmeyer.

Sauer, M. (2009). Historisches Lernen in Ausstellungen. Kompetenzen im Umgang mit Geschichte als Ziel und Voraussetzung In S. Popp & B. Schönemann (Hrsg.), *Historische Kompetenzen und Museen* (S. 81–93). Idstein: Schulz-Kirchner.

Sauer, M. (2006). Kompetenzen für den Geschichtsunterricht – ein pragmatisches Modell als Basis für die Bildungsstandards des Verbandes der Geschichtslehrer. *Informationen für den Geschichts- und Gemeinschaftskundelehrer, 72,* 7–20.

Schmid, H.D. (1982). Zur Geschichtserzählung im Geschichtsunterricht der Sekundarstufe I. In S. Quandt & H. Süssmuth (Hrsg.), *Historisches Erzählen* (S. 57–72). Göttingen: Vandenhoeck & Ruprecht.

Schöner, A. & Mebus, S. (2007). Kommunikationskompetenz als überfachliche Kompetenz. In A. Körber, W. Schreiber & A. Schöner (Hrsg.), *Kompetenzen Historischen Denkens. Ein Strukturmodell als Beitrag zur Kompetenzorientierung in der Geschichtsdidaktik* (S. 361–388). Neuried: ars una.

Schörken, R. (1997). Das Aufbrechen narrativer Harmonie: für eine Erneuerung des Erzählens mit Augenmaß. *Geschichte in Wissenschaft und Unterricht, 48,* 727–735.

Sekretariat der Ständigen Konferenz der Kultusminister der Länder in der Bundesrepublik Deutschland (o.J.). *Ergebnisse der 304. Plenarsitzung der Kultusministerkonferenz* am 04.12.2003 in Bonn. Verfügbar unter: http://www.kmk.org/presse-und-aktuelles/pm 2003/ergebnisse-der-304plenarsitzung.html [27.05.2014].

Simon, C. (1996). *Historiographie. Eine Einführung* (= Uni-Taschenbücher. 1901 Geschichte). Stuttgart: Ulmer.

Steffens, H. & Dickerson, M. (1999). Schreiben um Geschichte zu lernen: Überblick und Einführung. In W. Schmale (Hrsg.), *Schreib-Guide Geschichte. Schritt für Schritt wissenschaftliches Schreiben lernen* (S. 17–35). Wien [u.a.]: Böhlau.

Totzke, R. (2005). Erinnern – Erzählen – Wissen: Was haben (Erfahrungs-)Geschichten mit echtem Wissen zu tun? In G. Reinmann (Hrsg.), *Erfahrungswissen erzählbar machen. Narrative Ansätze für Wirtschaft und Schule* (S. 19–35). Lengerich: Pabst Science Publishers.

Totzke, R. (2004). *Buchstaben-Folgen: Schriftlichkeit, Wissenschaft und Heideggers Kritik an der Wissenschaftsideologie.* Weilerswist: Velbrück.

Thürmann, E. (2012). Lernen durch Schreiben? Thesen zur Unterstützung sprachlicher Risikogruppen im Sachfachunterricht. *dieS-online, 1.*

Verband der Geschichtslehrer Deutschlands (Hrsg.) (2007). *Bildungsstandards Geschichte. Rahmenmodell Gymnasium 5.-10. Jahrgangsstufe.* Schwalbach/Ts.: Wochenschau.

Weinert, F.E. (2001). Vergleichende Leistungsmessung in Schulen – eine umstrittene Selbstverständlichkeit. In F.E. Weinert (Hrsg.), *Leistungsmessungen in Schulen* (S. 17–32). Weinheim: Beltz.

Johannes Berning

Schauen – Wahrnehmen – Notieren:
Wie das Schreiben die Sprache und den Blick dehnt
Anregungen für ein wahrnehmungsgeleitetes Schreiben
und Lernen (nicht nur im Fach Kunst)

1   Bedingungen (schrift-)sprachlichen Lernens

Sprachliches Lernen als Aufgabe aller Fächer zielt auf die Förderung der heuristisch-epistemischen Funktion der Sprache, die neue Erkenntnisse und neues Wissen hervorzubringen vermag. Medien des Wahrnehmens, Denkens und Verständigens sind deshalb nach Steffens (2004, 3) die geeigneten Arbeitsgrundlagen für eine solchermaßen kognitive Ausrichtung des Unterrichts. „In der erkenntnisschaffenden Funktion sind die innere und die äußere Sprache und das innere und äußere Bild *die* Medien der Ausarbeitung, Objektivierung, Fixierung und Mitteilung von Wissen ebenso wie der Wissenskritik. Zwischen innerem und äußerem Modus herrscht ein reger geistiger Verkehr, ein wechselseitiges innersprachliches ‚Übersetzen‘ und Austauschen, ein Erfassen und Neu-Schaffen" (ebd.; Hervorhebung im Original).

Bei der Frage, wie beim Wahrnehmen, Nachdenken und Verstehen Sprach-Ausdruck entsteht, haben wir es offensichtlich mit komplexen Prozessen zu tun, die weit über das rein Kognitive hinausgreifen. Formen des Sehens und Anschauens, des Empfindens und Erfahrens, spielen dabei eine ebenso zentrale Rolle. Bisweilen reichen die uns zur Verfügung stehenden Mittel der Sprache nämlich gar nicht aus, um zu neuen Erkenntnissen zu gelangen. Nach Wilhelm Genazino (2006), dem großen Schriftsteller und Erzähler des Alltags, sind wir in einem solchen Fall aufgefordert, die Sprache „zu überschreiten" (ebd., 23). Erst durch diese Überschreitung gelingt uns „ein Stück neuer Wirklichkeit" (ebd.), das greifbar wird und sich in das integrieren lässt, was wir bereits wissen.

Wahrnehmung und ihre Strukturierung und Differenzierung können nicht einfach vorausgesetzt, sondern müssen gelernt werden. Unsere Schulen und Hochschulen sind aber geradezu Wahrnehmungs-Verhinderungs-Anstalten, die „aus dem Sehen, Erkennen, Schlüsse-Ziehen und Kommunizieren alles weg[...]filtern, was nicht ökonomisch ist" (Metz/Seeßlen 2011, 580). Intuition (als Innen-Sehen) und Imagination (als Überwinden von Grenzen) werden deshalb ebenso wenig ausgebildet wie Kreativität als eine durchgängige Verhaltensdisposition (Berning 1991).

Unzureichende Lernbedingungen gelten in besonderer Weise für das Schreiben, dessen ganzheitliches Potenzial in allen Fächern kaum ausgeschöpft wird. Eine solche Engführung findet sich auch in den Fächern Deutsch und Kunst, deren Zusammenhang im Folgenden fokussiert werden soll. Gerade mit Blick auf die dominante Schreibpraxis des Deutschunterrichts handelt es sich um ein Schreiben in *einer* Spur, das bis heute nach fixen, vorgegebenen Regeln funktioniert. Mediale Aspekte, die gleichermaßen das Welt- wie das Selbstverständnis des Schreibers/der Schreiberin stärken, weil sie an Alltagserfahrungen anknüpfen, bleiben zumeist außen vor. Möglichkeiten des Heranschreibens an die Sache und der Selbstverständigung mit dem Thema werden nur selten eingeräumt. Formen des freien Schreibens, das die Komplexität des Modus ‚Schriftlichkeit' reduziert, bleiben zumindest in den weiterführenden Schulen so gut wie ungenutzt.

Wenn aber beim Schreiben keine eigenen Entscheidungen getroffen werden dürfen, dann ist das Denken bereits abgeschlossen, bevor der erste Satz überhaupt auf dem Papier steht (Kochan 1998). Eine verlässliche Brücke zu einem Schreiben als Wahrnehmungs- und Denkhilfe (Berning 2002) kann auf diese Weise nicht aufgebaut werden. Schreiben muss aber als ein tägliches Ausdrucksbedürfnis, als eine Form des Sich-Verhaltens (im Sinne einer Überführung innerer Prozesse nach außen) erfahren werden können. Die Ausbildung einer solchen Haltung ist eine zwingende Voraussetzung für die von Steffens (2004) weiter oben genannten Arbeitsgrundlagen für ein erfolgreiches (fach-)sprachliches Lernen.

Diese Haltung gilt es – ausgehend vom Fach Deutsch –, für alle Fächer und deshalb auch für das hier exemplarisch ausgewählte Fach Kunst einzufordern, für das im weiteren Verlauf außerdem methodische Anregungen für ein verlangsamtes „Sehen als Prozeß des Verstehens" (Duncker 1994, 193) entwickelt werden sollen. In unserer heutigen „Ausstellungsgesellschaft" (Han 2012), die auf neurotische Weise alles sichtbar macht und der visuellen Kommunikation „jede ästhetische *Reflexion*" (ebd., 25; Hervorhebung im Original) raubt, muss gerade das Fach Kunst sich um das Un-Sichtbare bemühen. „Für das Geschmacksurteil *I like* etwa ist kein verweilendes Betrachten notwendig. Die mit dem Ausstellungswert angefüllten Bilder weisen keine Komplexität auf. Sie sind eindeutig. […] Ihnen fehlt jede *Gebrochenheit*, die eine Reflexion, ein Nachsehen, ein Nachdenken auslösen würde. Die Komplexität verlangt die Kommunikation. […] Der Sinn ist *langsam*" (ebd.; Hervorhebungen im Original).

2   Die andere Seite des Schreibens

Schrift zerdehnt die Sprechsituation (Ehlich 1984), und Schreiben verlangsamt das Denken. Wir entziehen uns dem Heißlauf unserer Gedanken. So kann der Sprachgestaltungsprozess deutlich verzögerter und reflexiver ablaufen. Auf diese Weise vergegenständlicht und verobjektiviert das Schreiben etwas, das vorher noch undeutlich, chaotisch oder latent war. Wir finden ein Muster, eine Struktur. Wir sehen klarer.

Schreiben ist ein Medium des Denkens (Hermanns 1988). Es ist weit mehr, als nur Buchstaben auf ein Stück Papier zu setzen. Es ist mehr als das Umkodieren von Rede in Schrift. Von Schreiben im heuristisch-epistemischen Sinne können wir auch dann nicht sprechen, wenn wir das, was wir als Fertigware bereits in unserem Kopf haben, auf das vor uns liegende Blatt zerren. Ein solches Schreiben hätte einen rein reproduzierenden Charakter. Gerade deshalb ist es ja so wichtig, *eigene* Entscheidungen beim Schreiben treffen zu dürfen. Nur so und nicht anders lassen sich neue Ideen auf unser leeres Blatt einladen. Die Gedanken liegen also noch gar nicht vor. Sie müssen erst noch erschrieben werden, indem wir das aus unserem thematischen Wissen generierte Material in vielfältiger Weise miteinander interagieren und spielen lassen. Texte sind gestaltetes Denken, und das geschieht *beim* Schreiben, *durch* das Schreiben – und „nicht durch ausgewogenes (kognitives) Arrangieren von inhaltlichen und sprachlichen Schablonen" (Bräuer 1996, 143).

Hinsichtlich des Schreibens in den Fächern (wie z.B. Deutsch und Kunst) bedeutet dies, dass allzu finalistische, produktorientierte Herangehensweisen wenig hilfreich sind. Schreiben ist komplex, prozess- und gestalthaft. Schreiben als Problemlösen zu bezeichnen, wie dies die kognitive Schreibforschung (Sieber 2003) bis heute tut, greift also bei weitem zu kurz. Schreiben ist in seinem Kern etwas Tentatives. Es ist ein Suchen und Finden auf dem Feld unzähliger Anschlussmöglichkeiten. Nur so kommt ja Kreativität in die Welt. Wir müssen uns nur trauen, etwas auszuprobieren. Indem wir jenen geistigen Verkehr zwischen innerem und äußerem Modus anregen, von dem Steffens (2004) weiter oben spricht, werden wir von ZuschauerInnen zu MitspielerInnen. Ohne eine solche Anregung der inneren Sprache, deren Bedeutung für das Schreiben in Abschnitt 4 noch einmal beschrieben werden soll, bleibt es in so mancher Textwelt stockfinster.

Wir wissen also: Schreiben repräsentiert unsere Gedanken in einzigartiger Weise. Wir sehen etwas vorher. Wir erproben. Wir entscheiden. Unser Denken materialisiert sich auf dem Papier. Dies ist alles richtig und greift dennoch zu kurz. Denn zwischen Außenwelt und menschlicher Wahrnehmung gibt es einen Raum, den wir Interpretation nennen. Er beschreibt die menschliche Art, Informationen und Empfindungen zu verarbeiten. Wörter sind nicht neutral. Selbst wenn alle Wörter neutral wären, wäre die persönliche Erfahrung des Einzelnen doch immer wieder eine andere.

Wissen ist also niemals emotionsfrei. Es gibt keine Erkenntnis ohne Imagination. Persönliche Gefühle sind immer im Spiel. Es ist das affektive (und nicht das kognitive) Langzeitgedächtnis, das unsere Batterien, auch unsere Schreib-Batterien, immer wieder auflädt. Gefühle steuern unser Verhalten. „Sie sind", nach Frederick Perls (^{5}1992, 72), „die eigentliche Sprache des Organismus." Sie lassen uns auf die Welt und ihre Strukturen reagieren, und sie fügen unsere Reaktionen wieder in diese Welt ein. Dabei hilft uns die Intuition als eine Grundfähigkeit des Bewusstseins. Sie ist ein inneres Gefühl für

‚richtig' oder ‚falsch', für ein *sinn*volles Verhalten auf dem Feld der Möglichkeiten, das das Schreiben bereitstellt (Berning 2002).

Die Emotionspsychologie (Otto/Euler/Mandl 2000) hat die zentrale Orientierungs- und Integrationsfunktion von Emotionen in besonderer Weise herausgearbeitet. Gefühle entstehen an der Schnittstelle zwischen Organismus und Umwelt. Sie umfassen ein komplexes Zusammenspiel aus subjektiven und objektiven Faktoren, die von neuronalen und hormonalen Systemen unterstützt werden. Nach Mandl/Huber (1983) sind Emotionen eine wichtige Voraussetzung für kognitive Prozesse. Durch ihren „energetisierende[n] Effekt" (ebd., 9) werden Erkenntnisvorgänge angestoßen und weiterentwickelt und lassen sich Erfahrungen machen und ordnen.

Für den aktualgenetischen Prozess des Schreibens als Suchen und Finden nimmt Ortner (2000) an, dass ein zu Beginn nur intuitiv gespürter Zusammenhang zwischen ursprünglich einander nicht bekannten Elementen aus den Mosaiken und Netzen unseres Wissens hergestellt wird. Es wird Ordnung auf dem Weg vom Wissen zum Text konstituiert, sodass ein akzeptables Wahrnehmungsobjekt (als mentales Bild im Kopf des Schreibers/der Schreiberin) entsteht. Dies geschieht in einem langen Prozess, bei dem es im Hin und Her zwischen Wissensbasis und entstehendem Text zu ersten Vorgestalten und anschließenden Zwischengestalten kommt und bei dem Gefühle eine funktional bedeutsame Rolle spielen. Es handelt sich um Textfassungen, die sich ablösen oder auseinander hervorgehen oder miteinander konkurrieren – immer in der Erwartung der ‚guten Gestalt' am Ende des Schreibprozesses. Damit ist der fertige Text in Anlehnung an Lewins Feldtheorie (1963) „eine Figur aus organisiertem Wissen vor dem (Hinter-) Grund des nicht-organisierten Wissens" (Ortner 2000, 43), also weit mehr als eine Anhäufung von Sätzen.

Schreiben bewegt sich zwischen Konvention und Kreativität. Es ist Kognition *und* Imagination, Norm *und* Intuition, Bindung *und* Freiheit. Das ist die *andere* Seite von Schreiben und Schriftlichkeit (Spinner 2006). Wir müssen sie – nicht nur im Deutsch- und im Kunstunterricht – mitbedenken, wenn wir das wissenschaffende und erkenntnisbringende Potential des Schreibens auch für das fachsprachliche Lernen in voller Weise ausschöpfen wollen.

3   Sehen und Wahrnehmen

Wahrnehmung meint sehr viel mehr als ein ungefiltertes und formloses Rezipieren von Eindrücken. Eine solche passive Wahrnehmung bliebe gestalt- und substanzlos. Dagegen ist aktive Wahrnehmung, wie Klaus Holzkamp (1973, 22; Herhorhebungen im Original) es beschreibt, mit der „*sinnliche[n] Präsenz* des Wahrgenommenen" verknüpft. „In der Wahrnehmung", so Rubinstein ([10]1984, 310), „werden die sinnlichen

Eigenschaften gleichsam aus dem Gegenstand herausgehoben, um sofort wieder mit ihm in Verbindung gebracht zu werden."

Sinnliche Wahrnehmungen äußern sich zunächst in Form von Reizen, z.B. als Stimmungen, Stimmen, Gerüche, Farben und Töne. Sobald solche Reize einer Bewertung und Kategorisierung unterzogen werden, kommt es zum Verstehen, zum Einordnen und Neuordnen des Erkannten in schon vorhandene kognitive Strukturen. Erkenntnisgelenktes, reflexives Handeln ist ohne Perzeptbildung, also ohne ein über die Sinne erfahrenes subjektives Wissen, nicht möglich. Die nach Sklovskij (1971, 31) „vom Automatismus befreite Wahrnehmung" setzt schließlich ein „Sinnenbewußtsein" frei, das Rudolf zur Lippe (2000) als ein unverzichtbares Element menschlichen Daseins bezeichnet, weil von ihm ausgleichende, harmonisierende Wirkungen ausgehen.

Wahrnehmung wird damit zu einem hochaktiven, hypothesengesteuerten Interpretationsprozess, der das Wirrwarr der Sinnessignale nach ganz bestimmten Gesetzen ordnet, trennt und zusammenfügt und auf diese Weise die Objekte der Wahrnehmung definiert. „Wahrnehmen", so Gerd E. Schäfer (2011, 147), „ist Wählen, handelndes Strukturieren, Bewerten, Erinnern und sachliches Denken in einem."

Auch für den Künstler und Visionär Joseph Beuys hat Wahrnehmung nicht nur eine phänomenale Qualität, die vorrangig an der Erscheinung der Oberfläche interessiert ist. Wahrnehmung bezieht sich vielmehr auf das Nicht-Sichtbare, das Dahinter-Liegende, das, was auf den ersten Blick mit bloßem Auge nicht zu erkennen ist. Für Beuys wird Wahrnehmung damit zu einem vielschichtigen Vorgang von außen und innen, „leiblich mit allen Sinnen, poly-ästhetisch-synästhetisch-spirituell. Eine Wahrnehmung, die nicht vom Bewußtsein im allerweitesten Sinne abgekoppelt ist und insofern Verstehen, Intuition und Spiritualität miteinbezieht" (Stielow 1994, 75).

Als „Sehen, und nicht als Wiedererkennen", beschreibt Sklovskij (1971, 15) diese Form der Weltbegegnung. In diesem Sinne ist Sehen ein kreatives Schaffen (von Gestalten) und ein Prozess des Verstehens, bei dem wir auswählen und entscheiden, z.B. wohin wir sehen und was wir dabei tun. Es ist ein ganzmenschlicher Akt nicht nur des Auges, das „nicht bloß ein Instrument zum Erfassen optischer Reize ist, sondern ein Organ des Erkennens, das an der Konstruktion des Weltbildes aktiv beteiligt ist" (Duncker 1994, 193). Ein solches ent-automatisiertes Sehen „lös[t] seinen Gegenstand aus der Nützlichkeit oder anderen Funktionen heraus und mach[t] ihn ‚wieder zum Rätsel'" (ebd., 205). Es ist ein Schauen (Berning 1997) und Staunen – ein *„Angriff auf die Ichhaftigkeit"* (Metzger [2]1962, 185; Hervorhebungen im Original) des/der Wahrnehmenden, der voraussetzungslos am Gegenstand interessiert ist. Es setzt jenes kreative Potential frei, das wir für ein wahrnehmungs- und erkenntnisgeleitetes Lernen benötigen.

Grundlage für eine solche Haltung gegenüber der Welt ist ein Bewusstseinszustand, den Günther Lange (1999, 121; Hervorhebung im Original) *„[o]penmindedness"* nennt, ein

Zustand „[i]nnere[r] Achtsamkeit" und bewusster Verlangsamung, ein Zustand des „Verweilens" (nach dem Philosophen Michael Theunissen [1991]). Um einen Gegenstand anzuschauen, muss ich stehen bleiben, weil sich auch der Gegenstand still verhält. „Der Film des Aufnehmens, Verarbeitens und Darstellens läuft gleichsam in Zeitlupe." (Selle 1988, 308) Damit verbunden ist eine Haltung der Wachsamkeit und der Empfänglichkeit, durch die wir unseren Blick für das Un-Sichtbare schärfen. Es ist eine Haltung des Sondierens und Erkundens, des Erlebens und Empfindens, die aus dem Schauen das macht, was Ludwig Duncker (1994) „Anschauung" nennt. „Der Moment der ‚Geburtsstunde der Anschauung' ist dort gegeben, wo man heraustritt aus der Normalität des Alltags, Distanz zu ihm gewinnt und in die Betrachtung des angeschauten Gegenstandes versinkt." (ebd., 211) Dabei können wir erleben/empfinden, wie tief ein solcher Vorgang in uns fortwirkt. Im besten Fall kann daraus Erfahrung erwachsen, wenn es uns gelingt, „die Dimensionen des Vorgangs gemeinsam und jede für sich sprechen zu lassen. Wenn dies sich mitteilt, wenn es sich überhaupt niederschlägt in vernehmbaren Formen, entsteht Sprache – *Ausdruck*" (zur Lippe 2000, 411; Hervorhebung im Original).

Auch das Schreiben, so hat es Adolf Muschg (1981, 40) einmal gesagt, „hat mit der ‚Bereitschaft zur Wahrnehmung' zu beginnen". Indem der/die SchreiberIn seine Wahrnehmung fokussiert und seine Aufmerksamkeit steigert, filtert er/sie Einzelnes aus seinem Bewusstseinsstrom heraus. Dann verschmelzen Sinneserfahrungen mit kognitiven Prozessen in wechselseitiger Durchdringung zu einem Wahrnehmungs-, Interpretations- und Handlungszusammenhang. Für den Schriftsteller Wilhelm Genazino (2006, 18) sind „[s]olche Verschmelzungsakte [...] vermutlich das wichtigste an der poetischen Tätigkeit überhaupt".

Nach Genazino verwandelt sich der gefundene Gegenstand als das Poetische zunächst in eine Epiphanie. „Damit eine Epiphanie überhaupt als menschliche Rührung fixierbar wird, muß ein Stück **erinnerter Empfindung** in den Gehalt der Epiphanie hineingetragen werden. Der Blick des immer wieder zu seinem Objekt zurückkehrenden Betrachters treibt einen Spalt in das betrachtete Ding und füllt ihn mit einem inneren Text auf, von dem der Betrachter oft nicht weiß, *was* der Blick beschreibt. Das soll heißen: Das Poetische ist etwas Halbauthentisches; eine Hälfte (oft sogar weniger als eine Hälfte) ist **Wahrnehmung**, die andere Hälfte (oft mehr als die Hälfte) ist Fiktion, Konstruktion, Magie, Überrumpelung: Ein aufglimmendes Bild [...] wird von seinem Betrachter vervollständigt. Beim Zusammenfließen von Wahrnehmung und Wahrnehmungserfindung entstehen Reibflächengewinne, die dann in den Beschreibungstext einwandern" (ebd., 22; Hervorhebungen im Original).

Wer also einen Gegenstand in dieser Weise betrachtet, „verknüpft Wahrnehmung mit Empfindung und Fiktion. Alle Bilder schweigen; sobald Menschen sie anschauen, fangen sie an zu sprechen. Im Betrachter sedimentiert sich ein Text. Alle angeschauten Bilder und Gegenstände spekulieren mit unserem verinnerlichten Wissen. Jedes Bild weiß mehr, als es beim ersten Anschauen preisgibt. Der Betrachter ist der, der immer gerade merkt, daß er ein Bild noch länger anschauen muß" (ebd., 43).

Die Epiphanie bindet zeitliche Abläufe zusammen, die sich unter realen Verhältnissen nicht zusammenschieben lassen. Eine bewusste Verlangsamung, ein Verweilen widerfährt nur denjenigen, „die aus der linearen Zeitordnung wenigstens vorübergehend heraustreten können" (ebd., 58). Weder Vergangenes noch Zukünftiges spielt in solchen Momenten eine Rolle. Erst die „Entfernung von der objektiven Zeit" (ebd.) ist die Voraussetzung für das, was Duncker (1994) als das Versinken in den Gegenstand beschreibt. Erst dann verwandelt sich (nach Theunissen [1991, 288]) die sinnliche Wahrnehmung in eine „ästhetische Anschauung, indem das Subjekt vermöge seines gewaltsamen Sich-Losreißens von der Zeit gewaltlos in den Gegenstand sich versenkt." Durch eine solche Verrückung des bloß alltäglich Wahrgenommenen überhöht die ästhetische Anschauung das Alltagsleben und verwandelt es.

Das ist alles richtig, aber greift noch immer zu kurz: Die menschliche Sprache ist nämlich auf wunderbare Weise geeignet für das Verschlüsseln und Wieder-Aufrufen von Angeschautem, Erlebtem und Gedachtem. Sie erlaubt uns, Informationen in nur wenige Wort-Ketten zu packen, die unendlich reich an Bedeutung sind. Nur *ein* Wort oder zwei aus einer solchen Reihe können eine vielschichtige Erfahrung repräsentieren, sodass wir beim Wiederaufrufen auf so viel mehr stoßen als die Wörter selbst preisgeben. „[A]lles", so sagt es Genazino (2006, 94; Hervorhebung im Original), „was wir immer wieder und länger als nötig anschauen, beginnt eines Tages in uns zu sprechen. Diesen **inneren Text**, quasi ein Selbstkommentar unseres unentwegt erlebenden Ichs, wollen wir hören, er ist der Lohn unserer Seh-Arbeit." Er ist das Ergebnis des „gedehnten Blick[s]" (ebd.).

4   Die innere Sprache / Der innere Text

Die Bedeutung der inneren Sprache als einer von Wort-Bedeutungen geprägten semantischen Sprache (Wygotski 1964) ist mit Blick auf das Schreiben und Lernen bislang kaum gewürdigt worden (siehe dazu: Gössmann 1979; Wild 1980; Ortner 1992; Kupfer-Schreiner 2005). Für Steffens (2004), wir erinnern uns, ist sie – gerade durch ihren fruchtbaren wechselseitigen Austausch mit der äußeren Sprache – *das* zentrale Medium für wissen- und erkenntnisschaffendes Lernen. Und tatsächlich ist die innere Sprache nicht nur eine erste wichtige Phase der Orientierung, in der die Wege eines Textes ‚vorbesichtigt', sondern auch mögliche Weiterführungen und Impulse erprobt werden können. In einem solchen Probier-Raum, in dem noch kein einziger Weg vorgetrampelt, noch keine einzige Entscheidung getroffen ist, kann der/die SchreiberIn zensur- und deshalb gefahrlos nach sinnvollen und kreativen Anschlüssen auf dem Feld der Möglichkeiten suchen.

Das mit dem Wort verbundene Bedeutung schaffende Denken ist durchtränkt von Sinn. Sinn ist nach Wygotski (1964, 302) die Summe aller Wahrnehmungen, die mit dem Wort in Verbindung stehen. Das einzelne Wort in unserer inneren Sprache ist so aufgeladen mit Sinn, dass man viele Wörter brauchen würde, um es in der äußeren Sprache wieder aufzubauen. Was wir bei der Übertragung der inneren Sprache in die geschriebene äußere (von Normen und Konventionen beherrschte) Sprache zweifelsohne wieder verlieren (vor allem in Bezug auf Form und Quantität), gewinnen wir im Hinblick auf ihre Substanz wieder mehr als zurück – nämlich Bilder, Konnotationen und Gedankenblitze vielfältigster Art. Heraus kommt Bedeutung, die durchspült ist von Gefühlen.

Auch für Gössmann (1979) ist die innere Sprache grundlegend für das Gelingen des Schreibprozesses. Sie ist der Auslöser für eine tiefe Verbundenheit mit dem eigenen Text, für ein starkes Engagement im Schreibprozess. Sie bildet jene Haltung aus, die kennzeichnend ist für den Modus der Schriftlichkeit. „Man kann", so Gössmann (ebd., 22; Kleinschreibung im Original), „nicht schreiben, wenn es in der inneren sprache keine bewussten oder halbbewussten vorentwürfe gibt". Nach Claudia Kupfer-Schreiner (2005, 29) handelt es sich bei der inneren Sprache um „schweigende Selbst- und Zwiegespräche des Schreibenden, Gedanken und Gefühle beim Schreiben und übers Schreiben, ein quasi nicht sicht- oder hörbares ‚Band‘, das aus bewussten, unbewussten, kognitiven und emotionalen Anteilen besteht, und das die Textentstehung […] quasi stumm begleitet".

Peter Elbow ([2]1998, 6) versteht unter *voice* die innere Kraft eines Textes, die dem/r LeserIn die schon fast magische Kongruenz zwischen dem/r SchreiberIn und dem, was und wie er/sie es sagt, spüren lässt. „In your natural way of producing words there is a sound, a texture, a rhythm – a voice – which is the main source of power in your writing." Ein solches Schreiben hat „the lively sound of speech. It has good timing. The words seem to issue naturally from a stance and personality" (Elbow [2]1998a, 292). Indem er vom ‚Kochen‘ und ‚Wachsen‘ eines Textes spricht, führt Elbow einen organischen Aspekt, der dem Schreiben inne haftet, ein. Er meint damit ein Schöpfen, Abschmecken und Austesten von Vor-Gestalten, indem er diese immer wieder in Interaktion treten lässt, z.B. mit möglichen LeserInnen, mit anderen Ideen, auch mit anderen Texten: „Cooking means getting material to interact. […] Growing means getting words to evolve through stages. The growing stage I find most important is writing a lot" ([2]1998, 73). Textproduktion wird also auch hier verstanden als ein stufenweiser Umstrukturierungs- und Annäherungsprozess, bei dem auf zunächst intuitive Weise Material generiert wird und in dessen weiterem Verlauf aus einer keimenden Idee die ‚gute Gestalt‘ allmählich herauswächst.

„To ignore voice", sagt Donald Graves (1994, 81), „is to present the process as a lifeless, mechanical act." Mit eigener Stimme, als Autor, also als Schöpfer (Kochan 1998) zu schreiben heißt, sich „des unverwechselbar Eigenen im Schreiben" (Bräuer 1998, 25) bewusst zu werden und dem Geschriebenen den Stempel der Einzigartigkeit aufzudrücken. Es lohnt sich, nach dieser Stimme zu suchen und in Kontakt mit ihr zu treten. In der Regel äußert sie sich auch in körperlichen Reaktionen – im Sinne eines *felt sense* (nach Sondra Perl 2004) –, die uns anzeigen, dass wir auf der richtigen Spur sind. Die innere Stimme ist ganz sicher der Motor, den es braucht, um die mühselige Arbeit von **„Wiederaufnehmen, Wiederlesen, Nocheinmalsagen, Vonvorneanfangen"** (Genazino 2006, 18f.; Hervorhebungen im Original) am Laufen zu halten.

Es ist nicht leicht, die innere Sprache erfolgreich auch in den schulischen Schreibprozess zu integrieren. Mündliches Erzählen, Bilder, Musik und Bewegung können in allen Fächern – nicht nur im Deutsch- und im Kunstunterricht – helfen, eine Verbindung zum inneren Erlebensstrom herzustellen. Darüber hinaus lassen sich kreative Techniken wie Brainstorming, Clustering und *Freewriting* (ein atemloses Schreiben; siehe Bräuer 2006) nutzen. Auch das nahezu unausschöpfliche Arsenal an kreativen Schreibspielen, die wir aus der Literaturgeschichte kennen, ist hilfreich. Wie aber bringen wir den Ernst zurück ins Spiel (Koch 1997)?

Offenbar bedarf es einer ordnenden Instanz, die für einen harmonischen Gleichklang sorgt. Eine solche Instanz lässt sich als ein „Pendel" (Heskamp 2010) denken, „das von der chaotischen und minimal realisierten Seite der inneren Sprache kreative Ideen und Impulse sowie Spontaneität und Persönlichkeit in den Schreibprozess hineinträgt und beim Zurückpendeln die kühle Ordnung des Schreibens in das Chaos der inneren Sprache einbringt" (ebd., 25f.). Die erfolgreiche Integration der inneren Sprache in den Schreibprozess käme am Ende einer Selbstbefeuerung, einer Selbstversorgung mit immer neuen, nicht enden wollenden Ideen gleich, die ihre Funken gleichwohl erst dann versprühen dürfen, wenn sie sich in besagtem Probierraum bewährt haben.

In diesem Zusammenhang ist das Fokussieren (Auch Genazino [2006, 18] sieht den Autor als Fokusseur, der zum Zentrum einer Wahrnehmung wird.) ein ebenso wichtiges Annäherungs- wie Filter- und Prüfverfahren. Wir können es uns als ein „Pendeln zwischen innerem Erleben und geschriebenem Wort" (Zillessen 2008), aber auch als ein Pendeln „vom Expliziten, dem bereits geschriebenen Wort, zum impliziten Felt Sense" (ebd., 9) vorstellen. Gemeint ist, ein ausbalanciertes Verhältnis zu finden zwischen freiem Einfall und bewusster Steuerung und Kontrolle. Ziel ist, wie Fröchling (1987, 39) sagt, „eine Fluktuation in kleinen Schritten zwischen Zuständen der Regression und der Kontrolle". Man schreibt ent-automatisiert und atemlos und verhält sich dennoch sehr bewusst gegenüber seinem Text. Damit das gelingt, müssen wir lernen, den Takt unseres Schreibens fühl- und sichtbar zu machen, z.B. in Form von Notaten.

5   Notieren – Skizzieren – Reflektieren

Das Notieren hat eine lange Tradition, die schon mit der Fixierung von Wissen auf Tonscherben im Altertum begann (Ortheil 2012). Das Notierte ist „dicht am Leben" (ebd., 9). Es wird „meist punktuell und ohne längere Vorbereitung oder Planung aufgezeichnet" (ebd.). Vor allem seit der Erfindung des Buchdrucks wurden Notate „immer mehr zu einer Methode des Findens, Erfindens, Planens und Konstruierens literarischer Texte" (ebd., 13f.). Mit Blick auf das prä-textuelle Schreiben (*pre-writing*) verminderten Notate die sprichwörtliche Angst vor dem weißen Blatt Papier, die zu Schreibstörungen und Schreibblockaden führen kann. „Denn wer notierte und plante, machte zwar bereits ernst mit dem Schreiben, schrieb aber noch nicht ins Reine, sondern befand sich in einem Vorstadium des eigentlichen Schreibens" (ebd., 14).

Mit ihren Möglichkeiten des „präzisen, knappen und zugespitzten Schreibens" (ebd.) auf der Grundlage von Sehen und Wahrnehmung konnten Notate seit der Mitte des 19. Jahrhunderts und dem damit einhergehenden Aufschwung des Realismus sogar in Konkurrenz zu den immer genaueren Darstellungen aus Malerei, Fotografie und Film treten. In einer Art „Textlabor" – „einer Werkstatt von zurechtgeschliffenen, erprobten, wieder verworfenen und neu gebildeten Worten und Wendungen" (ebd., 15) – entwickelten sie „einen eigenen Schreib- oder Denkzusammenhang" (ebd.), bei dem gerade das Fragment- und Vorgestalthafte sich als nützlich für den weiteren Schreibprozess herausstellte.

„*Warmschreiben*", so nennt der Schweizer Schriftsteller Paul Nizon ([6]1997, 19; Hervorhebungen im Original) sein Notieren. Es ist sein *„tägliches Geschäft, [...] um nicht einzurosten, um [s]ich in Gang zu halten."* Nizon nennt es auch „Blindschreiben, Fluten" (Nizon 1985, 105) – „den Umgang mit dem Unterbewußten. Das ist der Gewinn. Laß dich Stück für Stück auslaufen und sieh zu, daß du hinterher die darin enthaltene Figur entdeckst" (ebd.). Das Warmschreiben, häufig nur ein Sudeln, ein motorisches und notorisches Gedanken-Notieren, ist Nizons Wünschelrute, um an das „*Vorherwissen* im Spiel" (ebd., 83; Hervorhebung im Original) heranzukommen. Es ist die Quelle für den in ihm gärenden, innerlich keimenden, inkubierten inneren Text, der gehoben und in die Welt gebracht werden will. „Ich gehe ohne Plan vor, taste mich in allen Richtungen durch unwegsames Gebiet voran. Die erste Phase ist mühselig, eine Geduldprobe. Ich muß das Terrain abhorchen, muß Verbindung aufnehmen. Genauer: Ich muß mich in mein in alle Welt verteiltes Ich zurücksinken lassen. Erst wenn das vielfältige Sondieren eine erste Spur erkennen läßt, kann ich mich schreibend in Marsch setzen, wenn auch nur zu ersten Vorstößen" (ebd., 125).

Nizons Notieren und Warmschreiben ist ein entdeckendes, welt2-, also ich-bezogenes Schreiben. Es nutzt „eine Vielfalt von assoziativen und strukturierenden, denk- und schreibfördernden Methoden [...], die Denken und Schreiben gleichermaßen voranbringen" (Scheuermann 2012, 1). Insofern ist Nizons Schreiben schon in dieser Phase epistemisch und heuristisch. Wir sind schon lange vor dem ersten Satz schreibend unterwegs, „um erst herauszufinden, worüber wir nachdenken. Und unser Denken verändert sich wiederum durch das Schreiben. [...] So kommt ein schöpferischer Prozess in Gang, der in neue Denkregionen führen kann" (ebd., 12) und eine Fülle von Assoziationen generiert, die wir verankern, an anderer Stelle wieder abrufen und zu anderen Assoziationen in Beziehung setzen können.

Das Schreibjournal kann ein geeigneter, weil geschützter Raum für das Notieren, Skizzieren und Reflektieren, für den so wichtigen Austausch zwischen innen und außen sein, der von Steffens (2004) weiter oben als eine zentrale Grundlage für fachsprachliches Schreiben und Lernen gesehen wird.

6 Schreib- und Bilderdenken im Journal

Das Schreiben, Notieren, Skizzieren und Zeichnen in einem Journal bedarf weder einer großen Vorbereitung noch eines bestimmten Anlasses. Das Journal liegt für uns immer bereit. Das Tun, das damit verbunden ist, ist persönlich und selbstorganisiert. Das Journal „dokumentier[t] Gedanken nicht einfach, sondern [gibt] auch unfertigen Gedanken Raum zu reifen" (Seibt 2008, 56). Lernende kann es langfristig zu einem reflektierteren Welt-, Sach- und Selbstverständnis führen.

Im Sinne eines *work in progress*, das Produkt und Prozess auf kongeniale Weise miteinander verbindet, zeigen sich die Inhalte, Formen und Funktionen eines Journals je nach Unterrichtsfach und Unterrichtsprojekt unterschiedlich (Bräuer 2000, Berning/Seibt/Schulze/Witte, 2008). Als notierendes, wildes und unkontrolliertes Schreiben im Sinne des Warmschreibens bzw. Flutens von Gedanken (wie etwa bei Paul Nizon) erweitert das Journalschreiben (z.B. in den Fächern Deutsch und Kunst) den sprachlich-begrifflichen Fundus für die Rezeption und das Verständnis von Texten und Bildern ebenso wie für die Produktion von Texten und Bildern.

Im geschützten Raum des Journals schlägt das Pendel zwischen innerer und äußerer Sprache als eine Art „Gedanken-Metronom" (Heskamp 2010, 26) hin und her und entwickelt im besten Fall eine kraftvolle eigene Sprache, Schreibe, Denke und Linienführung, lange bevor sich das fertige Produkt dann der Öffentlichkeit stellt. In diesem Sinne ermutigen Journale Lernende zu Dialogen mit Texten (eigenen wie fremden) und Bildern (eigenen wie fremden). Es wird gesucht, entdeckt, spekuliert und ausgearbeitet. Alte Informationen, Ideen und Eindrücke werden wieder hervorgeholt und neu geordnet. Das Journal „allows the writer to make use of looking again and thinking about what has been thought [...]" (Berthoff 1987, 14). So wird metakognitives Wissen aufgebaut. „The journal is both text and meta-text" (Dickerson 1987, 131). Die Motivation und das Selbstbewusstsein der Lernenden erwachsen aus diesem Erleben und sind dauerhaft. Institutionalisiertes und alltägliches, inzidentelles Lernen rücken wieder näher zusammen.

Journale sind eine wahre Fundgrube für Augenblicksblitze. Manchmal manifestieren sie sich nur als einzelnes Wort, als Metapher, als Bild (auch als gemaltes Bild oder als schnell hingeworfene Skizze), als Gesprächsfetzen, als kurz aufleuchtende ganzheitliche Lösung eines komplexen Problems. Dann muss man zugreifen, bevor man in einem späteren Stadium beginnt, tiefer zu graben. In solchen Momenten beginnen Lernende, ihren Gedanken und Gefühlen zu vertrauen. Sie beginnen, die Macht der inneren Sprache, des inneren Textes, zu riechen. Mit Blick auf Lehrende verlangt Donald Graves (1994, 181) deshalb, „to help students become acquainted with their feelings about their work".

Das Journal als Material- und Skizzensammlung wird zu einem ersten wichtigen Prüfinstrument, wenn es um das Verweben von Wörtern oder Linien im Deutsch- und im Kunstunterricht geht. Mit dem im Journal angespülten Material steht ein Sprach-, Ideen- und Bilderpool permanent zur Verfügung. Damit führt das Journal weg von der vorschnellen Fixierung auf schon Gekonntes und Gewusstes, Gelesenes, Gehörtes und Gesehenes, auf schon reproduktionsfertig Abgelegtes und damit Abgeschlossenes. Ganz im Sinne des durch ein stetiges Suchen und Probieren, Verwerfen und Finden gekennzeichneten epistemisch-heuristischen Zugreifens auf die Welt werden nun auch Fragmente und Bruchstücke, Vorarbeiten und Anfänge wichtig. Auf diese Weise wird Lernen in allen Fächern als ein ganzheitliches Phänomen erfahrbar.

7   Die Belebung der Bilder

Der Kunstunterricht zielt auf die Ausbildung einer komplexen Bildkompetenz. Zu den rezeptiven Merkmalen einer solchen Bildkompetenz zählen Wahrnehmen, Beschreiben und Analysieren ebenso wie Empfinden, Deuten und Werten. Die produktiven Merkmale umfassen das Herstellen und Gestalten, das Verwenden und Kommunizieren. Die vorrangige Aufgabe des Faches Kunst besteht also darin, „das Wahrnehmungs- und Ausdrucksvermögen der SchülerInnen anzuregen, zu entwickeln, zu erweitern und ästhetisches Denken und Handeln auszubilden" (Ministerium für Schule und Weiterbildung des Landes Nordrhein-Westfalen [Hrsg.] [o.J.], 9). Dabei sind „Wahrnehmen und Reflektieren […] unmittelbar aufeinander bezogene und nicht voneinander zu trennende Tätigkeiten" (ebd.).

Bei fast allen der oben genannten Merkmale handelt es sich um sprachbasierte Tätigkeiten. „Das materielle Bild", so Ulf Abraham (2013, 107), „muss in mentale Bilder, diese wiederum müssen in Sprache übersetzt werden. […] Die Versprachlichung visueller Strukturen endet dabei nicht an den Grenzen des im Bild Sichtbaren, sondern sucht auch dessen Leerstellen auf und besetzt sie. Auch darin liegt das Sprachbildungspotenzial des Umgangs mit Bildern." Wie aber lassen sich – so fragt Günther Lange (1992) – die Bilder zum Sprechen bringen? Indem wir den Bilderrahmen durchschreiten – lautet seine ebenso einfache wie anschauliche Antwort. In diesem Zusammenhang ist für Lange nicht zuletzt auch das Schreiben eine Form, „sich das Bilderlebnis ‚zu eigen' zu machen" (ebd., 53).

In seinem Buch „Lust auf Projekt" (1999, 171) beschreibt Lange eine Szenerie, bei der die SchülerInnen „undistanziert-dichtgedrängt um das Bild herum stehen und sitzen – auf Tischen, Stühlen und auf dem Boden, und jede und jeder in wahlloser Abfolge einen Wahrnehmungssatz ausspricht. Wenn wir in einem zweiten Durchgang jetzt versuchen, jeweils einzelne Deutungssätze zu finden und auszusprechen, erkennen wir, wie wenig sich das eine vom anderen abgrenzen läßt und wie sehr sich beide von der reinen Betrachtung unterscheiden. Wir experimentieren nun mit der nicht-analytischen Sprache, indem wir imaginativ den Klassenraum verlassen, den Bilderrahmen durchschreiten wie eine Tür […] und so in das Gemälde eintreten […] Zeitsprung: wir verlassen die ‚reale' Zeit und befinden uns in einer imaginierten, anderen Zeit […] Raumsprung: wir verlassen das Schulzimmer und befinden uns in einem fremden Bildraum. Nun schreiben wir. Die Sprache der Partizipation, die Sprache der Teilnahme am ästhetischen Geschehen macht […] aus dem Fremden etwas Eigenes, trägt zugleich Eigenes in den ästhetischen Raum hinein."

Das alles erinnert an Genazinos Wünschelrute der Epiphanie, die ihn aus der objektiven Zeit reißt und auf das je Gegenwärtige fokussieren lässt, um aus sinnlicher Wahrnehmung und Verschmelzung mit dem Gegenstand eine ästhetische Anschauung zu machen. Für die individuellen Wege der SchülerInnen ins Bild macht Lange (1992, 52) zudem überaus kreative Vorschläge:

Fensterblick
Du bleibst als Beobachterin/Beobachter draußen stehen und schaust durch den Bilderrahmen wie durch ein Fenster in diese fremde (oder vertraute) faszinierende Welt.

Filmblick
Du bringst die stillstehende Zeit des Bildes zum Laufen. Alles kann sich bewegen. Du schaust zu, was geschieht.

Spaziergang
Der Bilderrahmen ist wie eine geöffnete Tür. Du trittst in den Bildinnenraum ein. Du schaust dich um. Du kannst auch hinter die Dinge schauen. Vielleicht fängt manches an, sich zu bewegen.

Es war einmal
Was du siehst, regt dich an, eine Geschichte zu erzählen.

Gespräch
Du entdeckst eine Person, die dich interessiert, und beginnst ein Gespräch mit ihr zu führen.

Spiegelbild
Du erkennst: Die Person dort drinnen, das bin ich. Was nun? Oder bin ich es doch nicht? Aber diese Ähnlichkeit …

Traum
Es ergeht dir wie im Tagtraum: Du schaust hin, plötzlich kannst du hineinschweben und wunderbare Dinge erleben.

Meditation
Du schaust so lange auf das Bild, bis du ganz darin bist. Hellwach und konzentriert kommt dir etwas zum Bewußtsein, das dir eigen ist.

Das Schreiben kann auch *vor* dem kollektiven Gespräch über ein Bild zum Einsatz kommen. Hier sind insbesondere Notizen in einem Journal von großer Hilfe beim Festhalten individueller Eindrücke. Auch ein zusätzlicher Impuls kann hilfreich sein: „Betrachte das Bild ausführlich als Ganzes, wandere mit deinen Augen langsam über das Bild und schreibe gleichzeitig auf, was du über das Bild erfährst, welche Gedanken, Vorstellungen, Assoziationen du dabei hast." (Ministerium für Schule, Jugend und Kinder des Landes Nordrhein-Westfalen [Hrsg.] 2002, 66)

Die Notate lassen die SchülerInnen sensibel werden für Sprache, vor allem dann, wenn sie „spontan, ‚ungefiltert' Eindrücke, Gedanken, Gefühle, evozierte Erinnerungen wiedergeben. Das bedingt, dass sie bruchstückhaft, nicht logisch verknüpft sind, Wortschöpfungen, ungewohnte Wortverbindungen enthalten können, da die bzw. der Schreibende etwas in Worte zu fassen versucht, was ungewohnt, fremd, widersprüchlich ist" (ebd.).

Für den Aufbau und zur Ausdifferenzierung eines fachbezogenen Wortschatzes sowie nützlicher Formulierungen, Satzanfänge etc. nutzt Ulf Abraham (2013, 103) die Leitfragen „Was gibt es zu sehen und ggf. zu hören/schmecken/riechen? Was wird nicht gezeigt?", um mit ihrer Hilfe relevante Inhalte und Begriffe in Bezug auf „Materialität/Beschaffenheit, Format/Größe, Dinge/Umrisse/Formen" (ebd.) zu erarbeiten. Auch dafür lässt sich zunächst von der konkreten Wahrnehmung und den Alltagserfahrungen der SchülerInnen ausgehen. Langfristig wird so ein sprachliches Inventar für das Beschreiben wie für das Erklären und Deuten von Bildern entwickelt, mit dem Lernende „*diskursfähig*" (ebd., 105; Hervorhebung im Original) hinsichtlich ihrer Bilderfahrungen werden können (siehe dazu auch: Klotz/Lubkoll 2005; Glas 2011). Solche und andere Wege vom Bild zum Text und wieder zurück, die sowohl für den Kunst- als auch für den Deutschunterricht fruchtbar sind, sollten wir gehen und uns davon überraschen lassen, was wir dabei zu *sehen* bekommen.

Literatur

Abraham, U. (2013). Sprechen und Schreiben über Bilder. Das produktive Zusammentreffen zweier Medien aus sprachdidaktischer Sicht. *Osnabrücker Beiträge zur Sprachtheorie (OBST) (Kunst durch Sprache – Sprache durch Kunst), 84,* 99–114.

Berning, J., Clemens, U. & Schindler, F. (1991). Förderung von Kreativität im Rahmen einer ästhetisch-kulturellen Bildung in der Sekundarstufe I. *SchulVerwaltung. Zeitschrift für Schulleitung und Schulaufsicht. Ausgabe Nordrhein-Westfalen, 12,* 283–285.

Berning, J. (1997). Vom Schauen zum Schreiben. In M. Becker-Mrotzek, J. Hein & H.H. Koch (Hrsg.), *Werkstattbuch Deutsch: Texte für das Studium des Faches* (S. 97–114). Münster: LIT-Verlag.

Berning, J. (2002). *Schreiben als Wahrnehmungs- und Denkhilfe. Elemente einer holistischen Schreibpädagogik.* Münster [u.a.]: Waxmann.

Berning, J., Seibt, B., Schulze, K. & Witte, A. (Hrsg.) (2008). *Journalschreiben – Wege zum schreibenden Denken.* Berlin: LIT-Verlag.

Berthoff, A.E. (1987). Dialectical Notebooks and the Audit of Meaning. In T. Fulwiler (Hrsg.), *The Journal Book* (S. 11–18). Portsmouth, NH: Heinemann.

Bräuer, G. (1996). *Warum schreiben? Schreiben in den USA: Aspekte, Verbindungen, Tendenzen.* Frankfurt am Main: Peter Lang.

Bräuer, G. (1998). *Schreibend lernen: Grundlagen einer theoretischen und praktischen Schreibpädagogik.* Innsbruck: Studienverlag.

Bräuer, G. (2000). *Schreiben als reflexive Praxis. Tagebuch, Arbeitsjournal, Portfolio.* Freiburg im Breisgau: Fillibach.

Bräuer, G. (2006). Peter Elbows Konzept des *freewriting* als Paradigmenwechsel in der amerikanischen Schreibbewegung. In J. Berning, N. Keßler & H.H. Koch (Hrsg.), *Schreiben im Kontext von Schule, Universität, Beruf und Lebensalltag* (S. 11–28). Berlin: LIT-Verlag.

Dickerson, M.J. (1987). Exploring the Inner Landscape: The Journal in the Writing Class. In T. Fulwiler (Hrsg.), *The Journal Book* (S. 129–136). Portsmouth, NH: Heinemann.

Duncker, L. (1994). *Lernen als Kulturaneignung. Schultheoretische Grundlagen des Elementarunterrichts.* Weinheim, Basel: Beltz.

Ehlich, K. (1984). Zum Textbegriff. In A. Rothkegel & B. Sandig (Hrsg.), *Text – Textsorten – Semantik* (S. 9–25). Hamburg: Buske.

Elbow, P. (1998). *Writing Without Teachers.* 2. Auflage. New York, Oxford: Oxford University Press.

Elbow, P. (1998a). *Writing With Power. Techniques for Mastering the Writing Process.* 2. Auflage. New York, Oxford: Oxford University Press.

Fröchling, J. (1987). *Expressives Schreiben. Untersuchungen des Schreibprozesses und seiner Funktionen als Grundlage für eine Laienschreibdidaktik.* Frankfurt am Main [u.a.]: Peter Lang.

Genazino, W. (2006). *Die Belebung der toten Winkel. Frankfurter Poetikvorlesungen.* Wien, München: Hanser.

Glas, A. (2011). Wie Reden über Kunst im Unterricht? Einblick in die einschlägige fachdidaktische Diskussion. In J. Kirschenmann, C. Richter & K.H. Spinner (Hrsg.), *Reden über Kunst. Fachdidaktisches Forschungssymposium in Literatur, Kunst und Musik* (S. 205–223). München: kopaed.

Gössmann, W. (1979). Wygotskis begriff der inneren sprache und seine bedeutung für den schreibprozess. *Wirkendes Wort, 1*, 13–28.

Graves, D. (1994). *A Fresh Look at Writing*. Portsmouth, NH: Heinemann.

Han, B.-C. (2012). *Transparenzgesellschaft*. Berlin: Matthes & Seitz.

Hermanns, F. (1988). Schreiben als Denken. Überlegungen zur heuristischen Funktion des Schreibens. *Der Deutschunterricht, 4*, 69–81.

Heskamp, J. (2010). *Von der Psycholinguistik zum kreativen Schreibprozess: Wygotskis Begriff der Inneren Sprache und der Versuch einer Neubewertung*. Unveröffentlichte Abschlussarbeit. Universität Münster. Germanistisches Institut.

Holzkamp, K. (1973). *Sinnliche Erkenntnis. Historischer Ursprung und gesellschaftliche Funktion der Wahrnehmung*. Frankfurt am Main: Athenäum.

Klotz, P. & Lubkoll, C. (2005). Die Wahrnehmung, die Sinne und das Beschreiben. In P. Klotz & C. Lubkoll (Hrsg.), *Beschreibend wahrnehmen – wahrnehmend beschreiben* (S. 79–97). Freiburg: Rombach Druck- und Verlagshaus.

Koch, H.H. (1997). Schreiben. Erinnerungen und Fragen zum Ernst im Spiel. In M. Becker-Mrotzek, J. Hein & H.H. Koch (Hrsg.), *Werkstattbuch Deutsch: Texte für das Studium des Faches* (S. 127–134). Münster: LIT-Verlag.

Kochan, B. (1998). Gedankenwege zum Lernen beim Freien Schreiben. In G. Spitta (Hrsg.), *Freies Schreiben – eigene Wege gehen* (S. 218–277). Lengwil: Libelle.

Kupfer-Schreiner, C. (2005). Der Weg vom Gedanken zum geschriebenen Wort – die innere Sprache und ihre Bedeutung für den Schreibprozess. In U. Abraham, C. Kupfer-Schreiner & K. Maiwald (Hrsg.), *Schreibförderung und Schreiberziehung* (S. 23–28). Donauwörth: Auer.

Lange, G. (1992). Die Bilder zum Sprechen bringen. Über kulturelle Praxis im Deutschunterricht. *Praxis Deutsch, 113*, 49–56.

Lange, G. (1999). *Lust am Projekt. Chancen kulturellen Lernens im Deutschunterricht*. Baltmannsweiler: Schneider-Verlag Hohengehren.

Lewin, K. (1963). *Feldtheorie in den Sozialwissenschaften*. Bern, Stuttgart: Huber.

Mandl, H. & Huber, G.L. (1983). Theoretische Grundpositionen zum Verhältnis von Emotion und Kognition. In H. Mandl & G.L. Huber (Hrsg.), *Emotion und Kognition* (S. 1–61). München [u.a.]: Urban & Schwarzenberg.

Metz, M. & Seeßlen, G. (2011). *Blödmaschinen. Die Fabrikation der Stupidität*. Berlin: Suhrkamp.

Metzger, W. (1962). *Schöpferische Freiheit*. 2. Auflage. Frankfurt am Main: Kramer.

Ministerium für Schule und Weiterbildung des Landes Nordrhein-Westfalen (Hrsg.) (o.J.): *Kernlehrplan für das Fach Kunst, Gymnasium, Sekundarstufe I*. Verfügbar unter: http://www.standardsicherung.schulministerium.nrw.de/lehrplaene/upload/lehrplaene_download/gymnasium_g8/G8_Kunst_Endfassung.pdf.

Ministerium für Schule, Jugend und Kinder des Landes Nordrhein-Westfalen (Hrsg.) (2002). *Förderung in der deutschen Sprache als Aufgabe des Unterrichts in allen Fächern. Empfehlungen*. Frechen: Ritterbach.

Muschg, A. (1981). *Literatur als Therapie? Ein Exkurs über das Heilsame und das Unheilbare. Frankfurter Poetikvorlesungen.* Frankfurt am Main: Suhrkamp.

Nizon, P. (1985). *Am Schreiben gehen. Frankfurter Poetikvorlesungen.* Frankfurt am Main: Suhrkamp.

Nizon, P. (1997). *Das Jahr der Liebe. Roman.* 6. Auflage. Frankfurt am Main: Suhrkamp.

Ortheil, H.-J. (2012). *Schreiben dicht am Leben. Notieren und Skizzieren.* Mannheim, Zürich: Bibliographisches Institut.

Ortner, H. (1992). Auf dem Weg zu einer realistischen Theorie des Schreibens. In P. Herdina (Hrsg.), *Methodenfragen der Geisteswissenschaften* (S. 15–65). Innsbruck: Innsbrucker Beiträge zur Kulturwissenschaft.

Ortner, H. (2000). *Schreiben und Denken.* Tübingen: Niemeyer.

Otto, J., Euler, H.A. & Mandl, H. (Hrsg.) (2000): *Emotionspsychologie. Ein Handbuch.* Weinheim: Beltz.

Perl, S. (2004). *Felt Sense – Writing with the Body.* Portsmouth, NH: Boynton/Cook.

Perls, F.S. (1992). *Gestalt, Wachstum, Integration: Aufsätze, Vorträge, Therapiesitzungen.* 5. Auflage. Paderborn: Junfermann.

Rubinstein, S.L. (1984). *Grundlagen der Allgemeinen Psychologie.* 10. Auflage. Berlin: Luchterhand.

Schäfer, G.E. (2011). *Was ist frühkindliche Bildung? Kindlicher Anfängergeist in einer Kultur des Lernens.* Weinheim und München: Juventa.

Scheuermann, U. (2012). *Schreibdenken. Schreiben als Denk- und Lernwerkzeug nutzen und vermitteln.* Opladen und Toronto: Budrich/UTB.

Seibt, B. (2008). Schreiben, Lesen, Verstehen: Das Dialog-Journal und sein Beitrag zur Förderung von Schriftlichkeit. Ein Schreib-Lese-Projekt in einer 2. Grundschulklasse. In J. Berning, B. Seibt, K. Schulze & A. Witte (Hrsg.), *Journalschreiben – Wege zum schreibenden Denken* (S. 25–112). Berlin: LIT-Verlag.

Selle, G. (1988). *Gebrauch der Sinne. Eine kunstpädagogische Praxis.* Reinbek b. Hamburg: Rowohlt.

Sieber, P. (2003). *Modelle des Schreibprozesses.* In U. Bredel, H. Günther, P. Klotz, J. Ossner & G. Siebert-Ott (Hrsg.), *Didaktik der deutschen Sprache. Ein Handbuch* (1. Teilband, S. 208–223). Paderborn [u.a.]: Schöningh.

Sklovskij, V. (1971). Die Kunst als Verfahren. In J. Striedter (Hrsg.), *Russischer Formalismus. Texte zur allgemeinen Literaturtheorie und zur Theorie der Prosa* (S. 5–35). München: Fink/UTB.

Spinner, K.H. (2006). *Irritation, Expression und Imagination als Grundprinzipien des kreativen Schreibens.* Vortrag auf dem 3rd Symposium on Comparative Study of Mother Tongue Education 2006 an der Osaka Kyoiku University am 03.12.2006.

Steffens, R. (2004). *Förderung des sprachlichen Lernens als Aufgabe aller Fächer.* Verfügbar unter: http://www.standardsicherung.schulministerium.nrw.de/cms/upload/fids/downloads/einfuehrung.pdf.

Stielow, R. (1994). Zur Aktualität des Sinnesmotivs. In W. Zacharias (Hrsg.), *Sinnenreich. Vom Sinn einer Bildung der Sinne als kulturell-ästhetisches Projekt* (S. 67–77). Essen: Klartext-Verlag.

Theunissen, M. (1991). *Negative Theologie der Zeit*. Frankfurt am Main: Suhrkamp.

Wild, E. (1980). *Inneres Sprechen, äußere Sprache: psycholinguistische Aspekte einer Didaktik der schriftlichen Sprachverwendung*. Stuttgart: Klett-Cotta.

Wygotski, L.S. (1964). *Denken und Sprechen*. Berlin: Akademie-Verlag.

Zillessen, A. (2008). Schreiben mit Focusing. Pendeln zwischen innerem Erleben und geschriebenem Wort. *FocusingJournal, 20*, 9–11. Verfügbar unter: http://www.visuelle meditation.de/daf/wpcontent/uploads/ZillessenSchreiben.pdf.

zur Lippe, R. (2000): *Sinnenbewußtsein. Grundlegung einer anthropologischen Ästhetik*. Baltmannsweiler: Schneider-Verlag Hohengehren.

Thorsten Pohl

Wissenschaftliche Schreibkompetenzen zwischen Schule und Universität

1   Einleitung

Die Fähigkeit zur Produktion wissenschaftlicher Texte bildet einen Kulminationspunkt literaler Kompetenzentwicklung. Dabei gilt, dass bereits das Schreiben von Texten für sich genommen ein Höhepunkt in der Literalitätsentwicklung von SchülerInnen ist, was deutlich wird, wenn man es in seinen Beziehungen zu den anderen Kompetenzbereichen des Deutschunterrichts betrachtet, wie sie u.a. in den deutschen Bildungsstandards niedergelegt sind (Kultusministerkonferenz 2004a-c): Während die im frühen Schriftspracherwerb und weiterführenden Orthographieerwerb gelernten Teilkompetenzen in einem konstitutiven Verhältnis zur Fähigkeit stehen, ganze Texte anspruchsvoll zu gestalten und kommunikativ erfolgreich zu realisieren, laufen rezeptive Fähigkeiten, wie sie im Kompetenzbereich „Mit Texten und Medien umgehen" gefördert werden, den entsprechenden produktiven Kompetenzen erwerbslogisch voraus. Die sprachanalytischen und -reflexiven Fähigkeiten, wie sie im Kompetenzbereich „Sprache und Sprachgebrauch untersuchen" vermittelt werden, sind zwar in der primär-sprachlichen Handlung der Textproduktion hilfreich, aber gar nicht unbedingt notwendig. Dies zusammengenommen zeigt den besonderen Status selbstständiger Textproduktion innerhalb der literalen Kompetenzentwicklung.

Betrachtet man nun darüber hinaus die spezielle domänen- und sogar fachdomänengebundene Fähigkeit, wissenschaftliche Texte zu schreiben (Domäne *Wissenschaftlichkeit*, Fachdomäne: *einzelne wissenschaftliche Disziplin*), dann ist von kognitiv wie auch kommunikativ überaus herausfordernden Problemlöseprozessen auszugehen, die von den Schreibenden gefordert sind. In kommunikativer Hinsicht muss für ein Expertenpublikum geschrieben werden, das innerhalb einer fachlichen Domäne resp. wissenschaftlichen Disziplin eine *scientific community* mit einem zu antizipierenden Kenntnisstand bildet. In kognitiver Hinsicht müssen wissenschaftliche Gegenstände behandelt werden, deren Betrachtung, Analyse und Erforschung in wissenschaftlichen Diskursen mit ihren unterschiedlichen Publikationsformaten (Zeitschriftenbeitrag, Handbuchartikel, wissenschaftliche Monographie etc.) manifestiert sind.

In Ansehung dieser Zusammenhänge lässt sich beim wissenschaftlichen Schreiben von einer ‚kulturellen Spitzenkompetenz' sprechen. Sie wird nicht von allen Mitgliedern einer Sprachgemeinschaft erworben (und muss es auch nicht). Könnerschaft in diesem anspruchsvollen Feld – soviel lässt sich schon jetzt feststellen – ist nicht leicht zu haben: *Wissenschaftlich zu schreiben, lernt sich nicht von heute auf morgen.* Es ist notwendig durch einen langen und intensiven Erwerbsweg gezeichnet und von verschiedenen auf den Erwerb einwirkenden Faktoren sowie beteiligten Institutionen, wie die Schulausbildung allgemein, die gymnasiale Oberstufe im Besonderen und das Universitätsstudium selbst, flankiert und beeinflusst.

Im Folgenden soll zunächst in institutioneller Perspektive der Konflikt um die Vermittlungsverantwortlichkeit dargestellt werden (Abschnitt 2). Wie wohl sooft, wenn unterschiedliche Institutionen an einem Ausbildungsprozess beteiligt sind (hier *Schule* und *Universität*), besteht die Gefahr einer wechselseitigen Zuschreibung von Verantwortlichkeit bzw. auch institutionellem Versagen – einer Haltung, die zumindest mit Blick auf die Ausbildung wissenschaftlicher Schreibkompetenzen weder angemessen noch zielführend ist. In einem nächsten Schritt werden in Schreibproduktperspektive (Abschnitt 3) und Schreibprozessperspektive (Abschnitt 4) die spezifischen Eigenschaften und Leistungen wissenschaftlicher Texte bzw. wissenschaftlicher Textproduktion dargestellt, um damit zugleich die besonderen Herausforderungen und Schwierigkeiten wissenschaftlichen Schreibens herauszustellen. Anschließend daran werden in Erwerbsperspektive die in der Literatur für die Zeit des Universitätsstudiums herausgearbeiteten Schreibentwicklungsphänomene und -phasen dargestellt bzw. nachgezeichnet (Abschnitt 5). Auf der Basis der Abschnitte 3–5 ist es schließlich möglich, in Vermittlungsperspektive schreibdidaktisch fundierte Aussagen a) zur Frage nach den institutionellen Vermittlungsverantwortlichkeiten und b) zu etwaigen Fördermöglichkeiten – auch alternativ zur gymnasialen Facharbeit – zu machen.

2   Konflikt um Vermittlungsverantwortlichkeit (die institutionelle Perspektive)

In der Literatur lassen sich wiederkehrend zwei entgegengesetzte Positionen zur Frage nach der Vermittlungsverantwortlichkeit wissenschaftlicher Schreibkompetenzen finden. Die eine sieht die Schule – in Sonderheit die gymnasiale Oberstufe –, die andere die Universitäten selbst ‚in der Pflicht‘. Exemplarisch für diese Positionierungen sei zunächst Konrad Ehlich zitiert, der davon ausgeht, der Deutschunterricht sei die „eigentliche Vermittlungsinstanz von Schreibfähigkeit", der aber in seinem Bemühen, wissenschaftliche Schreibkompetenzen auszubilden, versage; nur eine grundlegende Umgestaltung des schulischen Schreibcurriculums könne dem dauerhaft entgegenwirken (2000, 4; 7). Im Unterschied dazu gehen beispielsweise Hanser et al. davon aus, wissenschaftliche Schreibkompetenzen seien derart spezifisch, dass ihre Ausbildung allein der Verantwortung der Hochschulen anheimzustellen sei: „Die Delegation des Problems nach unten – an die Sekundarstufe II – verkennt, dass die Hochschulen selbst für die Weiterentwicklung der Sprachfähigkeiten verantwortlich sind" (1995, 70).

Beide Positionierungen sind in der referierten Radikalität unhaltbar, wie sich aus zwei empirischen Studien ablesen lässt, die die Entwicklung wissenschaftlicher Schreibfähigkeiten während der Zeit des Studiums erforschen (Pohl 2007; Steinhoff 2007): Zum einen gilt, dass sich die Schreibfähigkeiten von Studierenden erst während des Studiums zu voll entfalteten wissenschaftlichen Schreibkompetenzen weiter entwickeln – mehr noch: dass sie sich erst in diesen speziellen domänen-, fach- und diskursgebundenen Schreibkontexten derart entwickeln *können*, und zum anderen gilt, dass der Übergang von Schule zu Hochschule hinsichtlich der infrage stehenden Schreibfähigkeiten keine ‚Stunde Null' bildet; Schreibentwicklung umfasst immer auch bestimmte vorauslaufende Schreiberfahrungen, die von den LernerInnen aus anderen Schreibkontexten auf die neuen (hier wissenschaftlichen) Anforderungssituationen übertragen werden und dort erste Lösungspotentiale entfalten.

In der Folge muss es darum gehen, den Konflikt um Vermittlungsverantwortlichkeiten nicht disparativ, sondern kooperativ zu lösen. D.h. es muss einerseits bestimmt werden, welche für das wissenschaftliche Schreiben basalen Schreibfähigkeiten notwendig durch Schule und Oberstufe grundgelegt werden müssen, und es muss andererseits bestimmt werden, welche weiterführenden und auch speziell fach- bzw. diskursgeprägten wissenschaftlichen Schreibfähigkeiten durch die Universitätsfächer zu entwickeln sind. Dazu ist es erforderlich, erstens ein möglichst präzises Konzept von wissenschaftlichem Schreiben und seiner Teilleistungen anzulegen und zweitens den genuin universitären Erwerb zu kennen. Erst auf dieser Basis lässt sich eine schreibdidaktisch plausibel motivierte ‚Arbeitsteilung' zwischen Schule und Universität festlegen.

3 Was ist wissenschaftliches Schreiben? (die Produktperspektive)

Fragt man danach, was das Besondere an wissenschaftlichen Texten ist, würde man wohl in einem ersten Annäherungsschritt auf Textproduktmerkmale wie u.a. Fußnoten, Zitate, Literatur- und Quellenangaben, Fachtermini, einen unpersönlichen Stil, eine komplexe Ausdrucksweise etc. verweisen. Es ist aber direkt fraglich, ob es tatsächlich diese – vielleicht eher äußerlichen(?) – Eigenschaften sind, die das wissenschaftliche Schreiben für Studierende so schwer machen; und interessanterweise sind es gar nicht unbedingt die aufgezählten Merkmale, die in der wissenschaftslinguistischen Literatur primär in den Vordergrund gerückt werden.

Betrachten wir hierzu einige Beispiele: Cahn etwa spricht zentral von der „Zweistimmigkeit" des wissenschaftlichen Textes (1991, 42) und ganz ähnlich stellt Grafton die „doppelte Narrative" wissenschaftlicher Texte heraus (1995, 34). Nach Kocourek entfalten wissenschaftliche Texte einen „dialogue scientifique simulé" (zit. n. Sachtleber 1992, 122), und Ehlich stellt heraus, dass über „die rein assertive Struktur" wissen-

schaftlicher Texte eine „diskursive Struktur", eine *„eristische Struktur"* gelegt werde
(1993, 26; 28). Für Weinrich schließlich zeichnen sich wissenschaftliche Texte durch
ein Zusammenspiel von „Referenz-", „Protokoll-", „Dialog-" sowie „Orientierungs-
wahrheit" aus (1995, 159ff). Ohne dass dies hier im Detail erklärt werden könnte, lässt
sich an diesen Beispielen aus der Fachliteratur ablesen, dass ein zentrales Merkmal
wissenschaftlicher Texte in einer bestimmten Art von ‚Mehrstimmigkeit' oder *Polyperspektivität* besteht.

Nach Pohl (2007) lassen sich die unterschiedlichen Perspektiven, die in einem wissenschaftlichen Text etabliert und entfaltet werden, auf drei zentrale „Dimensionen" zurückführen.[1] Diese sind die *Gegenstands-*, die *Diskurs-* und die *Argumentationsdimension*. Dahinter steht folgender Gedankengang: Wie jeder andere Text hat auch der wissenschaftliche Text ein Thema/einen Schreibgegenstand. In der Regel ist der wissenschaftliche Schreibgegenstand für den/die Schreibende/n in anderen wissenschaftlichen
Texten niedergelegt, im wissenschaftlichen Diskurs. Gleichwohl ‚begegnet' der/die
AutorIn eines wissenschaftlichen Textes seinem Gegenstand unter Umständen auch
isoliert, also wenn er beispielsweise eigenständig eine bestimmte Analyse oder Untersuchung an diesem Gegenstand durchführt. In diesem Sinne lässt sich die Gegenstandsdimension als erste zentrale Dimension isolieren.[2] Im angedeuteten wissenschaftlichen
Diskurs über einen wissenschaftlichen Gegenstand besteht die zweite Dimension; daher
ihr Name. Der Diskurs muss von dem/der Schreibenden eines wissenschaftlichen Textes
nicht zur Kenntnis genommen, sondern auch ‚verarbeitet' werden; er ist daher genuiner
Darstellungsgegenstand eines wissenschaftlichen Textes und bildet die zweite Dimension wissenschaftlichen Schreibens.[3] Nun muss sich der/die Schreibende dem Diskurs
gegenüber zwar in keiner vorgegebenen, aber in irgendeiner Art und Weise ‚verhalten',
also positionieren. Dazu entfaltet er/sie eine wissenschaftliche Argumentation in seinem
Text. In dieser Hinsicht wird die Diskursdimension als eigenständiger Analyse- und
Erkenntnisgegenstand in die Argumentation ebenso einbezogen wie die durch den oder
die Schreibenden durchgeführten eigenständige Analysen und Untersuchungen des
wissenschaftlichen Gegenstandes selbst. Die Argumentationsdimension verklammert
dergestalt Gegenstands- und Diskursdimension auf einer höheren Ebene.[4]

---

1   Und ebenso lassen sich die in der Literatur genannten Konzepte auf diese drei Dimensionen
    zurückführen, vgl. detailliert Pohl (2007).
2   Innerhalb der von Weinrich angenommenen Wahrheitsbegriffe entspricht dies der „Proto-
    kollwahrheit", die in einem wissenschaftlichen Text zu bedienen ist (1995); *protokolliert*
    werden hier die Schritte einer vorgenommenen Analyse oder Untersuchung.
3   Innerhalb der von Weinrich angenommenen Wahrheitsbegriffe entspricht dies der „Refe-
    renzwahrheit", die in einem wissenschaftlichen Text zu bedienen ist (1995); *referiert* wird
    hier eben der Forschungsstand, wie er im Forschungsdiskurs niedergelegt ist.
4   Innerhalb der von Weinrich angenommenen Wahrheitsbegriffe entspricht dies primär der
    „Dialogwahrheit" (z.T. aber auch der „Orientierungswahrheit"), für die gilt, dass sie die ers-
    ten beiden Wahrheitskonzepte dadurch miteinander „verzahnt", indem die erzielten For-
    schungsergebnisse vor dem Hintergrund anderer Forschungsergebnisse und -positionen dis-
    kutiert werden. Entsprechend spricht Weinreich auch von der „argumentativen Wahrheit"

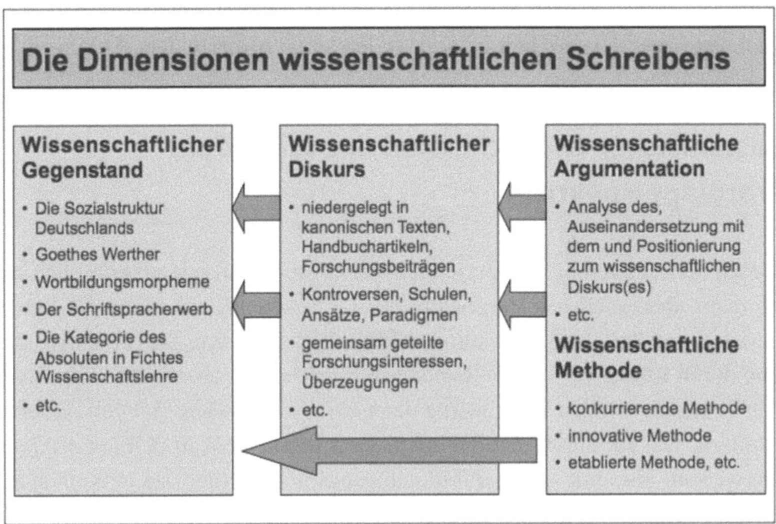

Abb. 1: Die Dimensionen wissenschaftlichen Schreibens nach Pohl (2007)

Abbildung 1 illustriert die Dimensionen des wissenschaftlichen Textes mit Beispielen aus geisteswissenschaftlichen Disziplinen. Es wird hier auch deutlich, dass es sich um eine „konstitutive Staffelung" handelt (Pohl 2010, 100), bei der die Gegenstandsdimension von der Diskursdimension überlagert wird, die ihrerseits von der Argumentationsdimension eingefasst ist. Fehlt eine der angenommenen Dimensionen, haben wir es nicht mit wissenschaftlichem Schreiben im engeren Sinne zu tun: Bei rein ‚kompilatorischen' wissenschaftlichen Textsorten, wie zum Beispiel dem Handbuchartikel oder dem Forschungsbericht, wird die Argumentationsdimension nicht eigenständig etabliert. Dass diese Texte unter Umständen dennoch argumentative Anteile oder ‚Spuren' enthalten können, liegt daran, dass sie ihr argumentatives Potential aus der Analyse des und in der Auseinandersetzung mit dem Forschungsdiskurs gewinnen. Andere akademische Schreibtraditionen zeichnen sich unter Umständen durch studentische Übungsformen aus, die keine Diskursdimension beinhalten, wie es zu unterschiedlichen Graden in der anglo-amerikanischen Tradition des *essay writing* der Fall ist, aber z.B. auch bei der mexikanischen *trabajo* (vgl. Esser 1997).

Für das Folgende wird nicht nur davon ausgegangen, dass sich wissenschaftliche Texte in erster Linie durch die drei erläuterten Dimensionen auszeichnen, sondern dass es diese besondere Eigenschaft der Polydimensionalität ist, die im Erwerb *kritisch* ist. Es ist also – anders gewendet – genau die textuelle Vermittlung bzw. das gemeinsame ‚Jonglieren' von Gegenstands-, Diskurs- und Argumentationsdimension auf unterschiedlichen Ebenen des wissenschaftlichen Textes (von der Formulierungsebene bis

---

als „Zusammenspiel von Argumenten und Gegenargumenten im Meinungsstreit mehrerer Gesprächspartner" (1995, 164).

hin zum Gesamttextaufbau), die den Studierenden besondere Probleme bereitet und an der der Aneignungsprozess ausgerichtet ist (vgl. zu letzterem insbesondere Abschnitt 5).

4 Die epistemischen Möglichkeiten des Schreibens (die Prozessperspektive)

Gemeinhin werden dem Schreiben – mehr noch als dem Sprechen, wie ursprünglich bei Kleist (ähnlich dann aber auch bei Humboldt 1836) – besondere erkenntnisfördernde Möglichkeiten zugesprochen (z.B. Grésillon 1995). Das epistemische Potential des Schreibens kann durch Rückgriff auf das (kanonische) Schreibprozessmodell von Hayes und Flower (1980) erklärt werden. Man würde dann auf die besondere Art von *dialektischem Problemlösen*, wie sie durch den Schreibprozess mit seinem *ill-defined problem* gegeben ist, verweisen, also mit einem Problemlösungsprozess (dem zu schreibenden Text), bei dem zu Beginn nicht präzise antizipiert werden kann, wie exakt die Lösung des Problems – also der fertige Text – aussieht. Im Lösungsprozess der ursprünglichen Problemstellung (also dem Schreibauftrag oder der Schreibaufgabe) verändert der Lösungsprozess – nämlich der Schreibprozess – die Art der Problemlösung: Bereits produzierte Textteile wirken wie ein ‚dynamisierter Schreibauftrag‘, weil der/die Schreibende an diese kohärent anschließen muss. In diesem dialektischen Wechselspiel von Problemstellung, Problemlösung und Problemveränderung durch Teilschritte der Problemlösung entfalten sich dann besagte epistemische Potentiale.

Alternativ dazu lassen sich die erkenntnisförderlichen Möglichkeiten mit Bezug auf die Unterscheidung von Koch und Oesterreicher (1994) auch auf einerseits „medial-bedingte" und andererseits „konzeptionell-bedingte Faktoren" des Schreibens zurückführen, wie es von Pohl und Steinhoff (2010, 9f) unternommen wird. Hinsichtlich der medial-bedingten Faktoren gehen die Autoren davon aus, dass die Langsamkeit des Schreibens ein erhebliches „Planungspotential", die Vorläufigkeit des Schreibens ein erhebliches „Überarbeitungspotential" und die Objektivation von Sprache (sie ist eben nicht flüchtig wie im Sprechen) ein erhebliches „Reflexionspotential" eröffnet. Die konzeptionell-bedingten Faktoren werden mit Bezug auf die nach Ehlich für Texte typische ‚Zerdehntheitskonstellation‘ (1984) erläutert: Demnach führt der Verbalisierungsdruck des Schreibens zu einem „sprachlich-verbalem Lernen", die Anforderung zur Kontextualisierung evoziert ein „sprachlich-hermeneutisches Lernen" und die beim Schreiben zu erbringenden Adressatenantizipationsleistungen befördern ein „sprachlich-soziales Lernen" (vgl. detailliert Pohl/Steinhoff 2010, 10).

Wie auch immer man die epistemischen Potentiale des Schreibens konzeptuell herleiten und theoretisch erklären möchte, zweierlei sollte deutlich geworden sein: Erstens entfaltet das Schreiben sein epistemisches Potential nicht allein in Kontexten eines im engeren Sinne *Wissen schaffenden Schreibens*. Nicht umsonst betonen Pohl und Steinhoff diese Leistung gerade auch für Formen des „lernenden Schreibens" (2010, 20) und Augst et al. etwa gehen in Abgrenzung zu Bereiters Begriff des *epistemic writing* (1980) davon aus, dass „das epistemische Schreiben in seinem Status als *Bedingung der Möglichkeit von Schreibentwicklungsvorgängen*" begriffen werden sollte (Augst et al. 2007, 364f). Zweitens sollte aber auch deutlich geworden sein, dass dieses generelle Charakteristikum des Schreibens wissenschaftlichem – und damit im engeren Sinne *Wissen schaffendem Schreiben* – hinsichtlich seiner Funktion besonders entgegenkommt. Es fragt sich nur, ob damit den wissenschaftlichen Schreibprozessen – im Falle von Könnern – eine besondere *qualitative Spezifik* zukommt. Sicherlich wird man davon ausgehen können, dass im wissenschaftlichen Schreiben stark geübte und routinierte Schreibende unter bestimmten Bedingungen/Anforderungen ein quantitatives Mehr an Planungs-, Formulierungs- und Überarbeitungsaufwand nutzen, vermutlich wirken dabei aber letztlich dieselben epistemischen Effekte, wie bei NovizInnen im wissenschaftlichen Schreiben, nur dass die letzteren sich unter Umständen davon irritieren lassen und die ExpertInnen besagte Effekte gezielt einsetzen und für ihre wissenschaftliche Textproduktion nutzen.

Mit Vorgriff auf Abschnitt 6 (Vermittlungsperspektive) lässt sich schon hier anmerken, dass Phänomene bzw. auch Teilkompetenzen des Schreibprozesses – sofern es sich um bewusstseinsnahe oder -zugängliche Bereiche handelt – durchaus schreibdidaktisch vermittelt bzw. angebahnt werden können. Entsprechend ist schon für OberstufenschülerInnen davon auszugehen, dass eine Sensibilisierung für die epistemischen Potentiale des Schreibens durchaus möglich und didaktisch sinnvoll ist, so dass im Sinne einer ‚Schreibphilosophie' vermeintliche ‚Schreibprobleme' von den Lernenden positiv antizipiert, angenommen und genutzt werden können.

5   Schreibkompetenzen in der Entwicklung (die Erwerbsperspektive)

Bei der Erforschung studentischer Schreibfähigkeiten war es zunächst wichtig, von der oftmals ehedem vorherrschenden *defizitorientierten* Perspektive (Die Studierenden haben Schreibprobleme. Die Studierenden können nicht richtig schreiben etc.) umzuschalten auf eine *entwicklungsdifferenzierte* Perspektive. Dazu war es notwendig nachzuweisen, dass sich die Schreibfähigkeiten der Studierenden während – und auch durch(!) – das Studium verändern, d.h. genauer: sich in dem Sinne verbessern, dass sie sich den Schreibleistungen von ExpertInnen annähern. Dies lässt sich u.a. durch einen diagnostischen Test bewerkstelligen, wie er von Pohl mittels eines Lückentests durchgeführt wurde und nach der Studiendauer der ProbandInnen ausgewertet wurde (2007, 169ff). Wenn man diesen Nachweis geführt hat, weiß man allerdings noch nichts darüber, wie der Erwerb intern strukturiert oder geordnet ist. Dieser Frage ist in zwei Forschungsarbeiten nachgegangen worden (Pohl 2007; Steinhoff 2007), die auf der Basis unterschiedlicher empirischer Korpora aus den Geistes- und Sozialwissenschaften und mit unterschiedlichen Auswertungskategorien zwar zu verschiedenen Modellen des Erwerbs kommen, die aber in einem ergänzenden Verhältnis zueinander stehen. Während Steinhoff mit einem Korpus von insgesamt 296 studentischen Hausarbeiten insbesondere Phänomene auf der Formulierungsebene analysiert und mit einem Expertenkorpus sowie einem Korpus journalistischer Texte vergleicht (2007), untersucht Pohl Teilleistungen wissenschaftlichen Schreibens auf ganz unterschiedlichen sprachlich-textuellen Strukturebenen (Formulierungsebene, Einleitungstexte, wissenschaftliches Argumentieren, wissenschaftliche Alltagssprache etc.); dies aber lediglich an einem longitudinalen Korpus von insgesamt zwölf Seminar- und Abschlussarbeiten ausgewählter Studierender (2007).[5] Im Folgenden wird das Erwerbsmodell von Pohl mit Bezügen zu demjenigen von Steinhoff referiert.

Demnach vollzieht sich die Schreibentwicklung entlang der im Abschnitt 3 dargestellten Dimensionen wissenschaftlichen Schreibens: Ein Anfangsstadium, in dem die Studierenden primär die Gegenstandsdimension thematisieren, wird abgelöst von einer Erwerbsphase, in der zusätzlich dominant der wissenschaftliche Diskurs fokussiert wird, bevor es den Studierenden schließlich gelingt, auch die Argumentationsdimension in ihren Texten zu realisieren. Das von Pohl vorgeschlagene Modell sieht dabei eine integrative Entwicklungsfolge vor, in der die vorausgehenden Erwerbsstadien nicht überwunden werden, sondern in die neu zu erwerbenden eingehen. Dabei führt der Eintritt in eine höhere Erwerbsphase u.U. auch zur Weiterentwicklung der Teilkompetenzen auf niedrigeren Erwerbsstufen (2007, 488; vgl. Abb. 2):

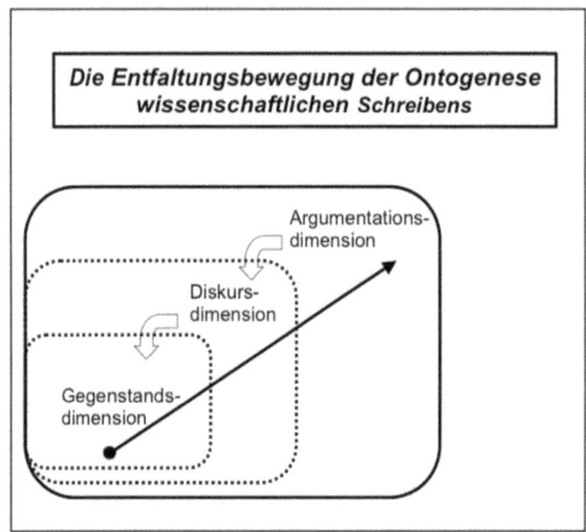

Abb. 2: Ontogenese wissenschaftlichen Schreibens nach Pohl (2007)

---

5   Die in den Fallanalysen gewonnen Ergebnisse werden von Pohl allerdings an experimentell erhobenen Schreibproben empirisch überprüft.

1. Entwicklungsphase *Gegenstandsbezogenes Schreiben:* Als NovizInnen im wissenschaftlichen Schreiben verfügen die Studierenden noch nicht über angemessene wissenschaftssprachliche Formulierungsmittel. Sie bedienen sich daher vornehmlich, wie auch Steinhoff zeigt (2007), alltagssprachlicher oder stark imitierender Formulierungen, die oftmals für die domänenspezifischen Formulierungsaufgaben nicht ausreichen. Im Effekt kommt es zu grammatisch defekten und/oder idiomatisch verunglückten Formulierungen. Die Formulierungsroutinen einer „wissenschaftlichen Alltagssprache" (vgl. Ehlich 1993; 1995; 1999), also Lösungen für Formulierungsaufgaben, die wiederkehrend in wissenschaftlichen Texten zu bewältigen sind, sind bei den Studierenden nur in Rudimenten ausgeprägt und oftmals aus der populärwissenschaftlichen Literatur entliehen.[6] Die referierende und zitierende Bezugnahme auf die Forschungsliteratur (*Referenzwahrheit* im Sinne Weinrichs, s.o.) erfolgt in einem stark selektiven Zugriff, d.h.: Beim Zitieren sind Textentlastungszitate häufig, bei denen die Studierenden komplexe inhaltliche Zusammenhänge durch ein Zitat in den eigenen Text einzubinden versuchen, ohne weiterführend darauf einzugehen. In der Folge kommt es zu Kohärenzbrüchen, in extremen Fällen zu ganzen Zitatkollagen. Der selektiven Bezugnahme auf den Forschungsdiskurs fallen besonders epistemische Modifizierungen und wissenschaftliche Argumente zum Opfer: Der wissenschaftliche Gegenstand wird gewissermaßen von diesem zusätzlichen ‚Ballast' befreit (so werden z.B. aus *Thesen* leicht *Tatsachen*). Die Isolierung der Gegenstandsdimension zeigt sich auch an den verwendeten Textorganisationsformaten: Oft liegen rein additive Strukturen vor; der Gegenstand wird gewissermaßen ‚ausgeschrieben'. Dies wiederum hat zur Folge, dass die Hausarbeit mit einem evaluativen Schlussteil/Appendix beendet wird, um eine ‚eigene Position' oder ‚persönliche Meinung' in den Text einzubringen. Durch das gewählte Textorganisationsformat ist dieser Appendix nicht oder nur schwach durch den Haupttext motiviert und bildet keine Konklusion im engeren Sinne. Die Einleitungstexte werden entsprechend von den LernerInnen gestaltet: Entweder liegen rein gegenstandsorientierte Einleitungen vor, die weder eine Situierung der Hausarbeit im Forschungskontext noch Aussagen zur Vorgehensweise enthalten, oder es kommt zur Realisierung eines Vorworts, in dem die persönliche Beziehung zum Schreibgegenstand thematisiert wird, eine Einführung in das gewählte Thema und den eigentlichen Haupttext erfolgt indes nicht.

2. Entwicklungsphase *Diskursbezogenes Schreiben*: Die Studierenden verfügen jetzt durch im Studium aufgebaute Schreib- und Lektüreerfahrungen über einen Grundstock an Formulierungsvarianten, die die spezifischen Verstehenskontexte der Domäne *Wissenschaft* zu indizieren vermögen (Stadium der „Transformation" nach Steinhoff 2007). Die Darstellung der Diskursdimension (zusätzlich zur Gegenstandsdimension) gelingt mit ersten Ausdruckbeständen der wissenschaftlichen Alltagssprache im Sinne Ehlichs (s.o.). Unter Umständen verfallen die Schreibenden allerdings durch die zusätzliche Bezugnahme auf den wissenschaftlichen Diskurs in eine überkomplexe Syntax (extrem

---

6 Was aber, wie Steinhoff mit seinen Korpusanalysen belegt, für wissenschaftliche Texte im engeren Sinne nicht angemessen ist (2007).

verschachtelte Sätze). Die intertextuellen Bezugnahmen auf den Diskurs lösen sich insofern zusehends von den Vorlagetexten, als Referieren und Zitieren durch eine externe Darstellungsinstanz realisiert werden. Die Lernenden verbinden jetzt Zitatinhalte stärker durch eigenständiges Formulieren und explizieren dabei ihr Zitatverständnis. Auf einer mittleren Textebene (mesostrukturell) erkennen die AutorInnen divergierende Positionen, geben sie als solche wieder und setzen sich mit ihnen argumentativ auseinander. Dies hat jedoch oftmals noch keine makrostrukturellen Effekte, die für den Gesamttextaufbau relevant wären, sondern ereignet sich an lokalen Stellen im Text (z.B. beim Forschungsreferat). Der Gesamttextaufbau folgt eher einem am Verständnis des/der Lesers/Leserin orientierten *erläuternden* Aufbau, als tatsächlich eine *argumentative* Struktur auszubilden. Entsprechend kommt es auch in dieser Entwicklungsphase noch zu evaluativen Appendizes (s.o.). In den Einleitungstexten wird schwerpunktmäßig neben der Gegenstands- die Argumentationsdimension akzentuiert.

3. Entwicklungsphase *Argumentationsbezogenes Schreiben:* Die Lernenden verfügen jetzt über ein erweitertes Spektrum an wissenschaftssprachlichen Formulierungsroutinen (nach Steinhoff 2007 die Phase der „kontextuellen Passung"). Die Formulierungsoptionen der wissenschaftlichen Alltagssprache sind nicht mehr primär für das Referieren des Forschungsdiskurses ausgeprägt, sondern auch zur argumentativen Auseinandersetzung mit seinen Positionen. Auf syntaktischer Ebene realisieren die AutorInnen verstärkt komplexe Substantivgruppen (eine „komprimierte Syntax" im Sinne von Polenz 1985), um die drei Komplexitätsdimensionen bearbeiten und gleichzeitig eine zu starke Hypotaxe vermeiden zu können. Referierende Bezugnahmen auf die Forschungsliteratur erfolgen nicht mehr selektiv und zitierende Bezugnahmen werden in den studentischen Texten argumentativ kontextualisiert. Das Argumentieren tritt als allgemeines Konstruktionsprinzip des wissenschaftlichen Textes auf: Die AutorInnen arrangieren den Textaufbau so, dass seine Teile auf einen konklusiven Schlussteil zulaufen. Die drei Dimensionen wissenschaftlichen Schreibens sind auch in den Einleitungstexten voll entfaltet, oder der Einleitungstext wird unter Auslassung der Gegenstandsdimension unmittelbar an den Forschungsdiskurs angeschlossen.

Mit den Modellierungsversuchen zum Erwerb wissenschaftlicher Schreibkompetenzen, wie sie von Pohl und von Steinhoff vorgelegt werden, wird nun nicht behauptet, die wissenschaftliche Schreibentwicklung bilde einen Automatismus; es müssen bestimmte Rahmenbedingungen gegeben sein, damit sie sich vollzieht.[7] Es wird auch nicht gesagt, dass es nicht zu verschiedenen Überlappungs- oder Übergangsphänomenen zwischen den verschiedenen Phasen kommen kann, oder dazu, dass ein Lernender mit Studienbeginn schon in einer weiter fortgeschrittenen Erwerbsphase in den Erwerb einsteigt. Es handelt sich jeweils um Dominanzphänomene, die – wie man in der Schreibentwicklungsforschung allgemein annimmt – abhängig sind vom Schreibalter (also den produk-

---

7   Wie u.a. ausreichende Schreib- und Lektürepraxis mit wissenschaftlicher Literatur und
     überhaupt entsprechende Schreibanforderungen; vgl. detailliert Pohl (2007, 521ff).

tiv wie rezeptiv gewonnenen Schreiberfahrungen). Die Modelle versuchen aber den Erwerb in dem Sinne zu *verstehen*, dass sie die Bedingungen seiner Möglichkeit zu erklären versuchen.

6 Grenzen der gymnasialen Facharbeit sowie Alternativen (die Vermittlungsperspektive

Eben weil die wissenschaftliche Schreibentwicklung keinen Automatismus bildet und die wissenschaftliche Schreibentwicklung in hohem Maße von vorauslaufenden Schreiberfahrungen abhängt, ist eine ‚Arbeitsteilung' zwischen den Institutionen *Schule* und *Universität* zwingend erforderlich. Mit Blick auf die Letztere muss man sich verdeutlichen, dass wissenschaftliche Schreibleistungen hochgradig disziplinenspezifisch sind und also im betreffenden Universitätsfach von den Lernenden erworben werden müssen. D.h. auch, dass für die Universitäten die Einrichtung von Schreiblaboren, -kursen und -beratungszentren (vgl. dazu z.B. Kruse et al. 1999), die nicht in den einzelnen wissenschaftlichen Disziplinen situiert sind, nicht ausreicht. Stattdessen müssen die einzelnen Universitätsfächer eigenständige hochschul- bzw. konkrete schreibdidaktische Konzepte entwickeln.[8] Mit Blick auf die Schule bzw. die gymnasiale Oberstufe ist zunächst zu fragen, was genau die Leistungen sind, die voruniversitär zu erbringen sind. Wie sollte die zuvor geforderte ‚Arbeitsteilung' zwischen den Institutionen genau aussehen? – Dazu wird unter Einbezug der im Abschnitt zuvor dargestellten Erwerbsphasen in Pohl (2011a) folgende „Orientierungsleitlinie" vorgeschlagen:

> Wissenschaftliches Schreiben im engeren Sinne als Vermittlung von Gegenstands-, Diskurs- und Argumentationsdimension fällt unter die Vermittlungs- und Förderungszuständigkeit der Universitäten, mithin der einzelnen Disziplinen und Fächer. Die ‚Dekomposition' (Ossner 1996) dieses Anforderungskomplexes obliegt indes der schulischen Ausbildung: Sie ist für die Entwicklung und Festigung von Schreibfähigkeiten innerhalb der drei Dimensionen als Basisqualifikation für den Erwerb darauf aufbauender Schreibkompetenzen verantwortlich (2011a, 9).

Im Rahmen der gymnasialen Oberstufe wird oftmals die *Facharbeit* als *das* zentrale propädeutische Anbahnungs- und Vermittlungsinstrument für wissenschaftliches Schreiben gesehen. Dahinter steht der Gedanke, dass die schulische Facharbeit und die universitäre Seminararbeit einander in ihren Schreibanforderungen stark ähneln. Diesem Vergleich – oder sogar dieser In-eins-Setzung – ist allerdings mit einer gewissen Vorsicht zu begegnen. Nach Ehlich und Steets zeichnet sich die universitäre Seminararbeit insbesondere durch folgende Charakteristika aus (2003, 226):

---

8   Überlegungen und Anregungen dazu – z.B. zu einer curricularen Staffelung der Schreibanforderungen während des Studiums – bietet Pohl (2007, 527ff).

- die systematische und themenbezogene Seminartätigkeit verläuft durch ein ganzes Semester
- der wissenschaftliche Kenntnisstand zu einem Gebiet wird gemeinsam und kritisch erarbeitet
- die Erfassung und Verarbeitung von Wissen erfolgt mittels präziser Fragestellungen
- die zu nutzende Methodik ist zuvor vorgestellt worden.

Demgegenüber kann die schulische Facharbeit zwar einen solchen Lern- und Schreibkontext ein Stück weit nachahmen oder simulieren, wie man es in den sogenannten „Seminarfächern" der gymnasialen Oberstufe versucht (vgl. Steets 2011), tatsächlich ist die Schule in diesem Punkt aber strukturell überfordert: Einen voll etablierten Kontext für diskursorientiertes und methodengeleitetes wissenschaftliches Schreiben zu situieren, wird ihr kaum möglich sein – dies machte die Schule zur Hochschule.

Man muss also hinsichtlich der propädeutischen Möglichkeiten, die die Facharbeit für die Ausbildung wissenschaftlicher Schreibkompetenzen eröffnet, auch ihre Grenzen erkennen. Zu bedenken ist ja zudem, dass die OberstufenschülerInnen nur *eine* Facharbeit schreiben, also eine recht singuläre Schreiberfahrung machen.

In Ansehung des weiterführenden Erwerbs und der universitär geforderten Schreibleistungen muss die Facharbeit massiv flankiert werden durch kleinere Schreibarrangements oder -settings, die Teilleistungen wissenschaftlichen Schreibens isoliert anbahnen und üben. Dies sollte zum einen während der gesamten Ausbildung während der Oberstufenjahre und zum anderen auch in den einzelnen Sachfächern erfolgen. Greift man den oben zitierten Vorschlag für eine ‚Arbeitsteilung' zwischen Oberstufe und Universität auf, dann wären solche Schreibübungen für

1. wissenschaftliche Gegenstandsanalysen,
2. wissenschaftliches Referieren,
3. wissenschaftliches Argumentieren

zu entwickeln. Für entsprechende Schreibarrangements sollte dabei grundsätzlich der Leitlinie gefolgt werden, *einen möglichst engen Anschluss an ‚echtes' wissenschaftliches Schreiben bzw. ‚reale' wissenschaftliche Text zu erzeugen.* Konkret bedeutet dies u.a., dass tatsächlich wissenschaftliche und keine populärwissenschaftlichen oder journalistischen Texte eingesetzt werden sollten, um die Lernenden an die Formulierungstypik wissenschaftlicher Texte heranzuführen. Es sollte ferner bei Übungen zum Referieren mit Sachtexten (nicht literarischen Texten) und zwar mit *mehreren* Sachtexten gearbeitet werden und nicht etwa nur Inhaltsangaben oder Textzusammenfassungen geschrieben werden. Bei der Auseinandersetzung mit wissenschaftlichen Einleitungstexten (etwa zu einem Aufsatz) sollten tatsächlich Einleitungstexte und keine Vorworte zugrunde gelegt werden etc.[9]

Literatur

Augst, G., Disselhoff, K., Henrich, A., Pohl, T. & Völzing, P.-L. (2007). *Text-Sorten-Kompetenz. Eine echte Longitudinalstudie zur Entwicklung der Textkompetenz im Grundschulalter. Textsorten: Erzählung, Bericht, Beschreibung, Instruktion und Argumentation.* Frankfurt am Main [u.a.]: Peter Lang.

Cahn, M. (1991). *Der Druck des Wissens. Geschichte und Medium der wissenschaftlichen Publikation.* Wiesbaden: Reichert.

Ehlich, K. (1984). Zum Textbegriff. In A. Rothkegel & B. Sandig (Hrsg.), *Text – Textsorten – Semantik. Linguistische Modelle und maschinelle Verfahren* (S. 9–25). Hamburg: Buske.

Ehlich, K. (1993). Deutsch als fremde Wissenschaftssprache. In A. Wierlacher et al. (Hrsg.), *Jahrbuch Deutsch als Fremdsprache* (Bd. 19, S. 13–42). München: Iudicium.

Ehlich, K. (1995). Die Lehre der deutschen Wissenschaftssprache: sprachliche Strukturen, didaktische Desiderate. In H.L. Kretzenbacher & H. Weinrich (Hrsg.), *Linguistik der Wissenschaftssprache* (S. 325–350). Berlin [u.a.]: de Gruyter.

Ehlich K. (1999). Alltägliche Wissenschaftssprache. In H. Barkowski & A. Wolff (Hrsg.), *Alternative Vermittlungsmethoden und Lernformen auf dem Prüfstand* (S. 1–30). Regensburg: Fachverb. DaF.

Ehlich K. (2000). Schreiben für die Hochschule. In K. Ehlich et al. (Hrsg.), *Schreiben für die Hochschule. Eine annotierte Bibliographie* (S. 1–17). Frankfurt am Main [u.a.]: Peter Lang.

Esser, R. (1997). *„Etwas ist mir geheim geblieben am deutschen Referat". Kulturelle Geprägtheit wissenschaftlicher Textproduktion und ihre Konsequenzen für den universitären Unterricht von Deutsch als Fremdsprache.* München: Iudicium.

Feilke, H. & Lehnen, K. (2011). Wissenschaftlich Referieren – Positionen wiedergeben und konstruieren. *Der Deutschunterricht, 63*(5), 34–44.

Grafton, A. (1995). *Die tragischen Ursprünge der deutschen Fußnote.* Berlin: Berlin Verlag.

Grésillon, A. (1995). Über die allmähliche Verfertigung von Texten beim Schreiben. In W. Raible (Hrsg.), *Kulturelle Perspektiven auf Schrift und Schreibprozesse. Elf Aufsätze zum Thema Mündlichkeit und Schriftlichkeit* (S. 1–36). Tübingen: Narr.

Hayes, J. & Flower, L. (1980). Identifying the Organization of Writing Processes. In L.W. Gregg & E.R. Steinberg (Hrsg.), *Cognitive Processes in Writing* (S. 3–30). Hillsdale, New York: Erlbaum.

Hanser, C., Mayor, G.A., Nussbaumer, M., Sieber, P. & Sitta, H. (1995). Thesen zur Förderung der Sprachfähigkeiten auf der Sekundarstufe II und an Hochschulen. *Diskussion Deutsch, 26*(141), 70–73.

Humboldt, W. v. (1973). Über die Verschiedenheit des menschlichen Sprachbaues und ihren Einfluß auf die geistige Entwicklung des Menschengeschlechts. [Einleitung zum 3-

---

9 Heft Nr. 5 von *Der Deutschunterricht* bietet eine Auswahl solcher kleinerer Übungsaufgaben zum wissenschaftlichen Schreiben, die der hier zuvor genannten Leitlinie folgen (vgl. insbesondere die Beiträge: Steinhoff 2011; Feilke/Lehnen 2011; Pohl 2011b; Pospiech 2011).

bändigen Kawi-Werk] [Erstdruck Bd. 1, Berlin 1836], In W. v. Humboldt, *Schriften zur Sprache*. Hrsg. v. M. Böhler. Stuttgart: Reclam.

Koch, P. & Oesterreicher, W. (1994). Schriftlichkeit und Sprache. In H. Günther & O. Ludwig (Hrsg.), *Schrift und Schriftlichkeit. Writing and its use.* (1. Teilbd., S. 587–604). Berlin, New York: de Gruyter.

Kruse, O., Jakobs, E.-M. & Ruhmann, G. (Hrsg.) (1999). *Schlüsselkompetenz Schreiben. Konzepte, Methoden, Projekte für Schreibberatung und Schreibdidaktik an der Hochschule*. Neuwied, Kriftel: Luchterhand.

Kultusministerkonferenz, Beschlüsse der (Hrsg.) (2004a). *Bildungsstandards im Fach Deutsch für den Primarbereich (Jahrgangsstufe 4)*. Bonn: o.V.

Kultusministerkonferenz, Beschlüsse der (Hrsg.) (2004b). *Bildungsstandards im Fach Deutsch für den Mittleren Schulabschluss*. Neuwied: Luchterhand.

Kultusministerkonferenz, Beschlüsse der (Hrsg.) (2004c). *Bildungsstandards im Fach Deutsch für den Hauptschulabschluss*. Neuwied: Luchterhand.

Ossner, J. (1996). Gibt es Entwicklungsstufen beim Aufsatzschreiben? In H. Feilke & P.R. Portmann (Hrsg.), *Schreiben im Umbruch* (S. 74–84). Stuttgart [u.a.]: Klett.

Pohl, T. (2007). *Studien zur Ontogenese des wissenschaftlichen Schreibens*. Tübingen: Niemeyer.

Pohl, T. (2010). Das epistemische Relief wissenschaftlicher Texte – systematisch und ontogenetisch. In T. Pohl & T.S. Steinhoff (Hrsg.), *Textformen als Lernformen* (S. 97–116). Duisburg: Gilles & Francke.

Pohl, T. (2011a). Wissenschaftlich schreiben. Begriff, Erwerb und Förderungsmöglichkeiten. *Der Deutschunterricht, 63*(5), 2–11.

Pohl, T. (2011b). Erkenntnisprozesse versprachlichen – epistemisches Formulieren. *Der Deutschunterricht, 63*(5), 45–51.

Pohl, T. & Steinhoff, T. (2010). Textformen als Lernformen. In T. Pohl & T. Steinhoff (Hrsg.), *Textformen als Lernformen* (S. 5–26). Duisburg: Gilles & Francke.

Polenz, P. v. (1985). *Deutsche Satzsemantik. Grundbegriffe des Zwischen-den-Zeilen-Lesens*. Berlin, New York: de Gruyter.

Pospiech, U. (2011). Der Computer als Handwerkszeug für das wissenschaftliche Schreiben. Routinen und Strategien für Recherche und Textproduktion. *Der Deutschunterricht, 63*(5), 53–61.

Sachtleber, S. (1992). Texthandlung und thematische Entfaltung in der Wissenschaftssprache. In A. Grindstedt & J. Wagner (Hrsg.), *Communication for Specific Purposes. Fachsprachliche Kommunikation* (S. 112–124). Tübingen: Narr.

Steets, A. (2011). Die schulische Seminararbeit als sinnvolles Propädeutikum. Möglichkeiten und Grenzen. *Der Deutschunterricht, 63*(5), 62–69.

Steinhoff, T. (2007). *Wissenschaftliche Textkompetenz. Sprachgebrauch und Schreibentwicklung in wissenschaftlichen Texten von Studenten und Experten*. Tübingen: Niemeyer.

Steinhoff, T. (2011). Der Guttenberg-Skandal. Unterrichtspraktische Anregungen zum journalistischen und wissenschaftlichen Schreiben. *Der Deutschunterricht, 63*(5), 22–33.

Weinrich, H. (1995). Wissenschaftssprache, Sprachkultur und die Einheit der Wissenschaft. In H.L. Kretzenbacher & H. Weinrich (Hrsg.), *Linguistik der Wissenschaftssprache* (S. 155–172). Berlin, New York: de Gruyter.

Kirsten Schindler

Akademische Textkompetenz am Beispiel der Facharbeit entwickeln

Zur Kooperation zwischen einem Kölner Gymnasium[1] und
der Universität zu Köln

1   Akademisches Schreiben an der Hochschule – Einstiegsüberlegungen

Akademische Texte schreiben zu können, so wie sie im universitären Kontext gefordert werden, gilt inzwischen nicht mehr als Voraussetzung, die zu Studienbeginn erwartet wird, sondern als Entwicklungsaufgabe einer akademischen Ausbildung, wie die Monographien von Pohl (2007) und Steinhoff (2007) anschaulich herausgearbeitet haben. Die erfolgreiche Bearbeitung dieser Entwicklungsaufgabe scheint durch typische Entwicklungsschritte gekennzeichnet, die ein zunehmend besseres Verständnis wissenschaftlicher Kommunikation bedeuten, das sich dann auch in der Nutzung prototypischer sprachlicher und textueller Strukturen zeigt. Für Pohl (2011) beginnt diese Entwicklung bei der Orientierung am (wissenschaftlichen) Gegenstand, sie wird abgelöst durch die Orientierung am Diskurs und führt schließlich (im Erfolgsfall) zu der Orientierung an einer Argumentation.

Ob und inwieweit unterrichtliche Interventionen diese Entwicklung steuern oder anders gefragt, wie für das Schreiben akademischer Texte notwendige Kompetenzen vermittelt werden können, wird durchaus kontrovers diskutiert (siehe auch die Beiträge von Pohl und Lehnen i. d. Band). Es geht dabei auch um die Frage, wodurch akademische Textkompetenz im Kern definiert ist (vgl. Schindler/Siebert-Ott 2011; Preußer/Sennewald 2012; Kruse/Chitez 2012) und wer für die Vermittlung ‚zuständig‘ ist. Bezogen auf die Hochschule konkurrieren derzeit verschiedene Ansätze (vgl. im Überblick Girgensohn/Sennewald 2012). Unterschieden werden können diese im Hinblick darauf, ob die Vermittlung eher als fachübergreifende Aufgabe, als sogenannte Schlüsselkompetenz, verstanden und beispielsweise in einem Schreibzentrum oder Schreiblabor institutionalisiert ist (vgl. beispielsweise Bräuer 2003), oder ob sie als disziplinengeprägt begriffen

---

1   An dieser Stelle gilt mein herzlicher Dank Graciela Fernández, die eine solche Kooperation erst ermöglicht hat und durch ihr beständiges Engagement auch so erfolgreich macht.

wird (vgl. u.a. Deane/O'Neill 2011). Letzteres wird zunehmend in Lehrformaten umgesetzt, die im Fach verankert sind und beispielsweise als „kollegiale Beratung" (vgl. Llewellyn-Jones/Agombar/Deane 2011) oder „schreibintensive Lehre" (vgl. Harrington 2011) umgesetzt werden (vgl. auch Schindler 2008).

Auffällig erscheint mir zweierlei: Erstens, der großen Zahl sehr unterschiedlicher Konzepte, die auch autonome Ansätze (vgl. Girgensohn 2007) vorschlagen, besondere Textsorten wie das Kontroversenreferat fokussieren (vgl. Decker 2014; Steinhoff 2008) oder (elektronische) Lernumgebungen thematisieren (vgl. Brinkschulte 2010; Steinseifer 2010), steht eine bislang geringe Zahl von Evaluationsstudien gegenüber (vgl. aber Torrance et al. 2012). Das scheint vor allem darin begründet, dass Messmethoden für hochschulische Kompetenzen im deutschsprachigen Raum erst seit wenigen Jahren diskutiert werden (siehe dazu Projekte, wie sie in der Förderinitiative KoKoHs umgesetzt werden, Blömeke/Zlatkin-Troitschanskaia 2013).

Zweitens, die im Hochschulbereich verankerten Kontexte beziehen sich selten auf Fragen zu den Voraussetzungen zum akademischen Schreiben (vgl. hierzu Schindler/ Siebert-Ott 2012; Decker/Kaplan 2013), so wie sie in der Schule angebahnt werden und mit der schulischen Facharbeit auch in einer Textsorte verankert sind. Gerade im Übergang zwischen den Institutionen, Schule und Hochschule, scheint mir aber ein besonderes Potenzial zur Entwicklung akademischer Textkompetenz zu liegen (vgl. dazu auch Fischbach/Schindler 2014). Eine solche Einschätzung ist bereits früher und sehr dezidiert von Sitta (2008) vorgetragen worden. Ich will seine Überlegungen aufgreifen und um eigene Erfahrungen ergänzen.

Ich werde mich in diesem Beitrag ausschließlich auf die Textsorte Facharbeit beziehen und ihre Schlüsselrolle für die Verbindung von schulischem und hochschulischem Schreiben herausarbeiten. Die Facharbeit wird dabei als wissenschaftspropädeutische Textsorte begriffen (vgl. auch Steets 2011). Dazu soll zunächst der Blick auf Bedingungen des Schreibens in den unterschiedlichen Institutionen geworfen und so eine domänenbezogene Perspektive eingenommen werden. Konkretisiert werden die Überlegungen dann an einem Kooperationsprojekt zwischen dem Albertus-Magnus-Gymnasium in Köln und der Universität zu Köln, das beschrieben und (vorläufig) evaluiert wird.

2 Der Ausgangspunkt – Zum Schreiben in der gymnasialen Oberstufe

2.1 Bildungsstandards, materialgestütztes Schreiben und Spontanschreiben

Seit Oktober 2012 liegen Bildungsstandards für die Allgemeine Hochschulreife vor, die sich auch auf das Fach Deutsch beziehen (vgl. Kultusministerkonferenz 2012). Sie haben damit die „Einheitlichen Prüfungsanforderungen in der Abiturprüfung Deutsch" abgelöst (vgl. EPA 1989/2002). Für den Bereich Schreiben wird in den Bildungsstandards konstatiert:

„Die Schülerinnen und Schüler verfassen inhaltlich angemessene kohärente Texte, die sie aufgabenadäquat, konzeptgeleitet, adressaten- und zielorientiert, normgerecht, sprachlich variabel und stilistisch stimmig gestalten. Dabei schreiben sie entsprechend der jeweiligen Aufgabe in unterschiedlichen Textformen." (Bildungsstandards 2012, 16)

Damit sind ambitionierte und auch recht allgemeingültige Zielvorgaben formuliert (vgl. den an früherer Stelle veröffentlichten Vorwurf von Kruse (2007) und die ebenfalls zurückhaltende Einschätzung Freudenbergs 2012). Diesen Vorgaben werden zwei Kompetenzbereiche zugeordnet, „Schreibstrategien anwenden" und in „unterschiedlichen Textformen schreiben". Ersteres, Schreibstrategien anwenden, umfasst Kompetenzen, die einerseits prozessbezogenes (prozedurales und metakognitives) Wissen beschreibt und das Planen, Recherchieren, Strukturieren, Überarbeiten, Dokumentieren und Reflektieren von Schreibtätigkeiten meint, sowie andererseits sprachliches Wissen umfasst, genauer Rechtschreibung, Grammatik und Stilistik. Letzteres, in unterschiedlichen Textformen schreiben, stellt den Bezug zu Handlungskontexten dar. Unterschieden werden dazu vier Textformen: informierende, erklärende, argumentierende und gestaltende. Begrifflich wird damit auf Pohl/Steinhoff (2010) referiert. Während ihr Verständnis aber dadurch gekennzeichnet ist, dass es den Aspekt des Lernens beim Schreiben fokussiert – für sie stellen beispielsweise das Exzerpt, das Portfolio u.a. typische Lernformen dar – ist der Begriff „Textform" in den Bildungsstandards darauf gerichtet, eine zu Textsorten übergeordnete Kategorie einzuführen. Chancen einer solchen Begrifflichkeit liegen in der systematischen Unterscheidung des jeweiligen Sprech- genauer Schreibaktes. Problematisch erscheinen die Vorstellungen, echte Texte (als Repräsentanten solcher Textformen) seien eindeutig zuzuordnen und entweder informierend oder erklärend, argumentierend, gestaltend etc.

In den Bildungsstandards finden sich auch Aufgabenarten, mit denen diese Kompetenzen erfasst und die in Beispielaufgaben ausgeführt werden. Diese Aufgabenarten unterscheiden sich im Bezug darauf, ob die SchülerInnen bei der Bearbeitung Text (z.B. literarische oder Sachtexte) bzw. Material (z.B. Grafiken, Diagramme, Rezensionen oder andere Sachtexte) nutzen können.

	Textbezogenes Schreiben				Materialgestütztes Schreiben	
Aufga-benart	Interpretation literarischer Texte	Analyse pragmatischer Texte	Erörterung literarischer Texte	Erörterung pragmatischer Texte	Materialgestütztes Verfassen informierender Texte	Materialgestütztes Verfassen argumentierender Textes

Abb. 1: Aufgabenarten in den Bildungsstandards für das Fach Deutsch der gymnasialen Oberstufe, S. 31

Das sogenannte „Materialgestützte Schreiben" stellt eine wichtige Neuerung zu den EPA dar. Interessant ist für den hier diskutierten Zusammenhang das „Materialgestützte Verfassen argumentativer Texte". Es sieht vor, dass auf der Grundlage vorgegebener Materialien und eigener Analysen eine Kontroverse abgebildet und eine eigene Position entwickelt wird. Dergestalt lässt sich eine Nähe zur Textform „Kontroversenreferat" erkennen (vgl. beispielsweise Feilke 2010; Feilke/Lehnen 2011), die als prototypisch für das akademische Schreiben gilt (vgl. auch Lehnen i. d. Band) und in der letzten Zeit vor allem mit Blick auf ihr didaktisches Potenzial diskutiert wurde. Ob sich damit auch wissenschaftspropädeutische Effekte *vor* Aufnahme des Studiums erzielen lassen, lässt sich zum jetzigen Zeitpunkt und auf der Grundlage der Bildungsstandards schwerlich entscheiden. Grimm (2011) hat in ihrer Analyse des Schreibens in der Oberstufe auf die Kluft zwischen Vorgaben und tatsächlich erreichten Zielen hingewiesen. Es bleibt zudem ein gewisser Zweifel, wenn die kritischen Analysen zum schulischen Schreiben u.a. von Mielke (2007; 2012) und Ortner (2006) herangezogen werden, die auf die vom Schreiben an der Hochschule deutlich abweichenden Rahmenbedingungen hinweisen.

Mielke (2007) stellt heraus, dass ein Schreibunterricht im Zeichen des Zentralabiturs durchaus Chancen besitzt. Ergänzend zu ihren Beobachtungen spricht dafür auch die Berücksichtigung prozessualer Aspekte in den Bildungsstandards, die Vielfalt an Textformen und die Relevanz, die das Schreiben (hier von Klausuren) erhält. Sie betont aber zugleich (vgl. Mielke 2012), dass in der Oberstufe häufig nur wenige Texte rezipiert werden, dass diese Texte kurz und für den unterrichtlichen Kontext didaktisiert sind, d.h. beispielsweise, dass der Fußnotenapparat getilgt ist. Letzteres verhindert aber geradezu die Vorstellung eines wissenschaftlichen Diskurses, der zentral für das Wissenschaftsverständnis ist und sich in der gegenseitigen Bezugnahme abbildet (vgl. Jakobs 1999). Zugleich merkt Mielke (2012) aber auch kritisch an, dass schulisches Schreiben auch in der gymnasialen Oberstufe sehr unterschiedlichen Schreibzielen gerecht werden muss und propädeutisches Schreiben hier in Konkurrenz zu anderen Schreibfunktionen steht:

„Schulisches Schreiben sollte sich auch in der gymnasialen Oberstufe nicht darin erschöpfen, wissenschaftspropädeutisch zu wirken. Aus deutschdidaktischer Perspektive

kann das Anbahnen akademischen Schreibens eines von verschiedenen berufs- und lebensweltorientierten Zielen des Schreibunterrichtes sein." (Mielke 2012, Folie 14)

Ortner (2006), der schulisches und akademisches Schreiben in Beziehung setzt, legt andere Akzente. Für ihn unterscheiden sich maßgeblich die Produktionsbedingungen schulischen und akademischen Schreibens. Schulisches Schreiben bedeutet das Verfassen von Kurztexten im Zuge eines „Spontanschreibens", akademisches Schreiben verlangt die Erstellung von Langtexten und basiert auf einem „elaborierten Schreiben". Das Spontanschreiben ist charakterisiert durch insgesamt kurze Produktionsprozesse, eine Textgestaltung, die Satz-für-Satz wächst, und sich auf geringe Mengen meist unmittelbar zugänglichen Materials (Erinnerung, andere Kurztexte) bezieht. Das elaborierte Schreiben wird über einen längeren Produktionsprozess umgesetzt, bei dem sich verschiedene Produktionsphasen abwechseln, die koordiniert werden müssen. Das eigene Gedächtnis spielt eine geringere Rolle, wichtiger sind externe Quellen. Zentral ist für Ortner auch: Während SchülerInnen in ihren Texten noch dazu aufgefordert werden, ihre eigene Meinung zu entwickeln, steht diese in akademischen Texten gerade nicht im Fokus. Es geht eher um eine Position, die entwickelt, argumentativ gestützt und gegenüber konkurrierenden Positionen vertreten werden muss (vgl. Decker i. Vorb.).

Auf einen anderen Aspekt weist Feilke hin. Feilke (2013) sieht Probleme im schulischen Schreiben begründet, die sich auf die Frage nach den sprachlichen Ausdrucksmitteln bezieht. Akademische Texte sind (ähnlich wie Schultexte) im Duktus einer Bildungssprache formuliert. Was sich unter „Bildungssprache" im Einzelnen verbirgt, ist dabei nicht ganz einfach zu fassen (vgl. Vollmer/Thümer 2013). So kann Bildungssprache verstanden werden als eine generische und genuin schriftsprachlich dominierte Varietät, wie sie im Konstrukt CALP (cognitive academic language proficiency) gefasst wird oder in Koch/Österreichers Konzept der „konzeptuellen Schriftlichkeit" aufscheint (vgl. Koch/Österreicher 1994). Sie kann aber auch – in Annäherung zur Fachsprache – domänenbezogene Aspekte (z.B. in einer fachlichen Lexik) umfassen. Bildungssprachliche Kompetenzen, die neben der Textrezeption auch die Textproduktion berücksichtigen, sind – so Feilke – kaum expliziter (Lern-)Gegenstand der schulischen Curricula, werden aber zwingend in Texten an der Hochschule verlangt. Neben der Bildungssprache sei in der Schule vielmehr die „Schulsprache" vertreten, die nach Feilke (2013) eine weitere Varietät der Schriftsprache darstellt und als „Sprache des Lehrens, didaktisch gemachte Sprache, eine schulische Tradition" (Feilke 2013, 118) hat. Hier fehlt es also an sprachlichem Rüstzeug der angehenden Studierenden. Diese Einschätzung findet sich auch in entsprechenden Untersuchungen zum Schreiben zu Studienbeginn bestätigt (Scholten-Akoun/Kuhnen/Mashkovskaya 2012).

Das Verfassen von Texten, wie es im materialgestützten Schreiben beschrieben ist, imitiert in Ansätzen sprachliche und Produktionsprozesse, wie sie für das elaborierte Schreiben gelten; beispielsweise durch den Umgang mit verschiedenen bildungssprachlichen Texten. Die Ergebnisse dieses Texthandelns verbleiben aber in den Schreibbedingungen einer Klausur, also eines zeitlich sehr restringierten Produktionsprozesses unter Anwesenheit. Die Koordination eines längeren Textproduktionsprozesses, wie es charakteristisch für das elaborierte Schreiben gilt, wird damit nicht umgesetzt.

2.2 Die Textsorte Facharbeit

Die Einführung der „Facharbeit" geschieht im Einklang mit einer Neuausrichtung der gymnasialen Oberstufe (vgl. KMK 1972), die stärker als hochschulvorbereitend verstanden wird. Zentraler Bestandteil dieser Ausrichtung ist ein neu eingeführtes Kurssystem in der Sekundarstufe II, das die bisherige Klassenstruktur auflöst. SchülerInnen sollen damit ihre „Studierfähigkeit" einüben (KMK 1972, 10). Die „Facharbeit", die seit 1997 in der gymnasialen Oberstufe verankert ist, soll dabei vor allem „auf die schriftlichen Anforderungen der Universität" (Steets 2011, 62; vgl. auch Steets 2003) vorbereiten. Sie wird über einen längeren Zeitraum, in der Regel ein Schulhalbjahr, angefertigt und ist einem Kurs zugeordnet. Ihr Umfang entspricht mit ungefähr 8-15 (maximal 20) Seiten einer kleineren Seminararbeit. Bestandteile der Facharbeit sind neben der Titelei und einem Inhaltsverzeichnis, das strukturiert Textteile auflistet, auch ein Literaturverzeichnis. Je nach Bundesland variiert die Benennung (z.B. „besondere Lernleistung", „Seminararbeit"), die Anbindung an einen Grund-, Leistungskurs oder ein separates Seminarfach sowie die Verbindung von Facharbeit und weiterer Prüfungsleistung (z.B. einem mündlichen Vortrag; vgl. die Übersicht bei Schindler/Fischbach 2014). Einzelne Bundesländer vermerken auch Titel und Note auf dem Abiturzeugnis und werten die Arbeit damit auf. Kann nun die Facharbeit in besonderer Weise wissenschaftspropädeutisch wirken?

Grimm (2011, 72) unterscheidet drei Kriterien, die für wissenschaftspropädeutische Kompetenzen gelten sollen: a) die Kenntnis wissenschaftlicher Grundbegriffe, Arbeitstechniken und Methoden, für sie gehören dazu das Sammeln und Auswählen von Material und das Aufstellen von Hypothesen, b) Haltungen und Denkweisen, die für das wissenschaftliche Arbeiten konstitutiv sind, hierunter fasst sie beispielsweise eine bestimmte Neugierde und das Stellen von (Forschungs-)Fragen und c) metawissenschaftliche Reflexion, dazu gehört ihrer Einschätzung nach z.B. Zusammenhänge zwischen verschiedenen Wissenschaften herzustellen oder über die Grenzen wissenschaftlicher Erklärungen und Methoden nachzudenken. Mir scheint Grimms Auflistung hilfreich, dennoch halte ich sie für unrealistisch, insbesondere der dritte Aspekt kann für mich nicht Bestandteil einer Wissenschafts*propädeutik* sein, sondern allenfalls am Ende einer akademischen Ausbildung stehen. Betrachtet man Grimms Kriterien aber genauer und setzt sie etwas bescheidener an, dann zeigt sich, dass die Facharbeit durchaus Potenzial besitzt, eine solche Wissenschaftspropädeutik anzubahnen, denn SchülerInnen sollen mit der Facharbeit:

- „Themen suchen, eingrenzen und strukturieren
- ein komplexes Arbeits- und Darstellungsvorhaben planen und unter Beachtung der formalen und terminlichen Vorgaben durchführen
- Methoden und Techniken der Informationsbeschaffung zeitökonomisch, gegenstands- und problemangemessen strukturieren und auswerten
- bei der Überprüfung unterschiedlicher Lösungsmöglichkeiten sowie bei der Darstellung von Arbeitsergebnissen zielstrebig arbeiten
- zu einer sprachlich angemessenen schriftlichen Darstellung gelangen
- Überarbeitungen vornehmen und Überarbeitungsprozesse aushalten
- die wissenschaftlichen Darstellungskonventionen (z.B. Zitation und Literaturangaben) beherrschen lernen." (Landesinstitut für Schule und Weiterbildung 2009, 3f)

Das wissenschaftspropädeutische Potenzial der Facharbeit besteht also zum einen in der Arbeitsorganisation, der selbstständigen Setzung von Zielen und Teilzielen und der Moderation eines Schreibprozesses (so wie er auch in den Bildungsstandards angelegt ist), zum anderen in der Nutzung wissenschaftlicher Arbeitstechniken, die sich u.a. auf den Umgang mit Literatur beziehen und die Recherche und Zitation der verwendeten Quellen meint (ähnlich wird dies auch in entsprechenden Ratgebern vermittelt: z.B. Sacher 2010; Raps/Hartleb 2011). Grimms erste Kategorie ist damit weitgehend abgedeckt. Die Notwendigkeit, einen meist unbeschriebenen inhaltlichen Rahmen zu füllen und dazu eine eigenständige Fragestellung zu entwickeln, die Arbeits- und Schreibprozesse durchzieht, kann eine solche, wie von Grimm beschriebene wissenschaftliche Haltung auslösen und in diesem Sinne ebenfalls wissenschaftspropädeutisch wirken. Sie entspricht dann auch einem Forschungsideal, das Thielmann (2008) folgendermaßen umschreibt: „Wissenschaft ist neugiergeleitetes Fragen. Sie entsteht dort, wo Menschen, die dafür Zeit haben, etwas herausfinden, was vorher noch niemand gewusst hat" (Thielmann 2008, 51). Aus unserer Erfahrung im Kooperationsprojekt ist dies aber deutlich schwieriger zu realisieren.

Vergleicht man nun die oben beschriebenen institutionellen Bedingungen eines Schreibunterrichts in der Oberstufe, so wie er von Mielke und Ortner beschrieben wurde, mit den Anforderungen, die die Facharbeit an die Schreibenden stellt, dann kann man schnell zu dem Schluss kommen, den Steinhoff (2011) folgendermaßen formuliert:

„Die Facharbeit ist diesbezüglich [Steinhoff bezieht sich auf Anforderungen an wissenschaftliches Schreiben und zugleich die Situation des Schreibens in der Schule; K.S.] sicher eine Ausnahme und ein Lichtblick, birgt jedoch aufgrund ihres Umfangs, ihrer Komplexität und ihrer fehlenden Einbettung in einem akademischen Kontext die Gefahr, dass die Schüler mindestens so überfordert werden wie Studienanfänger beim Schreiben ihrer ersten Hausarbeit." (Steinhoff 2011, 27)

Wenngleich das Argument einer fehlenden fachlichen Einbindung gilt – von der Schule aber auch nicht verlangt werden kann – so erscheint mir dieser Hinweis doch nicht überzeugend genug, um die Facharbeit insgesamt abzuwerten, denn auch jenseits von Fach- bzw. Disziplinenspezifik können andere, vorbereitende Lernerfahrungen gesammelt werden. Ergänzend müsste man m.E. noch hinzufügen, dass auch die LehrerInnen eine Überforderungssituation erleben, da ihnen oftmals verbindliche (auch gemeinsame) Kriterien der Beurteilung von Facharbeiten fehlen, die Sicht auf das fertige Produkt eine vielleicht ebenso wichtige Sicht auf den Schreibprozess verhindert und auch die Zeit fehlt, sich mit den SchülerInnen (auch fachlich) auseinanderzusetzen (vgl. Missler 2014).

Ob und inwieweit die Facharbeit ihrer wissenschaftspropädeutischen Funktion gerecht wird, ist also eher abhängig von den Bedingungen, unter denen sie verfasst wird. Sitta (2008, 231-232) nennt in seinem Beitrag drei Aspekte, die mir zentral erscheinen. Es ist für ihn erstens notwendig, die Facharbeit in ihrer Stellung und der dafür veranschlagten Zeit aufzuwerten. Sitta plädiert dafür, die Facharbeit verbindlich zu benoten, sie auf dem (Abitur-)Zeugnis auszuweisen und ggf. auch durch eine begleitende Veranstaltung zu rahmen – z.B. Präsentation und ggf. Prämierung der (besten) Facharbeit vor einer größeren Öffentlichkeit. Grundlegend ist für ihn zweitens die enge Beratung und Betreuung der Arbeit, die durch die Lehrkräfte geleistet und auch stundenmäßig abgegolten werden sollte. Drittens sieht er den muttersprachlichen Unterricht (das Fach Deutsch) in besonderer Verpflichtung, denn auch wenn Facharbeiten grundsätzlich in allen Schulfächern geschrieben werden können, ist doch die Spracharbeit von besonderer Relevanz. An dieser Stelle ließe sich sicher einwenden, dass der Deutschunterricht heute kein muttersprachlicher Unterricht mehr ist, denn eine nicht geringe Anzahl der SchülerInnen lernt Deutsch als Zweitsprache, und auch nicht allein in der Verantwortung steht, sprachliches Wissen zu vermitteln.

Sittas Vorschläge finden sich in einigen Sprachräumen bzw. Bundesländern eher umgesetzt als in anderen; er selbst hebt das Beispiel der Schweiz hervor (vgl. Sitta 2008, 232). Bezogen auf das hier zu diskutierende Beispiel, das schülerstärkste Bundesland Nordrhein-Westfalen, sind die Bedingungen weniger ideal. So wird in den „Empfehlungen und Hinweise[n] zur Facharbeit in der gymnasialen Oberstufe" (vgl. MfSW 2009) beispielsweise betont, dass über den Fachunterricht hinaus eine intensive Betreuung durch die Lehrperson notwendig sei, auch wenn diese „eine zusätzliche Belastung der Kolleginnen und Kollegen" darstellt (MfSW 2009, 9), also nicht durch Stundenausgleich geregelt ist. Faktisch bedeutet dies, dass die Betreuung der SchülerInnen vom Engagement einzelner LehrerInnen abhängt bzw. SchülerInnen weitgehend auf sich gestellt sind.

3 Die Kooperation zwischen dem Albertus-Magnus-Gymnasium und der Universität zu Köln

3.1 Möglichkeiten der Kooperation

Ausgangspunkt der Kooperation zwischen dem Albertus-Magnus-Gymnasium (Köln) und der Universität zu Köln (genauer dem Institut für Deutsche Sprache und Literatur II) war die Einschätzung, dass die Facharbeiten, die am Albertus-Magnus-Gymnasium geschrieben werden, insgesamt wenig zufriedenstellend ausfielen, also in Qualität und entsprechender Bewertung nicht dem sonstigen Leistungsstand der SchülerInnen entsprachen. Seit 2001 waren an der Schule bereits verschiedene Konzepte erprobt worden. Diese bestanden beispielsweise in der Bereitstellung von Materialien (Handouts zur Facharbeit, Leitfäden), in der Etablierung eines Einführungsseminars, in der Anbindung an Leistungskurse, der verpflichtenden Teilnahme an Bibliotheksexkursionen und der Nutzung fester Betreuungszeiten durch FachlehrerInnen (vgl. Fernández/Schindler 2012). Der Kontakt zur Hochschule entstand 2010 durch Vermittlung von Gerd Bräuer. Mit der Kooperation zur Hochschule verband die Schule die Zielsetzungen, eine bessere methodische Vorbereitung und Begleitung der Facharbeit zu leisten, eine Entlastung der Lehrkräfte zu schaffen, die sich lediglich auf die fachliche Begleitung der Arbeit konzentrieren könnten, durch die Nutzung eines „Peer-Ansatzes" die Chance, Beratungsmöglichkeiten unabhängig von Beurteilungszusammenhängen zu kreieren und dadurch die SchülerInnen letztlich erfolgreicher in ihrem Schreiben zu machen.

Die kooperierende Institution, das Institut für Deutsche Sprache und Literatur II an der Universität zu Köln, bildet in ihren Studiengängen Lehramtsstudierende für das Fach Deutsch aus. Eine zentrale Zielsetzung der Ausbildung besteht in der engen Verknüpfung praktischer (hier vor allem am Lernort Schule) und theoretisch reflektierter Ausbildungsanteile im Sinne eines forschenden Lernens. Ansatzpunkt der Kooperation auf Hochschulseite schaffte die Möglichkeit, Studierende in die Beratung und Betreuung von SchülerInnen einzubinden und diese Erfahrungen auch im Hinblick auf die eigene akademische Schreibentwicklung zu reflektieren sowie zugleich die Entwicklung akademischer Textkompetenzen verstärkt ins Studium zu integrieren und authentische Lehr- und Beratungserfahrungen zu schaffen (vgl. Schindler/Fischbach 2013). Forschendes Lernen lässt sich dann auch in der Aufbereitung des Forschungsfeldes – wissenschaftspropädeutisches Schreiben an der Schule – umsetzen, die Studierenden setzen eigene Forschungsfragen im Zusammenhang mit Seminar- und Abschlussarbeiten um.

3.2 Umsetzung der Kooperation

Die Kooperation, die seit dem Winterhalbjahr bzw. dem Wintersemester 2011/2012 an der Schule und der Hochschule umgesetzt und in den drei Durchläufen fortwährend angepasst wird, besteht im Kern aus drei Bausteinen: einer vorbereitenden Phase (jeweils an der Schule und der Hochschule), einer Phase der Umsetzung von Beratungsangeboten und Workshops sowie einer Phase der Evaluation und Reflexion.

Phase 1: Vorbereitung an der Schule und der Hochschule

Die Vorbereitung an der Schule nutzt die bereits in den Jahren zuvor entwickelten Instrumente: Die SchülerInnen werden in einer Infoveranstaltung über die Textsorte Facharbeit, die Kooperation und die Aktivitäten der kommenden Monate informiert, sie lesen den Leitfaden zur Erstellung von Facharbeiten – er wird zur verpflichtenden Lektüre in allen Deutschkursen der Stufe, ein gemeinsamer Besuch der Stadtbibliothek und die Teilnahme an einem Recherchetraining ist ebenfalls obligatorisch, es kursieren (gute) Musterarbeiten zur Ansicht, die betreuenden Fachlehrer informieren die SchülerInnen in ihren Kursen auch über die Kriterien der Bewertung.

Die Vorbereitung an der Hochschule thematisiert „Akademisches Schreiben" als Lehr- und Lerngegenstand. Die Studierenden werden in einem Seminarkontext in Forschungsarbeiten zum akademischen Schreiben eingeführt. Sie lernen die zentralen Diskurse, Methoden und Befunde des Forschungsfeldes kennen. Durch die Kooperation mit Institutionen an der Hochschule (Kompetenzzentrum Schreiben, Zentrum für LehrerInnenbildung) werden sie in die methodischen Konzepte der Peer-Beratung (insbesondere in Grundprinzipien der nicht-direktiven Beratung, vgl. u.a. Bräuer 2009; Grieshammer/Liebetanz/Peters et al. 2012) und die Konzeption von (Schreib-)Workshops eingeführt. Die Studierenden erproben sich als Beratende in Mock-Beratungen – einer Art Rollenspiel, in dem wechselseitig die Rollen des Beratenden und des Ratsuchenden eingenommen werden – und entwickeln Workshopmaterialien zu vorgegebenen Themen (Themenfindung, Umgang mit Literatur, Texte strukturieren, Argumentation entwickeln, Leserorientierung), die zuvor in Absprache mit der Schule festgelegt wurden.

Phase 2: Schreibberatung und Workshops

In der Regel werden zwischen Mitte November und Anfang Februar wöchentlich am schulfreien Dienstagnachmittag 30-minütige Schreibberatungen und 90-minütige Schreibworkshops angeboten. Die SchülerInnen sind frei in der Auswahl der Termine und Themen, sie müssen aber mindestens an einer Beratung und einem Workshop teilnehmen; ihre Teilnahme wird bestätigt und ist der Facharbeit beizulegen. Die Studierenden wiederum verpflichten sich mindestens sechs Beratungen (drei Beratungen an zwei Dienstagen) oder einen Workshop umzusetzen. Die Beratungen werden z.T. gefilmt und für die weitere Analyse aufbereitet. Bei den Workshops wird z.T. hospitiert, z.T. werden die Workshops durch Beobachtungsprotokolle dokumentiert.

Phase 3: Reflexion und Evaluation

An die Abgabe der Facharbeit schließt sich eine Rückmeldung der SchülerInnen und (etwas später auch) der Lehrkräfte an, die gebeten werden, Einschätzungen zur Qualität der Kooperation und der Texte zu geben (zu den Ergebnissen des ersten Durchlaufs siehe insbesondere Schindler/Fischbach 2013). Auf der Seite der Hochschule ist der Evaluation eine Phase der Reflexion vorgelagert. Die Studierenden sollen zunächst über ihre eigenen Beratungs-/Workshops- und Schreiberfahrungen während des Semesters nachdenken. Neben Beratungsprotokollen werden dazu die Aufnahmen der Beratungsgespräche und die Beobachtung der Workshops genutzt ebenso wie minute papers (kurze reflektierende Texte) und andere Übungen reflexiven Schreibens. Die Evaluation wird dann über größere Projekte wie Seminar- und Examensarbeiten geleistet, deren Ergebnisse wiederum die weitere Ausgestaltung der Kooperation bestimmen.

- Gianina Gentile (2012): Die Effektivität von Trainings bei der Schreibentwicklung
- Sonja Zimmermann (2012): Para- und nonverbale Kommunikation in Schreibberatungsgesprächen
- Nora Zilken (2012): Keine Angst vor der Facharbeit – Konzepte für eine Vermittlung akademischen Schreibens zwischen Schule und Hochschule
- Felix Fleischhauer (2013): Die universitäre Schreibberatung – ein Zugang zur Vermittlung akademischer Textkompetenzen für Studierende?
- Katrin Weidig (2013): Die Facharbeit beurteilen. Überlegungen für ein Kriterienraster
- Verena Fischer (2013): Die Textsorte Facharbeit in den Lehrplänen der Bundesländer
- Yussefi Marzi (2013): Akademisches Schreiben im Übergang von Schule zu Hochschulen – Schreibkonzepte im institutionellen Kontext verorten

Abb. 2: Staatsexamensarbeiten im Projektzusammenhang

3.3 Chancen und Grenzen der Kooperation

Die Kooperation, wie oben beschrieben, bietet Chancen zur Entwicklung akademischer Textkompetenz, wie sie in der Textsorte Facharbeit zwar angelegt sind, sie sich aber meist nicht entsprechend entfalten können. Diese Chancen sind in der unmittelbaren Begegnung von SchülerInnen und Studierenden begründet. Für die SchülerInnen wird ersichtlich, was auf sie zukommen wird und wo sie selbst in wenigen Jahren stehen werden. Sie erleben das akademische Schreiben nicht als singuläre Aufgabe im schulischen Alltag, sondern als potentielle Daueraufgabe im hochschulischen Schreiben, auf die sie vorbereitet werden. Die SchülerInnen, durch eine solche Kooperation gestärkt, begegnen dem *echten* akademischen Schreiben an der Hochschule anders.

Die Studierenden erproben sich im unterrichtlichen Kontext ohne bereits die Verantwortung für das Gelingen der Lernprozesse übernehmen zu müssen. Sie agieren in einer Peerrolle, die es ihnen zugleich ermöglicht, Erfahrungen zu sammeln, beispielsweise als Beratende, wie sie auch für ihren späteren beruflichen Alltag relevant sind (vgl. Fischbach 2012). Im Vermitteln akademischer Textkompetenz werden sich die Studierenden auch über ihr eigenes akademisches Schreiben klar.

> „[...] Durch die Aufarbeitung schaffte ich auch neue Ordnung in meinem Kopf und konnte bereits Gelerntes/Vorhandenes wieder einfacher umsetzen und eigene **Verhaltensmuster** besser **reflektieren**. Auch bei der Arbeit in den Schreibberatungen erkannte ich mein eigenes Verhalten oft wieder. [...] Ich arbeite strukturierter und selbstbewusster!"
>
> „[...] Durch die Rückmeldungen und Schreibaufgaben habe ich Perspektiven eingenommen, die mir zuvor fremd waren. Durch diesen **Perspektivwechsel** kann man sein eigenes Textprodukt unter neuen Aspekten beleuchten und somit auch verbessern. [...]"

Abb. 3: Ausschnitte aus minute papers der Studierenden (Winterhalbjahr 2011/2012)

Auch die Begegnung zwischen Lehrenden an der Schule und der Hochschule bietet Chancen. Lehrkräfte, deren Bezug zum akademischen Schreiben meist mit Ende ihrer Ausbildung verloren gegangen ist, erhalten Impulse und Anregungen, die sie in die Betreuung mit den Facharbeiten einfließen lassen. Lehrende an der Hochschule erkennen deutlicher, welche Voraussetzungen in der Schule geschaffen werden und worauf die Schreibausbildung an der Hochschule aufbauen kann. Grimm (2011) hatte bereits darauf hingewiesen, dass einzelne Einschätzungen aus der Forschung – bezogen auf das Schreiben an der Schule – teilweise überraschen und wenig der tatsächlichen Situation an den Schulen entsprechen.

Eine Kooperation, wie hier beschrieben, stellt aber zugleich große Herausforderungen. Ähnlich anderer schulischer Kooperationen besteht eine solche Herausforderung in der Absprache und Organisation zweier Institutionen. In der Regel müssen 40 Studierende und 100 SchülerInnen miteinander koordiniert werden. Dazu müssen Termine abgestimmt und Räume vorgehalten werden. Allein der Startpunkt muss koordiniert werden, denn das Schulhalbjahr beginnt deutlich vor dem Semester. Nur eine engagierte Schule ist bereit, diese Organisation – ohne einen entsprechenden Ausgleich – zu leisten.[2] Schwieriger stellt sich aber noch die inhaltliche Arbeitsteilung dar. Eine klare Zuständigkeit – die Studierenden beziehen sich ausschließlich auf Fragen, die das Schreiben betreffen, die Lehrkräfte übernehmen die fachliche Betreuung – zeigt sich in der Praxis nur schwer umsetzbar. Immer wieder tauchen in den Beratungen und Workshops auch

---

2 Die Kooperation wird ab dem 1. Juni 2014 durch die RheinEnergie Stiftung gefördert, sodass zumindest Teile der Organisation durch eine wissenschaftliche Hilfskraft übernommen werden.

fachliche bzw. disziplinenspezifische Fragen auf, die ad hoc beantwortet werden müssen. Es scheint, dass auch die SchülerInnen eine solche Erwartung hegen und enttäuscht sind, wenn die Studierenden die fachliche Verantwortung von sich abweisen. Danach gefragt, wie sie die Kooperation insgesamt einschätzen, antwortet eine Vielzahl der SchülerInnen, dass sie sich fachspezifischere BeraterInnen und fachlich stärker ausgerichtete Workshops wünschen.

> Nette und kompetente Studenten. Jedoch wäre es besser, wenn jeder zu seinem Thema ein[en] Spezialist[en] hätte und mit ihm/ihr ein Einzelgespräch führen würde, der sich inhaltlich sowohl formell auskennt.

Abb. 4: Rückmeldung einer Schülerin (Winterhalbjahr 2013/2014)

Damit ist durchaus ein Spannungsfeld umschrieben. Genau zu klären, was eine Schreibberatung und was ein Schreibworkshop (und die entsprechenden Studierenden) leisten können und was nicht, erscheint mir ebenso notwendig wie eine bessere Abstimmung mit bzw. unter den Lehrkräften; das betrifft auch ein eher grundsätzliches disziplinäres Verständnis der Studierenden (wenngleich sie nicht als Fachexperten agieren müssen). Hier ist in jedem Fall noch Entwicklungspotenzial.

Die Grenzen der Kooperation zeigen sich m.E. darin, dass die Facharbeit in diesem Szenario nach wie vor eine singuläre Aufgabe darstellt; interessant ist das am Oberstufenkolleg Bielefeld entwickelte Modell der Mini-Facharbeit, die einer Facharbeit vorangeht und hier stärkere Kontinuitäten schafft (Winter 2006). Die SchülerInnen sind zudem stark in ihren schulischen Alltag eingebunden, parallel zur Facharbeit müssen sie sich auf Klausuren vorbereiten, die in der Vorbereitung deutlich weniger aufwändig sind, aber gleich stark bewertet werden. Die noch bei Thielmann (2008) beschriebene Vorstellung, Wissenschaft sei etwas, was Menschen betreiben, die „dafür Zeit haben", stellt sich schon in der Schulzeit als spürbare Grenze dar. Selbst SchülerInnen operieren beim Schreiben also teilweise mit Vorstellungen der Zeiteffektivität. Beratungen, die beispielsweise dazu führen, dass das Thema gründlich überdacht wird, werden als wenig gelungen eingeschätzt, da sie ja – anstelle Zeit zu sparen – mehr bzw. neue Probleme schaffen.

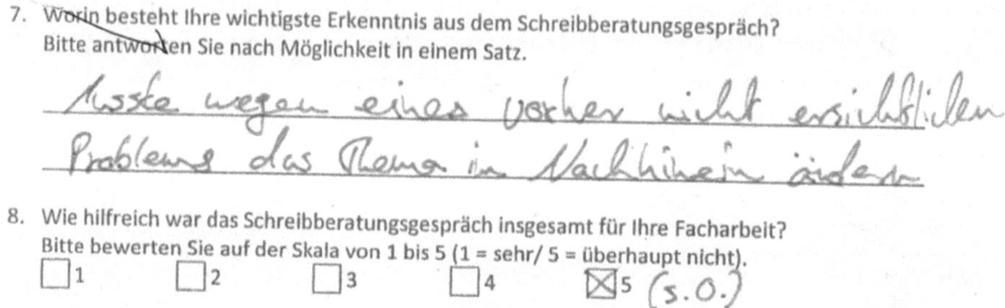

Abb. 5: Ausschnitt aus einem Fragebogen zur Schülerrückmeldung (Winterhalbjahr 2013/2014)

Die Facharbeit wird in der Q1 (der 11. Jahrgangsstufe) verfasst, die SchülerInnen sind durchschnittlich 16/17 Jahre alt. Missler (2014) problematisiert in ihrem Beitrag, dass der gelungenen Umsetzung der Facharbeit hier auch entwicklungsbezogene Grenzen gesetzt sind, da das wissenschaftspropädeutische Schreiben immer auch eng mit dem Schreibalter zusammenhängt.

4 Diskussion

Steinhoff (2011) und andere schlagen anstelle der Facharbeit alternative, in der Regel kleinformatigere Textformen vor, die besser in den schulischen Alltag eingegliedert werden bzw. an schulische Schreibtraditionen anknüpfen können. Ich sehe hier zunächst keinen Widerspruch. Insbesondere mit dem materialgestützten Schreiben ließen sich hier leicht solche Aufgabenarrangements einführen. Dennoch leisten sie nicht das, wozu die Facharbeit, möglicherweise auch gerade in der Überforderungssituation, geeignet ist. Ich will daher zum Abschluss noch einen Aspekt herausgreifen. Sitta (2008) erklärt an einer früheren Stelle in seinem bereits oben zitierten Beitrag, dass seine eigene Erfahrung mit der Facharbeit ihn erstmalig an seine Schreibgrenzen gebracht hat und diese Erfahrung in besonderer Weise lehrreich war. Eine Vorstellung davon zu bekommen, dass Schreiben auch durchaus Scheitern bedeuten kann bzw. anders herum den Schreibprozess als ein *„ill defined problem"* zu begreifen, bei dem das Ergebnis eben nicht bereits zu Beginn klar ist, sondern sich erst schreibend erschließt, erscheint mir eine wichtige Erkenntnis. Anders gefasst: Die Facharbeit erschließt gerade aufgrund ihrer Unwägbarkeit die epistemische Funktion des Schreibens. SchülerInnen dabei zu unterstützen, erscheint mir geradezu zwingend. Mit der hier beschriebenen Form der Kooperation ist eine Möglichkeit dieser Unterstützung beschrieben.

Literatur

Blömeke, S. & Zlatkin-Troitschanskaia, O. (2013). *Kompetenzmodellierung und Kompetenzerfassung im Hochschulsektor: Ziele, theoretischer Rahmen, Design und Herausforderungen des BMBF-Forschungsprogramms KoKoHs* (KoKoHs Working Papers, 1). Berlin, Mainz: Humboldt-Universität & Johannes Gutenberg-Universität.

Bräuer, G. (2003). Centres for Writing and Reading – Bridging the Gap between University and School Education. In L. Björk, G. Bräuer, L. Rienecker & P. Stray Jörgensen (Hrsg.), *Teaching Academic Writing in European Higher Education* (S. 135–150). Dordrecht [u.a.]: Kuwer Academic Publishers.

Bräuer, G. (2009). *Scriptorium – Ways of Interacting With Writers and Readers.* Freiburg: Fillibach.

Brinkschulte, M. (2010). Akademische Schreibpartnerschaften. Zur Förderung einer interkulturell ausgerichteten akademischen Schreibkompetenz. In E.-M. Jakobs, K. Lehnen & K. Schindler (Hrsg.), *Schreiben und Medien. Schule, Hochschule, Beruf* (S. 115–134). Frankfurt am Main: Peter Lang.

Deane, M. & O'Neill, P. (Hrsg.) (2011). *Writing in the Disciplines.* Croydon: Palgrave Macmillan.

Decker, L. (2014). *Die Textform Diskursreferat und ihre Vorteile für die Entwicklung akademischer Textkompetenzen.* AkaTex Workingpaper 3. Universität zu Köln und Universität Siegen.

Decker, L. (i. Vorb.). *Entwicklung und Förderung akademischer Textkompetenzen von Studienanfängern des Lehramtes mit Schwerpunkt auf den diskursstrukturierenden Prozeduren – eine Interventionsstudie.* Dissertation Universität Siegen.

Decker, L. & Kaplan, I. (2013). *Textkompetenzen von SuS am Ende der Sekundarstufe II. Eine Experteninterviewstudie zur Erhebung der Startvoraussetzungen von Studienanfängern.* AkaTex Workingpaper 1. Universität zu Köln und Universität Siegen.

EPA (1989/2002). *Einheitliche Prüfungsanforderungen in der Abiturprüfung – Deutsch.* Beschluss der Kultusministerkonferenz vom 01.12.1989 i.d.F. vom 24.05.2002.

Feilke, H. (2010). „Aller guten Dinge sind drei!" Überlegungen zu Textroutinen und literalen Prozeduren. In I. Bons, T. Gloning & D. Kaltwasser (Hrsg.), *Fest-Platte für Gerd Fritz.* Gießen 17.05.2010. Verfügbar unter: http://www.festschrift-gerd-fritz.de/files/feilke_2010_literale-prozeduren-und-textroutinen.pdf [03.03.2014].

Feilke, H. (2013). Bildungssprache und Schulsprache am Beispiel literal-argumentativer Kompetenzen. In M. Becker-Mrotzek, K. Schramm, E. Thürmann & H.J. Vollmer (Hrsg.), *Sprache im Fach. Sprachlichkeit und fachliches Lernen* (S. 113–130). Münster [u.a.]: Waxmann.

Feilke, H. & Lehnen, K. (2011). Wissenschaftlich Referieren – Positionen wiedergeben und konstruieren. *Der Deutschunterricht, 5,* 34–44.

Fernández, G. & Schindler, K. (2012). *Studierende beraten Schülerinnen und Schüler. Kooperation zwischen Schule und Hochschule.* Vortrag auf der Tagung: Akademisches Schreiben lernen – zwischen Schule und Hochschule, Köln, 01. Juni 2012.

Fischbach, J. (2012). Lehramtsstudierende beraten Schüler/innen beim Schreiben ihrer Facharbeit: Chancen für den Erwerb berufsrelevanter Schreibberatungskompetenz. *Journal der Schreibberatung, 5,* 29–43.

Fischbach, J. & Schindler, K. (Hrsg.) (2014). Die Facharbeit – ein Kontroversendossier. *zeitschrift schreiben.* Verfügbar unter: www.zeitschrift-schreiben.eu.

Freudenberg, R. (2012). Was Abiturient/innen können sollen – Anmerkungen zu den Bildungsstandards für die Allgemeine Hochschulreife im Fach Deutsch. In H. Feilke, J. Köster & M. Steinmetz (Hrsg.), *Textkompetenzen in der Sekundarstufe II* (S. 97–110). Stuttgart: Fillibach.

Girgensohn, K. (2007). *Neue Wege zur Schlüsselqualifikation Schreiben. Autonome Schreibgruppe an der Hochschule.* Wiesbaden: VS Research.

Girgensohn, K. & Sennewald, N. (2012). *Schreiben lehren, Schreiben lernen. Eine Einführung.* Darmstadt: Wissenschaftliche Buchgesellschaft.

Grieshammer, E., Liebetanz, F., Peters, N. & Zegenhagen, J. (2012). *Zukunftsmodell Schreibberatung. Eine Anleitung zur Begleitung von Schreibenden im Studium.* Baltmannsweiler: Schneider-Verlag Hohengehren.

Grimm, S. (2011). Schreiben in der Oberstufe – ein wissenschaftspropädeutischer Anspruch? *Der Deutschunterricht, 5,* 70–75.

Harrington, K. (2011). The role of Assessment in „Writing in the Disciplines". In M. Deane & P. O'Neill (Hrsg.), *Writing in the Disciplines* (S. 48–62). Croydon: Palgrave Macmillan.

Jakobs, E.-M. (1999). *Textvernetzung in den Wissenschaften. Zitat und Verweis als Ergebnis rezeptiven, reproduktiven und produktiven Handelns.* Tübingen: Niemeyer.

Koch, P. & Oesterreicher, W. (1994). Schriftlichkeit und Sprache. In H. Günther & O. Ludwig (Hrsg.), *Schrift und Schriftlichkeit. Ein interdisziplinäres Handbuch internationaler Forschung* (S. 587–604). Berlin: de Gruyter.

Kruse, O. (2007). Schreiben und Studierfähigkeit. Mit welchen Schreibkompetenzen sollen die Schulen ihre Absolvent/innen ins Studium entlassen? In M. Becker-Mrotzek & K. Schindler (Hrsg.), *Texte schreiben* (S. 117–143). Duisburg: Gilles & Francke.

Kruse, O. & Chitez, M. (2012). Schreibkompetenz im Studium: Komponenten, Modelle und Assessment. In U. Preußer & N. Sennewald (Hrsg.), *Literale Kompetenzentwicklung an der Hochschule* (S. 57–83). Frankfurt am Main: Peter Lang.

Kultusministerkonferenz (1972). *Vereinbarung zur Neugestaltung der gymnasialen Oberstufe in der Sekundarstufe II.* Verfügbar unter:
http://www.kmk.org/fileadmin/pdf/Bildung/AllgBildung/176_Vereinb_Gestalt_Gym_Ob_Sek_II-1972_01.pdf [03.03.2014].

Kultusministerkonferenz (2012). *Bildungsstandards im Fach Deutsch für die Allgemeine Hochschulreife.* Verfügbar unter: http://www.kmk.org/fileadmin/veroeffentlichungen_beschluesse/2012/2012_10_18-Bildungsstandards-Deutsch-Abi.pdf [03.03.2014].

Llewellyn-Jones, C., Agombar, M. & Deane, M. (2011). Writing in the Disciplines and Learning Technologists: Towards Effective Collaboration. In M. Deane & P. O'Neill (Hrsg.), *Writing in the Disciplines* (S. 237–249). Croydon: Palgrave Macmillan.

Mielke, A. (2007). Die „normative Kraft des Prüfungsfaktischen": Schreibunterricht im Zeichen des (Zentral-)Abiturs. In M. Becker-Mrotzek & K. Schindler (Hrsg.), *Texte schreiben* (S. 99–115). Duisburg: Gilles & Francke.

Mielke, A. (2012). *Schreiben in der Sekundarstufe II. Die Bedingungen.* Vortrag auf der Tagung: Akademisches Schreiben lernen – zwischen Schule und Hochschule, Köln, 01. Juni 2012.

Ministerium für Schule und Weiterbildung (2009). *Empfehlungen und Hinweise zur Facharbeit in der gymnasialen Oberstufe.* Soest. Verfügbar unter: http://www.fachdidaktik-einecke.de/5_Schreibdidaktik/facharbeit.pdf [03.03.2014].

Missler, U. (2014). Die Facharbeit. Beobachtungen aus der Praxis und viele Fragen, die auf eine Antwort warten. In K. Schindler & J. Fischbach (Hrsg.), *Die Facharbeit – ein Kontroversendossier* (zeitschrift schreiben). Verfügbar unter: www.zeitschrift-schreiben.eu.

Ortner, H. (2006). Spontanschreiben und elaboriertes Schreiben – wenn die ursprüngliche Lösung zu einem Teil des (neuen) Problems wird. In W. Kissling & G. Perko (Hrsg.), *Wissenschaftliches Schreiben in der Hochschullehre. Reflexionen, Desiderate, Konzepte* (S. 77–101). Innsbruck [u.a.]: Studienverlag.

Pohl, T. (2007). *Studien zur Ontogenese wissenschaftlichen Schreibens.* Tübingen: Niemeyer.

Pohl, T. (2011). Wissenschaftlich Schreiben. Begriff, Erwerb und Fördermaximen. *Der Deutschunterricht, 5*, 2–11.

Pohl, T. & Steinhoff, T. (Hrsg.) (2010). *Textformen als Lernformen.* Duisburg: Gilles & Francke.

Preußer, U. & Sennewald, N. (Hrsg.) (2012). *Literale Kompetenzentwicklung an der Hochschule.* Frankfurt am Main: Peter Lang.

Raps, C. & Hartleb, F. (2011). *Leitfaden zur Erstellung einer Facharbeit/Seminararbeit.* Braunschweig: Westermann Schroedel Diesterweg.

Sacher, N. (2010). *Die Facharbeit planen – strukturieren – schreiben.* Stuttgart: Ernst Klett Verlag.

Schindler, K. (2008). Wissenschaftliches Schreiben in Sprach- und Kommunikationswissenschaft – Zwei Beispiele für schreibintensive Lehrveranstaltungen in den Geisteswissenschaften. *zeitschrift schreiben.* Verfügbar unter: www.zeitschrift-schreiben.eu.

Schindler, K. & Fischbach, J. (2013). Neue Netzwerke akademischen Schreibens und ihr Potenzial für den Erwerb von Textkompetenzen. Erste Ergebnisse eines Kooperationsprojekts zwischen Schule und Hochschule. *zeitschrift schreiben.* Verfügbar unter: www.zeitschrift-schreiben.eu.

Schindler, K. & Fischbach, J. (2014). Akademisches Schreiben lernen – zwischen Schule und Hochschule. In J. Fischbach & K. Schindler (Hrsg.), *Die Facharbeit – ein Kontroversendossier* (zeitschrift schreiben). Verfügbar unter: www.zeitschrift-schreiben.eu.

Schindler, K. & Siebert-Ott, G. (2011). Entwicklung der Textkompetenz von Studierenden (in der Zweitsprache Deutsch) – Propädeutik, akademisches und berufsbezogenes Schreiben. In A. Krafft & C. Spiegel (Hrsg.), *Sprachliche Förderung und Weiterbildung – transdisziplinär* (S. 91–110). Frankfurt am Main: Peter Lang.

Schindler, K. & Siebert-Ott, G. (2012). Textkompetenzen im Übergang Oberstufe – Universität. In H. Feilke, J. Köster & M. Steinmetz (Hrsg.), *Textkompetenzen in der Sekundarstufe II* (S. 151–175). Stuttgart: Fillibach.

Scholten-Akoun, D., Kuhnen, A. & Mashkovskaya, A. (2012). Sprachkompetenzen Studierender. Design und erste Ergebnisse einer empirischen Studie. In H. Feilke, J. Köster & M. Steinmetz (Hrsg.), *Textkompetenzen in der Sekundarstufe II* (S. 179–200). Stuttgart: Fillibach.

Sitta, H. (2008). Wissenschaftliches Schreiben in der Schule. In M. Dalmas, M. Foschi Albert & E. Neuland (Hrsg.), *Wissenschaftliche Textsorten im Germanistikstudium deutsch – italienisch – französisch kontrastiv. Trilaterales Forschungsprojekt in der Villa Vigoni (2007–2008)* (S. 220–232). Villa Vigoni/Deutsch-Italienisches Zentrum/Centro Italo-Tedesco, Loveno di Menaggio.

Steets, A. (2003). Wissenschaftspropädeutik in der Oberstufe: die Facharbeit. *Der Deutschunterricht, 3*, 58–70.

Steets, A. (2011). Die schulische Seminararbeit als sinnvolles Propädeutikum. Möglichkeiten und Grenzen. *Der Deutschunterricht, 5*, 62–69.

Steinhoff, T. (2007). *Wissenschaftliche Textkompetenz. Sprachgebrauch und Schreibentwicklung in wissenschaftlichen Texten von Studenten und Experten.* Tübingen: Niemeyer.

Steinhoff, T. (2008). Kontroversen erkennen, darstellen, kommentieren. In I. Bons, T. Gloning & D. Kaltwasser (Hrsg.), *Fest-Platte für Gerd Fritz.* Gießen. Verfügbar unter: festschrift-gerd-fritz.de/files/steinhoff_2008_kontroversen_erkennen_darstellen_und_komm entieren.pdf.

Steinhoff, T. (2011). Der Guttenberg-Skandal. Unterrichtspraktische Anregungen zum journalistischen und wissenschaftlichen Schreiben. *Der Deutschunterricht, 5*, 22–33.

Steinseifer, M. (2010). Textroutinen im wissenschaftlichen Schreiben Studierender. Eine computerbasierte Lernumgebung als Forschungs- und Lerninstrument. In E.-M. Jakobs, K. Lehnen & K. Schindler (Hrsg.), *Schreiben und Medien. Schule, Hochschule, Beruf* (S. 91–114). Frankfurt am Main: Peter Lang.

Thielmann, W. (2008). Wissenschaftliches Sprechen und Schreiben an deutschen Hochschulen. In M. Dalmas, M. Foschi Albert & E. Neuland (Hrsg.), *Wissenschaftliche Textsorten im Germanistikstudium deutsch – italienisch – französisch kontrastiv. Trilaterales Forschungsprojekt in der Villa Vigoni (2007–2008)* (S. 47–54). Villa Vigoni/Deutsch-Italienisches Zentrum/Centro Italo-Tedesco, Loveno di Menaggio.

Vollmer, H. & Thürmann, E. (2013). Sprachbildung und Bildungssprache als Aufgabe aller Fächer der Regelschule. In M. Becker-Mrotzek, K. Schramm, E. Thürmann & H.J. Vollmer (Hrsg.), *Sprache im Fach. Sprachlichkeit und fachliches Lernen* (S. 41–57). Münster [u.a.]: Waxmann.

Torrance, M., Alamargot, D., Castelló, M., Ganier, F., Kruse, O., Mangen, A., Tolchinsky, L. & van Waes, L. (Hrsg.) (2012). *Learning to Write Effectively. Current Trends in European Research.* [Studies in Writing]. Bingley: Emerald Group.

Bora Bushati/Christopher Ebner

Wie baut man eine Hundehütte?
Das Unterrichtsmodul „Wissenschaftliches Schreiben" mit Fokus auf Studierende mit Deutsch als Zweitsprache

Vorbemerkungen

In den vergangenen Jahrzehnten, spätestens aber seit Konrad Ehlichs Thesen zur „alltäglichen Wissenschaftssprache" (Ehlich 1999), hat sich der Blick auf wissenschaftliche Texte in der Forschung grundlegend geändert. Besonders hervorzuheben sind in diesem Zusammenhang neue Erkenntnisse zur wissenschaftlichen Textgestalt und zum Erwerb von wissenschaftlicher Textkompetenz (Portmann-Tselikas 2011; 2012; Feilke 2012; 2014; Pohl 2007; Steinhoff 2007; Lehnen 2012). Wurde die wissenschaftliche Textkompetenz von Studierenden bisher vor allem als defizitär gesehen – eine Flut an Schreibratgebern zeugt davon[1] –, konnten in jüngeren Studien Ausprägungen und Erwerbsphasen wissenschaftlicher Textkompetenz anhand von Analysen studentischer Texte belegt werden. Wissenschaftliche Textkompetenz ist also nicht etwas, das entweder optimal oder nicht optimal sein kann, sondern sie entwickelt sich wie etwa das Gehen- oder Sprechenlernen langsam und wird in verschiedenen, erkennbaren Phasen erworben. Neueste linguistische Betrachtungen wissenschaftlicher Texte fokussieren auf Segmente domänenspezifischer Texthandlungen, die zwischen dem Prozess und dem Produkt liegen (Feilke 2014). Diese sog. Textprozeduren (Feilke/Lehnen 2012; Feilke und Schmölzer-Eibinger/Rotter in diesem Band) drücken den Handlungscharakter wissenschaftlicher Texte aus. Ihre angemessene und domänenspezifische Verwendung entwickelt sich, wie von Feilke/Lehnen (2011) und Steinseifer für Referierprozeduren (2014) gezeigt, erst langsam.

Diese Erkenntnisse verlangen nach einer neuen, erwerbsadäquaten Vermittlungsmethode wissenschaftlicher Schreibkompetenz, die bislang jedoch noch nicht existiert. In diesem Beitrag wird der Versuch unternommen, die aktuellen theoretischen Ansätze zum Erwerb wissenschaftlicher Textkompetenz für ein didaktisches Konzept zu nutzen. Ziel des didaktischen Konzepts ist es zu zeigen, dass wissenschaftliche Textpro-

---

[1] Siehe dazu Pohls Beitrag zur Debatte um das wissenschaftliche Schreiben und seine Kritik an der vorherrschenden Meinung über als „defizitär" bezeichnete studentische Texte (Pohl 2007, 9f).

zeduren gezielt vermittelt werden können und dass damit die wissenschaftliche Textkompetenz von Studierenden gefördert werden kann.

Nach einem Überblick über die in diesem Zusammenhang wesentlichen theoretischen Erkenntnisse wird ein Modul zur Förderung wissenschaftlicher Textkompetenz Schritt für Schritt erklärt und mit Kommentaren und Lösungsvorschlägen versehen.[2] Unsere besondere Aufmerksamkeit gilt dabei Studierenden mit Deutsch als Zweitsprache.

1   Theoretische Erwägungen für die Konzeption des Moduls

1.1   Schnittstelle zwischen textlinguistischer Forschung, Schreibforschung und Schreibdidaktik

Es ist 15 Jahre her, dass Ehlich die desolate Situation Studierender mit Deutsch als Zweitsprache beklagt und sich didaktische Modelle für sie gewünscht hat (vgl. Ehlich 1999). In den Jahren danach hat sich im Bereich der Hochschuldidaktik für DaZ-Studierende nicht viel verändert.

Da kaum empirische Studien zur wissenschaftlichen Textkompetenz von DaZ-Studierenden existieren, ist weder die Möglichkeit gegeben festzustellen, wie groß deren explizites Wissen über die Beschaffenheit wissenschaftlicher Texte ist, noch ist es möglich, die Probleme und Bedürfnisse, die sich für die spezifische Zielgruppe beim Schreiben wissenschaftlicher Texte konkret ergeben, zu benennen.

Es liegt die Annahme nahe, dass ein effizienter Umgang mit wissenschaftlichen Texten, d.h. die Art, wie sie diese lesen, für StudienanfängerInnen mit DaZ keine Selbstverständlichkeit ist. Ebenso ist für diese Gruppe der Lernenden anzunehmen, dass sie – wie von Steinhoff (2007) auch für Studierende mit Deutsch als Erstsprache nachgewiesen – kein explizites Wissen über die Spezifik wissenschaftlicher Texte im Unterschied beispielsweise zu journalistischen Texten oder Sachtexten im Allgemeinen haben. Insofern kann eine Schreibdidaktik für DaZ-Studierende an der Hochschule an schreibdidaktischen Anforderungen für Studierende mit Deutsch als Erstsprache anknüpfen. Neue Erkenntnisse und theoretische Konzepte aus diesem Feld können daher in ein für Studierende mit Deutsch als Zweitsprache geeignetes didaktisches Modell einfließen.[3]

---

2   Dieses Modul entstand 2013 im Rahmen des Projekts „Steirische Initiative zum Erwerb wissenschaftlicher Textkompetenz von Studierenden" unter der Leitung von Univ.-Prof. Dr. Paul Portmann-Tselikas und wurde seither mehrfach überarbeitet und weiterentwickelt.

3   Die Frage, inwieweit sich theoretische Konzepte für Studierende mit Deutsch als Erstsprache 1:1 für den DaZ-Bereich übernehmen lassen, bleibt hier noch offen. Den Verfassern dieses Beitrags ist klar, dass dies nur ein erster Schritt ist und genauere Aussagen über die

Für die Erstellung unseres didaktischen Modells sind wir in erster Linie von der Überlegung ausgegangen, dass eine auf Form und Funktion gelenkte Rezeption wissenschaftlicher Texte Voraussetzung für die Entwicklung wissenschaftlichen Schreibens ist. Feilke formuliert diesen Ansatz so: „Nur wer Märchen gehört und gelesen hat, nur wer wissenschaftliche Texte kennt, wird auch solche schreiben können" (Feilke 2014a, 14). Textkompetenz, sei es beim Lesen und Schreiben von Märchen oder bei der Lektüre und beim Verfassen von wissenschaftlichen Texten, setzt wiederholte Textrezeption voraus. Auf den zweiten Blick wird die durch das Zitat evozierte Affinität nachvollziehbar: Beide Textsorten beruhen auf stark ausgeprägten „konventionelle[n] Zusammenstellungsmuster[n] von [...] handlungsbezogenen Textbausteinen" (Feilke 2014b, 21). Wenn Feilke vom „Kennen" wissenschaftlicher Texte spricht, dann meint er die Kenntnis solcher immer wiederkehrenden Handlungsmuster, die sich durch die Rezeption einschlägiger Texte einstellt (siehe auch die Beiträge von Feilke und Rotter/Schmölzer-Eibinger in diesem Band).

Auch Fritz (2013) macht deutlich, dass aus Sicht der „dynamischen Texttheorie" die Wissensakkumulation über Handlungen und Muster in Texten an einer bewussten Aktivierung des Verstehens[4] ansetzt. Für die Rezeption als möglichen Gegenstand einer Handlungstheorie hält er folgendes fest:

> Das Handeln ist aktiv und intentional, das Verstehen passiert dem Hörer/Leser spontan. Allerdings kann der Hörer/Leser auch aktiv werden und sein Verständnis verbessern, indem er „hermeneutische Operationen" vornimmt. Die genannte Affinität schließt jedoch eine Anwendung einer handlungstheoretischen Theorie auf Fragen des Verstehens nicht aus. Gegenstand des Verstehens von Texten sind, nach dieser Auffassung, genau die Handlungen, die mit den Texten vollzogen werden, und ihre Zusammenhänge, sodass die Aspekte der Handlungen gleichzeitig als Aspekte des Verstehens gedeutet werden können. (Ebda., 34)

Dem „aktiven Verstehen" wird so ein hohes Potenzial zugesprochen, ebenso dem Beschreiben jener „Prinzipien und Verfahren der Textorganisation", die Fritz als „Ressourcen" versteht, die sowohl TextproduzentInnen als auch TextrezipientInnen benutzen, „um Texte zu erstellen und zu verstehen" (ebda). Aus dieser Perspektive betrachtet sind rezeptiver „schriftlicher Sprachgebrauch" und „Schrifttexte" als „Modelle für das eigene Schreiben" zu verstehen (Feilke 2014a). Der Fokus auf den „schriftlichen Sprachgebrauch" rückt den sprachlichen Aspekt von funktionalen Textbausteinen ins Zentrum der Schreibforschung und der Schreibdidaktik. Bislang wurde die Funktion von Texten als Modelle des Schriftsprachgebrauchs von der Schreibdidaktik jedoch vernachlässigt. „Schreiben nur als ein problemlösendes Handeln zu verstehen, ist eine

---

Effektivität und Nutzbarkeit des hier vorgestellten Modells in weiterer Folge nur anhand einer Wirksamkeitsstudie ausformuliert werden können.

4   Zur Bedeutung der Rezeption für die Ausbildung von produktiver Texthandlungskompetenz siehe auch Rotter/Schmölzer-Eibinger i. d. Band.

halbe Wirklichkeit", stellt Feilke (2014a) fest. Ihm zufolge habe diese Haltung aber die Schreibdidaktik bis jetzt stark geprägt (dazu vgl. Hammond 1987; Hallet 2013). Mit besonderem Nachdruck weist er auf die „eigenständige Rolle" der „Sprachlichkeit von Texten" hin, nämlich wie Texteigenschaften „sprachlich zum Ausdruck" gebracht werden (Feilke in diesem Band). Vor dem Hintergrund dieser Überlegungen wird die Sprache bzw. sprachliches Formulieren im Rahmen des vorliegenden Beitrags zur Vermittlung wissenschaftlicher Textkompetenz nicht nur als metasprachliches Beschreibungsinstrument, sondern auch als Vermittlungs- und Erwerbsinstrument betrachtet.

Im Fokus der Rezeptionsarbeit stehen sprachlich-funktionale Elemente wissenschaftlicher Texte, und es stellt sich die Frage nach den Beschreibungs- und Erwerbsmodellen wissenschaftlicher Textkompetenz. Hier nehmen einerseits empirisch dominierte Studien zur Erforschung der Gestalt des wissenschaftlichen Textes (Portmann-Tselikas 2011; Feilke 2003; 2012), andererseits Arbeiten zur Erforschung des Erwerbsprozesses wissenschaftlicher Textstrukturen bzw. Routineausdrücke (Feilke/ Steinhoff 2003; Steinhoff 2003; 2007; Pohl 2007; 2009; Ebner/Ebner 2009; Bushati/Ebner/Ebner 2011) einen mittlerweile festen Platz in der Schreibforschung ein. Ein zentraler gemeinsamer Aspekt dieser Studien ist die Annahme, dass sich wissenschaftliche Textkompetenz erst durch die Konfrontation mit sehr vielen wissenschaftlichen Expertentexten und durch das Verfassen eigener Texte im Laufe eines Universitätsstudiums herausbildet und sich wissenschaftliche Textkompetenz durch die adäquate domänenspezifische Verwendung von wissenschaftlichen Formulierungen auszeichnet, wie Steinhoff (2007) und Pohl (2007) in ihren umfangreichen Studien gezeigt haben.

1.2   Textprozeduren als Ressourcen für die Textproduktion und Textrezeption

Wie oben angedeutet, erfolgt die Textproduktion – schreibtheoretisch betrachtet – generell auf Basis diskurs- und textsortenspezifischer konventionalisierter Textkonzeptionsverfahren (vgl. Swales 1990; Swales 2004; Feilke 2014a). Im Zuge dieser Konzeptionsverfahren sind Schreibende mit der Lösung „wichtiger kommunikativer Aufgaben" (Fritz 2013, 96) konfrontiert. Gemeistert werden diese Aufgaben nicht zuletzt dadurch, dass Schreibende auf ein Repertoire von sprachlichen Mitteln bzw. festen Formulierungen zurückgreifen:

> „Beispiele für solche Formulierungen sind „wie schon erwähnt", „im Folgenden werde ich zunächst auf X eingehen" und „dies lässt sich folgendermaßen erklären". Das Verfügen über die ‚richtigen' vorgefertigten Wendungen ist einerseits eine Formulierungshilfe, andererseits aber eine Herausforderung für den Novizen im Umgang mit bestimmten Texttypen und Schreibdomänen." (Fritz 2013, 96)

Fritz macht deutlich, dass vor allem für SchreibanfängerInnen die Verfügbarkeit von „vorgefertigten", abrufbaren sprachlichen Mitteln alleine noch keine Garantie für einen reibungslosen Schreibprozess darstellt. Dieses Phänomen hat in der aktuellen Schreibforschung eine intensive Diskussion um sog. literale Prozeduren bzw. Textprozeduren eröffnet (vgl. Feilke/Lehnen 2012; Feilke 2003; 2010). *Literale Prozeduren* bzw. „Textprozeduren" (Feilke/Lehnen 2012; Feilke 2014b) – im engeren Sinn[5]– sind „als komplexe Zeichen für Texthandlungen zu verstehen" (Feilke 2014b, 13). Das Konzept von Textprozeduren vereint die kommunikativ-funktionale Struktur von Texten, so genannte Handlungsmuster, mit der sprachlichen Ausdrucksseite der Textoberfläche. Didaktisch können daraus sog. „Werkzeuge des Schreibens" (Bachmann/Feilke 2014) – und des Verstehens – gewonnen werden, die domänenspezifisch und textsortengeprägt sind (mehr dazu siehe Feilke und Rotter/Schmölzer-Eibinger i. d. Band). Wenn wir von der Annahme ausgehen, dass sich wissenschaftliche Texte anhand von sprachlichen und textuellen Elementen konstituieren, von denen viele domänenspezifisch geformt und alle in spezifische funktionale Relationen eingebunden sind, dann sind Textprozeduren als textkonstituierende Elemente dafür entscheidend, ob ein Text als „wissenschaftlich" gelten kann oder nicht. Beispiele dafür wären das *Referieren*, das *Kontextualisieren*, das *Positionieren*, das *Kontrastieren*, das *Evaluieren* etc. Textprozeduren wie diese sind als typische Handlungsmuster nicht nur für die Konstitution von wissenschaftlichen Texten elementar, sie sind auch für den Erwerb von *wissenschaftlicher Textkompetenz* fundamental (vgl. Feilke 2010). Hier liegt auch deren didaktisches Potential. Worauf bei einer didaktischen Implikation ganz besonders zu achten ist, so Feilke, sei der Umstand, dass es sich bei Textprozeduren keineswegs um auswendig zu lernende Ausdrücke handelt, sondern „um Zeichen, bei denen es vor allem darauf ankommt, das Handlungsschema, mit dem sich die Prozedurausdrücke zeichenhaft verbinden, zu verstehen" (Feilke 2014b, 13).

Textprozeduren manifestieren sich in einem wissenschaftlichen Text durch sogenannte „Routineausdrücke" (Feilke 2010). So wird etwa die Textprozedur „eine-Position-darstellen" an der Textoberfläche durch „laut x", „y weist darauf hin, dass"; „für x ist z" realisiert. Textprozeduren verbinden stets ein *Handlungsschema* und dafür typische *sprachliche Ausdrücke*. Sie sind als Form-Funktions-Gefüge auf die kommunikativ-funktionale Gestaltung von Texten bezogen und sind stets domänenspezifisch. Die Beschreibung eines wissenschaftlichen Textes in seinen Form-Funktionsgefügen hat Konsequenzen für die Modellierung des Erwerbs entsprechender Textkompetenzen. Für die Rezeption bedeutet das, dass – wenn die wesentlichen Elemente von Texten Resultate von textbezogenen Handlungen sind, die durch die Realisierung von Text-

---

5 Feilke (2012) zählt zu „literalen Prozeduren" neben Textprozeduren auch sog. *Schreibprozeduren*; diese sind primär auf die Prozesskomponenten des Schreibens bezogen (z.B. Planen, Überarbeiten), jedoch nicht a priori textkonstitutiv und semiotisch konfundiert, d.h. auf der sprachlichen Oberfläche eines Textes sichtbar. Schreibroutinen werden im Projekt in der didaktischen Konzeption des Modells mit berücksichtigt, spielen jedoch insgesamt keine vordergründige Rolle.

handlungsroutinen in eine erkennbare kommunikative Form gebracht werden – adä-
quates Verstehen darin besteht, dass sie genau als „Ausdruck komplexer Handlungen"
wahrgenommen und interpretiert werden. Lektüre ist nicht die Entnahme von Inhalten,
sondern der Nachvollzug von „semiotischen Handlungsmodellen" (Feilke 2010)[6]. Wer
z.B. „im Folgenden geht es darum zu zeigen" liest, weiß, wie es im Text (erwartbarer-
weise) weitergeht, wer einen Ausdruck wie „dem Autor geht es darum zu zeigen"
verwendet, stellt für die Adressaten einen Referenzbezug her. Nur wenn Verstehen in
diesem Sinne gelingt und die textuellen Konfigurationen auf ihren Handlungscharakter
hin transparent werden, kann ein Textverständnis aufgebaut und zum Ausgangspunkt
eigener Textproduktion werden.[7]

Eine konkrete Aufgabentypologie zur Didaktik des wissenschaftlichen Schreibens auf
der Basis von Textprozeduren steht bislang allerdings noch aus. Wir möchten eine
solche vorstellen, die – wie bereits eingangs angekündigt – sowohl für Studierende mit
Deutsch als Erst- als auch Deutsch als Zweitsprache gedacht ist.

2   Das Modul

2.1 Das Konzept

Eine angeleitete Förderung wissenschaftlicher Textkompetenz ist in den universitären
Curricula zumindest in Österreich sehr selten vorgesehen. Um diese Lücke zu schließen, ist unsere Idee entstanden, ein entsprechendes Unterrichtsmodul zu konzipieren.
Das im Folgenden vorgestellte Modul ist Teil einer Lehrveranstaltung, die für Studierende der Germanistik und der Translationswissenschaften an der Universität Graz
anrechenbar ist. Die Studierenden, mit denen dieses Modul bislang durchgeführt wurde, befinden sich im ersten bis dritten Semester und sind mit den Grundzügen des
wissenschaftlichen Arbeitens (Recherchieren, Zitieren) bereits vertraut.

Das Modul versteht sich als eine eigenständige Lehrveranstaltung für GEWI-
Studierende, daher wurde das Inputmaterial ausschließlich aus diesem Bereich ausge-
wählt. Da das Modul nur eines von mehreren ist[8], lässt es sich auch einfach in die
Lehre integrieren, beispielsweise im Rahmen eines Proseminars.

---

6   Jakobs (1997) stellt fest, dass dem Lesen in jeder Phase des wissenschaftlichen Schreibens
     ein bedeutender Stellenwert zukommt, nicht nur als Quelle für Information, sondern auch
     als „Monitor" für die eigene Textproduktion. Keseling (1988) räumt auch dem lauten Le-
     sen für den Prozess des Formulierens Relevanz ein. Wissenschaftliches Schreiben ist kein
     „Werkzeug", sondern meist selbst schon Wissenschaft (vgl. Fandrych 2005).
7   Vgl.: Bushati/Ebner/Schmölzer-Eibinger: Projektantrag zum ÖNB-Projekt „Wissenschaft-
     liches Schreiben. Die textlinguistische und erwerbstheoretische Bedeutung von wissen-
     schaftlichen Textprozeduren" (2014–2016) [Unveröffentlichtes Manuskript].
8   Weitere Module beschäftigen sich mit den Themen „Wissenschaftliches Einleiten" (einlei-
     ten) „Text und Textdiskurs" (Kontroverse) sowie „Sprache und Sprechen" (Kontroverse).

Das Konzept beruht auf drei Grundprinzipien: Erstens war es uns wichtig, einen kontextuellen thematischen Rahmen zu schaffen, in und aus dem die einzelnen kleinschrittigen Aufgaben entwickelt werden konnten. Zweitens sollte jeder Produktionsaufgabe eine längere Rezeptionsphase vorausgehen. Während dieser Phase sollten die Studierenden die Möglichkeit zum Vergleich von verschiedenen Texten haben. Zum Schluss wurde bei der Modellierung und Konzeption der Schreibaufgaben darauf geachtet, dass sie möglichst profiliert sind (vgl. Bachmann/Becker-Mrotzek 2010), um eine entsprechende Textqualität anzubahnen.

Inhaltlich beschäftigt sich das Modul mit dem Problemfeld „Wissenschaftlichkeit". Es werden prinzipielle Fragen zu diesem Thema diskutiert, wobei der Fokus nicht auf dem Inhalt, sondern auf den Strukturen und domänenspezifischen Formulierungen des wissenschaftlichen Textes liegt. Im Mittelpunkt steht das Phänomen des Referierens bzw. der wissenschaftlichen Intertextualität.[9] Die Gründe für diese Entscheidung sind erstens auf die zentrale Funktion des Referierens sowohl für die Rezeption (das Verstehen) als auch die Produktion von Texten zurückzuführen. Beim Referieren geht es nicht nur um die Trennung „eigene[r] und fremde[r] Erkenntnisse" (Feilke/Lehnen 2011, 34), sondern um die darauf aufbauenden Handlungen des Vergleichens, Gegenüberstellens und Bewertens von Erkenntnissen. Darüber hinaus sind Referierprozeduren die Grundvoraussetzung für die Lösung weiterer komplexerer kommunikativer Aufgaben in wissenschaftlichen Texten. Man denke hier an das Argumentieren und die eristische Struktur wissenschaftlicher Texte (vgl. Steinseifer 2014).[10] Das Ziel des Moduls ist es, das Bewusstsein und die Aufmerksamkeit der Studierenden für die Spezifika wissenschaftlicher Texte zu schärfen. Weiters sollen die Studierenden textkonstituierende Handlungsschemata in einem konkreten Kontext identifizieren, im Hinblick auf deren Struktur und Funktion interpretieren und diese schließlich in eigenen Texten einsetzen.

Das Zentrum des Moduls bildet ein wissenschaftlicher Textteil aus einer Dissertation (Steinhoff 2007). Der Text ist anspruchsvoll und nicht nur, aber vor allem auch für Studierende mit Deutsch als Zweitsprache, hinsichtlich der lexikalischen und der syntaktischen Dimension entlastungsbedürftig. Darum ist der Auseinandersetzung mit

---

9   Beide Begriffe kommen in der einschlägigen Diskussion zum Referieren vor (siehe Pohl 2007; Feilke/Lehnen 2011; Steinseifer 2014).

10   Die aktuelle, empirisch angelegte Schreibforschung setzt den Schwerpunkt auf das Phänomen des „writing from sources" (vgl. Kirkpatrick/Klein 2009) – im deutschsprachigen Raum als „materialgestütztes Schreiben" bekannt. Im Zusammenhang mit dem materialgestützten Schreiben kommt der Kontroverse eine beträchtliche Bedeutung zu (siehe Schüler/Lehnen 2014; Feilke/Lehnen 2011). Auch wenn die Studien „die Vermittlung von Basisqualifikationen" wissenschaftlicher Textkompetenz in der Oberstufe im Fokus haben, ist das kein Grund zur Annahme, dass Studierende an der Universität diesen Aspekt wissenschaftlicher Textkompetenz bereits beherrschen. Daher folgt dem hier vorgestellten Modul ein zweites Aufgabensetting zum Thema „Kontroverse", das auf dem ersten Modul aufbaut. Dieses Setting wird hier aber aus Platzgründen nicht präsentiert.

diesem Text eine Phase der Kontextualisierung vorgeschaltet. Die Studierenden arbeiten zunächst mit der Bauanleitung einer Hundehütte und einem Text aus Umberto Ecos Klassiker „Wie man eine wissenschaftliche Abschlussarbeit schreibt." In den Gruppenarbeiten wird das Vorwissen der Studierenden zum Thema *Wissenschaftlichkeit* aktiviert und um einige systematische Aspekte erweitert. Das in den Texten vorhandene Sprach- und Sprachhandlungsmaterial wird intensiv und didaktisch kleinschrittig behandelt.

2.2 Das Moduldesign im Detail

Der erste Text, der im Rahmen des Moduls gelesen und besprochen wird, ist eine Anleitung zum Bau einer Hundehütte aus dem Internet. Dieser wird ohne Titel und Quellenangaben präsentiert (siehe Kasten 1) und ist in betitelte und nummerierte Abschnitte gegliedert. Vor der Textlektüre finden keine Vorentlastungsaufgaben statt. Was das Modulthema anbelangt, vermeiden wir eine Vorwissensaktivierung, um eine ungelenkte Textlektüre zu ermöglichen.

Text I

1 Planung
Man sagt, der Hund sei des Menschen bester Freund. Lassen Sie Ihrem besten Freund nur das Beste zukommen. Die Hundehütte soll eine weitestgehend artgerechte Haltung Ihres Hundes ermöglichen.

1.1 Aufbau
Die Abmessungen der Hundehütte richten sich in erster Linie nach der Größe des ausgewachsenen Hundes. Die Größe eines Hundes wird mit der Widerristhöhe angegeben. Die Widerristhöhe kann mit einem Gliedermaßstab bestimmt werden und ergibt sich bei einem stehenden Hund aus dem Abstand des höchsten Punktes der Schulter oder des Überganges des Halses zum Rücken vom Boden. Bei einem Rassehund ist die Widerristhöhe leicht vorhersagbar. Bei einem Mischlingshund schätzen Sie anhand der Widerristhöhen der Eltern die voraussichtliche Widerristhöhe des erwachsenen Hundes.
Der Haushund stammt vom Wolf ab. Eine Wölfin bringt ihren Nachwuchs in einer Höhle zur Welt. Die Höhle bietet Schutz vor dem Wetter und vor Feinden. Ein Gang führt von der Höhle nach außen. Entwerfen Sie die Hundehütte mit einem Aufenthaltsraum, der der Wolfshöhle entspricht, und mit einem Vorraum, der dem Gang entspricht. Der Aufenthaltsraum ist der Größe Ihres Hundes angemessen. Im Idealfall reicht die Eigenwärme des Hundes, auch bei Frost die Temperatur im Aufenthaltsraum auf einem erträglichen Maß zu halten. Dabei beachten Sie, dass wegen der Beschaffenheit des Felles nicht jeder Haushund bei Frost im Freien gehalten werden kann. Die Hundehütte fertigen Sie rundum doppelwandig mit einer Wärmeisolation. An der Vorderseite der Hundehütte sehen Sie ein Fenster vor, durch das der Hund Kontakt zur Außenwelt halten kann. Als Liegemöglichkeit und als Fressplatz planen Sie vor der Hütte eine Holzterrasse.
Bemessen Sie die Hundehütte bei einem rechteckigen Grundriss nach folgenden Faustformeln:
- lichte Höhe im Vorraum und im Aufenthaltsraum: Widerristhöhe + 10cm, -Breite des Aufenthaltsraumes: Körperlänge + 10 cm,
- Länge des Aufenthaltsraumes: 2 * Breite
- Länge und Breite des Vorraumes: Körperlänge + 10 cm,
- Länge und Breite der Terrasse wie die Länge und Breite der gesamten Hundehütte.

Aus Gründen einer einfachen Fertigung versehen Sie die Hundehütte entsprechend dem rechteckförmigen Grundriss mit einem flach geneigten Pultdach, welches allseitig über den Seitenwänden übersteht. Zum Schutz vor Niederschlagswasser und zum Mindern von Niederschlagsgeräuschen ist das Dach mit einer Dachbahn bedeckt. Zum Ableiten des Niederschlagswassers sind an den Giebelkanten Formbleche und an der Traufe ein Traufblech befestigt. Damit Sie eine Fellpflege in einer bequemen Arbeitshöhe durchführen können, ist das Pultdach entsprechend tragfähig. Um die Übersicht über sein Revier zu wahren, kann sich der Hund bei Bedarf auf dem Pultdach aufhalten. Das Pultdach ist abnehmbar, so dass Sie die Hundehütte reinigen können.

Alle Kanten, mit denen der Hund in Berührung kommen könnte, sollen gebrochen, gerundet oder gefast sein. Als Beißschutz und gegen Verschleiß verkleiden Sie die Kanten am Eingang zum Vorraum und am Eingang zum Aufenthaltsraum mit Blechen oder Profilen. Bei Bedarf soll vor dem Eingang zum Vorraum eine Pendelklappe montierbar sein.

Die Hundehütte bauen Sie aus Holz. Alle Holzbauteile behandeln Sie allseitig mit einem schadstofffreien oder schadstoffarmen Holzschutzmittel.

Wenn Sie eine größere Hundehütte an einem anderen als den Aufstellort fertigen und für den Transport und die Montage nicht mehr als zwei Personen zur Verfügung haben, planen Sie Boden, Außenwände, die Zwischenwand und das Dach als separate Baugruppen.

Die Studierenden werden in Gruppen eingeteilt und erhalten die erste Aufgabe:

1.   Vervollständigen Sie folgende Sätze: (Gruppenarbeit, max. 4 TN)
Position A:
- Dieser Text ist ein wissenschaftlicher Text, weil
            a) ....
            b) ....
Position B:
- Dieser Text ist kein wissenschaftlicher Text, weil
            a) ....
            b) ....

Ergebnisse werden im Plenum diskutiert.

Es handelt sich um eine „paradoxe" Aufgabenstellung, weil die Studierenden sowohl die eine als auch die andere Behauptung mit Argumenten stützen müssen. Damit wird der Text prinzipiell verfügbar gemacht und aus zwei Perspektiven gelesen, und es wird eine genauere und differenzierte Lektüre notwendig. Die Sätze sollen von den Gruppen ausformuliert werden, um Stichwort-Antworten zu unterbinden und gemeinsam erarbeitete Formulierungen zu evozieren. Gerade für DaZ-Studierende ist es wichtig von vornherein darauf zu bestehen, Gedanken zusammenhängend und angemessen zu formulieren und immer, nachdem die inhaltlichen Aspekte einer Aussage erörtert sind, auch auf die konkrete Formulierung einzugehen. Implizit bereitet man damit auch auf das Formulieren von Thesen vor, gehört es doch zu einer These, dass sich eine plausible Gegenthese aufstellen lässt.

Konkret weisen die Studierenden bei der Frage nach der Wissenschaftlichkeit oft auf folgende Aspekte hin:

> Der Text ist ein wissenschaftlicher Text, weil…
> *… er in Kapitel und Unterkapitel strukturiert ist.*
> *… es ein Sachtext ist.*
> *… Zahlen und Daten vorkommen.*
> *… Fachbegriffe vorkommen.*

Auf folgende bildungssprachliche Aspekte weisen die LehrveranstaltungsleiterInnen bei der Durchführung dieser Aufgabe weiters noch hin:
- es gibt viele Passiv- und Passiversatzkonstruktionen.
- es gibt sehr viele Nominalisierungen.

Damit wird der Fokus der Studierenden auf konkrete sprachliche Phänomene gelenkt, wie sie für wissenschaftliche Texte typisch sind.

Die Unwissenschaftlichkeit des Textes begründen die Studierenden meist so:

> Der Text ist kein wissenschaftlicher Text, weil…
> *… er keine Fußnoten oder andere Verweise hat.*
> *… weil er keine Zitate aufweist.*
> *… weil er nicht deskriptiv, sondern präskriptiv ist. (selten)*

Wichtig ist es, alle Ergebnisse zu sammeln und klar zu machen, dass es sich nicht um einen wissenschaftlichen Text handelt, um keine falschen Vorstellungen zu zementieren.
In einem zweiten Schritt erarbeiten die Studierenden dann in der Gruppe Mindmaps, in denen sie ihre Überlegungen zur Frage „Was ist Wissenschaftlichkeit" präsentieren. Die Gruppe bestimmt immer einen Sprecher/eine Sprecherin, der sich von Aufgabe zu Aufgabe ändert.

> 2. Was ist Ihrer Meinung nach Wissenschaftlichkeit? Versuchen Sie Kriterien zu erarbeiten.
> Gruppenarbeit
> (Methode: Brainstorming, stichwortartig auf Plakat, …)

Für die Bearbeitung von Text 1 sollten – wenn möglich – ca. 90 Minuten veranschlagt werden, bei fortgeschrittenen Studierenden ist nicht unbedingt weniger Zeit einzuberechnen, die Diskussionen können sich durchaus vertiefen. Text 2 wird als Satzpuzzle präsentiert. Die Sätze sind in der richtigen Reihenfolge, die unterstrichenen Teile sind aber aus einem der anderen angegebenen Sätze.

B Was ist Wissenschaftlichkeit?

1. In dem folgenden Text sind die unterstrichenen Textteile bzw. Wörter nicht am richtigen Platz. Rekonstruieren Sie den Text, indem Sie die unterstrichenen Textteile bzw. Wörter versetzen!
(Es ist ein zusammenhängender Text und die Sätze sind in der richtigen Reihenfolge).

Für manche ist die Wissenschaft mit den Naturwissenschaften oder mit Forschungen diese Bedeutung gleichzusetzen.
Eine Untersuchung ist nicht wissenschaftlich, wenn sie die folgenden Anforderungen erfüllt.

Versuchen wir also festzulegen, dann wäre eine Arbeit über die Moral bei Aristoteles nicht wissenschaftlich, aber ebensowenig wären es Untersuchungen über Klassenbewusstsein und Bauernaufstände im Zeitalter der Reformation.

An der Universität misst man dem Begriff „wissenschaftlich" auf quantitativer Grundlage offensichtlich nicht bei.

Ginge man davon aus, unter welchen Voraussetzungen eine Arbeit sich in einem weiten Sinn wissenschaftlich nennen darf.

Eine Untersuchung ist wissenschaftlich, wenn sie nicht mit Formeln und Diagrammen arbeitet:

Für manche ist die Wissenschaft mit den Naturwissenschaften oder mit Forschungen diese Bedeutung gleichzusetzen.
Eine Untersuchung ist nicht wissenschaftlich, wenn sie die folgenden Anforderungen erfüllt.

Versuchen wir also festzulegen, dann wäre eine Arbeit über die Moral bei Aristoteles nicht wissenschaftlich, aber ebensowenig wären es Untersuchungen über Klassenbewusstsein und Bauernaufstände im Zeitalter der Reformation.

Bei der Lösung der Aufgabe können sich die Studierenden an inhaltlichen und syntaktischen Aspekten orientieren, Ziel ist es auch hier wieder, eine genaue Auseinandersetzung mit dem Text zu erzwingen. Die Versionen werden im Plenum abgeglichen und der ganze Text wird ausgegeben.

2. Lesen Sie nun den vollständigen Text und überlegen Sie, ob dies ein wissenschaftlicher Text ist! Machen Sie Notizen!

Text II[11]
Für manche ist die Wissenschaft mit den Naturwissenschaften oder mit Forschungen auf quantitativer Grundlage gleichzusetzen. Eine Untersuchung ist nicht wissenschaftlich, wenn sie nicht mit Formeln und Diagrammen arbeitet. Ginge man davon aus, dann wäre eine Arbeit über die Moral bei Aristoteles nicht wissenschaftlich, aber ebensowenig wären es Untersuchungen über Klassenbewusstsein und Bauernaufstände im Zeitalter der Reformation. An der Universität misst man dem Begriff "wissenschaftlich" offensichtlich nicht diese Bedeutung bei. Versuchen wir

---

11   Eco, U. (2003). Wie man eine wissenschaftliche Abschlussarbeit schreibt. 10., unveränd.
       Aufl., S. 39–44.

also festzulegen, unter welchen Voraussetzungen eine Arbeit sich in einem weiten Sinn wissenschaftlich nennen darf.

Eine Untersuchung ist wissenschaftlich, wenn sie die folgenden Anforderungen erfüllt:

1. Die Untersuchung behandelt einen erkennbaren Gegenstand, der so genau umrissen ist, dass er auch für Dritte erkennbar ist. Der Ausdruck Gegenstand ist nicht unbedingt im konkreten Sinn zu verstehen. Auch die Quadratwurzel ist ein Gegenstand, auch wenn kein Mensch sie je gesehen hat. [...]

2. Die Untersuchung muss über diesen Gegenstand Dinge sagen, die noch nicht gesagt worden sind, aber sie muss Dinge, die schon gesagt worden sind, aus einem neuen Blickwinkel sehen. Eine mathematisch richtige Ausarbeitung, die mit den überkommenen Methoden den Pythagoreischen Lehrsatz beweisen würde, wäre keine wissenschaftliche Arbeit, weil sie unserem Wissen nichts hinzufügen würde. Es wäre allenfalls eine populärwissenschaftliche Darstellung, wie ein Handbuch, in dem der Bau einer Hundehütte mit Hilfe von Holz, Nägeln, Hobel, Säge und Hammer erklärt wird.

3. Die Untersuchung muss für andere von Nutzen sein. Von Nutzen ist eine Abhandlung, die eine neue Entdeckung über das Verhalten von Elementarteilchen beweisen soll. Eine Arbeit ist wissenschaftlich, wenn sie (bei Beachtung der Regel 1 und 2) dem etwas hinzufügt, was bisher schon in der wissenschaftlichen Öffentlichkeit bekannt war und wenn alle künftigen Arbeiten zum gleichen Thema ihre Ergebnisse, zumindest theoretisch, berücksichtigen müssen.

4. Die Untersuchung muss jene Angaben enthalten, die es ermöglichen nachzuprüfen, ob ihre Hypothesen falsch oder richtig sind, sie muss also die Angaben enthalten, die es ermöglichen, die Auseinandersetzung in der wissenschaftlichen Öffentlichkeit fortzusetzen. Das ist eine ganz fundamentale Anforderung.

Der Text stammt aus Umberto Ecos Anleitung zum Schreiben einer wissenschaftlichen Abschlussarbeit und liegt hinsichtlich der Wissenschaftlichkeit zwischen Text 1, der Anleitung für den Bau einer Hundehütte, und dem wissenschaftlichen Text 3 zur „Gegenstandsbindung der Fachsprache". Formal weist der Text fast noch weniger typisch wissenschaftliche Elemente als der Hundehütten-Text auf und auch seine Einstimmigkeit – hier wird kein Diskurs geführt – markiert einen deutlichen Abstand zum wissenschaftlichen Text. Gerade aber, weil er zwischen den beiden Polen steht und inhaltlich vier kompakte Elemente wissenschaftlicher Arbeiten enthält (Gegenstandsbezug, Diskursnutzen, Originalität und Nachprüfbarkeit), die auch in einem wissenschaftlichen Text deutlich werden müssen, nimmt er innerhalb des Moduls für die Vorbereitung auf den wissenschaftlichen Text eine bedeutende Rolle ein.

Die ersten inhaltsrezeptiven Aufgaben zum Text sollen die vier Kriterien zunächst auf einen einzigen Begriff reduzieren und in einem zweiten Schritt werden die Anforderungen mit eigenen Worten reformuliert.

Anforderungen	Definition mit eigenen Worten
1.	
2.	
3.	
4.	

Als Begriffe bieten sich beispielsweise *Gegenstandsbindung, Originalität, diskursiver Nutzen* und *Nachprüfbarkeit an*. Die Bearbeitung der Aufgaben geschieht in der Gruppe. Bevor die Studierenden die Anforderungen in eigenen Worten wiedergeben, sollten die Begriffe im Plenum besprochen werden. Gerade bei der Arbeit mit DaZ-Studierenden sollte man für die Definition Formulierungshilfen zur Verfügung stellen (z. B. *unter x versteht man ...; x wird aufgefasst als ...; x bezeichnet man als ...;* usw.) und wiederholt darauf hinweisen, dass ganze Sätze formuliert werden müssen. Während der Arbeit empfiehlt es sich, bei den Gruppen nachzufragen, ob alle Vokabeln klar sind. Die anschließenden Aufgaben bewegen sich nun Schritt für Schritt weiter weg vom Text.

4. Erfüllt Ecos Text über Wissenschaftlichkeit selbst die beschriebenen Anforderungen? **Gruppenarbeit**		
Anforderung	**erfüllt/nicht erfüllt**	**Begründung (in ganzen Sätzen)**
Gegenstandsbezug		
Originalität		
...		
...		

Bei dieser Übung spielen wieder Inhalt und sprachliche Form eine Rolle, und es bleibt der Lehrkraft selbst überlassen, inwieweit man die Diskussion vertieft.

Hier ein paar Anhaltspunkte für die Diskussion:

Grundsätzlich ist nur die erste Anforderung erfüllt. Da die Nachprüfbarkeit durch Bezüge auf den Diskurs nicht gegeben ist (keine Zitate, keine Verweise), lässt sich auch nicht feststellen, ob das, was gesagt wird, in Bezug auf den Diskurs neu und damit „innovativ" und von Nutzen für den wissenschaftlichen Diskurs ist. Nach dieser kleinschrittigen Übung – es müssen nur Sätze und kein Text formuliert werden – ist bei der folgenden Übung ein kleiner Text zu schreiben.

5. Erfüllt der Hundehütten-Text die von Eco aufgestellten Anforderungen? Argumentieren Sie Ihre Antwort und schreiben Sie einen zusammenhängenden, kurzen Text!

Im Wesentlichen sollen die Studierenden Teile der oben skizzierten Argumentation übernehmen. Häufig findet auch der Umstand Erwähnung, dass es sich bei dem Text um eine Anleitung handelt. Dabei ist u.a. folgender Text entstanden:

Das von Eco formulierte Kriterium des Gegenstandsbezuges wird im Hundehütten-Text durchaus erfüllt. Auch wenn der Text Details und Beschreibungen enthält (z.B. Abstammung des Haushundes), die das Hauptthema eher nur umreißen, so bleibt der Hundehütten-Bau doch im Zentrum des Textes als Hauptgegenstand. Von Originalität lässt sich in dem Text nichts entdecken. Es handelt sich um eine populärwissenschaftliche Darstellung, die nichts Neues aussagt und auch nichts aus einem neuen Blickwinkel betrachtet. Es sind keine Angaben, die der Nachvollziehbarkeit dienen würden, im Text enthalten. Der unbekannte Autor verrät weder seine Quellen, noch lässt er im Text einen Bezug zu einem anderen Autor zu. Die Anforderung der Nützlichkeit wird ebenfalls nicht erfüllt, da keine neuen Entdeckungen im Text geschildert werden und auch der Hundehütten-Bau nicht unter neuen Gesichtspunkten betrachtet wird. Um dies sicher bezeugen zu können, wären Quellen oder weiterführende Literaturangaben von Nöten, auf die jedoch vollends verzichtet wird.

An diesem Beispiel zeigt sich deutlich, dass die Studierenden vorrangig auf das Bezug nehmen, was im Text gesagt wird, den Aspekt des sprachlichen Handelns aber von sich aus nicht eigenständig aufgreifen.

Bei der anschließenden Aufgabe sind die beiden bislang behandelten Texte hinsichtlich ihrer Wissenschaftlichkeit zu vergleichen.

6. Ist der Hundehütten- oder der Eco-Text wissenschaftlicher und warum?

So wurde die Aufgabe von einer Studentin mit Deutsch als Erstsprache gelöst:

Der Text von Eco ist eindeutig wissenschaftlicher, auch wenn beide Texte einen Gegenstandsbezug herstellen und bei ihnen eine formale Gliederung erkennbar ist, so lassen sich bei Eco noch weitere Argumente für die Wissenschaftlichkeit des Textes finden. Ecos Text ist im Gegensatz zum Hundehütten-Text deskriptiv. Er formuliert außerdem eine indirekte Fragestellung, auch wenn er die Methode zur Untersuchung des Themas offen lässt. Eine Kontextualisierung des Themas ist erkennbar. Er stellt die Kriterien für die Wissenschaftlichkeit von Arbeiten in einen größeren Rahmen, indem er zuerst von der allgemeinen Meinung über die Anforderungen ausgeht und schließlich zu seinen Argumenten hinführt. Die fehlenden Fußnoten und die nicht vorhandene Intertextualität sind normalerweise Zeichen für einen nicht-wissenschaftlichen Text, da es sich bei Eco jedoch um ein Universalgenie handelt, wäre es durchaus denkbar, dass er nichts belegen oder zitieren muss, da sein Allgemeinwissen alle behandelten Bereiche abdeckt. Aufgrund der mangelnden Quellenangaben lässt sich auch das wichtige Kriterium der Originalität seiner Aussagen nicht überprüfen. Dem Hundehütten-Text mangelt es jedoch vollends an Originalität. Es wird auch keine Frage formuliert oder eine Kontextualisierung vorgenommen, wie es bei Eco der Fall ist. Ecos Text könnte noch eher als wissenschaftlicher Text angesehen werden, auch wenn er nicht alle Kriterien, wie sie unter anderem auch von ihm selbst beschrieben wurden, aufweist. Der Hundehütten-Text kann keinesfalls als wissenschaftlicher Text betrachtet werden.

Hier zeigt sich bereits die Tendenz, den Text hinsichtlich seiner Texthaftigkeit und seiner Sprachhandlungsdimension zu betrachten. Der Eco-Text wird als „deskriptiv" beschrieben, auch wenn die vier Anforderungen durchaus ebenso präskriptiv zu verstehen sind wie die Bauanleitung der Hundehütte. Ebenso wird bei beiden Texten zu Beginn kontextualisiert, und es lässt sich eine Fragestellung ausmachen. So werden die

Studierenden einerseits dazu angehalten, auf die Text- und Texthandlungsdimension zu achten, und anderseits sollte sich zeigen, dass es keine Texte gibt, die mehr oder weniger wissenschaftliche Texte sind, sondern wissenschaftliche Texte sind immer wissenschaftliche Texte.

Damit ist die Phase der Kontextualisierung im Modul abgeschlossen, und es folgt die Konfrontation mit einem „echten" wissenschaftlichen Text. Der Text wird ohne eine Didaktisierung präsentiert. Die Studierenden sollen ihn still für sich lesen und in einem ersten Schritt in einer Mindmap veranschaulichen und schematisieren. Man kann ein Glossar beigeben, um den Text inhaltlich zu entlasten, vorrangig ist aber die Beschäftigung mit dem, was zwischen den Inhaltswörtern steht, also mit dem, was Ehlich (1999)„alltägliche Wissenschaftssprache" nennt.

Text III

Gegenstandsbindung

Ein in der Fachsprachenforschung häufig ins Feld geführtes Kriterium zur Bestimmung von Fachsprachlichkeit ist die Gegenstandsbindung (vgl. Gardt 1998: 32). Dieses Konzept betrifft den außersprachlichen Referenzbereich der Fachsprachen. Der Bezug zur Darstellungsfunktion liegt auf der Hand: Fachsprachen, nimmt man an, benennen „Gegenstände".

Fachsprachlichkeit wird auf diese Weise an Sachlichkeit geknüpft. Man sieht in der Fachsprache die „sachlichste, ontologisch zuverlässigste aller Varietäten" (ebd.). Ihr Zweck sei „die Bereitstellung eines Zeichenvorrates zur Verständigung über bestimmte Gegenstands- und Sachbereiche" (Fluck 1996: 12f.) Als in ausgeprägter Weise gegenstandsgebunden wird auch die Wissenschaftssprache angesehen. Für Schwanzer (1981: 215) zählt die Sachbezogenheit zu den „substantiellen Universalien" der Wissenschaftssprache. Laut Möhn/Pelka (1984: 6) gehört die „objektzentrierte Fixierung eines Gegenstandes oder Sachverhalts oder Ereignisses" zu den zentralen Kennzeichen wissenschaftlicher Texte. [...]

Als ein wesentlicher empirischer Beleg für die Gegenstandsbindung wissenschaftlicher Texte gilt gemeinhin die Vorherrschaft von nominalen Strukturen (vgl. Kretzenbacher 1999: 121f.). Das fach-/wissenschaftssprachliche Nomen wird als besonders gegenstandsgebunden aufgefasst, weil man meint, dass es „als Bezeichnendes in einer mehr oder weniger direkten Relation zum Abbild einer Erscheinung der objektiven Realität im Bewusstsein oder zu einem durch gedankliche Arbeit geschaffenen Begriff [steht]" (Hoffmann 1985: 124) Obwohl Fachwörter für die Beschäftigung mit der Wissenschaftssprache von zentraler Bedeutung sind, ist nicht von der Hand zu weisen, dass die hohe Aufmerksamkeit für diesen Bereich zu einer „lexikalisch-semantische[n] Verengung" (Kalverkämpfer 1998: 48) geführt hat.

In dieser Perspektive kommt ein wesentlicher Teil des sprachlichen Materials der Fachkommunikation nicht in den Blick. Das liegt daran, dass die Funktion der betreffenden sprachlichen Mittel nicht i. S. einer "Gegenstandsabbildung" verstanden werden kann. Dies zeigt sich schon im Bereich der fachsprachlichen Lexik selbst. Schlieben-Lange/Kreuzer (1993: 7, m.H.) weisen darauf hin, „daß gerade die modernen Wissenschaftssprachen zu einem großen Teil *verfahrensorientiert* sind, also fast mehr sprachliche Ausdrücke für das Verfahren zur Gewinnung, Überprüfung und Sicherung von Wissen schaffen als Gegenstände, über die Wissen gewonnen werden soll".

Man denke hier z. B. an Nomen-Verb-Kollokationen wie:

einer Frage nachgehen

ein Beispiel anführen

einen Ansatz vorstellen

einen Aspekt vertiefen

eine Theorie entwickeln

Solche Ausdrücke sind ebenfalls typisch für Wissenschaftstexte, haben aber keine darstellende Funktion i. S. einer Gegenstands- oder Begriffsabbildung. Sie sind vielmehr der Spezifik des wissenschaftlichen Handelns geschuldet.

Steinhoff, Torsten (2007). Wissenschaftliche Textkompetenz. Sprachgebrauch und Schreibentwicklung in wissenschaftlichen Texten von Studenten und Experten. Tübingen: Niemeyer (= Reihe Germanistische Linguistik, 280.)

außersprachlicher Referenzbereich	die Wirklichkeit, auf die man sich im Text bezieht
ontologisch zuverlässigste Varietät	eine bestimmte Ausprägung der deutschen Sprache, die am besten dazu geeignet ist, die komplexe Wirklichkeit zu erfassen und verständlich zu machen
substanzielle Universalien	Gegenstandsbindung als wesentliches Merkmal des wissenschaftlichen Textes, das so grundlegend ist, dass alle Forscher übereinstimmen
objektzentrierte Fixierung	wissenschaftliche Texte sind immer auf ein Objekt, einen Gegenstand (im Sinne Ecos) bezogen
direkte Relation	unmittelbare Verbindung
lexikalisch-semantische Verengung	die Fachsprachenforschung konzentriert sich zu sehr auf den Wortschatz und die Inhaltswörter und beachtet die anderen Elemente von Wissenschaftssprache nicht
Nomen-Verb-Kollokationen	Verbindungen, die aus einem Nomen und einem Verb bestehen
empirischer Beleg	nachvollziehbarer Nachweis
Spezifik	Besonderheit

An die Lektüre anschließend folgt eine Übung, die die Polyperspektivität wissenschaftlicher Texte erfahrbar machen soll. Zugleich wird der Text auch inhaltlich erschlossen.

1.   Beschreiben Sie, was im Text unter Gegenstandsbindung verstanden wird, indem Sie Sätze bilden, die mit „Gegenstandsbindung ist..." beginnen. Von wem stammen die Aussagen?

Z.B. *„Gegenstandsbindung ist ein in der Fachsprachenforschung häufig ins Feld geführtes Kriterium zur Bestimmung von Fachsprachlichkeit. "*
Gegenstandsbindung ist
Gegenstandsbindung ist
Gegenstandsbindung ist
Gegenstandsbindung ist
Gegenstandsbindung ist

So erkennen die Studierenden, dass es unterschiedliche Ansichten zum Thema gibt und dass diese unterschiedlichen Perspektiven auch als unterschiedliche Perspektiven im Text deutlich markiert sind. Folgende Lösungen der Aufgabe sind erwartbar:

Gegenstandsbindung ist die Verbindung von Sprache mit dem außersprachlichen Referenzbereich.
Gegenstandsbindung ist die Grundlage der Fachsprache als sachlichster, ontologisch zuverlässigster Varietät.
Gegenstandsbindung ist ein zentrales Kennzeichen wissenschaftlicher Texte.
Gegenstandsbindung ist die objektzentrierte Fixierung eines Gegenstandes oder Sachverhalts oder Ereignisses.
Gegenstandsbindung ist gemeinhin in der Vorherrschaft nominaler Strukturen zu finden.

Die nächste Aufgabe dient ebenso der inhaltlichen Erschließung des Textes.

2. Wie lässt sich Gegenstandsbindung im wissenschaftlichen Text nachweisen? Bereiten Sie eine kompakte mündliche Antwort vor.

Das Ziel der Übung besteht einerseits darin, inhaltlich die Ergebnisse der Forschung – wie Steinhoff sie in seiner Einleitung präsentiert – als solche zu thematisieren. Andererseits dient dieser Schritt als Vorbereitung auf die Auseinandersetzung mit Steinhoffs eigener Position.

Generell ist es für Studierende zu Beginn des Studiums sehr schwer zwischen dem zu unterscheiden, was der Autor *tut* und dem, was er *sagt*. Darum sollen die Studierenden bei der nächsten Aufgabe eine Schematisierung der Aussagen und der AutorInnen erstellen.[12]

3. Stellen Sie die Aussagen der verschiedenen im Text zitierten AutorInnen über die Gegenstandsbindung schematisch dar!

Anschließend werden die Aussagenebenen im Text thematisiert.

4. Ordnen Sie die Aussagen zum Thema „Gegenstandsbindung" im Text von Steinhoff den Rubriken der unteren Tabelle zu!

Aussagen von Steinhoff über die Forschung	Aussagen aus der Forschung über den Sachverhalt	Aussagen von Steinhoff über den Sachverhalt

Auf diese Art und Weise lässt sich gut veranschaulichen, dass wissenschaftliche Texte oftmals und notwendig Meta-Texte sind, die nicht wie andere Sachtexte funktionieren und die zusätzlich zur Bezugnahme auf den außersprachlichen Referenzbereich auch

---

12 Sie sollte deshalb zunächst auf die Förderung des impliziten prozeduralen Sprach- und Textwissens der SchülerInnen abzielen und unterrichtliche Verfahren dafür entwickeln, es ihnen explizit für die Gestaltung ihrer Texte verfügbar zu machen (vgl. Feilke 2014b, 17).

noch explizit und in spezifischer Weise intertextuelle Bezüge herstellen. Ausgangspunkt für die Konzeption dieser Übung waren die Überlegungen von Portmann-Tselikas zum textkonstituierenden Phänomen der „Stimme" bzw. der „Rollen" im wissenschaftlichen Text (vgl. Portmann-Tselikas 2012, 5). Anhand dieser Darstellung soll Studierenden deshalb auch die Möglichkeit gegeben werden, die „Machart" (Portmann-Tselikas 2012, 5) der zuerst besprochenen Texte zu hinterfragen. Zur weiteren Vertiefung dieses Aspekts dienen die folgenden Aufgaben.

Nach diesen Aufgaben zum Text „Gegenstandsbindung" beginnt nun die Bearbeitung der sprachlichen Komponenten eines wissenschaftlichen Textes.

5. Welche Wörter im Text zeigen an, dass der Autor bekannte Ideen paraphrasiert? Tragen Sie die Formulierungen in den Kasten ein.

> man sieht;

Die Studierenden sollen alle Ausdrücke, die Paraphrasen anzeigen, herauslösen und auf die im Text durch diese Phrasen angezeigten Handlungen aufmerksam machen. Bei Schröder (2003) werden *indem*-Relationen in Texten eruiert[13] und hier liegt auch das didaktische Potenzial.[14] Indem Studierende die Frage beantworten „Was tut der Autor, *indem* er diese Formulierung verwendet" betrachten sie nicht nur die sprachliche Oberfläche, vielmehr können sie damit auch die Texthandlung erfassen. Die Texthandlung bzw. die Textprozedur des Referierens wird dadurch von beiden Seiten betrachtet. Ab hier findet dann ein Vergleich mit den beiden ersten Texten hinsichtlich vorhandener bzw. nicht vorhandener Referierprozeduren statt.

Folgende Routineausdrücke finden sich im Text (und werden von den Studierenden in der Regel auch gefunden).

> ins Feld geführtes; nimmt man an; sei; wird angesehen; zählt zu; man meint; für… gehört zu; gilt als; weisen darauf hin;

Gerade bei der Arbeit mit DaZ-Studierenden ist es sinnvoll, das gewonnene Sprachmaterial aufzubereiten und weiterzuverwenden, um den Umgang damit zu routinisieren.

> Beispielsatz (a): „*Man sieht in der Fachsprache die „sachlichste, ontologisch zuverlässigste Varietät."*
>   a. __________ in der Biologie die wichtigste aller modernen Wissenschaften.
>   b. Man sieht in ________________ die/das________________________.
>   c. ____.
>   d. etwas in etwas sehen

---

13   Allerdings beschäftigt sich Schröder nur mit journalistischen Texten.
14   Vgl. Feilke 2014b.

> e. Im Mittelalter ____________ in der Theologie die ________________________________.
> f.

Beispielsatz (b): *„Als in ausgeprägter Weise gegenstandsgebunden wird auch die Wissenschafts-*
sprache angesehen."

> a. Welcher der folgenden Sätze entspricht inhaltlich dem Beispielsatz (b)?
>   i. Als in ausgeprägter Weise gegenstandsgebunden wird auch die Wissen-
>   schaftssprache besichtigt.
>   ii. Man hält die Wissenschaftssprache auch für sehr gegenstandsgebunden.
>   iii. Als in ausgeprägter Weise gegenstandgebunden wird auch die Wissen-
>   schaftssprache bestaunt.
>   iv. Als in ausgeprägter Weise gegenstandgebunden wird auch die Wissen-
>   schaftssprache gemustert.
> b. In welchem der folgenden Sätze hat das Wort „ansehen" die gleiche Bedeutung wie im
>   Beispielsatz (b)?
>   i. Ich hoffe, man hat mir mein Entsetzen nicht angesehen.
>   ii. Die Verwendung von Wissenschaftssprach genießt ein hohes Ansehen.
>   iii. Es geht darum, sich die Verwendung von Nomen in der Wissenschaft anzu-
>   sehen.
>   iv. Man kann es auch als eine Art Tauschgeschäft ansehen.
> c. Bilden Sie analoge Sätze zum Beispielsatz (b).

Mit der daran anschließenden Aufgabe 6 soll die Aufmerksamkeit wieder auf zwei
Aspekte gelenkt werden.

> 6. An welchen Phrasen erkennen Sie, dass Steinhoff mit der herkömmlichen Bestimmung von
>   Gegenstandsbindung im Text nicht zufrieden ist?

Dabei geht es wieder darum, die Ebenen im Text für die Studierenden greif- und erfahrbar zu machen. Folgende Wörter und Phrasen haben wertende Konnotationen:

gilt gemeinhin; sei; als besonders gegenstandsgebunden aufgefasst; man meint;

Die abwertenden Nuancen sind gerade für Lernende, deren Muttersprache nicht
Deutsch ist, meist schwer zu erfassen. Der adverbiale Zusatz „gemeinhin" zu „gelten"
zeigt aber ganz deutlich an, dass es abwertend ist; gelten heißt: nicht sein, etwas für
etwas halten, das es nicht ist, wie im Satz „Der Wal gilt gemeinhin als Fisch". Auch
„meinen" und „auffassen" sind in diese Richtung zu verstehen. Wenn man etwas als
etwas auffasst, dann könnte man es auch anders sehen, wenn man meint, etwas sei so
und so, dann vermutet man es nur. Es ist wichtig, mit den Studierenden diese Aspekte
durchzugehen und auch darauf hinzuweisen, dass es meist erst der konkrete Kontext
ist, der darüber entscheidet, ob die eine oder andere Phrase positiv, neutral oder negativ nunaciert ist.

Besondere Aufmerksamkeit bedarf in beiden Zielgruppen die Behandlung des Konjunktivs. In der Schule wird oft gelehrt, der Konjunktiv sei bei der indirekten Rede

oder prinzipiell bei jeder Wiedergabe von etwas, das von anderen gesagt wurde, zu verwenden. In der Praxis wissenschaftlicher Texte ist das jedoch nicht so. Die Verwendung des Konjunktivs – auch des Konjunktiv I – in wissenschaftlichen Texten drückt meistens die Distanz des/der Autors/Autorin zur jeweiligen Forschungsmeinung aus und wird daher auch wertend verstanden (vgl. Kühtz 2011).

Im nächsten Schritt werden alle Phrasen und Routinen zum Referieren, die im Text vorkommen, in neutrale und wertende eingeteilt.

7. Listen Sie die Wörter und Phrasen auf, die eine Auseinandersetzung mit Forschungsliteratur anzeigen und teilen Sie diese in folgende Kategorien ein:

Paraphrasierung neutral	Kommentierung wertend
man sieht; zählt zu; laut; weisen darauf hin; …	nimmt man an; sei; wird angesehen; gilt gemeinhin; man meint; …

Damit ist die Beschäftigung mit den kleinsten Teilen des Textes, jenen der „alltäglichen Wissenschaftssprache", weitestgehend abgeschlossen. Mit der nächsten Aufgabe wenden wir uns wieder größeren Textteilen zu, um zu veranschaulichen, wie ein wissenschaftlicher Text auf der Mesoebene[15] funktioniert.

8. Teilen Sie den Text nun in drei Abschnitte! Begründen Sie Ihre Gliederung! (Einzelarbeit) Vergleichen Sie Ihre Vorschläge untereinander!

Die Studierenden sollen sich noch einmal rezeptiv mit dem Text auseinandersetzen und versuchen, das System hinter der Anordnung zu erfassen. Nachdem sie den Text selbständig gegliedert haben, sollen sie sich mit den anderen Gruppenmitgliedern auf eine Einteilung einigen. Im Plenum werden dann die verschiedenen Resultate besprochen und man versucht, auf folgende Einteilung hinzuarbeiten:

1. Teil: Ein in der Fachsprachenforschung häufig ins Feld geführtes Kriterium zur Bestimmung... zu den zentralsten Kennzeichen wissenschaftlicher Texte.
   Kommentar: In diesem Teil wird die Forschungsliteratur zur „Gegenstandbindung wissenschaftlicher Texte" referiert und diskutiert.
2. Teil: Als ein wesentlicher empirischer Beleg... geführt hat.
   Kommentar: In diesem Teil wird die Forschungsliteratur zur Frage, wie sich Gegenstandsbindung im wissenschaftlichen Text niederschlägt, referiert und diskutiert. Zudem wird der dritte Teil vorbereitet, indem erwähnt wird, dass die Forschung durch den Fokus auf das Nomen verengt wurde.

---

15   Portmann-Tselikas (2012) versteht darunter die textkonstitutiven Elemente eines wissenschaftlichen Textes, auf der in überschaubaren, abgeschlossenen Teilen Texthandlungen vollzogen werden.

3. Teil: In dieser Perspektive kommt ein wesentlicher Teil des sprachlichen Materials…sind vielmehr der Spezifik des wissenschaftlichen Handelns geschuldet.
Kommentar: Hier wird die Forschungslücke thematisiert und mit einem Blick auf die Nomen-Verb-Kollokationen gefüllt.

Diese Aufgabe wurde in Anlehnung an das Konzept der Mesoebene mit Fokussierung auf über den Satz hinausgehende Sinn- und Funktionseinheiten konzipiert (vgl. Portmann-Tselikas 2011). Daran schließt eine re-produktive Aufgabe an:

9. Vervollständigen Sie folgende Satzanfänge, indem Sie pro Satz die Kernaussage jedes Teils formulieren und achten Sie darauf, dass ein zusammenhängender Kurztext entsteht.

   a). Ähnlich wie in der Fachsprachenforschung sah man ....

   b). Auf Grund dieser Schwerpunktsetzung ....

   c). Dass die Spezifik der Wissenschaftssprache ....

Dadurch, dass die Satzanfänge vorgegeben sind, müssen die Studierenden die Inhalte reformulieren. Lösungen könnten so aussehen:

   a.) Ähnlich wie in der Fachsprachenforschung sah man die Wissenschaftssprache als gegenstandsgebunden an.
   b.) Aufgrund dieser Schwerpunktsetzung kam es bei der Erforschung des fachsprachlichen Wortmaterials zu einer Verengung auf den lexikalisch-semantischen Bereich.
   c.) Dass die Spezifik der Wissenschaftssprache aber nicht nur in nominalen Strukturen, sondern auch in Nomen-Verb-Kollokationen liegt, darauf haben schon Schlieben-Lange/Kreuzer (1993, 7) hingewiesen.

Durch die nächste Aufgabenstellung wird die Aufmerksamkeit der Studierenden von dem, was der Autor *sagt*, weg- und auf das hingelenkt, was der Autor *tut*.

10. Was leisten die einzelnen Textteile? Versuchen Sie diese Funktionen zu benennen! (Auseinandersetzung mit Forschungsmeinungen, Kritik, neue Perspektive). Formulieren Sie vollständige Sätze!

Der erste Absatz des Textes enthält zunächst die Kontextualisierung. Das Forschungsfeld ist die Fachsprachenforschung und in der Fachsprachenforschung wird die sprachliche Bindung an den Gegenstand oft als Kriterium für Fachsprachlichkeit verwendet. Mit dieser Feststellung wird sowohl der Kontext für das Folgende eröffnet, als auch der Forschungsstand zusammengefasst und kritisiert.

Nachdem die Textproduktion, die den Teil abschließen soll, so kleinschrittig vorbereitet worden ist, sollte sie jetzt keine allzu große Schwierigkeit mehr darstellen. Die Aufgabe kann als Einzelarbeit (z.B. als Hausübung) gegeben werden.

11. Schreiben Sie eine Zusammenfassung des Steinhoff-Texts. Beachten Sie dabei unbedingt, dass *Sie* es sind, der Steinhoffs Positionen darstellt und berücksichtigen Sie die unterschiedlichen Ebenen der diskursorientierten Argumentation. Sie können folgende referierende Verben verwenden:

> aufzeigen, vorschlagen, hinzufügen, zeigen, behaupten, empfehlen, argumentieren, beobachten, beschreiben, sich durchsetzen, unterstützen, sagen, plädieren, zurückweisen, übereinstimmen

So wurde die Aufgabe von einer Studierenden mit Deutsch als Erstsprache gelöst:

> Steinhoff zeigt, dass sowohl in der Fachsprachenforschung, wie auch in der Wissenschaftssprachenforschung als Indiz für Wissenschaftlichkeit/Fachsprachlichkeit, die Gegenstandsbindung sehr lange besonders empfohlen wurde. Das sei der Grund für die lexikozentristische Herangehensweise der 80er-Jahre, fügt er hinzu.
> Er beobachtet, dass vor allem die Vorherrschaft von nominalen Strukturen als empirischer Beleg für Gegenstandsbildung gewertet würden. Diese Ansicht habe sich jedoch nicht in der gesamten Lehre durchgesetzt: Einer der Kritiker zeige auf, dass, obwohl er diese Ansicht teilweise unterstützte, sie zu einer lexikalisch-semantische Verengung geführt habe. Steinhoff weist mit diesem übereinstimmend, die oben beschriebene, ungenügende Herangehensweise ebenfalls zurück. Er behauptet, dass gewisse Aspekte damit ungenügend behandelt würden.
> Demzufolge schlägt er vor, einen weiteren Schwerpunkt auf den verfahrensorientierten Charakter der Fachsprachen zu legen. Dieser, so sagt er, könne vor allem an Nomen-Verb-Kollokationen erkannt werden, die wie er argumentiert, bei wissenschaftlichem Handeln zwangsläufig aufträten.
> Er plädiert also insgesamt für eine Erweiterung des Blickes, der bisher vor allem auf den nominalen Strukturen lag, auf verfahrensorientierte.

An dem Text sind mehrere Aspekte relevant: Zum einen zeigt sich, dass der durchaus komplexe Inhalt verstanden wurde. So erkennt die Autorin beispielsweise, dass nominale Strukturen kein Beleg für die Gegenstandsbindung wissenschaftlicher Texte sind, sondern von der Forschung als solche gewertet wurden und werden und dass Steinhoff diesen Umstand feststellt.

Die letzte Aufgabenstellung dieses Moduls ist ein schriftliches Fazit zu eben diesem Modul. Die Textsorte „Fazit" wird nicht an einem Vorbild erörtert, sondern nur durch eine komplexe Formulierung in der Aufgabenstellung eingeführt:

16. Schreiben Sie in der Gruppe ein **Fazit** zum Thema „Wissenschaftlichkeit und wissenschaftliche Textgestalt". Achten Sie dabei auf die Verwendung von referierenden Formulierungen. Wie bei einer Proseminararbeit muss Ihr Fazit folgende Elemente beinhalten:
     - Fragestellung
     - Methode
     - Quellen
     - Ergebnisse
     - Offene Fragen
     - Ausblick

So kann das bei Studierenden mit Deutsch als Erstsprache ausschauen:

17. Fazit zum Themenblock „Wissenschaftlichkeit"
In der Einheit zur Wissenschaftlichkeit wurde der Frage nach den Kriterien, die einen wissenschaftlichen Text ausmachen, nachgegangen. Dafür wurde zuerst eine allgemeine Definition von Wissenschaftlichkeit erarbeitet, um im Anschluss anhand dreier Textbeispiele und mit Hilfe von Übungen und Textvergleichen die Kriterien zu erschließen. Bei den Texten handelte es sich um eine anonym verfasste Anleitung zum Bau einer Hundehütte, „Wie man eine wissenschaftliche Arbeit schreibt." von Umberto Eco und den Text zur „Wissenschaftlichen Textkompetenz" von Torsten Steinhoff.
Anhand des Hundehüttentextes konnten keine Kriterien eines wissenschaftlichen Textes erschlossen werden, da sich dieser als nicht-wissenschaftlich erwies. Jedoch ermöglichte er einen Einstieg in die Thematik und ließ erkennen, wie ein wissenschaftlicher Text nicht auszusehen hat.
Laut Eco gehören der Gegenstandsbezug, die Originalität, die Nachvollziehbarkeit und die Nützlichkeit zu den vorrangigen Kriterien. Steinhoff weist darauf hin, dass die Gegenstandsbindung als Kriterium oftmals genannt wird. Er nennt die Sachlichkeit, wofür er sich auf unterschiedliche Quellen bezieht. Für ihn zählt das Vorherrschen nominaler Strukturen auch als Kriterium, jedoch führt er ins Feld, dass mit diesem verengten Blick das sprachliche Material nicht vollständig betrachtet werden kann.
Zu klären bleibt nun, ob noch andere Kriterien als der bisher festgestellten von Bedeutung sein können und, inwiefern sich Texte trotz des Fehlens eines Kriteriums oder sogar mehrerer trotzdem noch als „wissenschaftlich" klassifizieren lassen. Aus diesem Grund sollen noch andere wissenschaftliche Texte einer näheren Betrachtung unterzogen werde

Für Studierende aus dem ersten Semester ist der Text durchaus eine beachtliche Leistung. Zwar wirkt der Umgang mit den Prozedurenausdrücke noch nicht sehr routiniert, es lässt sich aber feststellen, dass die Studierende, von der dieser Text stammt, eine Meta-Position einnimmt und die Ideen anderer adäquat wiedergibt.

3   Fazit und Ausblick

In dem hier vorgestellten Modul haben wir anhand des klassischen didaktischen Drei-Schritte-Schemas (Rezeption-Reproduktion-Produktion) Aufgabenstellungen gestaltet, die zum einen den Studierenden mit Deutsch als Erst- und Zweitsprache den rezeptiven und produktiven Umgang mit wissenschaftlichen Texten kleinschrittig erleichtert und sie zum anderen mit den textsortenspezifischen Handlungsschemata solcher Texte vertraut macht. Durch den textuellen Vergleich wurden am Anfang die Unterschiede zwischen nicht-wissenschaftlichen und wissenschaftlichen Texten thematisiert, um sich allmählich mit der Wechselbeziehung zwischen sprachlicher Formulierung und dem Handlungsaspekt in wissenschaftlichen Texten auseinanderzusetzen.

Der Rahmen des Projekts „Steirische Initiative zum Erwerb wissenschaftlicher Textkompetenz von Studierenden" ließ es nicht zu, sich abschließend mit der Frage zu beschäftigen, inwieweit die Aufgabentypen des Moduls auch für didaktische Konzepte der Vermittlung wissenschaftlicher Textkompetenz in anderen Studienrichtungen als der Germanistik einsetzbar sind. Wir gehen jedenfalls davon aus, dass die Aufgabentypen dieses Moduls bei der Konzeption didaktischer Module für andere Studienrichtungen entsprechend adaptiert werden müssten.

Der nächste notwendige Schritt nach der Erstellung der didaktischen Materialien wäre die Evaluierung der tatsächlichen Wirksamkeit dieser Materialien, wobei hierbei der Evaluierung der Wirksamkeit der angewandten Materialien bei Studierenden mit DaZ besonderes Augenmerk zukommen sollte.

Diese Evaluierungen sind jedoch nur im Rahmen einer groß angelegten Interventionsstudie möglich. Die Ergebnisse aus einer solchen Studie würden interessante Perspektiven für die Hochschuldidaktik aufzeigen – nicht zuletzt deswegen, weil hier erstmalig eine Bestandsaufnahme wissenschaftlicher Textkompetenz von Studierenden mit DaZ vorliegen würde.

Literatur

Bachmann, T. & Becker-Mrotzek, M. (2010). Schreibaufgaben situieren und profilieren. In T. Pohl & T. Steinhoff (Hrsg.), *Textformen als Lernformen* (S. 191–211). Duisburg: Gilles & Francke.

Bushati, B. & Ebner, C. (2013). Bericht zum Projekt: Steirische Initiative zur Erforschung der Bachelorarbeit an der Karl-Franzens-Universität Graz. In H.-J. Krumm & P.R. Portmann-Tselikas (Hrsg.), *Theorie und Praxis. Österreichische Beiträge zu Deutsch als Fremdsprache 14/2010.* Innsbruck: Studienverlag.

Bushati, B., Ebner, C. & Schmölzer-Eibinger, S. (2012). *Antrag: Forschungs- und Entwicklungsprojekt: Wissenschaftliches Schreiben. Die textlinguistische und erwerbstheoretische Bedeutung von wissenschaftlichen Textprozeduren.* [Unveröffentlichtes Manuskript].

Bushati, B., Ebner, A. & Ebner, C. (2011). Propädeutisch – begleitende Konzepte zur Ontogenese wissenschaftlicher Textkompetenz fremd- und muttersprachlicher Studierender im Fachseminar. In E. Schwarz (Hrsg.), *Das Spiel der Sprachen. Working with Language: Impulse zu einer Sprachdidaktik im tertiären Bildungsbereich und zur Translationsdidaktik* (S. 107–129). Graz: Institut für Translationswissenschaft.

Eco, U. (1991). *Wie man eine wissenschaftliche Abschlussarbeit schreibt.* Heidelberg: Müller.

Ehlich, K. (1999). Alltägliche Wissenschaftssprache. In H. Barkowski & A. Wolf (Hrsg.), *Alternative Vermittlungsformen und Lernformen auf dem Prüfstand* (S. 1–30). Regensburg: Fachverband Daf.

Fandrych, C. (2005). *Academic Language Competence in German. Towards an integrated, bilingual approach.* Vortrag gehalten am 14. September 2005 in Aston im Rahmen der Veranstaltung: Teaching German Language at British Universities – Experiences, Prospects and Challenges.

Feilke, H. (2003). Textroutinen, Textsemantik und sprachliches Wissen. In A. Linke, H. Ortner & P.R. Portmann-Tselikas (Hrsg.), *Sprache und mehr. Ansichten einer Linguistik der sprachlichen Praxis* (= Reihe Germanistische Linguistik, 245, S. 209–229). Tübingen: Niemeyer.

Feilke, H. (2010). Aller guten Dinge sind drei! Überlegungen zu Textroutinen und literalen Prozeduren. In I. Bons, T. Gloning & D. Kaltwasser (Hrsg.), *Fest-Platte für Gerd Fritz* (S. 1–23). Gießen. Verfügbar unter: http://www.festschrift-gerd-fritz.de/index.php?main=articles&article_id=10.

Feilke, H. (2011). *Literalität und literale Kompetenz: Kultur, Handlung, Struktur.* Verfügbar unter: http://www.leseforum.ch/fokusartikel2_2011_1.cfm.

Feilke, H. (2012). Was sind Textroutinen? Zur Theorie und Methodik eines Forschungsfeldes. In H. Feilke & K. Lehnen (Hrsg.), *Schreib- und Textroutinen* (S. 1–34). Frankfurt am Main [u.a.]: Peter Lang.

Feilke, H. (2014a). Begriff und Bedingungen literaler Kompetenz In H. Feilke & T. Pohl (Hrsg.), *Schriftlicher Sprachgebrauch. Texte verfassen* (S. 33–53). Baltmannsweiler: Schneider-Verlag Hohengehren.

Feilke, H. (2014b). Argumente für eine Didaktik der Textprozeduren. In T. Bachmann & H. Feilke (Hrsg.), *Werkzeuge des Schreibens. Beiträge zu einer Didaktik der Textprozeduren* (S. 11–34). Stuttgart: Klett.

Feilke, H. & Lehnen, K. (2011). Wissenschaftliches Referieren – Positionen wiedergeben und kontrastieren. *Der Deutschunterricht, 63*(5), 34–45.

Feilke, H. & Lehnen, K. (Hrsg.) (2012). *Schreib- und Textroutinen.* Frankfurt am Main [u. a.]: Peter Lang.

Feilke, H. & Steinhoff, T. (2003). Zur Modellierung der Entwicklung wissenschaftlicher Schreibfähigkeiten. In K. Ehlich & A. Steets (Hrsg.), *Wissenschaftlich Schreiben. Lehren und Lernen* (S. 112–128). Berlin [u.a.]: de Gruyter.

Fritz, G. (2013). *Dynamische Texttheorie.* Gießener Elektronische Bibliothek. Verfügbar unter: http://geb.uni-giessen.de/geb/volltexte/2013/9243/.

Hallet, W. (2013). Generisches Lernen im Fachunterricht. In M. Becker-Mrotzek, K. Schramm, E. Thürmann & H.J. Vollmer (Hrsg.), *Sprache im Fach. Sprachlichkeit und fachliches Lernen* (S. 59–75). Münster: Waxmann.

Hammond, J. (1987). An overview of the generic approach to the teaching of writing in Australia. *Australian Review of Apllied Linguistics, 10,* 163–181.

Jakobs, E.-M. (1997). Lesen und Textproduzieren. Source reading als typisches Merkmal wissenschaftlicher Textproduktion. In E.-M. Jakobs & D. Knorr (Hrsg.), *Schreiben in den Wissenschaften* (S. 75–90). Frankfurt am Main, Wien [u.a.]: Peter Lang.

Keseling, G. (1988). Textmuster und Klangstrukturen als Grundlage von Bewertungen beim Schreiben. In W. Brandt (Hrsg.), *Sprache in Vergangenheit und Gegenwart* (Beiträge aus dem Institut für Germanistische Sprachwissenschaft der Phillips-Universität Marburg, S. 219–236). Marburg: Hitzeroth.

Kirkpatrick, L.C. & Klein, P.D. (2009). Planning text structure as a way to improve student's writing from sources in the compare-contrast genre. *Learning and Instruction, 19,* 309–321.

Kühtz, S. (2011). *Wissenschaftlich Formulieren. Tipps und Textbausteine für Studium und Schule.* Paderborn: Schöningh.

Lehnen, K. (2012). Erwerb wissenschaftlicher Textroutinen. In H. Feilke & K. Lehnen (Hrsg.), *Schreib- und Textroutinen* (S. 33–60). Frankfurt am Main [u.a.]: Peter Lang.

Pohl, T. (2007a). *Studien zur Ontogenese wissenschaftlichen Schreibens.* Tübingen: Niemeyer (= Reihe Germanistische Linguistik, 271).

Pohl, T. (2007b). Wissenschaftliches Einleiten – systematisch und ontogenetisch. In U. Doleschal & H. Gruber (Hrsg.), *Wissenschaftliches Schreiben abseits des englischen*

Mainstreams/Academic Writing in Languages Other than English (S. 217–251). Frankfurt am Main [u.a.]: Peter Lang.

Pohl, T. (2009c). *Die studentische Hausarbeit. Rekonstruktion ihrer Ideen und institutionsgeschichtlichen Entstehung.* Heidelberg: Synchron.

Portmann-Tselikas, P.R. (2011). Mesoebene – die Basisstruktur wissenschaftlicher Texte. Mit einem Ausblick auf die Didaktik. In D. Knorr & A. Nardi (Hrsg.), *Fremdsprachliche Textkompetenz entwickeln* (Deutsche Sprachwissenschaft international 13, S. 25–54). Frankfurt am Main: Peter Lang.

Portmann-Tselikas, P.R. (2012). *Die prototypische wissenschaftliche Textgestalt und der Weg zu ihr. Eine Analyse mesostruktureller Elemente in geisteswissenschaftlichen Texten von Experten und Studierenden* [Unveröffentlichtes Manuskript].

Portmann-Tselikas, P.R. & Schmölzer-Eibinger, S. (2008). Textkompetenz. *Fremdsprache Deutsch. Zeitschrift für die Praxis des Deutschunterrichts. Textkompetenz, 39,* 5–16.

Pudimat, R. (2009). *Anleitung zum Bau einer Hundehütte.* Verfügbar unter: http://www.rolandpudimat.de/projekte/hundehuette/hundehuettebauanleitung.pdf [05.05.2014].

Schmölzer-Eibinger, S. (2008/2011). *Lernen in der Zweitsprache. Grundlagen und Verfahren der Förderung von Textkompetenz in mehrsprachigen Klassen* (2. Aufl.). Tübingen: Narr.

Schmölzer-Eibinger, S. (2008). Ein 3-Phasen-Modell zur Förderung von Textkompetenz. *Fremdsprache Deutsch. Zeitschrift für die Praxis des Deutschunterrichts. Textkompetenz, 39,* 28–33.

Schröder, T. (2003). *Handlungsstruktur von Texten. Ein integrativer Beitrag zur Texttheorie.* Tübingen: Narr.

Steinhoff, T. (2003). Wie entwickelt sich die wissenschaftliche Textkompetenz? *Der Deutschunterricht, 55*(3), 38–47.

Steinhoff, T. (2007). *Wissenschaftliche Textkompetenz. Sprachgebrauch und Schreibentwicklung in wissenschaftlichen Texten von Studenten und Experten.* Tübingen: Niemeyer (= Reihe Germanistische Linguistik, 280).

Steinseifer, M. (2014). Vom Referieren zum Argumentieren – Die didaktische Modellierung von Textprozeduren der Redewiedergabe und Reformulierung. In T. Bachmann & H. Feilke (Hrsg.), *Werkzeuge des Schreibens. Beiträge zu einer Didaktik der Textprozeduren* (S. 199–223). Stuttgart: Klett.

Swales, J.M. (1990). *Genre Analysis: English in Academic and Research Setting.* Cambridge: Cambridge University Press.

Swales, J.M. (2004). *Research Genres. Exploration an Applications.* New York [u.a.]: Cambridge University Press.

Lisa Schüler/Katrin Lehnen/Vera Ermakova

Überlegungen zur Entwicklung diskursiver Schreibaufgaben für Auszubildende am Beispiel des Zeitungsprojekts „news to use"

1   Schreiben zu Texten

Schreiben erlaubt die Hervorbringung und Weiterentwicklung von Wissen. Es entfaltet seine epistemisch-heuristische Funktion dort, wo SchreiberInnen gelernt haben, den Rückgriff auf fremde Texte zur Aneignung und Reflexion von Sachverhalten, Wissen, Positionen und Meinungen in der eigenen Textproduktion zu nutzen. Dies setzt Handlungskontexte voraus, die, so die weiteren Überlegungen dieses Beitrags, das Schreiben als Teil von Diskursen bzw. als Teilhabe an Diskursen begreifbar machen und das Schreiben als ein „Schreiben zu Texten" arrangieren. Die Bedeutung eines auf Texte ausgerichteten, intertextuellen und diskursiven Schreibens ist in den letzten Jahren im schulischen Kontext gestiegen. Sie lässt sich schon für die Sekundarstufe I festmachen. Exemplarisch sei hier das Kerncurriculum Deutsch des Landes Hessen in Deutschland genannt. Dort wird im Inhaltsfeld ‚Schreibformen' für den ‚Kompetenzbereich Schreiben' festgehalten:

> Eine besondere Bedeutung kommt dem Scheiben als Prozess des Lernens zu, da durch das schriftliche Formulieren erkenntnis- und wissensentwickelnde Prozesse initiiert und gefördert werden. Dies zeigt sich vor allem bei der Produktion eines eigenen Textes *auf der Grundlage von Leseergebnissen und Kenntnissen über Sachverhalte* [Hervorhebung durch die AutorInnen]. Dort kann die schreibende Aufarbeitung bzw. Auseinandersetzung zu einer höheren Verarbeitungstiefe des Gelesenen führen. (Bildungsstandards und Inhaltsfelder. Das neue Kerncurriculum für Hessen, Sekundarstufe I – Gymnasium, Deutsch: Bildungsstandards und Inhaltsfelder, Kompetenzbereich Schreiben, S. 23)

Für das Schreiben in der Sekundarstufe I werden vier Aspekte in einen Zusammenhang gestellt: Schreiben wird als „Prozess des Lernens", schriftliches Formulieren als Motor für „erkenntnis- und wissensentwickelnde Prozesse", Textproduktion wird „auf der Grundlage von Leseergebnissen und Kenntnissen über Sachverhalte" und die schriftliche Verarbeitung von Gelesenem mit Blick auf eine „höhere Verarbeitungstiefe" konzeptualisiert. Damit sind anspruchsvolle Funktionen benannt, die in Richtung eines diskursiven Schreibens weisen – und in der schulischen Tradition bisher nur bedingt angebahnt werden. In der Schule wird zwar früh auf der Grundlage fremder Texte geschrieben, meist bleibt die Produktion aber auf einen singulären Text beschränkt, wie etwa bei der Nacherzählung, Inhaltsangabe oder Erörterung als typisch schulische Gattungen des Schreibens zu Texten (Knapp 2014, 401): Das Schreiben zielt hier vornehmlich auf die Aneignung des Textmusters. In dieser Perspektive wird das Schreiben zu Texten zu einem „Lerngegenstand" (ebd.), bei dem die SchülerInnen lernen sollen, „wie man solche Texte schreibt und welche Merkmale diese Textsorten aufweisen" (Knapp 2014, 401). Karg (2007) formuliert in ihrer Kritik an der schulischen Gattung der Inhaltsangabe, dass der diskursive Charakter textproduktiven Handelns bei dieser Art textbezogenen Schreibens aus dem Blick gerät:

> Verstehensleistungen müssen sich sprachlich zeigen. Für die Schulaufsatzgattung Inhaltsangabe bedeutet dies, dass ein neuer *Text* [Hervorhebungen der AutorInnen] entstehen muss. An wen sich dieser Text nun richten soll und wie er folglich zu formulieren ist, dafür werden keine Hinweise gegeben. Es fehlt demnach auch hier die diskursive Einbindung, die eine Äußerung erst zu einem Text werden lassen kann. (ebd., 112)

In der Oberstufe hat das wissenverarbeitende intertextuelle Schreiben zuletzt eine stärkere Profilierung erfahren. Dafür stehen die Fach- bzw. Seminararbeit (in Österreich die sog. „vorwissenschaftliche Arbeit") und die 2012 neu eingeführten Bildungsstandards für die allgemeine Hochschulreife mit der Aufgabenart des sog. *materialgestützten Schreibens*. Letzteres sieht vor, dass SchülerInnen auf der Grundlage mehrerer unterschiedlicher Bezugsmaterialien zu einem Thema (Texte, Tabellen, Grafiken etc.) zu einer eigenen Sichtung und Auswahl von schreibrelevanten Inhalten gelangen, die mit Blick auf die Aufgabenstellung zu einer eigenen Strukturbildung beim Schreiben führen. Auch hier ist zentral, dass das Sach- und Fachwissen für das eigene Schreiben im Wesentlichen aus fremden Quellen bezogen wird, und dass das Schreiben im Sinne einer *Lese-Schreib-Kompetenz* modelliert wird. Wesentlich ist auch, dass das Schreiben auf der Grundlage fremder Texte nicht auf eine (Text-)Quelle bezogen wird, sondern verschiedene Bezugsmaterialien einbezieht, in denen je eigene Gesichtspunkte, Positionen und auch widersprüchliche Aussagen und Meinungen zum Ausdruck kommen, die im eigenen Schreiben argumentativ abgewogen werden müssen. Diese Bezugsmaterialien können unterschiedliche Darstellungsmodalitäten und mediale Realisierungen aufweisen. Die Orientierung an komplexen, auf die Verarbeitung heterogener Quellen bezogenen Lese-Schreib-Anforderungen stellt eine besondere Herausforderung für das schulische Lernen dar, wo Schreibaufgaben und didaktische Gattungen traditionell häufig an die Rezeption nur eines Bezugstextes gebunden sind, wie weiter oben ausgeführt. In diesem Sinne formuliert Karg (2007) mit Blick auf argumentative Aufgaben, dass vor dem „aktiven Einsatz der Argumentation [...] die Rezeption eines vorausgehenden Diskurses" stehen müsse, „in den Schreiber/Sprecher und Leser/Hörer eingebunden werden" (ebd., 146). Und sie führt aus:

> Konkret auf die Schule bezogen, kann dies nur bedeuten, dass Unterricht den Schülerinnen und Schülern zunächst ein Textangebot unterbreiten muss, in dem ein Themengebiet argumentativ verhandelt wird. Daraus wird ein Meinungsspektrum extrahiert und den einzelnen Positionen die dort verwendeten Argumente, ihre Topik, und eventuell auch Begründungsstrategien aus dem rezipierten Textmaterial zugeordnet. (ebd., 146)

Neben dem Ausbau kognitiver und sprachlicher Fähigkeiten ist das Schreiben auf soziale Teilhabe gerichtet. Unter diskursiven Schreibfähigkeiten im engeren Sinne lassen sich dabei mit Steinhoff (2013, 113) „elaborierte Lese- und Schreibfähigkeiten zur eigenverantwortlichen und kritischen Teilhabe an öffentlichen Diskursen" verstehen. Für die Bestimmung „öffentlicher Diskurse" wird im Anschluss an die Ausführungen Steinhoffs das bei ihm zugrunde gelegte Diskurskonzept von Adamzik (2001) maßgeblich: Ein Diskurs ist demnach „eine prinzipiell offene Menge von thematisch zusammenhängenden und aufeinander bezogenen Äußerungen" (Adamzik 2001, 254; zit. nach Steinhoff 2012, 117). Dabei handelt es sich, nach Adamzik nicht „um objektiv gegebene und (streng) gegeneinander abgegrenzte Komplexe, sondern um Zusammenhänge, die eine Kommunikationsgemeinschaft im gesellschaftlich-historischen Prozess als geistige Ordnungsgrößen konstituiert, vor deren Hintergrund einzelne Äußerungen und Texte produziert und rezipiert werden (...)" (ebd.). Wesentlich für die Vorstellung eines solchen thematischen Äußerungszusammenhangs ist in diesem Beitrag die schriftliche Konstituiertheit dieser Äußerungszusammenhänge in Form öffentlich verfügbarer Texte.

Folgt man der Idee, dass das Schreiben mit und zu Texten eine literale Praxis darstellt, die Teilhabe an Diskursen eröffnet und, wie Karg es nennt, *Diskursfähigkeit* (so der Titel des Buchs) bzw. „Diskursbeteiligung als didaktisches Konzept" (203) in den Mittelpunkt eines Lernens durch Schreiben rückt, dann lässt sich fragen, wie Formen diskursiver, wissensverarbeitender Textproduktion auch in anderen Lernkontexten verfügbar gemacht werden können, die auf den ersten Blick nicht unmittelbar auf den Erwerb ausgebauter literaler Praktiken ausgerichtet sind, wo diese aber vor allem im Sinne der Partizipation an gesellschaftlichen Diskursen hochrelevant bleiben. Die folgenden Ausführungen greifen diese Überlegungen für einen spezifischen Kontext und eine spezifische, stark heterogene Zielgruppe auf: den Kontext der beruflichen Ausbildung und die Gruppe der Auszubildenden.

Der Gruppe der Auszubildenden wird häufig nachgesagt, dass sie unzureichende Qualifikationen mitbringe und vor allem immer schlechtere Sprachfähigkeiten vorweise (Klein/Schöpper-Grabe 2013, 4ff). Dabei wird übersehen, dass parallel zu den vermeintlich schlechter werdenden Kompetenzen die Bedeutung von Sprache und Kommunikation in der beruflichen Ausbildung insgesamt gestiegen ist und "berufliche Handlungskompetenz [...] immer mehr durch die sprachliche Handlungskompetenz bestimmt [wird]" (Grundmann 2007, 10). Den schriftsprachlichen Kompetenzen wird dabei eine besondere und grundlegende Bedeutung zugesprochen, da sie als Voraussetzung des Ausbaus weiterer berufsbezogener Kompetenzen gelten (Klein/Schöpper-Grabe 2013, 6; Kusch 2006, 15). Während die Vermittlung und Förderung von Lesekompetenzen speziell für Auszubildende in der didaktischen Diskussion breitere Beachtung gefunden hat, die sich in entsprechenden Tests und Fördermaterialien niederschlägt (vgl. Becker-Mrotzek/Kusch/Wehnert 2006; Drommler/Linnemann/Becker-Mrotzek et al. 2006; Efing 2008), besteht im Hinblick auf die Vermittlung und Förderung von Schreibkompetenzen speziell für diese Gruppe Forschungs- und Entwicklungsbedarf (vgl. Klein/Schöpper-Grabe 2010). Dieser Bedarf richtet sich v.a. auch auf die Konzeption geeigneter Aufgabenformate und Schreibarrangements. Hier setzt der folgende Beitrag an. Er stützt sich auf Beobachtungen und Befunde eines größer angelegten Zeitungsprojekts, in dem 570 Auszubildende hessischer Unternehmen über ein Jahr hinweg jeden Tag eine Tageszeitung zur Lektüre erhalten und lesebegleitend verschiedene Schreibaufgaben auf der Grundlage der Lektüre ausgewählter Zeitungsartikel bearbeitet haben. Im Fokus der wissenschaftlichen Begleitung dieses Projekts stand die Förderung allgemeinerer, diskursiv orientierter Schreibkompetenzen. Dafür wurden verschiedene Schreibaufgaben entwickelt, die darauf setzen, die Auseinandersetzung mit tagesaktuellen Nachrichten durch das Schreiben zu entsprechenden Zeitungstexten anzuregen und auf diese Weise das Schreiben als Lernmedium zu stützen. Mit Blick auf das fachliche Lernen und Schreiben ging es in dem Projekt weniger um die Aneignung spezifischer fachlicher Inhalte durch das Schreiben, sondern um eher allgemeine, übergeordnete Schreibkompetenzen, die sich darauf richten, zu einem „besseren Verständnis des Textes, zu dem geschrieben wird" hinzuführen (Knapp 2014, 403) und „eine spezifische Form der Verarbeitung von Textinformationen" anzuregen (Grzesik (1990, 327; zitiert nach Knapp 2014, 403). Die Ausrichtung auf eher übergeordnete gegenüber fachspezifischen, auf den Ausbildungsberuf bezogenen Schreibkompetenzen war u.a. der Tatsache geschuldet, dass an dem Projekt mehr oder weniger alle, und in diesem Sinne eben sehr heterogene – von kaufmännischen, technischen bis hin zu handwerklichen – Ausbildungsberufe beteiligt waren und die teilnehmenden Auszubildenden entsprechend unterschiedliche schulische Voraussetzungen mitbrachten (mittlerer Abschluss, Abitur).

Der Beitrag fragt nach Möglichkeiten der Gestaltung von Schreibarrangements und der Förderung entsprechender Schreibkompetenzen für diese heterogene Zielgruppe. Im Mittelpunkt stehen konzeptionelle Überlegungen. Dazu wird zunächst der Rahmen des Projekts und der Gegenstand des Schreibens – Schreiben zu Zeitungstexten – näher skizziert (Kap. 2), bevor die in dem Projekt entwickelten Aufgabenformate näher betrachtet werden (Kap. 3). Im Sinne einer ersten Bestandsaufnahme werden Beobachtungen und Befunde aus dem Projekt exemplarisch erläutert und zusammengefasst (Kap. 4).

2 Förderung diskursiver Sprachkompetenzen von Auszubildenden. Das Projekt *news to use – Zeitung und Ausbildung in Hessen*

Das Projekt *news to use – Zeitung und Ausbildung in Hessen* steht in einer Reihe vergleichbarer didaktisch ausgerichteter, teils fortlaufender Zeitungsprojekte, die in verschiedenen Bundesländern durchgeführt (für einen Überblick vgl. Steinseifer 2011; Pfeiffer 2012) und die häufig von Zeitungsverbänden mit dem Ziel initiiert werden, Gruppen jüngerer LeserInnen an die Zeitung heranzuführen. Sowohl die schulischen wie auch die außerschulischen Initiativen folgen jeweils in ihrer Konzeption einer ähnlichen Struktur. In den außerschulischen Projekten bekommen die TeilnehmerInnen für gewöhnlich eine Zeitung zum Lesen zur Verfügung gestellt und bearbeiten parallel zur Lektüre verschiedene Aufgaben, häufig Wissensaufgaben im Quizformat. Ziel dieser Projekte ist es demnach vorrangig, das Allgemeinwissen der Auszubildenden zu verbessern. Erfolge der Wissensvermittlung werden dabei meist über ein Pre-Posttest-Design erfasst. Obwohl in Berichten von Auswertungen solcher Initiativen allgemein von deren Erfolgen berichtet wird, sehen sich Projekte dieser Art einer grundlegenden Kritik gegenüber, mit der sich auch das Projekt *news to use* zunächst konfrontiert sah:

> Es heißt, Eulen nach Athen zu tragen, wenn die Forschung positive Effekte des Zeitunglesens für das Lernen berichtet. [...] Solche Ergebnisse sind wenig überraschend; sie sagen nicht mehr, aber auch nicht weniger als dass, wer Zeitungen liest, davon im Regelfall profitieren kann. Unter welchen speziellen Bedingungen dies möglich ist und was genau sich dabei auf das Lernen im Allgemeinen und vielleicht auch auf die sprachlichen Fähigkeiten, die Lese- und Schreibkompetenz im Besonderen förderlich auswirkt, darüber ist wenig bekannt. (Feilke 2011, 10)

Ausgehend von diesem Desiderat der Berücksichtigung konkret sprachlicher Fähigkeiten haben wir in dem Projekt Schreibaufgaben entwickelt und in den Projektverlauf integriert, die sich gezielt auf die Förderung textverarbeitender Lese- und Schreibkompetenzen richten. An dem vom Verband der hessischen Zeitungsverleger initiierten Projekt, für das wir in Gießen die wissenschaftliche Begleitung übernommen haben[1], waren zwischen September 2012 bis September 2013 570 Auszubildende aus ganz Hessen, 41 Zeitungstitel und 151 Unternehmen beteiligt.[2] Die Auszubildenden wurden

---

1 Die wissenschaftliche Projektbegleitung erfolgte durch das Zentrum für Medien und Interaktivität (ZMI) an der Justus-Liebig-Universität Gießen (www.uni-giessen.de/fbz/zmi/projekte/newstouse). Neben den Autorinnen waren Prof. Henning Lobin (Projektleiter), Holger Grumt-Suarez und Bastian Entrup Teil des Projektteams, denen wir ganz ausdrücklich danken: Die hier vorgetragenen Überlegungen gehen auf gemeinsame Entwicklungen und Diskussionen im Team zurück.

2 Die Teilnehmerzahl lag zu Projektbeginn bei weit über 600 Auszubildenden. Bei den hier angegebenen 570 TeilnehmerInnen wurden nur diejenigen Auszubildenden berücksichtigt,

über ein Jahr lang von ihrem Arbeitgeber mit einer regionalen Tageszeitung versorgt und haben parallel zur ihrer Zeitungslektüre verschiedene lesebegleitende Aufgaben bearbeitet. Gerahmt war das Projekt durch einen Wissens- und Lesekompetenztest am Anfang und am Ende des Projekts[3] sowie durch eine Eingangsbefragung und abschließende Evaluation. Die Eingangsbefragung bezog sich neben der Erhebung soziodemographischer Daten u.a. auf die Ermittlung von Interessen wie auch Lese- und Mediennutzungsgewohnheiten. Als Untersuchungsgruppe sind Auszubildende wie erwähnt eine sehr disparate Größe. Die Heterogenität der Teilnehmenden ergibt sich durch die Verschiedenheit der Berufsfelder und Ausbildungsvoraussetzungen. In dem Projekt waren die am häufigsten vertretenen Berufe wie folgt: Bankkauffrau/-mann (N = 152), Bürokauffrau/-mann (N = 57), Verwaltungsfachangestellter/Verwaltungsfachangestellte (N = 42), Industriekaufmann/Industriekauffrau (N = 42). Handwerkliche und technische Berufe waren demgegenüber deutlich geringer vertreten. Die Auszubildenden befanden sich größtenteils im 1. (43%) oder 2. Lehrjahr (31%), insgesamt haben mehr weibliche (55%) als männliche (45%) Auszubildende, überwiegend im Alter zwischen 17 und 21 Jahren teilgenommen. Insgesamt 96% der Teilnehmenden gaben Deutsch als ihre Muttersprache an.

Für die wissenschaftliche Begleitung war von den Initiatoren ursprünglich nur die Konzeption und Durchführung eines Wissenstests mit den teilnehmenden Auszubildenden am Anfang und am Ende des Projekts vorgesehen. Wir haben den Projektkontext allerdings genutzt, um die wissenschaftliche Begleitung auch auf die Untersuchung und Förderung von Lese- und Schreibkompetenzen im oben skizzierten Sinne zu erweitern. Dafür ist mit Blick auf die folgenden Ausführungen zu berücksichtigen, dass der Rahmen hierfür sehr eng gesteckt war: Angesichts der Teilnehmerzahl von 570 Auszubildenden, die sich auf das gesamte Bundesland Hessen verteilen, bestanden innerhalb des Projekts keine Möglichkeiten der unmittelbaren didaktischen Begleitung von Lese- und Schreibaufgaben durch direkte Interaktionen. Es gab also keine mündliche Anleitung von Aufgaben und auch keine gemeinsame Reflexion von Schreibprozessen und -produkten. Die Textproduktion erfolgte – anders als beim schulischen Lernen – weitgehend losgelöst von einem interaktiven Kontext in einer ‚zerdehnten' Kommunikationssituation (Ehlich 1983). Die didaktische Begleitung von Schreibaufgaben bezog sich weitgehend auf schriftliche Formate der Kommentierung und Rückmeldung, so wie sie

---

die an den für die wissenschaftliche Begleitung relevanten Erhebungen vollständig teilgenommen haben.

3   Sowohl beim Wissens- als auch beim Lesekompetenztest handelt es sich um Eigenentwicklungen des Projekts, die sich zwar an bereits existierenden Instrumenten orientieren, aufgrund der heterogenen Teilnehmerschaft jedoch angepasst werden mussten. Für die Konzeption des auf die Erfassung der Allgemeinbildung gerichteten Wissenstests wurden im Vorfeld bspw. Fragen aus dem Einbürgerungstest gesichtet. Im Hinblick auf die Projektziele lag hier außerdem ein Schwerpunkt auf Themen der aktuellen Berichterstattung, die anhand der Ressorts Politik, Wirtschaft, Sport und Kultur abgefragt wurden. Die Entwicklung des Lesetests orientierte sich u.a. am *Baukasten Lesediagnose* (Efing 2008) und an dem *Lesetest für Berufsschüler* (Drommler/Linnemann/Becker-Mrotzek et al. 2006).

später noch ausführlicher beschrieben werden (Kap. 3). Erschwerte Bedingungen beziehen sich auch auf die Integration des Projekts in die ausbildenden Unternehmen. In der Regel wurde das Projekt in den Unternehmen nicht gesondert begleitet, d.h. die Zeitungslektüre und die Bearbeitung der Aufgaben wurden in den Unternehmen nur in einigen Ausnahmefällen mit den Auszubildenden besprochen; in der Regel fand kein systematischer Austausch zwischen den Auszubildenden untereinander oder zwischen Auszubildenden und AusbildungsleiterInnen statt. Auch in diesem Sinne bleibt die Bearbeitung meist losgelöst von einem interaktiven Kontext.

Aus der Heterogenität der Zielgruppe bei einer Größe von 570 Beteiligten ergibt sich zugleich die weiter oben bereits angedeutete Konsequenz, die Förderung von Schreibkompetenzen nicht auf spezifische berufliche Textsorten zu beziehen, die für unterschiedliche Ausbildungskontexte und -berufe typisch sind, (wie beispielsweise technische Berichte oder spezifische (Kunden-)Anschreiben, vgl. Efing/Häußler 2011; Klein/Schöpper-Grabe 2010), sondern Lernszenarien zu entwickeln, die übergeordnete Lese- und Schreibkompetenzen zum Gegenstand machen und auf die oben erwähnten diskursiven Lese-Schreib-Anforderungen und spezifischer auf die Arbeit mit Zeitungstexten abgestimmt sind. Die folgenden Fragestellungen standen im Zentrum der wissenschaftlichen Begleitung:

1. Wie kann durch das Schreiben zu Zeitungsartikeln eine kritische Auseinandersetzung mit Textinhalten angeregt werden?
2. Wie können dabei gleichzeitig diskursive, auf Kontroversen bezogene Schreibkompetenzen der Auszubildenden gefördert werden?

Die erste Frage verweist auf die Intention des Projekts, die Auszubildenden (in Ergänzung zu den im Projekt ebenfalls durchgeführten relativ einfachen und z.T. auch oberflächlichen Wissensabfragen in Quizform) durch das Schreiben zu einer intensiveren Verarbeitung der gelesenen Inhalte zu motivieren. Es wird angenommen, dass durch das Schreiben Elaborations- und Reflexionsprozesse in Gang gesetzt werden, die bei einer einfachen Lektüre nicht vorausgesetzt werden können (vgl. Feilke 2002).

Die zweite Frage verweist auf die Absicht des Projekts, gezielt ein Merkmal aktueller Berichterstattung aufzugreifen – die Kontroversität – und davon ausgehend durch die Konzeption spezifischer Aufgabensettings die oben erläuterten *diskursiven* Schreibfähigkeiten zu vermitteln. Beide Absichten werden im Folgenden näher erläutert.

Kontroversität als Merkmal tagesaktueller Berichterstattung

Tageszeitungen stehen wie alle demokratischen Medien in der Pflicht, das Weltgeschehen zu beobachten, es zu strukturieren und hinsichtlich der Bedeutsamkeit oder Relevanz zu bewerten (vgl. Eilders 1997, 13): „In modernen Gesellschaften ist das Publikum darauf angewiesen, sich aus den Medien über das aktuelle politische Geschehen zu informieren. Es erwartet, eine unabhängige Berichterstattung über die relevantesten Ereignisse." (Eilders 1999, 16). Die mediale Berichterstattung kann offenkundig nicht zur Gänze das Weltgeschehen abdecken, sondern grundsätzlich nur einen verhältnismäßig kleinen Bruchteil davon: „Since we can not register everything, we have to select […]" (Galtung/Ruge 1965, 65). Die Auseinandersetzung mit solchen Auswahlkriterien kann bei der Arbeit mit und an Zeitungstexten didaktisch produktiv genutzt werden: „Im Umgang mit Zeitungen begegnet Schülern das Spektrum öffentlich relevanter Themen und sie können mit diesem Spektrum zugleich Kriterien für die gesellschaftliche Wichtigkeit von Themen kennenlernen." (Feilke 2011). Dies gilt natürlich auch für Auszubildende. Für die Konzeption von Schreibaufgaben im Projekt *news to use* fokussieren wir mit der Kontroversität einen zentralen Nachrichtenfaktor. Die Kontroversität tagesaktueller Berichterstattung ist ein Kriterium, das sich leicht an den Titelthemen der großen deutschsprachigen Tageszeitungen innerhalb des Projektzeitraumes nachzeichnen lässt: Die Debatte über das islamfeindliche sog. Mohammed-Video, über den EU-Friedensnobelpreis, über die Nebeneinkünfte von PolitikerInnen, die Plagiatsaffäre von Schavan, über die gleichgeschlechtliche Ehe etc. Dies sind alles Themen, die über das Projektjahr verteilt, als diskursive Schreibanlässe in dem Projekt genutzt wurden. Mit Blick auf das Ziel, die Lektüre fremder Texte für die Wissensaneignung zu nutzen, ist ein wesentlicher Gedanke, dass Sachverhalte, die über öffentliche Debatten verhandelt werden, häufig nicht durch eigene Erfahrungen gesättigt sind und der Zeitung deshalb eine besondere Bedeutung geben:

> Je weniger persönliche Erfahrung man selbst [zu einem] kontroversen Thema hat, desto eher ist man verwiesen auf vorliegende Textäußerungen anderer zum Thema und auf die Auseinandersetzung mit diesen Texten (Feilke 2008, 9).

Für die Vermittlung und den Ausbau von sprachlichen Kompetenzen ist im Projektzusammenhang also eine enge Verknüpfung von Lesen und Schreiben maßgeblich. Es geht erstens um *metatextuelle Kompetenzen*, d.h. „die Fähigkeit zum Verstehen sowie zur Reflexion und Kritik fremder Texte", und es geht zweitens um *intertextuelle Kompetenzen*, d.h. „die Fähigkeit zur produktiven Weiterverarbeitung des Gelesenen im eigenen Schreiben und im eigenen Text" (Feilke/Köster/Steinmetz 2012, 8). Beim Schreiben zu Zeitungstexten, so wie es durch das Projekt *news to use* angeregt werden soll, hat man es also mit einem textverarbeitenden Schreiben zu tun, das im besonderen Maße dazu geeignet ist, diese elaborierten, intertextuellen Kompetenzen zu schulen.

3 Konzeption kontroversenorientierter Aufgaben zur Vermittlung diskursiver Schreibkompetenzen

Dem Schreiben zu *Kontroversen* oder allgemeiner *Diskursen* wurde in Unterricht und Ausbildung bisher nur wenig Beachtung geschenkt. Der Schreibunterricht der Schule wird als „diskursfern" (Steinhoff 2013, 118) beschrieben, er finde z.T. in einem „diskursfreien Raum" (Karg 2009, 212) statt. Auch Heuer (2011, 54) konstatiert, dass „zeitgeschichtlichen Kontroversen [...] als Fachtexte bislang weder im Deutsch- noch im Geschichtsunterricht eigens thematisiert [wurden]". Karg (2009, 215) betont, dass dadurch

> [e]in als zentral zu erachtender Bereich von Bildung in einer als demokratisch sich verstehenden Gemeinschaft, nämlich die Befähigung zur Teilhabe an Diskursen, [...] damit bislang nicht nur nicht erreicht, sondern geradezu verhindert [wird].

Diskursive Schreibfähigkeiten sind überall dort relevant, „wo erwartet wird, dass pragmatische Texte rezipiert und produziert werden, die eine Kenntnis und Reflexion der Diskurse voraussetzen, in die sie eingebettet sind" (Steinhoff 2013, 8). Dies betrifft nach Steinhoff nicht nur Textsorten aus dem akademischen/hochschulischen Alltag, sondern auch aus anderen beruflichen Domänen, dem Privatleben sowie insbesondere alle Formate der Online-Kommunikation. Als Beispiele führt er u.a. das (Sitzungs-)Protokoll, die Seminararbeit, Leser- und Privatbriefe, (Behörden- und Ereignis-)Berichte und Kommentare auf. Das diskursive Schreiben soll, so schlägt Steinhoff (2013, 128) vor, auf authentische Diskurse gerichtet sein, wie sie für weite Teile der öffentlichen Kommunikation prägend sind. Die Auswahl der Themen für die Schreibaufgaben des Projekts orientierte sich dementsprechend einerseits an Debatten der tagesaktuellen Berichterstattung (vgl. oben). Dazu zählten im Projektzeitraum z.B. die „Plagiatsaffäre um Schavan" oder die „Debatte um die gleichgeschlechtliche Ehe". Da die Auszubildenden je nach Standort andere (regionale) Tageszeitungen bekommen haben, wurden die Themen und dazugehörigen Zeitungsartikel überwiegend aus größeren Zeitungen entnommen. Andererseits wurde jeweils versucht, Themen und Inhalte zu fokussieren, die eine besondere Bedeutung für die Zielgruppe der Auszubildenden haben, wie z.B. „Jobgarantie für Auszubildende" und „Überwachung am Arbeitsplatz". Bei der Eingangsbefragung des Projekts wurde u.a. nach den Interessen der Auszubildenden gefragt, die entlang unterschiedlicher, in der Zeitung behandelter Themen bzw. Ressorts aufgelistet wurden. Bei neun vorgegebenen Items mit möglicher Mehrfachnennung (wie Medien, Sport, Politik, Gesundheit) gilt das größte Interesse der Befragten mit 337 Antworten dem Thema „Beruf/Ausbildung".

3.1 Schreibaufgaben und Textformen

Insgesamt mussten die Auszubildenden innerhalb des Projektzeitraums von einem Jahr neun Schreibaufgaben bearbeiten. Für die Konzeption von Aufgaben wurde auf eine im Gießener Arbeitskontext entwickelte didaktische Textform zurückgegriffen – das *Kontroversenreferat*. Diese Lernform stellt Schreibende vor die Herausforderung, unterschiedliche Texte zu einem kontroversen Thema in einem eigenen Text zusammenzuführen und dabei im Idealfall zu einer eigenen Position innerhalb der Debatte zu gelangen (vgl. z.B. Feilke/Lehnen 2011a; 2011b; Steinseifer 2010, 2012). Da das Kontroversenreferat nicht zu den in der Schule typischen und dadurch bekannten Textsorten gehört, wurden die Projektteilnehmenden nicht direkt mit der Aufgabe konfrontiert, Kontroversen darstellen zu müssen, sondern schrittweise zu der neuen Form hingeführt, indem sukzessive der Komplexitätsgrad der im Projektverlauf gestellten Aufgaben gesteigert wurde: Zu Beginn des Projekts verfassten die Auszubildenden zunächst *Zusammenfassungen* auf der Grundlage einer Quelle bzw. eines einzelnen Zeitungsartikels. Daran wurde das Verfassen *argumentativer Erörterungen*, hier z.B. in Form eines argumentativen Leserbriefes angeschlossen, der auf der Grundlage zweier vorausgehender Zeitungstexte geschrieben werden sollte. Erst im letzten Drittel des Projekts wurden den Teilnehmenden dann Aufgaben zum *Kontroversenreferat* – nun auf der Grundlage von drei Ausgangstexten – gestellt. Innerhalb der Schreibaufgaben des Projekts wurden also Textsorten (Zusammenfassungen, argumentative Erörterungen in Form von Leserbriefen und Kontroversendarstellungen), die Anzahl der zur Verfügung gestellten Bezugstexte (eins, zwei oder drei) sowie damit verbundene Anforderungen an den Textumfang und die Vertrautheit mit der Textsorte variiert.

Die Schreibaufgaben und die dazugehörigen Zeitungsartikel wurden den Auszubildenden über eine Web-Plattform zur Verfügung gestellt.[4]

---

4   Die Aufstellung zeigt, dass bei den ersten drei Aufgaben keine Zeitungsartikel vorgegeben wurden. Dies hatte zunächst damit zu tun, dass die Auszubildenden je nach Region eine andere Tageszeitung mit anderen Artikeln zur Verfügung gestellt bekamen und wir zu Beginn nur bedingt Einfluss auf die Ausgestaltung nehmen konnten. Im Projektverlauf wurden dann die zu bearbeitenden Artikel aus größeren Zeitungen für alle Beteiligten zur Verfügung gestellt.

Aufgabenblock	Thema	Textsorte	Textvorgabe
AB 1	Islamfeindliches Video	Zusammenfassung	x
AB 2	Friedensnobelpreis Obama	Zusammenfassung	x
AB 3	Nebeneinkünfte von Politikern	Argumentative Erörterung	x
AB 4	Jobgarantie für Auszubildende	Zusammenfassung	1
AB 5	Überwachung am Arbeitsplatz	Argumentative Erörterung	2
AB 6	Plagiataffäre Schavan	Kontroversenreferat	3
AB 7	Zypern	Argumentative Erörterung	2
AB 8	Gleichgeschlechtliche Ehe	Kontroversenreferat	3
AB 9	Gleichgeschlechtliche Ehe (Überarbeitung)	Überarbeitung Kontroversenreferat	3

Abb.1: Schreibaufgaben im Projekt news-to-use

Mit den verschiedenen Textsorten ändern sich auch die den Aufgaben innewohnenden Erfordernisse zur Strukturbildung: Während sich die Zusammenfassung auf einen Text bezieht und sich in der Struktur am Ausgangstext orientieren kann, erfordern Argumentation und Kontroversendarstellung das Verarbeiten von mehreren Bezugstexten und setzen stärker die Entwicklung einer eigenen und neuen Textstruktur voraus. Während bei der Zusammenfassung außerdem (jedenfalls im vorliegenden Kontext) eine neutrale Schreibhaltung üblich ist, fordern die komplexeren Textsorten die Schreibenden stärker zu einer Positionierung heraus. Dennoch birgt auch bereits die Zusammenfassung nur eines Zeitungsartikels die Anforderung, in der Rezeption potentiell unterschiedliche Haltungen, Meinungen und Positionen – einen Diskurs – zu einem Thema zu erkennen und in der Wiedergabe kenntlich zu machen.

Im Verlauf des Projekts wurde außerdem versucht, die Schreibaufgaben stärker zu situieren und zu profilieren, d.h. Funktionen, Ziele, Adressaten und soziale Situationen für das Schreiben herzustellen und transparent zu machen (vgl. Bachmann/Becker-Mrotzek 2010), wie folgendes Beispiel zeigt.

> *Die Rechte von gleichgeschlechtlichen Paaren waren in den letzten Wochen verstärkt Gegenstand der öffentlichen Diskussion: In Frankreich gibt es heftige Auseinandersetzungen um die Entscheidung der Regierung für eine „Ehe für alle". In Deutschland sorgt das Urteil des Bundesverfassungsgerichts zur Verbesserung des Adoptionsrechts gleichgeschlechtlicher Paare für eine Debatte um die „Homo-Ehe" und der damit verbundenen Rechte.*
>
> *Stellen Sie sich bitte vor, Sie bewerben sich auf einen anderen Arbeitsplatz innerhalb Ihres Unternehmens. Es wird heutzutage immer üblicher, dass im Rahmen von Bewerbungsverfahren Eingangstests durchgeführt werden. Um Ihre allgemeinen sprachlichen Fähigkeiten zu testen, bekommen Sie die folgende Aufgabe gestellt:*
>
> „Lesen Sie die drei zur Verfügung gestellten Zeitungsartikel. Verfassen Sie dann einen Text, in dem Sie die in der Debatte um gleichgeschlechtliche Ehen vertretenen Positionen zusammenfassen und erläutern. Erläutern bedeutet in diesem Zusammenhang, Sachverhalte, Textaussagen, Problemstellungen verständlich zu machen und mit Hilfe zusätzlicher Informationen (Beispiele, Zitate) zu veranschaulichen. Wägen Sie die verschiedenen Argumente und Aussagen ab und beziehen Sie einen eigenen Standpunkt innerhalb der Debatte. Gerne können Sie auch eine ganz neue Position entwickeln."

Abb. 2: Schreibaufgabe Kontroversenreferat

Neben der Entwicklung von Schreibaufgaben mit zunehmendem Komplexitätsgrad bezogen sich konzeptionelle Überlegungen zu den Schreibarrangements auf geeignete Formate der Rückmeldung zu entstandenen Textprodukten. Da sich die didaktische Begleitung, wie erwähnt, nicht auf direkte Interaktionen mit den Auszubildenden beziehen konnte, wurden im Projekt schriftliche Feedbacks integriert. Als Rückmeldung wurden zu jeder Aufgabe ein bis zwei authentische Texte von Auszubildenden im Rahmen eines *Best-Practice-Feedbacks* ausführlich kommentiert (vgl. 3.2, Abb. 3).

Um den SchreiberInnen zudem aufzuzeigen, wie echte LeserInnen auf ihre Texte reagieren, wurden zu einigen Aufgaben ergänzend Feedbackvideos zur Verfügung gestellt. Sie bezogen sich zum einen auf Peer-Feedback-Situationen, in denen leistungsstärkere TeilnehmerInnen einen authentischen Text vor laufender Kamera mit der Methode des Lauten Denkens kommentierten und überarbeiteten oder auf Expertenfeedbacks, in denen erfahrene LeserInnen Texte mit der Methode des Lauten Denkens lasen und kommentierten. So wurde z.B. der Leserbrief eines Auszubildenden von einem Redakteur aus einer Leserbriefredaktion besprochen. Schließlich fand gegen Ende des Projekts noch eine Fokusgruppe mit einigen wenigen Auszubildenden statt, bei der Schreibaufgaben und -anforderungen retrospektiv diskutiert wurden.

3.2 Sprachliche Anforderungen – Prozeduren der Redewiedergabe

LeserInnen, die auch SchreiberInnen sind, werden beim Darstellen von Kontroversen der aktuellen Berichterstattung mit einer zentralen Eigenschaft von Pressetexten konfrontiert – der Redewiedergabe: „Öffentliche Diskurse stehen in einem intertextuellen Zusammenhang. Sie setzen sich aus sprachlichen Äußerungen zusammen, die auf vielfältige Weise miteinander vernetzt sind. Das wichtigste Verfahren dieser Vernetzung ist die *Redewiedergabe,* laut Feilke ‚das Lebenselixier und der Katalysator der Wissens- und Meinungsbildung in der Öffentlichkeit' (Feilke 2007, 40)" (Steinhoff 2013, 120 Herv.i.Orig.).

Die Auseinandersetzung mit Redewiedergaben oder Reformulierungen[5] erlangt beim Darstellen von Kontroversen *auf doppelte Weise* besondere Relevanz, nämlich sowohl in rezeptiver als auch in produktiver Hinsicht:

1. Bei der Bewertung der gelesenen Bezugstexte z.B. in Form von Kriterien für ‚gute', d.h. „eine verlässliche und authentische" Berichterstattung: „Wer z.B. hat was, zu wem, mit welcher Absicht und mit welchen Folgen gesagt? Woran kann man erkennen, wie zuverlässig eine solche Redewiedergabe ist?" (Feilke 2011, 8).
2. Beim Verfassen des eigenen Textes, wenn auf die Bezugstexte verwiesen, aus ihnen zitiert oder mit ihren Aussagen argumentiert wird.

Eine Kontroverse nicht nur zu referieren, sondern dabei selbst zu einer fundierten Position zu gelangen, stellt eine besondere Herausforderung dar. „Die eigene Meinung begründet vertreten" sowie „Schriftlich argumentieren und Stellung nehmen" werden von Auszubildenden als unverzichtbare Kompetenzen erwartet (Klein/Schöpper-Grabe 2013, 10[6]). Wie man sich jedoch eine eigene Meinung bildet, wird in Unterricht und Ausbildung kaum thematisiert. Es gibt Hinweise darauf, dass Meinungsbildung in der Schule aus der Perspektive der Lernenden vor allem als „passive Reproduktion von Erörterungsschemata" statt als eine gezielte „Förderung der Fähigkeit, begründete Meinungen [zu] bilden und sie vertreten zu können" wahrgenommen wird (Feilke 2008, 7). Die im Projekt konzipierten Aufgaben schaffen gute Voraussetzungen dafür, dass relevante Grundlagen für Meinungsbildung in der schreibenden Auseinandersetzung mit den Zeitungstexten gelegt werden können. Zu den „Grundlagen vorgelagerter Meinungsbildung" zählt Feilke (2008, 9) folgende Punkte:

---

5 Feilke (2007, 40f.) spricht bei intertextuellen Bezugnahmen im Rahmen öffentlicher Diskurse von Reformulierungen und nicht von Redewiedergaben, denn: „Nie geht es eigentlich um Redewiedergaben als solche, sondern in allen Fällen handelt es sich um eigenständige Äußerungen des Wiedergebenden, der sich der Aussagen und Formulierungen anderer für seinen aktuellen Zweck bedient."

6 Klein/Schöpper-Grabe vergleichen Lehrpläne von Bildungseinrichtungen mit den Anforderungen, wie Unternehmen sie an Auszubildende stellen. Offizielle Vorgaben werden sozusagen mit inoffiziellen ‚Parallelcurricula' kontrastiert. Die hier zitierten Anforderungen zur Positionierungskompetenz werden unter den Mindestkompetenzen aufgeführt, die acht von zehn Unternehmen als „unverzichtbar" oder „eher unverzichtbar" bezeichnen. Auch Efing und Häußler (2011: 1) untersuchen „reale kommunikative Anforderungen" aus der Perspektive der betrieblichen Ausbildungsstätten, indem sie u.a. Feldbeobachtungen und Interviews durchführen. Sie stellten ebenso fest, dass das selbstbewusste und kritisch argumentative Präsentieren in konkreten kommunikativen Situationen eine zentrale Rolle spielt (ebd., 9).

- eine Kontroverse erkennen, wahrnehmen und für wichtig nehmen
- Positionen der Beteiligten wiedergeben können
- die damit verbundenen Werte und Normen erkennen
- relevante Gesichtspunkte für Kontroversen entdecken
- sich selbst dazu in Beziehung setzen können
- Wissen zum fraglichen Bereich erwerben
- möglichen Argumenten Wissen zuordnen können und umgekehrt
- Wissen in Argumente umwandeln können
- Argumente in eine Hierarchie bringen können
- Perspektiven auf ein Problem entwickeln und wechseln können, etc.

Für die hier benannten Anforderungen einer auf die intertextuelle, diskursive Verarbeitung von Quelltexten zielenden Textproduktion stellen insbesondere Textprozeduren der Redewiedergabe und Reformulierung als *Werkzeuge des Schreibens* (Bachmann/Feilke 2014) einen wesentlichen Bezugspunkt dar. Speziell für das diskursive Schreiben wäre z.B. eine Sensibilisierung der Lernenden für die Bedeutung verschiedener redeeinleitender Verben relevant. Dass durch die Formulierung „X behauptet, dass ...", bei gezieltem Einsatz, etwas ganz anderes ausgedrückt werden kann, als mit der Formulierung „X sagt, dass...", stellt eine zentrale Erkenntnisleistung in der Entwicklung von Expertise im intertextuell-argumentierenden Schreiben dar (vgl. Steinhoff 2008, 8). Durch die Wahl eines bestimmten redekennzeichnenden Verbs kann eine Bewertung und Interpretation der Bezugsäußerungen erfolgen, die es den Schreibenden an der Schaltstelle zwischen Redeeinleitung bzw. -kennzeichnung und wiedergegebener Fremdäußerung ermöglicht, einen Äußerungssinn ‚unterzuschieben' (Feilke 2007, 49). Durch die Qualifikation einer Äußerung als Behauptung können Reformulierungen spezifische Funktionen im Text erhalten (Kritik, Schwächung des argumentativen Gegenübers, Stärkung der eigenen Position) und Anschlussmöglichkeiten für eine weiterführende argumentative Auseinandersetzung eröffnen. Typischerweise sind die redeeinleitenden Verben in Kontroversendarstellungen in komplexere Formen eingebettet, die den diskursiven Charakter textuell geführter Auseinandersetzungen prägen bzw. erst konstituieren, z.B. über Formulierungen wie „Während X meint..., geht Y davon aus", „Anders als Y nimmt X an", „X widerspricht Y", „im Gegensatz zu X" (Steinhoff 2008, 11). Die didaktische Bedeutung solcher Textprozeduren hat in der jüngeren didaktischen Diskussion besondere Aufmerksamkeit erfahren (vgl. Bachmann/Feilke 2014; vgl. Feilke/Lehnen 2012; vgl. Feilke i.d.B.). So ist aus didaktischer Perspektive relevant, dass durch die Kenntnis und den kompetenten Einsatz domänen- und genrespezifischer Prozeduren nicht nur rezeptiv eine leichtere und schnellere Textverarbeitung angestoßen wird, sondern dass der Erwerb sprachlicher Prozeduren Zugang zu den dahinter stehenden Handlungskontexten zu eröffnen vermag. Das Verfügbarmachen solcher Textprozeduren im Schreibprozess ist zuletzt häufig Teil der Entwicklung von Schreibarrangements geworden (vgl. Anskeit/Steinhoff 2014; vgl. Rotter/Schmölzer-Eibinger i.d.B.). Im vorliegenden Projekt wurde versucht, Textprozeduren über ein schriftliches Feedback zu ausgewählten Texten der Auszubildenden in den Fokus zu rücken: Vor der

Freischaltung jeder neuen Aufgabe wurden alle Auszubildenden auf ein Feedback hingewiesen, in dem je ein bis zwei authentische Lernertexte ausführlich besprochen und kommentiert wurden. Das Feedback wurde jeweils eröffnet mit einigen allgemeinen Erläuterungen zur Konstitution der Textsorte (in diesem Fall zum Kontroversenreferat) und zu möglichen Anwendungskontexten. Hier wurden z.B. einfachere und komplexere Möglichkeiten des Textaufbaus aufgeführt und verglichen. So wurde beispielsweise versucht, den Schreibenden zu erläutern, dass der Erkenntnisgewinn für den/die LeserIn einer Kontroverse größer ist, wenn die zur Verfügung gestellten Zeitungsartikel nicht einfach als drei Zusammenfassungen nacheinander inhaltlich abgearbeitet werden, sondern wenn aus der Debatte inhaltliche Schwerpunkte ausgewählt und für die Strukturierung von Informationen aus verschiedenen Texten genutzt werden.

Im Anschluss daran wurde die Kommentierung der Beispieltexte jeweils tabellarisch aufgeschlüsselt, um so die Zusammenhänge zwischen spezifischen Formulierungen und Ausdrücken, also z.B. diskursorganisierenden Markern und der Handlungsstruktur der Texte, offenzulegen. Die folgende Übersicht zeigt einen Ausschnitt aus einem solchen Feedback:[7]

Textteil, Texthandlungen	Beispieltext eines Auszubildenden	Kommentar	Sprachliche Hilfen, Formulierungsalternativen
Einleitender Abschnitt: Er dient dazu, das Thema/ die Themen zu benennen, das Interesse des Lesers zu wecken und ihn zum Weiterlesen zu bewegen. Dies kann durch eine ein besonders strittiges Argument in der Debatte, eine Frage oder Vergleichbares erreicht werden. Es sollte das Problem und seine Relevanz deutlich benannt werden.	Eine längst vergessene Debatte wird aktuell durch den Plagiatsfall und den damit verbundenen Rücktritt der ehemaligen Bundesbildungsministerin Anette Schavan wieder aufgefrischt. Zuletzt war vor einigen Jahren der ehemalige Verteidigungsminister Karl-Theodor zu Gutenberg von seinem Posten zurückgetreten, weil er in seiner Doktorarbeit nicht ordnungsgemäß diverse Quellen angegeben hatte. Nun werden erneut bestimmte Sachverhalte diskutiert: Warum bemerkt die Universität Düsseldorf erst nach 33 Jahren ihrer Promotion, dass ein Plagiat vorliegt? [...]	Die/der Autor/-in gibt eine gelungene Einführung in die Thematik. Die Leser werden durch den Bezug zum Plagiatsfall „zu Gutenberg" thematisch „abgeholt". Gleichzeitig führt die/der Auszubildende die Fragen auf, die im Rahmen der neuerlichen Plagiatsaffäre diskutiert werden.	Der vorliegenden Text diskutiert, ob... Dazu wird zunächst... Danach wird... Die vorliegende Kontroverse befasst sich mit... Dazu wird erstens..., zweitens..., drittens... Der folgende Text versucht die Frage zu klären, ob...

Abb. 3: Auszug aus dem tabellarischen Feedback

---

7   Die Struktur dieser tabellarischen Aufschlüsselung orientiert sich an einem von Ann Peyer und Jeanina Miskovic im Rahmen ihres Vortrags „Literale Prozeduren konkret: Schreibförderung auf der Sekundarstufe I" auf dem SDD 2011 in Augsburg vorgestellten Modell.

Konzeptuell folgt diese Aufschlüsselung der weiter oben skizzierten Idee, Textprozeduren zu zeigen und sprachliche (Muster-)Ausdrücke anzubieten. Die Feedbacks sind darauf angelegt, prozedurenorientiertes Wissen nachhaltig verfügbar und insbesondere für die Bearbeitung weiterer Schreibaufgaben nutzbar zu machen.

4 Exemplarische Befunde

Im vorigen Kapitel wurden der Rahmen des Projekts *news to use* und das schreibdidaktische Konzept näher erläutert. Von den insgesamt 570 teilnehmenden Auszubildenden zu Anfang haben knapp 400 Auszubildende am Ende an der Evaluation teilgenommen. Der Bearbeitung aller neun Schreibaufgaben sowie aller rahmender Erhebungen (Lesetest, Abfrage der soziodemografischen Daten usw.) – dies als erster Befund – haben sich nur 32 Auszubildende unterzogen. Ein ‚vollständiges' Teilkorpus zu den Aufgaben besteht also aus 32 Texten. Das bedeutet im Umkehrschluss nicht, dass die verbleibenden TeilnehmerInnen des Projekts nicht geschrieben hätten, sondern nur, dass sie nicht alle Aufgaben vollständig bearbeitet haben. Dabei ist ein allgemeiner Rückgang des Rücklaufs von Texten im Projektverlauf zu beobachten. Bei der ersten Aufgabe nahmen noch 459 Auszubildende teil, bei der sechsten Schreibaufgabe z.B. nur noch 123. Dies verweist zurück auf die Rahmenbedingungen des Projekts, die u.a. durch eine mangelnde Einbindung des Projekts in die ausbildenden Unternehmen gekennzeichnet waren (Kap. 2) und zeigen, dass die Teilnahme im Wesentlichen auf Freiwilligkeit beruhte.

Im Folgenden werden zunächst ausgewählte Befunde zusammengefasst, die sich auf die Einschätzungen der Auszubildenden zu ihren Lerngewinnen im Projekt beziehen und aus der anhand von Fragebögen durchgeführten Evaluation resultieren. Diese bestand aus vorgegebenen Items auf Schätzskalen und freien Antworten zum Projektverlauf. Im Anschluss werden auf Basis des beschriebenen Teilkorpus von 32 Auszubildenden Tendenzen skizziert, die sich auf den Erwerb von Schreibkompetenzen beziehen. Schließlich soll am Beispiel zweier Texte aus dem Korpus ein kursorischer Einblick in das Spektrum der Aufgabenlösungen gegeben werden.

4.1 Selbsteinschätzungen der Auszubildenden

Vorangestellt sei ein allgemeiner Befund, der sich auf das Zeitungslesen selbst bezieht. Die Auszubildenden sind zu Beginn (Eingangsbefragung) und zum Abschluss befragt worden, wie häufig sie Zeitungen lesen. Wenngleich die Frage nach der Häufigkeit der Zeitungslektüre nichts Spezifisches darüber aussagt, was in welchem Umfang und mit welcher Intensität gelesen wird, resultiert aus dem Projekt insgesamt ein Anstieg in der Häufigkeit. Während zu Beginn 30 TeilnehmerInnen angeben, „jeden Tag" die Zeitung zu lesen, sind es am Ende 133 Personen. Bei denen, die zu Beginn „zwei- bis dreimal in der Woche" eine Zeitung lesen, steigt der Anteil von 116 auf 202 Personen. Demgegenüber sinkt der Anteil von Personen, die vor dem Projekt, „zwei- bis dreimal pro Monat", „sehr selten" oder „nie" Zeitung gelesen haben von vorher 253 auf 64 Personen beträchtlich. Dies mag auf den ersten Blick wenig erstaunen oder bedeuten, „Eulen nach Athen zu tragen" (s.o.), insofern den Beteiligten jeden Tag eine Zeitung direkt zur Verfügung gestellt wurde. Es zeigt andererseits, dass das Angebot zur Lektüre aber auch tatsächlich ausgiebig genutzt wurde. 70% der Befragten stimmen der Aussage zu oder teilweise zu: „Durch das Projekt *news to use* habe ich das Zeitunglesen schätzen gelernt."

Spezifischere Aussagen liefern in diesem Zusammenhang Fragen, die sich stärker auf die Verarbeitung der Lektüre beziehen. Der Aussage „Durch das Projekt *news to use* hat sich meine Lesekompetenz verbessert" stimmen 255 Personen zu oder teilweise zu, 141 Personen stimmen dem nicht zu. Dabei müsste man differenzieren, wie sich die Antworten auf Personen verteilen, die (regelmäßig) an den Lese- und Schreibaufgaben teilgenommen haben bzw. auch, ob diejenigen, die den Zusammenhang zwischen Projekt und Lesekompetenz verneinen, bereits von vorher vorhandenen ausgebauten Lesekompetenzen ausgehen. Dieser Auswertungsschritt ist bisher nicht geleistet. Interessant für die im vorigen Kapitel beschriebenen Schreibaufgaben ist die Frage, ob Effekte durch die Bearbeitung der Schreibaufgaben (im Fragebogen „Freitext-Aufgaben" genannt) von den Auszubildenden gesehen werden. Der Aussage „Wenn man – wie bei der Bearbeitung der Freitext-Aufgabe – über Texte schreibt, muss man sich genau mit den Textinhalten auseinandersetzen" stimmen 306 Personen voll zu, 57 teilweise und 36 stimmen nicht zu. Die ganz überwiegend positiven Antworten lassen eine gewisse Sensibilität für die Anforderungen der Aufgabe vermuten, wenngleich auch hier für eine genauere Auswertung rekonstruiert werden müsste, wie sich die Antworten auf SchreiberInnen verteilen, die sich häufig oder nur selten an den Schreibaufgaben des Projekts beteiligt haben. Eine weitere Frage in diesem Zusammenhang bezieht sich auf die kognitive und nachhaltige Verarbeitung von Inhalten durch das Schreiben. Der Aussage „Wenn ich zu einem Zeitungsartikel im Rahmen einer Freitext-Aufgabe etwas geschrieben habe, kann ich mich besser an die Inhalte des Artikels erinnern" stimmen 150 Personen zu, 119 stimmen teilweise zu und 130 stimmen nicht zu. Die Einschätzungen sind in diesem Bereich also gemischter als die zur Intensität der Auseinandersetzung durch das Schreiben und immerhin gut ein Drittel sieht diesen Zusammenhang für sich nicht. Der Aussage schließlich „Aufgrund der monatlichen Aufgabenblöcke habe ich die Zeitung aufmerksamer gelesen" stimmen 161 Personen zu, 123 teilweise zu und 115 stimmen nicht zu. Hier bleibt das Bild ähnlich gemischt wie bei der vorigen Frage. Die Antworten zu den vorgegebenen Items lassen sich durch freie Rückmeldungen flankieren. Mit Blick auf die Anforderungen der Schreibaufgaben wird beispielsweise geäußert: „Aufgabenstellungen [waren] teilweise so komplex, dass man regelrecht gezwungen war, im Internet oder nochmal in der Zeitung nachzulesen". Freie Kommentare wie diese deuten indirekt auf den oben skizzierten und durch vorgegebene Aussagen hergestellten Zusammenhang zwischen dem Schreiben zu Texten und der intensiveren Auseinandersetzung mit Inhalten hin.

Mit Blick auf die weiter oben skizzierten Ausgangsbedingungen der mangelnden Einbindung von Lektüre- und Schreibaufgaben in den Ausbildungskontext der Unternehmen wünschen sich Auszubildende eine „stärkere Einbindung des Projekts in die Ausbildung" wie auch „Zeit im Betrieb zur Verfügung" gestellt zu bekommen, „um die Aufgaben zu erledigen und auch um am Arbeitsplatz Zeitung lesen zu dürfen". Schließlich wird auch der Wunsch nach stärkerer Interaktion geäußert, etwa in dem Kommentar: „Kennenlernen der anderen Azubis im Projekt wäre schön".

Zusammenfassend soll an dieser Stelle noch einmal auf den Stellenwert hingewiesen werden, den die Auszubildenden insgesamt dem Lesen und Schreiben für ihre berufliche Tätigkeit zuweisen. Bemerkenswert ist, dass die Auszubildenden eine ausgeprägte Bewusstheit über die Tatsache zeigen, dass „schriftsprachliche Ausdrucksfähigkeit [...] häufig eine wesentliche Voraussetzung für Berufs- und Karrierechancen [ist]" (Jakobs 2005, 329). Dies verdeutlichen die beiden folgenden Befragungsergebnisse zum Lesen und Schreiben.

Aktivitäten	stimme zu
Lesen hilft, das eigene Wissen zu erweitern	541
Lesen ermöglicht Teilnahme an Diskussionen	531
Lesen ermöglicht, unterschiedliche Sichtweisen kennenzulernen	518
Lesen ist wichtig für meine berufliche Tätigkeit	494
Lesen ist wichtig für eine Karriere in meinem Beruf	476
Lesen ist notwendig, um am gesellschaftlichen und kulturellen Leben teilnehmen zu können	397
Ich lese nicht nur, wenn ich muss	337
Ich lese in meiner Freizeit gern typische Alltagstexte (z.B. Kurznachrichten, Kommentare)	297
Ich lese in meiner Freizeit gern auch längere Texte (z.B. Romane, Geschichten)	240
Ich freue mich, wenn ich ein Buch geschenkt bekomme	234
Ich gehe gern in Buchhandlungen/Büchereien/Bibliotheken	208
Lesen ist etwas Altes und Unmodernes	15

Abb. 4: Selbstauskünfte der Auszubildenden zum Lesen

4.2 Schreibkompetenz

	stimme zu
Schreiben ist wichtig für meine berufliche Tätigkeit	522
Schreiben ist wichtig für eine Karriere in meinem Beruf	508
Schreiben ermöglicht, eigene Sichtweisen zu vertreten	399
Schreiben hilft, das eigene Wissen zu ordnen	392
Schreiben ist für mich ein wichtiges Mittel, um mich mit Anderen auszutauschen	371
Ich schreibe nicht nur, wenn ich muss	299
Schreiben ist notwendig, um am gesellschaftlichen und kulturellen Leben teilnehmen zu können	269
Ich schreibe gern für die Schule/ für den Beruf (z.B. Berichte, Protokolle)	258
Schreiben ermöglicht Teilnahme an Diskussionen	242
Ich schreibe in meiner Freizeit gern typische Alltagstexte (z.B. Kurznachrichten, Kommentare)	186
Ich schreibe in meiner Freizeit gern auch längere Texte (z.B. Tagebuch)	70
Schreiben ist etwas Altes und Unmodernes	18

Abb. 5: Selbstauskünfte der Auszubildenden zum Schreiben

Ein Ziel des Projekts liegt in der Förderung von diskursiven Lese-Schreibkompetenzen durch Aufgaben, die auf das Lesen und Verarbeiten von Zeitungstexten und dabei auf die Wahrnehmung von Kontroversen gerichtet sind. Unter den gegebenen Bedingungen, dass die Auszubildenden über ein Jahr hinweg mehr oder weniger freiwillig neun relativ kurze Texte verfasst haben und dabei keine systematische Kontrolle der Eingangsvoraussetzungen wie auch der eigentlichen Durchführung möglich war (dies berührt beispielsweise Fragen des Vorwissens, der sprachlichen Voraussetzungen, der Motivation, der Dauer der Aufgabenbearbeitung etc.) sind Aussagen in diesem Bereich nur bedingt und nur sehr vorsichtig zu formulieren. Für eine erste Analyse wurde nur das Teilkorpus der 32 regelmäßig beteiligten Auszubildenden betrachtet und mit Blick auf eher allgemeine Indikatoren für Textqualität untersucht, so wie sie in der Literatur relativ gut belegt sind (z.B. Uccelli/Dobbs/Scott 2013). Für die 32 Auszubildenden dieser Teilgruppe treffen die beiden folgenden Bedingungen zu:

1. Die Teilnehmenden haben an allen Schreibaufgaben, d.h. regelmäßig am Projekt teilgenommen. Die Kontinuität ist vor allem im Hinblick auf die sukzessive Heranführung an den Aufgabentyp des Kontroversenreferats und die Wahrnehmung des Feedbacks relevant.

2. In Ergänzung zu den Ergebnissen aus den Schreibaufgaben liegen vollständige Hintergrunddaten vor. D.h. diese TeilnehmerInnen haben sich zu Projektbeginn und -ende einer ausführlichen soziodemografischen Befragung und einem Wissens- und Kompetenztest unterzogen. Durch diese Kontextdaten können die Ergebnisse der Textanalysen ergänzt und weitergehend interpretiert werden.

Für diese Teilgruppe lassen sich folgende Tendenzen ausmachen: Mit Bezug auf die *Textlänge* steigt der Umfang der Texte. Textlänge kann dabei als ein verlässlicher Indikator für Textqualität gelten (vgl. z.B. Grabowski/Becker-Mrotzek/Knopp et al. 2013). Uccelli, Dobbs und Scott (2013, 45) bestimmen die Länge von Texten anhand der Satzanzahl pro Text. Da dieser Wert ungenau wird, wenn einerseits Texte mit sehr vielen aber kurzen Sätzen und andererseits Texte mit wenigen aber sehr langen Sätzen vorliegen, haben wir die Textlänge zusätzlich zur Satzanzahl, anhand der Wort- und der Zeichenzahl bestimmt: Bei der Zusammenfassung werden im Schnitt 1117 Zeichen produziert, bei der argumentativen Erörterung 1238 und bei den Kontroversenreferaten 1629. Der steigende Umfang lässt sich auf die steigende Komplexität der Aufgaben, v.a. auch mit Blick auf die zu verarbeitenden Bezugstexte, zurückführen. Das bedeutet umgekehrt, dass sich die Beteiligten der zunehmenden Komplexität durch zunehmend umfangreichere Texte stellen. Im Zusammenhang mit der Textlänge ist auch das Qualitätskriterium der *lexikalischen Diversität* (Wortschatz) zu sehen. Im Schnitt ist hier ein Anstieg in der Anzahl verschiedener Worte (Lemmata) zu verzeichnen: bei den Zusammenfassungen ca. 100 Wörter, bei den argumentativen Erörterungen ca. 105 Wörter, bei den Kontroversenreferaten ca. 131 Wörter. Die Ergebnisse zur lexikalischen Diversität der Texte erlauben keine Aussage über den Wortschatz, der den Teilnehmenden generell zur Verfügung steht. Es geht hier also nur um einen themen- und aufgabenspezifischen Wortschatz. Auch hinsichtlich der *Satzlänge* ist ein Zuwachs zu verzeichnen. Dieser fällt aber gering aus, im Schnitt wächst er von der Zusammenfassung zum Kontroversenreferat um knapp ein Wort. Interessant für die Frage einer gestiegenen Textqualität sind die Benotungen der Texte. Alle Texte wurden durch je drei Rater mit Schulnoten von 1 bis 6 nach dem Prinzip der Mehrfachbeurteilung durch globalen Ersteindruck bewertet. Für die Benotung ergibt sich insgesamt eine durchschnittliche Steigerung von anfänglich 3,06 hin zu 2,26.

Für die Einordnung dieser Beobachtungen und Befunde muss man im Auge behalten, dass man insgesamt davon ausgehen kann, es mit einer Gruppe von leistungsstärkeren und motivierteren Auszubildenden zu tun zu haben. Die Freiwilligkeit der Teilnahme spricht für diese Vermutung. Auch in anderen Untersuchungen wurde festgestellt, „dass ausgeprägte kommunikative Kompetenzen oft mit Motivation und Ehrgeiz einhergehen" (Efing/Häußler 2011, 11). Gestützt wird diese Annahme u.a. auch durch Ergebnisse aus dem zu Beginn des Projekts durchgeführten Lesetest und der soziodemografischen Befragung, z.B. über Schulnoten, Einstellungen zum Lesen und Schreiben vor, während und nach dem Projekt etc. Aus den Antworten zur Schulnotenabfrage wird ersichtlich, dass die regemäßig beteiligten Auszubildenden mit insgesamt guten Grunddispositionen in das Projekt eingetreten sind: Nach eigenen Angaben haben sie in den Schulfächern Deutsch, Mathematik und Politik überwiegend gute bis sehr gute Noten.

Innerhalb dieser Gruppe ist es mit Blick auf die Konzeption der Aufgaben interessant zu untersuchen, ob das Feedback zu den Aufgaben genutzt wurde. Dafür wurde eine interne Teilgruppe von 8 TeilnehmerInnen gebildet, deren Aufgabenbearbeitungen die vier am besten und die vier am schlechtesten bewerteten Texte hervorgebracht haben. Bemerkenswert ist, dass die SchreiberInnen, deren Texte als gut bewertet wurden, deutlich öfter das Feedback in Tabellen- sowie in Videoform genutzt haben, als die SchreiberInnen der weniger gut bewerteten Texten (vgl. Abb. 4). Insgesamt investierten sie auch mehr Zeit in die Bearbeitung der Aufgaben:

	TN-ID	Wie lange haben Sie für die Erledigung der FA gebraucht?	Wie oft haben Sie sich das Feedback in Tabellen-Form durchgelesen?	Wie oft haben Sie sich das Feedback in Videoform angeschaut?
Gut bewertete Text	173	Mehr als 1 Stunde	Immer	Immer (3 Mal)
	181	Weniger als 30 Min	Häufig	Nie
	302	Mehr als 1 Stunde	Häufig	Nie
	381	Mehr als 1 Stunde	Immer	1 Mal
Weniger gut bewertete Texte	223	Weniger als 30 Min	Nie	Nie
	258	Ca. 30 Min	Nie	Ich wusste gar nicht, dass es ein Feedback gab.
	405	Weniger als 30 Min	Häufig	Nie
	479	Weniger als 30 Min	Ganz selten	1 Mal

Abb. 6: Feedbacknutzung der SchreiberInnen von gelungenen und weniger gelungenen Texten

Laut Selbstauskunft haben alle acht Auszubildenden – zwar mit unterschiedlicher Intensität aber dennoch – bereits vor dem Projekt eine Zeitung gelesen und nutzen täglich mehrere unterschiedliche Quellen zu ihrer Information. Was die Einstellung zum Schreiben und Lesen insgesamt angeht, so zeigten sich deutliche Unterschiede zwischen den zwei Gruppen der geübten und ungeübten SchreiberInnen, die möglicherweise Auswirkungen auf die Textqualität gehabt haben könnten: Zum einen lesen die VerfasserInnen der gut bewerteten Texte nach eigenen Angaben in der Freizeit gern. Lesen und Schreiben schätzen sie als etwas Modernes ein, das in ihren Alltag integriert ist. Zum anderen schreiben diese Auszubildenden auch gerne für die Schule und haben insgesamt eine positivere Einstellung zum Schreiben als die VerfasserInnen der weniger gut bewerteten Texte.

Alle acht SchreiberInnen sind der Meinung, dass ihr Allgemeinwissen sich im Projekt verbessert hat. Was die Verbesserung der Schreibkompetenz angeht, so stimmten die besser bewerteten SchreiberInnen (eher) der Aussage zu, dass ihre Schreibkompetenz sich verbessert hat. SchreiberInnen der weniger gut bewerteten Texte waren im Gegensatz dazu der Meinung, dass ihre Schreibkompetenz sich nur wenig verbessert hat. Die Ergebnisse zeigen, dass v.a. die guten SchreiberInnen – auch im Sinne der Selbstwirksamkeit – von dem Projekt profitieren. Dies wirft umgekehrt die Frage auf, wie sich die schwächeren SchreiberInnen über solche Projekte besser erreichen lassen.

4.3   Beispielanalyse Kontroversenreferat

Abschließend soll noch ein Blick in zwei Beispieltexte aus dem gerade beschriebenen Teilkorpus von acht TeilnehmerInnen geworfen werden, um einen Eindruck von dem Spektrum der entstandenen Textprodukte zu ermöglichen. Die Auswahl orientiert sich am Kontrast eines sehr gelungenen und eines weniger gelungenen Textes zu dem Thema „Gleichgeschlechtliche Ehe" (Aufgabenstellung: siehe 3.1).

Beispiel für einen weniger gelungenen Text

„Es gibt zwei Meinungen zur „Homo-Ehe".
Einerseits die, die dagegen sind und die normale Ehe schützen wollen und andererseits die, die sich stark für die Homo-Ehe machen.
Man kann beide Meinungen verstehen. Die Ehe gilt als heiliges Band zwischen Mann und Frau und muss besonders geschützt werden, da nur aus einer solchen Verbindung auch Kinder entstehen können. Dass Schwule und Lesben allerdings nicht schlechter gestellt sein wollen, als Heterosexuelle Paare ist auch klar. Sie möchten auch eine „Hochzeit" erleben und Kinder adoptieren können. Dies ist die große Debatte. Das Bundesverfassungsgericht hat den Schritt der Adoption für gleichgeschlechtliche Paare erweitert.
Es wird noch viele Diskussionen über dieses Thema geben, viele Meinungen dafür und dagegen. Ich persönlich finde auch, dass man die normale Ehe gesondert zu schützen hat. Dies ist ein Recht das im Grundgesetz verankert ist. Der demografische Wandel hält seinen Einzug und wenn gleichgeschlechtliche Ehen diesen besonderen Schutz der Ehe überflüssig machen, könnte es mit der Geburtenrate noch weiter drastisch bergab gehen.

Abb. 7: Beispiel für weniger gelungenen Text (Teilnehmer-Identifikationsnummer 258 (Note 3,7)

Beispiel für einen gelungenen Text

Der Weg zur Gleichstellung der Homo-Ehe mag steinig sein, aber er ist nicht aufzuhalten
Die Ehe gilt als lebenslang eingegangener Bund zwischen zwei Menschen- zwischen Mann und Frau. Doch ist eine Lebenspartnerschaft Homosexueller wirklich auf eine andere Stufe zu stellen? In den letzten Wochen gab es zahlreiche Diskussionen für das Für und Wider der gleichgeschlechtlichen Ehe. Ein wegweisendes Urteil hat kürzlich das Bundesverfassungsgericht getroffen: Die Karlsruher Richter stellten fest, dass „Homosexuelle nun auch ein von ihrem Partner zuvor angenommenes Kind adoptieren dürfen, wenn sie in einer eingetragen Lebenspartnerschaft leben" („Ehe ist keine Frage des Geschlechts", Jürgen Oeder). Die Richter begründeten ihre Entscheidung damit, dass sich auch die Einstellung der Gesellschaft bezüglich gleichgeschlechtlicher Paare drastisch verändert hätte und eine Ungleichberechtigung daher nicht mehr zeitgemäß wäre. Zudem bezogen sie sich auf Gutachten, die zeigten, dass das Geschlecht der Eltern keinen

Einfluss auf das Wohlergehen ihrer Kinder hat. Befürworter der Gleichstellung sogenannter „Homo-Ehen" begrüßten das Urteil, sehen den Weg aber noch lange nicht am Ende. Sie forderten bereits die komplette Gleichstellung im Adoptionsrecht genau wie die Möglichkeit des Ehegattensplittings auch für homosexuelle Paare.

Weite Teile der Bevölkerung sind dem nicht abgeneigt und dennoch ist der Gleichberechtigungsprozess kein Selbstläufer. Das liegt vor allem daran, dass sich die konservativen Regierungsparteien CDU und CSU gegen diese Gleichstellung sperren. Die Gründe sind vielschichtig: Ein oft genannter Grund ist, dass gleichgeschlechtliche Paare anders als eine Ehe zwischen Mann und Frau keine eigenen Kinder bekommen und so nicht zur Zukunft unseres Landes beitragen können. Auch Hans-Jürgen Irmer, stellvertretender Vorsitzender der hessischen CDU-Landtagsfraktion vertritt diese Auffassung: „Die Zukunft dieses Landes liegt in der Hand von Familien und Kindern. Kinder sind unsere Zukunft und nicht gleichgeschlechtliche Lebenspartnerschaften." („Nachgefragt bei Hans- Jürgen Irmer", Wetzlarer Neue Zeitung, 10.03.2013) [...]

Doch gerade wenn es um die Gleichstellung bei der Adoption geht, ist diese Auffassung leicht zu widerlegen, denn zum einen trägt eine Partnerschaft, die ein Kind großzieht, unabhängig vom Geschlecht der Partner zur Zukunft unseres Landes bei, indem sie einem Kind die Chance gibt, unter lebenswerten Umständen aufzuwachsen. Zum anderen, ist ein Kind, dass von einem heterosexuellen Paar adoptiert und aufgezogen wird genauso wenig von diesem Paar gezeugt worden, wie das bei einem homosexuellen Paar der Fall wäre. [...]

Wie die Zeichen stehen wird der Rechtspruch der Karlsruher Richter im Falle des Adoptionsrecht nicht das letzte Mal gewesen sein, dass sie die Regierung zu einer konsequenteren Gleichstellung ermahnen muss. Der Union ist durchaus bewusst, dass es früher oder später dazu kommt, dass die "Homo-Ehe" mit der herkömmlichen Ehe gleichgestellt wird. Hinter dieser Sturheit verbirgt sich allerdings durchaus Kalkül. Die Angst der Regierenden ist es, ihre konservative Wählerschaft zu verprellen, deshalb legen sie es darauf an, solange zu warten, bis sie von den Karlsruher Richtern gezwungen werden, die betreffenden Gesetze zu ändern, um dann den ?Schwarzen Peter? dem Verfassungsgericht zuschieben zu können. CDU und CSU spielen also auf Zeit. Auf der einen Seite versuchen sie jugendlicher und moderner zu erscheinen und haben es scheinbar zu ihrem neuen Hobby gemacht, den Oppositionsparteien ihre Prestigeprojekte (beispielsweise der Atomausstieg) vor der Nase wegzuschnappen. Gleichzeitig versuchen sie krampfhaft an ihren konservativen und zum Teil längst überholten Wurzeln festzuhalten. Sie machen also einen Spagat, der sie auf Dauer teuer zu stehen kommen könnte. [...]

Die Union ist zum Umdenken gezwungen, wenn sie die Zustimmung der Bürger behalten möchte. In Zukunft wird es jedenfalls wohl kaum reichen, sich auf den Sinn zu berufen, den sich der liebe Gott bei der Erschaffung von Mann und Frau gedacht hat, denn wie Alexander Vogt, Vorsitzender der Lesben und Schwulen in der Union, richtig anführt: „Ihn hat der liebe Gott auch so geschaffen, wie er ist, und er wird sich auch dabei etwas gedacht haben." („Unkenntnis ist unser größter Feind", Hagen Strauss).

Abb. 8: Beispiel für einen gelungenen Text (Teilnehmer-Identifikationsnummer 173 (Note 1,0)

Die Analyse beschränkt sich auf einige wenige Merkmale. Neben den im vorigen Teil-kapitel beschriebenen Indikatoren von Textlänge, Wortschatz und Satzlänge, die einen deutlichen Unterschied für beide Texte markieren, ist hier vor allem die Frage relevant, inwiefern die Beispieltexte Prozeduren der diskursiven Darstellung erkennen lassen. Dafür ist v.a. die Diskursorganisation in den Texten interessant, die hier nur skizziert werden kann. Wenn man die beiden Texte miteinander vergleicht, fällt auf, dass sie sich sowohl hinsichtlich der Frequenz als auch hinsichtlich der Varietät sog. Diskursmarker (Hyland 2005; Uccelli/Dobbs/Scott 2013) unterscheiden. In dem besser bewerteten Text kommen nicht nur mehr, sondern auch mehr unterschiedliche Marker zum Einsatz. Betrachtet man z.B. die Transition Marker genauer, also Formulierungen die der Her-stellung von Kohärenz, dem Ausdruck von Ursache-Folge- und Kontrast-Beziehungen sowie Übergängen zwischen Sätzen und Absätzen dienen, zeigt sich, dass diese im Text von TN 258 weniger zahlreich sind. Es werden *da, allerdings* und *wenn* genutzt. Im Gegensatz dazu werden im Text von TN 173 insg. 26 Marker, davon 20 unterschiedli-che, z.B. *auch, dabei, daher, denn, dennoch, jedoch, somit, während, weil, zudem* (d.h., dass einzelne Marker wie beispielsweise *daher* oder *doch* häufiger vorkamen).[8]

Bei den für die Textsorte typischen intertextuellen Verweisen werden die Unterschiede zwischen den Texten noch größer. Während im Text von TN 258 nur an zwei Stellen textexterne Instanzen zur Sprache kommen („Das Bundesverfassungsgericht hat [...]", „[...] im Grundgesetz verankert ist") lassen sich im Text von TN 173 zahlreiche und vielfältige intertextuelle Bezüge ausmachen („Ein wegweisendes Urteil hat kürzlich das Bundesverfassungsgericht getroffen: Die Karlsruher Richter stellten fest, dass „Homo-sexuelle nun auch ein von ihrem Partner zuvor angenommenes Kind adoptieren dürfen, wenn sie in einer eingetragen Lebenspartnerschaft leben" („Ehe ist keine Frage des Geschlechts", Jürgen Oeder)."). Auffällig ist dabei, dass TN 258 die Quellen für sein Schreiben nicht offenlegt. Dass die Information über die Entscheidung des Gerichts nicht von ihm direkt, sondern aus einem Zeitungsartikel stammt, lässt der Text des Aus-zubildenden nicht erkennen. Der Text von TN 173 ist in dieser Hinsicht nicht nur trans-parenter, seine intertextuellen Verweise sind auch stärker in den Text eingebettet. Der/die LeserIn wird z.B. auf das eben angeführte Zitat vorbereitet, indem es als wichtig qualifiziert wird („wegweisendes Urteil"). Anschließend wird die Reformulierung mit einer angemessenen Redekennzeichnung („Richter stellten fest, dass") eingeleitet, direkt zitiert und mit einer ausführlichen Quelle belegt (Titel und Autor des Zeitungsartikels). Hinsichtlich des Umgangs mit Informationsquellen kann also festgehalten werden, dass der weniger gelungene Text nicht (in einer der Aufgabenstellung angemessenen Weise) fähig ist, „ein Bewusstsein darüber [zu] signalisieren, dass die in ihm enthaltenen In-formationen nicht allein dem Wissen des Schreibenden entspringen, sondern Resultat einer Recherche bzw. der Lektüre verschiedener Texte sind" (KMK 2012, 118).

---

8   In einer systematischen Analyse müssten diese Werte jeweils im Verhältnis zur Textlänge
      betrachtet werden.

Insgesamt leitet der Text von TN 173 den/die LeserIn stärker durch die Darstellung der Kontroverse: Dies wird z.B. direkt zu Beginn beider Texte deutlich: Während der/die LeserIn beim weniger gelungenen Text mit der Formulierung „Es gibt zwei Meinungen zur ‚Homo-Ehe'. Einerseits []... andererseits [...]" mit einem Direkteinstieg konfrontiert wird, führt der gelungenere Text behutsamer zur Kontroverse hin, indem z.B. bereits durch eine Überschrift ein Hinweis auf die Thematik gegeben wird und indem durch eine rhetorische Frage einerseits der Versuch gemacht wird, Leserinteresse zu wecken, andererseits aber trotzdem schnell der Kernpunkt zur Sprache kommt. Durch Formulierungen wie „Die Gründe sind vielschichtig: Ein oft genannter Grund [...]" sowie „zum einen [...]. Zum anderen [...]" oder „Auf der einen Seite [...]" werden außerdem die verschiedenen z.T. auch gegensätzlichen Positionen nicht nur wiedergegeben, sondern für den/die LeserIn gewichtet und strukturiert. In Kombination mit den genannten Quellen tragen diese Konstruktionen dazu bei, die Multiperspektivität des Diskurses zu kennzeichnen und seine Vielstimmigkeit im Text abzubilden.

Für die weitere Auswertung der Texte sind allerdings Analyseinstrumente notwendig, die es ermöglichen, anhand von Textprodukten Aussagen über die Kompetenzen der SchreiberInnen zu treffen und die speziell auf die Erfassung und Analyse diskursiver oder kontroversenbezogener Textkompetenzen abzielen. Sie sind bisher nur ansatzweise entwickelt (vgl. z.B. Hyland 2005; Segev-Miller 2007; Schüler/Lehnen 2014; Steinhoff 2008; Steinseifer 2010; Uccelli/Dobbs/Scott 2013).

Literatur

Anskeit, N. & Steinhoff, T. (2014). Schreibarrangements für die Primarstufe. Konzeptionen eines Promotionsprojekts und erste Ergebnisse zum Gebrauch von Schlüsselprozeduren. In T. Bachmann & H. Feilke (Hrsg.), *Werkzeuge des Schreibens. Beiträge zu einer Didaktik der Textprozeduren* (S. 129–155). Stuttgart: Fillibach bei Klett.

Bachmann, T. & Becker-Mrotzek, M. (2010). Schreibaufgaben situieren und profilieren. In T. Pohl & T. Steinhoff (Hrsg.), *Textformen als Lernformen. KoeBes (Kölnerbeiträge zur Schreibforschung)* (S. 191–210). Duisburg: Gilles & Francke. Verfügbar unter: www.koebes.uni-koeln.de/pohl_steinhoff.pdf [20.12.2013].

Bachmann, T. & Feilke, H. (Hrsg.) (2014). *Werkzeuge des Schreibens. Beiträge zu einer Didaktik der Textprozeduren.* Stuttgart: Fillibach bei Klett.

Becker-Mrotzek, M., Kusch, E. & Wehnert, B. (Hrsg.) (2006). *Leseförderung in der Berufsbildung.* Köln: KöBeS Heft 2 (Kölner Beiträge zur Sprachdidaktik). Duisburg: Gilles & Francke. Verfügbar unter: www.koebes.uni-koeln.de/KoeBeS2.pdf [20.12.2013].

Bildungsstandards und Inhaltsfelder. Das neue Kerncurriculum für Hessen, Sekundarstufe I – Gymnasium, Deutsch. Verfügbar unter: http://lsa.hessen.de/irj/servlet/prt/portal/prtroot /slimp.CMReader/HKM_15/LSA_Internet/med/dd0/dd02d584-b546-821f-012f-31e2389 e4818,22222222-2222-2222-2222-222222222222 [22.01.2015].

Drommler, R., Linnemann, M., Becker-Mrotzek, M., Haider, M., Stevens, T. & Wahlers, J. (2006). *Lesetest für Berufsschüler/innen LTB-3 Handbuch Koebes 3.* (Kölner Beiträge zur Sprachdidaktik). Duisburg: Gilles & Francke. Verfügbar unter: http://www.koebes. uni-koeln.de/ManualLTB-3.pdf [20.12.2013].

Efing, C. (2008). Kontinuierliche und individuelle Diagnose der Lesekompetenz von Berufs- schülerInnen mit dem "Baukasten Lesediagnose". *bwp@ Spezial, 4* – HT 2008. Verfüg- bar unter: http://www.bwpat.de/ht2008/ft17/efing_ft17-ht2008_spezial4.pdf [20.12.2013].

Efing, C. & Häußler, M. (2011). Was soll der Deutschunterricht an Haupt- und Realschulen vermitteln? – Empirisch basierte Vorschläge für eine Ausbildungsvorbereitung zwischen zweckfreier und zweckgerichteter Bildung. *bwp@ Spezial, 5* – HT 2011. Verfügbar un- ter: http://www.bwpat.de/ht2011/ft18/efing_haeussler_ft18-ht2011.pdf [20.12.2013].

Ehlich, K. (1983). Text und sprachliches Handeln. Die Entstehung von Texten aus dem Bedürfnis nach Überlieferung. In A. Assmann, J. Assmann, C. Hardmeier (Hrsg.), *Schrift und Gedächtnis. Beiträge zur Archäologie der literarischen Kommunikation* (S. 24–43). München: Fink.

Eilders, C. (1997). *Nachrichtenfaktoren und Rezeption. Eine empirische Analyse zur Aus- wahl und Verarbeitung politischer Information* (=Studien zur Kommunikationswissen- schaft, 20). Opladen: Westdeutscher Verlag.

Eilders, C. (1999). Zum Konzept der Selektivität: Auswahlprozesse bei Medien und Publi- kum. In W. Wirth & W. Schweiger (Hrsg.), *Selektion im Internet. Empirische Analysen zu einem Schlüsselkonzept* (S. 13–42).Wiesbaden: Westdeutscher Verlag.

Feilke H. (2002). Lesen durch Schreiben. Fachlich argumentierende Texte verstehen und verwerten. *Praxis Deutsch, 176,* Leseleistung – Lesekompetenz, 58–66.

Feilke, H. (2007). „Lehrer flehen: Schließt unsere Schule!" Redewiedergabe in Mediener- eignissen am Beispiel des Falls der Berliner Rütli-Schule. *Praxis Deutsch, 203*, 40–50.

Feilke, H. (2008). Meinungen bilden. *Praxis Deutsch, 212*, 6–14.

Feilke, H. (2011). Zeitungstexte. Basisartikel. *Praxis Deutsch, 225,* 4–14.

Feilke, H., Köster, J. & Steinmetz, M. (2013). Zur Einführung – Textkompetenzen in der Sekundarstufe II. In H. Feilke, J. Köster & M. Steinmetz (Hrsg.), *Textkompetenzen in der Sekundarstufe II* (S. 7–18). Stuttgart: Fillibach bei Klett.

Feilke, H. & Lehnen, K. (2011a). Wie baut man eine Lernumgebung für wissenschaftliches Schreiben? Das Beispiel SKOLA. In N. Würffel & B. Schmenk (Hrsg.), *Drei Schritte vor und manchmal auch sechs zurück. Internationale Perspektiven auf Entwicklungsli- nien im Bereich Deutsch als Fremdsprache. Festschrift für Dietmar Rösler zum 60. Ge- burtstag* (Reihe: Gießener Beiträge zur Fremdsprachendidaktik, S. 269–282). Tübingen: Narr.

Feilke, H. & Lehnen, K. (2011b). Wissenschaftlich referieren – Positionen wiedergeben und konstruieren. *Der Deutschunterricht, 5* (Themenschwerpunkt: Wissenschaftliches Schreiben), 34–44.

Feilke, H. & Lehnen, K. (Hrsg.) (2012). *Schreib- und Textroutinen. Theorie, Erwerb und didaktisch-mediale Modellierung* [Reihe: Forum Angewandte Linguistik, 52]. Frankfurt am Main [u.a.]: Peter Lang.

Galtung, J. & Ruge, M.H. (1965). The Structure of Foreign News. The Presentation of the Congo, Cuba and Cyprus Crisis in Four Norwegian Newspapers. *Journal of Peace Re- search, 2*, 64–91.

Grabowski, J., Becker-Mrotzek, M., Knopp, M, Jost, J. & Weinzierl, C. (2014). Different approaches to the assessment of text quality. An empirical report. In J. Engberg, C. Hei- ne & D. Knorr (Hrsg.), *Methods in Writing Process Research* (S. 147–165). Frankfurt am Main: Peter Lang.

Grundmann, H. (2007). Bildungsergebnis vor Bildungserlebnis. Der Deutschunterricht an berufsbildenden Schulen zwischen PISA und der Forderung der Arbeitswelt nach kommunikativer Höchstleistung. *Der Deutschunterricht, 1.*

Heuer, C. (2011). Kontrovers Diskutiert. Der Fall Günter Grass in Zeitungskonversen. *Praxis Deutsch, 255*, 52–57.

Hyland, K. (2005). *Metadiscourse. Exploring Interaction in Writing.* London, New York: Continuum.

Jakobs, E.-M. (2005). Texte im Berufsalltag: Schreiben, um verstanden zu werden? In H. Blühdorn, E. Breindl & U.H. Waßner (Hrsg.) (2005), *Text – Verstehen. Grammatik und darüber hinaus* (Jahrbuch des Instituts für deutsche Sprache 2005, S. 315–331). Berlin, New York: de Gruyter.

Karg, I. (2007). *Diskursfähigkeit als Paradigma schulischen Schreibens. Ein Weg aus dem Dilemma zwischen Aufsatz und Schreiben.* Frankfurt am Main [u.a.]: Peter Lang.

Karg, I. (2009). Argumentatives Schreiben im Spannungsfeld von Diskursen. Plädoyer für eine veränderte Praxis des Schreibunterrichts. In O. Stenschke & S. Wichter (Hrsg.), *Wissenstransfer und Diskurs* (S. 211–226). Frankfurt am Main: Peter Lang.

Klein, H.E. & Schöpper-Grabe, S. (2010). *Schreibkompetenz fördern: Texte gestalten, überarbeiten, erstellen. Handreichungen und Materialien für den Deutschunterricht an beruflichen Schulen.* Universitätsverlag Köln. Verfügbar unter: www.chancen-erarbeiten. de/fileadmin/webdata/PDFs/110900_IW_Schreibkompetenz_f%C3%B6rdern.pdf.

Klein, H E. & Schöpper-Grabe, S. (2013). Was ist Grundbildung? Schulische Anforderungen an die Ausbildungsreife. *bwp@ Spezial, 6* – Hochschultage Berufliche Bildung 2013, Fachtagung 18, hrsg. v. C. Efing, 1–19. Verfügbar unter: http://www.bwpat. de/ht2013/ft18/klein_schoepper-grabe_ft18-ht2013.pdf [17.08.2015].

KMK Kultusministerkonferenz (2012): *Bildungsstandards im Fach Deutsch für die Allgemeine Hochschulreife, Beschluss der Kultusministerkonferenz vom 18.10.2012.* Abrufbar unter: http://www.kmk.org/fileadmin/veroeffentlichungen_beschluesse/2012/2012_10_18-Bildungsstandards-Deutsch-Abi.pdf [17.08.2015].

Knapp, W. (2014). Schreiben zu Texten. In H. Feilke & T. Pohl (Hrsg.), *Schriftlicher Sprachgebrauch. Texte verfassen* (Reihe: Deutschunterricht in Theorie und Praxis 4, S. 399–413). Baltmannsweiler: Schneider Verlag Hohengehren.

Kusch, E. (2006). Problembeschreibung. In M. Becker-Mrotzek, E. Kusch & B. Wehnert (Hrsg.), *Leseförderung in der Berufsbildung.* Köln: KöBeS Heft 2 (Kölner Beiträge zur Sprachdidaktik) (S. 14–16). Duisburg: Gilles & Francke. Verfügbar unter: www.koebes. uni-koeln.de/KoeBeS2.pdf [20.12.2013].

Pfeiffer, G. (2012). *Erst mal kennenlernen – und dann weiterlesen? Zeitung in der Schule.* Verfügbar unter: http://www.bpb.de/gesellschaft/medien/lokaljournalismus/151155/zeitung-in-der-schule?p=all.

Schüler, L. & Lehnen, K. (2014). Anbahnung wissenschaftlicher Schreib- und Textprozeduren in der Oberstufe. Textkonzeption und -komposition bei materialgestützten Aufgaben. In T. Bachmann & H. Feilke (Hrsg.), *Werkzeuge des Schreibens. Beiträge zu einer Didaktik der Textprozeduren* (S. 223–247). Stuttgart: Fillibach bei Klett.

Segev-Miller, R. (2007). Cognitive processes in discourse synthesis: The case of intertextual processing strategies. In G. Rijlaarsdam, M. Torrance, L. van Waes & D.W. Galbraith (Hrsg.), *Writing and Cognition: Research and Applications* (S. 231–250). Amsterdam: Elsevier.

Steinhoff, T. (2008). Kontroversen erkennen, darstellen, kommentieren. In I. Bons, D. Kaltwasser & T. Gloning (Hrsg.), *Fest-Platte für Gerd Fritz.* Verfügbar unter: http://www.festschrift-gerd-fritz.de/files/steinhoff_2008_kontroversen_erkennen_darstellen_und_kommentieren.pdf [17.08.2015].

Steinhoff, T. (2013). Diskursives Schreiben. Zur Förderung pragmatischer Textkompetenzen am Beispiel öffentlicher Diskurse. In H. Feilke, J. Köster & M. Steinmetz (Hrsg.), *Textkompetenzen in der Sekundarstufe II* (S. 113–135). Stuttgart: Fillibach bei Klett.

Steinseifer, M. (2010). Textroutinen im wissenschaftlichen Schreiben Studierender. Eine computerbasierte Lernumgebung als Forschungs- und Lerninstrument. In E.-M. Jakobs, K. Lehnen & K. Schindler (Hrsg.), *Schreiben und Medien. Schule, Hochschule, Beruf* (Textproduktion und Medium, 10, S. 91–114). Frankfurt am Main [u.a.]: Peter Lang.

Steinseifer, M. (2011). Zisch, Zeus & Co. Zeitungsschulprojekte im Überblick. *Praxis Deutsch, 225*, 58–59.

Steinseifer, M. (2012). Schreiben im Kontroversen-Labor. Konzeption und Realisierung einer computerbasierten Lernumgebung für das wissenschaftliche Schreiben. In H. Feilke & K. Lehnen (Hrsg.), *Schreib- und Textroutinen* (Forum Angewandte Linguisitk, 52, S. 61–82). Frankfurt am Main: Peter Lang.

Uccelli, P., Dobbs, C.L. & Scott, J. (2013). Mastering Academic Language: Organization and Stance in the Persuasive Writing of High School Students. *Written Communication, 30*(1), 36–62.

Franz Zeder

Ich wünschte recht gelehrt zu werden
Der philosophische Schüleressay als vorwissenschaftliche Arbeit

Mit der verpflichtenden „Vorwissenschaftlichen Arbeit" (VWA) für alle SchülerInnen hat an den österreichischen höheren Schulen eine Wissenschaftsoffensive eingesetzt, für die eine prägnante Formel zur Hand ist: „Wissenschaft ruft Schule – Schule ruft Wissenschaft". Ziel ist es, „Kinder und Jugendliche für die Wissenschaft [zu] begeistern" (Verdnik 2013, 160). Die Schule soll verstärkt wissenschaftspropädeutische Aufgaben übernehmen – schreibdidaktisch durch „die Vermittlung von Grundkompetenzen im wissenschaftlichen Arbeiten und Schreiben" (Nagy/Struger/Wintersteiner 2012, 141).

Der Reformschritt in Richtung globaler Wissens- und Wissenschaftsgesellschaft liegt im Trend. Er deckt sich mit einer Entwicklung, die bestrebt ist, den Kompetenzerwerb lebensgeschichtlich vorzudatieren. Gefragt sind Schikurse für Zweijährige oder Philosophiekurse für Achtjährige, die an der „KinderUni" absolviert werden. Wirklich ernst wird es nun für die Siebzehnjährigen: Sie sollen mit einer „Vorwissenschaftlichen Arbeit" ein klares Zeichen für ihre wissenschaftliche Eignung setzen. Um eine Prüfungsvereinheitlichung zu erzielen und den Eintritt in die Wissenschaft zu akzelerieren, wird an den österreichischen Schulen derzeit das Maturaprüfungssystem umgewälzt, mit der VWA als wichtiger Säule („Handreichung" des BMUKK 2013) und mit noch kaum zu überblickenden organisatorischen Problemen. Um diesen Schwierigkeiten bereits in der Anlaufphase zu begegnen, lohnt sich als erstes ein Blick auf die österreichischen Erfahrungen mit dem Vorläufermodell „Fachbereichsarbeit", das bereits zu dem Zweck eingeführt worden ist, die Schreibkompetenzen der SchulabsolventInnen in Richtung universitärer wissenschaftlicher Arbeitstechniken zu erweitern.

Diese Erfahrungen, so wird sich zeigen, legen es nahe, die angestrebte vorwissenschaftliche Professionalisierung auf ihre Haltbarkeit zu prüfen und die Möglichkeit eines flexibleren Umgangs mit dieser für alle verpflichtenden schriftlichen Arbeit ins Auge zu fassen. Sie bietet sich in der Form einer VWA an, die von einem „philosophischen Schüleressay" ihren Ausgang nimmt, der seit einigen Jahren im Rahmen der Internationalen Philosophieolympiade (IPO) als Wettbewerbstext eingereicht wird. Als eine Schreiboption mit größeren Entfaltungsmöglichkeiten für die eigene Urteils- und Argumentationskompetenz wurde eine solche VWA, nachfolgend auch „VWAreflexiv" genannt, bereits von der Arbeitsgemeinschaft der österreichischen PhilosophielehrerInnen auf ihre Homepage genommen und an die Landesschulräte als Empfehlung übermittelt (www.pup.eduhi.at). Auch sind schreibdidaktische Synergien anderer Art mit diesem Modell verbunden, wie eine jüngst eingereichte Diplomarbeit am philosophischen Institut der Karl-Franzens-Universität Graz zeigen konnte, die Vorschläge zur Implementierung philosophischer Schreibweisen in den Deutschunterricht ausgearbeitet hat (Lipp-Haring 2014).

Der Beitrag ist in drei Abschnitte unterteilt: Im ersten wird daran erinnert, dass die wissenschaftliche Denkweise nicht von vornherein mit den Mentalitäten und Lebenswelten von Jugendlichen harmoniert, im zweiten werden die vorgeschlagenen essayistischen bzw. epistemischen Schreibverfahren näher ausgeführt, und im abschließenden dritten wird die Frage aufgeworfen, ob und wie sich dieses denkende Schreiben bewerten und mit der Forderung nach „Kompetenzorientierung" vereinbaren lässt.

1   Das Erste steht uns frei, bei'm Zweiten sind wir Knechte

1.1   Vorwissenschaftliche Arbeit und Fachbereichsarbeit

Seit dem Schuljahr 1992/93 ist als fakultative schriftliche Vorprüfung für die österreichische Matura die *Fachbereichsarbeit* (FBA) eingeführt – als Option für eine schreibbewusste, arbeitsdisziplinierte und an einer eigenständigen Themenbehandlung interessierte Minderheit der MaturantInnen. Im Schnitt machten von dieser Möglichkeit bis zu zwanzig Prozent Gebrauch. Herzeigbarkeit, hoher Motivationsgrad und zum Teil auch beeindruckende Ergebnisse legten es nahe, dieses Erfolgsmodell in einer etwas verkürzten Variante und an Stelle der sogenannten „Spezialfrage" für alle SchülerInnen verpflichtend vorzuschreiben. Die *Vorwissenschaftliche Arbeit*, ein Zwischending zwischen der FBA und der „Spezialfrage" der mündlichen Matura, war geboren. Sie hebt die Fähigkeit, eine kurze „wissenschaftliche" Arbeit schreiben zu können, in den Rang einer Schlüsselqualifikation. Das sogenannte „Vorwissenschaftliche" soll, mit allem Zubehör des Wissenschaftlichen, den SchülerInnen helfen, den Stand des Vor-Wissenschaftlichen zu überwinden (vgl. Henz 2011).

Der positive Anreiz dieser schriftlichen Arbeiten größeren Umfangs besteht allererst in dem, was man heute auch ein *Selfie* nennt, d.h. in der Freiheit, ein Thema nach eigenem Interesse zu wählen und zu bearbeiten. *Freizeitverhalten von Jugendlichen einst und jetzt – Die neue Trendsportart XY – Die Kommunikation per Smartphone* oder in Frageform, wie von den VWA-Konstrukteuren gewünscht: *Welche Potentiale und Risiken bieten Social Networks für die Jugendlichen?* („Handreichung" des BMUKK 2013, 6). Für den wissenschaftlichen Schliff ist eine „Forschungsfrage" vorgeschrieben, mit der die Richtung der Untersuchung, unter Bedachtnahme auf vorwissenschaftliche Schreibnormen, anzugeben ist. An diesem Punkt begannen bei den „Fachbereichsarbeiten" regelmäßig die Mühen der Ebene. Sie ersetzten die Aussicht auf ein kreatives Selbstmanagement durch strikte Ausführungsbedingungen. *Das Erste steht uns frei, bei'm Zweiten sind wir Knechte*, lamentiert der Teufel im *Faust* (V. 1412; GW 14, 17), als er nicht mehr aus dem Haus kann. Und so, als Eingeschlossene im Gehäuse der Wissenschaft, empfinden sich wohl die Schreibenden, wenn sie zur Vorsicht gemahnt werden, nicht vom Weg der Wissenschaftlichkeit abzuweichen. Auch die VWA weist in diese Richtung. Es wird bereits bei der Einreichung eine klar überschaubare Themenstellung verlangt, mit Angabe der Untersuchungsmethoden und der heranzuziehenden Literatur, und es wird die Informationsverarbeitung mit *Exzerpieren und Bibliografieren* als wichtigste Tätigkeit angegeben („Handreichung" des BMUKK 2013, 11).

Da eine Evaluation der Fachbereichsarbeiten noch aussteht,[1] lassen sich Anspruch und Wirklichkeit des nun auslaufenden Modells noch nicht präzise erfassen. Entgegen dem Fazit, dass das rudimentäre Handwerk des wissenschaftlichen Arbeitens den SchülerInnen eine beträchtliche Kompetenzerweiterung mit auf ihren Lebensweg gibt, muss die Geschichte der FBA auch als die Geschichte des mühsamen Prozesses der Erfahrungsobjektivierung bilanziert werden. Man hat zu berücksichtigen, dass adoleszenten Jugendlichen der Transfer von der subjektiven Erfahrung in eine intersubjektive Erkenntnis noch nicht auf den Leib geschrieben ist. Goethe selbst, der seine Leipziger Universitätsjahre so recht und schlecht hinter sich gebracht hat, ist dafür ein prominenter Gewährsmann. In seiner Gelehrtentragödie *Faust,* Szene „Studierzimmer", stellte er den Initiationsritus der Immatrikulation parodistisch nach, indem er den „Schüler" mit dem keck optimistischen Wunsch eintreten lässt:

„Ich wünschte recht gelehrt zu werden,
Und möchte gern, was auf der Erden
Und in dem Himmel ist, erfassen,
Die Wissenschaft und die Natur." (V. 1898ff; GW 14, 90)

Doch schon nach den ersten Worten Mephistos legt sich der naive Übermut, so wie auch der junge Goethe sehr schnell Reißaus genommen hat. „Goethe hat in Leipzig nicht die Rechte studiert, sondern das Leben", schrieb sein Biograph (Friedenthal 1986, 35) und spielte damit auf die bekannte *Sturm und Drang*-Zeit des jungen Frankfurter Bürgerssohns an, der es vorzog, seine Studien der Natur, den Menschen und den Künsten zuzuwenden. Dieses Programm hat auf junge Menschen bis heute nichts von seiner Anziehungskraft eingebüßt. Mit einem Bein noch in dem Land, „das lange zögert, eh es untergeht", zieht man in diesem Alter die Spontaneität der eigenen Erfahrungsbildung der einschüchternden Wissenschaft, das „übende Leben" dem *bios theoretikos* (Sloterdijk 2010, 16) und die Buntheit der Erfahrungen einem herrischen *Zuerst Collegium logicum*! (V. 1911; GW 14, 90) vor.

---

1   Freundliche Auskunft von Mag. Erich Svecnik, Bifie-Departmentleiter für Evaluation-Bildungsforschung-Innovation am 9.2.2014. Der Evaluationsbedarf könnte von einer Untersuchung des Fachdidaktikzentrums GEWI der KFU Graz (FDZ) kompensiert werden, die im Auftrag der ÖNB über das „Wissenschaftliche Schreiben. Die textlinguistische und erwerbstheoretische Bedeutung von wissenschaftlichen Textprozeduren" von 2014 bis 2016 verfasst werden wird.

Das Unbehagen am einschnürenden Forschungsritual der Wissenschaft hinterließ Spuren auch in der Geschichte des menschlichen Geistes. Goethes *Faust* ist bekanntlich auch eine Kritik an den scholastischen Verstiegenheiten mittelalterlicher Gelehrtenstuben, in die einzutreten sich auch der große Humanist, Skeptiker und Essayist des 16. Jahrhunderts, Michel de Montaigne, gesträubt hat. Montaigne sah im „Zeugnis des Lebens" den einzigen legitimen Grund des Lernens, falls dieses darauf Anspruch erhob, zur Persönlichkeits- und Urteilsbildung beizutragen (Zweig 1990, 33). Dieses später von der Reformpädagogik übernommene Postulat schlägt noch heute in der Bevorzugung lebensnaher Fächer durch, und der eingangs zitierte Chiasmus „Wissenschaft ruft Schule – Schule ruft Wissenschaft" sollte daher über seinen verwegenen Optimismus hinaus auch in seinen einengenden Aspekten gesehen werden.

1.2   Steinerne Wahrheiten und träges Wissen

In dem seinerzeit aufsehenerregenden Entwicklungsroman *Demian* (1919) lässt Hermann Hesse seine Hauptfigur sagen:

> „Doch war mein Wesen niemals stark auf diese Art des direkten und bewussten Suchens eingestellt, wobei man zuerst nur Wahrheiten findet, die einem Steine in der Hand bleiben." (Hesse 1981, 93)

Vages Suchen und überraschendes Entdecken – das sind die seit der Kindheit geschätzten Glücksmomente im Erkunden der Welt. Wissenschaftlichkeit mag hingegen nicht im Krautgarten jäten, sondern präferiert ein zielorientiertes Vorgehen, das den subjektiven Ort des ursprünglichen Erkenntnisinteresses tunlichst neutralisiert. Mit dieser Objektivierung verblasst allerdings die persönliche Handschrift, nicht anders als sich in unserem Big-Data-Zeitalter die Information zu „trägem Wissen" anonymisiert (Rösch 2009, 49). Literatur und Philosophie sind Residuen, die je schon andere Formen des Wissenserwerbs aufzubieten hatten. „Der Stoff ist nur durch das Persönliche", gab sich ein kongenialer Kollege Hermann Hesses überzeugt (Mann 2002, 1212), und noch schärfer drückte es Friedrich Nietzsche für die Philosophie aus:

> „Der Mangel an Person rächt sich überall; eine geschwächte, dünne, ausgelöschte, sich selbst leugnende und verleugnende Persönlichkeit taugt zu keinem guten Dinge mehr, - sie taugt am wenigsten zur Philosophie." (Nietzsche KSA 3, 577)

Der „Mangel an Person" taugte nicht einmal für die Theologie. Luther wetterte wortgewaltig gegen die Buch-Gelehrsamkeit des Erasmus von Rotterdam, nicht um den Forschertrieb an sich, wohl aber um den *homo academicus* anzurempeln. Es ist dies der Typ des zu früh gekommenen Pseudoakademikers, den man beispielsweise an seinem gekünstelten Sprechen erkennt, das keines eigenen Gedankens mehr fähig scheint. *Mir wird von all dem so dumm, als ging' mir ein Mühlrad im Kopf herum,* ächzt der Schüler

(V. 1946f; GW 14, 91) und verkümmert zusehends zu einem dressierten Objekt der Belehrung. Er hätte sich besser von Montaigne als von Mephisto belehren lassen sollen. Denn der Philosoph wusste, wie man sich vom Zwang entlastet, nur auf der Basis hinreichend recherchierter Daten und Fakten eine persönliche Äußerung vorzutragen. Für Montaigne war das Mittel zu dieser Emanzipation der Essay, den er nicht so wie heute als eine „Freizeitform der Wissenschaft" (Kaube 2014) betrachtete, sondern den er als das ideale Schreibmedium sah, um die eigenen unausgegorenen Meinungen, vorschnellen Behauptungen und lückenhaften Beweise zu erproben. Zwar amateurhaft und dilettantisch, wenn man ihn *sub specie scientiae* betrachtet, geht der Essayist voller „Liebe" und Leidenschaft, wie es das Wort „Amateur", und voller „Freude" und Begeisterung, wie es das Wort „Dilettant" zum Ausdruck bringt, ans Werk. Er gebraucht den Schwung der Gedanken statt der Unwidersprechlichkeit der Theorie, den Eigensinn einer subjektiven Weltsicht statt dem Gemeinsinn gängiger Klischeevorstellungen, die zufälligen Erfahrungen statt den Ergebnissen einer trockenen Recherche. Nichts verdorrt das zarte Pflänzchen Neugierde rascher als ein Übermaß von Studien und Stoff. „Wer aber nur anderen folgt, der folgt keiner Sache, findet keine Sache und sucht sogar keine Sache" (Zweig 1990, 32f). Montaignes Aufforderung zur Selbstwahl und Selbstbeschränkung ist angesichts des erdrückenden *information overkill* aktueller denn je, und daher ein Denkstil an der Zeit, der nicht imitiert, sondern „durch wirkliches Nacherfinden" das eigene Ingenium stärkt (Nietzsche KSA 1, 250).

Von all dem unberührt geben sich die Anleitungsbücher für das „wissenschaftliche Arbeiten", in denen unverdrossen der „intellektuellen Redlichkeit" zuliebe die tradierten Techniken und Regeln als die „geschriebenen und ungeschriebenen Verpflichtungen" weitergereicht werden (Baade/Gertel/Schlettmann 2010, 14). Zu den soliden Stützpfeilern dieses Wissenschaftsgebäudes zählen allererst die „Definitionen":

> „Der Essay ist ein subjektiv gestaltetes und stilästhetisch durchgeformtes abgeschlossenes Stück nichtfiktiver Prosa, das prinzipiell weder thematisch und tendenziell eingegrenzt ist und seinen Gegenstand in aller Regel kritisch-skeptisch, intuitiv-assoziativ, anregend, facettenreich und oft auch mehr oder minder dialogisch (nicht aber methodisch, systematisch und erschöpfend wie etwa Traktat oder Abhandlung) behandelt." (Arnold/Detering 1996, 360)

An dieser Definition imponiert, was der Essay selbst *per definitionem* nicht ist, nämlich eine möglichst exakte, relativ umfassende und rein additiv aufzählende Gegenstandsbeschreibung. Der Essay ist das Unmethodische, Unsystematische und Unvollständige, er funktioniert nicht als Subordination unter ein System, sondern bewegt sich im Raum assoziativer Gedankenverbindungen (Adorno 1972, 26ff; Adorno 1984, 30). Nichts unpassender, als einen philosophischen Essay mit einer Definition zu beginnen. Die hohe Informationsdichte einer definitorischen Merkmalsbeschreibung, deren Wert für systematische wissenschaftliche Untersuchungen unstrittig ist, würde dem Essay ein grundfalsches Tempo vorgeben, ein Schneckentempo. Der Essay ist kein kumulatives

Aufschichten von einer und noch einer Information, und auch die Eineindeutigkeit der Begriffe, eine eiserne Bedingung im „stählernen Gehäuse der Wissenschaft" (Max Weber), ist ihm kein Sacrosanctum. Ein Text wäre kein Essay, der wohldefinierte Begriffe wie Schachfiguren hin und herschiebt. Er sollte beginnen, wie Francis Bacon (2012) seinen Essay *Über den Tod* beginnt: „Die Menschen fürchten den Tod, so wie die Kinder den Gang durch die Finsternis fürchten." (Bacon 2012, 12)

2 Die Wahrheit ist die Erfindung eines Lügners[2]

2.1 Lebendiges und wissenschaftliches Bewusstsein

Die wissenschaftliche Welterschließung gehört zu den Bildungsaufgaben der Schule. Daneben gibt es jedoch andere, transwissenschaftliche, die, ohne ins verdrückt „Esoterische" abzugleiten, andere Wege aufzeigen zur Persönlichkeitsbildung und Weltorientierung. Eine dieser Möglichkeiten bietet sowohl der Essay, der Standpunkte ausprobiert, als auch die Philosophie selbst. Ihre Freiheit hat sie außerhalb wissenschaftlicher Beweise (Kant), denn „obgleich an Wissenschaften gebunden und niemals ohne sie" (Jaspers 1958, 412) hat sie das Nicht-Definitive und Fragliche zu ihrem Gegenstand. Dadurch unterscheidet sich auch das Schulfach „Philosophie" grundsätzlich von den anderen Fächern. *Was ist Denken?* fragt Martin Heidegger und klammert in seiner Antwort bewusst die wissenschaftliche Weltbeschreibung aus, indem er den Menschen in einer konkreten und anschaulichen Situation belässt:

> „Wir stehen außerhalb der Wissenschaft. Wir stehen statt dessen z.B. vor einem blühenden Baum – und der Baum steht vor uns. Er stellt sich uns vor. Der Baum und wir stellen uns einander vor, indem der Baum dasteht und wir ihm gegenüberstehen. In die Beziehung zueinander – voreinander gestellt, *sind* der Baum und wir." (Heidegger 1954/2002, 44f)

Man braucht nicht im Sein-Lassen der Dinge das Heil zu erblicken, um zu erkennen, wie die Aussageweisen des *Man*, wie es Heideggers Antipode Adorno ausdrückt, „das lebendige Bewusstsein in ein wissenschaftliches" umarbeiten (Adorno 1984, 11). Wissenschaft, dies sagte auch Wittgenstein, ist etwas Lebenstranszendentes. Der darauf Bezug nehmende Satz aus dem *Traktat* gehört zum Grundbestand zitierfester Fachphilosophen:

> „Wir fühlen, dass selbst, wenn alle möglichen wissenschaftlichen Fragen beantwortet sind, unsere Lebensprobleme noch gar nicht berührt sind." (Wittgenstein 1921/2003: Tractatus logico-philosophicus 6.52)

---

2   Verweis auf das Werk von H. v. Förster und B. Pörksen (1998), *Wahrheit ist die Erfindung eines Lügners.*

2.2 Forschendes und essayistisches Schreiben

Produktives Wissen ist nichts fix und fertig Abzuholendes, es bildet sich heraus auf dem Wege eigener Erkenntnisgewinnung. Im Schreiben unterscheidet es sich als „epistemisches" via philosophischem Essay vom erfahrungs- und recherchebasierten via wissenschaftlicher Untersuchung. Die methodisch unterschiedlichen Wissenszugänge lassen sich grob angeben als Reproduktion und Reflexion:

Forschendes Schreiben	Sammeln, Beschreiben und Deuten von Daten	Reproduktion und Reorganisation
Essayistisches Schreiben	Kontrollierte Produktion eigener Gedanken	Reflexion und Selbstreflexion

Dieser wissenschaftstheoretisch signifikante Unterschied hat ein wissenschaftsgeschichtlich markantes Beispiel in einem Radioprojekt im Amerika der dreißiger Jahre, als Paul Lazarsfeld, ein Pionier der empirischen Sozialforschung, mit dem hegelianisch-dialektisch argumentierenden Philosophen Th. W. Adorno zusammengearbeitet hat. Um das Verhalten von Rundfunkhörern zu untersuchen, analysierte der Wiener Soziologe nahezu wertfrei das Funktionieren der Kultur- und Medienindustrie, während der Frankfurter Philosoph, der sich an den Widersprüchen einer hemmungslos warenproduzierenden Gesellschaft abarbeitete, zu den direkten Befragungsmethoden der *social technology* einen anderen, reflektierten Zugang suchte. Lazarsfeld war daher in einiger Verlegenheit, gegenüber seinen Auftraggebern die spekulative Methode des prominenten Mitarbeiters vom Vorwurf des blanken Unsinns freizusprechen (Wiggershaus 1986, 266ff). Als der Zeitgeist umschlug, bekam nun der kritische Sozialphilosoph Recht, unter anderem von Erich Fromms berühmt gewordenem „normativen Humanismus", in dem das pure Sammeln von Informationen als Teil einer reflexionslosen „habenorientierten" Mentalität eine strenge Abwertung erfuhr (Fromm 1976, 37ff).

Man braucht heute die beiden Modi des Forschens und Denkens nicht mehr idealtypisch gegeneinander auszuspielen. Es genügt die Feststellung, dass ein philosophischer Essay ein faktenorientiertes, empirisch ermitteltes Wissen in den Hintergrund drängt zugunsten eines eigenerfahrungsgestützten, selbstdenkerischen, das man auch als „Versuche explorativen Denkens" bezeichnen kann (Gamm/Kertscher 2011). Es gibt der Fähigkeit zum Perspektivenwechsel und zum problemorientierten Lernen den Vorzug vor der genuin wissenschaftlichen Kompetenz. Mit Abstrichen ließe sich dafür der zurzeit häufig gebrauchte Ausdruck „Gedankenexperiment" einsetzen, dessen Nähe zum Versuchscharakter des „Essays" unmittelbar einleuchtet (Cohnitz 2006, 25). Im „Gedankenexperiment" bleibt allerdings die Selbstreflexion ausgeklammert, an der sich das genuin Philosophische dieser Schreibakte zeigt (Molitor-Lübbert 1989, 278; 295; Nagy/Struger/Wintersteiner 2012, 142). Heideggers fundamentalontologischer Grundsatz „Das Seiende, dessen Analyse zur Aufgabe steht, sind wir je selbst" im § 9 von *Sein und Zeit* (Heidegger 1979, 41) gibt davon eine Andeutung, wenn man den Satz des existenziellen

Pathos entkleidet und die darin angesprochene Selbstreflexivität in den „Inbegriff jener Fragen, bei denen der Fragende durch sein Fragen selbst in Frage gestellt wird", transformiert (Merleau-Ponty 1974, 381). Genau dieses Tastende und Zurückfragende ist auch Signum einer essayistischen Problembehandlung, die oft mehr zwischen als auf den Zeilen argumentiert, um auf diese Weise den Charakter des Vorbehaltlichen zu unterstreichen.

2.3   Das Wissenschaftsnotwendige: Das Zitat als Pflicht

Die Übernahme einer aus fremden Quellen bezogenen Information in den eigenen Forschungskontext ist zumeist der Hauptpunkt beim Verfassen einer wissenschaftlichen Arbeit. Im schlechten Fall findet sich der fremde Text plagiiert, im noch schlechteren trägt er zum gefürchteten *writing block* bei. Durch die Zitation lässt sich die Fremdinformation zwar wissenschaftlich korrekt in die eigene Arbeit transferieren, doch durchgehend zitierte Texte mutieren zu einem trostlosen *second hand*-Kompilat, bei dem sich die Lesenden am Ende um das Original betrogen fühlen.

Unvermeidlich trägt daher die Arbeit eines Wissenschaftsnovizen den Stempel des Fremdgeprägten und wird überschattet vom leidigen Plagiatsverdacht, der wie ein Damoklesschwert über wissenschaftlichen Arbeiten hängt. Er ist nicht erst seit den Fällen prominenter PolitikerInnen zu einem öffentlichen Ärgernis geworden. Für universitäre Arbeiten werden seit geraumer Zeit umfangreiche Suchprogramme eingesetzt, bei voruniversitären gab man sich bisher nachsichtiger, obwohl das Misstrauen mit dem herabgesetzten Alter der VerfasserInnen eher noch größer wird. Da jede hochgestochene Formulierung in Fachbereichsarbeiten rotgefährdet war, ist der VWA ein Plagiatsscan zur Pflicht gemacht. Dieser Wissenschaftscomment, der keine größere Todsünde kennt als das Plagiat, ist ein weiteres Argument für den Essay auf dieser vorwissenschaftlichen Stufe. Die Zitierpflicht ist dem Essay zwar nicht erlassen, aber doch insofern nachrangig, als an die Stelle des verdächtigen Wissens das Experimentieren im Denken tritt. Stefan Zweig fügte diesem freimütigen Plagiatsgeständnis die Erklärung hinzu:

> „Er [Montaigne] hat durchaus nicht die Präsumption wie die Fachphilosophen, daß die Gedanken nicht am Ende schon ein anderer gedacht haben könnte, und deshalb auch gar keine Sorge, hie und da etwas hinzuschreiben, was er gerade im Cicero oder im Seneca gelesen hat." (Zweig 1990, 53)

Da dem Essayisten geistige Wendigkeit wichtiger ist als das fakten- und datengesicherte Textdokument, unterhält er auch eine verschmitzte Beziehung zur Hermes-Kunst des versteckten Plagiats. Er vergreift sich, wie Adorno sagte, ungeniert an Fremdem, zumal ja der Essay mindestens so sehr Kunst wie Wissenschaft ist, eine ästhetische Stilform nicht weniger als eine diskursive. Oder anders gesagt: Philosophische sind nicht von vornherein auch wissenschaftliche Texte (Peters 2004, 23f; Tegtmayer 2014).

2.4   Das Essayförderliche: Das Zitat als Impuls

Es sprechen Gründe dafür, den *philosophical essay* als die klangvollere Fortsetzung des über Generationen hinweg abgearbeiteten Besinnungsaufsatzes zu sehen (Engels 1993, 157). Mit dem aphoristisch zugespitzten Zitat, das den entscheidenden *kick* geben soll, knüpft der philosophische Essay an diese diskreditierte Aufsatzform an und setzt sich damit von den hochstrukturierten Deutsch-Klausuren ab, die im Zuge der in Österreich einzuführenden Zentralmatura über fünfzig Teilkompetenzen aufgebürdet bekam, die entlang komplexer Schreibanweisungen umzusetzen sind.

Der Essay entfesselt sich von diesem Gängelband der Instruktionen, indem er im Ausgang von einem philosophischen Zitat, also einem bereits Angedachten, den eigenen Denk- und Schreibprozess in Gang bringt. Dieses Verfahren hat neben anderen den Vorteil, dass es den SchülerInnen weder das solipsistische Vor-Sich-Hindenken noch das oft schwerlastige Nachbeten einer Textvorgabe zumutet. Entscheidend ist die Inspirationskraft des Zitats. Ein nicht auf Anhieb erschließbarer Satz eines Philosophen soll die Garantie bieten für ein reflexives Gedankenkonstrukt, das nicht allein Sachbezüge gegeneinander stellt. Es sei ihnen wichtig, betonen jugendliche Essay-SchreiberInnen, „dass sie ein Zitat sofort anspricht" (Lipp-Haring 2014, 127). Sie nehmen die Gelegenheit wahr zu entdecken, so wie es der Bayrische Ethik-Lehrplan ausdrückt, „dass auch ihre eigenen Gedanken sich im Ansatz mit bestimmten Denktraditionen berühren" (Prettenthaler 2012, 85f). In dieser gedanklichen Synthesis aktualisiert sich eine der wichtigsten und nobelsten Aufgaben schulischer Bildung. Denn es ist eine für junge Menschen sowohl herausfordernde als auch ihrer Deutungskompetenz schmeichelnde Aufgabe, der scharfsinnigen These eines philosophischen Meisterdenkers mit einem eigenen begründeten Urteil nahezutreten (vgl. Zeder 2008; 2010).

Beispiele 1

Die Wahrheit ist die Erfindung eines Lügners.
Um diese Aussage des Konstruktivisten Heinz von Förster zu verstehen, sind keinerlei philosophische Vorkenntnisse erfordert. Das Zitat ist selbsterklärend, lässt aber unterschiedliche Schlussfolgerungen zu und generiert entlang der verwendeten Begriffe eine Reihe von Akten reflektierten Vorgehens. Dies trifft ebenso auf die nachfolgenden Zitate zu - mit abnehmendem Schwierigkeitsgrad in der Ausdeutung des jeweils Gemeinten:

Kunst ist Magie, befreit von der Lüge, die Wahrheit zu sein.
(Adorno 1994, 298)

Die Freunde nennen sich aufrichtig, die Feinde sind es.
(Schopenhauer 1972, 490)

Der ungerechteste Frieden ist immer noch besser als der gerechteste Krieg.
(vgl. Cicero 1854, 411)

Die Zitate können auch syntaktisch komplexer formuliert sein. Die Sätze des sprachlich ungemein verschachtelt formulierenden Philosophen Immanuel Kant sind hiefür ein – oft abschreckendes – Beispiel:

„Alle Unterweisung der Jugend hat dieses Beschwerliche an sich, daß man genötigt ist, mit der Einsicht den Jahren vorzueilen, und, ohne die Reife des Verstandes abzuwarten, solche Erkenntnisse erteilen soll, die nach der natürlichen Ordnung nur von einer geübteren und versuchten Vernunft könnten begriffen werden. "
(Immanuel Kant 1968, 305; Von der Einrichtung seiner Vorlesungen)

„Es gibt manche so teilnehmend gestimmte Seelen, dass sie ein inneres Vergnügen daran finden, Freude um sich zu verbreiten, und die sich an der Zufriedenheit anderer, sofern sie ihr Werk ist, ergötzen können. Aber ich behaupte, dass in solchem Falle dergleichen Handlung, so liebenswürdig sie auch ist, keinen wahren sittlichen Wert habe. "
(Immanuel Kant 1876/1961, 10; Grundlegung zur Metaphysik der Sitten)

Die Möglichkeiten, ins Thema einzusteigen, sind vielfältig. Naheliegend ist die Wiedergabe des Behaupteten in eigenen Worten, so wie es seinerzeit die philosophische Disputation verlangt hat, bevor Argument und Gegenargument der Kontrahenten den Wettstreit eröffneten. Die sinnrichtige Paraphrase des Aussagekerns ist vor allem eine Bedingung für die VWA reflexiv, die damit die verlangte „Forschungsfrage" formuliert.

Das Zitat fungiert als Türöffner für eigene, aufs Thema bezogene Gedanken und schließt nicht die Verpflichtung ein, der These des Zitatgebers argumentativ zu folgen. Gemäß der sokratisch-mäeutischen Lehrmethode verfügen Lernende über eine autonome Urteils- und Problemlösungskompetenz, die nicht erst das Ergebnis einer vorangehenden Lernphase sein muss. Zusätzliche, erkenntnisleitende Instruktionen können kontraproduktiv sein, wenn die Explikation des Zitats, etwa durch einen aufschließenden Fragenkatalog, zwar der Verständnissicherung dient, gleichzeitig jedoch den Spielraum für die eigene Hypothesenbildung verengt (Schmölzer-Eibinger 2012, 64). Die VerfasserInnen sind jedoch aufgefordert, im interpretierenden Weiterdenken die Aussageintention des Zitats für sich zu korrigieren, zu modifizieren, zu ergänzen, zu differenzieren, zu verallgemeinern, oft auch zu negieren. Sie können dabei neben streng argumentierenden auch offenere Sprachhandlungen setzen („literarischer Essay"). Problematisch wäre eine „dekonstruktive" Aneignung, da in diesem Fall keine Feststellung getroffen werden könnte, ob das Gemeinte nun richtig, ungenau oder überhaupt falsch aufgefasst worden ist. Insbesondere für die VWAreflexiv sollte eine konstruktive, intentionsgenaue Auslegung Bedingung sein, d.h. die Aussage des/der Zitatgebers/Zitatgeberin *stricto sensu* erfasst werden können. Erst auf dieser Grundlage wäre dann überhaupt eine gezielte Investigation möglich, sodass sich die AutorInnen über instrumentelle, konzeptionelle, diskursive Leseakte kontextuelles Zusatzwissen aneignen, sei es über den/die ZitatgeberIn und/oder das philosophische Problem. Ein- bzw. nachzubringen sind die üblichen paratextlichen Erfordernisse wie Inhaltsverzeichnis, Bibliografie, Fußnotenvermerke usw., wodurch sich der Essay in eine Vorwissenschaftliche Arbeit transformiert. Das Ergebnis wäre eine VWA, die sich jenem Fach zuordnen ließe, das nur in der achten Klasse unterrichtet wird und das ehedem als Bezugsfach einer FBA fast komplett abgewählt worden ist.

3   Ich schreibe, um herauszufinden, was ich denke

In der Philosophiedidaktik der letzten Jahre wird das Medium des Denkens nahezu gleichwertig als mündliches, lesendes und schreibendes gesehen (vgl. Rohbeck 2013). Zweifellos ist der literale Aspekt des Philosophierens der anspruchsvollste. Vorausgesetzt ist eine kritische Ich-denke-selbst-Kompetenz, die von eher reproduktionswilligen LernerInnen nicht erwartet werden kann. Für diese sind im Philosophieunterricht andere Schreibformen als der philosophische Essay vorzusehen, wie beispielsweise das Übertragen von Argumenten in eine andere Textform, das Zusammenfügen von Text-Puzzles u.a.m.

Anleitungen, um einen „guten Essay" schreiben zu können, sind auf alle Fälle ein methodisch sinnvolles Übungsverfahren, können aber niemals mehr sein als ein Behelf mit ungewissem Ausgang. An unterrichtspraktischen Vorschlägen, das Essayschreiben einzuüben, herrscht kein Mangel (vgl. u.a. Thein 2013). Oft genug erweisen sich jedoch vorstrukturierende Angaben als hemmend für die Entfaltung der eigenen Überlegungen. Schreibgenies wie Montaigne setzen daher den ersten Gedanken auf ein leeres Blatt Papier, „ohne vorher zu wissen, was ich schreiben will" (Montaigne 1988, 47), und begnadete Essayistinnen wie die amerikanische Schriftstellerin Susan Sontag lassen sich vom Schreiben zum Denken inspirieren: „Ich schreibe, um herauszufinden, was ich denke" (Sontag 2013). Diesen epistemischen Zusammenhang zwischen Schreiben und Denken meint vermutlich auch die österreichische Literaturwissenschaftlerin Daniela Strigl, wenn sie über den Essayisten Karl-Markus Gauß sagt, das Schreiben sei für ihn, „was der Stab für den Stabhochspringer ist: ein Mittel, sich über die eigene Begrenztheit hinaus zu schwingen" (Strigl 2014). Die Sportmetapher trifft auch auf all jene SchülerInnen zu, die mit dem Schreiben eines philosophischen Essays einen großen Anlauf nehmen, um sich neue Denkräume zu erobern. Und sie passt nicht weniger für LehrerInnen, die sich bereitwillig der Herausforderung stellen, mit den VerfasserInnen dieser Schreibprodukte in einen schriftlichen und mündlichen Dialog einzutreten.

3.1 Der philosophische Schüleressay als Wettbewerbstext für die „Internationale Philosophieolympiade" (IPO) und als Teil einer VWA

Falls auch der Essay Wissenschaft sein soll, ist er die „fröhliche" Nietzsches, welche dem dürren rationalen Argument rhetorische Glanzlichter aufsetzt. Den Beweis bekommen die LehrerInnen Jahr für Jahr geliefert, wenn die SchülerInnen sich auf die Poesie des unausgegorenen Wissens einlassen, indem sie an der „Internationalen Philosophieolympiade" (IPO) teilnehmen. Zur Attraktivität dieses weltweit durchgeführten Schreibbewerbs trägt neben der kompetitiven Ausrichtung auch der großzügige Gestaltungsspielraum bei. Allein an den heuer eingereichten Texten zur steirischen IPO 2014 lässt sich die imponierende Spannweite von Textgestaltungs- und Argumentationsstrategien ablesen. Den VerfasserInnen kam es u.a. darauf an:

- Belege für die Richtigkeit einer Behauptung zu finden und sie in moralische Appelle umzuformulieren
- eine Behauptung zu falsifizieren und die daraus abzuleitenden Handlungsfolgen zu referieren
- eine als grundsätzlich richtig erkannte These aufgrund ihrer zweifelhaften moralischen Folgen zu relativieren
- Folgerungen aus einer kontrafaktischen Annahme abzuleiten und zu zeigen, dass dadurch die Ausgangsbehauptung an Plausibilität verliert
- eine fiktive Erzählsituation herbeizuführen, um daran die Evidenz einer Behauptung zu überprüfen
- die Komplexität einer Aussage auf einen einfacheren Kern zurückzuführen
- an der im Zitat enthaltenen Aussage Differenzierungen vorzunehmen
- Begriffe zu zergliedern, um den unterschiedlichen Bedeutungen der zentralen Termini auf die Spur zu kommen und daraus entsprechende Schlussfolgerungen abzuleiten
- Begriffe als inhaltslose Leerformeln zu demaskieren, indem man ihren kontextuellen Bedeutungswandel aufzeigt u.a.m.

Je nach Temperament kann die Tonlage der Argumentation pathetisch, euphorisch, ironisch, sarkastisch, polemisch, nüchtern, hintersinnig, der Schreibduktus leichtfüßig, gedankenernst usw. sein. Fast durchgehend zu beobachten ist das Vermeiden eines endgültig fixierten Denkergebnisses. Dies zeugt von einer Tugend der skeptischen Ausgewogenheit, der die Überzeugung zugrunde liegt, dass es keine These gibt, der man nicht widersprechen könnte. Zu einer solchen Eristik stimulieren Zitate, deren Aussage keine definitiv unumstößliche Feststellung ist. Wenn etwa Schopenhauer sagt: *Die Freunde nennen sich aufrichtig, die Feinde sind es*, dann ist zu erwarten, dass diese These eine Reflexion provoziert, die sich von dem dezisionistischen Aussagegestus des Misanthropen Schopenhauer nicht überrumpeln lässt. Der Großteil der EssayistInnen wird also seinen argumentativen Ehrgeiz daransetzen, diese psychologische „Wahrheit" in ihrem dogmatischen Anspruch zu entkräften, um zu einer revidierten und ihrer Auffassung nach realistischeren Version zu gelangen. Damit folgt das wahrheitstheoretische Prinzip des Essays methodologisch Karl Poppers Modell der wissenschaftlichen Theorienbildung, das es nicht auf das Sammeln von Fakten zur induktiven Untermauerung einer Theorie abgesehen hat, sondern das Hypothesen formuliert, die falsifizierbar bleiben.

3.2 Der LehrerInnenkommentar

Im Grunde genommen beinhaltet das Schreiben philosophischer Essays zweierlei Schreibakte unterschiedlicher Akteure: Das eine ist der Essay der SchülerInnen, das andere der Kommentar der BetreuerInnen. Schreiben und Zurückschreiben als komplementäre Bestandteile eines auf gedanklichen Austausch angelegten Schreibprozesses sehen einen „LehrerInnenkommentar" als wichtige Anschlusskommunikation vor. Erst dieses Feedback erweitert den monologischen Schreibakt ins Dialogische, wie dies in einem Partnerschulprojekt des Fachdidaktikzentrums der Geisteswissenschaftlichen Fakultät Graz (unifdz.at) versucht wird, das seit einigen Jahren als „Philosophievormittag" an einem Grazer Gymnasium läuft. SchülerInnen der Abschlussklasse schreiben philosophische Essays (Griletz 2014), die vom Projektleiter, vom Philosophielehrenden der Klasse und von Lehramtsstudierenden der Universität Graz gelesen und kommentiert werden. Der Ablauf nimmt die philosophiedidaktische Anregung auf, nicht so wie im Deutschunterricht das Hauptgewicht auf Fragen des Schreibprozesses, der Schreibkompetenzen und der Textsortenzuordnung zu legen (Fenkart 2012), sondern auf ein kommentierendes Lektorat, das ein nachfolgendes philosophisches Gespräch anhand der vorgebrachten Thesen und Argumente vorbereitet (Engels 1993, 256). Das Verfahren funktioniert als eine Art *Summary* der themenrelevanten Aspekte, die in die Essays eingebracht wurden und die den VerfasserInnen mittels eines mehrzeiligen Kommentars zurückgemeldet werden. Um dies zu leisten, ist den Lehrpersonen eine ausreichende Lese- und Schreibkompetenz auf wissenschaftlichem Niveau abzuverlangen, was durch entsprechende Kursangebote in der Aus- und Fortbildung unterstützt werden könnte.

Ebenso ist die Bewertung ein immanenter Bestandteil dieses Projekts. Sie erfolgt für die SchülerInnen jedoch verdeckt und kann u.U. aus der schriftlichen Beschreibung und Kommentierung herausgelesen werden. Bedacht genommen wird auf eine wertschätzende und persönliche Kommentierung, die dem Trend zur Individualisierung des Unterrichts folgt und sich allein darin von den standardisierten Korrekturschemata der zentralisierten schriftlichen Maturaaufgaben unterscheidet. Nachfolgend sind als „Beispiele 2" Lehrer-Rückmeldungen im Schuljahr 2012/13 der 8. Klasse der Modellschule Graz protokolliert. Die Kurzbeschreibungen, die sich der Textgattung „Brief" anzunähern suchen, greifen ein zentrales Argument paraphrasierend auf, u.U. auch einen die nachfolgende Diskussion belebenden Aspekt, und verwenden eine möglichst philosophiespezifische Ausdrucksweise. Qualitätsgewichtungen sind nur angedeutet und eventuell mit einem Verbesserungsvorschlag ausgestattet, da der Workshop auch auf die

Teilnahme an der IPO vorbereiten will. Sämtliche Textpassagen sind Essays zugeordnet, die von den vier angebotenen philosophischen Zitaten das nachstehende Schopenhauer-Zitat gewählt haben:

„Höflichkeit ist Klugheit; folglich ist Unhöflichkeit Dummheit: sich mittels ihrer unnötiger und mutwilligerweise Feinde machen ist Raserei, wie wenn man sein Haus in Brand steckt. " (Schopenhauer 1862, 492)

Beispiele 2

(Der Buchstabe in Klammer bezeichnet den abgekürzten Vornamen der SchreiberIn):

> *Der als „Mindmap" bezeichnete und daher nur anrisshaft argumentierende Text hinterfragt, über Schopenhauer hinausgehend, den Begriff „Klugheit" und versucht, durchaus im Sinne einer Umwertung, ein „Lob der Dummheit", also der Unhöflichkeit und der Unvernunft. Höflichkeit gilt der Verfasserin eher als Heuchelei und, da diese sich den Gegebenheiten anpasst, auch als etwas, das der Philosophie unwürdig ist. (L.)*

> *Eine Typologie der unterschiedlichen Adressaten, denen gegenüber wir höflich sind, leitet den Gedanken ein, dass Höflichkeit eigentlich ein distanzierendes Gefühl ist – Respekt ohne Wärme bzw. ein probates Mittel, um bestimmte Ziele zu erreichen. Positiv betrachtet erleichtert sie das Zusammenleben. Unhöfliches Verhalten kann unterschiedlich motiviert sein. Entweder beabsichtigendverletzend, als bewusste Provokation oder arrogante Attitüde, oder als pure Ignoranz aufgrund der Unkenntnis unterschiedlicher Verhaltenscodices.*

> *Interessant wäre es, den Unterschied zwischen Klugheit und Berechnung genauer zu untersuchen. Ist nicht auch ein kluges Verhalten stets zielorientiert? Auch dem Unterschied zwischen Provokation und Arroganz nachzufragen, wäre interessant, obwohl mir durchaus klar ist, was Sie gemeint haben. Der Essay ist preiswürdig. Ich würde nur den Schluss-Satz, der einen etwas verdrehten Gedanken enthält, aus rhetorischen Gründen weglassen. (Sch.)*

> *Der Essay geht dem geschichtlichen Wandel des Begriffs nach und fragt sich, ob das Zitat nicht historisch überholt ist. Es wird analysiert, in welchen Situationskontexten auch heute noch höfliches Verhalten angemessen ist. Da stellt sich dann oft heraus, dass Klugheit nach der bekannten Sentenz „Der Klügere gibt nach" strategisch operiert, um daraus möglichst großen Nutzen zu ziehen. (M.)*

> *Die Gefühle anderer nicht zu verletzen, ist höfliches Verhalten. Höflichkeit muss aber nicht vernunftgesteuert sein, es ist in einer Bedeutungsdimension angesiedelt, die von Angepasstheit und Gewandtheit bis zur Falschheit reicht. Demge-*

genüber kann Unhöflichkeit funktional, also wertvoll sein. Der Essay versäumt es, diesen nicht unbedingt häufigen Fall mit Argumenten und/oder Beispielen zu belegen. (R.)

Der Text stellt den bestechenden Gedanken voran, dass Höflichkeit aufwändiger ist als Unhöflichkeit, und fragt sich dann, ob es sich lohnt, „verschwenderisch zu leben". Anschließend gibt er anhand von Alltagsbeispielen darauf die Antwort: Das Unhöfliche ist der natürliche, das Höfliche der kulturbedingte, zivilisierte Zustand der Gesellschaft.

Mindestens ein Satz ist nachfragenswert: Gibt es keinen Unterschied zwischen Dummheit und Unwissenheit? Denken Sie an die Sokratische Auffassung, wonach Untugenden aus der Unwissenheit resultieren, usw. Auch scheint die These etwas wackelig, dass Höflichkeit nur auf dem Lande anzutreffen sei (Man könnte auch sagen, dass gerade die räumliche Beengtheit vielerlei Rücksichten erfordert – die rücksichtsvollsten Lebewesen dürften die Ameisen sein). (Mo.)

Die Repliken können, zwecks Belebung der nachfolgenden Diskussion, vorzugsweise Aussagen aufgreifen, die durch ihre Problematik Einsprüche provozieren. Zu vermeiden sind floskelhafte Formulierungen, da nur komplexe empathische Beschreibungen imstande sind, den SchülerInnen das Gefühl zu vermitteln, als diskursfähige SchreiberInnen ernst genommen zu werden. Dies gilt auch negativ im Kenntlichmachen einer allzu grobschlächtigen Argumentation.

Eine andere Möglichkeit, via selbstverfasstem Essay autonome Lernprozesse zu initiieren, stellt die Methode des Thesensammelsuriums dar, das die Vielfalt der Argumente und Meinungen sampelt, die in den Essays vorgebracht wurden. Auf der Grundlage dieses Argumente-Clusters kann der Kreis der DiskutantInnen erheblich erweitern werden, da von jedem Schreiber und jeder Schreiberin mindestens eine Aussage protokolliert wurde. Die nachfolgenden Begründungen, Zurückweisungen, Hinterfragungen, Relativierungen usw. wurden den Essays entnommen, den Studierende im Sommersemester 2014 als Teilnehmer am fachdidaktischen Seminar „Philosophie" zu dem bekannten Zitat von Jean Paul Sartre verfasst haben:

Der Mensch ist verurteilt, frei zu sein. Verurteilt, weil er sich nicht selbst geschaffen hat, andererseits aber doch frei, da er, einmal in die Welt geworfen, für alles verantwortlich ist, was er tut. (vgl. Sartre 1947, 25)

In Klammern sind die Initialen der Verfasserinnen und Verfasser angegeben:

Inakzeptabel scheint der im Zitat angesprochene Zusammenhang zwischen den Begriffen „Freiheit" und „Verurteilung", da doch Freiheit erst die Verantwor-

tungsübernahme ermöglicht (C.H.), und zwar durch eine vernünftige Entscheidung, die alle Konsequenzen mit einschließt (M.Sch.).

Freiheit eröffnet einen Raum für die Sinnsuche (E.W.), das Leben selbst ist kein Akt der Verurteilung, sondern darf als Geschenk entgegengenommen werden (U.M.).

Verantwortung übernehmen heißt, als Subjekt des Handelns sich nicht an andere Instanzen ausliefern zu müssen (S.R.).

Verantwortlichkeit schränkt die Freiheit ein: Eltern, die verantwortlich werden, verlieren ein Stück persönlicher Freiheit; auch Studenten, die Lehrer werden, usw. (N.N.).

Verantwortung schließt Pflichten ein (N.V.), sie hat dadurch einen Konnex mit der Unfreiheit (F.H.), da man ja für etwas „zur Verantwortung" gezogen werden kann (E.W.).

Das „Verdammtsein" zur Freiheit begründet sich aus dem ständigen Entscheidungsdruck und der Last der Verantwortung (N.K.).

Man kann Verantwortung sowohl als eine Last sehen, die meine Freiheitsräume einengt, als auch als das, was das Leben erst lebenswert macht, indem ich für andere da bin (F.Z.).

Das Problem der Entscheidung ist aporetisch, denn man kann sich nicht nicht entscheiden, daher ist absolute Freiheit unmöglich (S.H.). Sich nicht entscheiden als Unterlassen kann sich nicht aus der Verantwortung davonstehlen (A. M.).

Das Problem der Willensfreiheit selbst ist als theologisches Theodizeeproblem und als neurowissenschaftliches kausales Ereignis zu diskutieren (A. M.).

Ein christliches Leben in Freiheit ist nicht möglich (S.M.) - unabhängig von der Religion gilt dies für Kinder (U.R.) oder für „Menschen mit besonderen Bedürfnissen" (K.M.).

Faktum ist die massiv eingeschränkte Verantwortlichkeit durch die gesellschaftlichen Zwänge (K.D.), die freilich als Regeln des Zusammenlebens dieses erst ermöglichen (K.G.) und eine Art „Gesellschaftsvertrag" (E.W.) sind.

Einschränkungen insbesondere der Handlungsfreiheit wären nur in einem anarchistischen Lebensstil zu überwinden (F.H.), doch begrenzen die Freiheitsansprüche anderer meine eigene (A.L.).

Geburt und Tod sind die unfreien Ecksteine unserer Existenz (S.S.)

Die Frage der Freiheit ist grundlegend, weil sie die Frage der Moralität einschließt. Nur wer frei handelt, handelt moralisch (F.Z.)

Wenn ich nicht frei bin, kann ich jede Verantwortung für mein Handeln abweisen. Ebenso ist die Frage der Schuld an die der Verantwortung gebunden: Wenn ich nicht verantwortlich gemacht werden kann für meine Tat, habe ich auch keine persönliche Schuld (P.S.).

Die lesende und sammelnde Lehrperson muss sich über ihre Auswahlkriterien im Klaren sein. Soll sie die gehaltvollsten Gedanken wählen? Die problematischsten, um die VerfasserInnen dazu zu bringen, ihre Behauptungen näher erklären, ergänzen, differenzieren zu müssen? Sollen die zustimmenden und ablehnenden Stellungnahmen zum Zitat gegeneinander aufgerechnet werden? Lassen sich Argumente zu Gruppen gleichsinniger Aussagen zusammenfassen? Die bloße Exposition origineller Einfälle, die ornamental verknüpft werden zu einem bunten Gedankenteppich, ist vermutlich durch ihre amorphe Massivität, mit der Argumente auf eine einzige Seite komprimiert werden, einer nachfolgenden Diskussion wenig förderlich. Ohne einen interaktiven Meinungs- und Diskussionsaustausch lohnt aber der Aufwand nicht. Als Mindestes wäre eine Nachbesprechung anhand zusätzlicher Sachkontexte anzustreben, im vorliegenden Fall etwa eine Referenz auf Rousseau, Kant, das Willensfreiheitsproblem oder das existentialistische Menschenbild Sartres, das durch die Aussage des Sartre-Zitats nahegelegt wird.

3.3 Die explizite Bewertung

Beim Essaybewerb der IPO sind die selbstverfassten Texte einer expliziten Bewertung durch eine Fachjury ausgesetzt, die prüft, ob der Essay methodisch die Standards einer rationalen Argumentation erfüllt und die Fähigkeit zum selbstständigen Weiterdenken des im Zitat angesprochenen Problems beweist. Die Bewertung erfolgt mittels einer dreistufigen Beurteilungsskala, um zuletzt die besten zu selektieren. Dieses Procedere wäre sinngemäß auf die VWAreflexiv zu übertragen, für die auch noch (vor-)wissenschaftliche Textroutinen einzufordern wären, die von schulzentral angebotenen Kursen vermittelt werden. Die Unterschiede zwischen einem für die IPO geschriebenen Essay und einer philosophischen VWAreflexiv finden sich aufgelistet in einer „FAQ für die VWAreflexiv", die auf der Homepage der Bundesarbeitsgemeinschaft der österreichischen Psychologie- und PhilosophielehrerInnen veröffentlicht ist (www.*pup.eduhi. at).*

Einen Rückfall in der Schreib-, Lese- und Bewertungskultur würde es jedenfalls bedeuten, wenn die vorgeschlagenen individualisierenden Begutachtungsverfahren wieder durch rein formale Kriterien ersetzt würden, um, durchaus wissenschaftskonform und mit dem Anspruch auf Validität, Reliabilität und intersubjektive Überprüfbarkeit (Schmidt/Ruthendorf 2009), den Text auf standardisierte Lernziele abzusuchen. Ein solches Instrumentarium wäre im Hinblick auf die angestrebte Dialogizität einem verbalen Begleitkommentar deutlich unterlegen. Eine kommentierende Bewertung kommt überdies nicht erst für die Beurteilung des Endprodukts in Frage, sondern bereits als Korrektiv während der Ausarbeitung der VWA. Ihr sind Grenzen gesetzt durch die zeitlichen und personalen Ressourcenbeschränkungen. Denn nicht anders als an der Universität gibt es auch in der Schule einen empfindlichen Mangel an Betreuungskapazitäten (Brandt 2011, 130f). Er verschleppt bereits seit Jahrzehnten die permanente schulpolitische Forderung nach differenzierten qualitativen Lernstandsprofilen und verlockt zur bewährten formalen und formelhaften Abzeichnung, die entweder eine Tautologie („sehr gut gemacht") oder eine Deklassierung („nicht gut geschrieben") ist. Daher wird zwar die Anleitungs- und Korrekturfunktion des LehrerInnenkommentars ständig betont (vgl. Esterl/Saxalber 2010), aber als die in der Praxis bevorzugte Usance erhält sich hartnäckig das nonchalante Abhaken. Und die Verlockung zum „Abhakeln" wird gleich noch größer durch die Tatsache, dass die Begutachtungsunlust der LehrerInnen der Bewertungsresistenz der SchülerInnen in die Hände spielt. Der Pakt dient nur kurzfristig beiden Seiten. Am Ende verzichtet man auf nachhaltige Lernprozesse und vergibt die Chance auf eine nachfolgende Phase der Problemvertiefung.

Neben diesem quantitativen Zeit- hat man auch mit einem qualitativen Kompetenzproblem zu rechnen, da zusammenhängend formulierte Texte zu beurteilen und mit einem sachadäquaten Kommentar zu versehen, keine geringen Anforderungen stellt. Die betreuende/beurteilende Lehrperson muss in die *auctor-commentator*-Rolle schlüpfen (Illich 1991, 112f)[3], sich also selber als sprachhandelnde exponieren. Fremdtextbeurteilungen dieses Ausmaßes sind noch sehr selten und vermutlich Philosophieunterrichtenden gar nicht zuzumuten, die zweitfachbedingt keinerlei Erfahrung mit der Beschreibung und Bewertung von Texten haben. (Schein-)objektivierende Kriterienkataloge sind daher als Kompromiss zu akzeptieren, wenn man sich ihrer begrenzten Aussagekraft bewusst bleibt, die sich beim Essay noch dadurch verschärft, dass durch die Verschränkung von Inhalt und Methode eine analytisch trennscharfe Qualitätsbeurteilung nach einzelnen Kriterien dem Text niemals als Ganzem gerecht werden kann. Die Jurys der IPO verlassen sich denn auch in den meisten Fällen auf den Gesamteindruck, der gleichwohl mit einer überraschend hohen Urteilsübereinstimmung korreliert. Nur im Einzelfall und wenn Entscheidungen trotz mehrerer Anläufe „intuitiv" nicht getroffen werden konnten, wird, wie dies etwa von der steirischen Essayjury versucht wird, auch ein feiner gerastertes Bewertungsschema angelegt. Es würde sich gleichfalls für die Essay-VWA empfehlen, zum einen, um schon in der Vorphase des Schreibens gezielt eingreifen zu können, und zum anderen, um die Endnote mittels einer oder mehrerer der

---

3   Ich verdanke die Kenntnis der Illich'schen Klassifikation dem Vortrag „Vorwissenschaftliches Schreiben in der Schule: Aufbau von Schreib- und Textkompetenz", den Helmuth Feilke, Universität Giessen, beim Symposion des Fachdidaktikzentrums der Universität Graz am 20.5.2011 gehalten hat.

nachfolgend aufgelisteten Faktoren punktgenauer begründen zu können (Die Kriterienliste erarbeitete der Verfasser nach Rücksprache mit den Mitgliedern der steirischen Essay-Jury Josef Buchinger, Barbara Conrad, Birgit Nußbaumer, Gerhard Prade, und Heidemarie Zuder):

Textsortenfaktor	Ist der Essay wirklich ein philosophischer Essay?
Konzentrationsfaktor	Konzentriert sich der Text auf das gestellte Thema?
Sprachfaktor	Wie treffend/unpräzise sind die Begriffe und Formulierungen?
Plausibilitätsfaktor	Wie plausibel/stringent/kohärent sind die Argumente?
Ergiebigkeitsfaktor	Wie breit angelegt, wie erschöpfend sind die Argumente?
Originalitätsfaktor	Wie überraschend/wie klischeehaft sind die Gedanken?
Urteilsfaktor	Verfügt der Text über persönliche Urteilskraft?
Authentizitätsfaktor	Wie sehr lässt der Text „eine persönliche Handschrift" erkennen?
Intertextualitätsfaktor	Nimmt Verfasser/Verfasserin Bezug auf andere Texte?
Historizitätsfaktor	Enthält der Text philosophiehistorische Kenntnisse?
Korrektheitsfaktor	Ist der Text sachlich und/oder sprachlich korrekt?

3.3 Zuletzt noch die Frage, ob der philosophische Schüleressay und die VWAreflexiv die Forderung nach „Kompetenzorientierung" erfüllen

Auf den ersten Blick entspricht der philosophische Essay als *output* mit minimalem *input* aufs Beste dem Anforderungsprofil eines kompetenzorientierten, lernendenzentrierten Unterrichts. Die EssayschreiberInnen haben mindestens dreierlei „Kompetenzen" oder, um es einmal in den Termini einer theologischen Hermeneutik zu sagen, dreierlei „Subtilitäten" unter Beweis zu stellen:

Die *subtilitas explicandi* im Verstehen des Zitats,
die *subtilitas intelligendi* im Weiterdenkenkönnen des Gemeinten und
die *subtilitas applicandi* in der Anwendung auf die eigene Lebenssituation.

Die Prozesse entsprechen *grosso modo* den Kompetenzhandlungen *Referieren-Reflektieren-Transferieren*, wie sie für die Bearbeitung künftiger Maturafragen vorgesehen sind. Von den fünf Parametern der handlungsorientierten Didaktik, d.s. Lebensnähe, Eigenaktivität, Produkt- und Schülerorientierung sowie Ganzheitlichkeit (Gudjons 1997), erfüllen sie bis auf den letzten sämtliche in ausgezeichneter Weise.

Dieses verdichtete Kompetenzprofil ist allerdings mit dem prekären Wissenschaftsstatus der Philosophie abzugleichen, die nach wie vor dem Philosophieunterricht als Bezugswissenschaft zugrunde liegt. Daran ändert auch nichts die laufende Implementierung alltagsnaher Disziplinen in den Philosophieunterricht, wie der angewandten Ethik, der Kommunikationspsychologie u.ä., um den SchülerInnen zu helfen, „sich in ihrem Leben zu orientieren und handelnd Verantwortung zu übernehmen" (Rösch 2009, 73). Dem zweckfreien Denken in der Tradition der abendländischen Philosophie lässt sich eine handlungsorientierte Didaktik *per se* nicht vollständig adaptieren, allererst spielt die Sozialkompetenz neben der Sach- und Selbstkompetenz (Selbstdenken und Selbstvergewisserung) eine untergeordnete Rolle. Das hat auch zur Folge, dass eine – u.a. von den berufsbildenden höheren Schulen eingeforderte – „Diplomarbeit" in Teamarbeit für das Verfassen einer VWAreflexiv keine denkbare Alternative ist.

Auch die Methodenkompetenz käme nur zum Tragen, wenn sich das Essayschreiben selbst als eine philosophische Methode auffassen oder unter ein methodisches Primat stellen ließe. In diesem Fall sind die Ansprüche für die Sekundarstufe II jedoch zu hoch gegriffen. Mit Übungsformen des Schriftlichen, die aus einem phänomenologischen, hermeneutischen oder analytischen Denkstil einen homologen Schreibstil deduzieren (Rohbeck 2001), befindet man sich auf dem Niveau von universitären Seminaren, wo es durchaus Sinn macht, aus methodischen Gründen zu separieren, was in der Praxis des Schreibens fast unauflösbar miteinander vermengt ist. SchülerInnen würden jedoch unter einem differenzierenden Methodenansatz vermutlich rasch kapitulieren, sodass die Aufforderung, in einem Essay zum angegebenen Zitat mit einer begründeten Argumentation Stellung zu beziehen, als Schreibanweisung genügen sollte. Ein zweiter, fundamentaler Einwand gegen das methodisierte Essayschreiben nimmt auf die unumstößliche Tatsache Bezug, dass die intellektuelle Herausforderung, die ein philosophischer Essay darstellt, ein Angebot an eine Minderheit der SchülerInnen darstellt. „Hedonisten" und „Pragmatiker" gehen an ihm vorbei, allenfalls mögen „Karriere-Performer" innehalten, nachdem ihnen mitgeteilt wurde, dass für das „Portfolio" auch intellektuelle Persönlichkeitsmerkmale ein Pluspunkt sind und dass bei Aufnahmetests ein Essay zu schreiben ist. So gehört zum Prüfungssetting für den GMAT (Graduate Management Admission Test) auch ein selbst verfasster Essay (Baldia 2013). Die wahren Essay-Schreiber sind aber nicht bei pragmatisch eingestellten Jugendlichen zu finden. Sie rekrutieren sich vielmehr aus dem Pool der Kritisch-Nachdenklichen, deren Herz für den *amor intellectualis* schlägt und deren kreativer Eigensinn prädestiniert ist, aus einem standardisierten System mit genormten, entindividualisierten Routinen auszuscheren, um die eigene Denkbegabung in einem offeneren Schreibformat zu entfalten. Das führt nicht unbedingt zu einem vorderen Platz in der Gesellschaft. „Gut aufgestellt" sein im globalen Wettbewerb, so die OECD, verlangt in erster Linie „Grundkenntnisse im wissenschaftlichen Denken", die sich nicht primär aus dem skeptisch Abwägenden einer philosophischen Problembehandlung deduzieren lassen.

Dies alles hat Konsequenzen auch für die Lernmethodik des Essayschreibens. Gegen das methodisch Erlernbare spricht vor allem der singuläre Charakter des Essays. Jeder ist für sich genommen ein Unikat und in seinem Anspruchsniveau das Produkt nicht des Helfens und Förderns, sondern des Könnens und Forderns. Schreib- und denkbegabten SchülerInnen wird eine schulische Plattform geboten, um sich entweder wettbewerbsmäßig mit anderen messen zu können (IPO-Essay) oder die philosophische Kompetenz in die Reifeprüfung einzubringen (VWAreflexiv). Das Schreiben philosophischer Essays selbst ist jedoch, um es zu wiederholen, kein vorrangiges Lernmedium bzw. keine Lernmethode. Schon Montaigne zweifelte an der Effizienz einer Anleitung, die vorgibt, jemanden essayfit zu machen. Er selbst wählte lieber „Bücher, in denen Wissenschaft bereits angewandt worden ist, und nicht solche, die erst zu ihr hinführen" (Zweig 1990, 49). Man mag sich leicht ausmalen, wie sich Montaigne zu den rationalistischen Poetiken à la Opitz und Gottsched gestellt hätte, die zur Produktion von dichterischer Manufakturware angeleitet haben. Seine Sympathie wäre auf der Seite der jungen Originalgenies gewesen, die sich im 18. Jahrhundert über solches Regelwissen hinwegsetzten und die heute bei der Philosophieolympiade reüssieren.

Aber das reflexive Ausdrucksmoment entbindet im philosophischen Essay auch diskurs- und kommunikationsfördernde Effekte, die neben seiner Funktion der epistemischen Erkenntnisgewinnung auch eine sozialintegrative bzw. ausdruckskompensatorische Wirkung entfalten. Damit ist gemeint, dass der Essay redeunsicheren bzw. öffentlichkeitsscheuen Jugendlichen eine Gelegenheit gibt, sich in einer größtmöglichen Ausführlichkeit auszudrücken. Wer schweigt, ist nicht verdächtig, wenn er stattdessen schreibt. Auch die großen Philosophen waren, wie es das Cliché will, einsame, in sich versunkene Denker. Den Beweis für diese Behauptung findet man nicht nur in Heideggers Todtnauberger Hütte oder in den Wanderungen Friedrich Nietzsches von Hotelzimmer zu Hotelzimmer, um an klapprigen Tischen seine furiosen Texte zu verfassen – man begegnet ihm auch in den SchülerInnen, die sich in eine freiwillige Einsamkeitsklausur begeben, um einen philosophischen Essay zu verfassen.

Literatur

Adorno, T.W. (1972). Einleitung. In T.W. Adorno (Hrsg.), *Der Positivismusstreit in der deutschen Soziologie* (S. 7–79). Neuwied: Luchterhand.
Adorno, T.W. (1984). *Der Essay als Form.* In T.W. Adorno (Hrsg.), *Philosophie und Gesellschaft. Fünf Essays* (Ausw. u. Nachw. V.R. Tiedemann, S. 5–32). Stuttgart: Reclam.
Adorno, T.W. (1994). *Minima Moralia.* 22. Auflage. Frankfurt am Main: Suhrkamp.

Arnold, H.L. & Detering, H. (Hrsg.) (1996). *Grundzüge der Literaturwissenschaft*. München: Deutscher Taschenbuch Verlag (dtv).

Baade, J., Gertel, H. & Schlettmann, A. (2010). *Wissenschaftlich arbeiten. Ein Leitfaden für Studierende der Geographie*. 3. Auflage. Bern: Haupt.

Bacon, F. (2012). *Essays*. Neu übersetzt aus dem Engl. von M. Siefener. Wiesbaden: marixverlag.

Baldia, P. (2013). *Der steinige Weg zum Masterprogramm*. Die Presse vom 2./3.11.2013, K 12.

Brandt, R. (2011). *Wozu noch Universitäten? Ein Essay*. Hamburg: Meiner.

Bundesministerium für Unterricht, Kunst und Kultur, Abt. I/3 (2013). *„Handreichung" – Kommentar zu den §§ 34 und 37 des Schulunterrichtsgesetzes und der Reifeprüfungsverordnung §§ 7 bis 10*.

Cicero, M.T. (1854). *Ausgewählte Schriften des M. Tullius Cicero*. Erste Abtheilung. Nach d. Übersetzung v. G.H. Moser und H. Dörner. Stuttgart: Metzler.

Cohnitz, D. (2006). *Gedankenexperimente in der Philosophie*. Paderborn: mentis.

Education Group (2014). Psychologie und Philosophie. Verfügbar unter: www.pup.eduhi. at/bundesarge/Aktuelles [12.03.2014].

Esterl, U. & Saxalber, A. (2010). „Inhaltlich hast du sehr gut gearbeitet …". Funktion und Qualität eines förderorientierten LehrerInnenkommentars. In U. Esterl & A. Saxalber (Hrsg.), *Schreibprozesse begleiten. Vom schulischen zum universitären Schreiben* (S. 181–214). Innsbruck: StudienVerlag.

Engels, H. (1993). Plädoyer für das Schreiben von Primärtexten oder: Über das künstliche Erzeugen von „serendipy". *Zeitschrift für Didaktik der Philosophie und Ethik, 4*, 150–157.

Fenkart, G. (2012). Die Vorwissenschaftliche Arbeit. Lesen und Schreiben in allen Fächern. *ide (informationen zur deutschdidaktik), 1*, 41–55.

Förster, H.v. & Pörksen, B. (1998). *Wahrheit ist die Erfindung eines Lügners. Gespräche für Skeptiker*. 2. Auflage. Heidelberg: Carl-Auer-Systeme Verlag.

Friedenthal, R. (1986). *Goethe. Sein Leben und seine Zeit*. München: Piper.

Fromm, E. (1976). *Haben oder Sein. Die seelischen Grundlagen einer neuen Gesellschaft*. Stuttgart: Deutsche Verlagsanstalt.

Gamm, G. & Kertscher, J. (Hrsg.) (2011). *Philosophie in Experimenten. Versuche explorativen Denkens*. Bielefeld: transcript.

Goethe, J.W.v. (1887). *Goethes Werke*. Hrsg. im Auftrag der Großherzogin Sophie von Sachsen. Bd. 14 [GW 14]. Weimar: Böhlau.

Griletz, K. (2014). Das Schreiben philosophischer Essays. *ModellSchulzeitung, 64*.

Gudjons, H. (1997). *Handlungsorientiert lehren und lernen, Schüleraktivierung – Selbsttätigkeit – Projektarbeit*. Bad Heilbrunn: Klinkhardt.

Heidegger, M. (1979). *Sein und Zeit*. Tübingen: Niemeyer.

Heidegger, M. (1954/2002). *Was heisst Denken?* (Gesamtausgabe, Bd. 8). Frankfurt am Main: Klostermann.

Henz, K. (2011). *Vorwissenschaftliches Arbeiten. Ein Praxisbuch für die Schule*. Wien: Dorner.

Hesse, H. (1919/1981). *Demian. Die Geschichte von Emil Sinclairs Jugend*. Frankfurt am Main: Suhrkamp.

Illich, I. (1991). *Im Weinberg des Textes. Als das Schriftbild der Moderne entstand. Ein Kommentar zu Hugos „Didascalicon"*. Frankfurt am Main: Luchterhand.

Jaspers, K. (1958). *Rechenschaft und Ausblick: Reden und Aufsätze*. München: Piper.

Kant, I. (1876/1961). *Grundlegung zur Metaphysik der Sitten*. Riga: Hartknoch.

Kant, I. (1968). *Kants Werke. Akademie Textausgabe II. Vorkritische Schriften II 1757-1777*. Berlin, New York: de Gruyter.

Kaube, J. (2014). Der Essay als Freizeitform der Wissenschaft. *Merkur, 776*, 57–61.

Lipp-Haring, S. (2014). *Philosophisches Schreiben unter besonderer Berücksichtigung des Deutschunterrichts*. Diplomarbeit am Philosophischen Institut der Karl-Franzens-Universität Graz.

Mann, T. (1926/2002). Pariser Rechenschaft. In T. Mann, *Essays II (1914–1926)* [Große kommentierte Frankfurter Ausgabe, Bd. 15.1.]. Hrsg. v. H. Kurzke u. Mitarbeit v. J. Stoupy, J. Bender & S. Stachorski (S. 1115–1214). Frankfurt am Main: Fischer.

Merleau-Ponty, M. (1974). *Phänomenologie der Wahrnehmung*. Berlin: de Gruyter.

Molitor-Lübbert, S. (1989). Schreiben und Kognition. In G. Antos & H.P. Krings (Hrsg.), *Textproduktion. Ein interdisziplinärer Forschungsüberblick* (S. 278–295). Tübingen: Niemeyer.

Montaigne, M. d. (1774/1988). *Tagebuch einer Reise durch Italien, die Schweiz und Deutschland in den Jahren 1580 und 1581* [hrsg. v. O. Flake]. Frankfurt am Main: Insel.

Nagy, H., Struger, J. & Wintersteiner, W. (2012). Förderung von Kompetenzen im Deutschunterricht. In M. Paechter, M. Stock, S. Schmölzer-Eibinger, P. Slepcevic-Zach & W. Weirer (Hrsg.), *Handbuch Kompetenzorientierter Unterricht* (S. 136–152). Weinheim: Beltz.

Nietzsche, F. (1882/1988). Fröhliche Wissenschaft. In G. Colli & M. Montinari (Hrsg.), *Sämtliche Werke: Kritische Studienausgabe* (Bd. 3 [KSA 3], S. 577–579). Berlin/New York: de Gruyter; München: dtv.

Nietzsche, F. (1874/1988). Vom Nutzen und Nachtheil der Historie für das Leben. In G. Colli & M. Montinari (Hrsg.), *Sämtliche Werke: Kritische Studienausgabe* (Bd. 1 [KSA 1], S. 241–334). Berlin/New York: de Gruyter; München: dtv.

Peters, J. (2004). *Schriftliches Argumentieren – Aktualität – Bildungsstandards. Vorschläge zur Didaktik des erörternden Schreibens*. Hamburg: Kovač.

Prettenthaler, M. (2012). „Gut und richtig" leben lernen? Überlegungen zur ethischen Kompetenz. *Handbuch Kompetenzorientierter Unterricht*, 72–87.

Rohbeck, J. (2001). Philosophische Kompetenzen. *Zeitschrift für Didaktik der Philosophie und Ethik, 2*, 86–94.

Rohbeck, J. (2013). *Didaktik der Philosophie und Ethik*. Dresden: Universitätsverlag.

Rösch, A. (2009). *Kompetenzorientierung im Philosophie- und Ethikunterricht*. Münster: LIT.

Sartre, J.-P. (1947). *Ist der Existentialismus ein Humanismus?* Zürich: Europa Verlag.

Schmidt, D. & Ruthendorf, P. v. (2009). Bewerten und Beurteilen im philosophischen Unterricht – Eine Einleitung. In D. Schmidt, J. Rohbeck & P. v. Ruthendorf (Hrsg.), *Maß nehmen – Maß geben. Leistungsbewertung im Philosophie- und Ethikunterricht* (S. 107–127). Dresden: Thelem.

Schmölzer-Eibinger, S. (2012). Literale Handlungskompetenz als Basis des Lernens in jedem Fach. In M. Paechter, M. Stock, S. Schmölzer-Eibinger, P. Slepcevic-Zach & W. Weirer (Hrsg.), *Handbuch Kompetenzorientierter Unterricht* (S. 60–71). Weinheim: Beltz.

Schopenhauer, A. (1862). *Parerga und Paralipomena: kleine philosophische Schriften*. Band 1. Hrsg. v. J. Frauenstädt. Berlin: A.W. Hayn.

Schopenhauer, A. (1972). *Sämtliche Werke*. Neu bearb. und hrsg. v. A. Hübscher. 7 Bände. Wiesbaden: Brockhaus.

Sloterdijk, P. (2010). *Scheintod im Denken. Von Philosophie und Wissenschaft als Übung*. Frankfurt am Main: Suhrkamp.

Sontag, S. (2013). *Ich schreibe, um herauszufinden, was ich denke. Tagebücher 1964–1980*. Berlin: Hanser.

Strigl, D. (2014). *Zwischen den Widersprüchen*. Der Standard vom 15.02.2014, A. 10f.

Tegtmayer, I. (2014). *Wozu in der Philosophie wissenschaftliche Texte geschrieben werden. Eine hermeneutische Erkundung*. Würzburg: Königshausen & Neumann.

Thein, C. (2013). Wie bringe ich die Schüler und Schülerinnen zum Schreiben? *Zeitschrift für Didaktik der Philosophie und Ethik, 4*, 79–84.

Thomalla, K. (2011). Der Essay als heuristische Methode im Philosophieunterricht der Sekundarstufe II. *Zeitschrift für Didaktik der Philosophie und Ethik, 2*, 124–136.

Verdnik, A. (2013). Kinder und Jugendliche für Wissenschaft begeistern. Die KinderUniGraz. In K. Heissenberger (Hrsg.), *Verborgen? Versteckt? Entdeckt! Begabungen entdecken, fördern und nutzen* (S. 160–170). Graz: Leykam.

Wiggershaus, R. (1986). *Die Frankfurter Schule*. München: Hanser.

Wittgenstein, L. (1921/2003). *Tractatus logico-philosophicus. Logisch-philosophische Abhandlung*. Frankfurt am Main: Suhrkamp.

Zeder, F. (2008). Können Schüler philosophische Essays schreiben? In M. Fürst, W. Gombocz & C. Hiebaum (Hrsg.), *Analysen, Argumente, Aufsätze. Beiträge zum 8. Internationalen Kongress der Österreichischen Philosophie in Graz* (2 Bände: Bd. 2, S. 497–504). Heusenstamm: Ontos.

Zeder, F. (2010). Lernen und Philosophie(ren). Vom lehrendengesteuerten Lernen über den Funken des Verstehens auf den Zauberberg des philosophischen Wissens. In B. Schröttner & C. Hofer (Hrsg.), *Looking at learning/Blicke auf das Lernen* (S. 71–81). Münster: Waxmann.

Zweig, S. (1990). *Montaigne*. Hrsg. v. K. Beck. Frankfurt am Main: S. Fischer.

Konrad Paul Liessmann

Über die allmähliche Verfertigung der Gedanken beim Schreiben

„Ich muss einen Text schreiben [...]. Wie immer bin ich viel zu spät dran, was mir nicht schlimm erscheint, weil ich ja weiß, was ich schreiben will. Ich habe eigentlich alles im Kopf, ich muss es nur hinschreiben. Und dann ist es irgendwie weg. Ich weiß genau, was ich sagen will, aber ich weiß nicht genau, wie ich es sagen will, schon weil nicht alles in einen Satz passt."[1] Die Nöte des Soziologen Armin Nassehi kann wahrscheinlich jede/r bestätigen, der/die schon einmal versucht hat, einen Gedanken, eine Idee, eine Argumentation, eine Beschreibung, einen etwas verwickelteren Hinweis, eine Analyse, eine Botschaft zu Papier zu bringen. Man glaubt, dass man in etwa weiß, was man schreiben will, kennt gleichsam den Inhalt und sucht nun nach einer Form, nach den richtigen Worten, nach klaren Sätzen, nach einer stimmigen Abfolge dieser Sätze. Und scheitert. So, als ob die Worte und Sätze, mit denen man dieses versucht, sich dagegen sperrten, nur als ein Gefäß aufgefasst zu werden, in das man seine mehr oder weniger sinnigen Gedankeninhalte füllen könnte. Denken und Schreiben verhalten sich offensichtlich anders zueinander als Inhalt und Form, als Botschaft und Medium.

Ein grandioser Text Heinrich von Kleists aus dem Jahre 1805 trägt den merkwürdigen Titel *Über die allmähliche Verfertigung der Gedanken beim Reden*. Anhand eines historischen Beispiels – der Rede des Grafen Mirabeau im Jahre 1789 vor den Generalständen, die in der Proklamation der Nationalversammlung endete – versucht Kleist zu zeigen, was es im äußersten Fall bedeuten kann, wenn vielleicht erst während einer Rede ein Einfall formuliert wird, der entgegen aller Absichten und entgegen aller Erwartungen alles ganz anders werden lässt. Aus einer höflichen Antwort auf eine königliche Anfrage wird dann plötzlich der Aufruf zur Revolution – durch einen Gedanken, der dem Redner erst während des Redens kam, ein Gedanke, der in keinem Manuskript stand, den kein Ghostwriter vorgab, den niemand auswendig gelernt und dann aufgesagt hatte. Kleist macht klar, was rhetorische Spontaneität in einer politischen Situation bedeuten kann: „Ein solches Reden ist wahrhaft lautes Denken. Die Reihen der Vorstellungen und ihrer Bezeichnungen gehen nebeneinander fort, und die Gemütsakte, für eins und das andere, kongruieren. Die Sprache ist alsdann keine Fessel, etwa wie ein Hemmschuh an dem Rade des Geistes, sondern wie ein zweites, mit ihm parallel fort-

---

1   Armin Nassehi: Die Macht der Unterscheidung. Ordnung gibt es nur im Durcheinander. In: Kursbuch 173/2013, S. 9.

laufendes Rad an seiner Achse."[2] Reden und Denken ergänzen sich nicht nur, finden nicht nur zu einer Übereinstimmung, sondern im Reden bilden sich die Gedanken, und im Denken formen sich Worte. Auch wenn wir in der Regel in Worten zu denken scheinen, ist die Artikulation dieser Worte nicht einfach die Verlautlichung des stumm Gedachten. Natürlich: man kann sich etwas im Kopf so genau zurecht gelegt haben, dass man es nur noch aussprechen muss. Kleist kannte auch diesen Fall: „Etwas ganz anderes ist es, wenn der Geist schon, vor aller Rede, mit dem Gedanken fertig ist. Denn dann muß er bei seiner bloßen Ausdrückung zurückbleiben, und dies Geschäft, weit entfernt ihn zu erregen, hat vielmehr keine andere Wirkung, als ihn von seiner Erregung abzuspannen. Wenn daher eine Vorstellung verworren ausgedrückt wird, so folgt der Schluß noch gar nicht, daß sie auch verworren gedacht worden sei; vielmehr könnte es leicht sein, daß die verworrenst ausgedrückten gerade am deutlichsten gedacht werden."[3] Die emotionalisierende Wirkung einer Rede – für den Redner und für seine Zuhörer – resultiert also daraus, dass die entscheidenden Gedanken erst während der Rede „verfertigt" werden. Es ist nicht die Kalkulation, die diese Wirkung erzielt, sondern die Spontaneität, die Erregung, die sich im Sprechen als Denken erweist. Umgekehrt: findet man für etwas klar Durchdachtes nicht die richtigen Worte, dann muss das, was als Ungegliedertes, Unvollständiges, Abgebrochenes, Sprunghaftes diese Rede kennzeichnen mag, nicht unbedingt Indiz dafür sein, dass vorher zu wenig überlegt worden wäre – aber das Suchen nach richtigen Worten ist etwas anderes als die redende Entwicklung von Gedanken, die einen wirklich hervorbringenden, kreativen Akt darstellt.

Kleist kennt also eine Dynamik des Ineinander von Denken und Reden, von Wort und Idee, die sich nicht auf eine eindeutige kausale oder temporale Beziehung reduzieren lässt. Weder muss immer zuerst der Gedanke da sein, bevor man ihn aussprechen kann, noch geht es immer darum, für einen Gedanken das rechte Wort zu finden. Die Pointe besteht darin, dass sich im Akt des Sprechens, in der Suche nach Wörtern, in der Artikulation der Silben, in der gelungenen oder misslungenen Vervollständigung eines Satzes die Gedanken modifizieren, vielleicht überhaupt erst einstellen. Es geht gerade nicht nur um den adäquaten Ausdruck für einen Gedanken, um die angemessene Verbalisierung eines fertigen Konzepts, sondern dieses wird erst im Akt der Verbalisierung fertig – oder auch nicht: Kleists Text endet mit dem natürlich nie eingelösten Versprechen „Die Fortsetzung folgt".[4]

Nun, wer eine mehr oder weniger freie Rede hält, wird diese Erfahrung bestätigen können – auch der Volksmund weiß davon: Ein Wort ergibt das andere, und am Ende hat man etwas gesagt, was man vielleicht gar nicht hatte sagen wollen. Die Dynamik des Redens als emotionaler und sozialer Akt, in dem abseits eines Manuskripts Raum für eine gewisse Spontaneität bleibt, die vielleicht nicht immer zu Revolutionen, hin und

---

2   Heinrich von Kleist: Über die allmähliche Verfertigung der Gedanken beim Reden: In: H. v. K.: Sämtliche Werke und Briefe, hg. v. Helmut Sembdner, München 1982, Bd. III, S. 322.
3   Ebenda.
4   Kleist, Über die allmähliche Verfertigung, S. 324.

wieder aber doch zu überraschenden Gedanken und damit auch Situationen führt, lebt dann auch von diesem Risiko des Unabsehbaren. Manchmal lässt man sich ja auch zu Formulierungen hinreißen, für die man sich dann wortreich wieder entschuldigen muss. Und nicht immer ist das, was in dieser Spontaneität sich entwickelt, überhaupt ein Gedanke. Möglich, dass im Spiel mit den Worten ein Gedanke Gestalt gewinnt; möglich aber auch, dass diese Gestalt keine Konturen erhält und sich im Beiläufigen, Schwammigen, Unausgegorenen oder gar Unsinnigen verläuft.

Was aber bedeutet dieses Konzept, wenn man keine Rede hält, sondern eine solche, oder etwas anderes, schreiben will? Gibt es auch so etwas wie eine allmähliche Verfertigung der Gedanken beim Schreiben? Im Gegensatz zur freien Rede gilt das Schreiben ja als ein kontrollierter und kontrollierender Prozess, der viel weniger Raum für unerwartete Wendungen und Entwicklungen zu geben scheint. Wer immer etwas schreibt, kann es durchlesen, korrigieren, verändern, umstellen, schärfen oder entschärfen, mögliche Reaktionen antizipieren, Unklarheiten bereinigen, Worte austauschen, Sätze verknappen oder erweitern. Durch die digitalen Technologien der Texterstellung sind diese Möglichkeiten zweifellos exzessiv erweitert und vor allem vereinfacht worden. Aber auch wer mit der Hand schrieb, hatte die Möglichkeit, manches wieder durchzustreichen, zu verschieben, ein Wort durch ein anderes zu ersetzen und nach einem langen Prozess des Korrigierens und Veränderns alles „ins Reine" zu schreiben. Die klassischen Manuskripte und auch noch die Typoskripte des mechanischen Schreibmaschinenzeitalters erhalten ihre Aura nicht zuletzt durch diese Ein- und Umarbeitungen. Textvarianten, die im Zuge solch eines Schreibprozesses entstehen können, haben nicht zuletzt der Literaturwissenschaft einen Teil ihrer Legitimation verschafft. Der Computer erweitert diese Möglichkeiten der Arbeit an einem Text zwar, er macht diese Arbeit gleichzeitig aber auch unsichtbar. Wenn nicht – was eher selten der Fall sein dürfte – alle Korrekturen und Veränderungen markiert und gespeichert werden, erscheint am Bildschirm jeder Text so, als wäre er in einem Zuge geschrieben worden. Wir sind – im Gegensatz zum Manuskript oder zur Handschrift, die keine nachträgliche Veränderung verbergen kann – in der digitalen Schreibwelt immer schon mit fertigen Resultaten konfrontiert, nie mit den Spuren, die den Akt des Schreibens – und damit vielleicht auch den Akt des Denkens – einst als Prozess sichtbar machten.

Dass Schreiben immer die Möglichkeit gibt, noch einen prüfenden Blick auf das Geschriebene zu werfen, bevor man es für einen Leser freigibt, gibt diesem Akt prinzipiell einen anderen Status als der freien Rede. Deren Spontaneität erlaubt keine Zurücknahme des Gesagten mehr, die Gedanken, die in der Rede „verfertigt" werden, entschlüpfen gleichsam dem Mund, sind nicht zurückzuholen. Der Verbindlichkeitscharakter eines geschriebenen Textes ist dann auch von dem einer improvisierten Rede oder eines Diskussionsbeitrages zu unterscheiden. Das gesprochene Wort darf von der Flüchtigkeit leben, die es auch kennzeichnet, es wird gesagt, kommentiert, ungenau erinnert, entstellend weitererzählt, verschwindet vielleicht irgendwann, außer die Situation und die Reaktionen verleihen ihm Macht und Dauer. Es ist daher eigentlich eine Unsitte, jede

Rede, jede Bemerkung, die in einer Debatte fällt, festzuhalten, zu publizieren und so zu behandeln, als wäre es ein wohlüberlegter, geschriebener Text. Die Lebendigkeit und damit auch die Erkenntnismöglichkeit eines Streitgesprächs hängen davon ab, dass eben nicht jedes Wort, das in der Hitze des Gefechts fällt, auf die Waagschale gelegt wird. Übertreibungen, polemische Zuspitzungen, anzügliche Anspielungen und zynische Einwürfe dürfen dann schon einmal vorkommen, ohne dass gleich alle beleidigt sein müssen. Anders bei einem geschriebenen Text: Hier kann und muss man davon ausgehen, dass auch dann, wenn sich der/die AutorIn im Moment des Schreibens in einem emotional angespannten Zustand befand, er sich der Unverrückbarkeit des schriftlich Niedergelegten zumindest im Ansatz bewusst war.

Auch wenn die Spuren eines Schreibprozesses und die damit verbundenen Unsicherheiten, Varianten, inneren Kämpfe am Ende getilgt scheinen, stellt sich die Frage, was diesen Prozess kennzeichnet und strukturiert. Wie werden die Gedanken im Schreiben verfertigt? Lässt der kontrollierte Schreibprozess wirkliche Spontaneität, den unmittelbaren Einfall, die situative Lust an dem, was einem gerade in den Kopf kommt, überhaupt zu? Schreiben, zumal professionelles journalistisches oder wissenschaftliches, aber auch literarische Arbeit erscheinen in unserer nüchternen Zeit eher als mechanischer Produktionsprozess, denn als Mischung von Intuition und Spontaneität. Da werden Ideen, Informationen und Materialien gesammelt, Konzepte und Gliederungen erstellt, Recherchen vorgenommen, Argumente und Belege gesucht, Abschnitte strukturiert, Zitate kopiert, montiert und eingefügt, Thesen formuliert und Schlussfolgerungen gezogen. Von Schreiben in einem emphatischen Sinn als einen Prozess, der eine eigene Dynamik entfaltet, kann da eigentlich nicht mehr die Rede sein, lieber spricht man ja auch von Texterstellung oder Textproduktion. Für manche Textsorten hat dann auch schon der Computer mit entsprechender Schreibsoftware diese Aufgabe übernommen. Und soll das Ergebnis solcher Bemühungen eine „Präsentation" sein, reduziert sich dieser Prozess überhaupt auf das mehr oder weniger sinnige Zusammenstellen von Bildern, Graphiken, Zitaten und Verweisen, die dann mit knappen Kommentaren versehen werden. Von einem Schreibfluss kann dann keine Rede mehr sein. Diese Verfahren sind dann oft auch redundant und plakativ, Gedanken werden dabei kaum mehr verfertigt.

Allerdings: Es gibt – nach wie vor – ein Schreiben, durch das sich die Gedanken überhaupt erst im Prozess des Schreibens entwickeln. Dann steht keine Idee, keine Anregung, keine vorgegebene Frage, keine strukturierte Projektbeschreibung, kein Satz von Textbausteinen am Anfang, sondern eine große Leere: Ein noch unbeschriebenes Blatt Papier, in seiner materiellen oder virtuellen Erscheinungsform. Und diese Leere will gefüllt werden: mit einem ersten Satz. Und dieser erste Satz zeitigt den zweiten Satz. Ein Wort gibt das andere, vielleicht hat man sogar Ideen gehabt, auch was man schreiben wollte, schien klar, nun aber steht etwas ganz anderes da. Denn die Formulierung, die man gewählt hat, erträgt eine vorher anvisierte Fortsetzung einfach nicht mehr, der Begriff, den man verwendet, erfordert eine andere Argumentation als die, die man schon für stichhaltig hielt, auf Grund der Lesbarkeit, der Eleganz, und des Effekts liegt es vielleicht nahe, einen andere Satzkonstruktion zu verwenden, und schon steht etwas da, was man weder gemeint noch beabsichtigt hatte. Anders als in der Rede speist sich die Dynamik des Schreibens dabei weniger vom Klang der Worte, als von der Sichtbarkeit der Zeichen, ihrem Erscheinungsbild. Es steht geschrieben – das verweist immer auch darauf, wie etwas, das nun da ist, auch aussieht. Wer soeben Geschriebenes noch einmal durchliest, artikuliert nicht nur stumm die Worte, sondern lässt seinen Blick auch über diese und die Sätze streichen, es ist dieser *Blick*, der dann an der einen oder anderen Formulierung sich stößt, dem ein Wort nicht gefällt, der eine unvollständige Satzperiode entdeckt. Das Schreiben korrespondiert auch beim Akteur mit dem Auge, nicht nur beim Lesenden.

Wenn der Prozess des Schreibens selbst kreativ ist, dann weiß man in dem Moment, in dem man den ersten Satz formuliert, nicht, wie der letzte Satz lauten könnte. Schreiben in diesem avancierten Sinn heißt nicht, Gedanken, Argumente, Überlegungen oder Theorien in eine angemessen sprachliche Form zu bringen, sondern im Vertrauen auf die mögliche Eigendynamik des Schreibens darauf zu bauen, dass aus dem Fortschreiben der Wörter die Gedanken und Ideen überhaupt erst entstehen. Die Voraussetzung dieses Vertrauens aber ist eine Freiheit, die den Schreibenden an keinerlei Vorgaben bindet – ein Thema mag vielleicht vage im Raum stehen, mehr muss es nicht sein. Schreiben in diesem Sinne heißt, ohne schon eine plausible Kette von Gedanken, die zu Papier gebracht werden sollten, im Kopf zu haben, dennoch die Leere einer Seite füllen zu wollen. Nicht Ideenreichtum ist deshalb der eigentliche Ansporn für eine Verfertigung von Gedanken beim Schreiben, sondern Ideenarmut. Die Hand, die Worte niederschreibt oder in eine Tastatur tippt, wird zum eigentlichen Organ des Denkens. Wer sich diesem Verfahren überlässt, wird mitunter erstaunt sein, was am Ende dann tatsächlich dasteht. Ohne solch eine Offenheit ist das Denken aber das Papier nicht wert, auf das es gebannt wird.

Was bedeutete dies für die Realität des Schreibunterrichts? Schreiben ist kein linearer, einförmiger Prozess, sondern speist sich aus vielen Momenten, Anregungen, Überlegungen und Verfahren, die im ausführenden Akt selbst dann zusammengefügt und in eine Abfolge gebracht werden müssen. „Es bedarf", so Armin Nassehi, „einer Architektur der verteilten Motive, Formen, Gedanken, um sie hinschreiben zu können – und meistens ist es ja so, dass man die Ordnung der Gedanken erst wirklich kennt, wenn man sie hingeschrieben hat." Man könnte nun meinen, dass es einer sinnvollen Schreibdidaktik genau um die Ermöglichung dieser Erfahrung geht – und Nassehi ist überzeugt davon, dass es gar nicht anders sein kann: „Unser ganzes Bildungssystem lebt letztlich davon, Schülerinnen und Schüler, Studierende […] und alle, die etwas lernen sollen, mit Selbstgeschriebenem zu konfrontieren, weil sie nur so auf die Ordnung stoßen, die in ihrem Kopf herrscht, wobei diese Ordnung nur ein Effekt des Schreibens ist und nicht das Schreiben ein Effekt der Ordnung."[5]

---

5   Nassehi, Die Macht der Unterscheidung, S. 10.

So sinnvoll dieser Ansatz wäre – er entspricht wohl nicht mehr den derzeit herrschenden normativen Vorstellungen, die das Bildungssystem kennzeichnen. Schreiben wird in der Regel unter pragmatischen Gesichtspunkten gesehen, bei denen es genau darum geht, bekannte Informationen oder andere Vorgaben textsorten- und adressatengerecht aufzubereiten. Eine der am weitesten verbreiteten Formen des Schreibens im Unterricht hat mit Schreiben im eigentlichen Sinn gar nichts mehr zu tun: das Ausfüllen und Ankreuzen. Dass nicht nur im Sachunterricht, sondern auch im Sprachunterricht immer mehr mit Aufgaben gearbeitet wird, wo es nur noch darum geht, ein Wort einzusetzen, zu unterstreichen, zu ergänzen oder aus einer vorgegebenen Liste eine Auswahl zu treffen, mag zwar die eine oder andere Kompetenz schulen, der Prozess des Schreibens wird dadurch systematisch sabotiert. Das allerdings gilt nicht nur für die Erarbeitung grundlegender Fähigkeiten, sondern setzt sich auch in der Sekundarstufe, ja an den Universitäten fort. Was dabei verlorengeht, ist letztlich die Fähigkeit, überhaupt ein Gefühl dafür zu entwickeln, was es heißt, zusammenhängende Sätze zu bilden, die zumindest einer basalen Logik folgen. Dass auch an Universitäten bei Klausuren immer mehr Studierende erschrecken, wenn sie erfahren, dass sie Fragen oder Themen in „ganzen" Sätzen beantworten oder behandeln sollen, zeigt dies nur allzu deutlich. Dass sich Argumente und Gedanken, Begründungen und Schlussfolgerungen nur in Sätzen, nicht in Stichworten oder vagen Begriffen darstellen und gewinnen lassen, will vielen nicht mehr so recht einleuchten. Kein Wunder, sie haben es nicht anders gelernt.

Die in Deutschland gültigen „Bildungsstandards im Fach Deutsch" fordern zum Beispiel, dass die Schülerinnen und Schüler „Schreibstrategien anwenden", ihr Wissen und ihre Argumente „darstellen", komplexe Texte „zusammenfassen" und Texte für unterschiedliche Medien „gestaltend schreiben" können. Die an diesen Standards orientierten „Schreibaufträge" zergliedern den Prozess des Schreibens dann auch in die Beantwortung von Fragen, die einzeln abgearbeitet werden müssen, und dort, wo eine eigene Position entwickelt werden soll, muss natürlich vorher ein „Schreibplan" oder eine „Mindmap" angelegt werden.[6] Die Aufgabenstellungen bei der schriftlichen Reifeprüfung im Fach Deutsch spiegelt dann diese Position wider. Da es ja darum geht, bestimmte Kompetenzen zu überprüfen, muss jede Aufgabe in einzeln abzuarbeitende Fragestellungen zerteilt werden, die einen natürlichen Schreibfluss, eine Entfaltung von Gedanken oder die Etablierung einer begrifflichen Ordnung als Resultat – nicht als Voraussetzung – des Schreibprozesses prinzipiell nicht mehr zulassen. Natürlich kann man dann rasch überprüfen, ob die einzelnen Arbeitsaufträge erledigt worden sind. Aber der Prozess des Schreibens wird dabei um eine entscheidende Dimension verkürzt. Die Angst, dass bei einem frei gestellten Thema irgendetwas hingeschrieben wird, das sich jeder Überprüfbarkeit entzieht, war und ist sicher nicht unberechtigt. Der „freie Aufsatz" hatte seine Tücken. Aber deshalb jungen Menschen überhaupt die Möglichkeit zu

---

6   Bildungsstandards im Fach Deutsch für die Allgemeine Hochschulreife. (Beschluss der Kultusministerkonferenz vom 18.10.2012), S. 16ff. (http://www.kmk.org/fileadmin/veroef fentlichungen_beschluesse/2012/2012_10_18-Bildungsstandards-Deutsch-Abi.pdf, abgerufen am 10.6.2013).

verwehren, sich wenigstens hin und wieder dem Prozess des Schreibens überlassen zu können, um sich selbst dann mit einer Ordnung oder Unordnung ihrer Gedanken zu konfrontieren, die sich erst im Schreiben gebildet hat, kommt dem mutwilligen und fahrlässigen Verzicht auf eine zentrale Bildungserfahrung gleich.

Es geht nicht darum, unterschiedliche Formen und Möglichkeiten des Schreibens – der Produktion von Texten, wie es übertrieben nüchtern heute heißt – gegenseitig auszuspielen. Aber Schreiben als organischer, durch keine Vorgaben unterbrochener Prozess, an dem die Hand ebenso beteiligt ist wie der Kopf, hat an Bedeutung dramatisch verloren. Aber, so könnte eingewandt werden, es gibt doch das sogenannte „kreative Schreiben", das dieser Eigendynamik Rechnung trägt. Das stimmt wohl. Aber damit ist nur eine Nische für subjektive Befindlichkeiten etabliert, in der zwar alles, damit aber auch wieder nichts möglich ist. Nicht alles, was irgendwie zu Papier gebracht wird, ist Ausdruck einer kreativen Freiheit, die nicht selten als Vorwand benutzt wird, um sich mit dem Geschriebenen gerade nicht mehr auseinandersetzen zu müssen. Die Herausforderung bestünde darin, das Schreiben selbst als einen Akt des Denkens zu sehen, das sich dann auch dessen Kriterien zu stellen hätte. Es geht nicht nur um eine Kommunikationstechnik, mit der man durch bestimmte Strategien bestimmte AdressatInnen erreicht, nicht um eine Textsortenerstellungskompetenz, sondern tatsächlich um eine Möglichkeit, allmählich Gedanken zu verfertigen. Viel wäre schon gewonnen, wenn man dieser Variante des Schreibens im schulischen Schreibunterricht, aber auch an Universitäten hin und wieder eine Chance einräumte und jungen Menschen die Gelegenheit böte, ohne umfangreiche Materialien, ohne Arbeitsaufträge, ohne Gliederungsvorgaben, ohne Textsortenbeschränkung, ohne Adressatengerechtheit einfach im Schreiben einem Gedanken seinen Lauf zu lassen.

Literatur

Kleist, H. v. (1982). Über die allmähliche Verfertigung der Gedanken beim Reden. In H. Sembdner (Hrsg.), *Heinrich von Kleist: Sämtliche Werke und Briefe* (Bd. III, S. 319–324). München: Hanser.
Kultusministerkonferenz (2012). *Bildungsstandards im Fach Deutsch für die Allgemeine Hochschulreife* (Beschluss der Kultusministerkonferenz vom 18.10.2012). Verfügbar unter: http://www.kmk.org/fileadmin/veroeffentlichungen_beschluesse/2012/2012_10_18-Bildungsstandards-Deutsch-Abi.pdf [10.06.2013].
Nassehi, A. (2013). Die Macht der Unterscheidung. Ordnung gibt es nur im Durcheinander. In A. Nassehi (Hrsg.), *Kursbuch 173, Rechte Linke* (S. 9–31). Hamburg: Murmann.